Norman Cohn

Die Sehnsucht nach dem Millennium

HERDER / SPEKTRUM

Band 4638

Das Buch

Die Sehnsucht nach der Vollendung der Zeiten, die Hoffnung auf ein Ende der Geschichte mit dem Versprechen eines endgültig friedlichen Zustandes: Da ist ein Motiv, das besonders in wirtschaftlichen Krisen, sozialen und politischen Umbruchzeiten immer wieder Menschen begeistert und sie den verschiedensten, meist selbsternannten Propheten folgen läßt. Norman Cohn hat in seinem Standardwerk präzise und sehr lebendig die strukturellen Bedingungen und sozialpsychologischen Mechanismen herausgearbeitet, die im Mittelalter immer wieder zu Massenbewegungen führten, die oft in der Selbstzerstörung endeten. Mit der Vision, der letzte Kampf zwischen Antichrist und Christ würde bevorstehen und die tausend Jahre Frieden, die das Ende der Zeiten einleiten, würden anbrechen. Aus diesen Visionen und Prophetien, aus der Überzeugung, auserwählt zu sein und auf der richtigen Seite zu stehen und zu kämpfen, erwuchs auch eine Gewaltbereitschaft, die nicht nur die Seelen ergriff, sondern auch zu Taten führte. Daß diese Strukturen bis in die Gegenwart reichen und daß manches beängstigend modern klingt, hat sicher auch damit zu tun, daß in der Gegenwart ebenfalls die Entwurzelung sowie die ökonomische Unsicherheit zunimmt. Ein anschaulich und spannend geschriebenes Buch, eine Fundgrube für alle am Mittelalter und den Ketzerbewegungen interessierte Leser und für diejenigen, die dem Phänomen des Millenniums angesichts der Jahrtausendwende auf eine klare Spur kommen wollen.

Der Autor

Norman Cohn, geboren 1915, Professor für Geschichte, Kulturhistoriker, Professuren an verschiedenen Universitäten in England, zuletzt an der University of Sussex. Er ist Fellow of the British Academy.

Norman Cohn

Die Sehnsucht nach dem Millennium

Apokalyptiker, Chiliasten und Propheten im Mittelalter

Aus dem Englischen von Eduard Thorsch

Herder
Freiburg · Basel · Wien

Titel der englischen Originalausgabe: The Pursuit of the Millennium.
Revolutionary Millenarians and Mystical Anarchist of the Middle Ages

Gedruckt auf umweltfreundlichem,
chlorfrei gebleichtem Papier

Der Band wurde nach der 1970 erschienenen Ausgabe überarbeitet. Redaktion
und Übersetzung der veränderten und neuen Textteile: Barbara Wenner

Titel der deutschen Originalausgabe: Das Ringen um das tausendjährige Reich.
Revolutionärer Messianismus im Mittelalter und sein Fortleben
in den modernen totalitären Bewegungen
Verlag Herder Freiburg im Breisgau 1998
Herstellung: Freiburger Graphische Betriebe 1998
Umschlaggestaltung: Joseph Pölzelbauer
Umschlagmotiv: Hieronymus Bosch, Der Heuwagen (Ausschnitt)
ISBN: 3-451-04638-5

1. Die Geschichte des Antichrist

Links predigt der Antichrist, vom Teufel inspiriert, während rechts die «zwei Zeugen», Enoch und Elia, wider ihn predigen. Darüber der Antichrist, der – von Dämonen gestützt – zu fliegen versucht, um dadurch zu beweisen, daß er Gott ist, indes ein Erzengel ausholt, ihn niederzustrecken.

Vorwort

Apokalyptische und millenarische Spekulationen und Erwartungen haben in der Geschichte der westlichen Kulturen eine sehr bedeutsame Rolle gespielt. Vor fünfzig Jahren war dies jedoch kaum bekannt.

Auch mir selbst war nicht klar, was diese Erkenntnis schließlich bedeuten würde: Als ich in den Jahren 1946 bis 1956 das Buch schrieb, das hier übersetzt vorliegt, wußte ich nicht, daß ich damit der Forschung ein ganz neues Feld eröffnete.

Dies war jedoch tatsächlich der Fall: „The Pursuit of the Millennium“ (so der englische Titel) hat Generationen von Forschern dazu inspiriert, Entwicklung und Einfluß apokalyptischer und millenarischer Vorhersagen durch die Jahrhunderte bis zur heutigen Gegenwart zu untersuchen. Inzwischen hat man vieles über diese Bewegungen herausgefunden, von dem ich damals nichts wußte. So gibt es neue Erscheinungsformen des Millenarismus, in denen der wiederkommende Christus durch Außerirdische ersetzt wird – vor fünfzig Jahren konnte dies niemand vorhersehen.

Dennoch bleibt mein Buch für den Zeitraum und die regionalen Gebiete, denen es sich widmet, von bleibendem Wert – um so mehr, da es nun in einer durchgesehenen und erweiterten Ausgabe vorliegt. Es freut mich sehr, daß in meinem vierundachtzigsten Lebensjahr beim Verlag Herder die Neuauflage eines Werkes erscheint, dem ich so viele Jahre meines Lebens gewidmet habe.

Wood End, Hertfordshire
England

Norman Cohn

Einleitung

Eschatologische Vorstellungen im Sinne einer endgültigen Bestimmung der Welt, der «Endzeit» oder den «letzten Tagen» waren bereits im frühen Christentum in Umlauf. Dem christlichen Millenarismus, dem Glauben an ein Tausendjähriges Reich, kam in der Eschatologie eine klar umrissene Bedeutung zu. Teile der frühen Christenheit glaubten nach der Offenbarung Johannis (20,4–6), Jesus Christus werde nach seiner zweiten Wiederkehr ein messianisches Königreich auf Erden errichten und noch vor dem Jüngsten Gericht regieren. In seinem Reich sollten die wiedererweckten Märtyrer tausend Jahre vor der Auferstehung der Toten Aufnahme finden. Schon die ersten Christen deuteten diese Prophezeiung in einem eher weiten denn wörtlichen Sinn: Sie verstanden sich als leidende Gläubige in der Rolle der Märtyrer, die die zweite Wiederkehr zu ihren eigenen Lebzeiten erwarten durften.

In letzter Zeit wird der Begriff des Millenarismus von Anthropologen, Soziologen und auch von Historikern wesentlich weiter gedeutet. Der Terminus ist zu einer gängigen Bezeichnung für eine bestimmte Form der Heilserwartung geworden. Die vorliegende Untersuchung widmet sich dem Millenarismus in eben diesem Sinne.

Millenarische Sekten und Bewegungen imaginierten die Errettung als

- kollektiv, da sie von den Gläubigen als gemeinschaftliche Errettung erlebt werden wird;
- irdisch, da sie sich auf dieser Erde und nicht in einem außerirdischen Himmel ereignen wird;
- unmittelbar bevorstehend, da sie bald kommen und überraschend hereinbrechen wird;
- vollständig, da die neue Ordnung nicht nur das Leben auf Erden verbessern, sondern das Bestehende vervollkommnen wird;
- wunderbar, da übernatürliche Kräfte sie vollziehen werden.

Selbstverständlich bot dieser Rahmen vielfältige Möglichkeiten, sich das Millennium und den Weg dorthin vorzustellen. Die Haltung der millenarischen Sekten schwankte zwischen stürmischer Aggressivität und mildem Pazifismus, zwischen ätherischer Vergeistigung und krassem, erdgebundenem Materialismus. Die Bewegungen unterschieden sich darüber hinaus stark hinsichtlich ihres sozialen Aufbaus und ihrer sozialen Bedeutung.

Im mittelalterlichen Europa existierten so extreme Ausprägungen millenarischer Sekten und Bewegungen wie die «spirituellen Franziskaner» des 13. Jahrhunderts. Diese entschiedenen Asketen stammten vornehmlich aus dem Kreis feudaler und kaufmännischer Familien, die die führende Klasse in den italienischen Städten bildeten. Viele von ihnen trennten sich von großen Reichtümern, um ärmer als jeder Bettler zu werden. In ihren Vorstellungen war das Millennium ein Reich des Geistes, das die ganze Menschheit in Gebet, mystischer Versenkung und freiwilliger Armut vereinen würde. Ein anderes Extrem verkörperten verschiedenste millenarische Bewegungen der entwurzelten Armen in der Stadt und auf dem Land. Ihre Armut war alles andere als freiwillig, ihr unsicheres Schicksal war in seiner extremen Härte unabänderlich, daher nahm ihr Millenarismus gewalttätige, anarchistische und zu einigen Zeiten wahrhaftig revolutionäre Züge an.

Dieses Buch behandelt die Verbreitung des Millenarismus und die ihn begünstigenden Umstände unter den entwurzelten Armen in Westeuropa zwischen dem 11. und 16. Jahrhundert. Die Armen entwickelten ihre millenarischen Glaubensformen nicht selber, sondern empfingen sie von selbsternannten Propheten. Daher werden wir uns in dieser Untersuchung auch mit derartigen messianischen Gestalten, die häufig frühere Mitglieder des Klerus waren, beschäftigen. Deren Vorstellungswelten verbanden verschiedenste Quellen miteinander. So wurden einige millenarische Phantasien von Juden und ersten Christen, andere von Joachim von Fiore, dem Abt aus dem 12. Jahrhundert, übernommen. Wiederum andere Phantasien berührten sich mit der häretischen Mystik der «Brüder vom freien Geist». Dieses Buch untersucht sowohl die Entstehung der verschiedenen Zweige des Glaubens an ein Tausendjähriges Reich als auch besonders seine Varianten in der Aufnahme durch die armen Volksschichten.

Millenarische Erhebungen und soziale Unruhen waren nicht identisch, hingen aber in vielerlei Hinsicht zusammen. Nicht selten warfen sich bestimmte Teile des unterdrückten Volkes in die Arme millenarischer Propheten. Die tiefe Sehnsucht der Besitzlosen und Ausgebeuteten nach Verbesserung ihrer Lebensbedingungen verband sich dann mit Phantasien von einer in den Zustand der Unschuld zurückgekehrten Welt, der in einer letzten apokalyptischen Schlacht wiederhergestellt werden sollte. Es galt, die Bösen – identifiziert mit den Juden, dem Klerus oder den Reichen – zu vernichten, erst danach konnten die Heiligen, d. h. die betroffenen Armen, ihr Königreich, eine von Leid und Sünde gereinigte Welt, errichten. Von solchen Phantasievorstellungen getragen, nahmen nicht wenige Arme Wagnisse auf sich, die kaum noch etwas mit den üblichen, lokal begrenzten Bauern- und Handwerkeraufständen gemein hatten.

Meine Darstellung wird versuchen, unterschiedliche Merkmale dieser millenarischen Bewegungen der mittelalterlichen Armen zu bestimmen. Darüber hinaus soll darauf hingewiesen werden, daß diese Bewegungen in gewisser Hinsicht Vorläufer der großen revolutionären Bewegungen unseres Jahrhunderts darstellen.

Es gibt keine umfassende Studie dieser mittelalterlichen Bewegungen. Den im strikten Sinne religiösen Sekten, die während des Mittelalters auftauchten und wieder verschwanden, ist allerdings ausgiebig Beachtung geschenkt worden. Hingegen fand der Umstand weit weniger Beachtung, daß in Zeiten der Orientierungslosigkeit und Angst der traditionelle Glaube an ein goldenes Zeitalter oder an ein messianisches Königreich dazu diente, soziale Sehnsüchte und Verbitterungen auszudrücken. Obwohl es nicht an kenntnisreichen Monographien zu einzelnen Episoden oder Aspekten mangelt, wurde die Geschichte dieser Bewegungen in ihrer Gesamtheit noch nicht dargestellt. Die vorliegende Arbeit möchte, soweit möglich, diese Lücke schließen.

Um dieses weithin unerforschte Gebiet zu erschließen, mußten viele hundert Originalquellen in Latein, Griechisch, Altfranzösisch, mittelalterlichem Deutsch, Französisch und Deutsch des 16. Jahrhunderts gesichtet werden. Da schon die zur Erforschung des nördlichen und mittleren Europas nötigen Arbeiten zehn Jahre in Anspruch nahmen, entschied ich mich für eine Beschränkung auf diesen geographischen Bereich. Zwar stellt die Mittelmeerregion einen vergleichbar ergiebigen und gleichermaßen faszinierenden Gegenstand dar, doch erschien es mir wichtiger, diese Untersuchung für den genannten Raum so ausführlich und genau wie möglich durchzuführen und auf eine geographisch umfassende Darstellung zu verzichten.

Als Grundlage haben zeitgenössische Quellen verschiedenster Art gedient: Chroniken, Inquisitionsprotokolle, päpstliche Bullen, Verurteilungen der Konzilien und Bischöfe, geistliche Traktate, Streitschriften, Briefe, ja sogar lyrische Gedichte. Das meiste davon stammt von Angehörigen des Klerus, die den von ihnen geschilderten Bewegungen und Heilslehren mit entschiedener Ablehnung gegenüberstanden; so war es manchmal schwierig festzustellen, wieviel auf das Konto unbewußter Entstellung oder bewußter Verzerrung zu buchen ist. Glücklicherweise hat aber auch die Gegenseite eine große Menge schriftlichen Materials hinterlassen, von dem trotz der sporadischen Versuche der geistlichen und weltlichen Behörden, es zu vernichten, ein ansehnlicher Teil auf uns gekommen ist; deshalb ist es möglich gewesen, die klerikalen Quellen nicht nur miteinander, sondern auch mit der schriftlichen Hinterlassenschaft einer erklecklichen Anzahl chiliastischer Propheten zu vergleichen. Die vorliegende Darstellung ist das Ergebnis langen Sammelns und Vergleichens sowie der Bewertung und Wiederbewertung eines gewaltigen Belegmaterials; und wenn sie in der Hauptsache eindeutig Stellung nimmt, so tut sie das, weil sich die im Laufe der Arbeit aufgetauchten Fragen und Zweifel am Ende von selbst beantwortet hatten. Wo eine Unsicherheit bestehenblieb, wurde sie selbstverständlich angedeutet.

I

Die Tradition apokalyptischer Prophezeiungen

Jüdische und frühchristliche Apokalyptik

Die Voraussetzung für die allmähliche Entwicklung einer revolutionären Eschatologie im späteren Mittelalter bestand aus einer mannigfaltigen Reihe von Weissagungen einer früheren Zeit, deren Zweck es ursprünglich war, bestimmten Religionsgemeinschaften – erst der jüdischen, dann der christlichen – in Zeiten der Bedrängnis oder gar der Unterdrückung Trost und Zuversicht zuzusprechen.[1]

Es liegt in der Natur der Sache, daß die frühesten dieser Prophezeiungen von Juden herrührten, unterschieden sich diese doch von allen Völkern der antiken Welt durch ihre Auffassung vom Wesen der Geschichte und insbesondere der ihnen darin zugedachten Rolle. Die Juden waren – außer, bis zu einem gewissen Grad, den Persern – die einzigen, die einen kompromißlosen Monotheismus mit der unerschütterlichen Überzeugung verbanden, das auserwählte Volk des *einen* Gottes zu sein.[2] Zumindest seit dem Auszug aus Ägypten glaubten sie Jahwes Willen auf Israel als das zum Vollzug dieses Willens ausersehene Volk gerichtet, und spätestens von den Tagen der Propheten nach der babylonischen Gefangenschaft an erweiterte sich dieser Glaube zu der Überzeugung, daß Jahwe weit über eine – wenn auch noch so mächtige – nationale Gottheit hinaus der allgewaltige Lenker der Geschicke aller Völker sei. Freilich unterschieden sich die Schlüsse, die die Juden aus dieser Glaubenshaltung zogen, beträchtlich voneinander. Diejenigen, die die göttliche Auserwählung als eine ihnen auferlegte Verantwortung und als Verpflichtung auffaßten, allen Menschen Gerechtigkeit und Barmherzigkeit widerfahren zu lassen, empfanden die göttliche Berufung als einen Auftrag, die Heiden zu erleuchten und Gottes Erlösung bis an die Enden der Welt zu tragen. Neben dieser ethischen Interpretation gab es allerdings eine zweite, deren Anziehungskraft um so mehr wuchs, als die Glut eines alten Nationalgefühls dem Schock und der

Belastung wiederholter Niederlagen, Verschleppungen und Zerstreuungen ausgesetzt wurde. Gerade aus der Gewißheit heraus, das auserwählte Volk zu sein, neigten die Juden dazu, Bedrohung, Unterdrückung und Knechtschaft mit Phantasien zu beantworten, die den endgültigen Triumph und ein grenzenloses Wohlleben versprachen, das Jahwe, wenn die Zeit erfüllt sein werde, seinen Auserwählten bereiten würde.

Bereits in den prophetischen Büchern finden sich Weissagungen, wonach Palästina nach einer vorangegangenen Weltkatastrophe als ein zweiter Garten Eden und ein wiedergewonnenes Paradies von neuem erstehen würde. Denn der Abfall des auserwählten Volkes muß in der Tat erst einmal hart bestraft und die schuldbeladene Vergangenheit durch Hungersnot und Pestilenz, Krieg und Gefangenschaft getilgt werden. Es wird kommen der Tag des Zorns, «und der Mond wird sich schämen und die Sonne mit Schanden bestehen» (Jesaja 11, 7), und die Himmel werden sich zusammenrollen und die Grundfesten der Erde beben. Und es wird kommen das Gericht, das die Ungläubigen – jene in Israel, die nicht auf den Herrn bauen, und Israels Widersacher, die Heidenvölker – niederwerfen, wenn nicht völlig vernichten wird. Dennoch wird das nicht das Ende bedeuten: ein «rettender Rest» des Volkes Israel wird diese Züchtigungen überdauern, und durch ihn wird Gottes Planung verwirklicht werden. Denn Jahwe wird dem wiedergeborenen und erneuerten Volk nicht mehr als Rächer, sondern als Befreier nahen. Dann wird dieser Rest von Gerechten – wie man später glaubte zusammen mit den vom Tode auferstandenen Gerechten – abermals in Palästina versammelt werden und Jahwe als ihr Herr und Richter unter ihnen wohnen. Er wird seine Herrschaft in einem neu erbauten Jerusalem ausüben, in einem Zion, dahin alle Völker als dem geistigen Mittelpunkt der Welt pilgern. Und es wird eine Welt der Gerechtigkeit sein, die den Armen Schutz gewährt, und eine harmonische, friedliche Welt, darin «die Löwen Stroh essen werden wie die Ochsen» (Jesaja 24, 18–23). Die Sonne wird siebenmal heller strahlen, und der Mond wird leuchten wie die Sonne, und Wüsten und Steppen werden schön und fruchtbar sein. Es wird reichlich Wasser geben und Futter für die Herden, und für die Menschen wird Korn und Wein, Fisch und Frucht im Überfluß vorhanden sein, und Mensch und Tier wird sich vervielfachen. Frei von Krankheit und Sorge jeder Art wird das auserwählte Volk, das in sein Herz geschriebene Gottesgesetz getreu befolgend, in Glück und Freude leben.

In den Apokalypsen oder Verheißungen machte sich ein neuer Ton, eine Art von Aufstachelung des jüdischen Nationalbewußtseins bemerkbar. Man spürt das bereits in der frühesten aller Apokalypsen, im «Gesicht» oder «Traum» im 7. Kapitel des Buches Daniel, das im Jahre 165 v. Chr. – in einem der kritischsten Momente der jüdischen Geschichte – verfaßt worden ist. Seit der Rückführung aus der babylonischen Gefangenschaft hatten sich die palästinensischen Juden volle dreihundert Jahre erst unter der Oberhoheit der Perser und dann der Ptolemäer einer langen Periode des verhältnismäßigen Friedens und der Sicherheit erfreut; doch das änderte sich, als Palästina im zweiten vorchristlichen Jahrhundert in die Hände der griechisch-syrischen Seleukiden überging. Unter den Juden selber herrschte bald bittere Zwietracht; während sich die weltlich orientierte Oberschicht freudig den griechischen Sitten anpaßte, hielt das gemeine Volk hartnäckig am Glauben der Väter fest, und als der Seleukide Antiochos IV. Epiphanes zugunsten der progriechischen Partei intervenierte und den jüdischen Kultus verbot, antwortete es mit dem Aufstand der Makkabäer. Das «Traumgesicht» im Buche Daniel, das auf dem Höhepunkt des Aufstands verfaßt wurde, symbolisierte in vier Tieren vier aufeinanderfolgende Weltreiche: das babylonische, das (nicht historische) medische, das persische und das griechische, das «viel anders war denn die vorigen, hatte zehn Hörner und große eiserne Zähne, fraß um sich und zermalmte und das übrige zertrat's mit seinen Füßen»[3]. Aber auch dieses Reich verschwand, und es kam Israel, personifiziert in der Gestalt des Menschensohns «in des Himmels Wolken... und es ward ihm Gewalt, Ehre und Reich gegeben, daß ihm alle Völker, Leute und Zungen dienen sollten. Seine Gewalt ist ewig... und sein Königreich hat kein Ende... Aber das Reich, Gewalt und Macht unter dem ganzen Himmel wird dem heiligen Volk des Höchsten gegeben werden»[4]. Das ging weit über die Propheten hinaus; zum erstenmal umfaßte die Vorstellung des kommenden glorreichen Königreichs nicht nur Palästina, sondern die Welt.

Schon hier läßt sich das Paradigma für den Hauptinhalt der späteren revolutionären Eschatologie erkennen: eine böse, tyrannische, grenzenlos zerstörerische Macht beherrscht die Welt – eine Macht, die nicht mehr als menschlich, sondern als schlechthin dämonisch empfunden wird. Sie wird ihre Tyrannei zu immer gewaltigeren Schrecken und die Leiden ihrer Opfer bis zur Unerträglichkeit steigern, bis plötzlich die Stunde schlagen wird, da sich die Heiligen Gottes zu erheben und sie zu überwinden vermögen. Und dann werden sie, die Heiligen, die bis dahin unter dem Joch des Unterdrückers geschmachtet haben, als das auserwählte heilige Volk ihrerseits die Herrschaft über die Erde antreten. Damit wird sich der Sinn der Geschichte erfüllen: der Glanz dieses

Königreichs der Heiligen wird nicht nur den aller früheren Reiche überstrahlen; es wird auch das letzte aller Königreiche sein. Diese Phantasie war es, die der jüdischen Apokalyptik einen so großen Einfluß verlieh – denn längst nachdem die Juden aufgehört hatten, ihre eigene Apokalyptik ernst zu nehmen, übte sie in immer neuen Bearbeitungen ihre Anziehungskraft auf die Unzufriedenen und Enterbten späterer Zeiten aus.

In das Ringen der Juden mit ihren neuen römischen Herren hat sich von der Annexion Palästinas 63 v. Chr. durch Pompeius bis zum Jüdischen Krieg 66 bis 72 n. Chr. eine Flut von kriegerischen Apokalypsen verwoben.[5] Und da sich diese aufwieglerischen Verheißungen insbesondere an die breiten Massen wandten, schlugen sie aus der Vorstellung von einem eschatologischen Retter – dem Messias – großes Kapital.[6] Natürlich handelte es sich dabei um eine alte Vorstellung; hatten aber die Propheten den Erlöser, der am Ende der Zeit das auserwählte Volk regieren werde, meist für Jahwe persönlich gehalten, so scheint in der Volksreligion die Bedeutung des angekündigten Messias um so größer geworden zu sein, je mehr Israels Macht dahinschwand. Hatte man sich ursprünglich diesen Messias als einen außergewöhnlich weisen, gerechten und kraftvollen Herrscher aus Davids Geschlecht gedacht, so verlieh man ihm, je hoffnungsloser sich die Lage gestaltete, mehr und mehr übermenschliche Züge. Der in Daniels Gesicht auf den Wolken daherkommende Menschensohn scheint Gesamtisrael personifiziert zu haben; dennoch dürfte schon damals eine übermenschliche Wesenheit im Spiel gewesen sein, die in den aus dem ersten vorchristlichen Jahrhundert stammenden Apokalypsen Baruchs und Esras unzweifelhaft in Menschengestalt, als ein mit einmaligen, wunderwirkenden Kräften ausgestatteter Kriegerkönig erscheint.

Bei Esra tritt der Messias als der Löwe von Juda auf, vor dessen Gebrüll das letzte und schrecklichste Untier – jetzt der römische Adler – in Flammen aufgeht, zugleich aber auch als der Menschensohn, der mit dem Sturm und Feuer seines Mundes die gewaltigen Scharen der Heiden vernichtet, um dann die in der Fremde verlorenen zehn Stämme zu sammeln und in Palästina ein Königreich aufzurichten, darin ein wiedervereinigtes Israel in Frieden und Glanz gedeihen wird.[7] Nach Baruch steht eine Zeit entsetzlicher Rechtlosigkeit bevor: die Zeit des letzten und gräßlichsten Untiers Rom. Doch just in dem Moment, da das Böse seinen Höhepunkt erreicht, ersteht der Messias. Er wird die feindlichen Heere vernichtend schlagen, den römischen Feldherrn in Ketten auf den Berg Zion bringen und dort töten. Er wird ein Königreich aufrichten, das dauern wird bis ans Ende der Welt. Sämtliche

Völker, die je über Israel herrschten, werden dem Schwert verfallen, während Angehörige der übrigen Völker Israel dienen werden. Ein Zeitalter eitler Wonne wird anbrechen: Schmerz, Krankheit, vorzeitiger Tod, Gewalttat und Fehde, Not und Hunger werden unbekannt sein, und die Erde wird zehntausendfache Frucht tragen.[8] Ob dieses Königreich für alle Zeit oder nur einige Jahrhunderte währen würde, um von einem neuen weltlichen Reich abgelöst zu werden, darüber bestanden etliche Meinungsverschiedenheiten. Doch kam dieser Frage ohnehin nur scholastische Bedeutung zu, denn ob ewig oder nur vorübergehend, lohnte es sich auf alle Fälle, auf ein solches Königreich zu hoffen, besagten ja diese Apokalypsen ausdrücklich, daß sich der Messias, wenn es gelten werde, seine Heiligen in ihr Königreich zu führen, als unbezwinglich erweisen werde.

Als sich unter der Herrschaft der römischen Statthalter der Konflikt mit Rom immer erbitterter gestaltete, wurden die messianischen Phantasien bei vielen Juden zur Zwangsvorstellung. Nach Josephus[9] bildete der Glauben an die unmittelbar bevorstehende Ankunft eines messianischen Königs die Haupttriebkraft für den selbstmörderischen Krieg, der mit der Eroberung Jerusalems und der Zerstörung des Tempels im Jahr 70 n. Chr. endete. Und auch Simon Barkochba, der Führer des letzten schweren Ringens um die nationale Unabhängigkeit 131 n. Chr., wurde noch als Messias gefeiert. Erst die blutige Unterdrükkung des Aufstands nebst dem nachfolgenden Entzug aller Selbstverwaltungsrechte bereitete sowohl dem Kampfeswillen als auch den apokalyptischen Hoffnungen der Judenheit ein Ende. Wenn sich in den folgenden Jahrhunderten der Zerstreuung in dieser oder jener Gemeinde der eine oder andere für den Messias ausgab[10], beschränkte er seine Versprechungen – unter Verzicht auf das eschatologische Weltreich – auf die Wiederaufrichtung des jüdischen Nationalstaats. Zu gewaltsamen Aufständen kam es bei solchen Gelegenheiten übrigens nur selten, und nie unter europäischen Juden. Es waren also nicht mehr Juden, sondern Christen, die Weissagungen von der Art des Traumgesichts Daniels anhingen, sie ausschmückten und sich davon inspirieren ließen.

Ein leidender und gekreuzigter Messias, ein rein geistiges Königtum – Vorstellungen, die später zum Kernstück der christlichen Glaubenslehre wurden – entsprachen keineswegs der Auffassung aller frühen Christen. Seit Johannes Weiß und Albert Schweitzer zu Beginn unseres Jahrhunderts die Frage aufgeworfen haben, inwieweit Christi eigene Lehre von der jüdischen Apokalyptik beeinflußt gewesen sei, ist die Diskussion darüber nicht mehr zur Ruhe gekommen. Nun liegt diese

Frage außerhalb des Rahmens dieser Arbeit, aber einige der von den Evangelisten Christus zugeschriebenen Worte gehören zum Thema.[11] Der von Matthäus aufgezeichneten berühmten Weissagung kommt unbedingt große Bedeutung zu, gleichgültig, ob Jesus diese Worte wirklich gesprochen hat, oder ob man es nur glaubte: «Denn es wird geschehen, daß des Menschen Sohn komme in der Herrlichkeit seines Vaters mit seinen Engeln; und alsdann wird er einem jeglichen vergelten nach seinen Werken. Wahrlich ich sage euch: Es stehen etliche hier, die nicht schmecken werden den Tod, bis daß sie des Menschen Sohn kommen sehen in seinem Reich.»[12] Daß zahlreiche Frühchristen Äußerungen dieser Art im Sinne der ihnen wohlbekannten apokalyptischen Eschatologie auslegten, ist nicht weiter erstaunlich. Wie so viele vorangegangene Generationen von Juden sahen sie die Geschichte im Licht zweier getrennter Epochen[13], die eine vor und die andere nach dem siegreichen Erscheinen des Messias. Und daß sie die zweite häufig als «die Endzeit» oder die «kommende Welt» bezeichneten, ist nicht dahin aufzufassen, daß sie ein rasches, katastrophales Ende aller Dinge erwarteten. Im Gegenteil, eine große Zahl von Christen blieb lange Zeit überzeugt, daß Christus in Bälde in Macht und Herrlichkeit wiederkehren werde, sein messianisches Königreich auf Erden aufzurichten, ein Königreich, von dem sie zuversichtlich glaubten, daß es dauern werde, sei es tausend Jahre, sei es eine unbestimmte Zeit.

Wie die Juden erlitten auch die Christen Unterdrückung, und sie begegneten ihr, indem sie sich vor sich selber und vor der Welt immer nachdrücklicher zu ihrem Glauben an den unmittelbar bevorstehenden Anbruch des messianischen Zeitalters bekannten, darin das ihnen zugefügte Unrecht gutgemacht und ihre Feinde zerschmettert werden würden. So ist es nicht verwunderlich, daß ihre Vorstellung von dieser gewaltigen Umwälzung ebenfalls von den jüdischen Apokalypsen beeinflußt war, die den ersten Christen teilweise sogar besser bekannt waren als den Juden. In der als *Offenbarung Johannis* bekannten Apokalypse finden wir jüdisches und christliches Gedankengut in einer eschatologischen Weissagung von großer dichterischer Kraft verschmolzen. Wie im Buche Daniel symbolisiert auch hier ein Untier mit zehn Hörnern die letzte irdische Macht – diesmal die drückende Fremdherrschaft des Römischen Reichs –, während ein zweites Tier die örtliche römische Priesterschaft symbolisiert, die für den Kaiser göttliche Verehrung fordert:

«Und ich trat an den Sand des Meers und sah ein Tier aus dem Meer steigen, das hatte sieben Häupter und zehn Hörner... Und ihm ward gegeben zu streiten mit den Heiligen und sie zu überwinden; und ihm ward gegeben Macht über alle Geschlechter und Sprachen und Heiden. Und alle, die auf Erden wohnen, beten es an, deren Namen nicht geschrieben sind in dem Lebensbuch des Lammes... Und ich sah ein ander Tier aufsteigen aus der Erde... und tut große Zeichen... und verführet, die auf der Erde wohnen, um der Zeichen willen, die ihm gegeben sind...

Und ich sah den Himmel aufgetan; und siehe, ein weiß Pferd, und der darauf saß, hieß Treu und Wahrhaftig, und er richtet und streitet mit Gerechtigkeit... Und ihm folgete nach das Heer im Himmel auf weißen Pferden, angetan mit weißer und reiner Leinwand. Und aus seinem Munde ging ein scharf Schwert, daß er damit die Heiden schlüge... Und ich sah das Tier und die Könige auf Erden und ihre Heere versammelt, Streit zu halten mit dem, der auf dem Pferde saß, und mit seinem Heer. Und das Tier ward gegriffen und mit ihm der falsche Prophet, der die Zeichen tat vor ihm, durch welche er verführte, die das Malzeichen des Tiers nahmen und die das Bild des Tiers anbeteten; lebendig wurden diese beiden in den feurigen Pfuhl geworfen, der mit Schwefel brannte. Und die andern wurden erwürget mit dem Schwert des, der auf dem Pferde saß... und alle Vögel wurden satt von ihrem Fleisch...

Und ich sah... die Seelen derer, die enthauptet sind um des Zeugnisses Jesu und um des Worts Gottes willen, und die nicht angebetet hatten das Tier... diese lebten und regierten mit Christo tausend Jahre.» Nach dem Abschluß dieser Epoche – des Millenniums im buchstäblichen Sinn dieses Begriffs – aber muß die Auferstehung aller Toten und das Jüngste Gericht folgen, nebst dem Sturz all derer, die nicht im Buch des Lebens verzeichnet sind, in den feurigen Pfuhl, während ein neues Jerusalem vom Himmel herabsteigen wird, um den Heiligen für alle Zeit als Wohnstatt zu dienen:

«Und ich sah einen neuen Himmel und eine neue Erde; denn der erste Himmel und die erste Erde verging, und das Meer ist nicht mehr. Und ich, Johannes, sah die heilige Stadt, das neue Jerusalem, von Gott aus dem Himmel herabfahren, bereitet als eine geschmückte Braut ihrem Mann. Und hörte eine große Stimme von dem Stuhl, die sprach: Siehe da, die Hütte Gottes bei den Menschen! und er wird bei ihnen wohnen, und sie werden sein Volk sein, und er selbst, Gott mit ihnen, wird ihr Gott sein; und Gott wird abwaschen alle Tränen von ihren Augen, und der Tod wird nicht mehr sein, noch Leid noch Geschrei noch Schmerz wird mehr sein; denn das Erste ist vergangen. Und der auf dem Stuhl saß sprach: Siehe, ich mache alles neu!... Und führte mich hin im Geist auf einen großen und hohen Berg und zeigte mir die große Stadt, das heilige Jerusalem, herniederfahren aus dem Himmel von Gott, die hatte die Herrlichkeit Gottes. Und ihr Licht war gleich dem alleredelsten Stein, einem hellen Jaspis.»[14]

Wie wörtlich diese Weissagung verstanden werden konnte und mit welch fieberhafter Erwartung auf ihre Erfüllung gewartet wurde, geht aus der als Montanismus bekannten Bewegung hervor. Im Jahre 156 n. Chr. stand in Phrygien ein gewisser Montanus auf, der behauptete, die Inkarnation des Heiligen Geistes zu sein, jenes «Geistes der Wahrheit»[15], der, wie im vierten Evangelium geschrieben steht, die künftigen Dinge enthüllen wird. Binnen kurzem schloß sich ihm eine Anzahl von Ekstatikern an, die, an zahlreiche Gesichte hingegeben, vertrauensvoll an deren göttliche Urheberschaft glaubten und ihnen sogar den Namen eines «Dritten Testamentes» gaben. Dem Inhalt nach drehte es sich um den unmittelbar bevorstehenden Anbruch des Königreichs: ein neues Jerusalem sei im Begriff, vom Himmel auf die phrygische Erde herniederzufahren und dort die Wohnstatt der Heiligen zu werden. Demnach riefen die Montanisten alle Christen zu sich nach Phrygien, um betend, fastend und bereuend auf die Parusie, das heißt die Wiederkehr Christi, zu warten.

Es war eine streng asketische Bewegung, die nach Leiden, ja nach Märtyrertum schrie, weil es ja vor allem die im Fleisch wiederauferstandenen Märtyrer waren, die des Tausendjährigen Reiches teilhaftig werden würden. Und da der Verbreitung des Montanismus nichts förderlicher sein konnte als Verfolgung, sprengte er, als vom Jahre 177 an die Christenverfolgung in vielen römischen Provinzen erneut einsetzte, plötzlich den Rahmen einer Lokalbewegung und sprang auf Kleinasien, Afrika, Rom und sogar auf Gallien über. Und wenn diese neuen Montanisten auch nicht mehr nach Phrygien hinüberblickten, so blieb doch ihr Vertrauen auf das baldige Erstehen eines neuen Jerusalem unerschüttert. Das gilt sogar für Tertullian[16], den berühmtesten abendländischen Theologen seiner Zeit, der, nachdem er sich der Bewegung angeschlossen hatte, zu Beginn des dritten Jahrhunderts ein wundersames Wahrzeichen beschrieb: in Judäa sei volle vierzig Tage lang, jeweils in den Morgenstunden, am Himmel eine von Mauern umgebene Stadt beobachtet worden, die, wenn die Sonne höher stieg, verblich; ein sicheres Zeichen, daß das himmlische Jerusalem im Begriffe stehe, auf die Erde herniederzufahren. Es war das die gleiche Vision, die (wie wir noch hören werden) neunhundert Jahre später die Massen der Bauernkreuzfahrer während ihres Marsches nach dem Heiligen Land hypnotisierte.

In ihrer ständigen Erwartung der Wiederkehr Christi, von Tag zu Tag und Woche zu Woche, traten die Montanisten nur in die Fußstapfen vieler, ja vielleicht der meisten ersten Christen; selbst die Offenbarung hatte ja noch mit seinem «baldigen»[17] Erscheinen gerechnet. Um die Mitte des zweiten Jahrhunderts wurde diese Auffassung aber immer seltener. Der zweite, ungefähr 150 n. Chr. verfaßte Petrusbrief klingt viel unsicherer: Christus säume vielleicht aus Mitleid, bis sich jedermann zur Buße bekehrt habe.[18] Gleichzeitig setzte eine Entwicklung ein, die den christlichen Apokalypsen die ihnen bis dahin gewährte kanonische Gutheißung entzog, so daß nur die Offenbarung übrigblieb – und diese nur, weil sie irrtümlich dem Lieblingsjünger Jesu zugeschrieben wurde. Aber auch jetzt, da eine wachsende Zahl von Christen das Tausendjährige Reich eher als ein fernes denn als ein nahes Ereignis empfand, blieben doch viele von seinem Kommen – wenn die Zeit erfüllet sein wird – überzeugt. Justin der Märtyrer, gewiß kein Montanist, macht dies in seinem *Dialog mit dem Juden Tryphon*[19] hinreichend klar, wenn er seinen jüdischen Gesprächspartner fragen läßt: «Behauptet ihr Christen ernstlich, daß diese Stadt, Jerusalem, wieder aufgebaut werden wird, und glaubt ihr wirklich, daß sich hier eure Gläubigen zusammen mit den Patriarchen und den Propheten unter Christus in Freude zusammenfinden werden?», und wenn Justin darauf erwidert, es seien zwar nicht alle Christen dieses Glaubens, er aber und viele Christen besäßen mit ihm die Gewißheit, daß die Heiligen wirklich und wahrhaftig tausend Jahre in einem neuen, größeren und schöneren Jerusalem wohnen würden.

Ob fern oder nahe: auf alle Fälle ließ sich dieses Königreich der Heiligen in vielerlei Gestalt denken, von der materiellsten bis zur vergeistigtsten; doch war die Vorstellung selbst der gebildetsten Christen eher materiell. Ein frühes Beispiel für diese Phantasien liefert ein anderer Phryger, der «apostolische Vater» Papias, der, etwa 60 n. Chr. geboren, noch dem Apostel Johannes zu Füßen gesessen haben mag. Dieser Phryger war ein gelehrter Mann, der sich mit der Aufzeichnung verbürgter Berichte über die Lehre Christi befaßte. Nun sind zwar die von ihm Christus zugeschriebenen Millenniumsäußerungen nicht authentisch – ähnliche findet man in verschiedenen jüdischen Apokalypsen, zum Beispiel bei Baruch; dennoch ist es außerordentlich lehrreich, wie sich ernste, gebildete Christen der nachapostolischen Ära die Zukunft vorstellten, und noch interessanter ist, was sie als Christi persönliche Zukunftsweissagung betrachten konnten:

«Es werden Tage kommen, da werden Rebstöcke wachsen, von denen ein jeder zehntausend Schößlinge hat, und jeder Schößling zehntausend Zweige, und an jedem tragenden Zweig zehntausend Triebe, und an jedem Trieb zehntausend Trauben, und an jeder Traube zehntausend Beeren, und jede Beere gibt fünfundzwanzig Maß Wein. Und wenn ein Heiliger nach einer Beere greift, wird eine andere rufen: ‹Ich bin die süßere Traube; nimm mich und danke durch mich dem Herrn!› Gleicherweise sagte er [der Herr], daß ein jedes Weizenkorn zehntausend Ähren treiben werde, und jede Ähre zehntausend Körner, und jedes Korn werde geben zehn Pfund des feinsten Mehls, gesiebt und rein; und Äpfel, Samen und Gras werden im gleichen Verhältnis gedeihen; und alles Getier werde nur noch fressen, was die Erde ihm gibt, und es werde friedlich und freundlich sein gegeneinander und dem Menschen untertan. Nun, dem Gläubigen scheint das alles glaubhaft. Aber Judas, der ein ungläubiger Verräter war, fragte: ‹Wie kann der Herr ein solches Wachstum zuwege bringen?› Und der Herr antwortete: ‹Sie, die in jenen Zeiten sein werden, werden sehen.›»[20]

Als sich der gleichfalls in Kleinasien geborene Irenaeus gegen Ende des zweiten Jahrhunderts in Gallien niederließ, brachte er diese Weissagungen ins Abendland mit und trug als Bischof von Lyon und prominenter Theologe mehr als jeder andere zur Ausbreitung des Chiliasmus bei. Die letzten Kapitel seiner umfangreichen Abhandlung *Gegen Irrlehren*[21] bilden eine lückenlose Zusammenstellung aller messianischen und millennialen Weissagungen aus dem Alten und Neuen Testament (einschließlich des obigen Papias-Zitats). An dieses künftige Geschehen auf Erden zu glauben, war nach Irenaeus für die Rechtgläubigkeit unerläßlich, sowohl um des Heils der verstorbenen und auferstandenen Gerechten, als auch um des Heils der lebenden Gerechten willen. Und die Begründung für diese Glaubenshaltung zeigt, daß ausgleichende Phantasien keine geringere Rolle spielten als in den Tagen des Traumgesichts Daniels: «Denn sie sollen in dieser selben Schöpfung, darin sie sich abquälten, gepeinigt und durch jede Art von Leiden geprüft werden, den Lohn für ihre Leiden erhalten; und sie sollen in eben dieser gleichen Schöpfung, darin sie um ihrer Gottesliebe willen den Tod erlitten, zu neuem Leben erweckt werden; und in dieser selben Schöpfung, darin sie Knechtschaft erduldeten, sollen sie auch herrschen. Denn Gott ist reich an allen Dingen, und alle Dinge sind sein. Und deshalb ist es richtig, daß die ganze Schöpfung, wenn sie zu ihrem Urzustand zurückkehrt, ohne Einschränkung unter der Herrschaft der Gerechten stehe.»

Im vierten Jahrhundert bewegte sich die Vorstellung immer noch in den gleichen Bahnen. Der wortgewaltige Lactantius scheute sich nicht, bei seiner Missionstätigkeit neben die Lockung des Tausendjährigen Reiches die Drohung blutiger Vergeltung an den Ungerechten zu stellen:

«Aber jener Rasende [der Antichrist], der in unversöhnlichem Zorne wütet, rückt mit dem Heere an und belagert den Berg, auf den sich die Gerechten geflüchtet haben. Da sich diese umlagert sehen, rufen sie mit lauter Stimme zu Gott um Hilfe, und Gott erhört sie und schickt ihnen einen Retter. Jetzt öffnet sich der Himmel im tiefen Schweigen der Nacht, und Christus steigt mit großer Macht herab; feuriger Glanz geht vor ihm her und dann eine unzählbare Schar von Engeln; die ganze Menge der Gottlosen wird ausgetilgt, in Strömen fließt das Blut... Nachdem so der Friede hergestellt und alles Böse unterdrückt ist, wird jener gerechte und siegreiche König ein großes Gericht auf Erden über Lebende und Tote halten, und zwar wird er den Gerechten, die noch am Leben sind, die sämtlichen heidnischen Völker zur Dienstbarkeit überlassen, die Gerechten aber, die verstorben sind, wird er zum ewigen Leben auferwecken und selbst auf Erden mit ihnen herrschen und die heilige Stadt gründen; und dies ist das Reich der Gerechten, tausend Jahre lang. Während dieser Zeit erstrahlen glänzender die Sterne, die Sonne nimmt an Helligkeit zu, der Mond wird keine Abnahme mehr erleiden. Da steigt von Gott Regen der Segnung herab am Morgen und am Abend; alle Frucht erzeugt die Erde ohne Mühe der Menschen. Honig in Fülle träufelt von den Felsen, Quellen von Milch und Wein brechen hervor. Die Tiere der Wälder legen ihre Wildheit ab und sänftigen sich... kein Wesen lebt mehr von Blut; denn allen verschafft Gott reichliche und schuldlose Nahrung.»[22]

Erst in den Seiten des Commodianus, eines sehr schlechten lateinischen Dichters, der im fünften Jahrhundert gelebt haben dürfte, verdichten sich plötzlich die üblichen Rache- und Triumphphantasien zur Aufforderung, mit den Waffen für das Tausendjährige Reich zu streiten – eine erste Manifestation jenes Kreuzfahrer-Chiliasmus, der zuerst im Hochmittelalter und wiederum in unserer Zeit über Europa hereingebrochen ist. Denn nach Commodians Darstellung wird Christus nicht an der Spitze der himmlischen Heerscharen herniederfahren, sondern an der Spitze der Nachkommen der zehn verlorenen Stämme Israels zurückkehren, die – der übrigen Welt unbekannt – an verborgenen Orten überlebt haben. Dieses «verborgene, letzte heilige Volk» wird als merkwürdig tugendhafte Gemeinschaft beschrieben, die keine Lüste, keinen Haß und keine Falschheit kennt und Blutvergießen so verabscheut, daß sie von den Früchten der Erde lebt. Und es ist eine vom Himmel gesegnete Gemeinschaft; ihre Glieder ermüden nicht, sie werden nie krank, und es gibt unter ihnen keinen vorzeitigen Tod. Diese Schar ist es, die jetzt zur Befreiung Jerusalems, der «gefangenen Mutter», herbeieilt. «Sie kommt mit dem König des Himmels... Die gesamte Schöpfung jubelt beim Anblick des himmlischen Volks.»[23] Berge ebnen sich vor ihm, Quellen brechen längs seiner Straße auf, Wolken neigen sich nieder, um es vor der Sonne zu schützen. Aber diese Heiligen sind furchtbare Krieger und unbezwinglich im Kampf. Brüllend wie Löwen verheeren sie die von ihnen durchzogenen Gegenden, zerstören die Städte und zersprengen die Völker. «Mit Gottes Erlaubnis» rauben sie überall Gold und Silber und danken mit Lobeshymnen für die auf sie ausgestreute Gunst. Der Antichrist flieht entsetzt nach Norden und kehrt an der Spitze eines Heers von Gefolgsleuten zurück; offenbar jenen sagenhaften, furchterregenden, unter dem Sammelnamen Gog und Magog[24] bekannten Völkerschaften, die – wie die Überlieferung besagte – Alexander der Große im hohen Norden eingesperrt hatte. Doch Gottes Engel besiegen den Antichrist und werfen ihn in die Hölle; seine Hauptleute aber werden dem heiligen Volk als Sklaven gegeben, ein Schicksal, das nach dem Tage des Jüngsten Gerichts auch die andern Überlebenden treffen wird. Was das heilige Volk anbetrifft, lebt es für alle Zeit in einem heiligen Jerusalem – weder alternd noch sterbend, heiratend und zeugend, unberührt von Hitze und Kälte, indes rund um es herum eine sich stets verjüngende Erde reichliche Frucht hervorbringt.

Die apokalyptische Überlieferung im mittelalterlichen Europa

Origenes, der wohl einflußreichste Theologe der alten Kirche, trat im dritten Jahrhundert als erster gegen den Chiliasmus auf, indem er das Königreich nicht als ein in Zeit und Raum zu erwartendes, sondern in den Seelen der Gläubigen stattfindendes Ereignis beschrieb, womit er die Eschatologie der individuellen Seele an die Stelle der Masseneschatologie setzte. Was seine stark hellenistisch gefärbte Einbildungskraft so gefangennahm, das war die Möglichkeit einer geistig-seelischen Entwicklung, die auf der Erde beginnt und sich in der nächsten Welt fortsetzt – ein Gedanke, dem die Theologen in der Folge wachsende Aufmerksamkeit schenkten. Eine solche Verlagerung des Interesses entsprach auch durchaus den Bedürfnissen einer mittlerweile straff organisierten Kirche, die sich einer von der Welt anerkannten Stellung und einer beinahe ununterbrochenen Unangefochtenheit erfreuen durfte; und als das Christentum im vierten Jahrhundert im Mittelmeerraum die Oberhand gewann und die Lehre Christi zur offiziellen Staatsreligion erklärt wurde, ergab sich eine unbedingte Notwendigkeit, den Chiliasmus zu unterdrücken. Die katholische Kirche war jetzt eine mächtige und blühende Institution, die auf Grund einer guteingespielten Routine ihre Aufgaben erfüllte; die Männer an ihrer Spitze konnten es keineswegs gutheißen, daß die Christen unzeitgemäßen und unerwünschten Träumen von einem neuen irdischen Paradies nachhingen. So verkündete Augustin Anfang des fünften Jahrhunderts eine den veränderten Verhältnissen angemessene Lehre. Nach seinem Werk *Der Gottesstaat*[25] ist die Offenbarung Johannis als seelisches Gleichnis aufzufassen, und was das Millennium anbelangt, ist es zugleich mit dem Christentum angebrochen und in der Kirche voll verwirklicht. Das wurde binnen kurzer Zeit zum anerkannten kirchlichen Lehrsatz und hatte sich schon 431 so gründlich durchgesetzt, daß vom Konzil in Ephesos die Millenniumsvorstellungen zum Aberglauben gestempelt wurden. Daß der so hoch geschätzte Irenaeus die Millenniumsideen als einen unerläßlichen Teil der Rechtgläubigkeit betrachtet hatte, empfand man nunmehr als so unerträglich, daß die chiliastischen Kapitel mit großem Eifer und mit gutem Erfolg aus seinem Buch *Gegen Irrlehren* entfernt wurden: eine von den Zensoren übersehene vollständige Handschrift wurde erst im Jahre 1575 aufgefunden.[26]

Die Bedeutung der apokalyptischen Überlieferung darf trotzdem nicht unterschätzt werden; denn wenn sie auch aus der offiziellen Lehre verbannt wurde, so lebte sie doch unter der Oberfläche im Volksglauben weiter. Und dank dieser Überlieferung war die Idee von Auserwählten Gottes in gewissen christlichen Kreisen nicht weniger wirksam, als sie es ehedem unter den Juden gewesen war; nur wurde sie angesichts des Universalitätsanspruchs des Christentums nicht wie von diesen im nationalen Sinne ausgelegt. Die christliche Apokalyptik bewahrte die alte Phantasie von der göttlichen Erwähltheit und erfüllte sie mit neuer Dynamik, munterte doch das mit der Offenbarung Johannis beginnende Schrifttum die Christen dazu auf, sich als das von Gott auserwählte Volk zu fühlen – doppelt erwählt, weil es einerseits den Weg zu bereiten hatte und anderseits der Erbe des Millenniums war. Diese Idee besaß eine solche Anziehungskraft, daß keine offizielle Verurteilung ausreichte, um ihr ständiges Auftauchen im Denken der Unterdrückten, Beladenen, Desorientierten und geistig Schwankenden zu verhindern. Wohl verstand es die organisierte Kirche, die Gemütskräfte ihrer Gläubigen mit größtem Geschick zu lenken und zu kanalisieren, in erster Linie durch die Verlegung ihrer Hoffnungen und Ängste aus dieser Welt in die nächste. So erfolgreich diese Methode im allgemeinen auch war, gab es aber doch Ausnahmen; denn in Zeiten allgemeiner

Unsicherheit und Erregung neigten die Menschen immer wieder dazu, sich an die Offenbarung und ihre zahllosen Kommentare zu halten – zu denen mit der Zeit eine zweite und ebenso wirksame apokalyptische Literatur trat, die wir heute unter dem Sammelbegriff der mittelalterlichen *sibyllinischen Weissagungen* zusammenfassen.

Zur Apokalyptik des hellenistischen Judentums gehörte eine Anzahl Bücher mit angeblich authentischen Aufzeichnungen göttlich inspirierter Prophetinnen wie die in Rom aufbewahrten berühmten sibyllinischen Bücher.[27] In Wahrheit waren diese in griechischen Hexametern verfaßten «Weissagungen» literarische Erzeugnisse, die in der Absicht geschrieben worden waren, unter den Heiden für das Judentum zu werben; und sie erfreuten sich in der Tat bei solchen großer Beliebtheit. Als dann später missionierende Christen ihrerseits sibyllinische Weissagungen zu verfassen begannen, stützten sie sich weitgehend auf diese jüdischen Schriften. Diese neue prophetische Literatur kannte aber immer noch nur einen eschatologischen Retter: den von der Offenbarung geprägten Typus des Kriegerheilands. Anderseits hatte die griechisch-römische Welt seit Alexander dem Großen dazu geneigt, ihre Herrscher zu vergöttlichen. Im alten Hellas gab es Könige, die sich den Titel «Erlöser» zulegten, und in Rom Imperatoren, die schon zu Lebzeiten göttliche Verehrung forderten. Es ist daher nicht verwunderlich, daß, als sich Christentum und weltliche Macht verbanden, die christlichen Deuter den Kaiser Konstantin für den geweissagten messianischen König hielten.[28] Nach Konstantins Tod übertrugen sie diese eschatologische Bedeutung auf die Person des jeweiligen Imperators, und solchen Deutungen ist es zuzuschreiben, daß sich in der christlichen Phantasie mehr als ein Jahrtausend hindurch die Gestalt des Kriegerheilands von einer zweiten Gestalt, der des Endzeitkaisers, begleitet wurde.

Die ältesten dieser im mittelalterlichen Europa bekannten Weissagungen waren die der tiburtinischen Sibylle[29], deren christliche Version aus der Mitte des vierten Jahrhunderts stammt. Zehn Jahre, von 340 bis 350, teilten sich die zwei überlebenden Söhne Konstantins in das Römische Reich: im Westen regierte Constans I., im Osten Constantius II. Gleichzeitig erreichte der Streit um die Lehre des Arius seinen Höhepunkt, und während sich Constans als kräftiger Verfechter der Beschlüsse des Konzils von Nikaia und Schutzherr des Athanasios erwies, neigte Constantius – mehr aus politischen als aus theologischen Gründen – zur Begünstigung der Arianer. Nach der Ermordung des lasterhaften Constans durch seine Legionäre vereinigte Constantius 350 wieder das Gesamtreich. Die tiburtinische Sibylle spiegelt die Reaktion der damaligen Christen auf diesen Rückschlag wider. Sie sagt eine «Zeit der Trauer» voraus: Rom wird in Feindeshand fallen, und Tyrannen werden die Armen und Unschuldigen unterdrücken, den Schuldigen aber Schutz gewähren. Doch dann wird ein griechischer Kaiser namens Constans kommen und die östliche und westliche Reichshälfte unter seiner Herrschaft vereinigen.

Dieser Constans, eine große, stattliche Erscheinung mit schönen, strahlenden Zügen, regiert 112 (oder 120) Jahre. Es ist eine Zeit der Fülle: es gibt Öl, Wein und Getreide im Überfluß, und alles ist wohlfeil. Und zugleich ist es die Zeit des endgültigen Sieges der Sache Christi. Die Städte der Heiden und die Tempel der falschen Götter werden verwüstet, und wer des Kaisers Aufruf, sich taufen zu lassen, nicht befolgt, verfällt dem Schwert. Am Ende dieser langen Regierung bekehren sich sogar die Juden, und wenn dies geschieht, erstrahlt das Heilige Grab in überirdischem Glanz. Unübersehbar wie der Sand am Meer brechen die Völker Gog und Magog – zweiundzwanzig an der Zahl – aus der Verbannung aus; doch Constans sammelt sein Heer und vernichtet sie. Nachdem dies getan ist, begibt er sich nach Jerusalem, legt den kaiserlichen Purpur und die Reichskrone auf Golgatha nieder und befiehlt die Christenheit in Gottes Obhut. Das Goldene Zeitalter und mit ihm das Römische Reich sind zu Ende; aber vor dem endgültigen Ende aller Dinge steht noch eine kurze Zeit der Drangsal bevor. Es erscheint nämlich der Antichrist und herrscht im Tempel zu Jerusalem; seine Wunder vermögen viele zu betören, diejenigen aber, die ihn durchschauen, verfolgt er. Um des Wohls seiner Erwählten willen verkürzt der Herr diese Tage und schickt den Erzengel Michael, der den Antichrist vernichtet. Und jetzt endlich ist die Zeit für die Wiederkehr Christi gekommen.

Noch deutlicher zeichnet sich die zum erstenmal bei der tiburtinischen Sibylle aufgetretene Gestalt des Endzeitkaisers in einer Weissagung ab, die als der *Pseudo-Methodius*[30] bekannt geworden ist. Die Weissagung tarnt sich als eine Schrift des Bischofs und Märtyrers Methodius von Patara, der im vierten Jahrhundert lebte; in Wirklichkeit wurde sie aber erst gegen Ende des siebenten Jahrhunderts verfaßt. Ihr ursprünglicher Zweck war, den syrischen Christen in ihrer ungewohnten und schmerzlichen Rolle als Minderheit unter mohammedanischer Herrschaft Mut zuzusprechen. Der *Pseudo-Methodius* beginnt mit einem Abriß der Weltgeschichte vom Garten Eden bis zu Alexander dem Großen, um dann, Jahrhunderte überspringend, die Zeit des Verfassers zu behandeln. Unter dem Deckmantel der Weissagung künftiger Dinge wird geschildert, wie die einst von Gideon geschlagenen und in die Wüste zurückgetriebenen Ismaeliten zurückkehren und die Länder zwischen Äthiopien und Ägypten und zwischen dem Euphrat und Indien heimsuchen. Die Christen werden ihrer Sünden halber bestraft und geraten zeitweilig unter das Joch dieser Horden – die natürlich die siegreichen Heere des Islam symbolisieren. Diese entweihen die heiligen Stätten, erschlagen die Priester, entfremden teils durch Gewalt, teils durch List zahlreiche Christen ihrem Glauben, nehmen ihnen einen Landstrich nach dem andern ab und brüsten sich, sie ein für allemal unterjocht zu haben.

Da aber – und hier wagt sich die Weissagung zum erstenmal in die Zukunft –, wenn die Dinge schlimmer stehen als je zuvor, steht ein mächtiger, längst für tot gehaltener Kaiser aus seinem Schlummer auf und erschlägt – unwiderstehlich in seinem Zorn – die Ismaeliten, verwüstet ihre Lande mit Feuer und Schwert und unterwirft sie einer Knechtschaft, die hundertmal drückender ist als die von den Ismaeliten den Christen auferlegte; und nicht minder wütet er gegen alle abtrünnig gewordenen Christen. Es folgt eine Zeit des Friedens und der Freude für das unter diesem gewaltigen Herrscher geeinte Reich, eine Zeit wunderbaren Wohlstands. Da aber brechen die Horden Gog und Magog in das Reich ein und bringen Schrecken und Zerstörung, bis Gott einen Hauptmann der himmlischen Heerscharen schickt, der sie wie ein Blitz vernichtet. Der Kaiser begibt sich nach Jerusalem, um dort das Auftreten des Antichrist zu erwarten. Als das gefürchtete Ereignis eintritt, setzt er seine Krone auf das Kreuz zu Golgatha, und dieses schwebt hinauf zum Himmel. Der Kaiser stirbt, und der Antichrist tritt die Herrschaft an. Aber schon bald erscheint das Kreuz von neuem am Himmel als das Zeichen des Menschensohns und Heilands, der auf den Wolken in Macht und Herrlichkeit naht, um den Antichrist mit dem Hauch seines Mundes zu töten und das Jüngste Gericht zu halten.

Die einmaligen geschichtlichen Umstände, aus denen diese Prophezeiungen erwuchsen, gingen vorüber und gerieten in völlige Vergessenheit; die Weissagung selbst verlor jedoch zu keiner Zeit ihre erstaunliche Anziehungskraft. Das ganze Mittelalter hindurch lebte diese sibyllinische Eschatologie neben der auf der Offenbarung Johannis fußenden weiter, wirkte auf diese ein und fühlte ihrerseits deren Wirkung. Ja, sie war zumeist sogar volkstümlicher, denn so unkanonisch und heterodox die sibyllinischen Weissagungen auch waren, übten sie doch einen gewaltigen Einfluß aus, und vermutlich waren sie neben der Bibel und den Werken der Kirchenväter die einflußreichsten Schriften im mittelalterlichen Europa.[31] Oftmals inspirierten sie die Äußerungen der prominentesten Geistlichen, wie des heiligen Bernhard und der heiligen Hildegard, deren Ratschläge sogar Päpsten und Kaisern als göttlich eingegeben galten. Zudem erwiesen sie sich als unendlich anpassungsfähig; ständig neu in Umlauf gebracht und mit neuen Kommentaren für die Bedürfnisse der Stunde versehen, stillten sie das ewige Verlangen ängstlicher Gemüter nach einem sicheren Blick in die Zukunft. Schon zu einer Zeit, da die im Abendland bekannten Versionen ausschließlich in lateinischer Sprache verfaßt und daher nur der Geistlichkeit zugänglich waren, sickerte eine gewisse Kenntnis ihres Inhalts bis in die untersten Schichten der Laienwelt durch. Vom vierzehnten Jahrhundert an begannen volkssprachliche Versionen zu erscheinen, und nach der Erfindung des Buchdrucks gehörten sie zu den allerersten Druckerzeugnissen. Im Ausgang des Mittelalters, als die Befürchtungen und Hoffnungen, die diese sibyllinischen Orakel erstmals geformt hatten, bereits tausend Jahre und länger zurücklagen, wurden diese Bücher allerorten eifrigst gelesen und studiert.

Die johanneische Überlieferung berichtet nur von einem Kriegerheiland, der in der Endzeit erscheinen wird; die sibyllinische Überlieferung spricht hingegen von zweien; in einem andern Punkt stimmen jedoch beide Überlieferungen überein, darin nämlich, daß in jener Endzeit ein Erzfeind Gottes, die ungeheuerliche Gestalt des Antichrist[32] aufstehen wird. Das war eine Gestalt, zu deren Formung die verschiedensten Quellen beigetragen hatten, bis sie zu einem ebenso komplexen wie wirkungsvollen Symbol geworden war. Auch hier liegt das entscheidende Element in «Daniels Traum». Wenn diese Prophezeiung von einem König spricht, der «sich erheben und aufwerfen wird... wider den Gott aller Götter»[33] und «den Höchsten lästern»[34], so meint sie damit in verschlüsselter Sprache den Judenverfolger Antiochos Epiphanes, der ja in der Tat ein Megalomane war. Doch wurden die der Prophezeiung zugrunde liegenden Umstände bald vergessen, während das Buch Daniel weiterhin als eine göttlich inspirierte, künftiges Geschehen vorhersagende Schrift galt. Losgelöst von ihrem geschichtlichen Zusammenhang, wurde die Gestalt des gotthassenden Tyrannen zu einem festen Bestandteil der jüdischen und später der christlichen apokalyptischen Vorstellungen. Sowohl die Offenbarung als auch die von Paulus an die Thessalonicher gerichtete Warnung bezeichnen diese Gestalt als einen falschen Messias, der «sich erhebt über alles, was Gott oder Gottesdienst heißt, also daß er sich setzt in den Tempel Gottes als ein Gott und gibt sich aus, er sei Gott»[35]. Durch die Kraft des Teufels wird der falsche Prophet «mit allerlei trügerischen Kräften und Zeichen und Wundern» die Welt betören. Nach außen wird er sich tugendhaft und wohlwollend geben; dennoch ist seine listig verborgene Schlechtigkeit grenzenlos, und diese wird ihm ermöglichen, eine fest gegründete Gewaltherrschaft aufzurichten: «Und ihm ward gegeben, zu streiten mit den Heiligen und sie zu überwinden; und ihm ward gegeben Macht über alle Geschlechter und Sprachen und Heiden.»[36]

Diese Gestalt, die man jetzt schlechthin den Antichrist nannte, ließ sich daher als menschliches Wesen, als ein ebenso verführerischer wie grausamer Despot und somit als Werkzeug und Diener Satans auffassen. Dennoch dachte man sich den Antichrist bei aller Schlechtigkeit nie als bloßen Menschen. Die persische Glaubenserwartung von dem am Ende der Zeit erfolgenden Sturz des Erzteufels Ahriman drang – verwoben mit dem babylonischen Mythos von einer Schlacht zwischen dem höchsten Gott und dem Drachen des Chaos – in die jüdische Eschatologie ein und bestimmte in hohem Grad das Phantasiebild dieses Gewaltherrschers der Endzeit. Schon Daniels Prophezeiung schildert Antiochos nicht nur als einen König von schreckenerregendem Aussehen, sondern als ein gehörntes Wesen, das «wuchs bis an des Himmels Heer und warf etliche davon und von den Sternen zur Erde und zertrat sie»[37]. Die Offenbarung teilt die herkömmliche Rolle des Antichrist unter zwei Tiere[38] auf: einen großen, roten Drachen mit sieben Köpfen und zehn Hörnern, der am Himmel erscheint oder aus dem Meer aufsteigt, und ein zweites gehörntes Tier, das aus dem Abgrund heraufsteigt und «redete wie ein Drache».

Hier verschmilzt die Gestalt des Antichrist mit der des zweiten gehörnten Tiers, das in der Tiefe der Erde haust, «des großen Drachen, der falschen Schlange, die da heißt der Teufel und Satanas» – und all die Jahrhunderte hindurch, da sich die Phantasie der Menschen so fasziniert mit ihm beschäftigte, behielt der Antichrist diesen dämonischen Zug. Die bildlichen Darstellungen jener Zeit zeigen ihn nicht nur als thronenden Tyrannen, sondern darüber hinaus als Drachen oder Dämon, der – umgeben von seinen geringeren Kreaturen – durch die Luft zu fliegen versucht, um sich als Gott zu beweisen, und von Gott in seinen Tod gestürzt wird (Abbildung 1). Der heiligen Hildegard von Bingen erschien er Mitte des zwölften Jahrhunderts als Ungeheuer mit riesigem, pechschwarzem Kopf, flammenden Augen, Eselsohren und gähnendem, mit eisernen Fängen bewehrtem Rachen.[39] So war der Antichrist wie Satanas selbst eine gigantische Verkörperung der anarchisch-zerstörerischen Kraft. Es genügt, Melchior Lorchs Darstellung des Satan-Antichrist (diesmal in Gleichsetzung mit dem Papst, Abbildung 4) zu betrachten, damit man inne wird, wie grenzenlos furchtbar und übermenschlich diese Kraft empfunden wurde. Die Darstellung stammt aus der Mitte des sechzehnten Jahrhunderts; doch hatten die darin ausgedrückten Gemütsbewegungen – Schrecken, Abscheu, Haß – den europäischen Menschen schon manches Jahrhundert geplagt.

Die johanneischen und sibyllinischen Weissagungen übten einen mächtigen Einfluß auf das politische Geschehen aus.[40] Der mittelalterliche Mensch empfand ja das ungeheure Drama der Endzeit nicht als das Phantasiebild einer fernen und noch unbestimmbaren Zukunft, sondern als unfehlbare Weissagung, mit deren Erfüllung er sozusagen stündlich rechnete. Wie sehr diese Erwartung sogar politische Entscheidungen beeinflußt hat, spiegelt sich deutlich in den zeitgenössischen Chroniken wider. Selbst unter den unwahrscheinlichsten Herrschern bemühten sich die Verfasser, jene christliche Eintracht, jenen Triumph über die Ungläubigen, jene bespiellose Fülle und jenes Wohlergehen zu entdecken, die allgemein als die Merkmale des heraufziehenden Goldenen Zeitalters galten. Und so gab es kaum einen neuen Monarchen, den seine Untertanen nicht im Licht jenes Endzeitalters zu sehen suchten, unter dessen Regierung das Millennium anbrechen würde; indes die Chronisten ihn mit den traditionell gewordenen messianischen Beinamen David und *rex iustus* bedachten. Trat dann die unvermeidliche Enttäuschung ein, so hielt man die glorreiche Erfüllung für lediglich bis zum nächsten Herrscher verschoben und betrachtete den gegenwärtigen – so gut es ging – als den «Vorläufer», dessen Mission es sei, den Weg für den Kaiser der Endzeit zu bereiten. Und selbstverständlich hat es auch stets Fürsten gegeben, die in einem wechselnden Grad von Aufrichtigkeit oder Zynismus mit dieser hartnäckigen Hoffnung spielten.[41] Wie früher die oströmischen Herrscher, beuteten auch im Abendland sowohl deutsche als auch französische Dynastien die sibyllinischen Weissagungen zur Untermauerung ihres Anspruches auf Vorherrschaft aus.

Mit noch größerer Spannung sah man jedoch dem Erscheinen des Antichrist entgegen.[42] Generation um Generation lebte in beständiger Furcht vor diesem alles vernichtenden Dämon, unter dessen Herrschaft gesetzloses Chaos, Raub und Plünderung, Folter und Massenmord regieren würden, während er doch gleichzeitig der Herold der so lang ersehnten Erfüllung, der Wiederkehr Christi und des Königreichs der Heiligen war. Unentwegt hielt man nach den «Zeichen» Ausschau, die nach der prophetischen Überlieferung die endgültig letzte «Zeit der Trübsal» ankündigen und begleiten sollten; und da diese «Zeichen» schlechte Regenten, Bürgerkrieg, Krieg, Trockenheit, Hungersnot, Seuchenzüge, Kometen, den plötzlichen Tod prominenter Männer und ganz allgemein ein Überhandnehmen der Sünde einschlossen, fiel es nie schwer, sie zu finden. Drohende und tatsächliche Einfälle der Hunnen, Magyaren, Mongolen, Sarazenen und Türken beschworen sofort die Erinnerung an die Heerscharen des Antichrist, an die Völker Gog und

Magog, herauf. Vor allem aber stand ein jeder Herrscher, der irgendwie als Tyrann betrachtet werden konnte, in Gefahr, mit den Zügen des Antichrist bedacht zu werden, in welchem Fall ihn feindselig gesinnte Chronisten mit dem gleichfalls traditionellen Beinamen *rex iniquus* belegten. Starb ein solcher Herrscher, ohne daß sich die Weissagungen erfüllt hatten, degradierte man ihn ähnlich wie den *rex iustus* zu einem bloßen «Vorläufer» und wartete weiter. Auch dieser Gedanke ließ sich politisch glänzend ausbeuten. So haben Päpste einen Gegner – einen Gegenpapst oder einen aufsässigen Kaiser – wiederholt feierlichst zum Antichrist proklamiert, wofür sie später in gleicher Münze heimgezahlt bekamen.

Wie sehr aber auch die üblichen Endzeit-Phantasien die Abwicklung des politischen Geschehens, die dabei gebrauchte Sprache und das Urteil über die beteiligten Persönlichkeiten beeinflußten, so sind sie doch nur unter ganz bestimmten sozialen Gegebenheiten zum sozial-mythischen Sprengstoff geworden. Solche Voraussetzungen ergaben sich vom elften Jahrhundert an in einigen Gegenden Westeuropas.

Inhalt

II
Die Tradition des religiösen Dissenses

Die Ideale der apostolischen Nachfolge

Die Überlieferung der apokalyptischen Prophetie war eine von vielen Voraussetzungen für die Bewegungen, mit denen sich dieses Buch beschäftigt. Daneben war die Tradition des religiösen Dissenses das ganze Mittelalter hindurch bedeutsam. Die chiliastischen Bewegungen können nicht als typisch für die Tradition des religiösen Dissenses angesehen werden, im Gegenteil, sie waren im Hinblick auf ihre Ziele, ihr Umfeld, ihre Verhaltensformen und – wie wir noch sehen werden – im Hinblick auf ihre soziale Zusammensetzung eher untypisch. Alle Bewegungen können nur im Zusammenhang mit einer weitverbreiteten religiösen Unzufriedenheit verstanden werden.

Die Kirche spielte natürlich bei der Entstehung und Erhaltung der mittelalterlichen Zivilisation die entscheidende Rolle, sie beeinflußte sämtliche Gedanken und Gefühle; und dennoch hatte sie stets Schwierigkeiten, die religiösen Sehnsüchte, die sie selbst anregte, gänzlich zu befriedigen. Mönche und Nonnen bildeten die religiöse Elite der Kirche; ihr Leben war – zumindest theoretisch, häufig auch praktisch – ganz und gar dem Dienst an Gott gewidmet. Diese Elite diente allen durch ihr Gebet, häufig kümmerte man sich auch um Kranke und Bedürftige, doch waren die Klöster nicht dafür zuständig, den Laien spirituell beizustehen. Diese Aufgabe fiel in den Verantwortungsbereich des weltlichen Klerus, der ihr allerdings nur unzureichend entsprechen konnte. Wenn Mönche und Nonnen dazu neigten, sich der Welt zu entziehen, so war der säkulare Klerus vom Bischof bis zum Gemeindepriester nur allzuhäufig in weltliche Dinge verstrickt. Der Laienstand trug schwer an Reichtum und politischer Ambitioniertheit des höheren Klerus, an Konkubinat und sexueller Freizügigkeit des niederen Klerus. Das Volk begehrte stark nach Evangelisation, nach einfacher und direkter Ansprache durch den

Klerus, um die Predigt mit eigenen Erfahrungen in Verbindung bringen zu können.

Die Kirche wurde an den Maßstäben gemessen, die sie den Völkern Europas als Ideale vermittelt hatte. Diese aus dem Evangelium und den Apostelgeschichten hergeleiteten Maßstäbe gingen auf die Zeit des Frühchristentums zurück. Bis zu einem gewissen Grade waren diese Regeln in der klösterlichen Lebensform nach dem Vorbild der Apostel festgeschrieben. «Denn», so besagt eine Regel der Benediktiner, «sie sind wahre Mönche, wenn sie wie unsere Väter und die Apostel durch ihrer Hände Arbeit leben.» Die im 10. und 11. Jahrhundert von den Klöstern Cluny und Hirsau ausgehende Reformbewegung zielte darauf, das klösterliche Leben in größere Übereinstimmung mit den ersten christlichen Gemeinden zu bringen, wie sie in den Apostelgeschichten beschrieben sind: «Alle, die zum Glauben fanden, hielten zusammen und hatten alles gemeinsam» (Apg 2,44). Aber diese Entwicklungen waren, eingeschlossen hinter Klostermauern, für Laien von nur geringer Bedeutung. In den Gemeinden bemerkte man deshalb immer wieder mit Bitterkeit den tiefen Graben zwischen der Einfachheit und Armut der ersten Christen und der reichen, hierarchischen Kirche ihrer Zeit. Diese Laien wollten Prediger in der Nachfolge der Apostel für ihre Gemeinden gewinnen, deren Heiligkeit ihr Vertrauen verdiente.

Es fanden sich Menschen, die für eine solche Rolle vorbereitet waren, auch wenn dies hieß, sich gegen die Kirche zu stellen. In den Augen der Kirche war es aber nur den ordentlich geweihten Priestern erlaubt zu predigen; wer als Laie dagegen verstieß, fiel unter ihren Bann. Dennoch zogen im mittelalterlichen Europa stets Laienprediger in der Nachfolge der Apostel durch das Land. Dies geschah bereits im 6. Jahrhundert in Gallien, bis ihr Erscheinen von etwa 1100 an plötzlich häufiger und von größerer Bedeutung wird.

Diese Veränderung ist ein Nebenprodukt der großen Reformanstrengungen der Kirche; in diesem Fall wurde der Einschnitt in die Geschichte des mittelalterlichen Christentums vom Papst selber angeregt. Im Mittelalter war die Kirche mitsamt der Klöster unter den Einfluß säkularer Herrscher geraten, die die kirchlichen Ämter auf allen Ebenen kontrollierten. Im 11. Jahrhundert versuchte eine Reihe energischer Päpste, die Autonomie der Kirche wiederherzustellen. Diese Päpste hoben den besonderen Stand und die damit verbundene Würde des Klerus als einer spirituellen Elite gegenüber dem Laientum erneut hervor. Der tatkräftige Papst Gregor VII. unternahm vor allem große Anstrengungen, die Simonie – den Verkauf von kirchlichen Ämtern – zu unterbinden und den Zölibat zu einer Zeit wiederaufzuwerten, da viele Priester verheiratet waren oder im Konkubinat lebten.

Bei ihrem Versuch, die päpstliche Politik zu verwirklichen, zögerten die Vertreter der Reform nicht, die Gefühle der Laien gegen den widerspenstigen Klerus aufzuwiegeln. Einige gingen sogar soweit, simonische Bischöfe «Diener des Satans» zu nennen und schlugen vor, Priesterweihen solcher Bischöfe abzuerkennen. Mehrere Diözesanversammlungen und auch Gregor VII. verboten mehrfach verheirateten oder im Konkubinat lebenden Priestern, die Messe zu lesen. Die Argumentation der orthodoxen Reformer ging natürlich nicht soweit, die von unwürdigen Priestern ausgeteilten Sakramente für ungültig zu erklären, aber es verwundert nicht, daß solche Vorstellungen unter Laien zunehmend Anklang fanden. Die große Reformbewegung hatte selber den Glaubenseifer in den Gemeinden und die Sehnsucht nach heiligen Männern mit apostolischem Lebenswandel verstärkt. Gegen Ende des 11. Jahrhunderts begannen die neu erweckten religiösen Energien, sich der kirchlichen Kontrolle zu entziehen und gegen die Kirche zu wenden. Die Annahme war nun weitverbreitet, daß die Eignung zum wahren Priesterstand nicht in der Tatsache der Ordination, sondern in der Treue zum apostolischen Lebenswandel begründet lag. Von diesem Zeitpunkt an hatten Wanderprediger Zulauf, mit dem sie zuvor nicht rechnen konnten.

Es lohnt sich, einen Blick auf einen typischen unabhängigen Prediger zu werfen, der am Anfang des 12. Jahrhunderts in Frankreich die Höhe seiner Macht erreicht hatte. Der frühere Mönch Heinrich hatte sein Kloster verlassen und war auf Wanderschaft gegangen. Am Aschermittwoch 1116 zog er mit großem Gefolge in Le Mans ein. Wie bei Christi letztem Einzug in Jerusalem gingen ihm zwei Jünger voran, die ein Holzkreuz trugen, als sei ihr Meister ein Bischof. Hildebert von Lavardin, der wahre Bischof, nahm dies alles wohlwollend hin und gab Heinrich sogar die Erlaubnis, in der Stadt Fastenexerzitien abzuhalten, unternahm dann aber unklugerweise eine lange Reise nach Rom. Unmittelbar nach der Abreise des Bischofs begann Heinrich, ein bärtiger junger Mann, gekleidet nur in ein härenes Hemd und mit einer mächtigen Stimme ausgestattet, gegen den örtlichen Klerus zu predigen. Er fand willige Zuhörer. Das Volk von Le Mans war bereit, sich gegen den eigenen Klerus zu wenden, da dieser ein käuflicher und leichtlebiger Haufen war. Darüber hinaus hatten sich die Bischöfe von Le Mans seit langem in kommunale Angelegenheiten – noch dazu in sehr unpopulärer Weise – verstrickt. Sie hatten die Grafen unterstützt, von deren Oberherrschaft sich die Bürger befreien wollten. Es nimmt nicht wunder, daß die Bevölkerung schon bald nach Beginn der Predigten Heinrichs die Priester auf die Straße jagten und in den Dreck stießen.

Die Bezichtigungen sexueller Zügellosigkeit und Perversionen, die von kirchlichen Chronisten gegen Heinrich erhoben wurden, sind insofern wenig glaubhaft, als daß diese Klischees regelmäßig gegen religiöse Abweichler vorgebracht wurden. Im Gegenteil, es sieht so aus, als hätte Heinrich sexuelle Mäßigung gepredigt, da er Frauen überredete, ihre reichen Kleider und ihren Schmuck auf die nur zu diesem Zweck errichteten Scheiterhaufen zu werfen und indem er versuchte, Prostituierte durch Eheschließungen mit seinen Gefolgsleuten zu bessern. In bezug auf seinen antiklerikalen Eifer kann jedoch kein Zweifel herrschen. Später, als er in Italien und der Provence predigte, verwarf er die Autorität der Kirche gänzlich. Er sprach geweihten Priestern ab, die heilige Wandlung zu vollziehen, die Absolution zu erteilen und das Sakrament der Ehe zu spenden. Die Taufe, so lehrte er, sollte nur noch als ein äußerliches Zeichen des Glaubens gelten. Kirchengebäude und der aufwendige Pomp der offiziellen Religion seien nutzlos; dagegen dürfe jedermann überall wie in der Kirche predigen. Zur wahren Kirche gehörten jene, die ein apostolisches Leben in Armut und Einfachheit führten; die Nächstenliebe sei der Kern des Glaubens. Heinrich sah sich unmittelbar von Gott dazu ermächtigt, diese Botschaft zu predigen.

Heinrich sollte viele Nachfolger haben. Das ganze Mittelalter hindurch hielt der Bedarf an religiösen Reformen an. Die diesen Bedarf tragenden Ideale blieben, auch wenn sie sich gelegentlich im Detail unterschieden, im Grunde unverändert. Über einen Zeitraum von vier Jahrhunderten hinweg, von den Waldensern über die spirituellen Franziskaner bis zu den Wiedertäufern, traten Männer auf, die durch das Land wanderten, arm und einfach in Nachahmung der Apostel lebten und das Evangelium einer spiritueller Führung bedürftigen Laienschar predigten.

Zugegebenermaßen wurden diese Ideale nicht nur von Dissidenten oder Häretikern, wie sie auch genannt wurden, vertreten. Schon zu Zeiten Heinrichs zogen andere Mönche wie zum Beispiel Robert von Arbrissel und Norbert von Xanten mit päpstlicher Erlaubnis in die Welt. Die Gründung der Franziskaner- und Dominikanerorden im 13. Jahrhundert vollzog sich bewußt gemäß dem Vorbild apostolischen Lebens. Ohne die vielfältigen Versuche, die Ideale der frühchristlichen Gemeinden innerhalb der institutionalisierten Kirche durchzusetzen, hätten die häretischen Bewegungen mit Sicherheit wesentlich größeren Zulauf gehabt. Häufig genug jedoch schlugen die innerkirchlichen Reformbestrebungen fehl, Predigermönche und Brüder zogen sich hinter die Mauern ihrer Klöster zurück oder tauschten das Streben nach Heiligkeit gegen das nach politischem Einfluß. Reformmaßnahmen, die ursprünglich im Geiste der apostolischen Armut standen, führten nicht selten zur Anhäufung großer Reichtümer. Solche Rückschläge wurden von der Laienschar als Zustand spiritueller Verlassenheit empfunden, den häretische Priester immer wieder zu nutzen wußten.

Gemeinhin verstanden sich diese Prediger lediglich als geistliche Führer. Verschiedentlich gaben sie aber vor, sehr viel mehr zu sein – ein göttlich inspirierter Prophet, Messias oder gar der leibhaftig gewordene Gott. Dem Phänomen messianischer Bewegungen widmet die vorliegende Arbeit ihren Schwerpunkt, deshalb ist es angebracht, auch seine Vorformen detaillierter zu untersuchen.

Frühe messianische Gestalten

Der Geschichtsschreiber der Franken aus dem 6. Jahrhundert, St. Gregor, Bischof von Tours, ist bekannt für die Sorgfalt, mit der er Informationen über zeitgenössische Ereignisse sammelte. Nachrichten und Begebenheiten erreichten ihn durch die Lage Tours' an der damaligen Hauptroute zwischen dem Norden und Süden Frankreichs besonders zuverlässig. Die sechs letzten Bände der *Historia Francorum*, die, als Tagebuch geführt, jedes Ereignis zum Zeitpunkt seines Geschehens aufzeichnen, sind von besonders großem historischem Wert. Im Lauf des Jahres 591 berichtet Gregor von einem unabhängigen Prediger, der sich selbst zum Messias erklärt hatte.

Demnach sah sich ein Mann aus Burgund plötzlich in einem Wald von einem Schwarm Fliegen umgeben, worauf er zwei Jahre lang seinen Verstand verlor. Später kam er in die Provinz Arles, wo er als Einsiedler, nur in Tierhaut gehüllt, sich ganz dem Gebet widmete. Nach Beendigung dieser asketischen Übung glaubte er, übernatürliche Heilkräfte und prophetische Gaben zu besitzen. Im weiteren Verlauf seiner Wanderschaft begab er sich in den Distrikt von Gévaudon in den Cevennen. Dort erhob er sich selbst zum Christus und nannte seine Begleiterin Maria. Kranke strömten in Scharen zu ihm, um durch Berührung geheilt zu werden. Er sagte auch zukünftige Ereignisse voraus, dabei prophezeite er den meisten Krankheiten und anderes Unglück, nur wenigen versprach er das Heil.

Die beeindruckenden Kräfte dieses Mannes führte Gregor auf die

Hilfe des Teufels zurück; sie verschafften ihm in jedem Fall eine große und ergebene Gefolgschaft – auch wenn, wie immer bei mittelalterlichen Statistiken, die Zahlenangabe von 3000 übertrieben ist. Diese Gefolgschaft bestand nicht allein aus ungebildetem Volk, sondern zu ihr gehörten auch einige Priester. Man brachte ihm Gold, Silber und Kleider, aber der Christus verteilte all diese Gaben unter den Armen. Stets wenn ihm und seiner Begleiterin Geschenke dargeboten wurden, verbeugten sie sich demütig und stimmten Gebete an, sobald sie sich aber wieder erhoben, forderte er die Versammlung auf, sie anzubeten. Später organisierte er seine Gefolgschaft als bewaffnete Bande, die durch das Land zog und als Wegelagerer Reisende ausraubte. Aber noch immer war Anbetung und nicht Reichtum sein Ziel. Er verteilte die Beute an alle, die nichts besaßen. Dazu gehörten, so kann man annehmen, auch seine Gefolgsleute. Doch bedrohte er Einwohner und Bischöfe der Städte, durch die er mit seiner Bande zog, mit dem Tode, wenn sie ihn nicht anbeteten.

In Le Puy ereilte den Messias sein Schicksal. Nach seiner Ankunft in dieser wichtigen Bischofsstadt quartierte er seine «Armee» – wie Gregor sie nennt – in den benachbarten Basiliken ein, so als ob er Krieg gegen den Bischof Aurelius führen wolle. Er schickte Boten voraus, sein Kommen anzukündigen. Sie traten splitternackt, hüpfend und purzelnd vor den Bischof. Dieser wiederum sandte eine Abordnung eigener Leute, um dem Messias auf seinem Weg entgegenzutreten. Der Anführer täuschte eine Verbeugung vor, nahm den Messias bei den Beinen; danach konnte dieser schnell festgenommen werden. Er wurde in Stücke geschnitten. «Und so», kommentiert Gregor, «fiel und endete dieser Christus, der eher Antichrist genannt werden sollte.» Seine Begleiterin Maria wurde ebenfalls ergriffen; unter der Folter verriet sie alle teuflischen Schliche, denen er seine Kräfte verdankte. Die Gefolgschaft zerstreute sich, stand aber weiter unter dem Bann des Anführers. Alle, die an ihn geglaubt hatten, beharrten bis zu ihrem Tode darauf, daß er der wirkliche Christus und seine Begleiterin Maria ein göttliches Wesen war.

Nach Gregors Erfahrung war dieser Fall keineswegs einzigartig. Auch in anderen Teilen des Landes tauchten viele ähnliche Gestalten auf und zogen eine ergebene Gefolgschaft, besonders Frauen, an; das Volk hielt sie für lebende Heilige. Gregor selbst war einigen von ihnen begegnet und hatte mit aller Kraft versucht, sie von den Pfaden des Irrglaubens abzubringen. Auch er sah in diesen Geschehnissen wie in vielen anderen «Zeichen» das herannahende Ende. Pest und Hungersnöte waren weit verbreitet, mußten dann nicht auch falsche Propheten erwartet werden? «Denn», so Gregor, «sagt nicht Jesus Christus: Und es werden große

Erdbeben sein, Hungersnöte und Seuchen allerorts und Schrecknisse und große Zeichen vom Himmel... Seht zu, daß ihr nicht verführt werdet! Denn viele werden kommen unter meinem Namen und sagen: Ich bin es. Viele falsche Propheten werden aufstehen und werden viele verführen. Wer aber ausharrt bis ans Ende, der wird gerettet werden» (Mt 24,11–13, Lk 21,8–11). Weithin wurde angenommen, daß diese Zeichen das Kommen der letzten Tage anzeigten.

150 Jahre später stieß der päpstliche Legat Bonifatius bei seiner Reform der französischen Kirche auf eine sehr ähnliche Gestalt mit Namen Aldebert. Dieser Mann war als Fremder in die Gegend um Soissons gekommen, wo ihm der örtliche Bischof verbot, in der Kirche zu predigen, obwohl er behauptete, geweihter Priester zu sein. Aldebert war aus ärmlichem Hause, und seine Zuhörerschaft bestand aus einfachem Landvolk. Wie der anonyme Messias des 6. Jahrhunderts lebte Aldebert in apostolischer Armut und behauptete, wundersam heilen zu können. Zu Beginn stellte er lediglich Kreuze im Land auf und predigte neben ihnen unter freiem Himmel, aber schon bald errichteten seine Anhänger geeignete Gebäude für seine Gottesdienste, zuerst kleine Kapellen, dann Kirchen.

Aldebert beschied sich nicht damit, ein bloßer Reformer zu sein, sondern trat als lebender Heiliger auf. Das Volk, sagte er, solle ihn in der Gemeinschaft der Heiligen anbeten, da er außerordentliche Gaben besäße, die er zum Nutzen seiner Anhänger einsetzen könne. Statt seine Kirche den Heiligen und Aposteln zu widmen, mit denen er sich gleichsetzte, stellte er sie unter seinen eigenen Schutz. Aldebert ging noch viel weiter, indem er beanspruchte, zumindest in einigen Dingen Christus gleich zu sein. So erklärte er, Gottes Gnade habe ihn schon im Mutterschoß erfüllt und durch Gottes besondere Gunst sei er so schon vor seiner Geburt heilig gewesen. Seine Mutter habe damals geträumt, ihrer rechten Seite würde ein Lamm entspringen. Unvermeidlich muß dabei an Mariä Verkündigung und an Jesus, das Lamm Gottes, gedacht werden, zumal der Glaube an Jesu Geburt durch die rechte Seite der Jungfrau verbreitet war.

Ein von Aldebert geschriebenes Gebet, das Bonifatius zur päpstlichen Prüfung nach Rom geschickt hatte, zeigt, wie sicher er sich seiner besonderen Verbindung zu Gott war. Gott, so scheint es, hat ihm versprochen, alles zu geben, was er verlangt. Das Gebet endet mit der Bitte um Unterstützung durch acht Engel. Einer anderen Quelle zufolge erfreute sich Aldebert der Hilfe eines Engels, der ihm wundertuende Reliquien aus aller Welt herbeischaffte, vermittels derer er sich eigene und die Wünsche seiner Anhänger erfüllen konnte. Er besaß ebenfalls einen

Brief Christi, den er zur Grundlage seiner eigenen Lehre machte; diesem Phänomen begegnen wir in späteren Abschnitten wieder.

Aldeberts Einfluß war mit Sicherheit sehr groß. Das Volk verließ seine Priester und Bischöfe und strömte in großer Zahl zusammen, um ihn zu hören. Über seine direkte Gefolgschaft, zu der viele Frauen gehörten, übte er unbeschränkte Macht aus. Sie waren davon überzeugt, daß er ihre Sünden kannte, ohne ihnen die Beichte abzunehmen. Sie bewahrten seine abgeschnittenen Fingernägel und Haare auf, die er unter ihnen als Talismane verteilte. Sein Einfluß wurde so gewaltig, daß ihn Bonifatius als eine ernsthafte Gefahr für die Kirche ansah und den Papst um Hilfe bei der Anstrengung bat, «die Franken und Gallier zurück auf den rechten Pfad zu führen».

Und wirklich beschäftigten sich einige Synoden mit Aldeberts Umtrieben. 744 rief Bonifatius mit der Zustimmung des Papstes Zacharias und der kraftvollen Unterstützung durch die fränkischen Könige Pippin und Karlmann eine Synode zu Soissons ein, auf der beschlossen wurde, Aldebert das Priesteramt zu entziehen, ihn gefangenzunehmen und die von ihm aufgestellten Kreuze zu verbrennen. Aber Aldebert entkam und setzte seine Predigten fort. So mußte im Jahr darauf erneut eine von Bonifatius und König Karlmann geleitete Synode zusammentreten; diesmal wurde er über den Entzug des Priesteramtes hinaus exkommuniziert. Aber noch schaffte es Aldebert, mit seinen Predigten fortzufahren, bis einige Monate später eine weitere Synode aus 24 Bischöfen, unter dem Vorsitz von Papst Zacharias, in Rom abgehalten wurde. Der römischen Synode lagen nicht nur der Rechenschaftsbericht von Bonifatius, sondern auch eine Biographie Aldeberts, die dieser Messias anerkannte, und ein von ihm selbst verfaßtes Gebet vor. Die Dokumente überzeugten die Synode von der Geisteskrankheit des Mannes. Das Ergebnis war eine schonende Behandlung; ihm wurde die Gelegenheit zum Widerruf gegeben, durch den er der Exkommunikation entgehen konnte. Bonifatius wollte ihn exkommunizieren und sofort verhaften lassen, da er zweifelsohne zu Recht davon ausging, daß Aldebert auf freiem Fuße fortfahren würde, seine absonderliche Lehre zu predigen und neue Anhänger zu gewinnen. 746 belegt eine Botschaft von König Pippin an Papst Zacharias die anhaltende Tätigkeit dieses wunderlichen Predigers. Allerdings scheint er kurz danach gestorben zu sein.

Vier Jahrhunderte später, zu einer Zeit, da Wanderprediger mit apostolischem Lebenswandel zu einer ernsthaften Gefahr für die institutionalisierte Kirche wurden, war in der Bretagne ein «Christus» tätig. Der ausführlichste Bericht, der über diesen Mann auf uns gekommen ist, stammt von William von Newburgh [1], der ein halbes Jahrhundert später schrieb. Normalerweise würde man dazu neigen, eine solche spätere Quelle unberücksichtigt zu lassen, aber da William zu den verläßlichsten mittelalterlichen Chronisten gehörte und die meisten Informationen glaubwürdig zeitgenössischen Quellen entnahm, ist es wahrscheinlich, daß die übrigen Details aus einer anderen, früheren Quelle stammen, die verloren ist.

William von Newburgh nennt den bretonischen Christus Eudo de Stella, und die meisten modernen Historiker haben diesen Namen übernommen oder benutzen das französische Äquivalent, Eudes de l'Etoile. Die noch vorhandenen zeitgenössischen Quellen verweisen jedenfalls auf den Mann unter anderem als Eys, Eon, Eun und Eons und wissen nichts über «de Stella». Eine ähnliche Unklarheit herrscht über seine Herkunft. Allein William von Newburgh geht von seiner adligen Abstammung aus, grundsätzlich stimmt man aber darin überein, daß er aus dem bretonischen Loudéac kam und kein Mönch oder geweihter Priester, sondern ein Laie mit oberflächlichen Lateinkenntnissen war.

Eudes maßte sich nichtsdestotrotz die priesterlichen Vorrechte an. Ungefähr 1145 begann er, unter freiem Himmel zu predigen. Es ist wahrscheinlich, daß er wie andere Wanderprediger für die apostolische Nachfolge eintrat und für seine Gefolgschaft Messen ausrichtete. Er war sicherlich eine faszinierende Persönlichkeit; wer mit ihm in Berührung kam, sah sich «wie eine Fliege im Spinnennetz gefangen» [2]. Er gründete eine eigene Kirche mit Erzbischöfen und Bischöfen, die er «Weisheit», «Wissen», «Gerechtigkeit» und nach den Aposteln nannte. Eudes war davon überzeugt, daß sein Name in der Gebetsformel «per eundem Dominum nostrum Jesum Christum» insofern angedeutet sei, als es nicht «durch eben Jesus Christus, unseren Herrn», sondern «durch Eun Jesus Christus, unsern Herrn» hieße. So zögerte er nicht, sich selbst den Sohn Gottes zu nennen.

Eudes' Gefolgschaft bestand aus einer großen Menge ungebildeten Volks.[3] Einige seiner Anhänger müssen sicherlich aus reiner Verzweiflung zu ihm gekommen sein. Einer der ersten Chronisten von Eudes' Unternehmungen berichtet von einer zu jener Zeit herrschenden großen Hungersnot. Die Barmherzigkeit reichte nicht aus, die hungernden Massen der Armen zu sättigen, da sogar die an Überfluß Gewöhnten um Nahrung betteln mußten. Auf den strengen Winter 1144 folgte eine zweijährige Hungersnot.[4] Die Armen verließen massenhaft die sie nicht mehr ernährende Erde und wanderten zum Teil sogar über das Meer aus. Was die Bretagne anbelangt, so war sie 200 Jahre vorher so gründlich von Skandinaviern verwüstet worden, daß sie sich immer noch wie im Urzustand befand und nur wenige freie Bauern dort lebten. In ihren ausgedehnten und undurchdringlichen Wäldern fand Eudes seine Operationsbasis.

Die Entscheidung, orthodoxer oder dissidenter Wanderprediger zu werden, ging oft einher mit dem Entschluß, einige Zeit zurückgezogen in einem Wald als Einsiedler zu leben. In dieser asketischen Übung sollten spirituelle Kräfte für die Mission gesammelt werden. Es kam vor, daß der Einsiedler in den Ruf eines heiligen Mannes gelangte und sich seine ersten Anhänger einfanden. So begann zum Beispiel das Wirken des Pseudo-Balduin 1224, und Eudes mag denselben Weg eingeschlagen haben. Mit Sicherheit hat seine Gefolgschaft, nachdem sie sich einmal zusammengerottet hatte, die bretonischen Waldbewohner in Schrecken gehalten. Es handelte sich um eine ruhelose, gewalttätige Horde, die daran Vergnügen fand, Kirchen, Klöster und Einsiedeleien zu plündern und zu zerstören. Wo sie hinkam, verwüstete die Bande das Land und mordete wahllos, was nicht ohnehin verhungerte. Während dies aus den zeitgenössischen Quellen hervorgeht, fügt William von Newburgh noch hinzu, daß Eudes' Anhänger im Zustand «vollkommener Freude», das heißt jede Arbeit meidend, prächtig gekleidet, in Saus und Braus lebten. Manchen Zeitgenossen schienen deren Festmähler von Dämonen bereitet; wer an ihnen teilnahm, verlor, wie man glaubte, seinen Verstand und blieb der Gemeinschaft für immer verfallen. Aus alldem kann man schlußfolgern, daß diese wie vergleichbare Banden in späteren Jahrhunderten überwiegend von Raub und Plünderung lebte.

Eudes' Einfluß reichte jedoch weit über seine unmittelbare Gefolgschaft hinaus. Er stellte tatsächlich eine solche Bedrohung dar, daß schließlich der Erzbischof von Rouen eine bewaffnete Schar gegen ihn aussandte. 1148 geriet Eudes in Gefangenschaft – wie seine Feinde vermerkten, fiel seine Gefangennahme mit einem wohlbekannten Omen großer Ereignisse zusammen, dem plötzlichen Erscheinen eines Kometen. Vor der Synode, die von Papst Eugen III. in der Kathedrale zu Reims abgehalten wurde, machte er eine erneute Bemerkung zu seinem Namen. Auch in der Gebetsformel «Per *eum* qui venturus est judicare vivos et mortuus et seculum per ignem» sei er angesprochen. Eudes behauptete, der «Eine» zu sein, der kommen müsse, um die Lebenden, die Toten und die Welt durch Feuer zu richten. Nach William von Newburgh bezeichnete Eudes auch einen von ihm mitgeführten gegabelten Stab als Herrschaftssymbol über das Universum: wenn die Zinken nach oben zeigten, gehörten zwei Drittel davon Gott und ein Drittel ihm, zeigten die Zinken nach unten, sei das Verhältnis umgekehrt.

Die Synode unterstellte Eudes der Bewachung durch den Erzbischof von Rouen. Eingesperrt in einen Turm, nur mit Wasser und wenig mehr ernährt, starb der arme Mann bald darauf. William von Newburgh berichtet auch noch vom Schicksal seiner engsten Anhänger. Diese waren zusammen mit ihrem Meister gefangengenommen worden und weigerten sich beharrlich, ihn zu verleugnen. An den ihnen verliehenen Titeln hielten sie stolz fest. So wurden sie als unverbesserliche Ketzer zum Feuertod verurteilt. In ihrer Standhaftigkeit blieben sie bis zuletzt unerschüttert; noch auf dem Wege zum Scheiterhaufen erinnerte einer seine Henker an den drohenden Untergang und rief unentwegt: «Erde, spalte dich!» «Das», kommentiert William Newburgh, «zeigt die Macht des Irrtums, wenn er sich in einem Herzen festgesetzt hat.»[5]

Kein Historiker hat je bezweifelt, daß der Christus des 6. Jahrhunderts, Aldebert im 8. Jahrhundert oder Eudes im 11. Jahrhundert sich wirklich so verhalten haben, wie es ihre Zeitgenossen berichteten. Es bietet sich in allen Fällen das fast gleiche Bild. Diese Männer begannen als unabhängige Prediger, deren Leben dem apostolischen Weg geweiht war, doch gingen sie letztendlich über dessen Ziel hinaus. So entwickelten alle drei messianische Ansätze, indem sie für sich reklamierten, lebende Heilige, Christus oder den ersten Aposteln ebenbürtig zu sein. In den von ihnen ins Leben gerufenen und ihnen selbst geweihten Kirchen sammelten sich viele Anhänger. Nicht nur zum Schutz des neuen Messias, sondern auch um den Kult gewaltsam zu verbreiten, hatten der bretonische Christus und Eudes ihre Gefolgschaft bewaffnet. Alle diese Prediger betreffenden Quellen gelten unter Historikern im wesentlichen als verbürgt, was im Falle des Tanchelm von Antwerpen, einer vergleichbaren Figur, nicht zutrifft.

Tanchelm verfügte über einen gewissen Bildungsstand und war bekannt für seine Beredsamkeit. Da Bildung fast ausnahmslos dem Klerus vorbehalten war, liegt der Schluß nahe, daß Tanchelm ein Mönch war, bevor er sich um 1110 genötigt sah, aus der Diözese Utrecht nach Flandern zu fliehen. Dort gewann er die Gunst des Grafen Robert II., der ihn mit einer wichtigen Mission beim Heiligen Stuhl betraute.[6] Der Graf war daran interessiert, den Einfluß des deutschen Kaisers in den Niederlanden zu schwächen. Tanchelms Aufgabe bestand darin, den Papst davon zu überzeugen, die kaisertreue Diözese von Utrecht neu zu ordnen und einen Teil einer dem Grafen verbundenen Diözese zuzuschlagen. Begleitet von dem Priester Everwacher, reiste Tanchelm nach Rom; aber am Hofe des Papstes Paschalis II. verhinderte der Erzbischof von Köln erfolgreich den Plan.

So war den diplomatischen Versuchen Tanchelms kein Erfolg beschieden, noch dazu starb 1111 sein Gönner, Graf Robert. In dieser Situation verfolgte Tanchelm mit aller Energie neue Wege. Von 1112 an wurde er als Wanderprediger tätig, nicht länger in Flandern, sondern auf den Inseln von Seeland, in Brabant, im Fürstbischoftum Utrecht und insbesondere in seinem damaligen Hauptquartier Antwerpen.

Die Quellenlage ist hinsichtlich Tanchelms weiterem Werdegang unklar. In einem Brief an den Kölner Erzbischof aus der Zeit zwischen 1112 und 1114 fordert etwa das Domkapitel von Utrecht, Tanchelm und Everwacher weiter in Gefangenschaft zu belassen. Ferner liegt die Lebensbeschreibung von Tanchelms orthodoxem Gegner Norbert von Xanten vor. Obgleich die Autoren dieser Zeugnisse ein starkes Interesse erkennen lassen, Tanchelm zu diffamieren, ist den Quellen nicht jegliche Glaubwürdigkeit abzusprechen, zumal manches mehrfach überliefert ist. Insbesondere verdient der genannte Brief berücksichtigt zu werden. In ihm sind Gegebenheiten beschrieben, die sich wahrscheinlich zum Zeitpunkt seiner Abfassung ereigneten. Diese zur Hilfeleistung für den benachbarten Prälaten bestimmten Angaben waren, so darf man annehmen, für diesen jederzeit überprüfbar.

Dem Domkapitel zufolge begann Tanchelm in einer Mönchskutte[7] mit gewaltiger Beredsamkeit zu predigen, und die Massen lauschten ihm wie einem Engel des Herrn. Er erweckte den Anschein eines Heiligen; das Domkapitel von Utrecht klagte, er gleiche wie sein Herr, der Teufel, einem Engel des Lichts. Wie so viele andere Wanderprediger verdammte er anfangs unwürdige Kleriker sowie den einzigen Priester Antwerpens, der im offenen Konkubinat lebte, um dann seine Angriffe auf die gesamte Kirche auszuweiten. Er lehrte nicht nur, daß die Sakramente wertlos seien, wenn sie von unwürdigen Händen verabreicht würden. Vielmehr seien Priesterweihen ungültig, die Sakramente befleckt, und die Kirchen nichts anderes als Freudenhäuser. Sein Feldzug erwies sich als so wirkungsvoll, daß das Volk Kirche und Eucharistie zu meiden begann. Es wurde so arg, daß man – wie das Domkapitel säuerlich feststellte – für desto frömmer galt, je mehr man auf die Kirche schalt. Gleichzeitig beutete Tanchelm auch materielle Anliegen aus; wie das Domkapitel sich beschwert, «vermochte er die Einwohner leicht zu überreden, den Dienern der Kirche den Zehnten zu verweigern, denn das war es, was ihren Wünschen entsprach». Für die Bauern war es ja in der Tat bitter, den zehnten Teil des Ertrages von Feld und Garten und die weichen Daunen der Gänse abliefern zu müssen. Und der Unmut war um so größer, wenn der Priester, der den Zehnten erhielt, nicht anerkannt war.

Bisher erinnern die Lehren Tanchelms an den Mönch Heinrich, der genau zur selben Zeit predigte. Darüber hinaus waren beide Männer in der durch den Aufschwung der Städte geprägten, selben sozialen Situation tätig. Als Heinrich in Le Mans eintraf, waren die Bürger noch immer über die Unterstützung, die ihr Bischof dem von ihnen bekämpften Grafen gewährte, empört. Der Landstrich, in dem Tanchelm sein Apostolat verfolgte, war auch seit langem durch städtische Erhebungen geprägt.

Ab 1074 versuchte sich eine Stadt nach der anderen – im Rheintal, in Utrecht, Brabant, Flandern und in Nordfrankreich – der Herrschaft geistlicher und weltlicher Souveräne zu entziehen. Die Urheber dieser Bewegungen – der ersten von vielen Aufständen, die die Geschichte der mittelalterlichen Städte von nun an verzeichnen sollte – waren zumeist Kaufleute, die einzig und allein materielle Interessen im Auge hatten und eine Gesetzgebung zu beseitigen trachteten, die ursprünglich für eine abhängige Bauernschaft formuliert worden war, jetzt aber Handel und Wandel hemmte. Gleichzeitig erschienen den wehrhaft gewordenen Bürgern jene Abgaben und Zehnten, die früher einmal die Gegenleistung für herrschaftliche Schutzgewährung dargestellt hatten, als willkürliche Belastung. Sie wollten ihre Städte selber und nach Gesetzen verwalten, die der neuen Wirtschaftsform Rechnung trugen. Oftmals erfolgte diese Neuregelung auf friedlichem Wege; doch wo sich der Souverän oder sonstige Oberherr unzugänglich zeigte, organisierten die Kaufleute die männliche Bevölkerung in revolutionären Bünden, auf die jeder Einwohner durch feierliche Eidesleistung verpflichtet wurde.

Gewaltsame Erhebungen ereigneten sich vor allem in Bischofsstädten. Die geistlichen Fürsten, die nicht wie weltliche Herren außerhalb der Stadtmauern auf einer Burg saßen, sondern inmitten ihrer Untertanen lebten, waren natürlicherweise bestrebt, ihre Macht ungeschmälert zu erhalten. Verstärkt wurde diese Neigung durch die konservative Einstellung der Kirche zu Wirtschaftsfragen; den Handel betrachtete sie lange Zeit als reinen Wucher und die Kaufleute als gefährliche Neuerer, deren Anschläge mit Festigkeit durchkreuzt werden mußten. Anderseits zeigten sich die Bürger – wenn sie sich erst einmal zur Brechung der bischöflichen Macht entschlossen hatten – durchaus imstand, ihren Kirchenfürsten umzubringen, die Kathedrale einzuäschern und auswärtige Vasallen, die zu seiner Unterstützung herbeieilten, mit Waffengewalt abzuwehren. Und obschon die Bürgerschaft normalerweise ganz bestimmte materielle Ziele verfolgte, so wird es doch niemanden wundern, daß sich der Unwille gelegentlich auch über nichtswürdige Priester entlud. Und war in solchen Fällen der städtische Pöbel beteiligt, so fiel der Protest unter Umständen recht handgreiflich aus.

Tanchelms wie auch Heinrichs Agitation vollzog sich vor einem derartigen Hintergrund. Nur unter Nichtachtung aller zeitgenössischen Zeugnisse könnte bestritten werden, daß Tanchelm wesentlich weiter gegangen sein muß als Heinrich. Folgt man dem Kapitel von Utrecht, so bildete Tanchelm aus seiner Gefolgschaft eine ihm blind ergebene Gemeinde, die sich selbst als einzig wahre Kirche ansah. Er regierte sie wie ein messianischer König. Begab er sich zu einer Predigt, begleitete ihn eine Leibwache, und statt des Kreuzes trug man ihm Schwert und Banner wie fürstliche Hoheitssymbole voran. Schließlich verstieg er sich zu der Behauptung, er sei wie Christus vom Heiligen Geist bewegt und gleich ihm Gott in eigener Person.[8] Eines Tages ließ er eine Marienstatue herbeischaffen und verlobte sich ihr vor einer riesigen Menschenmenge feierlichst an. Dann wurden zu beiden Seiten der Statue Truhen zur Aufnahme der Verlobungsgeschenke aufgestellt, und zwar die eine für die Gaben der Männer und die andere für die der Frauen, und Tanchelm selbst sagte: «Jetzt werde ich sehen, ob die Männer oder die Frauen mich und meine Braut stärker lieben.» Geistliche, die die Szene beobachteten, berichten voller Abscheu, wie man rannte, um seine Gaben darzubringen; die Frauen warfen ihre Halsketten und Ohrringe in die Truhen.

Auch wenn der Klerus vom habgierigen Charakter der Motive Tanchelms überzeugt war, so ist wahrscheinlicher, daß er wie der Christus des 6. Jahrhunderts oder sein Zeitgenosse, der Mönch Heinrich, die Reichen vom Weg der weltlichen Eitelkeit abzubringen versuchte. Die Geschichten über die erotischen Ausschweifungen können ebenso vernachlässigt werden, da sie Häretikern stets unterstellt wurden. Die Selbsterhöhung Tanchelms zu einem göttlichen Wesen aber ist zweifelsfrei belegt. Das Domkapitel von Utrecht beschreibt die Gründung einer die Apostel nachahmenden Brüderschaft von zwölf Männern und einer Frau als Vertreterin Marias durch den Schmied Manasses, einen Jünger Tanchelms. Derartige Geschichten wurden nicht erfunden, vor allem nicht im Rahmen eines amtlichen Schreibens. Übereinstimmend berichten das Domkapitel von Utrecht und der Biograph des Norbert von Xanten, daß Tanchelm sein Badewasser in seiner Gemeinde austeilte; es wurde in eucharistischem Sinne getrunken oder zu einer heiligen Reliquie erhoben. Dies erinnert an den von Aldebert gepflegten Kult um seine abgeschnittenen Fingernägel und Haare. Jedem, der mit anthropologischen Untersuchungen über das *Mana*, die ihm innewohnenden Kräfte und deren gegenständliche Übertragungsformen vertraut ist, müssen solche Rituale unmittelbar einleuchten.

Noch weitere Details werden in der Biographie des heiligen Norbert von Xanten angeführt. Den äußeren Kreis der Gefolgschaft Tanchelms bildeten bewaffnete Leibwächter, mit denen er opulente Gelage abzuhalten pflegte. Wie berichtet wird, durfte man sich Tanchelm nur in der Rolle eines Jüngers nähern, andernfalls wurde man von der Leibgarde umgebracht. Auf dem Höhepunkt seiner Macht vermochte ihm kein Feudalherr jener Gegend entgegenzutreten. Der «Praemonstratensian Continuator» des Sigebert von Gembloux erwähnt, allerdings auf einer sehr zweifelhaften Quellengrundlage, «zahlreiche Massaker». Der Biograph von Norbert von Xanten schrieb um 1155, und er mag sich hier sowohl auf eine frühere, jetzt verlorene Biographie berufen als auch von der Geschichte des Christus des 6. Jahrhunderts bei Gregor von Tours beeinflußt worden sein. Die wie gesagt wenig verläßlichen Angaben des Prämonstratensischen Continuators stammen aus der Zeit nach 1155.

Ungeachtet der späteren Versionen von Tanchelms Geschichte ist deutlich, daß er die Oberherrschaft über größere Gebiete erlangte. Die Mitglieder des Domkapitels von Utrecht gestanden ihre Hilflosigkeit offen ein. Tanchelm hatte für sie lange genug eine große Gefahr bedeutet, falls er nun freigelassen werde und sein Treiben fortsetzen könne, sehe sich das Kapitel außerstande, ihm Widerstand zu leisten, und das Bistum würde der Kirche unwiederbringlich verlorengehen. Selbst nach seinem Tod (er soll um 1115 von einem Priester getötet worden sein[9]) beherrschte Tanchelm noch lange Zeit die Stadt Antwerpen. Eine eigens zu diesem Zweck gebildete Kanonikerkongregation vermochte nicht, seinen Einfluß zu unterbinden, bis sich schließlich der spätere heilige Norbert dieser Aufgabe unterzog. Der einem hochadeligen Geschlecht entsprossene Norbert hatte auf eine glänzende Laufbahn am kaiserlichen Hof verzichtet, um in Lumpen durch die Welt zu wandern, er stand im Ruf eines Wundertäters, eines Heilers der Kranken und Irren und Zähmers von wilden Tieren. All das ermöglichte ihm, das Volk – wenn auch unter großen Schwierigkeiten – dem Geiste Tanchelms zu entfremden und Antwerpen für die Kirche zurückzugewinnen.[10]

Das Lob des heiligen, apostolischen Lebens durch die Wanderprediger drang in alle Schichten der Gesellschaft. Orthodoxe Neuerer wie zum Beispiel Robert von Arbrissel oder Norbert von Xanten genossen ebenso die Unterstützung des Hochadels und des wohlhabenden Bürgertums wie offensichtliche Häretiker vom Schlage der Katharer im Languedoc. Dagegen fanden in den unteren Schichten Priester mit göttlichem Gebaren – lebende Heilige, messianische Gestalten oder Inkarnationen des Heiligen Geistes – besonderen Anklang.

Diese Ausführungen bezeichnen lediglich eine Tendenz, keine unumstößliche Regel. Wie wir sahen, ließen Anhänger sowohl Tanchelm als auch dem Christus des 6. Jahrhunderts sehr wohl großzügige Spenden zukommen. Doch ist schwer vorstellbar, daß sich die bewaffneten Banden um diesen Christus, deren Beute aus Wegelagerei und Raubüberfällen an die Armen verteilt werden sollte, nicht aus den Reihen dieser Armen rekrutierten. Tanchelm fand seine ersten Jünger unter den Bewohnern Walcherens und anderer Inseln im Maas- und Scheldedelta. Hier können nur arme Fischer und Bauern gelebt haben; aber auch später in Antwerpen organisierte ein Schmied den innersten Kreis seiner Vertrauten. Ebenso wie Eudes folgten ihm «viele des niederen Volkes» aus den wilden und abgelegenen Wäldern der Bretagne.

Mithin dürfte fraglos deutlich geworden sein, daß die messianischen Wanderprediger überwiegend in den niederen sozialen Schichten Anklang fanden. Schon der renommierte Religionssoziologe Max Weber betonte die dieser Tendenz zugrunde liegenden Phänomene: «Ihren ersten Ursprung kann eine Erlösungsreligiosität sehr wohl innerhalb sozial privilegierter Schichten nehmen. Das Charisma des Propheten ist... durchaus normalerweise an ein gewisses Minimum auch intellektueller Kultur gebunden... Aber sie wandelt dann ihren Charakter regelmäßig, wenn sie auf die negativ privilegierten Schichten übergreift... Und zwar läßt sich wenigstens ein normaler Grundzug dieser Wandlung, eines Produkts der unvermeidlichen Anpassung an die Bedürfnisse der Massen, allgemein bezeichnen: Das Hervortreten des *persönlichen*, göttlichen oder menschlich-göttlichen Erlösers als des Trägers, der religiösen Beziehungen zu ihm als der Bedingung des Heils... Je weiter man auf der sozialen Stufenleiter nach unten gelangt, desto radikalere Formen pflegt das Heilandsbedürfnis, wenn es einmal auftritt, anzunehmen.»[11]

Die von Weber angestellten Überlegungen bestätigten sich in diesem Jahrhundert in zahlreichen kolonialen und ehemals kolonialen Territorien. Unter zahlreichen Beispielen sei nur an die Forschungen von Dr. Bengt Sundkler über messianische Zulu-Priester erinnert.[12] Wie die mittelalterlichen Wanderprediger apostrophierten sich diese Männer als «Christus» und bezogen Anregungen und Vorstellungen aus der Bibel. Auch deren maßlose Ansprüche wurden von den Gemeinden begeistert erfüllt. Die meisten der Zulu-Propheten, schreibt Dr. Sundkler, wurden als Halbgötter angesehen. Der Prophet wurde zum Schwarzen Christus und erlangte so seinen enormen Einfluß. Bezeichnend ist der Werdegang des berühmten Zulu-Messias Isaiah Shembe (1870–1935). Shembe war ein Laienprediger von beeindruckender Beredsamkeit und einer überaus anziehenden Persönlichkeit, der eine eigene Kirche in Opposition zu der von Weißen unterstützten Missionskirche aufbaute. Zunächst beanspruchte er, vor allem gegenüber der weißen Autorität, nicht mehr als ein Prophet zu sein. Schließlich jedoch verbreitete er unter seinen Leuten, er sei der «Verheißene», der wahre und einzige Nachfolger Jesu. Wie Jesus einst den Weißen, so würde er nun den Zulus das Heil bringen; dazu habe der Herr ihn schon im Mutterschoß berufen. Er versprach, zur rechten Zeit am Tor des Heiligen Jerusalem zu stehen, Weiße und solche Schwarze, die sich zur Missionskirche bekannten, abzuweisen und dafür Sorge zu tragen, daß nur seine Gefolgschaft Einlaß fände.

Eine interessante Parallele zwischen den messianischen Gestalten des mittelalterlichen Europas und den Zulu-Priestern wie Shembe läßt sich auch in der weiteren Entwicklung dieser Priester ziehen. Die messianischen Gestalten, so betont Sundkler, wiesen Ähnlichkeiten mit als auch Unterschiede zu den Zulu-Häuptlingen in den Tagen der nationalen Unabhängigkeit auf. Messias und Häuptling galten beide als göttliche Wesen; verkörperte der Häuptling die Stammesmacht, so beanspruchte der Messias, der ‹Fürsprecher der Verachteten› zu sein.

Charakteristischerweise gewinnen messianische Figuren ihren Einfluß nicht generell unter Armen und Unterdrückten, sondern insbesondere unter denen, deren Lebenswelt zerstört und deren Glaube an traditionelle Werte verlorengegangen ist. Gerade eine solche Orientierungskrise durchlitten die Massen im mittelalterlichen Westeuropa. Dies gilt vor allem für die Zeit nach 1100. Im großen Strom der religiösen Unzufriedenheit läßt sich von diesem Zeitpunkt an der religiöse Dissens der Armen als Hauptströmung ausmachen. Ohne Einschränkung kann von messianischen Führern und Bewegungen der Armen und Unterdrückten die Rede sein.

Bevor sich dieses Buch damit näher beschäftigen kann, muß kurz genauer darauf eingegangen werden, wer diese Armen waren. Zu überprüfen ist, was sie von den Armen früherer Jahrhunderte unterschied, auf welche neuen Zwänge sie zu reagieren hatten und welche neuen Bedürfnisse sie auszudrücken versuchten.

III

Der Messianismus der orientierungslosen Armen

Die Bedeutung des rapiden sozialen Wandels

Vom Ende des 11. Jahrhunderts an kamen zunehmend regelmäßiger revolutionäre Bewegungen der Armen zustande; angeführt wurden sie von messianischen Gestalten oder lebenden Heiligen, die sich auf die Sibyllinischen und Johannitischen Weissagungen der letzten Tage beriefen. Millenaristische Bewegungen traten allerdings weder zu jeder Zeit noch allerorten auf. In Nordeuropa existierte zum Beispiel nur im Rheintal eine Tradition des revolutionären Millenarismus fast ungebrochen bis in das 16. Jahrhundert. Solche Traditionen bestanden in Nordfrankreich und im heutigen Belgien zwischen dem 11. und dem 14. Jahrhundert, in Süd- und Mitteldeutschland von der Mitte des 13. Jahrhunderts bis zur Reformation, hiernach setzte ein vergleichbarer Prozeß in Holland und Westfalen ein. Im Zuge allgemeiner sozialer Umbruchssituationen kam es auch in der Nähe von London und in Böhmen zu millenaristischen Aufständen.

Bis auf kleinere Ausnahmen vollzogen sich alle in diesem Buch untersuchten Entwicklungen in dieser festumrissenen Zeitspanne. Die Gründe dieser Beschränkung sind zu hinterfragen. Auch wenn es gewagt erscheint, Ursachen sozialer Phänomene für vergangene Gesellschaften untersuchen zu wollen, so ist doch der revolutionäre Millenarismus ein deutlich nach Ort und Zeit eingrenzbarer Gegenstand, als daß hierauf verzichtet werden könnte. Aus einer übergeordneten Perspektive wird deutlich, wie sich die sozialen Bedingungen glichen, unter denen es zu millenarischen Ausbrüchen kam; detailliertere Untersuchungen bestätigen diesen Eindruck. Vor allem Orte, die an chronischer Überbevölkerung litten, wurden in einen Prozeß des rapiden ökonomischen und sozialen Wandels hineingezogen. Eben hier erhielten die überlieferten Prophetien der letzten Tage eine neue revolutionäre Bedeutung und eine explosive Kraft. Auf Grund einer disparaten Entwicklung im mittelalterlichen Europa ergaben sich solche Voraussetzungen mal in der einen, mal in der anderen Gegend. Unvermeidlich verbanden sich mit derartig gravierenden Veränderungen Einbrüche in den geschlossenen Kosmos der über tausend Jahre unveränderten bäuerlichen Lebensformen. Es gilt genauer zu betrachten, wodurch sich diese Veränderungen im einzelnen auszeichnen.

Nun war die übliche bäuerliche Existenz sicherlich nie leicht gewesen. Obschon die Methoden der Bodenbewirtschaftung allmählich besser wurden, waren sie doch beileibe nicht imstand, den Bauern, selbst unter günstigen Verhältnissen, in Wohlstand zu halten; und für die meisten muß das Dasein ein harter Kampf gewesen sein. Es gab kein Dorf, wo nicht eine Anzahl Bauern am Rande des Elends lebten; und wenn eine Ernte schlecht ausfiel, so entstand angesichts der geringen Überschüsse anderswo und der mangelnden Transportmöglichkeiten oft genug Hungersnot. Eindringende Nordländer und Magyaren verwüsteten endlose Generationen hindurch weite Gebiete Nord- und Mitteleuropas, und noch viel ausgedehntere Gegenden litten unter den ständigen blutigen Fehden und Gewalttaten des Feudaladels. Zudem befand sich der Großteil der Bauern in einer dauernden, drückenden Abhängigkeit von einem feudalen oder kirchlichen Oberherrn. Die Leibeigenschaft war weit verbreitet; sie ging vom Vater auf die Kinder über, und so gehörten die Leibeigenen von Geburt an zur Habe ihres Herrn – ein Zustand, der als entwürdigend empfunden wurde. Daneben gab es andere Zustände, die kaum leichter zu ertragen waren. In den langen Jahrhunderten ununterbrochener Kriegswirren ohne starke königliche Zentralgewalt sahen sich immer zahlreichere Freisassen gezwungen, Hof und Land an den nächsten Burgherrn abzutreten, der sie dafür mit seinen waffentragenden Knechten vor räuberischen Überfällen schützte. Und obschon ein ewiger Erbvertrag die Bedingungen ihrer Abhängigkeit festlegte, unterschied sich diese – vor allem für die Nachkommen – kaum von dem der ausgesprochenen Leibeigenschaft. In einer Zeit, da Landbesitz und das Recht, Waffen zu tragen, die beste Gewährleistung der persönlichen Freiheit darstellten, befanden sich die Bauern in einer üblen Lage, denn landwirtschaftlich nutzbares Land gehörte fast ausschließlich der Kirche oder dem Adel, und nur dieser konnte sich Rüstung und Waffen leisten. Das Land, aus dem der Bauer seinen Lebensunterhalt zog, mußte gepachtet und der Schutz, der ihm gewährt wurde, abverdient werden, woraus ein kompliziertes System von Frondienst, Naturalleistungen, Strafen und Abgaben entstand.

Innerhalb dieser Ordnung gab es natürlich große Unterschiede. Das Verhältnis zwischen Gebundenheit und Freiheit schwankte von Jahrhundert zu Jahrhundert und von Gegend zu Gegend; und innerhalb dieser Hauptkategorien bestanden wiederum zahllose Varianten der legalen Abhängigkeit und des Wohlstands – ja sogar in den Dörfern selbst herrschte entschiedene Ungleichheit. Dennoch muß in diesem Zusammenhang betont werden, daß Armut, Mühsal und oftmals drückende Abhängigkeit nicht ausreichten, einen revolutionären Chiliasmus auszulösen, denn sonst hätte sich ein solcher angesichts der elenden Lage der mittelalterlichen Bauern überall aufs stärkste bemerkbar machen müssen. Das war aber normalerweise nicht der Fall. Womit so manches Herrenhaus vertraut war, das war die ständige Neigung der Bauern, davonzulaufen, waren periodische Versuche von Dorfgemeinschaften, bessere Bedingungen zu ertrotzen, sporadische, kurze Revolten – doch nach dem Tausendjährigen Reich zu streben fanden sich bodenbewirtschaftende Bauern nur in Ausnahmefällen bereit. Wenn es dennoch geschah, dann entweder, weil sie sich von einer großen Bewegung, die einem ganz anderen sozialen Milieu entsprang, fortreißen ließen, oder weil ihre herkömmliche Lebensform zerbrochen war, oder – und das war wohl der häufigste Fall – aus beiden Gründen zusammen.

Daß die ländliche Bevölkerung im frühen – und in vielen Gegenden auch im späteren – Mittelalter trotz Elend, Mühsal und Abhängigkeit dem militanten Chiliasmus verhältnismäßig wenig zugänglich war, ist leicht zu begreifen. Das bäuerliche Dasein unterlag in einem Ausmaß, das kaum überschätzt werden kann, der Gewohnheit und dörflichen Gepflogenheit.[1] In den weiten Ebenen des Nordens lebten die Bauern meist in Dörfern beisammen und verrichteten ihr Tagewerk nach einer von der Gesamtheit der Dorfbewohner entwickelten Routine. Ihre Felder waren so ineinander verschachtelt und verzahnt, daß sie häufig gemeinsam gepflügt, gesät und geerntet haben müssen. Jeder Bauer besaß ein genau abgestuftes Recht zur Benutzung der Allmend, und aller Vieh weidete dort gemeinsam. Die die gegenseitigen Beziehungen regelnden Normen wechselten zwar von Dorf zu Dorf, genossen jedoch stets den Segen des Herkommens und galten deshalb als unabänderlich. Um die Beziehungen zwischen Dorfbewohnern und Burgherrn stand es nicht anders. Im Lauf der langen Auseinandersetzung zwischen den widerstreitenden Interessen hatte sich in jeder Herrschaft eine Rechtsordnung ergeben, die jedermanns Rechte und Pflichten genau präzisierte; und die Bauern wachten im allgemeinen voll Mißtrauen darüber, daß sich der Burgherr peinlich genau an sie hielt; nötigenfalls verteidigten sie ihre Rechte mit großer Entschlossenheit und strebten, wenn sich dazu Gelegenheit bot, nach deren Erweiterung. Sie konnten sich das um so mehr erlauben, als die Bevölkerung spärlich und Arbeitskräfte begehrt waren; und der ihnen daraus erwachsende Vorteil glich die Landfülle und bewaffnete Macht der Herrschaft bis zu einem gewissen Grad aus. Im Endergebnis gestattete diese gutsherrschaftliche Ordnung keine schrankenlose Ausbeutung der Arbeitskraft, weil Frondienst wie Naturalleistungen nach Ausmaß und Höhe einer detaillierten Regelung unterlagen. Und zumindest verschaffte es den Bauern jenes grundsätzliche Sicherheitsgefühl, das aus dem garantierten Erbanspruch auf ein Stückchen Land erwächst.

Innerhalb dieses ländlichen Lebenskreises erfuhr die Stellung des Bauern – wie die des Adels – eine weitere Stärkung durch seine Verankerung in der Sippengemeinschaft.[2] Der große Familienverband, dem jeder Bauer angehörte, setzte sich aus allen Nachkommen beiderlei Geschlechts mit ihren Ehegatten zusammen, die sich durch Blutsbande an den Vater (oder, wenn er fehlte, an die Mutter) des ältesten Zweiges der Familie als Sippenoberhaupt gebunden fühlten. Oftmals wurde der Sippe die Bewirtschaftung des bäuerlichen Anwesens offiziell im Erbrecht übertragen und verblieb bei ihr, solange sie bestand. Solche seit Generationen am selben Ort verwurzelte Familien bearbeiteten stets die gleichen unparzellierten Felder, teilten «Herd, Topf und Brot» und stellten Gesellschaftszellen von großer Festigkeit dar, selbst wenn gelegentlich innerer Hader herrschte. Daß der einzelne Bauer aus dieser Sippenzugehörigkeit manchen Vorteil zog, steht außer Zweifel. Was ihm auch nottat, immer konnte er – sogar wenn er außerhalb des Familienverbandes lebte – Hilfe beanspruchen und sicher sein, daß sie ihm gewährt wurde. So sehr die Blutsbande den einzelnen auch einengten, einen Rückhalt gewährten sie ihm.

Die sozialen Beziehungen, in die ein Bauer hineigeboren war, wurden in ihrer starken Verflochtenheit als so selbstverständlich empfunden, daß eine wirklich tiefe Desorientierung ausgeschlossen war. Solange dieses Geflecht intakt blieb, erfreute sich der Landmann nicht nur einer gewissen materiellen Sicherheit, sondern auch – was noch bedeutungsvoller war – eines gewissen Sicherheitsgefühls, dem weder dauernde Armut noch vorübergehende Gefährdung Abbruch tun konnten. Zudem unterwarf man sich der endlosen Mühsal mit gleicher Selbstverständlichkeit als einem von Ewigkeit her bestehenden Zustand. Der Gesichtskreis war eng begrenzt, sowohl geographisch als auch sozial und materiell. Das lag nicht nur an der geringen Berührung mit der weiten Welt jenseits des Herrschaftsbereichs, sondern mehr noch an der Undenkbarkeit einer radikalen Umwälzung der Verhältnisse überhaupt. In einer allgemein primitiven Wirtschaft, in der keiner Reichtümer besaß, fehlten die Stimulantien, die neue Bedürfnisse geweckt hätten, und ganz gewiß solche, die große Phantasien von Reichtum und Macht inspirieren konnten.

Diese Sachlage begann sich vom elften Jahrhundert an zu ändern, als erst die eine und dann die andere Gegend Europas so weit befriedet war, daß sich die Bevölkerung vermehren und der Handel ausweiten konnten. Die ersten Landstriche, wo im elften, zwölften und dreizehnten Jahrhundert solche Bedingungen vorlagen, befanden sich teils auf französischen, teils auf deutschem Boden und erstreckten sich etwa von der Somme bis zum Rhein – mit dem von seinen Grafen vorzüglich und mit fester Hand regierten Flandern als Kernstück. Das heutige Nordostfrankreich, Holland und das Rheinland wiesen schon im elften Jahrhundert eine solche Bevölkerungsdichte auf, daß die herkömmlichen landwirtschaftlichen Methoden die Volksmassen nicht mehr zu ernähren vermochten. Viele Bauern rodeten Wälder, trockneten Sümpfe und vom Meer überflutete Buchten; viele andere wanderten nach Osten aus und beteiligten sich an der großen deutschen Kolonisation von slawisch besiedelten Ländern.[3] Solchen Pionieren ging es verhältnismäßig gut, aber für die Zurückgebliebenen gab es oft kein oder ein zu kleines Anwesen, als daß es sie hätte ernähren können, und so mußten sie andere Wege suchen, um, so gut es eben ging, durchzukommen. Teils bildete sich aus dieser überschüssigen Bevölkerung ein ländliches Proletariat, teils strömten sie in die neuen gewerblichen und handeltreibenden Gemeinden und bildete hier das städtische Proletariat.

Den ersten entscheidenden Anstoß zur gewerblichen Blüte Flanderns, das sich damals von Arras bis Gent erstreckte, gaben die gleichen Wikinger, die so oft weite Teile Europas verheert hatten. Die dort schon seit den Zeiten der Römer betriebene Tuchweberei hatte bereits ein beträchtliches Ausmaß angenommen, als man im zehnten Jahrhundert aus England Schafwolle einzuführen begann. Gleichzeitig wurden die Wikinger mit ihren tief nach Rußland hineinreichenden Handelsbeziehungen zu glänzenden Abnehmern hochwertiger Erzeugnisse, und das zu einem Zeitpunkt, da das Land so weit befriedet war, um dem Gewerbefleiß Entfaltungsmöglichkeit zu geben. Im elften, zwölften und dreizehnten Jahrhundert dehnte sich die Tuchweberei unentwegt aus, bis der gesamte Landstrich schließlich zu einer einzigen Werkstatt und zur industrialisiertesten Gegend des vorwiegend Landwirtschaft treibenden Kontinents geworden war.[4] Eng verbunden mit Flandern waren die Gegenden am Rhein, weil die flandrischen Kaufleute ihre Güter stromaufwärts verfrachteten; später, im dreizehnten Jahrhundert, ging der Handel in die Hände der am Rhein ansässigen Kaufleute über, die das flämische Tuch neuen Märkten in Mittel- und Süddeutschland, ja sogar in der Levante zuführten. In Köln, diesem Knotenpunkt zahlreicher Handelsstraßen, blühte gleichzeitig eine eigene Tuchmanufaktur und Metallbearbeitung auf.[5]

Die neuen städtischen Zentren übten auf die ländliche Bevölkerung eine mächtige Anziehungskraft aus – in erster Linie vermutlich auf die Unbegüterten, dann aber auch auf solche, die sich dem Druck ihrer Herrschaft entziehen wollten oder einfach unruhige Gesellen waren, die nach einer Veränderung strebten, und schließlich auf Personen mit besonders großer Phantasie und Tatkraft.[6] Das städtische Leben bot dem gemeinen Mann mancherlei Möglichkeiten und Befriedigungen, die ihm das flache Land nicht bieten konnte. Durch die Aufnahme in die Stadt entzog er sich der Leibeigenschaft und wurde zum freien Mann. Zudem konnte man – insbesondere zu Beginn des gewerblichen Aufschwungs – seine materiellen Verhältnisse in der Stadt viel leichter verbessern. Jeder mittellose Ankömmling mit kaufmännischer Begabung konnte es zum reichen Handelsherrn bringen. Auch die nur für den lokalen Markt arbeitenden Handwerker schlossen sich in Zünften zusammen und schufen damit soziale Bindungen, die die Dorf- und Sippengemeinschaft ersetzten und noch größere Vorteile boten. Durch die Ausweitung der sozialen und materiellen Grenzen hörten Armut und Mühsal auf, als unabwendbares Los des gemeinen Mannes zu gelten.

Es gab aber auch viele, in denen neue Wünsche geweckt wurden, ohne daß sie in der Lage waren, sie zu befriedigen, und in diesen löste der Anblick eines in früheren Jahrhunderten unvorstellbaren Reichtums die bittersten Gefühle aus. In allen diesen übervölkerten, verstädterten und gewerbereichen Bezirken vegetierte ein Unmasse von Menschen in ständiger Unsicherheit am Rande der Gesellschaft, weil die Betriebe nicht einmal in den besten Zeiten den Bevölkerungsüberschuß völlig aufzunehmen vermochten. Bettler drängten sich auf allen Märkten, zogen bandenweise durch die Straßen und von Stadt zu Stadt. Eine erhebliche Anzahl verdingte sich als Landsknechte, da aber die Feldzüge nie lange zu dauern pflegten, sahen sie sich immer wieder entlassen. Man bezeichnete schließlich diese Banden marodierender Glücksritter, die, aus Brabant und den umliegenden Gebieten kommend, unaufhörlich weite Provinzen Frankreichs heimsuchten, als Brabançons. Aber auch viele der in Arbeit stehenden Gesellen befanden sich gegenüber ihren Meistern in einer hilfloseren Lage als die Bauern gegenüber ihrer Herrschaft.[7]

Nun darf man den damaligen Gewerbebetrieb freilich weder hinsichtlich der Größe und der Produktionsmethoden, noch in bezug auf die Unpersönlichkeit mit den Riesenunternehmungen vergleichen, die der europäischen Wirtschaftsstruktur im neunzehnten Jahrhundert ein neues Gesicht gegeben haben. Ebensowenig darf man sich ihn aber als eine kleine Werkstatt vorstellen, wo der Meister als ein Mann von bescheidenen Mitteln und geringem Ehrgeiz über drei bis vier Gesellen und etliche Lehrlinge väterlich wie über eine kleine Familie wachte. Dieses wohlbekannte Bild traf ja nur auf die für den lokalen Markt arbeitenden Betriebe zu, während diejenigen, die Güter zur Ausfuhr ins Ausland herstellten, auf einer – freilich noch primitiven – Form des Kapitalismus beruhten. In der Tuchmanufaktur insbesondere waren es kapitalkräftige Handelsherren, die einerseits das Rohmaterial zur Verfügung stellten und anderseits über die für das Ausland bestimmten Fabrikate verfügten. Sogar ausgebildete Meister – Weber und Tuchwalker – befanden sich in schwieriger Lage; ihre Zünfte vermochten sie lange nicht so gut zu sichern wie die Zünfte der für den örtlichen Markt tätigen Gewerbe. Jeder lebte in der ständigen Befürchtung, von einem Krieg oder einer sonstigen Absatzstockung um sein Brot gebracht und der verzweifelten Masse der Arbeitslosen zugesellt zu werden, während die ohnehin elend entlöhnten ungelernten Arbeiter ohne eigene Produktionsmittel und ohne den Schutz einer Zunft dem Markt auf Gnade und Ungnade ausgeliefert waren.[8]

Abgesehen von ihrer Armut, die der der ärmsten Bauern nicht nachstand, befanden sich Handlanger und Taglöhner in einem Zustand der Ratlosigkeit, wie er unter der gutsherrschaftlichen Ordnung kaum anzutreffen war. Es gab kein überliefertes Gewohnheitsrecht, auf das man sich berufen konnte; es herrschte kein Mangel an Arbeitskräften, der irgendwelchen Forderungen Nachdruck verliehen hätte; vor allem aber fehlten die den einzelnen stützenden sozialen Bindungen, wie sie auf dem flachen Lande bestanden. Zwar scheinen nach unseren heutigen Begriffen die mittelalterlichen Städte klein; dennoch besteht kein Zweifel, daß in städtischen Konglomeraten wie den flandrischen mit ihren zehn- bis fünfzehntausend Einwohnern Unglückliche in einer Weise zugrunde gingen, wie es in einem fünfzig oder hundert Seelen zählenden Dorf unmöglich gewesen wäre. Die Sippengemeinschaft behielt in der Stadt nur im Patriziat einen praktischen Wert, in den unteren Schichten sank sie zur Bedeutungslosigkeit ab – teils weil sich die städtische Bevölkerung infolge der hohen Sterblichkeit ständig erneuerte, teils weil sich arme Familien nur einen beschränkten Wohnraum leisten konnten, der die Neubildung größerer Familiengemeinschaften verhinderte. Die Abwanderung von der übervölkerten Landschaft in die gewerblichen Zentren begann als Schwächung der großen bäuerlichen Familie und endete mit deren völligen Auflösung.[9]

Das ländliche und städtische Proletariat – Bauern ohne oder mit zu wenig Land, um sie zu ernähren, Handlanger, Taglöhner, Vagabunden und Bettler, die Arbeitslosen oder von Arbeitslosigkeit Bedrohten, die vielen, die aus diesem oder jenem Grund keinen gesicherten und anerkannten Platz fanden – alle diese in chronischer Angst und Verbitterung lebenden Menschen bildeten das labilste und zugleich impulsivste Element der mittelalterlichen Gesellschaft. Jedes aufregende, beunruhigende, Angst einflößende Ereignis – Aufruhr oder Revolte, Interregnum, Hungersnot oder Seuche, Aufruf zu einem Kreuzzug – alles also, was den normalen Ablauf des Daseins unterbrach, wirkte mit eigenartiger Schärfe auf diese Menschen ein und löste Reaktionen von besonderer Heftigkeit aus. Und die Art und Weise, wie sie ihrer gemeinsamen Not zu steuern versuchten, bildete die Zusammenrottung in messianischen Gruppen unter der Führung irgendeines, von ihnen als besonders heilig betrachteten Mannes.

Denn der am Rande der Gesellschaft vegetierende Bevölkerungsüberschuß neigte allezeit dazu, sich der Führung eines Laien oder davongelaufenen Mönches zu unterwerfen, sofern er sich nur als Prophet, Heiland oder gar als menschgewordener Gott ausgab, der unter Berufung auf himmlische Eingebung oder Offenbarung seine Gefolgschaft zu einer gemeinsamen Mission von weltumstürzender Tragweite aufrief. Den Gescheiterten und Entwurzelten erwuchs dann aus der Gewißheit, vom Himmel zur Ausführung einer so ungeheuren Tat berufen zu sein, neues Lebensgefühl und neue Hoffnung, versprachen sie sich doch nicht nur einen Platz in dieser Welt, sondern mehr noch eine einzigartig ruhmreiche Rolle in der Weltgeschichte. Bruderschaften dieser Art fühlten sich – noch weit mehr als Gruppen, wie sie Haimon beschrieben hat – als auserwählte Elite, unendlich anders als die gewöhnlichen Sterblichen und hoch über sie erhaben; sie teilten die Verdienste ihres Führers und hatten teil an seinen wunderwirkenden Kräften. Und was die notleidenden Massen an der ihnen gestellten Aufgabe am meisten faszinierte, das war das proklamierte Ziel: die totale Umformung des Daseins. In den eschatologischen Phantasien der jüdischen Vergangenheit und untergegangenen Welt des Frühchristentums entdeckten sie einen sozialen Mythos, der sich ihren Bedürfnissen aufs beste anpaßte.

Das war der Prozeß, der sich nach einem ersten Auftreten in der Gegend zwischen Somme und Rhein, späterhin in Süd- und Mitteldeutschland und noch später in Westfalen und Holland abspielen sollte. Und jeder Ausbruch entstand unter ähnlichen sozialen Bedingungen: Bevölkerungszunahme, beginnendes Großgewerbe, Schwächung und Zerstörung der herkömmlichen sozialen Verflechtungen, Vertiefung der Kluft zwischen Reich und Arm bis zum unüberbrückbaren Gegensatz. Der Reihe nach explodierten in den genannten Gegenden Neid, Hilflosigkeit und Angst in einem hemmungslosen Drang, die Gottlosen zu vernichten – um so aus erlittenen und zugefügten Leiden jenes Königreich der Endzeit heraufzuführen, darin die Gemeinschaft der Heiligen, um die beschützende Gestalt ihres Messias geschart, für alle Ewigkeit in Bequemlichkeit und Überfluß, in Macht und Geborgenheit leben würde.

Die ersten Kreuzzüge und die Armen

Das halbe Jahrhundert, das die messianischen Führer Tanchelm aus Antwerpen und Eudes aus der Bretagne gesehen hatte, wurde Zeuge dessen, was ohne Vorbehalt Messianismus der Armen genannt werden kann. Die damaligen Geschehnisse können nur im Zusammenhang mit den beiden Kreuzzügen von 1096 und 1146 verstanden werden. Papst Urban II. weckte mit seinem an die christliche Ritterschaft gerichteten Aufruf zu einem Kreuzzug Hoffnungen und Haßgefühle, die sich in den breiten Massen in einer den päpstlichen Absichten zuwiderlaufenden Weise äußern sollten. Als Urban den berühmten Appell von Clermont 1095 erließ, lag ihm vor allem daran, Byzanz die Verstärkungen zuzuführen, deren es bedurfte, um die Ungläubigen aus Kleinasien zu vertreiben, hoffte er doch, daß die Ostkirche als Gegenleistung den Primat Roms anerkennen und die Einheit der Christenheit wiederherstellen werde. In zweiter Linie ging es ihm darum, den kriegerischen Energien des Adels – insbesondere in seiner engeren Heimat Frankreich – ein Ventil zu öffnen und die beständigen inneren Fehden zu verringern. Der Moment war vielversprechend, hatte sich doch das Konzil von Clermont ausgiebig mit dem Gottesfrieden befaßt, diesem glücklichen Einfall, durch den die Kirche bereits seit einem halben Jahrhundert die feudalen Fehden einzuschränken versucht hatte. Es waren deshalb außer dem Klerus auch zahlreiche Angehörige des niederen Adels in Clermont anwesend; und vornehmlich an diese wandte sich Urban am letzten Tage des Konzils.

Allen Kreuznehmern winkten hohe Belohnungen. Den in frommer Absicht das Kreuz nehmenden Rittern versprach der Papst den Erlaß der zeitlichen Strafen für alle Sünden, und denen, die im Kampfe fallen würden, totale Sündenvergebung. Zu dieser geistlichen Belohnung kam eine materielle: Die Übervölkerung beschränkte sich nicht nur auf die Bauern; eine der Ursachen für die beständigen Adelsfehden bildete ein fühlbarer Mangel an Land. Jüngere Söhne erbten häufig überhaupt nichts und hatten keine andere Wahl, als sich in der Welt ihr Glück zu suchen. Nach einer Quelle soll Urban selbst darauf hingewiesen haben, welcher Überfluß neuer Lehen nach der Eroberung in südlichen Landen an die Stelle des jetzigen dürftigen Daseins vieler Edelblütiger treten werde.[10] Ob er das wirklich gesagt hat, wissen wir nicht; auf alle Fälle aber haben solche Überlegungen viele Kreuzfahrer beeinflußt. Dennoch ist nicht anzuzweifeln, daß Kirchenfürsten, Edelleute und Priester aus dem Appell des Papstes mehr als nur die Aussicht auf irdischen und himmlischen Lohn heraushörten. Eine Welle tiefster Ergriffenheit ging durch die Versammlung, und Tausende riefen wie aus einem Mund: «Deus le volt» – «Gott will es!» Man umdrängte den Papst und bat kniend um seine Einwilligung, am heiligen Krieg teilnehmen zu dürfen. Ein auf die Knie gesunkener Kardinal betete im Namen der versammelten Menge das *Confiteor* – Schuldbekenntnis –, und viele sprachen ihm die Worte unter Tränen oder von Zuckungen geschüttelt nach. Einen kurzen Augenblick herrschte in der vorwiegend aristokratischen Versammlung dieselbe Massenbegeisterung, wie sie sich bei den später von niedrigeren Gesellschaftsschichten gebildeten Kreuzheeren regelmäßig äußern sollte.[11]

Denn der Aufruf von Clermont bedeutete nur den Anfang einer von zahlreichen Predigern unverzüglich aufgenommenen Agitation. Urban selbst reiste monatelang durch Frankreich, um vor dem Adel für seinen Kreuzzug zu werben, und die in ihre Diözesen zurückgekehrten Bischöfe taten desgleichen. An die breiten Massen aber wandte sich eine Anzahl von Pseudopropheten, Männer, die zwar nicht offiziell beauftragt waren, aber wegen ihres wunderwirkenden Asketentums bei der Bevölkerung in besonderem Ansehen standen. Deren berühmtester war Peter der Eremit[12], der, in der Nähe von Amiens geboren, erst als Mönch und dann als Einsiedler ein streng asketisches Leben führte, stets barfuß ging und weder Fleisch noch Wein zu sich nahm. Der kleine, magere Mann mit dem langen weißen Bart und der großen Beredsamkeit muß eine starke Persönlichkeit gewesen sein, so daß laut Aussage eines Zeitgenossen, der ihn kannte, seine Worte und Handlungen wie vom Himmel eingegeben schienen.[13] Auf die Massen übte er eine so unwiderstehliche Anziehungskraft aus, daß man ihn umdrängte und sich um ein Haar seines Esels raufte, um es als heiligen Schatz aufzubewahren. Nach den Legenden, die sich um ihn zu bilden begannen, soll er schon vor dem Aufruf des Papstes nach Jerusalem gepilgert sein, wo ihm in der Grabeskirche der Erlöser erschienen sei und ihm einen Brief ausgehändigt habe, der ihm befahl, zum Kreuzzug aufzurufen. Peter scheint der Legende Vorschub geleistet zu haben, denn wo er auch predigte, zeigte er den himmlischen Brief. Seine Agitation hatte durchschlagenden Erfolg; denn als er Nordfrankreich durchwanderte, bildete sich ein Heer von Kreuzfahrern, die eiligst ihre ganze Habe verkauften und sich dafür mit Waffen und Reisezeug versahen. Als die Mittel zum Lebensunterhalt ausgingen, setzte man sich in Marsch, und im März 1096 – vier Monate vor dem Aufbruch des eigentlichen Kreuzritterheers – überschritt Peter an der Spitze des von ihm inspirierten Haufens die französisch-deutsche Grenze, während sich in Nordfrankreich, Flandern und am Rhein unter anderen Führern weitere Banden formierten.

Nach der Absicht des Papstes hatte sich das Kreuzheer aus edelbürtigen Rittern und ihren Knechten, also aus gut ausgerüsteten und kriegserfahrenen Leuten zusammenzusetzen; und das Gros des Adels bereitete sich auch in besonnener und zweckmäßiger Weise auf das große Unternehmen vor. Die von den Predigten der Pseudopropheten aufgestachelten Haufen bestanden hingegen aus Leuten, die ebenso ungestüm waren, wie ihnen kriegerische Qualifikationen abgingen. Sie hatten ja auch keinen Grund zu zögern und alle Ursache zur Eile. Die meisten waren arm und lebten in übervölkerten Gebieten, wo qualvolle Unsicherheit die beständige Begleiterscheinung der Armut war. Dazu kam, daß sich in den zehn Jahren von 1085 bis 1095 das Leben noch härter als sonst gestaltet hatte. Nordostfrankreich und der äußerste Westen Deutschlands hatten eine ständige Folge von Überschwemmungen, Trockenperioden und Hungersnöten erlebt.[14] Seit 1089 grassierte eine besonders bösartige Form der Pest; sie brach ohne erkennbare Ursache in Städten und Dörfern urplötzlich aus und raffte die Mehrzahl der Einwohner in qualvoller Weise weg. Die Massen hatten auf diese Heimsuchung in der üblichen Weise reagiert, sich in Andachts- und Bußgemeinschaften um Einsiedler und andere heilige Männer geschart und sich in heilsuchenden Gruppen zusammengefunden.[15] Das plötzliche Auftreten der zum Kreuzzug aufrufenden Pseudopropheten bot den gepeinigten Menschen die Möglichkeit, heilsuchende Gruppen von weit größerem Umfang zu bilden und gleichzeitig einem Land den Rücken zu kehren, in dem das Dasein unerträglich geworden war. Nicht nur Männer, auch Frauen und manchmal ganze Familien schlossen sich, Hausrat und Kinder auf Karren mitführend, an. Und schließlich blähten reine Abenteurer – abtrünnige Mönche, als Männer verkleidete Weiber, Wegelagerer und Räuber – die wachsenden Horden noch weiter auf.[16]

Für diese Horden hatte der Kreuzzug eine wesentlich andere Bedeutung als für den Papst. Die *pauperes*, wie die Chronisten sie nennen, dachten nicht so sehr daran, die byzantinischen Christen zu unterstützen, als Jerusalem, diese seit vierhundertfünfzig Jahren in den Händen der Moslems befindliche heiligste Stadt der Christenheit zu erreichen, einzunehmen und zu besitzen. In Urbans Plänen scheint dieser Gesichtspunkt ursprünglich nur eine geringe Rolle gespielt zu haben[17]; doch hat gerade er die breiten Massen so begeistert. Für sie wurde der Kreuzzug zu einer Wallfahrt in Waffen, zur erhebendsten und gottgefälligsten aller Pilgerfahrten. Die Wallfahrt zum Heiligen Grab hatte ja schon seit Jahrhunderten als die wirksamste aller Bußen gegolten; und seit dem Beginn des elften Jahrhunderts pilgerte man nicht mehr einzeln oder in kleinen Gruppen, sondern in großen, hierarchisch geführten Verbänden. Manchmal, so 1033 und 1064[18], zählten die Pilgerzüge mehrere tausend Köpfe. Die sich – zumindest 1033 – als erste auf den Weg machten, waren die Armen, von denen manche bis an ihr Lebensende in Jerusalem zu bleiben gedachten. Aber auch viele arme Teilnehmer am offiziellen Kreuzzug zogen in der Absicht aus, nie wieder in die Heimat zurückzukehren, sondern sich im eroberten Jerusalem niederzulassen und es in eine christliche Stadt zu verwandeln. Jeder Kreuzfahrer kennzeichnete sich durch ein auf dem Mantel aufgenähtes Kreuz – es war das erste gemeinsame Abzeichen in einem Heer der nachantiken Zeit und der erste Schritt zu den späteren einheitlichen Uniformen. Während aber die Ritterschaft das Kreuz im Licht eines christlichen Sieges in einem zeitlich beschränkten Feldzug sah, betrachteten es die Armen mehr im Sinne «Nimm dein Kreuz auf dich und folge mir nach». Für sie bedeutete der Kreuzzug eine gemeinsame *imitatio Christi*[19], ein Massenopfer, das in Jerusalem mit einer Massenapotheose belohnt werden würde.

Denn dieses die Einbildungskraft der Massen so über alle Maßen faszinierende Jerusalem war ja keine gewöhnliche irdische Stadt, sondern das Symbol einer grenzenlosen Hoffnung: des seit seinem Entstehen im achten Jahrhundert vor Christus nicht mehr erloschenen messianischen Ideals. Schon Jesaja hatte als Sprachrohr dem Volke Israel geboten: «Freuet euch mit Jerusalem und seid fröhlich über sie ... Denn dafür sollt ihr saugen und satt werden von den Brüsten ihres Trostes; ihr sollt dafür saugen und euch ergötzen von der Fülle ihrer Herrlichkeit ... Denn also spricht der Herr: Siehe, ich breite aus den Frieden bei ihr wie einen Strom... da werdet ihr saugen. Ihr sollet auf dem Arme getragen werden, und auf den Knieen wird man euch freundlich halten. Ich will euch trösten, wie einen seine Mutter tröstet; ja ihr sollet an Jerusalem ergötzet werden.»[20] In allen Prophezeiungen der nachbabylonischen Zeit und in allen Apokalypsen figuriert ein wiedererstandenes, prächtiges Jerusalem als Mittelpunkt des messianischen Königreichs. Diese uralten jüdischen Phantasien trugen dazu bei, den gewaltigen Gefühlswert, den Jerusalem für mittelalterliche Christen an sich schon besaß, noch weiter zu steigern. Als ein Menschenalter nach dem Ereignis zu Clermont ein Mönch den Aufruf Urbans II. nach seiner eigenen Vorstellung rekonstruierte, ließ er den Papst die Heilige Stadt nicht einfach als eine durch das Wirken, die Passion und die Auferstehung Christi für alle Zeit erhabene Stätte bezeichnen, sondern legte ihm Worte in den Mund «vom Nabel der Welt, vom fruchttragendsten aller Länder, von einem neuen Paradies des Entzückens... von der königlichen Stadt im Mittelpunkt der Welt», die, in Gefangenschaft schmachtend, um Hilfe rufe und Befreiung verlange.[21] Ja, sogar den Theologen galt Jerusalem als «Zeichen» oder Symbol jener himmlischen Stadt, deren «Licht war gleich dem alleredelsten Stein, einem hellen Jaspis», die – wie in der Offenbarung geschrieben steht – das irdische Jerusalem am Ende der Zeit ersetzen wird.[22] Kein Wunder, daß sich – wie Zeitgenossen aufzeichneten – im Denken der niederen Stände das irdische Jerusalem so mit der Vorstellung des himmlischen vermischte, daß ihnen die palästinensische Stadt als ein mit irdischen wie himmlischen Gütern gleicherweise gesegnetes gelobtes Land erschien. Und ebensowenig verwunderlich ist es, daß die Kinder der Kreuzfahrer während ihrer langen Pilgerfahrt beim Anblick einer jeden Burg oder Stadt in den Ruf ausbrachen: «Ist das Jerusalem?» – indes man hoch am Himmel eine geheimnisvolle Stadt und unzählbare, ihr zuströmende Menschenmengen zu sehen glaubte.

Während sich in Nordfrankreich, Flandern und am Rhein die Armen als selbständige Haufen zusammenrotteten, schlossen sie sich in der Provence, der zweiten verstädterten und dicht bewohnten Gegend, dem Heer des Grafen Raimund von Toulouse an, und so herrschte im gräflichen Heer eine ebensolche Exaltation wie in den Haufen der Pseudopropheten. Ob im Norden oder Süden: die Armen, die das Kreuz nahmen, fühlten sich als die Elite der Kreuzfahrer und – im Gegensatz zu den Rittern – als ein gotterwähltes Volk.[23] Als in einem kritischen Stadium der Belagerung Antiochiens der heilige Andreas die frohe Botschaft brachte, daß die Heilige Lanze in einer Kirche dieser Stadt vergraben sei, da war es ein armer provenzalischer Bauer, dem er erschien.

Und als der Bauer im Bewußtsein seines niedrigen Standes zögerte, die Botschaft an die edelbürtigen Heerführer weiterzugeben, sprach ihm der Heilige Mut zu: «Gott hat euch [die Armen] unter allen Menschen erwählt, wie man aus einem Haferfeld den Weizen ausliest. Denn ihr übertrefft an Verdienst und Gnade alle, die vor euch waren und nach euch kommen werden, genau so wie Gold wertvoller ist als Silber.»[24] Raimund von Aguilers, der diese Geschichte erzählt, hat sich am stärksten von allen Chronisten dem Standpunkt der Armen angenähert. So findet er es natürlich, daß man zwischen den Schulterblättern mancher im Kampf gefallenen Armen wundersame Kreuze[25] entdeckte; und wenn er von der *plebs pauperum* spricht, geschieht es stets mit einer gewissen Scheu vor den Erwählten des Herrn.

Die Selbsterhöhung der Armen kennzeichnet sich noch deutlicher in den eigenartigen, teils auf Tatsachen beruhenden, teils legendären Geschichten über diese Horden, die sogenannten «Tafurs». Ein großer, vermutlich sogar der größte Teil der *pauperes* kam bereits auf dem Marsch durch Europa ums Leben; immerhin überlebten so viele, daß sie in Syrien und Palästina ein Korps von Landstreichern bilden konnten – und das hat das mysteriöse Wort «Tafur»[26] anscheinend bedeutet. Verwahrlost, bloßfüßig, in zerfetzte Sackleinwand gehüllt, mit Dreck und Schwären bedeckt, von Wurzeln und Gras und gelegentlich auch von gerösteten Feindesleichen lebend, verwüstete diese Horde in ihrem Wüten jeden Landstrich, den sie durchzog. Zu arm, um Schwerter und Lanzen zu beschaffen, benutzten die Tafurs bleibeschwerte Holzkeulen, zugespitzte Äste, Schaufeln, Hacken, Messer, Äxte und Schleudern. Beim Vorstürmen knirschten sie mit den Zähnen, als beabsichtigten sie, ihre Feinde tot oder lebendig zu fressen. Die den Kreuzritterheeren furchtlos entgegentretenden Muselmanen erbebten vor den Tafurs, die sie «keine Franken, sondern lebende Teufel»[27] nannten. Die christlichen Chronisten – Kleriker oder Ritter, denen vor allem die Taten der großen Herren am Herzen lagen – zollten ihrer Furchtbarkeit im Kampf zwar Anerkennung, betrachteten sie aber gleichzeitig mit Verlegenheit und Sorge. Wenn man sich hingegen an ein unter dem Gesichtspunkt der Armen geschriebenes, volkssprachliches Epos hält, findet man die Tafurs als ein heiliges Volk «von viel größerem Wert als die Ritter»[28] geschildert.

Nach diesem Epos hatten die Tafurs einen König, den *roi Tafur*. Angeblich war er ein aus der Normandie gebürtiger Ritter, der Wappenschild, Rüstung und Waffen mit Sackleinwand und Sense vertauscht hatte. Zumindest anfänglich war er ein Asket, für den Armut den gleichen mystischen Wert besaß wie später für Franz von Assisi und dessen

Gefolgschaft.[29] Von Zeit zu Zeit inspizierte Tafur seine Leute. Entdeckte er einen, der Geld bei sich trug, schloß er ihn aus seiner Gefolgschaft aus und schickte ihn weg, um Waffen zu kaufen und sich dem Ritterheer anzuschließen, während diejenigen, die aus innerer Überzeugung auf alle Habe verzichteten, in den inneren Kreis aufgenommen wurden. Denn eben ihre Armut war es, dank der sich die Tafurs zur Eroberung der Heiligen Stadt bestimmt glaubten: «Die Ärmsten werden sie einnehmen: das ist ein Zeichen, das klar erweist, daß Gott der Herr von anspruchsvollen und gottlosen Menschen nichts wissen will.»[30] Trotz diesem Lippenbekenntnis zur Armut waren sie von Habgier besessen. Den Ungläubigen abgenommene Beute weckte nicht das Gefühl, den Anspruch auf die göttliche Gnade zu schmälern, sondern galt im Gegenteil als Beweis für die Größe der göttlichen Gunst. Nach einem siegreichen Gefecht vor Antiochia galoppieren diese Armen aus der Provence «hoch zu Roß zwischen den Zelten umher, um den Kameraden das Ende ihrer Armut anzuzeigen, während andere, in zwei oder drei seidene Gewänder gehüllt, Gott als Spender des Siegs und der Gaben preisen»[31]. Als sich Tafur zum entscheidenden Sturm auf Jerusalem anschickt, ruft er: «Wo sind die Armen, die sich nach Habe sehnen? Sie sollen mit mir gehen!... Denn heute will ich mit Gottes Hilfe genug gewinnen, daß ich manchen Maulesel beladen kann.»[32] Und als später die Moslems ihre Schätze um die Mauern der eroberten Stadt tragen, um die Christen ins Freie zu locken, da sehen wir, wie wenig sich diese zu beherrschen vermögen. «Sind wir im Kerker?» schreit ihr König; «sie bringen uns ihre Schätze und wir wagen nicht, sie zu nehmen!... Was schert es mich, wenn ich sterbe, solange ich tue, wonach es mich gelüstet?» Und den heiligen Lazarus anrufend – jenen Lazarus im Gleichnis, den die Armen zu ihrem Schutzpatron erkoren hatten – führte er seine Bande aus der Stadt und in die Katastrophe.[33]

In den eroberten Städten raubten die Tafurs alles, was nicht niet- und nagelfest war, schändeten die muselmanischen Frauen und töteten wahllos. Die offiziellen Führer des Kreuzheeres hatten nicht die geringste Macht über sie. Als sich der Emir von Antiochia über ihren Kannibalismus beschwerte, sahen sich die Fürsten zu dem lahmen Eingeständnis gezwungen: «Wir alle zusammen vermögen nicht, König Tafur zu zähmen.» Und in der Tat scheinen die edlen Herren in einigem Schrecken vor der Horde gelebt zu haben und wagten sich vorsorglicherweise nur schwer bewaffnet in ihre Nähe. Das dürfte wohl der wahre Tatbestand gewesen sein; aber vom Standpunkt der Armen aus wird uns gesagt, daß die großen Herren dem König Tafur nicht so sehr mit Besorgnis als mit Demut und Ehrerbietung entgegentraten.[34] Die mit dem Sturm auf Jerusalem zögernden Ritter drängt Tafur: «Meine edlen Herren, was tun wir? Wir zögern überlang mit dem Sturm auf diese Stadt und dieses schlechte Volk. Wir verhalten uns wie unehrliche Pilger. Wenn es allein auf mich und die Armen ankäme, würden die Heiden in uns die schlechtesten Nachbarn finden, die sie je gehabt haben.»[35] Die Grafen sind so beeindruckt, daß sie ihn bitten, den ersten Sturm zu führen, und als er mehrfach verwundet vom Schlachtfeld getragen wird, umstehen sie ihn besorgt. Doch begnügt sich die Schilderung nicht damit, König Tafur als den furchtbarsten aller Streiter darzustellen; sie zeigt ihn vielmehr auch in engem Einvernehmen mit einem Pseudopropheten – nach einer Version mit Peter dem Eremiten, nach einer andern mit einem Bischof, der die zum Symbol der Armen gewordene Heilige Lanze mitführt. Aber auch Tafur selbst wird eine übernatürliche Kraft zugeschrieben, die ihn deutlich über die Fürsten erhebt. Als – nach der für die Armen zurechtgemachten Darstellung – Gottfried von Bouillon zum König von Jerusalem erhoben wird, wählen die Grafen den König Tafur «als den Höchsten» zur Vornahme der Krönung. Er vollzieht sie, indem er Gottfried in Anlehnung an die Dornenkrone einen Dornenzweig reicht, worauf Gottfried ihm huldigt und gelobt, Jerusalem als Lehen Gottes und König Tafurs zu verwalten. Und als die Ritter, im Gefühl, genug geleistet zu haben, zu ihren Frauen und Burgen zurückkehren, will König Tafur Jerusalem nicht sich selbst überlassen, sondern gelobt, mit seinen Armen zu bleiben, um den neuen König und sein Reich zu verteidigen. In diesen frei erfundenen Episoden wurde der Bettlerkönig zum Symbol jener grenzenlosen, vernunftwidrigen Hoffnung, die die *plebs pauperum* unter unsagbaren Leiden zur Heiligen Stadt getragen hat.

Die Verwirklichung dieser Hoffnung verlangte Blutopfer ungeheuren Ausmaßes – nicht nur die Selbstaufopferung der Kreuzfahrer, sondern auch den Tod der Ungläubigen. Mochten Papst und Grafen einen Feldzug mit begrenzten Zielen im Auge gehabt haben, tendierte dieser doch beständig dazu, so zu werden, wie ihn die großen Massen haben wollten: zum Ausrottungskrieg gegen die «Hurensöhne» und «Abkömmlinge Kains», wie König Tafur die Muselmanen nannte. Ab und zu trieben die Kreuzfahrer alle Bauern einer Gegend zusammen und stellten sie vor die Wahl zwischen sofortiger Bekehrung zum Christentum und sofortigem Tod[36] – «und wenn das geschehen war, kehrten unsere Franken voll großer Freude zurück». Auf die Einnahme Jerusalems folgte ein ungeheures Blutbad; außer dem Statthalter und seiner Leibwache, die sich loskauften und aus der Stadt eskortiert wurden, verloren sämtliche Moslems – Männer, Weiber und Kinder – ihr Leben.

Im Felsendom und seiner Umgebung «wateten die Pferde bis zu den Knien, nein bis zum Zügel im Blut. Es war ein gerechtes und wunderbares Urteil Gottes, daß das Blut der Gotteslästerer vom selben Ort aufgenommen wurde, von dem ihre Lästerung so lang zum Himmel stieg»[37]. Was die Jerusalemer Juden anbelangt, wurden sie in ihrer größten Synagoge, in der sie Zuflucht gesucht hatten, bei lebendigem Leib verbrannt.[38] Freudentränen vergießend und Loblieder singend, zogen die Kreuzfahrer in feierlicher Prozession zur Grabeskirche. «O neuer Tag, neuer Tag des Frohlockens, neue und endlose Freude... Dieser Tag, ruhmreich von allen kommenden Jahrhunderten genannt, hat unsere Leiden in Triumph und Beglückung verwandelt; dieser Tag, Bestätigung der Christenheit, Vernichtung der Heidenwelt, Erneuerung unseres Glaubens!»[39] Aber eine Handvoll von Männern und Frauen, die auf dem Dach der Moschee al-Aqsa Zuflucht gesucht hatten, lebte immer noch. Der berühmte Kreuzritter Tankred hatte ihnen gegen hohes Lösegeld ihr Leben versprochen und ihnen sein Banner als Geleitbrief gegeben. Dennoch mußte er mit ohnmächtiger Wut mitansehen, wie Kriegsknechte die Mauer der Moschee erkletterten und allen, die es nicht vorzogen, sich selber in die Tiefe zu stürzen, den Kopf abschlugen.[40]

Wenn man diesen Ereignissen Rechnung trägt, erscheint es recht natürlich, daß auch die ersten großen europäischen Judenpogrome mit diesem ersten Kreuzzug zusammenfielen.[41] Das aus den Rittern und ihren Knechten bestehende offizielle Kreuzheer war an diesen Blutbädern nicht beteiligt; sie blieben das Werk der von den Pseudopropheten aufgestachelten Horden. Ein Chronist berichtet, daß, als sich das Kreuzheer formierte, «allseitig ein fester Friede geschlossen und die Juden in den Städten, worin sie lebten, angegriffen wurden»[42]. Wie weiter gemeldet wird, sind gleich zu Beginn der Kreuzzugagitation die jüdischen Gemeinden in Rouen und andern französischen Städten vor die Wahl zwischen Bekehrung und Tod gestellt worden[43]. Die ärgsten Verfolgungen ereigneten sich jedoch in den Bischofsstädten am Rhein. Hier, wie an allen Handelsstraßen Westeuropas, hatten sich jüdische Kaufleute schon vor Jahrhunderten niedergelassen und wurden von den Erzbischöfen dank ihrer wirtschaftlichen Nützlichkeit geschätzt. Doch jetzt, im Ausgang des elften Jahrhunderts, hatte sich die Spannung zwischen den Städtern und ihren geistlichen Oberherren bereits bis zur sozialen Auseinandersetzung gesteigert, und diese Atmosphäre erwies sich für die Pseudopropheten des Kreuzzugs als ebenso günstig, wie sie es bald danach auch für Tanchelm sein sollte.

Anfang Mai 1096 planten außerhalb Speyers kampierende Kreuzfahrer, die Juden am kommenden Sabbat in ihrer Synagoge zu überfallen. Der Anschlag wurde jedoch vereitelt, und es gelang ihnen lediglich, ein Dutzend Juden auf der Straße zu erschlagen. Den Rest brachte der Bischof, der auch etliche Mörder bestrafen ließ, in seiner Residenz in Sicherheit. Weniger Glück hatte die Wormser Judenschaft.[44] Sie wandte sich zwar gleichfalls an den Bischof und die wohlhabenden Bürger um Beistand; als aber ein Kreuzfahrerkontingent eintraf und die Einheimischen zu einem Angriff auf das jüdische Viertel mitriß, blieb der Bischof machtlos. Die Synagoge und die jüdischen Heime wurden geplündert und verwüstet und alle Erwachsenen, die sich nicht taufen ließen, getötet. Die Kinder wurden hingegen teilweise am Leben gelassen und weggeschleppt, um getauft und im christlichen Glauben erzogen zu werden. Einige Juden hatten sich in die bischöfliche Residenz geflüchtet; als auch diese angegriffen wurde, bot der Bischof den Bedrohten an, sie zu taufen und ihr Leben zu retten; sie zogen jedoch den Freitod vor. Nach der Chronik sollen insgesamt achthundert Menschen in Worms ums Leben gekommen sein.

Einen ähnlichen Verlauf nahmen die Dinge in Mainz[45], wo sich die größte jüdische Gemeinde auf deutschem Boden befand. Anfänglich fanden die Juden auch hier beim Erzbischof, beim Stadthauptmann und bei wohlhabenden Bürgern Schutz; aber am Ende sahen sie sich wie ihre Wormser Glaubensgenossen von den Kreuzfahrern und armen Städtern vor die Wahl zwischen Taufe und Tod gestellt. Der Erzbischof und seine gesamte Kanzlei waren aus Angst ums eigene Leben geflohen. Über tausend Juden, Männer und Frauen, verloren teils durch die Kreuzfahrer, teils durch eigene Hand ihr Leben. Eine Horde Kreuzfahrer zog vom Rhein nach Trier.[46] Der Erzbischof, der in einer Predigt forderte, das Leben der Bedrohten zu schonen, sah sich gezwungen, den Dom fluchtartig zu verlassen. Ein paar Juden ließen sich taufen, aber die große Mehrheit kam auch hier um. Die Kreuzfahrer zogen weiter nach Metz[47], wo sie wiederum eine Anzahl Juden töteten, und kehrten Mitte Juni nach Köln[48] zurück. Die dortigen Juden hatten sich in die umliegenden Dörfer geflüchtet; sie wurden jedoch von den Kreuzfahrern aufgespürt und zu Hunderten erschlagen. Unterdes hatten ostwärts gezogene Horden die Regensburger[49] und Prager[50] Juden gewaltsam getauft. Die Schätzungen über die Zahl der im Mai und Juni 1096 ums Leben gekommenen Juden schwanken von vier- bis achttausend.

Damit hatte eine Tradition begonnen. 1146, als König Ludwig VII. und der französische Adel für den zweiten Kreuzzug rüsteten, fiel die ortsansässige Bevölkerung der Normandie und Pikardie über die Juden her, und gleichzeitig wanderte ein entlaufender Mönch namens Rudolf aus dem Hennegau zum Rhein, wo er zu einem Massenkreuzzug aufrief und vor allem zur Tötung der Juden aufhetzte.[51] Wie in den Zeiten des ersten Kreuzzugs herrschte auch diesmal Hungersnot, und die Menschen befanden sich in Verzweiflung; und wie in der fernen Bretagne die Menschen dem Häresiarchen Eudes de l'Etoile anhingen, so strömten sie am Rhein Rudolf zu, der wie jeder erfolgreiche Pseudoprophet im Rufe stand, göttlich inspiriert und ein Wundertäter zu sein. Es waren abermals die Bischofsstädte mit ihren erbitterten internen Konflikten – Köln, Mainz, Worms, Speyer, zu denen sich diesmal Straßburg und, als die Kreuzfahrer durchzogen, auch Würzburg gesellten –, die sich als der günstigste Nährboden für die antijüdische Kampagne erwiesen und von wo aus die Bewegung auf viele andere französische und deutsche Städte übergriff. Wie fünfzig Jahre zuvor wandten sich die Juden an die Bischöfe und wohlhabenden Bürger um Schutz. Diese taten ihr möglichstes, um ihnen beizustehen, aber die *pauperes* waren nicht so leicht zu bändigen. Vielerorts drohte bereits offener Aufruhr, und eine neue schwere Katastrophe der Judenschaft schien unvermeidlich. Im kritischsten Moment intervenierte der heilige Bernhard und forderte mit dem ganzen Gewicht seines Ansehens die Einstellung der Verfolgung. Aber nicht einmal ihm, dem berühmten Heiligen und Wundertäter, fiel es leicht, der Volkswut Einhalt zu gebieten. Als er Rudolf in Mainz persönlich zur Rede stellte und ihm als Abt befahl, in sein Kloster zurückzukehren, griff die Bevölkerung für ihren Pseudopropheten beinahe zu den Waffen.

Von da an blieben die Judenpogrome eine regelmäßige Begleiterscheinung der Massenkreuzzüge, im Gegensatz zu den Kreuzzügen des Adels, und es ist leicht einzusehen, warum. Obschon die *pauperes* die Habe der erschlagenen Juden (wie auch die der getöteten Moslems) skrupellos raubten, bildete Raub keineswegs ihr Hauptziel. Eine in hebräischer Sprache abgefaßte Chronik meldet, daß die Kreuzfahrer während des zweiten Massenkreuzzuges einen Aufruf an die Juden ergehen ließen: «Kommt zu uns und laßt uns *ein* Volk werden.»[52] Und es besteht nicht der geringste Zweifel, daß jeder Jude durch Annahme der Taufe Leben und Habe retten konnte. Anderseits glaubte man, durch die Tötung eines unbekehrbaren Juden in den Besitz voller Sündenvergebung zu gelangen[53]; ja, etliche hielten sich der Teilnahme am Kreuzzug erst dann für würdig, wenn sie wenigstens einen solchen erschlagen hatten. Einige authentische Aussagen von Kreuzfahrern sind erhalten geblieben: «Wir begeben uns auf einen weiten Weg, um gegen die Feinde Gottes im Osten zu streiten; aber siehe da, seine größten Feinde, die Juden, sind vor unseren Augen. Mit ihnen müssen wir zuerst abrechnen.»[54] Und: «Ihr stammt von den Leuten ab, die unseren Heiland gekreuzigt und getötet haben. Und Jesus selbst hat gesagt: ‹Der Tag wird aufgehen, da meine Kinder kommen und mein Blut rächen werden.› Wir sind diese Kinder, und es ist uns geheißen, seine Rache an euch zu vollziehen, denn ihr habt euch halsstarrig und gotteslästerlich gegen ihn verhalten... (Der Herr) hat sich von euch gewandt und sein Licht uns zugewendet und uns zu seinem Eigen gemacht.»[55]

Hierin drückt sich unstreitig der gleiche Gedankengang aus, der den ersten Kreuzzug zu einem Vernichtungsfeldzug gegen den Islam umzuwandeln versuchte.

IV

Die Heiligen wider die Heerscharen des Antichrist

Erlöser in den letzten Tagen

So spärlich die Quellen aus jener frühen Zeit auch fließen, gestatten sie doch den Schluß, daß die im letzten Kapitel beschriebenen Bewegungen von eschatologischen Vorstellungen inspiriert waren. Denn es gibt genügend Beweise, daß sich die *pauperes* als Schrittmacher eines wunderbaren Zustandes der Vollendung, auf den sich alles seit dem Anfang der Zeit zubewegte, fühlten. Denn auch sie sahen allerorten die «Zeichen», die den Anbruch der letzten Tage anzeigten, und hörten «die letzte Posaune, die die Ankunft des rechtmäßigen Richters verkündet»[1]. Vor allem aber scheint die Weissagung über den großen, in der Endzeit nach Jerusalem ziehenden Kaiser ihre Einbildungskraft beschäftigt zu haben, und offenbar steigerten sie sich mit allen ihren Kräften in den Glauben hinein, unter der Führung dieses mysteriösen Herrschers zu stehen.

In den ursprünglichen, im Osten zirkulierenden griechischen Weissagungen war dieser letzte Kaiser ein in Konstantinopel residierender römischer Kaiser gewesen. Aber als im achten Jahrhundert der *Pseudo-Methodius* in Paris ins Lateinische übersetzt wurde, entstanden neue Interpretationen. Es ist nicht verwunderlich, daß sich in den abendländischen eschatologischen Spekulationen die Gestalt des Kaisers der Endzeit von dem fernen, schattenhaften Byzanz nach dem Westen verlagerte[2], wo – wie man sich einreden konnte – das Römische Reich durch die Kaiserkrönung Karls des Großen wiedererstanden war. Die nach der Absetzung des letzten weströmischen Kaisers entstandene Lücke, die dreihundert Jahre unausgefüllt geblieben war, schien durch die im Petersdom zu Rom am Weihnachtstag des Jahres 800 erfolgte Krönung Karls, Königs der Franken und Königs der Lombarden, zum Kaiser aufs beste beseitigt worden zu sein. Von nun an bestand die Möglichkeit, sich einen im Abendland residierenden Herrscher als den

Kaiser der letzten Tage vorzustellen; und ungeachtet der Tatsache, daß Karl der Große kein Reich hinterließ, träumten die Menschen sowohl in jenem Teil seines Herrschaftsbereichs, aus dem das spätere Frankreich, als auch in jenem Teil, aus dem das spätere Heilige Römische Reich Deutscher Nation erwuchs, weiterhin von einem großen Kaiser, der in ihrer Mitte erstehen und in dem sich die sibyllinischen Prophezeiungen erfüllen würden.

Als gegen das Ende des elften Jahrhunderts die Kreuzzugsidee greifbare Gestalt anzunehmen begann, verdichteten sich diese Phantasien zum brennenden Tagesproblem. So sagte einige Jahre vor dem ersten Kreuzzug Benzo, der Bischof von Alba, voraus, daß Heinrich IV. – der regierende Deutsche König und Römische Kaiser – die Ungläubigen schlagen, Byzanz erobern und gen Jerusalem ziehen werde.[3] Dort werde er auf den Antichrist treffen und ihn überwinden, um darnach über eine unter seinem Zepter vereinigte Welt bis zu ihrem Ende zu herrschen. Freilich darf man solchen Worten eines in weltlichem Machtdenken befangenen Kirchenfürsten, der obendrein ein glühender Parteigänger des Kaisers gegen das Papsttum war, kein zu großes Gewicht beimessen; doch als kurze Zeit später die *pauperes* in einer Atmosphäre fieberhafter Erregung zum ersten Kreuzzug zusammenströmten, da lebten die alten sibyllinischen Prophezeiungen mit einer erstaunlichen Intensität von neuem auf.[4] Nach der geringschätzigen Äußerung eines gelehrten Abtes haben diese Leute sich auf Grund von Machenschaften falscher Propheten wilde Geschichten erzählt, wonach Karl der Große von den Toten auferstanden sei, um das heilige Heer persönlich zu führen.[5]

Im Laufe der Zeit hatte sich tatsächlich ein großer Sagenkreis um die überragende Gestalt des ersten Karolingers gewoben. Mehr und mehr sah man ihn im Lichte eines heldenhaften Verfechters der Sache Christi und unermüdlichen Verteidigers der Christenheit gegen die bewaffnete Macht des Islam, bis man in der zweiten Hälfte des elften Jahrhunderts beinahe allgemein glaubte, er sei einst wirklich nach dem Heiligen Land gezogen, habe die Ungläubigen in die Flucht geschlagen und die vertriebenen Christen nach Jerusalem zurückgeführt.[6] Mehr als ein Chronist beschreibt den Marsch des im Jahr 1096 aufgebrochenen Kreuzzugheeres auf der – wie man glaubte – einst von ihm angelegten Straße. Vielfach hielt man den großen Kaiser für überhaupt nicht gestorben; er schlafe nur in seiner Gruft zu Aachen – oder auch in einem Berge –, um zur gegebenen Stunde in die Menschenwelt zurückzukehren.[7] Den zum Kreuzzug aufrufenden demagogischen Priestern fiel es daher nicht schwer, solche Sagen mit den sibyllinischen Weissagungen zu koppeln und das gemeine Volk dazu zu bringen, in Karl dem Großen den gewaltigen Kaiser zu sehen, der sich vom Schlaf erheben, die Macht des Islam brechen und das vor dem endgültigen Weltuntergang verheißene gesegnete Zeitalter heraufführen werde. Ob die Pseudopropheten diesen *Carolus redivivus* gleichfalls zu einem Bettlerkönig und Schutzherrn der Armen stempelten, ähnlich wie jenen König Tafur, der – obschon mittellos – «der Höchste» sein und ihnen Jerusalem zu Füßen legen sollte? Wir wissen es nicht; doch waren die Armen zweifellos imstand, den schlafenden Kaiser des *Pseudo-Methodius* nach ihrem Wunschbild umzuformen und ihn als einen Heiland zu sehen, der nicht nur die Ungläubigen überwinden, sondern auch die Elenden emporheben werde. Da sie ihn in späteren Jahrhunderten oft genug in diesem Licht sahen, mögen sie es auch schon anläßlich des ersten Kreuzzuges getan haben.

Die gespenstische Gestalt des auferstandenen Kaisers genügte aber den *pauperes* nicht, und so richteten sie ihre Aufmerksamkeit zeitweilig auch auf den einen oder anderen tatsächlichen Führer des Kreuzzuges als den zur Erfüllung ihrer Hoffnungen unerläßlichen letzten Kaiser.[8] So verschmolz das überlebensgroße, messianische Bild erst mit Gottfried von Bouillon, Herzog von Niederlothringen, dann mit dem Realpolitiker Raimund von Saint-Giles, Grafen von Toulouse, und vielleicht auch mit jenem normannischen Ritter, dem angeblichen späteren König Tafur. Mit ziemlicher Gewißheit läßt sich sagen, daß sich allen voran Emmerich oder Emicho, Graf von Leiningen – der gleiche, der die Judenmassaker in den rheinischen Städten auslöste –, offen als der Kaiser der Endzeit ausgegeben hat. Dieser wegen seiner Gewalttaten berüchtigte Feudalherr behauptete, von göttlichen Gesichten und Offenbarungen veranlaßt worden zu sein, das Kreuz zu nehmen. Eines Tages sei ihm ein Abgesandter des Heilands erschienen und habe ein Zeichen in seinem Fleisch hinterlassen – ohne Zweifel das überlieferte Zeichen göttlicher Berufung: ein Kreuz auf oder zwischen den Schulterblättern[9], wie es – so glaubte man – Karl den Großen gekennzeichnet hatte und den letzten Kaiser wieder kennzeichnen werde. Es sei, behauptete Emicho weiter, dieses Zeichen ein Unterpfand des Herrn, daß er ihn zum Siege führen und ihn zur gegebenen Zeit in Unteritalien, und zwar in dem vom byzantinischen Kaiser beherrschten Teil, zum König krönen werde.[10] Was sonst kann dies bedeuten, als daß sich dieser kleine deutsche Graf die Rolle anmaßte, die Bischof Benzo dem Deutschen König vergeblich aufzudrängen versucht hatte, die Rolle des eschatologischen Kaisers, der die Reiche in Ost und West vereinigen und dann nach Jerusalem ziehen würde? – Nun, Emichos Unternehmen endete ganz und gar ruhmlos. Seine Horde von *pauperes* – Deutsche, Franzosen, Flamen, Lothringer – gelangte nicht einmal nach Kleinasien; sie wurde schon unterwegs in Ungarn zersprengt, und Emicho kehrte ohne Gefolgschaft in die Heimat zurück.[11] Dennoch blieb die Aura des Übernatürlichen an ihm haften. Noch viele Jahre nach seinem gewaltsamen Tod im Jahre 1117 erzählte man sich, daß er unweit von Worms in einem Berge weiterlebe und ab und zu, umringt von seinen Knechten, im Lande gesehen werde – eine Sage, die darauf schließen läßt, daß auch er sich in der Volksphantasie zu einem schlummernden Helden, der eines Tages wiederkehren würde, transformiert hatte.[12]

Was den zweiten Kreuzzug anbelangt, so drängte sich die Persönlichkeit, der man die Rolle des letzten Kaisers zuschreiben konnte, sozusagen von selbst auf. Im Gegensatz zum ersten Kreuzzug, an dem sich kein Monarch beteiligt hatte, reagierte diesmal, fünfzig Jahre später, Ludwig VII. von Frankreich begeistert auf den Appell Papst Eugens, dem hartbedrängten Königreich Jerusalem zu Hilfe zu kommen. Am Weihnachtstag 1145 legte er unter begeistertem Beifall in der königlichen Kapelle zu St. Denis das Kreuzfahrergelöbnis ab. Schon seit der Jahrhundertwende hatten immer neue Versionen der tiburtinischen Sibylle mit der Weissagung eines künftigen Königs von Frankreich zirkuliert[13], der über die beiden Reichshälften im Morgen- und Abendland herrschen und am Ende als der Kaiser der letzten Tage Krone und Königsmantel auf Golgatha niederlegen werde. Als jetzt die abendländischen Völker von einem neuen Kreuzzugsfieber gepackt wurden, erblickte man natürlicherweise in Ludwig VII. den geweissagten Helden. Und zur selben Zeit, da der Pseudoprophet Rudolf zum Judenmord aufrief, erregte eine von einem andern Pseudopropheten stammende, seltsame und geheimnisvolle Weissagung große Aufmerksamkeit.[14] Mit Bestimmtheit weiß man über die Äußerung nur, daß sie Ludwig die Städte Konstantinopel und «Babylon» und ein Reich in Kleinasien versprach und daß, wenn das erreicht sein werde, sein «L» in ein «C» verwandelt werden würde. Dennoch genügen diese wenigen Einzelheiten zur Rekonstruktion eines ganzen eschatologischen Programms. Ludwig wird als Ostkaiser über Byzanz herrschen. Dann wird er «Babylon« erobern, das in den sibyllinischen Weissagungen als mystische Hauptstadt der Ungläubigen, als Pfuhl der Dämonen und Geburtsort des Antichrist figuriert – eine Art von teuflischem Pendant zur heiligen Stadt Jerusalem. Schließlich wird er, wie es bei der tiburtinischen Sibylle heißt, «der König, der C heißt» werden – in andern Worten: der neue oder auferstandene Constans, der verheißene Kaiser der Endzeit.

Diese Weissagung übte eine beträchtliche Wirkung aus. So hat der heilige Bernhard seine anfängliche Abneigung, den Kreuzzug zu predigen, offenbar erst nach dem Studium der neuen Sibyllen überwunden – und ohne sein Eingreifen wäre der Kreuzzug vielleicht nicht zustande gekommen. Zudem wurde dieses Orakel nicht nur in Frankreich, sondern auch in Deutschland stark beachtet, obschon König Konrad III. nur ein widerstrebender Kreuzfahrer und in keiner Weise ein Rivale Ludwigs war.[15] Aber auch dieser fühlte sich trotz all seiner religiösen Glut absolut nicht geneigt, sich in eine eschatologische Rolle drängen zu lassen. Und da er ein wirklicher und kein dilettantischer König war, ließ er sich nur widerwillig in all die politischen Intrigen und Rivalitäten verstricken, die von Anfang an das Los dieses Kreuzzuges waren. Das Ergebnis war, daß die Könige von Frankreich und Deutschland zur sinnlosen Belagerung von Damaskus auszogen, während die *pauperes*, von Hunger und Tod bedroht, führer- und ratlos, sich selber überlassen blieben und dem verhängnisvollen Wahn eines Königreichs der Heiligen nachjagten.

Die Horden Satans

Die *pauperes*, die an den Kreuzzügen des Volkes teilnahmen, sahen ihre Führer wie ihre Opfer im Sinne einer Eschatologie, die sie zum Mythos einer neuen Weltordnung umgeformt hatten.[16]

Nach der johanneischen wie nach der sibyllinischen Überlieferung mußte, ehe das Tausendjährige Reich anbrechen konnte, aller Unglaube aus der Welt verschwunden sein. In gewisser Hinsicht war das Ideal einer völlig christianisierten Welt ebenso alt wie das Christentum selbst. Trotzdem war das Christentum, wie es seinem Ursprung entsprach, im allgemeinen eine missionierende Religionsgemeinschaft geblieben, die ihr Ziel grundsätzlich durch Bekehrung der Ungläubigen zu erreichen trachtete. Erst die messianischen Horden des elften und zwölften Jahrhunderts sahen nicht ein, weshalb der Unglaube nicht ebensogut durch die Ausrottung der Unbekehrbaren ausmerzbar sei. Im Rolandslied, dem berühmtesten Epos der Epoche und der eindrücklichsten Gestaltung des zur Zeit des ersten Kreuzzuges herrschenden Geistes, kommt die neue Haltung unzweideutig zum Ausdruck:

Der Kaiser hat erobert Saragossa,
Von tausend Franken läßt er es durchsuchen,
Die Mahomstempel und die Synagogen.
Mit Eisenkeulen in der Hand und Äxten
Zerschmettern sie die Bilder und Idole;
Kein Zauber, kein Betrug bleibt da zurück.
Der König glaubt an Gott und will ihm dienen:
Es segnen seine Bischöfe die Wasser,
Zum Baptisterium führen sie die Heiden.
Wenn einer Karl dem Großen widerspricht,
Läßt er ihn hängen, brennen oder schlagen.[17]

Wie einstmals in den eschatologischen Phantasien der Juden und ersten Christen bildete auch in den Augen der kreuzfahrenden *pauperes* die Vernichtung der Moslems und Juden nur den ersten Akt jenes letzten Ringens, das in der Überwindung des Fürsten der Finsternis seinen Höhepunkt finden wird. Über den rasenden, ihr blutiges Werk verrichtenden Horden geistert die Gestalt des Antichrist, und sein gigantischer, schreckenerregender Schatten fällt sogar auf die Seiten der Chroniken. Der Antichrist ist bereits geboren und kann jeden Augenblick zu Jerusalem seinen Thron aufrichten – sogar Angehörige des höheren Klerus äußerten sich in diesem Sinn.[18] Und Chronisten, die sich um die Darstellung der Atmosphäre bemühten, in der der erste Kreuzzug ausgelöst wurde, schrieben solche Phantasien sogar Papst Urban zu.[19] So läßt man ihn in Clermont sagen, es sei Gottes Wille, daß sich dank den Bemühungen der Kreuzfahrer die Christenheit in dieser Endzeit von neuem in Jerusalem entfalte, damit der Antichrist, wenn er – was bald geschehen müsse – dort seine Herrschaft aufrichte, genügend viele Christen vorfinde, gegen die er kämpfen könne. Als dann fünfzig Jahre später der heilige Bernhard den zweiten Kreuzzug predigte, tat er es im festen Glauben, daß sich der Antichrist demnächst enthüllen werde und die Jerusalem bedrohenden Sarazenen dessen zum Endkampf versammelte Scharen seien.[20]

Nachdem die Rollen aller Mitwirkenden an diesem eschatologischen Drama solchermaßen verteilt waren, verwandelte die Volksphantasie die Ungläubigen in Dämonen.[21] Als ich die Christenheit in den finstern Tagen des neunten Jahrhunderts von den siegreich vorrückenden Scharen des Islam wahrhaft hart bedrängt sah, hatten manche Kleriker in Mohammed den Vorläufer eines sarazenischen Antichrist und in allen Moslems dessen «Gehilfen» gesehen.[22] Jetzt, da die Christenheit zum Gegenangriff auf den bereits im Rückzug befindlichen Islam ausholte, beschrieben volkstümliche Epen die Muselmanen als Ungeheuer mit zwei paar Hörnern (vorn und hinten) und nannten sie Teufel ohne Recht aufs Leben.[23] Doch wenn auch in der Einbildungskraft der Massen die Sarazenen (und späterhin die Türken) noch lange gewisse dämonische Züge behielten, so erschien ihnen doch der Jude als eine noch viel entsetzlichere Gestalt. Gemeinhin galten Sarazenen und Juden als nahe verwandt, wenn nicht gar identisch[24]; da sich aber überall im christlichen Abendland zerstreute jüdische Gemeinden fanden, beanspruchten sie im volkstümlichen Dämonenglauben mehr und mehr den ersten Platz, den sie überdies viel länger hielten – mit Folgen, die sich durch alle Generationen hindurch fühlbar machten und die Vernichtung vieler Millionen von europäischen Juden in der Mitte unseres Jahrhunderts einschließen.

Zu der Zeit, als man den Juden dämonische Züge anzudichten begann, waren sie in Westeuropa schon längst ansässig. Im Anschluß an das katastrophale Ringen mit Rom und den Untergang der jüdischen Nation waren zahlreiche Juden teils durch Massenverschleppung, teils durch freiwillige Abwanderung nach Frankreich und an den Rhein verschlagen worden. Hier erlangten sie zwar nie den politischen Einfluß und die kulturell dominierende Stellung wie im islamisch regierten Spanien, dennoch gestaltete sich ihr Los im frühen Mittelalter keineswegs hart. Jüdische Kaufleute reisten seit der Zeit der Karolinger unbehindert zwischen Ost und West und brachten Luxusgüter wie Gewürze, Weihrauch und Elfenbeinschnitzereien ins Abendland; doch gab es auch zahlreiche jüdische Handwerker. Wir besitzen keine Unterlagen, die darauf schließen ließen, daß die Juden in jenen Jahrhunderten mit besonderem Haß oder mit Furcht betrachtet worden sind. Im Gegenteil, der persönliche wie geschäftliche Verkehr spielte sich harmonisch ab; Freundschaften und gemeinsame Berufsausübung waren keineswegs ungewöhnlich. Kulturell paßten sich die Juden weitgehend ihren Gastvölkern an, weigerten sich aber standhaft, ihren Glauben aufzugeben und sich mit den Völkern zu vermischen, unter denen sie lebten. Und das sollte das Los ihrer Nachkommen entscheidend bestimmen.[25]

Die seit der ersten Zerstreuung im sechsten Jahrhundert vor Christus von so vielen Generationen der Judenheit wiederholte Weigerung, sich zu assimilieren, bildet an sich ein merkwürdiges Phänomen. Außer (mit gewissen Einschränkungen) den Zigeunern hat es offenbar kein anderes Volk gegeben, das in alle Winde zerstreut, ohne eigenes Land, ohne eigene nationale Souveränität, ja ohne starken ethnischen Zusammenhalt seine kulturelle Eigenständigkeit unbegrenzt bewahrt hat. Die Lösung dieses soziologischen Rätsels dürfte wohl dem Umstand zuzuschreiben sein, daß der jüdische Glaube nicht nur – wie der christliche und der mohammedanische – seine Gläubigen anhielt, sich als auserwähltes Volk des einen allmächtigen Gottes zu betrachten, sondern sie darüber hinaus lehrte, die furchtbarsten Gemeinschaftsschicksale – Niederlage, Demütigung, Zerstreuung – als ebenso viele Zeichen der göttlichen Gunst, als Garantien für das künftige Wohlergehen Gesamtisraels aufzufassen. Was die Juden Juden bleiben ließ, war also offenbar ihre felsenfeste Überzeugung, daß die Diaspora nichts anderes als eine irdische Sühne für die gemeinschaftliche Versündigung darstelle, eine Vorbereitung auf die Ankunft des Messias und ihre Rückkehr in ein verwandeltes heiliges Land – eine Hoffnung, deren Erfüllung nach dem Zusammenbruch des eigenen Staates freilich in eine ferne, unbestimmte Zukunft verlegt wurde. Zudem entwickelte man in der ausgesprochenen Absicht, den Fortbestand des jüdischen Glaubens zu sichern, rituelle Vorschriften, die den Verkehr zwischen Juden und Andersgläubigen wirksam verhinderten. Mischehen waren gänzlich untersagt, mit Nicht-Juden zusammen zu essen war schwierig; es war sogar ein Vergehen, nicht-jüdische Bücher zu lesen.

Diese Dinge dürften als ausreichende Erklärung dienen, wieso das Judentum in Jahrtausenden der Zerstreuung als deutlich erkennbare Gemeinschaft bestehenblieb, die, von einem intensiven Zusammengehörigkeitsgefühl zusammengeschweißt, eine gewisse Distanz zur Umwelt wahrte und dabei eifersüchtig auf die Unverletzlichkeit der Tabus achtete, mit denen sie sich zur Betonung und Verewigung ihrer Exklusivität abgeschirmt hatte. Dieses Streben nach Selbstverwahrung und Absonderung bietet dennoch keine genügende Erklärung, warum die Juden innerhalb der Christenheit (und nur in dieser) mit einem nachhaltigeren und abgründigeren Haß bedacht worden sind als jeder andere nationale Fremdkörper. Die Erklärung für dieses Phänomen liegt vielmehr in der grotesk-phantastischen Verzerrung des Juden, die in den Zeiten des ersten Kreuzzugs die Volksphantasie so spontan gefangennahm.

Die offizielle Lehre der Kirche hatte allerdings vorgearbeitet. Von jeher dazu geneigt, in der Synagoge eine gefährliche Beeinflussung, ja sogar einen potentiellen Rivalen zu sehen, hatte die Kirche nie aufgehört, heftig gegen den jüdischen Glauben zu polemisieren. Viele Menschenalter hindurch hatten die christlichen Laien von den Kanzeln die bitterste Verdammung der Juden gehört: ein mißratenes, halsstarriges und undankbares Volk, das nicht nur die Göttlichkeit Christi bestreite, sondern sogar die ungeheuerliche Erbsünde seiner Kreuzigung auf dem Gewissen habe. Überdies hatte die christlich-eschatologische

Überlieferung die Juden in direkte Beziehung zum Antichrist gebracht. Schon im zweiten und dritten Jahrhundert war von Theologen geweissagt worden, daß der Antichrist ein Jude aus dem Stamme Dan sein werde[26]; und diese Vorstellung wurde im Mittelalter derart zum Gemeingut, daß sie sogar von Scholastikern wie dem heiligen Thomas von Aquin übernommen wurde. Der Antichrist werde – so glaubte man – in Babylon geboren werden, in Palästina aufwachsen, die Juden über alles lieben, ihnen zu Jerusalem einen neuen Tempel errichten und sie aus der Zerstreuung heimholen. Dafür würden diese des Antichrist treueste Anhänger sein und ihn als den Messias anerkennen, dem die Wiederherstellung der Nation aufgetragen sei.[27] Und während einige Theologen auf die generelle Bekehrung der Juden hofften, behaupteten die andern, deren Blindheit werde bis ans Ende der Zeit dauern, und sie würden beim Jüngsten Gericht zusammen mit dem Antichrist den ewigen Höllenqualen überantwortet werden. In dem von Adso von Montier-en-Der im zehnten Jahrhundert verfaßten Kompendium der Antichrist-Literatur, das dem ganzen Mittelalter als Standardwerk diente, erscheint der Antichrist immer noch als Jude aus dem Stamme Dan, aber mit noch finstereren und unheimlicheren Zügen.[28] Er wird zum Bastard eines Schufts und einer Dirne, in deren Leib der Teufel im Augenblick der Empfängnis einfährt, so daß das Kind als Verkörperung aller Schlechtigkeit geboren wird. Seine spätere Erziehung erfolgt in Palästina, wo es von Zauberern und Hexenmeistern in der Schwarzen Magie und jeder Verworfenheit unterwiesen wird.

Als diese eschatologischen Prophezeiungen aus einer frühern Zeit im spätern Mittelalter erneut in Umlauf kamen, wurden sie mit tödlichem Ernst aufgenommen und zu einer unheimlichen Mythologie umgestaltet. Denn ebenso wie die menschliche Gestalt des Antichrist dazu neigte, mit der absolut dämonischen Gestalt Satan zu verschmelzen, so sehr neigte man auch dazu, die Judenschaft im Licht dämonischer Teufelsdiener zu sehen[29]; und während bildliche Darstellungen und Mysterienspiele die Juden häufig als Teufel mit Ziegenbart und Hörnern zeigten, wurden sie im wirklichen Leben von geistlichen wie weltlichen Behörden gezwungen, ihre Hüte mit Hörnern zu bestecken. Wie alle Dämonen hielt man auch sie im Bund mit Wollust und Schmutz symbolisierenden Kreaturen und porträtierte sie zusammen mit gehörnten Tieren, Schweinen, Kröten, Würmern, Schlangen und Skorpionen.[30] So sah die Volksphantasie den leibhaftigen Satan immer mehr als ein Wesen mit jüdischen Charakteristiken, bedachte ihn mit dem Übernamen «Vater aller Juden» und glaubte fest, daß ihm in der Synagoge in der Gestalt einer Kröte oder Katze Verehrung gezollt und dort mit seiner Hilfe Schwarze Magie getrieben werde.[31] Und weiterhin galten die Juden gleich ihrem Herrn, dem Teufel, als Dämonen, deren einziger Lebenszweck es sei, über den Untergang der Christen und der Christenheit zu brüten – «dyables d'enfer, ennemys du genre humain», so heißt es in einem damaligen Mysterienspiel.

Daß die Macht der Juden trotz allem größer als je zu sein schien, ihre Zauberei immer bösartiger und ihre Untaten immer himmelschreiender, betrachtete man nur als ein Zeichen mehr dafür, daß die Endzeit nahe war, und man bezichtigte sie, sich in geheimen Turnieren als Streiter für den Antichrist im Gebrauch von Dolchen für den bevorstehenden Endkampf zu üben.[32] Sogar die zehn verlorenen Stämme Israels, die Commodianus als künftige Heerschar Christi bezeichnet hatte, galten jetzt mit den Völkern Gog und Magog identisch, von denen der *Pseudo-Methodius* sagte, daß sie sich mit Aas, aus dem Mutterleib gerissenen Embryos, Menschenfleisch, Skorpionen, Schlangen und sonstigem ekelerregendem Gezücht ernähren.[33] In Schauspielen wurden dämonische Juden gezeigt, die dem Antichrist die Welt erobern helfen, bis am Vorabend des Millenniums und der Wiederkehr Christi beide – Antichrist und Juden – von jubelnden Christen erschlagen werden.[34] Wo solche Stücke aufgeführt wurden, mußten Bewaffnete aufgeboten werden, um das Judenviertel vor der Volkswut zu schützen. Und wenn Päpste und Konzilien befahlen, die Juden bis zu ihrer Bekehrung abzusondern und sonstwie zu demütigen, sie aber auf alle Fälle am Leben zu lassen, so machten solche Nuancen geringen Eindruck auf die turbulenten Massen, die sich, von eschatologischen Ängsten und Hoffnungen fortgerissen, bereits inmitten des gewaltigen Ringens der Endzeit glaubten.[35]

Da der gegen die Juden gerichtete Haß oftmals ihrer Funktion als Geldverleiher zugeschrieben wird, muß hier betont werden, wie wenig dieser Aspekt in Wirklichkeit zu ihm beigetragen hat. Das Phantasiebild vom dämonischen Juden entstand, ehe es den jüdischen Geldverleiher überhaupt gab; es half ihn vielmehr schaffen, als die zunehmende religiöse Intoleranz im Zeitalter der Kreuzzüge die materielle Lage der Juden verschlechterte. Die alten Bestimmungen des Codex Theodosianus, die die Juden im christianisierten Römischen Reich von allen zivilen und militärischen Funktionen ausgeschlossen und ihnen Grundbesitz und Handwerksausübung verboten hatten, wurden wieder ausgegraben und vom Laterankonzil von 1215 zum kanonischen Recht erklärt. Als reisende Händler sahen sich die Juden immer mehr benachteiligt, da sie ständig in Gefahr standen, ermordet zu werden, und zudem begannen sich die Christen selber dem Handel zuzuwenden, so daß die jüdischen Kaufleute, die nicht zur Hanse zugelassen wurden, alsbald von den italienischen und flämischen Städten überflügelt wurden. Ein vorerst noch offenes wirtschaftliches Betätigungsfeld bot sich hingegen den wohlhabenderen Juden im Geldverleih. Als Geldausleiher konnte man zu Hause bleiben und gefährliche Reisen vermeiden; auch konnte man sein Vermögen, wenn man es flüssig hielt, bei einer etwaigen Flucht wenigstens teilweise retten. Anderseits war das Ausleihen von Geld gegen Zins den Christen vom kanonischen Recht als Wucher verboten; da aber dieses Verbot die Juden nicht betraf und in der rapid wachsenden Wirtschaft ein steter Geldbedarf bestand, ermutigten, ja zwangen die Behörden sie, Geld gegen gute Sicherheit auszuleihen und dankten ihnen noch für die Übernahme dieser notwendigen Funktion.

Trotzdem hat der jüdische Geldverleiher in der mittelalterlichen Wirtschaft nur eine vorübergehende Rolle gespielt.[36] Hand in Hand mit dem sich entwickelnden Kapitalismus mißachteten die Christen das kanonische Verbot immer unbedenklicher. Schon Mitte des zwölften Jahrhunderts verliehen flämische Kapitalisten große Summen gegen Zins, und in Italien gab es routinierte Bankiers. Mit dieser Konkurrenz konnten die Juden nicht Schritt halten. Könige, Fürsten und Städte belegten sie mit hohen Steuern – oftmals zahlten sie das Zehnfache dessen, was ihre Kopfzahl rechtfertigte. Wieder fanden sie sich hoffnungslos benachteiligt. Wenn auch – vor allem in rückständigen Ländern – einzelne Geldverleiher zu beträchtlichen Vermögen kamen, so verloren sie es durch die willkürliche Besteuerung nach kurzer Zeit wieder. Reiche Juden gab es stets nur wenige; die meisten gehörten, wie wir heute sagen würden, dem unteren Mittelstand an, und viele waren ausgesprochen arm. Als im Ausgang des Mittelalters die Neue Welt entdeckt wurde, war nur geringer jüdischer Reichtum vorhanden, der aus der einsetzenden Prosperität Europas Nutzen ziehen konnte.

Aus der Welt der Hochfinanz ausgeschlossen, wandten sich manche Juden dem Kleindarlehen und Pfandverleih zu, woraus ihnen gewiß viel Haß erwuchs. Die ehemals so blühenden jüdischen Gemeinden waren ja mittlerweile zu ängstlichen Häufchen geworden, die in beständigem Streit mit ihrer größeren Umwelt lagen, so daß man getrost annehmen darf, daß jüdische Geldverleiher auf Unsicherheit und Verfolgung oftmals mit einer ihnen spezifischen Härte reagierten. Doch lange bevor es soweit war, hatte der Judenhaß die breiten Massen wie eine stets neu aufflackernde Krankheit gepackt. Und wenn in späterer Zeit der Pöbel über sie herfiel, begnügte er sich nie mit den verhältnismäßig wenigen Geldverleihern, sondern schlug jeden Juden tot, dessen er habhaft werden konnte. Anderseits konnten sich alle, ob Geldverleiher oder nicht, jederzeit durch die Taufe dem Blutbad entziehen, reinigte sie ihn doch – wie man glaubte – von seinen dämonischen Eigenschaften.

Die Juden waren aber nicht die einzigen, die umgebracht wurden; die eschatologisch inspirierten Horden verfolgten die Priester ebenso eifrig wie die Juden. Auch diesem Morden lag die Überzeugung zugrunde, daß die Opfer Werkzeuge Satans und des Antichrist seien, die als Vorbedingung für den Anbruch des Tausendjährigen Reiches ausgerottet werden müßten. Neben der landläufigsten Version, wonach der Antichrist als Jude geboren werde, gab es eine zweite, die ihn als Bastard eines Bischofs und einer Nonne beschrieb.[37] Es war nicht (wie häufig behauptet wird) Martin Luther, der als erster auf den Gedanken kam, daß der im Tempel seinen Thron aufrichtende Antichrist kein anderer sein könne als der Papst zu Rom und daß daher die römische Kirche die Kirche Satans sei.[38] Das war im späteren Mittelalter für alle eschatologisch Denkenden schon längst ein Gemeinplatz. Ja, selbst ein solcher Streiter für die Kirche wie der heilige Bernhard konnte sich in seiner nervösen Erwartung des Enddramas zur Überzeugung durchringen, daß zahlreiche Kleriker in Wahrheit dem Antichrist dienten.[39] Und in den Aussprüchen eines 1209 in Paris als Ketzer verbrannten Pseudopropheten finden wir ähnliche Gedankengänge als wichtigen Bestandteil einer Lehre, die sich offensichtlich in starkem Maß auf johanneische und sibyllinische Überlieferungen stützte.[40] Dieser Pseudoprophet, ein Goldschmied, der ehemals Priester gewesen war, sagte großes Unheil voraus: das Volk werde binnen fünf Jahren einer Hungersnot erliegen, die Könige würden sich gegenseitig mit dem Schwert erschlagen, die Erde werde sich öffnen und alle Städte verschlingen, und schließlich werde ein Feuerregen die Kirchenfürsten, diese Anhänger des Antichrist, vernichten. Denn, so beharrte er, der Papst sei auf Grund seiner Macht der Antichrist und Rom das apokalyptische Babylon. Nach dieser großen Reinigung würden die ganze Erde und alle ihre Königreiche dem künftigen König Ludwig VIII. – er war zu jener Zeit Thronfolger – untertan sein, und er werde sie als der König der Endzeit mit der ganzen Weisheit und Machtfülle der Heiligen Schrift unter der Erleuchtung des Heiligen Geistes bis ans endgültige Ende der Zeit regieren.

Nun waren chiliastische Bewegungen aus ihrer Situation heraus nahezu gezwungen, den Klerus im Lichte einer dämonischen Bruderschaft zu sehen. Eine aus Laien bestehende, von einem messianischen Führer geführte Gruppe, die überzeugt war, durch göttlichen Auftrag zu der ungeheuerlichen Aufgabe berufen zu sein, den Weg ins Tausendjährige Reich zu bahnen – eine solche Gruppe mußte in der Kirche bestenfalls einen störenden Widersacher und schlimmstenfalls einen unbarmherzigen Verfolger finden. Aber lag es denn nicht im Wesen des Antichrist, daß er alles in seiner Macht aufbot, um die von Gott vorgesehene Erfüllung durch List oder Gewalt zu hindern? Und welch besseres Mittel hätte er finden können, als den päpstlichen Mantel und die Tiara anzulegen und die Autorität und brutale Macht der Kirche gegen die Heiligen aufzubieten? Wie hätte man unter solchen Umständen die Kirche des Antichrist anders sehen sollen denn als die Hure von Babylon, «das Weib trunken von dem Blut der Heiligen», die Mutter aller Greuel, «mit welcher gehurt haben alle Könige auf Erden, und die da wohnen werden auf Erden, und trunken geworden von dem Wein ihrer Hurerei»? Und wie hätte man den Klerus dieser Kirche anders sehen können denn als das vielköpfige Tier, das dem Antichrist dient und die Hure auf seinem Rücken trägt, das Gott lästert und wider die Heiligen streitet?[41] Der Klerus als das Tier der Apokalypse – für begeisterte Milleniumsucher hätte es kein überzeugenderes Bild geben können, denn ihnen schien das Leben der Geistlichen absolut tierisch – *vita animalis* – ein ganz und gar der Welt und dem Fleisch ergebenes Dasein.[42]

Hatte sich die mittelalterliche Kirche in der Tat in solch krassen Materialismus verstrickt? Oder stellt dieser auch heute noch weit verbreitete Glauben auch nur eine Übervereinfachung dar wie die Verquikkung der mittelalterlichen Judenschaft mit dem mittelalterlichen Wucher? Es kann natürlich nicht bestritten werden, daß die Kirche, die die mittelalterliche Welt so weitgehend geformt hatte, auch aufs tiefste dieser Welt verhaftet war. Römische Kaiser hatten ihr schon vor dem Zerfall des Reichs die heidnischen Tempel mit allem zugehörigen Grund und Boden gegeben, so daß sie zum größten Grundbesitzer der Welt geworden war; und dank diesem Reichtum hatte sie die Völkerwanderung und Umgestaltung der politischen Landkarte Europas verhältnismäßig gut überstanden. Schenkungen und letztwillige Verfügungen von Fürsten und Wohlhabenden vermehrten in den folgenden Jahrhunderten das Kirchenvermögen; und da dieses nach kanonischem Recht unantastbar war, nahm es – trotz gelegentlicher Verletzung dieses Grundsatzes durch weltliche Herren – schließlich riesige Ausmaße an. Eine so glänzend fundierte Institution hatte natürlich viele lockende Pfründen zu vergeben; und im allgemeinen sicherte der Adel teils durch seine Beziehungen, teils durch Kauf diese Stellen für seine jüngeren Söhne. Viele auf solche Weise in ihre Ämter gelangten Bischöfe und Äbte waren in Wirklichkeit Höflinge, politische Ränkeschmiede und

Fürsten im geistlichen Gewand. So verwandelten Äbte ihre Klöster in luxuriöse Herrensitze, während die Bischöfe in ihren mit Wassergräben und Türmen versehenen Residenzen nach ähnlichem Zuschnitt lebten wie große weltliche Fürsten. So hatte der gemeine Mann Ursache genug, sich wie folgt zu beklagen: «Sie tanzen auf uns herum, sie führen ein ausschweifendes Leben, sie kümmern sich nicht um uns... Der gemeine Mann macht alles und liefert alles und kann trotzdem nicht leben, ohne von den Geistlichen immerfort geplagt und ins Verderben getrieben zu werden... Die Kirchenfürsten sind heulende Wölfe...»[43]

Spätestens vom dreizehnten Jahrhundert an verweltlichte auch der Heilige Stuhl. Die Päpste betätigten sich in erster Linie als Politiker und Administratoren. Der Aufschwung des Handels und die in Umlauf befindlichen großen Geldmengen ermöglichten es der Kurie, ein ganz Europa überziehendes Abgabensystem zu schaffen und es von einer gut geschulten Bürokratie mit großer Sachkenntnis verwalten zu lassen. Mochten die Päpste mit noch so großer Vehemenz gegen den Wucher – so nannten sie den in Entstehung begriffenen Kapitalismus – wettern, zwang sie doch ihr eigener Geldbedarf, jede vorhandene Möglichkeit zu dessen Deckung zu nutzen, und früher als die weltlichen Herrscher bedienten sie sich der Hilfe der Bankiers. Auf diese Weise sah sich die Kurie in der Lage, politische Differenzen mit rein politischen Mitteln auszutragen, Bundesgenossen zu kaufen und Krieg zu führen. In ihrer Eigenschaft als große Monarchie unterhielt sie einen Hofstaat von unvergleichlicher Pracht, wo Intrige und Laster zuweilen nicht weniger blühten als an jedem weltlichen Hof. In den oberen Rängen der Kirchenhierarchie herrschte in der Tat eine ausgesprochene Neigung, sich der Lebensform der nichtkirchlichen Oberschicht anzugleichen.

Wenn daher die Millenniumsucher des Spätmittelalters die Weltlichkeit der Kirche verschrien, griffen sie damit bestimmt nicht daneben; viel bedeutungsvoller aber ist der Umstand, daß Weltlichkeit das einzige war, was sie an und in der Kirche sahen. Was sie nicht sahen, das war, daß die Kirche – so tief sie sich auch ihrer Umwelt angeglichen hatte – dennoch einen humaneren, von geringeren irdischen Rücksichten bestimmten Lebensstil repräsentierte, nicht nur in ihrer Lehre, sondern auch – selbst in ihren schlimmsten Zeiten – in ihrer Praxis. In einer Epoche, die keine Sozialfürsorge kannte, sorgten Ordensmitglieder und später die Bettelmönche ohne Erwartung eines irdischen Lohns in selbstverständlicher Routine für Arme und Kranke. Bischöfe bemühten sich in dem unter den feudalen Machtkämpfen leidenden Kontinent, durch stete Verkündigung eines «Gottesfriedens« oder einer «Gotteswaffenruhe» der Verheerung und Not Einhalt zu gebieten. Stets gab es zahlreiche Priester, die ein relativ asketisches Leben führten, und sogar hohe Kirchenfürsten strebten nach Heiligkeit. Und wenn der Klerus auch ständig dazu neigte, in ein bequemes Nichtstun abzugleiten – wozu jede große menschliche Institution allzuleicht neigt – so brachte er doch immer wieder Männer hervor, die den Willen und die Kraft besaßen, zur Umkehr aufzurufen und wenigstens Reformen zu versuchen. Die Gründung neuer Orden im elften und zwölften Jahrhundert, Erneuerer wie Franz von Assisi und der Spanier Dominik, die Bemühungen der Konzilien im fünfzehnten Jahrhundert und die der «evangelischen Bewegung» am Vorabend der Reformation bilden nur ein paar Beispiele für die vielfältigen Anläufe der mittelalterlichen Kirche zur Überwindung ihrer Mängel.

Beurteilt man das abendländische Christentum jener Zeit, dessen Prinzipien in ganz Europa unbestritten in Geltung standen, nach seinen eigenen Normen, findet man das Tun und Lassen der damaligen Kirche keinesfalls nur schwarz. Schwarz erschien es jedoch den Millenniumgläubigen, die, von der Erwartung der bevorstehenden Wiederkehr Christi gleichermaßen verängstigt und entzückt, diesen Normen buchstäblich nachleben wollten und keinen Kompromiß duldeten. Die eschatologisch inspirierten Massen forderten Führer ohne fleischliche Bedürfnisse und Wünsche, ohne irdische Rücksichten und Ziele, Persönlichkeiten, die sie als reine Geistwesen, als wunderwirkende Heilige, ja als fleischgewordenen Gott anerkennen und verehren konnten. Ein solcher Maßstab mußte unvermeidlich zur gnadenlosen Verdammung eines Klerus führen, der, da er aus Menschen bestand, auch alle menschlichen Schwächen aufwies. Gerade aus ihrer übermächtigen Hoffnung heraus konnten sich Millenniumsbewegungen nicht wie die Kirche mit der Bekämpfung einzelner Mißstände und der Maßregelung einzelner Kleriker begnügen, sie mußten vielmehr die Gesamtheit des Klerus als die Gehilfenschaft des Antichrist in Bausch und Bogen verdammen, weil er jetzt, da das Ende bevorstand, seinem ganzen Wesen nach den geistigen und materiellen Untergang des Christentums entschlossener denn je betreiben mußte. In Lorchs Kupferstich (Abbildung 4) sagt ein Kardinal, der einen Bischof ausspeit: «Hebt euch hinweg, Gott und Mensch, ich und der Teufel sind die Herren.» Und in Dürers Illustration zum 6. Kapitel der Offenbarung (Abbildung 2) flehen am Tage des Zorns nicht nur Papst und Bischof, sondern auch Priester und Mönche vergeblich Berge und Felsen an, herabzustürzen und sie vor dem Antlitz des richtenden Heilands zu verbergen. Beide Darstellungen tragen trotz dem späten Datum immer noch den Stempel jenes Entsetzens vor dem Antichrist und seiner Kirche, das chiliastische Sekten erstmals im zwölften und dreizehnten Jahrhundert in die Welt gebracht hatten.

Phantasie, Angst und sozialer Mythos

Es ist von Psychoanalytikern darauf hingewiesen worden, daß das Weltbild der mittelalterlichen Christenheit das Leben oftmals als einen tödlichen Kampf zwischen guten Vätern und guten Kindern mit bösen Vätern und bösen Kindern aufgefaßt hat – eine Einstellung, die mit großer Deutlichkeit aus den Phantasien der volkstümlichen Eschatologie und den von ihnen inspirierten Massenbewegungen hervorgeht.

Schon in der Gestalt des eschatologischen Erlösers – des Kaisers der Endzeit oder des Christus der Parusie – findet man die phantastischen Bilder des guten Vaters und des guten Sohnes miteinander verschmolzen. Denn einerseits besitzt der Führer – wie der Pharao und manch anderer Gottkönig – sämtliche Eigenschaften eines idealen Vaters: er ist durch und durch weise, absolut gerecht und ein Beschützer der Schwachen. Doch anderseits ist er gleichzeitig der Sohn, dessen Aufgabe es ist, die Welt umzuformen, der Messias, der eine neue Erde und einen neuen Himmel aufzurichten hat und von sich sagen kann: «Siehe, ich mache alle Dinge neu!» Als Vater wie als Sohn ist diese Gestalt ins Kolossale gesteigert, übermenschlich, allmächtig. Eine solche Fülle übernatürlicher Kraft wird ihr zugeschrieben, daß man sie sich als ausströmendes Licht vorstellt, als das Licht, das den innewohnenden Geist von alters her symbolisiert und nicht nur den auferstandenen Christus, sondern auch den künftigen Kaiser Constans umgibt. Zudem besitzt der solchermaßen vom Heiligen Geist erfüllte eschatologische Führer einzigartige wunderwirkende Kräfte. Seine Heere werden unweigerlich siegen; seine Gegenwart wird die Erde unerhört fruchtbar machen; seine Herrschaft wird ein Zeitalter des Friedens heraufführen, wie die alte verdorbene Welt es niemals gekannt hat.

Solche Vorstellungen waren natürlich reine Phantasiegebilde insofern, als sie in keiner Beziehung zu den realen Gegebenheiten und Möglichkeiten eines Menschen standen, sei es in der Vergangenheit oder in der Zukunft. Nichtsdestoweniger ließ sich dieses Bild auf einen lebenden Menschen übertragen; und immer fanden sich Männer, die nur zu gerne willens waren, es auf sich projizieren zu lassen, ja sogar leidenschaftlich danach strebten, als unfehlbarer, wunderwirkender Retter und Erlöser zu gelten. Zumeist stammten diese Männer aus der unteren Intelligenzschicht: Weltgeistliche, die ihre Pfarrei im Stich gelassen hatten, Mönche, die dem Kloster entflohen waren, Geistliche in niederen Weihen. Es befanden sich aber auch ein paar Laien darunter, die sich, was damals ungewöhnlich war, einige Belesenheit erworben hatten, vor allem Handwerker, aber auch Verwaltungsbeamte und ab und zu ein Adliger, dessen Ehrgeiz höher flog, als Mittel und Stand ihm gestatteten. Das Geheimnis der Überlegenheit dieser Männer lag nie in ihrer Geburt, ja nicht einmal in ihrer Bildung, sondern einzig und allein in ihrer Persönlichkeit. Die zeitgenössischen Berichte über diese Erlöser der Armen betonen meist ihre Beredsamkeit, ihr gebieterisches Auftreten und ihre persönliche Anziehungskraft. Vor allem aber gewinnt man den Eindruck, daß sie sich mit Ausnahme einiger weniger, die vielleicht bewußte Betrüger waren, allen Ernstes für eine Verkörperung Gottes oder doch zumindest für ein göttliches Werkzeug hielten; sie glaubten wirklich, ihr Kommen mache alle Dinge neu. Eine solche felsenfeste Überzeugung übertrug sich nur zu leicht auf die einen eschatologischen Erlöser ersehnenden Massen.

Die sich einem dieser Führer anschlossen, sahen sich als heiliges Volk, heilig gerade deshalb, weil sie sich ihm vorbehaltlos unterwarfen und, ohne zu fragen, für die von ihm gewiesene Mission aufopferten. Sie fühlten sich als seine guten Kinder und hatten als Belohnung teil an seiner übernatürlichen Kraft; das heißt, der Führer ließ diese Kraft nicht nur für sie wirken; sie besaßen vielmehr, solange sie ihm anhingen, persönlich von ihr und wurden dadurch über das bloß Menschliche hinaus zu Heiligen, die weder irren noch versagen konnten. Sie waren die lichten Scharen, «mit reiner und weißer Leinwand angetan»[44], und ihr Endsieg war von aller Ewigkeit her vorausbestimmt; bis dahin aber war jede ihrer Handlungen – ob Totschlag, Raub oder Vergewaltigung – nicht nur keine Sünde, sondern ein heiliger Akt.

Nun aber stellte sich dieser Schar der Heiligen ein kaum weniger mächtiger Haufen von dämonischen Vätern und Söhnen entgegen. Diese sich gegenüberstehenden Haufen, jeder die Negation des anderen, werden durch eine seltsam symmetrische Verhaltensweise zusammengehalten. Wie im eschatologischen Messias verschmelzen auch in seinem eschatologischen Erzfeind, dem Antichrist, die Gestalten des Vaters und Sohns miteinander, nur diesmal natürlich die des bösen Vaters und des bösen Sohns.[45] Als «Sohn der Verdammnis» stellt der Antichrist in jeder Weise das dämonische Gegenstück des Gottessohns dar. Seine Geburt galt als Signal für den Beginn der Endzeit und als sein Geburtsort Babylon; so wartete man gespannt auf Nachrichten über

2. Albrecht Dürer: Eröffnung des 5. und 6. Siegels

Eine Illustration zu Offenbarung 6,9–16: «… [da] sah ich unter dem Altar die Seelen derer, die erwürgt waren um des Wortes Gottes willen und um des Zeugnisses willen, das sie hatten… und siehe, da ward ein großes Erdbeben, und die Sonne ward schwarz wie ein härener Sack, und der Mond ward wie Blut; und die Sterne des Himmels fielen auf die Erde… Und die Könige auf Erden und die Großen und die Reichen und die Hauptleute und die Gewaltigen und alle Knechte und alle Freien verbargen sich in den Klüften und sprachen zu den Bergen und Felsen: ‹Fallet über uns und verberget uns vor dem Angesichte des, der auf dem Stuhl sitzt, und vor dem Zorn des Lammes!›»

dieses ebenso mysteriöse wie unheilschwangere Ereignis. In seinem Verhältnis zu Gottvater erscheint der Antichrist als ein sich trotzig auflehnender Sohn, der sich fanatisch bemüht, die Planung des Vaters zu durchkreuzen und sich nicht scheut, dessen Platz zu usurpieren und seine Autorität nachzuäffen. In seinem Verhältnis zum Menschen hingegen ist der Antichrist ein vom Teufel kaum zu unterscheidender Vater: ein schutzspendender Vater für seine höllische Brut, aber für die Heiligen ein schrecklicher Vater, der seine bösen Absichten mit gleisnerischen Worten listig verbirgt, ein durchtriebener Tyrann, der zu einem grausamen und blutrünstigen Verfolger wird, wenn man sich ihm widersetzt. Wie der messianische Erlöser besitzt der Antichrist übernatürliche Kräfte, mit denen er Wunder zu wirken vermag; nur stammen diese Kräfte vom Satan und werden von ihm in Form der schwarzen Magie zur Vernichtung der Heiligen verwendet. Doch geht, weil seine Macht nicht aus dem Geiste kommt, kein Licht von ihm aus. Wie Satan selbst ist er ein Geschöpf der Finsternis; er ist das Tier, das aus dem Abgrund heraufsteigt, ein erdgebundenes Ungeheuer, dessen Rachen widerliche Lurche, Kröten, Skorpione und sonstige Symbole von Erde und Unrat ausspeit.[46]

All diese auf die Gestalt des imaginären Antichrist projizierten Eigenschaften übertrug man auch auf jene ausgegrenzten Bevölkerungsschichten, die als «Gehilfen» des Antichrist betrachtet wurden. Wenn sogar orthodoxen Theologen die Juden als böse Kinder erschienen, die sich halsstarrig dem Willen Gottes widersetzen und die Majestät Gottes, des Vaters aller Menschen, beleidigen, mußte den Sektierern, die den Papst für den Antichrist hielten, der Klerus als eine Drachensaat erscheinen, die ihren wahren Vater verriet und gegen ihn rebellierte. Nun ließen sich aber der Geistliche wie der Jude nur allzuleicht selber als Vatergestalten sehen. Beim Priester ist das ganz offensichtlich, nannten ihn ja die Laien tatsächlich «Vater». Wenn es beim Juden weniger augenfällig ist, bleibt es dennoch eine Tatsache, denn sogar heutzutage stellen sich viele Christen den Juden – den Mann, der am Alten Testament festhält und das Neue Testament verwirft, diesen Angehörigen des Volkes, in das der Heiland hineingeboren wurde – bezeichnenderweise als verschrumpelten «alten Juden» in abgetragenen Kleidern vor.

Innerhalb der eschatologischen Phantasien wurden der Jude wie der Geistliche zu Vatergestalten schrecklichster Art. Jenes zerstörungswütige, von phallischer Kraft erfüllte, die dreifache Krone, den Schlüssel und das Papstkreuz tragende Ungeheuer, wie Melchior Lorch es dargestellt hat, wurde von Chiliasten in jedem «falschen Kleriker» gesehen.

Was die Juden anbelangt, glaubte man unbedingt und zweifelsfrei, daß sie Christenkinder ermorden; von keinem Dementi der Päpste und Bischöfe – und es gab deren viele – konnte dieser Glaube erschüttert werden. Bei der Betrachtung von Abbildung 3 – Tortur und Entmannung eines hilflosen Christenknaben – wird man sich bewußt, wieviel Furcht und Haß auf die Phantasiegestalt des bösen Vaters projiziert werden konnte. Die andere im mittelalterlichen Europa beständig wiederkehrende Beschuldigung, daß die Juden die geweihte Hostie zertrampeln, durchbohren und zerreiben, hat eine ähnliche Bedeutung. Denn wenn vom Gesichtspunkt der Juden aus eine Schändung der Hostie ganz sinnlos gewesen wäre, stellte sie vom Gesichtspunkt des mittelalterlichen Christen aus eine Wiederholung der Peinigung und der Kreuzigung des Heilands dar. So ergibt sich also auch hier das Phantasiebild vom bösen (jüdischen) Vater, der dem guten Sohn zu Leibe geht – eine Interpretation, die von den vielen Geschichten bestätigt wird, wonach sich Jesus in der Mitte der geschändeten Hostie als weinendes, bluttriefendes Kind gezeigt habe.

Diesen Dämonen in Menschengestalt, Juden und falschen Priestern, schrieb man sämtliche Eigenschaften des Tiers aus dem Abgrund zu, nicht nur dessen Grausamkeit, sondern auch seine Unförmigkeit, seine Triebhaftigkeit, seine Unreinlichkeit und seine Schwärze. Die Judenschaft und der Klerus bildeten zusammen den unflätigen schwarzen Feindeshaufen, der der reinen, weißen Schar der Heiligen gegenüberstand – «Gottes Kinder sind wir, giftige Würmer seid ihr»[47], formulierte es ein mittelalterlicher Reimeschmied. Aber die Heiligen wußten, daß es ihre Aufgabe war, diesen unflätigen schwarzen Haufen von der Erde zu tilgen, weil nur eine dermaßen gereinigte Erde geeignet war, das Neue Jerusalem, das strahlende Königreich der Heiligen zu tragen.

Die mittelalterliche Gesellschaft dämonisierte ausgegrenzte Bevölkerungsteile, in Zeiten allgemeiner Verwirrung wurden diese Phantasien quälender und zwingender als gewöhnlich. Die übliche Mühsal und Not zeitigte keine solcher Folgen. Armut, Krieg und örtliche Mißernte gehörten so sehr zum normalen Dasein, daß man sie für naturgegeben hielt und sich mit ihnen nüchtern und realistisch auseinandersetzte. Erst wenn sich eine Situation ergab, die nicht nur eine Gefährdung darstellte, sondern auch außerhalb jeder Erfahrung lag; wenn man sich einer Drohung gegenübersah, die ihrer ungewohnten Art wegen um so schrecklicher war – erst dann kam es zu einer Massenflucht in dämonologische Phantasien. Und wenn die Drohung machtvoll und die Desorientierung allgemein und akut genug war, dann konnte es zu einem Massenwahn explosivster Art kommen. Als – beispielsweise – 1348

3. Eine mittelalterliche Darstellung des Ritualmordes an einem Christenknaben durch Juden. Ein eindrückliches Beispiel dafür, wie das phantastische Bild des marternden und kastrierenden Vaters auf die Juden projiziert wurde.

der Schwarze Tod in Westeuropa eingeschleppt wurde, war man sich sogleich darüber einig, daß irgendeine Gesellschaftsschicht das Trinkwasser vergiftet haben müsse, und zwar mit einem aus Spinnen, Kröten, Eidechsen (lauter Erd-, Schmutz- und Teufelssymbolen) und vielleicht auch Basiliskenfleisch zusammengebrauten Gift. Als die Seuche andauerte und die Menschen immer ratloser wurden, richtete sich der Verdacht nacheinander gegen die Aussätzigen, die Armen, die Reichen, den Klerus, bis er schließlich an den Juden haftenblieb, die in der Folge nahezu ausgerottet wurden.

Dennoch waren nicht alle sozialen Schichten in gleicher Weise traumatischen und verwirrenden Erfahrungen ausgesetzt. Wie wir gehört haben, lebten in den übervölkerten, verstädterten, stark industrialisierten Gegenden stets zahlreiche Menschen im Zustand einer chronischen und nicht zu beseitigenden Unsicherheit; Menschen, die von ihrer wirtschaftlichen Anfälligkeit und Hilflosigkeit nicht weniger gequält wurden als durch den Mangel an sozialen Bindungen, auf die sich die Bauern selbst in den schlechtesten Zeiten stützen konnten. Das waren die Menschen, die in ihren Ängsten messianische Führer suchten und am ehesten bereit waren, dämonische Sündenböcke zu erfinden. Die daraus entstandene Phantasie ließ sich leicht mit der altüberlieferten johanneischen und sibyllinischen Eschatologie in Übereinstimmung bringen. So umgeformt, wurde sie zu einem geschlossenen Sozialmythos, dem die daran Glaubenden mit Haut und Haar verfielen. Er erklärte ihre Leiden, versprach ihnen Wiedergutmachung, hielt ihre Ängste in Schach und gab ihnen die Illusion von Sicherheit – und das, während sie, von gemeinsamer Begeisterung zusammengeschmiedet, einem Ziel nachjagten, das stets eitel und oftmals selbstmörderisch war.

So kam es, daß zahllose Menschen mit wilder Energie eine Phantasie auslebten, die, so illusionistisch und wirklichkeitsfern sie war, ihnen solche Gemütserleichterung verschaffte, daß sie nur noch in ihr zu leben vermochten und durchaus willens waren, für sie zu sterben. Es war ein Phänomen, das vom elften bis zum sechzehnten Jahrhundert, bald in dieser, bald in jener Gegend auftauchen sollte, und das sich bei allen offensichtlichen Unterschieden des Ausmaßes und des kulturellen Gehalts eng mit den totalitären Bewegungen unseres Jahrhunderts und ihren messianischen Führern, ihren millennialen Vorstellungen und ihren dämonischen Sündenböcken berührt.

V

Im Kielwasser der Kreuzzüge

Der falsche Balduin und der «Meister aus Ungarn»

Das gigantische Unternehmen der Kreuzzüge bildete auf lange Zeit hinaus den Nährboden unabhängiger messianischer Volksbewegungen. Bei den offiziellen Kreuzzügen machte sich weltliches Machtstreben immer stärker bemerkbar. Die politischen Interessen der weltlichen Staaten – des Reiches, Frankreichs und Englands – fanden schon beim dritten Kreuzzug, der 1189 begann, offenen Ausdruck. Und der vierte Kreuzzug in den ersten Jahren des dreizehnten Jahrhunderts endete als ein für rein politische Zwecke geführter Krieg der Laienwelt – als ein Unternehmen, bei dem sich die Handelsaspirationen Venedigs mit den territorialen Wünschen deutscher und französischer Fürsten zur Eroberung Konstantinopels und zur Eroberung und Aufteilung des oströmischen Reichs verbanden. Ein solcher Kreuzzug bot keinen Raum für die *pauperes* – sie waren weder erwünscht, noch hätte er sie interessieren können. Trotzdem hatten sie die alten eschatologischen Hoffnungen und ihr altes Ideal, die heilige Stadt zu befreien, nicht begraben. Im Gegenteil, da sich die Ritter jetzt ganz und gar der Weltlichkeit verschrieben hatten, waren sie überzeugter denn je, einzig und allein die Werkzeuge des göttlichen Willens, die wahren Hüter der eschatologischen Endzeit zu sein.

Der erste Pseudoprophet, der die Armen zu einem Kreuzzug aufrief, der ihre und nur ihre Sache sein sollte, war Fulk von Neuilly, der anscheinend 1198 auftrat und zu jenen asketischen Wundertätern gehörte, die einen großen Teil der ihnen gezollten Verehrung ihrer angeblichen Fähigkeit verdankten, Blinde und Stumme zu heilen.[1] Was ihm vorschwebte, war offenbar ein von den Fürsten unabhängiges und wie weiland die Horden König Tafurs auf Armut verpflichtetes Heer. Doch gingen die von ihm in Bewegung gesetzten Massen schon an der spanischen Küste elendiglich zugrunde. Wenige Jahre später, 1212, folgte der erste Kinderkreuzzug. Ganze Heere von Kindern brachen zur Wiedereroberung der heiligen Stadt auf, eines aus Frankreich, ein anderes und viel größeres aus dem Rheinland. In beiden Fällen trat ein Jüngling als Führer auf, der sich für den Erwählten Gottes hielt und von seiner Gefolgschaft als wunderwirkender Heiliger verehrt wurde. Weder gutes Zureden noch Gewalt vermochte diese Tausende von Kindern zurückzuhalten; in ihrem unerschütterlichen Glauben waren sie überzeugt, daß das Mittelmeer vor ihnen ebenso austrocknen würde wie ehedem das Rote Meer vor den Kindern Israels. Auch diese Kreuzzüge endeten katastrophal; fast alle Kinder ertranken oder kamen Hungers um oder wurden in Afrika in die Sklaverei verkauft.[2] Nichtsdestoweniger leiteten diese Massenwanderungen eine Tradition ein, denn über ein Jahrhundert lang brachen die Armen immer wieder zu eigenen Kreuzzügen auf, deren katastrophale Folgen sie nicht mehr allein trafen.

Mittlerweile erwuchs in Flandern und im Hennegau, ein Menschenalter nach dem vierten Kreuzzug und doch als seine indirekte Folge eine Bewegung, in die alle messianischen Hoffnungen der Armen einströmten, obschon ihr Ursprung in einer politischen Intrige wurzelte. Nach der Eroberung Konstantinopels durch die Kreuzheere im Jahre 1204 hatten die Kreuzfahrer den Grafen Balduin IX. von Flandern zum Kaiser und zum Oberherrn über alle abendländischen Fürsten und Ritter proklamiert, die darangingen, die Gebiete des oströmischen Reichs als Lehen unter sich aufzuteilen. Aber Balduins Macht war keineswegs konsolidiert; schon nach einem Jahr fiel er in die Hände der Bulgaren und wurde hingerichtet. Daheim erbte seine Tochter Johanna Flandern und den Hennegau; doch war sie zu schwach, sich gegen einen so fähigen und energischen Politiker wie Philipp II. Augustus von Frankreich zu behaupten und mußte seine Oberhoheit anerkennen. Es war eine auch dem Volk unwillkommene Oberhoheit; und als Philipp 1223 starb, verhinderte nur das Fehlen einer Führerpersönlichkeit einen allgemeinen Aufstand. Da aber tauchte die Generationen alte Phantasie vom schlafenden Kaiser in einer der Stunde angepaßten Erscheinung von neuem auf. Angesichts seiner außergewöhnlichen Laufbahn war Balduin in der Einbildungskraft der Massen zu einer mit übernatürlichen Zügen ausgestatteten Gestalt geworden[3], zu einem Fabelwesen, zur Hälfte dämonisch, zur Hälfte engelhaft. Allmählich umwob ihn die Sage; man flüsterte, er sei gar nicht tot; doch da er ein großer Sünder sei, lebe er unter einer ihm vom Papst auferlegten Buße. Seit Jahren ziehe er unerkannt als wandernder Bettler und Eremit umher;

jetzt aber nähere sich seine Bußezeit dem Ende, und er werde in Herrlichkeit heimkehren und Land und Volk von der Fremdherrschaft befreien.

1224 erschien in der Gegend von Tournai ein Fremder, verteilte Almosen und kündigte Balduins baldige Ankunft an. Einige Monate danach zeigte sich zwischen Tournai und Valenciennes ein bettelnder Einsiedler, seiner Erscheinung nach ein typischer Pseudoprophet von imponierendem Äußern und wehendem Haar und Bart. Man ging ihm nach und fand ihn im nahen Wald, wo er in einer Laubhütte hauste, und sofort verbreitete sich das Gerücht, der Graf sei zurückgekehrt. Es ist nie festgestellt worden, ob er selbst zu diesem Gerücht beigetragen hat, oder ob er sich einfach in die Rolle fügte, als sie ihm angetragen wurde. Gewiß ist, daß er darauf bestand, ein weiteres Jahr im Wald zuzubringen, um seine Buße abzuschließen, und daß er die Zeit dazu benutzte, Ratgeber auszusuchen und einen geheimen Hofstaat zu organisieren. Angehörige des Adels suchten ihn auf; ein Neffe Balduins hielt ihn tatsächlich für seinen Onkel, und die Führer der Widerstandsbewegung gegen Frankreich gaben, um ihn als ihren Mann ausrufen zu können, zumindest vor, ihn als den verschollenen Grafen zu erkennen. Mit solcher Rückendeckung behauptete der Einsiedler, in der Tat der nach entsetzlichen Leiden aus dem Osten heimgekehrte Balduin zu sein. Die Einwohner von Valenciennes zogen in Scharen in den Wald, um ihn zu sehen, bis sie ihn im April 1225 hoch zu Roß in fürstlichem Purpur unter wilden Freudenausbrüchen in die Stadt geleiteten.

Vom größten Teil des Adels, der Städte Flanderns und des Hennegaus anerkannt, begann er die Funktionen eines regierenden Grafen auszuüben. Einer Einladung der Gräfin Johanna, sie aufzusuchen und sich von ihr anerkennen zu lassen, leistete er hingegen keine Folge, sondern traf Vorbereitungen, seine Stellung durch Gewalt zu befestigen. Die Gräfin, die mittlerweile mit Kreuzfahrern gesprochen hatte, die ihren Vater kannten, erklärte ihn für einen Betrüger. Die Städte kochten vor Erregung, nicht nur weil sie durch die Abschüttelung der französischen Oberhoheit ihre Freiheitsrechte zu erweitern hofften, sondern weil sie aufrichtig glaubten, ihren rechtmäßigen Herrn zurückerhalten zu haben. Sie griffen zu den Waffen und proklamierten die Absetzung Johannas, die nur mit Mühe der Gefangennahme entging. Ein Bürgerkrieg brach aus; der Einsiedler zog an der Spitze eines starken Gewalthaufens verwüstend durch den ganzen Hennegau, stürmte und plünderte jedes Widerstandsnest und äscherte mit Menschen gefüllte Kirchen ein. Das ging weit über eine normale Kriegführung hinaus; es war vielmehr ein (wie es ein moderner Geschichtsschreiber ausgedrückt hat) in religiöser Verzückung geführter Feldzug, ein Kreuzzug gegen die Gräfin Johanna, doppelt verabscheut als Bundesgenossin Frankreichs und als schlechte, aufrührerische Tochter.[4] Und der Führer des Kreuzzugs war nicht irgendein Feldherr, sondern ein heiliger Fürst, ein verehrungswürdiges Wesen, dessen Narben man als sichtbaren Beweis vergangener Leiden küßte; ein Haar von seinem Haupt oder ein Fetzen seiner Kleidung galt als kostbare Beute, und man trank das Wasser, darin er gebadet hatte, wie einige Menschenalter früher das Badewasser Tanchelms.[5]

Im Mai erfolgte, vermutlich in Valenciennes, die Krönung des Einsiedlers zum Grafen von Flandern und Hennegau und Kaiser von Byzanz und Thessalonike mit einem westliches und östliches Ritual verschmelzenden Gepränge. Der neue Fürst schlug unverzüglich neue Ritter, verteilte Lehen und Pfründen, spendete Almosen und besuchte mit großem Gefolge seine Städte. In einer Sänfte getragen oder hoch auf einem edlen Zelter, in kaiserlichem Purpur, umgeben von den Standarten seiner Lande in Ost und West, vor ihm das Kreuz, das traditionsgemäß jedem Nachfolger Konstantins vorangetragen wurde – aber immer noch mit dem langen Bart des heiligen Einsiedlers und statt des metallenen Zepters einen weißen Stab als Symbol der Güte, muß er in der Tat als der messianische Kaiser gewirkt haben, der gekommen war, die alten sibyllinischen Weissagungen zu erfüllen.

Die öffentliche Begeisterung war grenzenlos. Geführt von Äbten und ihren Mönchen, zogen ihm Städter und Bauern in langen Prozessionen entgegen; Städte wie Lille, Gent und Brügge überreichten ihm nicht nur ihre Schlüssel, sondern auch Geld; man lobte Gott für eine Heimkehr, so wunderbar, daß sie fast eine Wiedergeburt schien; man fiel, wo er vorbeikam, auf die Knie. «Wenn Gott in eigener Person zur Erde heruntergekommen wäre, man hätte ihn nicht wärmer willkommen heißen können»[6], bezeugt recht bezeichnend ein zeitgenössischer Chronist. Trotzdem war die Begeisterung nicht allgemein. Während die Wohlhabenden mit einiger Zurückhaltung auf den neuen Souverän blickten, sahen die Armen in ihm ohne den Schatten eines Zweifels den in ihre Mitte zurückgekehrten Balduin. Moderne Historiker neigen freilich dazu, den in den Originalquellen deutlich genug erkennbaren Umstand zu übersehen, daß der Mann von der städtischen Armut und insbesondere von den Arbeitern der Tuchmanufakturen als ihr Messias ausgerufen worden ist. Wie der gleiche Chronist sagt: «Die armen Leute, die Weber und die Tuchwalker, waren seine Vertrauten; die Bessergestellten und Reichen behandelte er überall schlecht. Die armen Leute sagten, sie würden Gold und Silber haben... und sie nannten ihn Kaiser.»[7]

Dieser Kommentar wiegt um so schwerer, wenn man sich klarmacht, daß in Flandern und im Hennegau in jenem Jahr eine entsetzliche Hungersnot herrschte, wie sie seit Menschenaltern nicht erlebt worden war.

Aber auch politisch wurde der Einsiedler zum Machtfaktor, denn auf die interne Anerkennung folgte die der fremden Potentaten. Die benachbarten Fürsten beehrten ihn mit Gesandtschaften, und Heinrich III. von England bot ihm ein gegen Frankreich gerichtetes Bündnis an.[8] Ludwig VIII. von Frankreich parierte mit dem Abschluß eines Bündnisses mit der Gräfin Johanna, während er gleichzeitig seine Bereitschaft andeutete, den neuen Grafen anzuerkennen, sofern ihn dieser persönlich besuche. Der Einsiedler ging darauf ein und begab sich mit großem Gefolge an den französischen Hof in Péronne. Doch das erwies sich als ein für ihn verhängnisvoller Fehler. Im Gespräch mit dem König zeigte sich der Einsiedler außerstande, sich an Dinge zu erinnern, die dem echten Balduin bekannt gewesen wären. Rasch identifizierte man ihn als einen gewissen Bertrand aus Ray in Burgund, einen leibeigenen Spielmann, der in der Tat im Gefolge seines Herrn am vierten Kreuzzug teilgenommen hatte und später ein notorischer Scharlatan geworden war.

Als Betrüger entlarvt, verlor Bertrand die Nerven und floh nächtlicherweile aus Péronne, während sich sein ihm bisher so ergebenes Gefolge von hundert Rittern in bitterer Enttäuschung zerstreute. Er hätte sein Leben immer noch retten können, da ihm Ludwig eine Gnadenfrist gewährte, Frankreich binnen dreier Tage unversehrt zu verlassen; doch statt sich dieser Großmut zu bedienen, wandte er sich nach Valenciennes, seiner alten Hochburg. Seine Ankunft löste einen Wirrwarr aus. Die wohlhabenden Bürger wollten ihn festnehmen, aber die fanatisierten Massen schützten ihn nicht nur, sondern bemächtigten sich sogar einiger Reicher und verlangten von ihnen Lösegeld; die übrigen Reichen flohen. Der Magistrat wurde von den Massen für abgesetzt erklärt und unter hektischen Festlichkeiten eine «Kommune» proklamiert.[9] Ihren Messias quartierten sie in der Zitadelle ein und verstärkten die Stadtmauer. Doch als sich die Franzosen zur Belagerung der Stadt anschickten, verlor der Pseudo-Balduin abermals die Nerven und floh unter Mitnahme eines großen Geldbetrags. Er wurde aber erkannt und festgenommen und in denselben Städten, die seinen Triumph gesehen hatten, schimpflich zur Schau gestellt. Im Oktober endete er auf dem Marktplatz zu Lille am Galgen, ungefähr sieben Monate, nachdem er sich zum erstenmal als Graf und Kaiser bezeichnet hatte.

Vor der Hinrichtung nannte sich Bertrand von Ray einen armen Teufel, der von den schlechten Ratschlägen der Ritter und Bürger verführt worden sei. Trotz allem lebte er in der Volksphantasie weiter. Obschon sich die Städte bequemen mußten, den König von Frankreich um Verzeihung zu bitten, blieben die städtischen Massen ihrem verlorenen Herrn im Herzen treu. Und obschon Gräfin Johanna ihr Land mit Mut und Klugheit verwaltete, wurde sie noch Generationen nach ihrem Tod als Vatermörderin verflucht, während die Gestalt Balduins, des römischen Kaisers aus dem Osten, die den flämischen Massen ein paar Wochen lang als ihr Messias erschienen war, wie Emicho von Leiningen in die Zahl der schlafenden Monarchen aufgenommen wurde, die eines Tages wiederkehren müssen. Um nochmals den zeitgenössischen Chronisten zu zitieren: «Die Leute von Valenciennes warten auf ihn wie die Bretonen auf König Arthur warten.»[10] Man könnte ergänzen: wie das gemeine Volk allüberall seit langem den wiedererstandenen Constans erwartete. So kurz diese Episode gedauert hatte, leitete sie doch eine Epoche sozialer Unrast ein, die anderthalb Jahrhunderte dauern sollte.[11]

In Frankreich konzentrierten sich die messianischen Hoffnungen auf die Dynastie der Kapetinger, die im zwölften und dreizehnten Jahrhundert eine quasi-religiöse Verehrung von eigenartiger Intensität genoß. Ludwig VII. war schon zur Zeit des zweiten Kreuzzugs vielen als der Kaiser der Endzeit erschienen. Zu Beginn des dreizehnten Jahrhunderts vereinigten sich Volk und offizielle Lobredner, die französischen Monarchen als die ersten Monarchen der Christenheit zu rühmen.[12] Das Öl, mit dem Frankreichs Könige gesalbt wurden, stammte aus der *sainte ampoule*, die eine Taube vom Himmel gebracht hatte; ihr Kriegsbanner war die Oriflamme, die gleichfalls vom Himmel herabgefahren war; sie selbst besaßen wunderwirkende Kräfte, insbesondere zur Heilung der Kranken. Philipp II. Augustus – schon der Titel war dem *semper augustus* der Kaiserwürde nachgebildet – sah sich als einen zweiten Karl den Großen und von Gott zur Führung der gesamten abendländischen Christenheit berufen.[13] 1214, am Tage der Schlacht von Bouvines, als Philipp durch seinen Sieg über die englisch-deutsch-flandrische Koalition diesen Anspruch machtvoll untermauerte, gefiel er sich auch tatsächlich in der Rolle des Priesterkönigs und segnete – ähnlich wie es Karl der Große im Rolandslied getan hatte – sein Heer als Streiter für den wahren Glauben.

Ungefähr um die gleiche Zeit gab es in Paris Sektierer, die den Dauphin, den späteren Ludwig VIII., für den Messias hielten, der, vom Heiligen Geiste erfüllt, für alle Zeit über eine geeinigte und gereinigte Welt zu herrschen berufen sei.[14] Wenn er sich freilich als König eher durch

Energie und Schläue als durch charismatische Gaben auszeichnen sollte, so war sein Nachfolger wirklich ein weltlicher Heiliger. Ludwig IX. – der heilige Ludwig – schuf einen für die Christenheit neuen Königstypus. Seine streng asketische Lebensführung gewann ihm im Verein mit seinem ehrlichen Mitgefühl für die bescheidensten seiner Untertanen eine außergewöhnliche Verehrung. Unwillkürlich fragt man sich, welch wunderbares Geschehen erwartet wurde, als diese strahlende Gestalt den siebenten Kreuzzug unternahm. Als er dann 1250 bei Mansura unterlag und in – vier Jahre dauernde – Gefangenschaft geriet, war die gesamte Christenheit wie vor den Kopf gestoßen. Die an französische Priester oftmals gerichtete, spöttische Frage, ob Mohammed am Ende nicht stärker sei als Jesus, veranschaulicht das Ausmaß der Enttäuschung.[15]

Die erste jener anarchischen Bewegungen, die als «Züge der Pastorellen» in die Geschichte eingegangen sind, dürfte eine Reaktion auf diese Katastrophe gewesen sein. Ostern 1251 begannen drei Männer in der Pikardie zu einem Kreuzzug aufzurufen, und binnen weniger Tage pflanzte sich ihr Appell über Brabant, Flandern und den Hennegau fort – Gebiete, die zwar außerhalb Frankreichs lagen, wo man aber, wie ein Menschenalter früher in den Tagen Bertrands von Ray, inbrünstig einen Messias ersehnte.[16] Einer der drei Kreuzzugsprediger war ein abtrünniger Mönch namens Jakob, den man, weil er angeblich aus Ungarn stammte, den «Meister aus Ungarn» nannte.[17] Er war ein hagerer, blasser, bärtiger, gut sechzigjähriger Asket mit gebieterischem Auftreten, der deutsch, französisch und lateinisch mit großer Gewandtheit sprach. Ähnlich wie nach der Überlieferung Peter der Eremit, hielt er stets einen Brief in der Hand, von dem er behauptete, daß er ihn von der Jungfrau Maria erhalten habe, die ihm inmitten einer großen Engelschar erschienen sei. Dieser Brief, verkündete er seinen Zuhörern weiter, rufe sämtliche Hirten auf, König Ludwig zu helfen, den Ungläubigen das heilige Grab zu entreißen. Über den Stolz und die Anmaßung der Ritterschaft erzürnt, habe Gott jetzt die Niedrigen berufen, für ihn zu streiten. Hirten seien es gewesen, denen die frohe Botschaft von des Heilands Geburt zuerst verkündet worden sei, und jetzt wolle der Herr seine Macht und seine Herrlichkeit erneut durch Hirten beweisen.

Schäfer und Kuhhirten – Knaben, Jünglinge, Mädchen – ließen ihre Herden im Stich und versammelten sich, ohne ihre Eltern zu fragen, unter merkwürdigen Bannern, darauf Jakobs Vision der Himmelskönigin dargestellt war. Binnen kurzem schlossen sich Diebe, Dirnen, Geächtete, abtrünnige Mönche und Mörder an, rissen die Führung an sich und kleideten sich teilweise gleichfalls wie Hirten, so daß der ganze

4. Melchior Lorch: Der Papst als Antichrist

Auf diesem schreckeinflößenden Bild, das Luther gewidmet ist, wird der Papst mit dem Schwanz und andern tierischen Merkmalen Satans dargestellt, während die seinem Mund entfahrenden Frösche (zusammen mit anderem Gewürm) an die Beschreibung des Antichrist in Offenbarung 16,13 erinnern. Im Bildtext wird die Gestalt auch dem Wilden Mann gleichgesetzt. Wie R. Bernheimer gezeigt hat, war der Wilde Mann der mittelalterlichen Dämonenlehre ein Ungeheuer von erotischer und zerstörerischer Macht – ursprünglich ein Erdgeist aus der Sippschaft Pans, der Faune, Satyrn und Kentauren, der aber in einen furchterregenden Dämon verwandelt wurde. Lorch hat seinem Wilden Mann ein päpstliches Kreuz in die Hand gegeben, das gleichzeitig ein Baumstamm ist, wie er von den Kentauren getragen wurde – dieser seinerseits galt als phallisches Symbol.

5. Der reiche Mann und der arme Lazarus

Oben: Der reiche Mann hält ein Gelage ab, während Lazarus vor dessen Toren stirbt und ein Engel seine Seele in Abrahams Schoß trägt. – Mitte: Der reiche Mann stirbt und wird, von seinem schweren Geldsack in die Tiefe gezogen, von Dämonen in die Hölle hinuntergestoßen. – Rechts unten: Avaritia, durch einen Teufel symbolisiert, und Luxuria, symbolisiert als Schlangenweib.

Haufen unterschiedslos Pastorellen (*pastoureaux*) genannt wurde. Bald war ein gewaltiger Harst beisammen, der – auch wenn man die zeitgenössische Schätzung von 60 000 nicht allzu ernst nimmt – viele tausend Köpfe gezählt haben muß. Er wurde in fünfzig Kompanien eingeteilt, die getrennt marschierten und zur Einschüchterung der Obrigkeit mit drohend erhobenen Piken, Mistgabeln, Äxten und Dolchen in Städte und Dörfer einzogen.[18] Waren Lebensmittel knapp, nahmen sie sie gewaltsam[19]; doch viel wurde freiwillig gegeben, weil – wie aus zahlreichen Berichten hervorgeht – die Volksmassen die Pastorellen als Heilige verehrten.

Es dauerte nicht lang, da benahmen sich die Pastorellen genauso wie die früheren Horden Tanchelms und Eudes' de l'Etoile. Unter dem Schutz einer Leibwache hielt Jakob Brandreden gegen den Klerus: alle Bettelmönche seien Heuchler und Vagabunden, die Zisterzienser gierten nach Habe und Boden, die Prämonstratenser seien stolz und wollüstig, die regulierten Kanoniker seien halbweltliche Fastenbrecher; und dazu richtete er maßlose Angriffe auf die Kurie in Rom. Die Sakramente, hörte Jakobs Gefolgschaft weiter, seien wertlos, und die Gemeinschaft der Pastorellen die alleinige Verkörperung der Wahrheit.[20] Für seine Person erhob Jakob den Anspruch nicht nur auf himmlische Gesichte, sondern auch auf die Kraft, Kranke zu heilen – und die Bevölkerung brachte auch ihre Kranken zu ihm, um sie von ihm berühren zu lassen. Wein und Speisen, die seinen Leuten vorgesetzt würden, nähmen – sagte er – niemals ab, sondern, wenn sie gegessen und getrunken seien, eher noch zu. Und weiter versprach er den Kreuzfahrern, daß sich die Wasser an der Meeresküste vor ihnen teilen und sie trockenen Fußes zum Heiligen Lande ziehen würden. Gestützt auf diese angeblich wunderwirkenden Kräfte, maßte er sich an, die Sünden seiner Anhänger vergeben zu können. Und wenn sich ein Paar in seiner Gefolgschaft zu ehelichen begehrte, vollzog er die Trauung, und wenn es sich zu trennen wünschte, sprach er mit ebensolcher Leichtigkeit die Scheidung aus. Wie der Chronist meldet, soll er elf Männer der gleichen Frau angetraut haben – eine Maßnahme, aus der sich schließen läßt, daß sich auch Jakob als lebender Heiland gesehen hat, der Jünger und eine Jungfrau Maria brauchte. Wer dem Führer widersprach, wurde von seiner Leibwache niedergemacht. Für besonders lobenswert galt der Totschlag von Priestern; der Mörder konnte sich, wie Jakob predigte, mit einem Becher Wein entsühnen. Daß der Klerus mit Schrecken auf die wachsende Kraft der Bewegung blickte, ist nicht verwunderlich.

In Amiens, der ersten Stadt, in die Jakobs Harst einzog, wurde er begeistert empfangen. Die Bürgerschaft überließ den Kreuzfahrern Lebensmittel und Wein und bezeichnete sie als die heiligsten aller Männer. Einen so guten Eindruck machte Jakob, daß die Bürger ihn baten, von ihrer Habe zu nehmen, was er brauche, und manche warfen sich vor ihm auf die Knie, «als wäre er der verkörperte Heiland». Hinter Amiens teilte sich der Harst in zwei Haufen. Der eine zog nach Rouen, wo er eine vom Erzbischof präsidierte Provinzialsynode sprengte.[21] Der andere Haufe wandte sich nach Paris. Dort geriet die Königinmutter Blanche so in Jakobs Bann, daß sie ihn mit Geschenken überhäufte und ihm freie Hand ließ, zu tun, wie ihm beliebte. Jetzt kleidete sich Jakob mit dem Ornat eines Bischofs, predigte in den Kirchen und spendete Weihwasser nach einem von ihm erfundenen Ritus. Unterdes machten die Pastorellen Jagd auf die Priester, die sie teils erschlugen, teils in die Seine warfen. Das gleiche Unheil drohte der Studentenschaft – die, da sie die niederen Weihen empfangen hatte, bereits dem geistlichen Stande angehörte –, doch wurde die Brücke zur Universität rechtzeitig geschlossen.

Nach ihrem Abzug aus Paris teilten sich die Pastorellen in eine Anzahl Banden, eine jede unter Führung eines «Meisters», der in Städten und Dörfern dem Volk seinen Segen spendete. In Tours griffen die Kreuzfahrer die Kleriker abermals an und peitschten insbesondere die Dominikaner und Franziskaner durch die Straßen. Das Kloster der letztgenannten wurde gewaltsam erstürmt, die Kirche der Dominikaner ausgeraubt. Die alte Verachtung der von unwürdigen Händen gespendeten Sakramente zeigte sich wieder: das Allerheiligste wurde unter Schmährufen auf die Straße geworfen. Und das alles geschah mit der Billigung, ja sogar dem Beistand der Bevölkerung. In Orléans spielten sich ähnliche Szenen ab. Hier hatte der Bischof die Tore vor der heranziehenden Horde schließen lassen; aber die Bürger ließen die Pastorellen unter Mißachtung des bischöflichen Gebots in die Stadt. Jakob predigte unter freiem Himmel; als ihm ein Zögling der Kapitelschule zu entgegnen wagte, erschlug man ihn mit einer Axt. Dann stürmte man die Häuser, worin Priester und Mönche Zuflucht gesucht hatten, und äscherte viele ein. Mit den Geistlichen – darunter auch Universitätsprofessoren – wurden auch viele Bürger teils totgeschlagen, teils in der Loire ertränkt.[22] Die überlebenden Geistlichen verließen die Stadt. Als die Luft wieder rein war, belegte der über das Verhalten der Bürgerschaft erboste Bischof die Stadt mit dem Interdikt. Nach zeitgenössischen Urteilen dürften die Pastorellen einen großen Teil ihres Ansehens ihrer gewohnheitsmäßigen Priestertötung und Kirchenschändung verdankt haben – und jedenfalls fanden Proteste oder Widerstandsversuche des Klerus in der Bevölkerung keinen Rückhalt.[23] Es ist begreiflich, daß manche geistliche Chronisten angesichts des Treibens der Pastorellen die Kirche in akutester Gefahr sahen.[24]

In Bourges begann sich das Geschick der Pastorellen zu wenden. Auch hier ließen die Bürger in Mißachtung des bischöflichen Gebots so viele Kreuzfahrer in die Stadt, als diese aufzunehmen vermochte; die übrigen lagerten vor den Toren. Diesmal richteten sich Jakobs Predigten gegen die Juden, deren Thorarollen er von seinen Leuten vernichten ließ. Die Kreuzfahrer raubten in der ganzen Stadt die Häuser aus und vergewaltigten alle Frauen, die ihnen in die Hände fielen; nur die Geistlichen blieben ungeschoren, weil sie sich gut versteckt hielten. Mittlerweile hatte die Königinmutter die wahre Natur der Bewegung durchschaut und alle Teilnehmer geächtet. Als sich die Neuigkeit herumsprach, fiel eine große Zahl seiner Anhänger von Jakob ab und desertierte. Eines Tages schließlich, als er wieder gegen die Laxheit der Priester wetterte und die Bürger aufrief, sie auszurotten, wagte ein Zuhörer, ihm zu widersprechen. Jakob ging mit dem Schwert auf ihn los und machte ihn nieder; doch jetzt hatten die Bürger genug, sie griffen zu den Waffen und jagten die zügellosen Gäste aus der Stadt.

Von jetzt an waren es die Pastorellen, die unter Gewalttätigkeiten zu leiden hatten. Berittene Bürger verfolgten Jakob und hieben ihn in Stücke. Viele seiner Anhänger fielen den königlichen Beamten von Bourges in die Hände und endeten am Galgen. Überlebende Banden schlugen sich bis nach Marseille und Aigues-Mortes durch, wo sie sich nach dem Heiligen Lande einzuschiffen hofften; aber beide Städte waren von Bourges gewarnt worden, nahmen die Pastorellen fest und hängten sie auf. Ein letzter Haufen gelangte nach Bordeaux, wo ihn englische Söldner unter dem Befehl des Gouverneurs der Gascogne, Simon de Montfort, zersprengten. Der Führer des Haufens, der sich nach der Levante einzuschiffen versuchte, wurde von ein paar Seeleuten erkannt und ertränkt. Einem seiner Unterführer gelang die Flucht nach England; er ging in Shoreham an Land und sammelte alsbald eine Gefolgschaft von einigen Hundert Schäfern und Landarbeitern. Als König Heinrich III. davon erfuhr, war er so beunruhigt, daß er sämtlichen Sheriffs des Königreichs Instruktionen zur Unterdrückung der Bewegung zugehen ließ.[25] Diese zerfiel jedoch bald von selbst, und in Shoreham wurde der Apostel von seinen eigenen Anhängern in Stücke gehauen. Nachdem alles vorüber war, entstanden die merkwürdigsten Gerüchte. Es wurde gesagt, die Bewegung sei ein Komplott des Sultans gewesen, der Jakob bezahlt habe, damit er ihm christliche Männer und Jugendliche als Sklaven zuführe. Weiter behauptete man, Jakob und andere Führer seien Mohammedaner gewesen, die sich mit Hilfe der schwarzen Magie Gewalt über Christen verschafft hätten.[26] Es gab aber auch welche, die meinten, die Bewegung der Pastorellen habe zur Zeit ihrer Unterdrückung nur den ersten Teil ihrer Absichten zu verwirklichen begonnen. Nach dieser Auffassung hätten die Führer der Pastorellen geplant, erst alle Priester und Mönche und hernach alle Ritter und Adeligen umzubringen und nach dem Sturz aller Autorität ihre Lehre über die ganze Welt zu verbreiten.[27]

Die letzten Kreuzzüge der Armen

Die messianischen Massenbewegungen gebärdeten sich nicht nur immer unabhängiger, sie nahmen auch immer offener einen gegen die Privilegierten und Reichen gerichteten Charakter an. In dieser Hinsicht spiegelten sie einen tatsächlichen Wandel des Volksempfindens wider. An sich war der Antagonimus zwischen Reich und Arm natürlich nichts Neues. Auch unter der ländlichen gutsherrschaftlichen Ordnung war es zu Rebellionen der Bauern gegen ihren Herrn gekommen, wenn sich dieser als tyrannisch oder willkürlich erwies oder wenn er die überkommenen Regeln verletzte; örtliche Revolten waren also nichts Unbekanntes. Aber erst der Aufschwung der gewerblichen städtischen Wirtschaft bei gleichzeitigem Niedergang der gutsherrschaftlichen Ordnung löste einen ständigen Strom unzufriedener Kritik an den oberen Schichten aus.

Ein großer Teil der Feindseligkeit galt den städtischen Handelskapitalisten. Diese Leute waren oft sehr reich – ihrer vierzig besaßen manchmal das halbe Vermögen einer Stadt und den größten Teil des städtischen Bodens. Nun trifft es zwar zu, daß solche Männer einer Stadt in ihren frühen Wachstumsstadien große öffentliche Dienste geleistet hatten und es in manchen Städten – Venedig beispielsweise – das ganze Mittelalter hindurch weiterhin taten; aber in zahlreichen flämischen und rheinischen Städten schlossen sie sich rasch zu selbstischen Oligarchien zusammen, die nur den Schutz der eigenen Interessen bezweckten. Als einzige städtische Obrigkeit sahen sich diese Kapitalisten in der Lage, Löhne wie Arbeitszeit der Betriebe weitgehend zu diktieren, natürlich auch in den Betrieben, die ihnen selber gehörten. Vor allem aber fehlten traditionelle, von uralter Sitte geheiligte soziale Bindungen, die alle, die großen Kapitalisten und die mehr oder weniger ständig für sie beschäftigten Handwerksmeister, geschweige denn die große Masse der Gelegenheitsarbeiter und Arbeitslosen, vereinigt hätten. Es war unvermeidlich, daß sich in stark verstädterten Gegenden, wo diese üppigen Oligarchien und ein entwurzeltes, bald überbeanspruchtes, bald beschäftigungsloses, aber immer verzweifelt armes Proletariat eng zusammenlebten, ein besonders erbitterter Klassenhaß herausbilden mußte.[28]

Der alte Adel, mit dem städtischen Patriziat häufig durch Heirat verbunden, wurde kaum weniger gehaßt. Da die Zeit der großen Invasionen vorbei war und die königliche Obergewalt die feudalen Fehden mehr und mehr unterdrückte, schien sich auch die geschichtliche Funktion des Adels als bewaffnete Schutzherren einer wehrlosen Bauernschaft überlebt zu haben. Zudem befand sich das alte gutsherrschaftliche System in den meisten hochindustrialisierten Gegenden in einem rapiden Niedergang. Eine Lebenshaltung, die in früheren Jahrhunderten sogar Großgrundbesitzern angemessen erschienen war, erwies sich zu einer Zeit, da der wiederaufgeblühte Handel die Städte mit Luxuswaren füllte, als völlig überholt. Der landbesitzende Adel wollte sich dem neuen Lebensstandard anpassen und meist auch in der Stadt wohnen; das konnte er sich aber aus den oft schon vor Jahrhunderten festgesetzten Naturalleistungen und Abgaben nicht leisten. Er mußte also Bargeld einnehmen; und das konnte er nur, indem er erst seine Leibeigenen die Freiheit erkaufen und sie dann einen Pachtzins für den ihnen überlassenen Boden bezahlen ließ. Oftmals zogen die Bauern aus dieser Veränderung großen materiellen Nutzen; trotzdem waren sie unzufrieden, weil gleichzeitig ein Band zerriß, das, so drückend und mühebringend es ihnen oft geschienen hatte, doch eine gewisse patriarchalische Note besaß. «Je mehr der freie den leibeigenen Bauern ersetzte, desto mehr entledigte sich der Grundbesitzer seines alten patriarchalischen Charakters, und materielle Interessen wurden zum einzigen Kriterium für seine Beziehungen zu seinen Bauern.»[29] Der Grundherr war ganz einfach zum Grundeigentümer – und oftmals zu einem abwesenden – geworden und wurde nicht mehr geliebt, als solche Leute eben geliebt werden. Für viele Landleute aber bedeutete der Zusammenbruch der bisherigen Naturalwirtschaft eine Katastrophe. Wenn es – was oft der Fall war – dem Grundeigentümer lohnender erschien, die Zahl seiner Pächter zu verringern, stieß er sie unter jedem Vorwand, den er finden konnte, aus, und aus den vielen Bauern, die ihr Anwesen verloren, bildete sich ein ländliches Proletariat. Gleichzeitig sank mancher kleine Grundbesitzer, der einen Lebensstandard über seine Verhältnisse aufrechtzuerhalten versuchte, in die Schicht der Besitzlosen ab.[30]

In dieser neuen Welt eines ungeahnten Wohlstands Seite an Seite nicht nur mit großer Armut, sondern auch schrecklicher und ungewohnter Unsicherheit ließen sich die Armen mit häufigen und lauten Protesten vernehmen. Sie sind uns in Dokumenten von vielerlei Art erhalten geblieben – wie in den von den Armen selber geschaffenen Sprichwörtern:

«Der Arme arbeitet immer, sorgt sich und schuftet und weint, und nie lacht er herzhaft; der Reiche aber lacht und singt...»[31]

– wie in den Mysterienspielen, die vielleicht das Hauptausdrucksmittel des Volkes waren:

«... ein jeder sollte so viel besitzen wie jeder andere; wir aber haben nichts, das wir unser eigen nennen können. Die großen Herren besitzen alles Land, und arme Leute haben nichts als Leiden und Widerwärtigkeiten...»[32]

– und auch in den am meisten gelesenen und wirksamsten Satiren:

«Magistratspersonen, Bürgermeister, Profosse, Büttel – leben fast alle vom Raub... Sie alle saugen der Armen Blut, sie alle wollen sie ausplündern... sie schinden sie bei lebendigem Leib. Der Stärkere beraubt den Schwächeren...»[33] Oder aber:

«Ich möchte die Edelleute und Priester erwürgen, jeden einzelnen von ihnen... Brave Arbeitsleute backen das Weizenbrot, aber sie werden es nie kauen; nein, sie bekommen nur die Spreu, und vom guten Wein bekommen sie nichts als den Bodensatz, und vom schönen Tuch nur den Abfall. Alles, was gut schmeckt und schön ist, bekommen die Edelleute und Priester...»[34]

Gelegentlich ging diese mürrische, passive Verstimmung in eine militante Gleichheitsideologie über. In Mittelfrankreich fühlte sich schon 1180 ein Zimmermann – wie gewöhnlich durch eine Vision Marias – zur Gründung einer Bruderschaft bewogen, die das Land von marodierenden entlassenen Söldnern befreien wollte. Anfänglich bildeten diese «Friedenskreuzfahrer», wie sie sich selber nannten, oder *Caputiati*, wie sie nach ihren weißen Kapuzen genannt wurden, eine fromme Gemeinschaft – den kirchenbauenden Bruderschaften nicht unähnlich –; es gehörten ihnen Leute aus allen Schichten an, die weder zu trinken noch zu würfeln, noch zu fluchen gelobten, und Bischöfe gaben ihnen ihren Segen.[35] Doch zu der Zeit, da die *Caputiati* die Marodeure ausgeschaltet hatten, waren sie selber zu einer revolutionären Bewegung armer Leute geworden und proklamierten die Gleichheit aller Menschen, denn jedermann habe ein Recht auf die von Adam und Eva geerbte Freiheit. Schließlich wurden die *Caputiati* gewalttätig und begannen Edelleute zu ermorden, bis sie durch Waffengewalt unterdrückt wurden.

Obschon sich der Mönch, der diese Ereignisse beschrieb, entsetzt über den «tollen Wahnsinn dieser *Caputiati*» äußerte, waren doch Gleichheitsapostel dieses Schlags immer schnell bereit, sich zur Verteidigung ihres Standpunkts auf die kirchliche Lehre zu berufen. Denn so weltlich ihre eigene Praxis auch oftmals war, hörte die Kirche doch nie auf, Armut als einen der höchsten Werte und als ein Hauptmittel zur Erreichung der Heiligkeit zu preisen. Den professionellen Heiligen der Kirche, den Mönchen, war Armut ebenso zwingend vorgeschrieben wie Keuschheit und Gehorsam. Hundert Jahre vor Franz von Assisi konnte sich ein virtuoser Kirchenmann wie der heilige Norbert entschließen, die Welt in Lumpen zu durchwandern. Eine solche Verherrlichung der Armut mußte doch gleichzeitig eine Verurteilung des Reichtums bedeuten. Aber die Theologen verneinten natürlich die Richtigkeit dieser Schlußfolgerung. Thomas von Aquin bestätigte die von den Kirchenvätern niedergelegte Lehre: daß die Vorsehung die Menschen an verschiedene Posten gestellt hat und daß ein Reicher zwar freigebig Almosen verteilen, aber doch genug behalten soll, um mit seinen Angehörigen in einer seinem Stand angemessenen Weise zu leben. Das hinderte jedoch die bedürftigen Massen nicht, die Reichen als verdammenswert und verdammt zu betrachten. Hatte nicht Jesus zu dem reichen Jüngling gesagt: «Verkaufe alles, was du hast, und gib's den Armen, so wirst du einen Schatz im Himmel haben... Es ist leichter, daß ein Kamel gehe durch ein Nadelöhr, denn daß ein Reicher in das Reich Gottes komme»[36]? Und hatte er nicht von dem reichen Mann gesprochen, «der sich kleidete mit Purpur und köstlicher Leinwand und lebte alle Tage herrlich und in Freuden» und aus eben diesem Grunde dem ewigen Höllenfeuer verfiel, während der arme Lazarus von den Engeln in Abrahams Schoß getragen wurde?[37]

Sowie sich der reiche Laie seiner patriarchalischen Funktion entzog, begann man ihm die gleichen Eigenschaften zuzuschreiben wie dem Geistlichen und dem Juden, das heißt, er erschien im Licht des bösen Vaters wie des bösen Sohnes, und gleichzeitig wurde er ins Dämonische gesteigert.[38] Es gibt Predigten, darin die Reichen zu pflichtvergessenen Söhnen Christi gestempelt werden, deren Gleichgültigkeit gegen die Leiden des Vaters aufs furchtbarste bestraft werden wird. In dem schönen romanischen Bildwerk am Portal der Stiftskirche St. Pierre zu Moissac sieht man – beispielsweise – den Reichen als bösen, seine Pflichten vernachlässigenden Vater. Hier wird die Geschichte von dem reichen Mann und dem armen Lazarus mit leidenschaftlicher Intensität dargestellt: beginnend mit dem Festmahl, wo Lazarus vom bösen reichen Patriarchen weggewiesen wird, bis zur Schlußszene, wo er in Abrahams väterlichem Schoß in Freuden lebt, während der von seinem Geldsack niedergezogene Reiche von Teufeln gequält wird (Abb. 5). Noch lebendiger wird die große gefühlsbetonte Bedeutung dieser Geschichte für die damaligen Massen durch die Gestalten in der rechten unteren Ecke vermittelt. Diese Gestalten symbolisieren in der Sprache des mittelalterlichen Dämonenglaubens des reichen Mannes mächtigste Eigenschaften, nämlich *Avaritia* und *Luxuria* – seine Gier nach Gewinn und seine Gier nach sinnlichen Freuden. Das Streben nach Gewinn symbolisiert ein männlicher Teufel, während das Weib mit den Schlangen die Vergnügungssucht darstellt.[39] Es ist dieses eine stereotype Figur, die fleischliche Lüste und einen Erdgeist in einer einzigen Gestalt visuell verkörperte – also wahrlich ein Geschöpf jener finstern Unterwelt, darin Satan und das Tier der Apokalypse nebst den ihnen zugehörigen Schlangen, Skorpionen und Lurchen hausten.

Ein weiteres Moment bildeten zahllose Kommentare zur Offenbarung, die *Avaritia* und *Luxuria* zu Kennzeichen der Gehilfen des Antichrist stempeln, so daß der reiche Mann, wie er in Moissac porträtiert ist, auch nach orthodoxer Auffassung zum nahen Verwandten des dämonischen Juden wie des dämonischen Priesters wird. Wenn die Kirche in ihrem Bemühen, sich die Gefolgschaft der neuen Massen zu sichern, einer solchen Sprache fähig war, wie muß dann erst die Sprache jener Ketzer getönt haben, die in den Werkstätten und Hütten der Weber predigten[40], oder jener abtrünnigen Priester, die der heilige Bernhard zu seinem Entsetzen bärtig und untonsuriert Seite an Seite mit Arbeitern beiderlei Geschlechts an den Webstühlen vorfand? Für solche Leute war der reiche Mann ganz einfach einer aus der Horde des Antichrist. Im Denken der apokalyptischen Sektierer des zwölften und dreizehnten Jahrhunderts begann bereits jene Metamorphose des wohlhabenden Laien, die ihn im Lauf der Zeit zum Kapitalisten der heutigen Propaganda transformierte – ein in seiner Verderblichkeit, Grausamkeit, rohen Sinnlichkeit und Beinahe-Allmacht wahrhaft dämonisches Wesen.

In solchen Zusammenhang gebracht, lassen sich die letzten Massenkreuzzüge gleichzeitig als eine im mittelalterlichen Europa neue Spielart des Chiliasmus erkennen, die, so verworren sie war, auf den Sturz der Reichen und die Erhöhung der Armen hinarbeitete. Schließlich, im ersten Viertel des vierzehnten Jahrhunderts, war die Kreuzzugsbegeisterung mehr denn je ein Monopol der Armen geworden. Das Königreich Jerusalem hatte aufgehört zu bestehen, und Syrien war geräumt worden; das Papsttum hatte die mystische Aura Roms für die Sicherheit Avignons eingetauscht, und in allen Ländern ging die politische

Macht in die Hände nüchterner Bürokraten über – nur in den unruhigen Massen zwischen Somme und Rhein übten die alten eschatologischen Phantasien, verwoben mit wilder proletarischer Erbitterung, immer noch ihre Wirkung aus. Der geringste Anlaß genügte, um diese Leute zum völlig unrealistischen Versuch aufzustacheln, ihre Phantasien in die Realität umzusetzen. Als 1309 Papst Clemens V. die Johanniter beauftragte, die Insel Rhodos zu erobern und zu einem Stützpunkt gegen die Türken zu machen, und gleichzeitig in der Pikardie, in den Niederlanden und am Unterlauf des Rheins ernste Hungersnöte ausbrachen, genügte das Zusammentreffen beider Ereignisse, um in diesem Raum einen neuen Massenkreuzzug auszulösen.[41] Bewaffnete Haufen von elendiglich armen Handarbeitern, Taglöhnern und ein paar heruntergekommenen Edelleuten, die ihren Besitz vergeudet hatten (man denke an die vielen bankrotten Grundbesitzer), durchzogen bettelnd und raubend das Land, töteten Juden und stürmten die Burgen des Adels, der diesen wertvollen Quellen seines Einkommens Schutz und Zuflucht gewährte. Schließlich belagerten sie die Burg des Herzogs von Brabant, eines energischen Widersachers aller Volksbewegungen, der nur drei Jahre zuvor einen Harst aufständischer Tuchweber zersprengt und – wie gemeldet wird – dessen Führer lebendig begraben hatte. Der Herzog bot unverzüglich ein Heer gegen die Kreuzfahrer auf und vertrieb sie unter großen Verlusten. Aber innert weniger Jahre sammelten sich neue Horden.

Das war nun tatsächlich eine Zeit des größten Elends und der größten Verzückung. Während die allgemeine Mißernte des Jahres 1315 die Armen bis zum Kannibalismus trieb[42], flehten lange Prozessionen von nackten Büßern Gott um Barmherzigkeit an, und chiliastische Hoffnungen erhielten neuen Auftrieb. Mitten in der Hungersnot ging eine Prophezeiung um, wonach sich die vom Hunger getriebenen Armen noch im selben Jahr gegen die Reichen und Mächtigen erheben und außer der Kirche eine große Monarchie stürzen werden.[43] Dann, nach schwerem Blutvergießen, werde ein neues Zeitalter anbrechen, und alle Menschen würden ein einziges Kreuz verehren. So ist es nicht verwunderlich, daß 1320 die verzweifelten Massen die nur mit halbem Herzen gegebene Anregung Philipps V. zu einem neuen Zug ins Heilige Land begeistert aufnahmen, obschon ein solcher praktisch undurchführbar war und vom Papst ohne langes Besinnen verworfen wurde. Ein abtrünniger Mönch und ein abgesetzter Priester riefen in Nordfrankreich trotzdem mit so großem Erfolg zum Kreuzzug auf, daß «so plötzlich und unerwartet wie ein Wirbelwind» eine große Bewegung aufsprang. Auch diesmal scheinen Pseudopropheten, die angeblich auf göttlichen

Befehl handelten, eine große Rolle gespielt zu haben. Jüdische Chronisten berichten auf Grund einer verlorengegangenen spanischen Quelle von einem Schäferknaben, dem eine Taube erschienen sei, die sich in die Muttergottes verwandelt habe; sie habe ihm geboten, zu einem Kreuzzug aufzurufen und diesem Sieg verheißen. Die gleichen Quellen sprechen von einem zweiten Führer, der behauptete, mit dem Kreuz zwischen den Schulterblättern, diesem Stigma der göttlichen Erwählung, gekennzeichnet zu sein.

Wie 1251 reagierten Schäfer und Schweinehirten, viele von ihnen noch Kinder, als erste auf den Aufruf, weshalb auch diese Bewegung als Hirtenkreuzzug bekannt geworden ist.[44] Doch wiederum schlossen sich, als die Kolonnen die Städte passierten, fremde Elemente an: Bettler und Bettlerinnen, Geächtete, Räuber; und bald wurde der so aufgeblähte Harst aufrührerisch. Wenn da und dort etliche Pastorellen festgenommen und eingekerkert wurden, stürmte der von der fanatisierten Bevölkerung unterstützte Rest die Gefängnisse und holte die Kameraden heraus. In Paris bemächtigten sich die Horden des Châtelet und wurden gegen die Professen tätlich; schließlich stellten sie sich auf das Gerücht hin, daß reguläre Truppen gegen sie aufgeboten würden, auf den Feldern bei St. Germain-des-Prés in Schlachtordnung auf; als jedoch kein Gegner erschien, zogen sie aus der Hauptstadt in südlicher Richtung ab. In den englisch verwalteten Südwestgebieten des Landes gab es im Gegensatz zum Königreich, wo sie 1306 ausgewiesen worden waren, noch Juden, die jetzt von den durchziehenden Pastorellen umgebracht wurden, während ihre Heime geplündert wurden. Vom französischen König gesandte Befehle, die Juden zu schützen, blieben erfolglos, denn die von der Heiligkeit dieses Massenmords überzeugten Städter halfen den Kreuzfahrern in jeder Weise. Als der Statthalter und die königlichen Beamten von Toulouse eine größere Anzahl festnahmen, stürmte die einheimische Bevölkerung das Gefängnis und richtete unter den Juden ein Blutbad an. Die Konsuln der Stadt Albi schlossen die Stadttore; die Kreuzfahrer erzwangen sich trotzdem den Eintritt, riefen, sie seien gekommen, die Juden totzuschlagen, und wurden von der Bevölkerung mit stürmischer Begeisterung empfangen. In anderen Städten beteiligten sich sogar die Behörden an dem Gemetzel. In ganz Südwestfrankreich, von Bordeaux im Westen bis Albi im Osten, kamen beinahe alle Juden um.

Allmählich wandten die Pastorellen ihre Aufmerksamkeit auch dem Klerus zu. Sich als wahre Hirten Christi aufspielend, warfen sie den Priestern vor, «falsche Hirten» zu sein, «die ihre Herden berauben»; und sie sollen, wie uns gemeldet wird, geplant haben, allen geistlichen und klösterlichen Besitz zu enteignen. Ein königlicher Funktionär, der Seneschall von Carcassonne, versuchte, eine Streitmacht gegen sie aufzubringen; er stieß jedoch auf die größten Schwierigkeiten, weil das Volk seine Mitwirkung verweigerte. Im päpstlichen Palast zu Avignon herrschte größte Erregung, weil man mit dem Marsch der Kreuzfahrer gegen die Stadt rechnen mußte und die Folgen fürchtete. Schließlich exkommunizierte Papst Johann XXII. die Pastorellen, verbot unter Todesstrafe, diesen sogenannten Kreuzfahrern Lebensmittel zu überlassen, und befahl dem Seneschall von Beaucaire, ihnen mit bewaffneter Macht entgegenzutreten.[45] Diese Maßnahmen erwiesen sich als wirksam; Städte begannen ihre Tore zu schließen, und viele Pastorellen verhungerten elendiglich. Bei verschiedenen Zusammenstößen zwischen Toulouse und Narbonne wurden zahlreiche Pastorellen erschlagen oder gefangen und in Gruppen von zwanzig bis dreißig Mann an Bäumen aufgeknüpft. Die Verfolgung und die Exekutionen dauerten etwa drei Monate. Die Überlebenden teilten sich in kleine Rotten und überschritten die Pyrenäen in der Absicht, die spanischen Juden umzubringen, doch wurden sie schließlich von einer Streitmacht unter dem Befehl des Sohnes des Königs von Aragon zersprengt. Mehr als jeder frühere Kreuzzug versetzten die Pastorellen von 1320 die Privilegierten und Reichen in Angst und Schrecken, schienen sie doch die gesamte bestehende Gesellschaftsordnung zu bedrohen.

Von jetzt an wird es immer schwieriger, den roten Faden des sozialen Mythos zu verfolgen, der die Massen zwischen Somme und Rhein bald in dieser, bald in jener Form gute zweihundert Jahre in seinen Bann geschlagen hatte. Der seit den Tagen Bertrands von Ray kaum je aufhörende Kampf zwischen «den Großen» und «den Kleinen» nahm einen immer heftigeren und gnadenloseren Charakter an.[46] Von den Tuchmachern Brügges unterstützt, verweigerten 1325 die gutgestellten Freisassen der flandrischen Seeprovinzen Abgaben und Zehnten und erhoben sich in Waffen gegen ihre weltlichen und geistlichen Oberherren. Ein grausamer Bürgerkrieg war die Folge, der bis 1328 dauerte, als der König von Frankreich eingriff und die Rebellen bei Cassel schlug. Von 1320 bis 1380 kam es in den großen Mittelpunkten der Tuchmanufaktur, Gent, Brügge und Ypern, zu wiederholten blutigen Aufständen, die ebenso blutig unterdrückt wurden. Schließlich, 1379, rissen die Genter Weber die Macht an sich, erweiterten von ihrer Stadt aus ihre Herrschaft über ganz Flandern und beraubten den Grafen der Regierungsgewalt. Erst nach einem dreijährigen Krieg wurden sie, wiederum von einem französischen Heer, bei Rosebeke besiegt. Um dieselbe Zeit (1380/81) entstand in Nordfrankreich – in den Städten der Normandie und Pikardie und in Paris, lauter alten Tummelplätzen der Pastorellen – eine Reihe von Revolten, deren Ursache in harter Besteuerung lag, weshalb das Kontor des Steuereinnehmers jeweils das erste Ziel der Aufrührer bildete. Nachdem man diesen erschlagen, die Akten vernichtet und die Geldtruhen geleert hatte, stürmte man mordend und plündernd durchs Judenviertel. In Rouen wählten die Insurgenten sogar einen König, zeigten ihn im Triumph und töteten auf seine Weisung hin nicht nur die Steuereinnehmer, sondern auch einige wohlhabende Bürger. Hier wie in Paris dienten die Genter Ereignisse den Aufrührern als Vorbild – «Lang lebe Gent!» war die Losung. Der König und sein von dem Sieg über die flämischen Weber heimkehrendes Ritterheer brachen die Revolte in beiden Städten; dennoch marodierten Rotten von Armen aus Stadt und Land weiter.[47]

In der Hauptsache verfolgten diese Bewegungen streng begrenzte, praktische Ziele: was die Rebellen wollten, war mehr Geld und größere Freiheit. Ob aber nicht doch eine Unterströmung chiliastischer Begeisterung mitwirkte? Es kann nicht bewiesen werden, obschon darauf aufmerksam gemacht werden muß, daß ein so hervorragender Beurteiler wie Henri Pirenne es glaubte.[48] Gewiß ist jedoch, daß auf der Höhe des Klassenkampfes – in Ypern 1377 beispielsweise – Tuchmacher nicht nur als Rebellen gehenkt, sondern auch von der Inquisition als Ketzer verurteilt und verbrannt wurden[49], während gewisse dissidente Geistliche nach wie vor einen revolutionären und egalitären Chiliasmus verkündeten. So hat ein Franziskaner namens Jean de Roquetaillade, der unter der ständigen Drohung, wegen seiner ketzerischen Ansichten verbrannt zu werden, zwanzig Jahre in geistlichen Gefängnissen verbrachte, hochinteressante prophetische Schriften hinterlassen. 1356, im Jahr der katastrophalen Niederlage bei Poitiers, als freie Söldnerkompanien das flache Land verheerten und sich der zornige Bauernausbruch, die *Jacquerie*, zusammenbraute, verfaßte er sein *Vademecum in tribulationibus*.[50] Aus diesem berühmten, ins Englische, Katalanische und Tschechische übersetzten Werk geht deutlich hervor, wie stark der neue soziale Radikalismus auf der alten eschatologischen Überlieferung fußte.

Wie Roquetaillade erklärte, leitete die Gefangennahme des Königs bei Poitiers eine Elendszeit für Frankreich ein, das nach seinen Niederlagen auf dem Schlachtfeld an den Rand des Abgrunds geriet. Ja, für die ganze Christenheit stehen schlimme Zeiten bevor, da sich zwischen 1360 und 1365 die Niedrigen gegen die Großen erheben werden. In jenen Jahren wird das Volk Gerechtigkeit üben und mit zweischneidigen Schwertern Tyrannen und Edelleute niedermachen; viele Fürsten,

Barone und Mächtige werden aus ihren Würden und aus der Eitelkeit ihres Reichtums gestoßen; über den Adel wird unglaubliche Not kommen, und die Großen, deren Willkür so großes Elend über das Volk bringt, werden alles verlieren. Ein Edelmann, der in jenen Tagen einen treuen Diener und Gefährten findet, kann sich glücklich preisen. Dann werden Stürme, Fluten und Seuchen den größeren Teil der Menschheit wegraffen, die verhärteten Sünder vertilgen und die Bahn für die Erneuerung der Erde bereiten. Ein abendländischer Antichrist wird in Rom, ein morgenländischer in Jerusalem seine falschen Lehren verkünden. Dem Jerusalemer Antichrist werden vor allem die Juden Gefolgschaft leisten, die die Christen verfolgen und Kirchen und Altäre zerstören werden. Sarazenen und Tataren werden Italien und Spanien, Ungarn und Polen, teilweise auch Deutschland verwüsten. Die über den Reichtum, das Wohlleben und den Hochmut des Klerus empörten Regenten und Völker werden sich zusammenschließen und der Kirche ihr Vermögen nehmen. Elend und Tod werden die Geistlichkeit und insbesondere die Franziskaner züchtigen; hernach aber werden die Kirche und wiederum insbesondere die Franziskaner, die durch ihre Leiden geläutert nach dem Vorbild des Herrn und seiner Apostel in absoluter Armut leben werden, zu neuem Leben erstehen und weithin über die Welt wirken. Diese Notzeiten werden bis 1367 dauern. Dann wird ein großer Reformator, *reparator orbis*, Papst und gleichzeitig gegen jedes Herkommen der König von Frankreich zum römischen Kaiser gewählt werden. Papst und König-Kaiser werden, gemeinsam handelnd, die Sarazenen und Tataren aus Europa vertreiben; sie werden alle Moslems, Juden und Tataren bekehren, die schismatischen Griechen mit der römischen Kirche versöhnen und alle Ketzerei vom Antlitz der Erde tilgen. Der König von Frankreich wird die ganze Welt erobern und im Westen, Osten und Süden herrschen; sein Königreich wird größerer Ehre würdig sein als jedes andere, das die Welt je gesehen hat, denn es wird alle früheren und gegenwärtigen Königreiche Europas, Asiens und Afrikas in sich vereinigen. Dennoch wird dieser siegreiche Nachfahr Karls des Großen nur «der sehr arme Gatte der universellen Kirche» und der heiligste Monarch aller Zeiten sein. Und obschon Kaiser wie Papst innerhalb eines Dezenniums sterben müssen, wird der von ihnen aufgerichtete Frieden tausend Jahre bis zum Ende der Zeit währen.

Im vierzehnten, fünfzehnten und noch im sechzehnten Jahrhundert tauchten in Frankreich immer neue Prophezeiungen eines «zweiten Charlemagne» auf, der Kaiser werden, die Welt erobern und die letzte Reise zum heiligen Grabe machen werde.[51] Aber allen diesen späteren

Prophezeiungen haftet mehr das Odium einer bewußten Propaganda für dynastische Ziele an als die Eigenschaft eines revolutionären Mythos. Das Zentrum der eschatologischen Erregung hatte sich nämlich mittlerweile von Nordfankreich und den Niederlanden wegverlagert. Je verzweifelter sich das Ringen mit den englischen Eindringlingen gestaltete, desto mehr konzentrierte sich die Verehrung der breiten Massen Frankreichs auf den jeweiligen Monarchen als das Symbol des nationalen Lebenswillens und der Unabhängigkeit, bis der einst von chiliastischen Pseudopropheten eingenommene Platz nur noch von einer Johanna von Orléans ausgefüllt werden konnte. Das aus dem heroischen Wiederaufbau nach dem Hundertjährigen Krieg hervorgegangene Frankreich war eine zentralisierte und nahezu despotische Monarchie, in der die Bürokraten und das königliche Heer herrschten und die Städte die letzte Spur einer Autonomie verloren hatten. In einem solchen Staat war wenig Raum für Volksbewegungen irgendwelcher Art. Vor allem aber hatte die Überbevölkerung, die den Raum zwischen Somme und Rhein so lange charakterisiert hatte, zu existieren aufgehört. Die Pikardie, der Hennegau, Flandern und Brabant bildeten nicht mehr das am stärksten industrialisierte und am dichtesten bevölkerte Gebiet Nordeuropas. Im Ausgang des vierzehnten Jahrhunderts hatte eine Anzahl von Faktoren – Klassenkampf, Krieg, Auswanderung, das Fehlen der englischen Wolle und die verstärkte Konkurrenz der italienischen Städte – die Tuchmanufaktur zum Ruin gebracht, so daß die Bevölkerungszahl rapid sank.[52]

In Deutschland lagen die Dinge ganz anders. Dort war die königliche Gewalt seit Beginn des dreizehnten Jahrhunderts in ständigem Schwinden begriffen, und die Nation hatte sich in eine Vielzahl von kleinen Fürstentümern aufgelöst, während sich gleichzeitig Gewerbe und Handel ausweiteten und die Bevölkerung wuchs. Und Deutschland war es, das zum Schauplatz einer neuen Serie von messianischen Bewegungen wurde.

VI
Kaiser Friedrich II. als Messias

Die joachimitische Prophetie und Friedrich II.

Neben den auf der Offenbarung und den sibyllinischen Weissagungen fußenden Eschatologien tauchte im Verlauf des dreizehnten Jahrhunderts eine weitere eschatologische Spielart auf, anfänglich neben ihnen bestehend, bald aber mit ihnen verschmelzend. Der Erfinder dieses neuen eschatologischen Systems, das bis zur Entstehung des Marxismus das einflußreichste der europäischen Geschichte geblieben ist, war Joachim von Fiore (1145–1202).[1] Nach vielen Jahren des Grübelns bewegte diesen kalabrischen Abt und Einsiedler zwischen 1190 und 1195 die Inspiration, die Heilige Schrift müsse einen versteckten, aber einzigartigen prophetischen Gehalt besitzen.

Der Gedanke, daß die Heilige Schrift einen verborgenen Sinn enthalte, war zwar keineswegs neu; in der traditionellen Exegese hatten allegorische Interpretationen von jeher eine große Rolle gespielt. Neu an dem Gedanken war jedoch, daß diese Interpretationen nicht nur für moralische und dogmatische Zwecke zu gebrauchen, sondern auch als Hilfsmittel zum Verständnis der Geschichte und zu Prognosen der künftigen Entwicklung verwendbar seien. Joachim glaubte einen Schlüssel gefunden zu haben, der – auf die Ereignisse und Gestalten des Alten und Neuen Testaments und insbesondere der Offenbarung angewandt – ihn in den Stand setzte, System und Sinn in der Weltgeschichte zu sehen und ihre künftigen Stadien im einzelnen vorauszusagen. Als Ergebnis seiner Schriftauslegung kam Joachim zur Interpretation der Geschichte als einem Aufstieg durch drei aufeinanderfolgende, jeweils im Zeichen einer der drei Personen der Dreifaltigkeit stehende Zeitalter. Das erste Zeitalter war das Gottvaters oder des Gesetzes, das zweite das des Sohnes oder des Evangeliums; das dritte Zeitalter aber werde das des Heiligen Geistes bringen. Dieses dritte Zeitalter werde sich zu seinen Vorgängern verhalten wie der helle Tag zu Sternenlicht und

Morgendämmerung oder wie der hohe Sommer zu Winter und Frühling. Und wenn das erste Zeitalter ein solches der Furcht und Knechtschaft gewesen war und das zweite ein solches des Glaubens und der kindlichen Unterwerfung ist, so werde das dritte ein solches der Liebe, Freude und Freiheit sein, weil sich die Kenntnis Gottes in allen Menschenherzen unmittelbar offenbaren werde. Das Zeitalter des Heiligen Geistes werde zum Sabbath oder Ruhetag der Menschheit, die Welt zum großen Kloster und alle Menschen würden zu meditierenden, in mystische Verzückung versetzten, Gott preisenden Mönchen werden. Und diese neue Version des Königreichs der Auserwählten werde bis zum Jüngsten Gericht dauern.

Joachim wich nicht bewußt vom kindlichen Dogma ab; er hatte nicht einmal die Absicht, die Kirche zu untergraben. Nicht weniger als drei Päpste munterten ihn auf, die ihm zuteil gewordenen Offenbarungen niederzuschreiben. Trotzdem enthielten seine Gedanken Konsequenzen, die die Grundlagen der mittelalterlichen Theologie unter Umständen gefährden konnten. Das von ihm entworfene Bild der dritten Phase war ja wirklich nicht mit der augustinischen Auffassung in Übereinstimmung zu bringen, wonach das Königreich Gottes – soweit es auf Erden überhaupt zu verwirklichen sei – in dem Moment realisiert wurde, da die Kirche in Erscheinung trat, und wonach es kein anderes Millennium geben werde außer diesem. So sehr Joachim an die Lehren, Ansprüche und Interessen der Kirche gedacht haben mag, der Wirkung nach verkündete er eine neue Spielart des Chiliasmus – und überdies eine solche, die von späteren Generationen zuerst in einem antikirchlichen und später in einem offenen weltlichen Sinn umgeformt werden sollte.

Auf lange Sicht läßt sich die Wirkung der joachimitischen Spekulationen bis in unsere Gegenwart verfolgen, am deutlichsten in gewissen, von der Kirche kategorisch abgelehnten «Geschichtsphilosophien»[2]. So entsetzt der weltfremde Mystiker wäre, wenn er diese Metamorphose erlebt hätte, so unbezweifelbar ist Joachims Phantasie von den drei Zeitaltern beispielsweise in den von den idealistischen deutschen Philosophen Lessing, Schelling, Fichte und bis zu einem gewissen Grad auch von Hegel aufgestellten Theorien über die Entwicklung der Geschichte wieder zutage getreten; ebenso in Auguste Comtes Interpretation der Geschichte als eines Fortschreitens aus der theologischen über eine metaphysische in eine wissenschaftliche Phase und wiederum in der marxistischen Dialektik von den drei Stadien: primitiver Kommunismus, Klassengesellschaft und künftiger Kommunismus, in dem der Staat überwunden werden und das Reich der Freiheit anbrechen wird.

Und ebenso zutreffend – obschon noch paradoxer – ist die Tatsache, daß das Schlagwort vom «Dritten Reich», das von dem nationalistischen Publizisten Moeller van den Bruck 1923 erstmals geprägt und später von Hitler zur offiziellen Bezeichnung der angeblich tausend Jahre währenden «Neuen Ordnung» gemacht wurde, nur geringen Gefühlswert besessen hätte, wenn nicht das Phantasiebild von der dritten und glorreichen Ordnung über die Jahrhunderte hinweg zum feststehenden Bestand der Sozialmythologie Europas gehört hätte.[3]

Was die Menschen des dreizehnten Jahrhunderts vor allem beeindruckte, das war Joachims Darstellung, wann und wie die Welt in ihre Endphase eintreten würde. Nach seiner Geschichtsauffassung mußte jedem Zeitalter eine Inkubationsperiode vorausgehen. Die Vorbereitung des ersten Zeitalters hätte von Adam bis Abraham gedauert, die des zweiten von Elias bis Jesus, die Vorbereitung des dritten aber habe mit dem heiligen Benedikt begonnen und nähere sich zur Zeit der Niederschrift seiner, Joachims Werke, ihrem Ende. Nach dem Evangelium Matthäi lägen zwischen Abraham und dem Erlöser 42 Generationen[4]; und da das Alte Testament einen Wegweiser für alles spätere Geschehen bilde, müsse die Zeitspanne zwischen der Geburt Christi und dem Anbruch des dritten Zeitalters ebenfalls 42 Generationen dauern. Indem er ein Menschenalter auf dreißig Jahre schätzte, sah sich Joachim imstande, den Höhepunkt der Menschheitsgeschichte auf die Zeit zwischen 1200 und 1260 zu datieren. Unterdes müsse die Bahn freigemacht werden, eine Aufgabe, die ein neuer, das neue Evangelium in aller Welt verkündender Mönchsorden durchführen werde. Aus ihm würden zwölf Patriarchen hervorgehen, von denen die Juden bekehrt werden würden, und ferner ein erhabener Lehrmeister, der *novus dux*, der die Menschheit von der Liebe zu irdischen Dingen weg und der Liebe zu allen Geistesgütern zuführen werde. In den dem Anbruch dieser dritten Ordnung unmittelbar vorausgehenden dreieinhalb Jahren werde der Antichrist seine Herrschaft ausüben. Er werde ein weltlicher König sein, der die verderbte und verweltlichte Kirche züchtigen und in ihrer gegenwärtigen Form vernichten werde. Nach dem Sturz dieses Antichrist werde das Zeitalter des Heiligen Geistes in seiner ganzen Fülle anbrechen.

Wie groß die in Joachims Lehre steckende Explosivkraft war, wurde offenbar, als der radikale Flügel des Franziskanerordens diese Spekulationen aufgriff. Innerhalb weniger Jahre nach dem Tode des Propheten brachte die Bruderschaft, die sich um den *poverello* von Assisi zu bilden begann, Joachims Ideal eines absolut weltabgekehrten Mönchsordens nahezu zur Verwirklichung. Späterhin machte die Entwicklung der

Bruderschaft zu einem mächtigen Orden Konzessionen an die Erfordernisse des realen täglichen Lebens nötig, der Orden besetzte Lehrstühle an den Universitäten, suchte Einfluß und erwarb Vermögen. Doch widersetzten sich viele Franziskaner solchen Neuerungen und hielten am ursprünglichen Ideal der absoluten Armut fest. Diese Gruppe – die sogenannten Spiritualen – bildete zuerst eine Minderheit innerhalb des Ordens, später außerhalb. Um die Mitte des Jahrhunderts hatten sie die Prophezeiungen Joachims (die bis dahin wenig Aufmerksamkeit gefunden hatten) ausgegraben, gaben sie heraus und verfaßten Kommentare dazu. Sie fälschten sogar Prophezeiungen und schrieben sie mit Erfolg Joachim zu. In diesen Schriften, die viel besser bekannt und wirksamer wurden als Joachims eigene Arbeiten, formten die Minoriten Joachims Eschatologie in solcher Weise um, daß sie selber als der neue Orden erschienen, der berufen sei, die römische Kirche zu ersetzen und die Menschheit der Herrlichkeit des Zeitalters des Heiligen Geistes zuzuführen. Das Auf und Ab der joachimitischen Apokalyptik in Südeuropa liegt außerhalb des Rahmens dieser Untersuchung[5]; es würde einen weitern Band erfordern, wollte man beschreiben, wie am Rande dieser Spiritualengruppe noch extremere Ideen auftauchten, bis sich um Persönlichkeiten wie Fra Dolcino oder Rienzi ein ebenso revolutionärer und militanter Chiliasmus entfaltete wie irgendwo im Norden. Die joachimitischen Propheten haben trotz ihres italienischen Ursprungs auch auf Deutschland starken Einfluß ausgeübt.[6] Ihnen hat es Kaiser Friedrich II. zum großen Teil zu danken, daß ihn die Volksphantasie in der Rolle jenes Endzeit-Züchtigers der Kirche sah.[7]

Friedrich war schon lange, bevor sich die Joachim-Gruppe mit ihm befaßte, Gegenstand eschatologischer Spekulationen gewesen. Was die Franzosen von den Kapetingern erwartet hatten, erwarteten die Deutschen von ihm. Kaum war Friedrich I. Barbarossa 1190 beim dritten Kreuzzug ums Leben gekommen, da tauchten in Deutschland Prophezeiungen über einen künftigen Friedrich auf, der als Kaiser der Endzeit das unfertige Werk zu Ende führen werde – in dessen Person man, kurz gesagt, jenen eschatologischen Erlöser sah, der das Heilige Grab befreien, der Wiederkunft Christi und dem Tausendjährigen Reich den Weg bereiten werde. Als die Kaiserkrone dreißig Jahre später dem Enkel Barbarossas aufs Haupt gesetzt wurde, hielten hoffende Gemüter Friedrich II. für den Erfüller dieser Weissagungen. So wurde das Bild des Kaisers der Endzeit zum erstenmal auf den aktuellen Herrscher über den Gebietskomplex übertragen, der, mit Deutschland als Zentrum, Burgund und den größten Teil Italiens umfaßte und im Abendland als das Römische (später: Heilige Römische) Reich bekannt war.

Friedrichs Leben und Persönlichkeit waren in der Tat geeignet, ihn zum Helden eines messianischen Mythos werden zu lassen. Er war eine überaus glänzende Gestalt, deren Intelligenz und Vielseitigkeit, Zügellosigkeit und Grausamkeit zusammenwirkten, um die Zeitgenossen zu faszinieren. Überdies unternahm er 1229 tatsächlich einen Kreuzzug, bei dem es ihm gelang, Jerusalem zurückzuerobern und sich zu dessen König krönen zu lassen. Vor allem aber sah er sich wiederholt in bitterste Konflikte mit dem Papsttum verwickelt. Die Christenheit erlebte das Schauspiel, daß der wegen Ketzerei, Meineids und Gotteslästerung mehrmals exkommunizierte Kaiser seinerseits drohte, der Kirche ihren Reichtum, der die Quelle ihrer Verderbtheit sei, zu nehmen. All das trug dazu bei, ihm die Rolle des Endzeit-Züchtigers des Klerus zuzuschreiben; und ein um 1240 verfaßter joachimitischer *Kommentar zu Jeremia* stempelte ihn in der Tat zu einem solchen Verfolger der Kirche, daß – wie der Kommentar prophezeite – 1260 nichts mehr von ihr übrig sein werde. Die italienischen Spiritualen hielten hingegen eine solche Züchtigung der Geistlichkeit, so verdient und notwendig sie als Vorstufe des dritten Zeitalters auch sei, für Teufelswerk. In ihren Augen waren der Kaiser das Tier der Apokalypse und das Heilige Römische Reich Babylon, die als Werkzeuge des Teufels ihrerseits zum Untergang bestimmt seien. Dennoch ließ sich der kaiserliche Widersacher des Papsttums auch in anderm Licht sehen. Deutschland betrachtete ihn weiterhin als Erlöser, und zwar als einen, dessen Aufgabe auch die Züchtigung der Kirche mit einschloß, eine Gestalt, in der der Kaiser der Endzeit mit dem *novus dux* von Joachims Weissagungen verschmolz.

Im Bestreben, Friedrich zum Gehorsam zu zwingen, verhängte der Papst das Interdikt über Deutschland, das heißt, alle seelsorgerischen Handlungen mußten unterbleiben, und die unerläßlichen Sakramente durften nicht mehr erteilt werden, was nach der damaligen Glaubensauffassung die unvermeidliche ewige Verdammnis aller in dieser Zeit Gestorbenen nach sich zog. In dem zu Friedrichs Hausmacht gehörenden volkreichen Herzogtum Schwaben, das dem Kaiser mit besonderer Treue anhing, traten 1248 Wanderprediger auf, die in aller Öffentlichkeit einerseits das sündige Leben der Priester anprangerten und den von sündigen Händen gespendeten Sakramenten jeden Wert absprachen, anderseits erklärten, daß das von Papst Innozenz IV. verhängte Interdikt angesichts seines bösen Lebenswandels ohne jede Bedeutung sei.[8] Nur sie, die Wanderprediger, seien Hüter der Wahrheit und von Gott zur Sündenvergebung ermächtigt. Auf verworfene Ketzer wie Papst und Bischöfe solle man nicht hören; hingegen solle man für Kaiser Friedrich und seinen Sohn Konrad beten, die beide gerechte und vollkommene Menschen seien. Unter dem Einfluß solcher Propaganda erhoben sich die Handwerker der Stadt Schwäbisch-Hall und verbannten die Priester und etliche wohlhabende Patrizier. Der Vorfall beansprucht einiges Interesse, weil er mit Gewißheit zeigt, daß die Volksphantasie, die nicht lange vorher aus dem Kaiser von Konstantinopel, Balduin, einen Erlöser der Armen gemacht hatte, jetzt – so unangemessen das war – das gleiche mit Kaiser Friedrich tat.

Ein zu eben dieser Zeit in Schwaben von einem dissidenten Dominikanerpater namens Arnold im joachimitischen Geist verfaßtes Manifest machte diese Haltung hinlänglich klar.[9] Die Schrift bezeichnete ebenso wie die in Italien zirkulierenden joachimitischen Prophetien das Jahr 1260 als das apokalyptische Jahr, das den Anbruch des dritten Zeitalters bringen werde. Pater Arnold werde noch vorher Christus im Namen der Armen bitten, den Papst und seine Hierarchie zu richten; und Christus werde ihn erhören, zur Erde niederfahren und sein Gericht halten, vor dem der Papst als Antichrist und die Priester als seine Gehilfen dastehen würden. Christus werde sie nicht nur wegen ihrer Sündhaftigkeit und Weltlichkeit und wegen des Mißbrauchs der Interdikts, sondern auch – und hauptsächlich – wegen der Unterdrückung und Ausbeutung der Armen auf ewig verdammen. Dann werde sich Gottes Wille durch Arnold und seine Gefährten offenbaren, und ihre Aufgabe werde sein, diesen Willen durchzuführen, indem sie die römische Kirche ihrer Autorität entkleiden, diese Autorität auf sich nehmen und als heilige Männer in absoluter Armut leben würden. Was den Reichtum der Kirche anbelange, so werde er ihr weggenommen und unter die Armen verteilt werden – die in den Augen Arnolds, der sich selbst zum «Anwalt der Armen» ernannt hatte, die einzigen wahren Christen waren. Und Kaiser Friedrich, der laut Arnold den Plan gesehen und seine Mitwirkung versprochen habe, werde diese gewaltige soziale Revolution durchführen.

Der soziale Radikalismus dieser Phantasien – der sich von dem vergeistigten Charakter von Joachims eigenen Prophetien wesentlich unterschied – übte auf die Massen eine starke Anziehungskraft aus. Er hätte vielleicht sogar eine weitverbreitete revolutionäre Bewegung inspiriert, wäre Friedrich nicht 1250 plötzlich gestorben, ein Jahrzehnt vor dem geweissagten Beginn seiner eschatologischen Rolle. Sein Tod traf sowohl die deutschen Joachimiten, denen er den Erlöser nahm, als auch die italienischen Joachimiten, die sich ihres Antichrist beraubt sahen. Doch schon nach kurzer Zeit verbreiteten sich Gerüchte, daß der Kaiser noch lebe; es hieß entweder, er sei vom Papst über das Meer getrieben worden, oder aber, er sei auf den Rat eines Astrologen aus freiem Willen gegangen, oder schließlich, er unterziehe sich als Pilger oder Einsiedler einer langen Buße. Daneben gab es Theorien mit übernatürlichem Einschlag. In Süditalien und Sizilien, wo Friedrich den größten Teil seines Lebens verbracht hatte, hörte man den mysteriösen sibyllinischen Ausspruch: *Vivit et non vivit*, und ein Mönch wollte beobachtet haben, wie Friedrich im Innern des Ätna verschwand, während ein Heer von feurigen Rittern in das zischende Meer niedergefahren sei.[10] Der Mönch legte die Vision dahin aus, daß Friedrich in die Hölle gefahren sei; aber viele Sizilianer kamen zu einem andern Schluß. Der Ätna galt schon lange als ein Walhall abgeschiedener Helden einschließlich König Arthurs; indem man Friedrich unter sie einreihte, wurde er zum schlafenden Kaiser, der eines Tages als Erlöser wiederkommen mußte. Und er erschien in der Tat zum vorausgesagten Zeitpunkt wieder: nach 1260 zog ein am Abhang des Ätna hausender Betrüger ein paar Jahre lang eine beträchtliche Gefolgschaft an. Und wenn die Phantasie von dem wiedererwachten Friedrich rasch ihre Anziehungskraft auf die Sizilianer verlor, so schlug sie die Deutschen, Generation um Generation, desto stärker in ihren Bann, genauso wie die Mär vom wiedererstandenen Charlemagne – *Carolus redivivus* – die Franzosen bezauberte.

Friedrichs Auferstehung

Vierunddreißig Jahre nach seinem Tod erlebte Friedrich II. eine Auferstehung, die derjenigen des Grafen Balduin von Flandern recht ähnlich war. Wie ein Chronist im Jahre 1284 meldet, gab sich bei Worms ein ehemaliger Einsiedler als Kaiser Friedrich aus[11]; und ein anderer Chronist berichtet zur ungefähr gleichen Zeit, daß Lübeck eine ähnliche Persönlichkeit unter großem öffentlichen Jubel eingeholt habe. Doch beide Male verschwand der falsche Friedrich, sobald die Gefahr seiner Entlarvung akut wurde. Ob es wohl der gleiche Mann war, dem es 1284 gelang, sich mit königlichem Prunk im Rheinland zu etablieren? Wahrscheinlich nicht, weil dieser letzte weniger ein Betrüger als ein Größenwahnsinniger gewesen zu sein scheint, der sich wirklich für Friedrich hielt. Als ein Verrückter aus Köln verbannt, fand er gute Aufnahme im benachbarten Neuss, das gerade mit dem Erzbischof in Fehde lag, und hielt hier hof.[12] Wie Bertrand von Ray schilderte er die langen Jahre, die er zur Buße für seine Jugendsünden als Pilger erlebt hatte: manchmal behauptete er auch – in Ausbeutung des Sagenkreises um den toten

Friedrich –, im Innern der Erde gelebt zu haben.[13] Die Kunde von seinem Auftreten warf heftige Wellen; in Italien erregte sie solches Aufsehen, daß etliche Städte die Sache durch Emissäre untersuchen ließen, während die Joachimiten unverzüglich folgerten, Friedrich habe seine wahre Rolle als Antichrist zu spielen begonnen.[14]

Die damalige Situation Deutschlands begünstigte eine solche Auferstehung. Die königliche Zentralgewalt war seit dem Beginn des Jahrhunderts ständig schwächer geworden, so daß das Reich in eine Unzahl halb-unabhängige Fürstentümer zerfiel – in genauem Gegensatz zur zeitgenössischen Entwicklung in Frankreich. Friedrich, von Sizilien und Italien weit mehr fasziniert als von Deutschland, hatte nichts unternommen, um dieser Zersplitterung zu steuern; dennoch hatte seine zwingende, romantische Persönlichkeit einen Mittelpunkt für das deutsche Nationalbewußtsein abgegeben. Auf seinen Tod folgte das ein Menschenalter dauernde große Interregnum, während dessen sich kein König allgemeine Achtung zu verschaffen vermochte. Die Zustände im Reich wurden chaotisch; Fehden und Kleinkriege wüteten allerorten, ähnlich wie zweihundert Jahre früher in Frankreich. Der Stand der Dinge änderte sich auch nicht, nachdem Rudolf als erster Habsburger 1273 zum deutschen König gewählt worden war. Die Herzöge und Grafen waren entschlossen, nichts von den Freuden der Selbstherrlichkeit aufzugeben – mit anderen Worten, der König mußte schwach gehalten werden. Der angebliche Friedrich II. war kaum auf der Bildfläche erschienen, als sich einige der mächtigsten Fürsten beeilten, ihn anzuerkennen, nicht weil sie an seine Prätentionen glaubten, sondern um Rudolf in Verlegenheit zu bringen.[15] Einen weiteren wichtigen Faktor bildete der Aufschwung der deutschen Reichsstädte, in denen Gewerbe und Handel ausgerechnet in der Zeit des Interregnums mächtig aufblühten. Damit verbunden waren die unvermeidlichen inneren Konflikte, obschon die städtischen Obrigkeiten ein größeres Maß von Ordnung aufrechterhielten als das übrige Reich. Vor allem am Rhein fristeten mehr Handwerker denn je zuvor eine notdürftige und unsichere Existenz. Daß diese städtischen Massen an den mit Kaiser Friedrich II. verknüpften messianischen Erwartungen immer noch festhielten, trug am stärksten zum Erfolg des falschen Friedrich bei.[16] Der Neusser Monarch erschien in erster Linie als Freund der Armen, und von den Chronisten als Ketzer bezeichnete Pseudopropheten waren seine Lobredner.

Am Ende ging der von seinem Erfolg berauschte falsche Friedrich jedoch zu weit. Sich südwärts wendend, lud er König Rudolf vor einen in Frankfurt abzuhaltenden Reichstag, wo er, der Kaiser, Rudolf als deutschen König bestätigen werde. Rudolf antwortete mit einem bewaffneten Aufgebot; der Prätendent warf sich in die Stadt Wetzlar und wurde dort von Rudolf belagert. Wie in Valenciennes für und gegen den falschen Balduin bildeten sich in Wetzlar für und gegen den falschen Friedrich zwei Parteien; hier wie dort waren die Massen bereit, für ihren Kaiser die Waffen zu ergreifen. Schließlich lieferte sich der Betrüger selbst aus oder wurde ausgeliefert; auf alle Fälle endete er nach einem ordentlichen Gerichtsverfahren auf dem Scheiterhaufen. Die Art der Hinrichtung verdient Interesse, weil politische Rebellen nie verbrannt wurden, sondern nur Ketzer und Zauberer; und sie bestätigt, was die Chroniken bereits andeuten: daß dieser Mann ein Fanatiker war, der sich nicht nur für den echten Kaiser Friedrich, sondern darüber hinaus für den von Gott gesandten Züchtiger der Geistlichkeit, den Herrn der Welt und Erlöser hielt. Auf dem Wege zum Richtplatz versprach er seinen Anhängern, daß er innerhalb weniger Tage wiederauferstehen werde[17] – und man glaubte ihm sogar. Im nüchternen Bereich der Wirklichkeit trat auch in der Tat unverzüglich eine ähnliche Erscheinung an seine Stelle: in den Niederlanden behauptete ein Mann, der Prätendent zu sein, der drei Tage nach seiner Hinrichtung wiederauferstanden sei – allerdings nur, um seinerseits in Utrecht dem Henker zu verfallen.[18]

Und nun begann sich wie an die Gestalt des echten Friedrich so auch an die des Pseudo-Friedrich die Sage zu heften. Die Hinrichtung zu Wetzlar hatte lediglich den Erfolg, den Ruf des Kaisers als eines übermenschlichen und unsterblichen Wesens zu festigen. Man erzählte sich, in der Asche des Scheiterhaufens seien keine Knochen, sondern nur eine kleine Bohne gefunden worden, und unverzüglich legte man das dahin aus, daß die Vorsehung den Kaiser aus den Flammen gerettet habe, daß er noch lebe und eines Tages wiederkehren müsse – eine Überzeugung, die von Generation zu Generation lebendig blieb.[19] Noch Mitte des vierzehnten Jahrhunderts sagte man, der Kaiser werde unfehlbar zurückkommen, und wenn er in tausend Stücke zerhackt oder – vermutlich eine Bezugnahme auf Wetzlar – zu Asche verbrannt wäre; denn so sei es durch Gottes unabänderlichen Ratschluß beschlossen.[20] Die seltsamsten und romantischsten Sagen entstanden. Der legendäre morgenländische Priesterkönig Johannes habe Friedrich mit einem Asbestgewand beschenkt, mit einem magischen Ring, der ihn in den Stand setze, zu verschwinden, und mit einem magischen Trank, der ihm ewige Jugend verleihe.[21] Bauern erscheine er im Pilgergewand und vertraue ihnen an, daß er zur gegebenen Zeit wiederkommen und den ihm gebührenden Platz an der Spitze des Reiches einnehmen werde.

Alle eschatologischen Hoffnungen, die die mittelalterlichen Massen Deutschlands aus den johanneischen und sibyllinischen Prophetien herausgelesen hatten, konzentrierten sich im Verlauf des vierzehnten Jahrhunderts auf den geweissagten wiederkehrenden Friedrich.[22]

Es bricht herein die schwere Zeit
zu dulden in jedem Land:
um zwei Häupter der Christenheit, ist die Zwietracht entbrannt,
es erhebt sich noch ein großer Streit,
manche Mutter das Kind beweinen mag.
Mann und Weib, die tragen Leid,
zu dem Raub gesellt sich der Brand;
jedermanns Hand gegen jedermann,
einer dem andern Abbruch tut,
wie an Leib, so auch an Gut,
niemand bleibt ohne Klag'.
Doch wenn die Not so hoch, daß keiner sie kann stillen:
erscheint gesandt von Gottes Willen
der Kaiser Friedrich so hehr und mild...
Und zur Fahrt über Meeresflut
scharen sie sich zugleich,
Mann und Weib in kühnem Mut,
verheißen ist ihnen dort Gottes Reich,
die drängen sich zu Hauf
einer dem andern zuvor zu kommen...
Friede waltet im Land umher,
nicht mehr die Burgen dräuen,
nicht zu fürchten Gewalt ist mehr,
des Lebens kann sich jeder freuen.
Die Kreuzesfahrt zum dürren Baum hat keinen Widerstreit,
hängt der den Schild daran, er Laub und Blüten treibt.
So wird das heilige Grab befreit,
fortan das Schwert in seiner Scheide bleibt. –
Der Kaiser richtet wieder auf,
für alle gleiches Recht...
und alle Reiche der Heidenschaft
dem Kaiser Dienst erweisen.
Er ringt zu Boden der Juden Kraft,
nicht mit Waffen von Eisen,
für immer ist ihre Macht zu End,
sie fügen sich ohne Streit.

Und aller Pfaffen Regiment
der siebente Teil kaum bestehen bleibt.
Die Klöster hebt er völlig auf, der Fürst so hoch geborn,
die Nonnen gibt er in die Eh', das sag ich euch als wahr,
sie müssen uns bauen Wein und Korn...[23]

Um die Mitte des vierzehnten Jahrhunderts hatte sich in Deutschland jener politische Zustand herausgebildet, der bis ins sechzehnte Jahrhundert hinein dauern sollte: eine Unmenge in steten Fehden liegende Reichsglieder, ein permanentes Chaos, dem jeder Kaiser hilflos gegenüberstand. Gleichzeitig hatten die süd- und mitteldeutschen Städte die niederländischen als Mittelpunkte des nordeuropäischen Handels-Kapitalismus verdrängt. Innerhalb ihrer Mauern tobte ein erbittertes soziales Ringen: während die prosperierenden Zünfte bald mit den Patriziern, bald untereinander im Streite lagen, glühte in den Armen ein tödlicher Haß gegen alle Reichen, «daß man dem gemeinen Volk seinen Willen nicht zu sehr lasse, wie man es kürzlich getan hat. Man halte es in gutem Griff und Zwange; denn zwischen den Reichen und den Armen ist ein alter Haß; denn die Armen hassen alle, die was haben, und sind bereiter, den Reichen zu schaden, als die Reichen den Armen.»[24] Hundert Jahre später als in Frankreich begann der Standpunkt der Armen auch in der deutschen Literatur leidenschaftlichen Ausdruck zu finden. So schildert beispielsweise der österreichische Dichter Peter Suchenwirt, wie sich die hungernden Männer – ihre ausgemergelten Frauen und Kinder in den Hütten zurücklassend – mit improvisierten Waffen und voll verzweifelten Muts in den engen Gassen zusammenrotten:

Den reichen sind die chasten vol,
den arm[en] sind sie laere;
dem povel wirt der magen hol...
Den reichen schrotet auf die tor,
wir wellen mit im essen.
Pass tzimpt [besser ziemt es], wir werden all erslagen,
ee wir vor hunger sterben,
wir wellen das leben frischleich wagen,
ee wir also verderben.[25]

Daß in einer solchen Gesellschaftsordnung der künftige Friedrich immer entschiedener zur Gestalt eines großen Sozialrevolutionärs und Messias der Armen werden mußte, ist wohl hinlänglich begründet.

1348, also genau ein Jahrhundert nach seinem Tod, schildert der mönchische Chronist Johann von Winterthur das Wiederaufleben der Prophetien Arnolds und der schwäbischen Prediger noch eindrücklicher: «Sowie er sich von den Toten erheben und abermals auf der Höhe seiner Macht stehen wird, wird er arme Weiber mit reichen Männern verheiraten und umgekehrt... Auch wird er dafür sorgen, daß das den Witwen, Waisen und Minderjährigen gestohlene Gut zurückgegeben wird, und daß jedermann volle Gerechtigkeit erhält.» Überdies wird er – und dieses Bild ist geradezu einer joachimitischen Weissagung entnommen – «die Geistlichkeit mit solcher Heftigkeit verfolgen, daß die Mönche, wenn sie sonst nichts haben, um ihre Tonsur zu verstecken, sie mit Kuhmist bedecken werden.»[26]

Für seine Person distanziert sich Johann von Winterthur mit Entschiedenheit von so alarmierenden Vorstellungen. Es sei, bemerkt er, reiner Wahnwitz, an die Wiederkehr des Ketzerkaisers zu glauben; es widerspreche der katholischen Lehre, daß ein wegen Ketzerei auf dem Scheiterhaufen Verbrannter (wieder das Echo von Wetzlar!) noch einmal souveräne Macht ausüben könne. Der Mönch hatte guten Grund zu solcher Entschiedenheit, betrachtete doch die Kirche das – wie man sagen kann – Dogma von der Auferstehung Friedrichs als eine höchst gefährliche Ketzerei. Hundert Jahre später, also zweihundert Jahre nach Friedrichs Tagen, hatte sich nichts daran geändert. «Von diesem Kaiser Friedrich, dem Ketzer», schrieb 1434 ein Chronist, «erhob sich eine neue Ketzerei, die noch heimlich unter den Christen ist, und die glauben des gänzlichen, daß Kaiser Friedrich noch lebe und lebendig bleiben solle bis an den jüngsten Tag, und daß nach ihm kein rechter Kaiser geworden sei und werden soll... Diese buferei [Narretei] bringt der Teufel zu, der mit derselben Ketzer und etliche einfältige Christenleute verleitet.»[27] Mit welcher Besorgnis die Hierarchie auf diese Ketzerei blickte, und mit welchem Eifer sie nach ihr fahndete, zeigt die sonderbare Geschichte eines griechischen Philosophen, der nach langem Studium der griechischen Sibyllen 1469 in Rom zu sagen wagte, daß der Kaiser der Endzeit binnen kurzem alle Völker zu Christus bekehren werde.[28] Obschon diese wie auch andere byzantische Prophetien über das bevorstehende Kommen des letzten Kaisers nicht einmal einen Hinweis auf soziale Umwälzungen oder auf ein Massaker des Klerus enthielt, war das für die römischen Kircheninstanzen so unvorstellbar, daß sie den Unglücklichen einkerkerten und sein Vermögen konfiszierten.

Propaganda für einen künftigen Friedrich

Aus dem fünfzehnten und beginnenden sechzehnten Jahrhundert besitzen wir über den Mythos von einem künftigen Friedrich reichlicheres Material als nur gelegentliche Berichte feindseliger Beobachter. Zu dieser Zeit tritt er ins helle Tageslicht, denn jetzt, einige zwei- bis dreihundert Jahre nach dem Manifest Pater Arnolds, liegen mehrere und weit ausführlichere Darstellungen vor.

Deren erste, ein entweder 1409 oder 1439 verfaßter lateinischer Traktat, *Gamaleon*[29], spricht von einem deutschen Kaiser, der sowohl die französische Monarchie als auch das Papsttum überwinden und nach Vollbringung dieser Aufgabe Frankreich aus der Erinnerung tilgen werde; die Ungarn und Slawen würden unterworfen und in absolute Botmäßigkeit gebracht und das Judentum ausgemerzt werden, während die Deutschen über alle Völker erhöht werden würden. Die römische Kirche werde ihr Vermögen verlieren und alle ihre Priester würden erschlagen werden. An Stelle des Papstes werde ein in Mainz residierender deutscher Patriarch der Kirche vorstehen; aber diese Kirche werde dem Kaiser, »dem Adler vom Geschlechte des Adlers», untergeordnet sein, einem neuen Friedrich, dessen Flügel sich vom Okzident bis zum Orient und bis an die Grenzen der Welt erstrecken würden. Und das werde die Endzeit vor der Wiederkehr Christi und dem Jüngsten Gericht sein.

Ein weit einflußreicheres Werk, die sogenannte *Reformation Kaiser Sigmunds* oder *Reformatio Sigismundi* entstand um 1439.[30] Als Vorlage scheint eine lateinische Programmschrift gedient zu haben, die ein Priester namens Friedrich von Lantnaw zu Händen des allgemeinen Kirchenkonzils von Basel – das sich seit 1431 um die Einleitung einer Kirchenreform bemühte – verfaßte. Doch stellt die deutsch geschriebene *Reformation Kaiser Sigmunds* weit mehr als eine bloße Übertragung dieser Programmschrift dar. Der Verfasser – möglicherweise Friedrich von Lantnaw selbst, aber wahrscheinlicher ein mit ihm befreundeter Laie – behandelt die Reform des Reiches ebenso ausführlich wie die der Kirche. Als offenbar guter Kenner der Lebensbedingungen in den süddeutschen Städten macht er sich vor allem zum Sprecher der städtischen Massen – nicht der in Zünften organisierten Gewerbetreibenden, sondern der unorganisierten Arbeiter, der ärmsten und rechtlosesten Schicht der städtischen Bevölkerung. Unter seinen Forderungen figuriert die Auflösung der monopolistischen Zünfte und großen Handelsgesellschaften und die Einführung einer egalitären Ordnung mit im Interesse der Armen festgesetzten Löhnen, Preisen und Steuern.

Die in manchen Teilen des Reiches noch bestehende Leibeigenschaft sei aufzuheben, und die Städte müßten wie in alter Zeit den ehemaligen Hörigen ihre Tore öffnen.

Bis hierher ist das Programm, wenn auch nicht sofort realisierbar, doch eher von praktischen als chiliastischen Motiven diktiert. Den Schluß aber bildet eine sonderbare messianische Prophezeiung, die vom Verfasser dem kurz vorher gestorbenen Kaiser Sigmund – der selbst etliche Jahre lang Gegenstand messianischer Hoffnungen gewesen war – in den Mund gelegt wird.[31] Ihr zufolge sagt der dahingegangene Kaiser aus, daß er von Gottes Stimme beauftragt worden sei, einem Priesterkönig den Weg zu ebnen, einem Priesterkönig, der kein anderer sei als Friedrich von Lantnaw selbst. Dieser neue Kaiser Friedrich werde sich als ein Herrscher von unvergleichlicher Macht und Größe erweisen, der jetzt stündlich seine und des Reiches Banner mit dem Kreuz in der Mitte entfalten werde. Alle Reichsfürsten und reichsunmittelbaren Städte hätten sich dann für ihn zu erklären, oder sie würden Land und Privilegien verlieren. Weiter schildert Sigmund, daß er diesen Friedrich von Lantnaw lange gesucht habe, bis er ihn in einem Priester, der ebenso arm gewesen sei wie der Heiland, auf dem Konzil zu Basel gefunden, ihm ein Gewand geschenkt und die Herrschaft über die Christenheit anvertraut habe. Dieser Friedrich aber werde über ein Reich herrschen, das sich vom Orient bis zum Okzident erstrecke, denn niemand werde ihm widerstehen können. Er werde alle Übel und alle Schlechtigkeit unter seinen Füßen zertreten, die Bösen vernichten und durch Feuer vertilgen – und unter den Bösen versteht der Verfasser die vom Geld verdorbenen pfründenhaften Kirchenfürsten und habgierigen Handelsherren. Das gemeine Volk hingegen werde unter seiner Regierung über die wiederhergestellte Gerechtigkeit und über die Erfüllung aller seiner leiblichen und seelischen Wünsche jubeln.

Viel länger, ausführlicher und angriffslustiger als die *Reformation Kaiser Sigmunds* ist *Das Buch der hundert Kapitel*[32] eines anonymen Verfassers, der im Oberelsaß oder Breisgau gelebt hat und als «Oberrheinischer Revolutionär» bekannt geworden ist. Dieser bejahrte Fanatiker war ein gründlicher Kenner der gewaltigen Menge mittelalterlicher apokalyptischer Literatur und bediente sich ihrer großzügig, um ein eigenes apokalyptisches Programm zu entwerfen. In dieser in den ersten Jahren des sechzehnten Jahrhunderts in deutscher Sprache geschriebenen Abhandlung tritt die mittelalterliche volkstümliche Eschatologie zum letztenmal, zugleich aber auch am umfassendsten in Erscheinung, und gleichzeitig ist sie ein Dokument, das einige der charakteristischen Aspekte der modernen totalitären Bewegungen, ob nationalsozialistisch oder kommunistisch, mit aufrüttelnder Klarheit vorwegnimmt.

Der Revolutionär nennt in einem Vorwort als Quelle seiner Inspiration eine nach echt mittelalterlicher Manier durch den Erzengel Michael übermittelte Botschaft des Allmächtigen. Über die Sündigkeit der Menschheit erzürnt, habe Gott beabsichtigt, sie mit den schrecklichsten Heimsuchungen zu bestrafen. Im letzten Augenblick habe er jedoch den Vollzug des Strafgerichts aufgeschoben, um den Menschen Zeit zu geben, sich zu bessern. Zu diesem Zweck habe er eine gewisse fromme Persönlichkeit – natürlich den Verfasser selbst – beauftragt, eine fromme Laienvereinigung zu gründen, der nur beitreten könne, wer ehelich geboren, verheiratet und allezeit monogam gewesen sei (des Verfassers Beschäftigung mit Ehebruch wirkt beinahe krankhaft). Als Abzeichen werde den Mitgliedern ein gelbes Kreuz dienen, und der Erzengel Michael werde ihnen von allem Anfang beistehen, bis in Bälde Kaiser Friedrich, «der Kaiser aus dem Schwarzwald«, sie sammeln und führen werde. Dieser Kaiser Friedrich aber erscheint als eine übermächtige Gestalt, in der außer dem Endzeitkaiser auch der Messias der jüdisch-christlichen Apokalypse und insbesondere der der Offenbarung heraufbeschworen wird. «Er wird 1000 jor regiren, gut gesetz machen... sim folk werden die himmel uffgetan... er wirt kummen in einem wisen kleit wie der schne, mit wisen horen [weißen Haaren], und sin stul wirt sin wie ein fur [Feuer] und 1000 mal 1000 und 10 mal 100000 werden im biston [beistehen], wan er wirt die gerechtikeit handhaben.» Und: «Der kunig wirt kummen uff eim wissen pfert und wirt han ein bogen in siner hand, und im ist die kron von got geben, gewalt zu haben, alle welt zu zwingen. er wirt han ein groß schwert in siner hant und vil tot schlahen.» Anderseits wird dieser Erlöser zum Heil seiner Anhänger ein messianisches Königreich errichten, darin alles, was Leib und Seele benötigen, in Fülle vorhanden sein wird[33], so daß der Kaiser Brot und Hafer, Wein und Öl reichlich und billig verteilen kann. Und schließlich wird er von sich sagen können: «Ich bin der anfang des nuwen regiment'z und wil den turstigen trenken von dem lebendigen wasser, und der mir nachvolgt, wirt des genug han, ich wil sin got sin...»[34] Man sieht, wie in dieser Phantasie der Kaiser aus dem Schwarzwald und der wiederkehrende Christus zu einer einzigen Messias-Gestalt verschmelzen. Das ist um so bemerkenswerter, als der Verfasser, was er ab und zu tut, durchblicken läßt, daß er sich selbst für diesen Messias hält.[35]

Der Weg ins Tausendjährige Reich führt wie üblich durch Gemetzel und Terror. Gottes Ratschluß verlange eine sündenfreie Welt. Falls die

Sünde andauere, werde sich fürwahr ein göttliches Strafgericht über der Welt entladen; falls hingegen der Sünde sofortiger Einhalt geboten werde, könne sich das Königreich der Heiligen auf Erden entfalten. Die Bruderschaft vom gelben Kreuz habe daher als vordringlichste Aufgabe, die Sünde auszumerzen – was der Wirkung nach auf die Ausmerzung der Sünder hinausläuft. Die Bruderschaft selbst wird als ein von einer Elite – der Autor nennt sie «eine nuwe ritterschaft» – geführtes Kreuzheer geschildert, das seinerseits dem eschatologischen Kaiser Gehorsam schuldet. Zweck des Kreuzzugs ist, den Kaiser instand zu setzen, «im namen gottes das wesen Bell [Babylon] zerbrechen und daz ganz erdrich unter such bringen, ein hirten, ein schoffstall, ein glouben durch die ganz weld machen»[36]. Zur Erreichung solchen Ziels ist Mord und Totschlag absolut legitim, «wer der ist, der ein bosen schlecht [schlägt] in dem, daz er boss [Böses] tut, als wenn er got lesteret, schlecht er in ze tot, er wirt genant ein diener gotz; ein jedlicher ist schuldig, das boss zu stroffen». Die Ermordung des regierenden Kaisers Maximilian, den er mit einem übermächtigen Haß verfolgt, liegt dem Revolutionär besonders am Herzen.[37] Doch jenseits solcher vorbereitender Gewaltakte sieht er dem Tage entgegen, da der Kaiser aus dem Schwarzwald gemeinsam mit der Bruderschaft «die ganze welt reguliren... mit herskraft von occident in orient wir bald blut fur win trinken»[38] – ein, wie man ruhig schließen darf, Zeitalter totalitärer Diktatur, worin ein unausgesetzter, allgegenwärtiger Terror der hoffnungsfrohen «blut fur win»-Prophezeiung zur Verwirklichung verhelfen wird.

Über den Stand, aus dem sich diese Kreuzzugsbrüder rekrutieren werden, läßt uns der Verfasser ebensowenig im Zweifel: es werden die gemeinen Leute, das heißt die Armen sein. Die Sünder hingegen, die Bewohner Babylons, die auszurotten sind, das sind die der *Avaritia* und *Luxuria* Ergebenen, die feine Kleidung tragen und Spiel, Tanz und Unzucht treiben, «die mechtigen, beid geistlich und weldlich»[39]. Wie so oft sieht auch dieser fanatische Pfaffenhasser in der reichen, satten und sittenlosen Geistlichkeit den Hauptfeind und kann sich gar nicht genug darin tun, die Züchtigung, die der künftige Kaiser – das heißt er selbst – den Mönchen und Nonnen, diesen Teufelsdienern, zuteil lassen wird, in den grellsten Farben zu schildern. Insbesondere wütete er gegen die ihr Keuschheitsgelübde brechenden und Haushalte gründenden Priester. Er fordert, daß solche Priester erwürgt oder lebendig verbrannt oder mitsamt ihren Konkubinen den Türken in die Hände getrieben werden müssen, während ihre Kinder, diese Brut des Antichrist, verhungern sollen. Doch genügt ihm die Ausrottung der schlechten Priester nicht; er fordert die des gesamten Klerus. «Focht an den houptern an... und hert nit uff zu stroffen von dem babst uns an die cleinen schüler! Schlacht sie all ze tot!»[40] ruft dieser Messias seinem Kreuzheer zu und rechnet aus, daß er viereinhalb Jahre lang täglich 2300 Geistliche zu erschlagen haben wird. Aber auch damit ist es nicht getan; die sich mästenden städtischen «Wucherer» sind kaum weniger verabscheuenswert als die Priester. Neben den pfründenschachernden, zehnten- und steuereintreibenden Kirchenfürsten gibt es für unseren Revolutionär noch ganze Schwärme von Geldverleihern, die den Armen exorbitante Zinsen abfordern, von geschäftigen, Preiskartelle bildenden Handelsherren, von ständig überfordernden und schlechtes Maß gebenden Ladenbesitzern – und, diesen allen dienend, einen Schwarm von skrupellosen Advokaten, die jedes Unrecht rechtfertigen. Sie alle zusammen müssen abgeschlachtet werden. Der Kaiser aus dem Schwarzwald wird, unterstützt von jenen, die bald als «die frommen Christen», bald als «das gemeine Volk» bezeichnet werden, die Wucherer verbrennen und die Advokaten aufknüpfen.[41]

Wie in jeder Gesellschaftsordnung, die die Gelegenheit dazu bietet, wirkte die Möglichkeit, Gewinne zu erzielen, auch in der mittelalterlichen Gesellschaft faszinierend; und die von dem Oberrheiner gerügten Mißstände wogen zweifellos schwer. Dennoch begründen sie nicht den eigentümlichsten Aspekt dieses besonderen Ausdrucks der Gesellschaftskritik, nämlich den eschatologischen Akzent. Der Revolutionär ist fest überzeugt, daß Gott die Ausrottung der Geistlichen und «Wucherer» angeordnet hat, weil das diese Übel ein für allemal beseitigen wird; das Blutbad bedeutet eine unerläßliche Reinigung der Welt am Vorabend des Tausendjährigen Reiches, und daß dieses rigoros antikapitalistisch sein wird, ist mit großer Deutlichkeit ersichtlich. Das gesamte Kirchenvermögen soll eingezogen und vom Kaiser zum Wohl der Allgemeinheit und der Armen im besonderen verwendet werden. Ebenso wird alles Einkommen aus Grundbesitz und aller Handelsgewinn zu beschlagnahmen sein – was auf die Absetzung der Herzöge und Grafen und die Enteignung der Reichen hinauslief. Einzig der Kaiser darf Pachtzinsen, Steuern und Abgaben auferlegen. Aber jenseits dieser sofortigen Reformen, so durchgreifend sie waren, schwebte dem Oberrheiner als Fernziel eine noch drastischere Änderung der Gesellschaftsstruktur durch die Abschaffung allen persönlichen Besitzes und die Einführung des Gemeineigentums vor: «was schad von dem eignen nuetz entstait... darumb not ist, daß alles guet ein guet werd, so wirt ein hirt ein schoffstal.»[42]

Es erhebt sich die Frage, ob die menschliche Natur über genug Altruismus für ein solches System verfügt, oder ob es Reaktionäre geben wird, die durch ihre Anhänglichkeit an *Luxuria* und *Avaritia* die allgemeine Harmonie stören. Der Revolutionär wich ihr zumindest nicht aus. Der Kaiser, erklärt er, wird alljährlich ein Dekret zur Aufdeckung aller Sünden erlassen, vor allem von Wucher und Unzucht. Die Leute werden aufgefordert werden, alle Sünder anzuzeigen, aber auch – und hierauf legt der Autor größten Wert – sich selber zu stellen und ihre Sünden freiwillig zu beichten. In jedem Kirchensprengel wird ein Gericht tagen, vor dem die Sünder unter einem unwiderstehlichen inneren Zwang erscheinen und *in camera* abgeurteilt werden. Die Richter haben jede Sünde «grussenlich onbarmherzig» zu bestrafen – denn wäre Barmherzigkeit gegen Sünder etwas anderes als ein Verbrechen gegen die Allgemeinheit? Mag also etwa Auspeitschung als Strafe für eine erste Sünde genügen, so befindet sich ein Sünder, der in drei verschiedenen Jahren vor Gericht erscheint, in einer recht ernsten Lage. «Will [einer] nit von sunden lon [lassen], so ist er besser von der welt, wan bi [als in] der welt.» Daher muß er von bestimmten Geheimorganen von unanzweifelbarer Frömmigkeit unverzüglich aus dem Leben befördert werden. Der Oberrheiner schwelgt in der Beschreibung verschiedener Hinrichtungsformen: Verbrennung, Steinigung, Erwürgung, Eingrabung bei lebendigem Leib. Nichts, meint er, kann die neue Ordnung der Gleichheit und des Gemeineigentums besser begründen und schützen als diese neue Form der Gerechtigkeit.[43]

Wie wir noch sehen werden, war die Vorstellung von einer egalitären Gesellschaftsordnung schon vor diesem Phantasten des sechzehnten Jahrhunderts entwickelt worden, und daß sie gewaltsam eingeführt und verteidigt werden müsse, war auch nicht neu. In einem Punkt war der Oberrheinische Revolutionär jedoch wahrhaft originell: Keiner seiner Vorgänger hatte den Grundsatz vom Gemein- oder öffentlichen Eigentum mit einem so wahnwitzigen Nationalismus verquickt wie er. Er war in der Tat überzeugt, daß die Deutschen in der fernen Vergangenheit nach dem Grundsatz lebten, «alle Dinge gemein zu haben und wie Brüder auf Erden zu leben». Daß jene glückliche Ordnung unterging, war erst das Werk der Römer und dann das der römischen Kirche. Die Unterscheidung zwischen Dein und Mein sei vom römischen und vom kanonischen Recht eingeführt worden; dadurch sei das Gefühl der Brüderlichkeit untergraben und dem Neid und Haß freie Bahn geschaffen worden. Dieser eigenartigen Idee lag eine ganze Geschichtsphilosophie zugrunde. Das Alte Testament wurde als wertlos abgetan; seit dem Beginn der Schöpfung waren die Deutschen und nicht die Juden das erwählte Volk. Adam und alle seine Nachkommen bis zu Japhet mitsamt allen Patriarchen waren Deutsche gewesen, die deutsch gesprochen hatten; andere Sprachen, auch Hebräisch, entstanden erst beim Turmbau zu Babel. Japhet und die Seinen waren es, die als erste ins Abendland kamen und ihre Sprache mitbrachten. Sie entschlossen sich zur Niederlassung im Elsaß, dem Herzen Europas, und die Hauptstadt des von ihnen gegründeten Reiches war Trier. Dieses ehemalige deutsche Reich war gewaltig groß, bedeckte es doch ganz Europa[44] – und sogar Alexander der Große wurde zum deutschen Nationalhelden. Es war das vollkommenste aller Reiche, ein irdisches Paradies, denn es wurde auf Grund der *Trierer Statuten* regiert, eines Gesetzbuches, worin die Grundsätze der Brüderlichkeit, der Gleichheit und des Gemeineigentums niedergelegt waren. In diesen Statuten und nicht in den von dem Betrüger Moses erfundenen Zehn Geboten hat Gott seine Befehle der Menschheit kundgetan – aus welchem Grund der schlaue Revolutionär eine Abschrift der Statuten dem Werk als Anhang beigab.

Die Geschichte der romanischen Völker sah anders aus. Diese niederen Rassen stammten weder von Japhet ab, noch gehörten sie zu den Urbewohnern Europas. Ihre Heimat lag in Kleinasien, wo sie den Trierer Kriegern auf dem Schlachtfeld unterlagen und von diesen als Hörige weggeführt wurden. Die Franzosen – ein besonders verabscheuungswürdiges Gesindel – hätten daher rechtmäßigerweise ein von den Deutschen beherrschtes Untertanenvolk zu sein. Die Italiener aber waren die Nachkommen von Leibeigenen, die sich gegen die Trierer Statuten vergangen hatten und über die Alpen verbannt worden waren, weshalb, wie der Publizist ohne Schwierigkeit nachwies, die römische Geschichte aus einer fast ununterbrochenen Reihe von Niederlagen bestand. Diese romanischen Völker sind die Quelle aller Schlechtigkeit – ein vergifteter Brunnen, der allmählich das ganze Meer verdorben hat. Das römische Recht, das Papsttum, die Franzosen, die Republik Venedig, sie sind ebenso viele Faktoren einer ungeheuren uralten Verschwörung gegen die deutsche Lebensart.[45]

Doch nun stand glücklicherweise die Zeit bevor, da die Macht des Bösen für immer gebrochen werden würde. Der große Führer aus dem Schwarzwald würde als Kaiser Friedrich die Macht in seine Hände nehmen und nicht nur das deutsche Leben von der lateinischen Verderbtheit reinigen und das goldene Zeitalter der Trierer Statuten wiederbringen – er würde auch Deutschland wieder jene Hegemonie verschaffen, die in Gottes Ratschluß lag.[46] «Daniels Traum», die uralte Apokalypse, aus der die Juden beim Aufstand der Makkabäer so große Zuversicht geschöpft hatten, erfuhr durch den Revolutionär eine abermalige Neu-Interpretation, in der England, Frankreich, Spanien und Italien als die vier aufeinanderfolgenden Reiche figurieren. Über den anmaßenden Stolz dieser Nationen empört, würde der Kaiser sie alle besiegen – der Revolutionär behauptete sogar, die neuen Pulverarten, die dieses Unternehmen erfordern werde, auf alchemistischem Wege erfunden zu haben. «Mit Grausamkeit die Völker in Furcht bringen»: so würde der Kaiser das deutsche als das unvergängliche fünfte und größte Reich errichten. Nach den siegreichen Feldzügen würde er die in Europa eingedrungenen Türken besiegen, an der Spitze eines riesigen, aus Angehörigen vieler Völker gebildeten Heeres nach Osten marschieren und die dem Endzeit-Kaiser herkömmlich zugeschriebene Aufgabe ausführen. Das Heilige Land würde der Christenheit zurückgewonnen und die «gesellschaft der machmetter» (Mohammedaner) völlig zerstört werden. Er würde «die ungloubigen toufen, und well sich dan nit wend lossen doufen, die sint nit christen noch lut der heiligen geschrift, si totschlahen, so werden sin in ieren blut getouft»[47]. Wenn das alles geschehen sein würde, würde der Kaiser souverän über den Erdkreis herrschen und von zweiunddreißig Königen Huldigung und Tribut empfangen.

Es drängt sich die Bemerkung auf, daß dieses Christentum, das mit solcher Härte durchgesetzt werden sollte, kaum als solches zu erkennen ist. Nach der Behauptung unseres Revolutionärs waren die Bürger des Trierer Reiches die ersten Christen; der von ihnen verehrte Gott war identisch mit Jupiter, ihm war nicht der Sonntag, sondern der Donnerstag geweiht, und seine Sendboten an die Deutschen waren nicht die Engel, sondern die in den elsässischen Wäldern hausenden Erdgeister. Die Lehre des geschichtlichen Christus war für die Juden, nicht für die Deutschen bestimmt.[48] Die einzig richtige Religion für die Deutschen sei immer noch die des goldenen Trierer Zeitalters; und diese Religion werde von Kaiser Friedrich wiederhergestellt werden. Dann werde – und hier erlaubt sich der Revolutionär eine Anleihe beim *Gamaleon* – nicht mehr Rom, sondern Mainz der geistige Mittelpunkt der Welt sein und hier ein Patriarch an Stelle des verschwundenen Papstes residieren. Dieser Patriarch werde aber kein Papst sein, sondern vom Kaiser abhängen, der ihn ins Amt ein- und nötigenfalls wieder absetze.[49] Der Kaiser – beziehungsweise der siegreiche und verherrlichte Revolutionär – ist es, der höchstpersönlich im Mittelpunkt der künftigen Religion stehen und ihr Hohepriester sein wird: «den sol man billich fur ein irtischen got erkennen». So enthüllt sich das künftige Reich in der Tat als nichts weniger denn eine quasi-religiöse Gemeinschaft, die sich in Verehrung und Furcht um einen deutschen Geist verkörpernden Messias schart. Das war es, was diesem Revolutionär vorschwebte, als er triumphierend ausrief: «Die Tutschen hand zum dikermal [einstmals] daz ganz erdrich in ieren henden gehebt, und in kurzen abermals tun werden, und mechtiger dan nie.»[50]

In solchen Phantasien sprengte der grobe Chauvinismus eines halbgebildeten Intellektuellen den Rahmen der überlieferten Masseneschatologie. Das Resultat gleicht in fast unheimlicher Weise den Kerngedanken der nationalsozialistischen «Ideologie». Man muß nur auf die – beinahe schon vergessenen – Elaborate solcher «Gelehrter» wie Rosenberg und Darré zurückgreifen, um sich dieser Ähnlichkeit bewußt zu werden. Wir finden den gleichen Glauben an eine ursprüngliche deutsche Kultur, in der sich in der Vorzeit Gottes Wille offenbarte und die in der geschichtlichen Zeit die Quelle alles Guten war, bis sie von einer Verschwörung der römischen Kirche, der nicht deutschen, untermenschlichen Völker und der Kapitalisten untergraben wurde, und die von einem neuen Adel bescheidener Herkunft, aber wahrhaft deutscher Seele, unter einem gottgesandten Erlöser, halb politischer Führer, halb neuer Heiland, wiederhergestellt werden muß. Alles war da: die Offensive in Ost und West, der teils als Instrument der Politik, teils um seiner selbst willen auszuübende Terror, die größten Massenmetzeleien der Geschichte – tatsächlich alles, außer der endgültigen Aufrichtung des Weltimperiums, das nach Hitlers eigenen Worten tausend Jahre hätte währen sollen.

Das Buch der hundert Kapitel ist damals ungedruckt geblieben (und auch seither nie gedruckt worden), und es gibt keinen Anhaltspunkt dafür, daß der anonym gebliebene Revolutionär in den sozialen Bewegungen seiner Zeit eine wesentliche Rolle gespielt hat. Seine Bedeutung liegt nicht so sehr in dem von ihm eventuell ausgeübten Einfluß als in den auf ihn wirkenden und von ihm registrierten Einflüssen. Denn wenn auch manche Einzelheiten seinen persönlichen Meditationen entsprungen sein mögen, so ist doch das von ihm dargestellte Phantasiebild in seinen großen Zügen nichts anderes als eine Version der traditionellen Weissagungen von einem künftigen Friedrich und dessen Mission als Messias der Armen. Und auf alle Fälle steht zweifelsfrei fest, daß die Prophezeiung in dieser oder jener Form die breiten Massen in Stadt und Land bis weit ins sechzehnte Jahrhundert hinein faszinierte und erregte.[51] So brachte man es fertig, in einem Kaiser nach dem andern – Sigmund, Friedrich III., Maximilian, Karl V. – im buchstäblichen Sinn des Wortes die Inkarnation Friedrichs II. zu sehen. Und als diese Monarchen es unterließen, die von ihnen erwartete eschatologische Rolle zu spielen, wandte sich die Einbildungskraft des Volkes einem rein fiktiven Kaiser zu, einem Friedrich aus den Reihen der Armen – «ein man von cleinen stammen», wie der Oberrheiner es formuliert –, der den regierenden Kaiser stürzen und an seiner Stelle herrschen würde.

Es läge nahe, die Rolle, die diese Heilserwartungen bei den im ersten Viertel des sechzehnten Jahrhunderts auf deutschem Boden ausgebrochenen Aufständen spielten, zu überschätzen. Die Haltung insbesondere der Bauernschaft war jedoch im allgemeinen durchaus realistisch. Selbst wenn die Bauern über ihre augenblicklichen Sorgen hinaus eine allgemeine Reform der staatlichen und sozialen Struktur des Reiches forderten, hielten sich ihre Wünsche in einem begrenzten und einigermaßen realisierbaren Rahmen. Dennoch spielten in einer Reihe von «Bundschuh»-Revolten (wovon in einem späteren Kapitel noch die Rede sein wird) Phantasien ähnlich denen des *Buches der hundert Kapitel* eine gewisse Rolle. Der Oberrheiner bezeichnete in seinem 1510 verfaßten Elaborat das Jahr 1515 als das apokalyptische Jahr; und als es 1513 in jener Gegend zu einer Bundschuh-Erhebung kam, proklamierte diese nicht mehr und nicht weniger, als «der Gerechtigkeit bei der Ausrottung der Gotteslästerer behilflich» sein und am Ende das Heilige Grab zurückgewinnen zu wollen.[52] Und etlichen Teilnehmern an diesem Aufstand gelang es sogar, sich einzureden, Kaiser Maximilian sei ihrer Sache günstig gesinnt – wenn er auch im Augenblick seine Sympathien verheimlichen müsse.

VII
Eine Elite sich selbst opfernder Erlöser

Die Ursprünge der Geißlerbewegung

Die Praxis der Selbstgeißelung scheint in Europa erst bekannt geworden zu sein, als sie zu Beginn des elften Jahrhunderts von Einsiedlern der Klostergemeinschaften Camaldoli und Fonte Avellana aufgenommen wurde.[1] Doch kaum erfunden, breitete sich diese neue Art der Buße mit großer Schnelligkeit aus, bis sie nicht nur zur normalen Gewohnheit der abendländischen Klöster gehörte, sondern zu der am häufigsten angewendeten Bußform geworden war – so sehr, daß der Sinn des Wortes *disciplina* auf den Begriff «Geißelung» zusammenschrumpfte. Was diese für den sie Praktizierenden bedeuten konnte, geht mit großer Anschaulichkeit aus der im vierzehnten Jahrhundert von einem Bettelmönch verfaßten Schilderung seiner persönlichen Erfahrung hervor. In einer Winternacht «beschloß er sich in der cell, und zoh sich bloss us unz an daz herin niderkleid; er nam sin geisel her für mit den spizigen dornen, und schlůg sich selben über den lip und umb die arme und dü bein, daz daz blůt von obnen nider ab ran, als so man eime schrepfet. Es waz sunderlich ein krumber steft an der geisel, der waz gestalt als ein heggli, waz der ergreif fleisches, daz zarte er da hin. Hie mit schlůg er sich als vast, daz im dü geisel in drü stuk zersprang, und im ein stuk in der hant bleib und die spizz umb die wende fůren. Do er also blůtende da stůnd und sich selber an sach, daz waz der jemerlichest anblik, daz er in dik gelichte in etlicher wise der geschôwde, als do man den geminten Cristus freischlich geislete. Er ward von erbermde über sich selb als reht herzklich weinende, und knüwet nider also nakende und blůtige in dem frost und bat got, daz er sin sünd vor sinen milten ogen dilgeti.»[2]

Der grimmigen Tortur der Selbstgeißelung unterzog sich der mittelalterliche Mensch in der Hoffnung, den richtenden und strafenden Gott bewegen zu können, ihm seine Sünden zu vergeben, die Rute wegzulegen und ihm die noch schwerere Züchtigung zu ersparen, die ihn sonst in diesem wie im nächsten Leben treffen müßte. Neben dieser bloßen Verzeihung gab es aber noch eine weitere erregende Verheißung. Wenn schon ein gläubiger Mönch imstande war, in seinem blutenden Körper ein Abbild des Leibes Christi zu sehen, kann es nicht überraschen, wenn Laien, die zur Selbstgeißelung griffen und sich dann der Autorität der Kirche entzogen, Träger einer Sühnemission zu sein glaubten, die über die eigene Erlösung hinaus die der ganzen Menschheit bewirken sollte. Ähnlich wie die das Kreuz nehmenden *pauperes* sahen ketzerische Flagellantensekten ihre Buße im Licht einer kollektiven *imitatio Christi* von einmaligem eschatologischem Wert.

Die volkreichen italienischen Städte bildeten den ersten Schauplatz organisierter Geißlerzüge, die sich, 1260 von einem Einsiedler Perugias ins Leben gerufen, mit so verblüffender Schnelligkeit südwärts nach Rom und nordwärts über die lombardischen Städte verbreiteten, daß sie den Zeitgenossen wie eine plötzliche Bußepidemie erschienen. Zumeist von Priestern geführt, zogen Männer, Jünglinge und Knaben Tag und Nacht mit Bannern und brennenden Kerzen von Stadt zu Stadt, um sich in jeder Stadt, die sie passierten, gruppenweise vor der Kirche aufzustellen und sich stundenlang zu geißeln. Die Wirkung, die diese öffentliche Buße auf die breite Bevölkerung ausübte, ging tief. Verbrecher beichteten, Räuber erstatteten ihre Beute und Wucherer den für Darlehen genommenen Zins zurück; Streitigkeiten wurden vergessen, und Feinde versöhnten sich. Selbst die beiden sich heftig befehdenden, Italien spaltenden Parteien der Welfen und Ghibellinen – die einen Parteigänger des Papstes, die andern Parteigänger des Kaisers – milderten für einen Augenblick ihre Wut. Ganze Städte fielen der Bewegung anheim – in Reggio beteiligten sich Bischof, Podesta und Zünfte. Durch Zuzug ständig verstärkt, zählten diese Prozessionen viele tausend Köpfe. Aber wenn sich auch zeitweilig Angehörige aller Stände anschlossen, so blieben doch nur die Armen standhaft, bis sie in den späteren Stadien allein übrigblieben.[3]

Die Umstände, unter denen sich der Massenflagellantismus erstmals äußerte, verdienen besondere Beachtung. Auch nach mittelalterlichen Maßstäben befand sich Italien zu jener Zeit in einer überaus schwierigen Lage. 1258 war eine Hungersnot, 1259 die Pest über das Land gekommen. Das größte Elend und ständige Unsicherheit verursachte jedoch der ununterbrochene Kriegszustand zwischen Welfen und Ghibellinen; und hier befanden sich wiederum die welfisch gesinnten Städte in der verzweifeltsten Lage, hatten doch die toskanischen Ghibellinen das welfisch gesinnte Florenz bei Montaperto blutig geschlagen. Der Sohn Friedrichs II., Manfred, schien auf dem besten Wege, seine Herrschaft über ganz Italien auszudehnen, so daß das Flagellantentum nicht ohne guten Grund von einer welfisch eingestellten Stadt ausging und unter den Welfen die meisten Anhänger zählte. Alle diese Heimsuchungen empfand man aber nur als den Auftakt zu einer letzten überwältigenden Katastrophe. Nach Angabe eines Chronisten benahmen sich die Menschen bei diesen Geißlerzügen, als befürchteten sie ein unmittelbar bevorstehendes Strafgericht Gottes, der sie durch Erdbeben und Feuerregen vernichten werde. Es schien eine über dem Rand eines Abgrunds schwebende Welt, in der sich diese Büßer geißelten, auf die Gesichter warfen und unablässig schrien: «Heilige Mutter Gottes, erbarme dich unser! Bitte den Heiland, uns zu verschonen!» Und: «Barmherzigkeit, Barmherzigkeit! Frieden! Frieden!» – bis, wie geschildert wird, Felder und Berge das Echo ihrer Bitten zurückzuwerfen schienen, Musikinstrumente verstummten und Liebeslieder erstarben.[4]

Doch war es nicht nur die Erlösung von ihren augenblicklichen Nöten, was diese Geißler Gott abzuringen strebten. Jenes Jahr 1260 galt ja auf Grund der joachimitischen Prophezeiungen als das apokalyptische Jahr, das den Anbruch des dritten Zeitalters bringen sollte. Eine gewaltige Zahl von Italienern wartete inmitten von Hungersnot, Pestilenz und Krieg ungeduldig auf die Morgendämmerung dieses Zeitalters des Heiligen Geistes, darin die Menschen in Frieden, freiwilliger Armut und ekstatischer Anbetung leben würden. Von Monat zu Monat steigerten sich diese chiliastischen Hoffnungen, bis sie, je weiter das Jahr fortschritt, eine verzweifelt-hysterische Färbung annahmen und sich die Menschen an Strohhalme klammerten. Sogar der im September geschlagenen Schlacht bei Montaperto vermochte man eschatologische Bedeutung unterzulegen. Dann, als noch weitere sechs Wochen vergangen waren und es November geworden war, begannen die Flagellanten aufzutreten, und der Chronist Salimbene von Parma – selbst ein Jünger Joachims – schildert, mit welchem Eifer man bemüht war, in diesen schaurigen Prozessionen den Anfang der großen Erfüllung zu sehen.[5]

Die unausbleibliche Enttäuschung brach dem Massenflagellantentum in Italien bald das Rückgrat, und die Bewegung erlosch; inzwischen hatte sie aber 1261/62 die Alpen überschritten und in den süddeutschen und rheinischen Städten Wurzel geschlagen.[6] Obschon die Führer auch hier Italiener gewesen zu sein scheinen, schlossen sich ihnen Hunderte von Deutschen zu neuen Prozessionen an. Sicher hatte die Bewegung bereits in Italien ein gewisses Ritual entwickelt; doch den Chronisten begann es erst jetzt aufzufallen, weil sich diese deutschen Geißler an bestimmte Riten hielten, eigene Gesänge und einheitliche

Kleidung besaßen. Zudem wiesen die Führer – wie einst Peter der Eremit und erst wenige Jahre zuvor der «Meister aus Ungarn» – eine himmlische Botschaft vor; und diesmal ist uns ihr Wortlaut erhalten geblieben.[7] Wie es darin hieß, habe sich in Anwesenheit einer großen Masse von Gläubigen eine in überirdischem Glanz erstrahlende Marmortafel auf den Altar der Jerusalemer Grabeskirche gesenkt. Dann sei ein Engel neben ihr erschienen und habe die von Gott selbst eingezeichnete Botschaft verkündet. Diese selbst war mit düsterster eschatologischer Bedeutung geladen und mit Wendungen aus der berühmten, Jesus selbst zugeschriebenen Stelle aus der Apokalypse gespickt, die die Nöte und Heimsuchungen vor seiner Wiederkehr schildert.[8] Und weiter hieß es, Gott sei über den Stolz und die Anmaßung der Menschen erzürnt, über ihre Lästerungen und Ausschweifungen, über die Entheiligung des Sabbats, den Bruch der Freitagsfasten und ihrer wucherischen Praktiken – kurz über alle jene Sünden, die gemeinhin als spezielle Sünden des reichen Mannes galten. Schon habe er die Menschheit zu strafen begonnen, indem er Erdbeben, Dürre, Überschwemmungen, Hunger und Seuchen, Kriege und feindliche Einfälle sandte und Sarazenen und sonstige Heiden christliche Lande verheeren ließ. Schließlich habe er, empört über die Hartnäckigkeit, mit der die Menschen an ihren Lastern festhielten, beschlossen, alles Leben von der Erde zu tilgen. Da seien ihm Maria und die Engel zu Füßen gefallen und hätten ihn beschworen, der Menschheit eine letzte Frist zu geben. Von diesen Bitten gerührt, habe Gott ihnen versprochen, die Erde Frucht im Überfluß hervorbringen und das Land gedeihen zu lassen, sofern die Menschen von der Sünde abließen und weder Wucher noch Unzucht, noch Gotteslästerung trieben. Nachdem die Gläubigen zu Jerusalem diese Botschaft vernommen hatten, hätten sie fieberhaft nach Mitteln gesucht, um die Menschheit von ihrem verderblichen Hang zur Sünde zu heilen. Schließlich sei ihnen der Engel abermals erschienen mit dem Geheiß, Geißlerzüge zu bilden, die in Erinnerung an die Zahl der Jahre, die der Heiland auf Erden geweilt habe, dreiunddreißigeinhalb Tage (was nach den damaligen Berechnungen der Zahl der Lebensjahre Jesu entsprach) zu dauern hätten. So – endete der Brief – sei die Bewegung entstanden: vom König von Sizilien (handelt es sich vielleicht wieder um Friedrich II. als dem Erlöser der Endzeit?) begonnen, sei die große Bußprozession jetzt auch nach Deutschland gekommen. Und jeder Priester, der es in seiner Weltlichkeit unterlasse, die göttliche Botschaft an seine Gemeinde weiterzugeben, sei unweigerlich auf ewig verdammt.

Man kann nicht umhin, an jene göttliche Botschaft zu denken, mit deren Hilfe der Oberrheinische Revolutionär zweihundertfünfzig

Jahre später seine antikirchliche Bruderschaft vom gelben Kreuz ins Leben zu rufen suchte. Und in der Tat wandten sich die deutschen Flagellanten bald gegen die Kirche, während ihre italienischen Gesinnungsgenossen stets unter deren Kontrolle blieben. Die joachimitischen Prophetien waren den Deutschen so gut bekannt wie den Italienern, und wie diese erwarteten sie Großes von 1260 als dem apokalyptischen Jahr; aber sie waren noch viel erbitterter auf den Klerus und weit kompromißloser in ihrer Ablehnung Roms. Auch waren nur wenige Jahre vergangen, seit jener schwäbische Chiliast, Bruder Arnold, sich und seine Anhänger zur heiligen Gemeinschaft proklamiert hatte, die 1260 der Kirche des Antichrist den Untergang bereiten würde. Und obschon in der Zwischenzeit Kaiser Friedrich II. gestorben war und das Interregnum begonnen hatte, so hatte das die Sehnsucht der deutschen Volksmassen nach dem tausendjährigen Königreich der Auserwählten nur verstärkt. Die Bewegung wurde mehr und mehr zu einem Monopol der Armen, der Weber, Schuster, Schmiede und so weiter[9]; und gleichzeitig verwandelte sie sich in eine Verschwörung gegen den Klerus. Sie seien, begannen die Geißler zu behaupten, imstande, sich ohne die Hilfe der Kirche dank den eigenen Verdiensten selber zu erlösen – ja schon die Teilnahme an einem ihrer rituellen Aufzüge reinige einen Sünder von aller Schuld.[10] Bald hatten Bischöfe und Erzbischöfe alle Hände voll zu tun, diese gefährlichen Büßer zu exkommunizieren und damit aus der Kirche auszustoßen; weltliche Fürsten wie der Herzog von Bayern schlossen sich diesen Unterdrückungsmaßnahmen an.[11]

In Südeuropa wie in Deutschland existierte das Flagellantentum zweihundert und mehr Jahre weiter; aber sowohl der Lehre als auch der Funktion nach bestand zwischen den nördlichen und südlichen Gruppen ein wesentlicher Unterschied. In allen bedeutenderen Städten Italiens und Südfrankreichs durften die Flagellantengemeinschaften dank ihrer meist streng orthodoxen religiösen Auffassungen unbehindert und sogar mit der Sanktion der kirchlichen und weltlichen Behörden auftreten. In Deutschland hingegen standen diese Gemeinschaften unter dem Verdacht, ketzerische, oftmals sogar revolutionäre Tendenzen zu entwickeln. Dazu bestand guter Grund, denn die 1262 unterdrückte Bewegung schwelte insgeheim weiter. 1296, anläßlich der schwersten Hungersnot seit achtzig Jahren in den rheinischen Städten, traten dort plötzlich einheitlich gekleidete, Bußlieder singende Geißler auf.[12] Und als 1348/49 die größte Flagellantenbewegung aller Zeiten Deutschland überschwemmte, verfügte auch sie über ein Ritual und Lieder und sogar über die gleiche, kaum abgeänderte Botschaft – was offenbar beweist, daß zumindest einige ihrer Führer einer Geheimbewegung entstammten und sich auf eine esoterische Überlieferung stützten.

Die Ursache für diesen letzterwähnten Ausbruch bildete der Schwarze Tod.[13] Der ursprüngliche Herd der Beulenpest scheint Indien gewesen zu sein, von wo sie auf dem Landwege zum Schwarzen Meer gelangte und von dort durch Seeleute ans Mittelmeer verschleppt wurde. 1348 befiel sie die italienischen und südfranzösischen Hafenplätze, um sich allmählich längs der Handelsstraßen über ganz Europa auszubreiten und alle Länder zu erfassen – außer Polen, das eine Grenzsperre verfügte, und Böhmen, das sein Gebirgswall schützte. Die Dauer der Seuche schwankte in den einzelnen Gebieten von vier bis zu sechs Monaten; am gräßlichsten hauste sie in den übervölkerten Städten, wo keine Maßnahmen zu ihrer Bekämpfung fruchteten; in den Kirchhöfen türmten sich die unbegrabenen Leichen. Es steht wohl außer Zweifel, daß diese Pest – an der Sterblichkeitsziffer gemessen – die größte Katastrophe gewesen ist, die das Abendland in den letzten tausend Jahren erlebt hat – eine weit größere als die der beiden Weltkriege unseres Jahrhunderts zusammengenommen. Nach den Schätzungen seriöser heutiger Autoritäten starb 1348/49 etwa ein Drittel der Bevölkerung.

Die Pest wurde in mittelalterlicher Weise als ein göttliches Strafgericht über eine sündige Welt erklärt. So stellten die Geißlerzüge zum Teil den Versuch dar, die Züchtigung abzulenken; und der göttlichen Botschaft wurde zur Betonung dieses Punkts ein neuer Absatz eingefügt. Dennoch waren diese Züge, die sich weniger unter dem Einfluß der Pest selbst als unter dem der ihr vorausgehenden Gerüchte und Zeichen gebildet hatten, meistenteils bereits verschwunden, wenn die Seuche eine Gegend erreichte.[14] Von Ungarn, wo die Bewegung im Spätjahr 1348 ihren Ausgang genommen zu haben scheint, wanderte sie nach Westen, blühte vor allem in den süd- und mitteldeutschen Städten und schließlich am Rhein, wo sie rechtsrheinisch nach Westfalen, linksrheinisch nach Flandern, Brabant, dem Hennegau und Frankreich übersprang, dessen König ihr endlich Einhalt gebot. Ein niederländischer Trupp schiffte sich nach England ein, wo er sich vor der Paulskirche öffentlich geißelte; es fanden sich jedoch keine englischen Nachahmer.[15]

Betrachtet man den äußeren Ablauf der Bewegung, so fällt ihre rasche Ausbreitung auf. Im März hatte sie beispielsweise Böhmen, im April Magdeburg und Lübeck, im Mai Würzburg und Augsburg, im Juni Straßburg und Konstanz und im Juli Flandern erreicht. Dennoch pflanzte sie sich nicht in gerader Linie fort. Es gab Neben- und Gegenströmungen und Wirbel. Die von Ort zu Ort ziehenden Geißlerzüge variierten von fünfzig bis zu fünfhundert und mehr Personen. In Straßburg, wo ein halbes Jahr lang jede Woche eine Gruppe eintraf, sollen sich ihnen nach und nach rund tausend Stadtbürger angeschlossen haben und teils rheinaufwärts, teils rheinabwärts mitgezogen sein.[16] In Tournai folgten von Mitte August bis Anfang Oktober die Banden noch dichter[17], nämlich alle paar Tage: in den ersten zwei Wochen aus Brügge, Gent, Sluys, Dordrecht und Lüttich; danach beteiligte sich Tournai selbst und entsandte eine Gruppe in Richtung Soissons. Will man sich das Gesamtbild der Bewegung vergegenwärtigen, muß man sich eine Reihe von Landstrichen vorstellen, die nacheinander von einer hochgradigen, etwa drei Monate dauernden und dann allmählich abklingenden Erregung erfaßt wurden. Im Osten, von wo sie ausgegangen war, erlosch die Bewegung schon um die Jahresmitte. In Mittel- und Süddeutschland überschritt sie ihren Höhepunkt nicht lange danach. In den Niederlanden[18] und in Frankreich erstreckte sie sich bis in den Herbst. Die Zahl der daran Beteiligten muß sehr hoch gewesen sein. Zahlen sind schwer festzustellen; doch soll nach einer zuverlässigen Quelle ein einziges niederländisches Kloster, das zum Wallfahrtsziel vieler Gruppen geworden war, in sechs Monaten 2500 Flagellanten verpflegt haben, während in Tournai innert zweieinhalb Monaten deren 5300 eingetroffen sein sollen. Ein – vielleicht etwas übertriebener – Bericht besagt, daß bei Erfurt, das vor den Flagellanten die Tore schloß – rund 3000 Mann gelagert haben.

Was diese Massengeißelung zu mehr als einer Massenhysterie und zu einer richtiggehenden Bewegung stempelte, war die Art ihrer Organisation.[19] Von der letzten niederländischen Phase abgesehen, war diese von großer Einheitlichkeit. Die einzelnen Gruppen legten sich Namen zu: Kreuzträger, Geißlerbrüder oder – wie 1309 die Kreuzfahrer – Brüder vom Kreuz. Und wie ihre Vorgänger 1262 – und die Kreuzfahrer überhaupt – trugen sie eine einheitliche Kleidung, diesmal ein weißes, vorn und hinten mit einem roten Kreuz besetztes Gewand und, ähnlich gekennzeichnet, Hut oder Kapuze. Jede Gruppe stand unter dem Befehl eines Führers, der – vielsagenderweise – ein Laie sein mußte. Dieser, «Meister» oder «Vater» genannt, nahm den Teilnehmern teils bei der öffentlichen Selbstgeißelung, teils unter vier Augen die Beichte ab und auferlegte – wie die geistlichen Chronisten empört festhielten – Bußen oder gewährte Absolution. Die Dauer dieser Züge, während welcher Zeit jeder Teilnehmer dem Meister unbedingten Gehorsam schuldete, stand ein für allemal fest, nämlich die mystischen dreiunddreißigeinhalb Tage; nur etliche kirchlich organisierte, kurze Züge in den Niederlanden brachen die Regel. Die den Teilnehmern auferlegte Disziplin war äußerst rigoros; man durfte weder baden noch sich rasieren, noch die Kleider wechseln, noch in weichen Betten schlafen. Wurde Gastfreundschaft geboten, mußte man zum Beweis seiner Demut kniend die Hände waschen; auch durfte man nur mit Erlaubnis des Meisters miteinander reden. Vor allem aber hatte man sich jedes Verkehrs mit dem andern Geschlecht zu enthalten, die eigene Frau zu meiden, und war man in einem Hause einquartiert, durfte man sich bei Tisch nicht von Frauenspersonen bedienen lassen. Wechselte ein Teilnehmer auch nur ein einziges Wort mit einem weiblichen Wesen, mußte er vor dem Meister niederknien und sich von ihm züchtigen und mit den Worten absolvieren lassen: «Steh auf durch der reinen Marter Ehre / Und hüte dich vor der Sünde mehre.»

In allen Städten, durch die sie kamen, bildeten die Flagellanten vor einer der Kirchen einen Kreis, entledigten sich der Kleider und des Schuhwerks, hüllten sich in einen von den Hüften bis zu den Füßen reichenden Lendenschurz und vollzogen ein Ritual, das trotz einigen örtlichen Variationen bemerkenswert einheitlich war. Zuerst bewegten sie sich im Kreis, um sich dann einer nach dem andern mit dem Gesicht auf die Erde zu werfen und mit ausgestreckten Armen bewegungslos in der Form eines Kruzifixes liegenzubleiben. Die Nachfolgenden schritten über die bereits Liegenden hinweg und versetzten ihnen dabei einen leichten Geißelhieb. Wer schwere Sünden zu sühnen hatte, kennzeichnete die Art seiner Verfehlung durch bestimmte Stellungen. Über solche ging der Meister persönlich hinweg, schlug sie mit seiner Geißel und sprach seine Absolutionsformel: «Steh auf durch der reinen Marter Ehre...»

Wenn der Letzte auf der Erde lag, standen alle wieder auf und begannen mit der Geißelung. Die aus Lederstreifen bestehenden, mit eisernen Nägeln gespickten Geißeln fuhren im Takte auf und nieder. Dazu sang man unter der Leitung dreier Vorsänger Choräle zur Erinnerung an die Passion Christi und zu Ehren Marias. An bestimmten Stellen – drei in jedem Choral – ließen sich alle «wie vom Blitz getroffen» fallen und lagen schluchzend und betend mit weit ausgestreckten Armen am Boden. Der Meister ging zwischen ihnen umher und ermahnte sie, Gott für alle Sünder um Barmherzigkeit zu bitten. Nach einer Weile erhoben sie sich wieder, streckten singend die Arme gen Himmel und setzten die Selbstgeißelung fort. Wenn unglücklicherweise ein Priester oder eine Frau den Kreis betraten, verlor die Prozedur jeden Wert und mußte von neuem begonnen werden.[20] Diese wurde täglich zweimal öffentlich und ein drittes Mal abends in der Schlafkammer vollzogen. Dabei ging es keineswegs zimperlich zu; oftmals saßen die Nägel so tief im Fleisch, daß sie herausgerissen werden mußten. Das Blut spritzte bis zu den Wänden, und die Körper verwandelten sich in eine geschwollene Masse blauen Fleisches.

Die breite Masse brachte den Geißlern große Sympathie entgegen. Wo immer sich die Büßer zeigten, sammelten sich große Menschenmengen an und sahen und hörten zu. Das feierliche Ritual, die gräßliche Auspeitschung, die Lieder[21] – vielleicht die ersten in der Volkssprache und somit dem Publikum verständlich – und als Höhepunkt die Verlesung der himmlischen Botschaft übten eine überwältigende Wirkung aus, und die Menge schluchzte und stöhnte. Niemand bezweifelte die Echtheit der Botschaft. Man sah die Flagellanten so, wie sie sich selber sahen – nicht nur als Büßer, die ihre eigenen Sünden sühnten, sondern als Märtyrer, die die Sünden der Welt auf sich nahmen und damit die Pest, ja den Untergang der Menschheit verhüteten. Man betrachtete es als ein Vorrecht, sie aufzunehmen und ihnen beizustehen. Näherte sich ein Flagellantenzug einer Stadt, läuteten die Kirchenglocken, und nach vollzogenem Ritual beeilten sich die Einwohner, die Büßer in ihre Häuser einzuladen. Für die Fahnen und Kerzen gab man bereitwillig Geld, und sogar städtische Behörden steuerten reichlich aus öffentlichen Geldern bei.

Es war in neuer Auflage die Geschichte der Pastorellen. Wie immer nach dem Wiederaufleben der Kultur und der Zunahme des materiellen Reichtums lehnten sich die städtischen Massen gegen einen Klerus auf, den sie – mit welcher Berechtigung immer – der Verweltlichung ziehen. Geistliche Chronisten haben uns Musterbeispiele der Vorwürfe hinterlassen, wie sie Mitte des vierzehnten Jahrhunderts gegen die Priesterschaft erhoben wurden. «Der Pfründenschacher», heißt es einmal, «war so fest eingeführt und tief verwurzelt, daß alle Kleriker, ob Welt- oder Ordensgeistliche, ob von hohem, mittlerem oder unterem Rang, schamlos und sogar öffentlich Kirchenämter kauften und verkauften, ohne getadelt, geschweige denn bestraft zu werden. Es schien, als habe der Herr die Händler und Wechsler nicht aus dem Tempel getrieben, sondern sie darin eingeschlossen, als müsse der Pfründenschacher nicht für ketzerisch, sondern für kirchlich, katholisch und heilig gehalten werden. Kirchsprengel, Pfarrhäuser, Pfarrkirchen, Altäre, Würden, Hilfspfarreien wurden für Geld gekauft oder für Weiber und Kebsweiber getauscht oder als Einsatz beim Würfeln gewonnen und verloren. Laufbahn und Rang eines Mannes hingen einzig vom Einfluß, Geld oder sonst einem materiellen Vorteil ab. Die römische Kurie und die hohen Würdenträger verkauften sogar Abteien, Klöster, Vormundschaften, Erzieherstellen, Lektorate und andere Ämter, mochten sie noch so unbedeutend sein, an junge, unwissende, unerfahrene, grobschlächtige und unfähige Personen, die sich das Geld durch irgendwelche Mittel, sogar durch Diebstahl beschafften oder die Pfründen sonstwie ergaunerten. Daher kommt es, daß es heute nicht leicht ist, unter der Welt- und Ordensgeistlichkeit Männer zu finden, die man achten kann, während das früher ganz allgemein der Fall war. Seht doch die Äbte, Vormünder, Meister, Lehrer, Kanoniker und Professen an und weint! Betrachtet ihren Lebenswandel und ihr Beispiel, ihr Verhalten und ihre Lehre und die gefährliche Situation derer, die in ihre Obhut gegeben sind, und zittert! Erbarme dich unser, o Gott, Vater der Barmherzigkeit, denn wir haben arg an dir gesündigt.»[22] – «Wie verächtlich ist die Kirche geworden!» ruft ein anderer Kleriker aus. «Die von der Kirche bestellten Hirten füttern sich selber statt ihre Schafe; sie scheren, nein, sie enthäuten ihre Herden; sie verhalten sich nicht wie Hirten, sondern wie Wölfe! Gottes Kirche ist von aller Schönheit verlassen, von der Krone bis zur Ferse gibt es keine gesunde Stelle!»[23]

Es ist nebensächlich, inwieweit solche Vorwürfe berechtigt waren. Gewiß aber ist, daß die Geistlichkeit kaum verstand, der Laienwelt das zu bieten, was diese so dringend benötigte: religiöse Virtuosen, deren Asketentum der Garant für ihre wundertätigen Kräfte zu sein schien. Und gerade solche Virtuosen schienen die Geißler zu sein. Sie behaupteten ja selber, daß diese Marter sie nicht nur von Sünde reinige und ihnen den Himmel öffne, sondern ihnen darüber hinaus die Kraft verleihe, Teufel auszutreiben, Kranke zu heilen und sogar Tote aufzuerwecken.[24] Es gab Flagellanten, die behaupteten, mit Jesus zu speisen und zu trinken und mit der Muttergottes zu reden, und zumindest einen, der von den Toten auferstanden sein wollte. Und all das wurde von der breiten Masse begierig geglaubt. Man brachte nicht nur Kranke, um sie von diesen Heiligen heilen zu lassen; man tauchte sogar Kleidungsstücke in das fließende Blut, um sie als kostbare Reliquien aufzubewahren. Personen beiderlei Geschlechts baten um die Erlaubnis, solche Kleidungsstücke an die Augen pressen zu dürfen. Einmal trug man während der Geißelung ein totes Kind um den Kreis in der Hoffnung, es werde wiedererweckt werden. Wo immer in Deutschland die Geißler auftraten, strömte ihnen – und insbesondere in den Gewerbe- und Handelszentren – die Menge als den Erwählten Gottes zu, während man gleichzeitig die Geistlichkeit verfluchte.[25] Damit bot sich ihnen aber auch eine vielfach erhoffte Gelegenheit.

Aufrührerische Geißler

Einzig in den Niederlanden und auch dort nur in begrenzten Gebieten vermochte der Klerus die Flagellantenbewegung von 1349 unter Aufsicht zu halten. In andern Gegenden Hollands und in ganz Deutschland mündete sie in eine militante, blutdürstige Jagd nach dem Tausendjährigen Reich ein.

Die Zeit war einer solchen Entwicklung äußerst günstig, hatten sich doch die eschatologischen Hoffnungen noch intensiver und weiter verbreitet als gewöhnlich. Es war kein Zufall, daß gerade in diesen Jahren das berühmteste aller deutschen Antichrist-Spiele geschrieben und aufgeführt wurde, nämlich *Des Entkrist Vasnacht* (von einem unbekannten Verfasser). Schon 1348 hatte man die Erdbeben in Kärnten und Italien zu den «messianischen Wehen» gestempelt[26], die die Endzeit einleiten; und daß die beispiellose, gräßliche Pestkatastrophe im gleichen Sinne ausgelegt wurde, würden wir, auch wenn es uns nicht ausdrücklich gesagt würde, ohne weiteres selber vermuten.[27] Die allgemeine Ratlosigkeit, Angst und zermürbende Unsicherheit steigerte wie so oft die eschatologische Erregung unter den Massen bis zur Fieberhitze. Die Geißlerzüge bildeten sozusagen nur einen Ausschnitt in dem welterschütternden, weltverwandelnden Drama der Endzeit, das sich jetzt mit seinem ganzen Gefühlsüberschwang und seinem ganzen Schrecken entfaltete:

Die Pest regierte jetzt den gemeinen Mann und warf viele nieder.
Die Erde bebte. Das Judenvolk ist verbrannt,
Eine sonderbare Menge von Halbnackten geißelt sich selbst.[28]

Doch jenseits all dieser Nöte winkte natürlich das Tausendjährige Reich. Zehntausende lebten in Erwartung der Parusie, das heißt der Ankunft eines streitbaren Heilands, der gleichen Gestalt, die später den Oberrheinischen Revolutionär so faszinieren sollte. In eben diesem Jahre 1348 verzeichnete Johann von Winterthur die allgemeine und begierige Hoffnung, daß Kaiser Friedrich wiedererstehen, den Klerus umbringen und die Reichen zwingen würde, die Armen zu ehelichen.[29] Und für dasselbe Jahr 1348 hatte ein gewisser «großer Astrologe» angeblich nicht nur die Pest, sondern auch einen Kaiser geweissagt, der den Papst und die Kardinäle niederwerfen und aburteilen, den französischen König stürzen und die eigene Herrschaft über alle Lande ausdehnen werde.[30]

Was die Geißler betrifft, lebten viele bestimmt in der chiliastischen Phantasiewelt. Nach einem zeitgenössischen Chronisten betrachtete man 1349 die Züge, von denen jeder dreiunddreißigeinhalb Tage dauerte, nur als einen Anfang; insgesamt hatten sie sich über dreiunddreißigeinhalb Jahre zu erstrecken, nach welcher Zeit die Christenheit gerettet sein werde.[31] So zeichneten sich in Breslau bei einer Befragung der Flagellanten über ihre Glaubenssätze millenniale Gedankengänge ab.[32] Die dortigen Büßer schilderten, daß die bestehenden Mönchs- und Bettelmönchsorden in große Nöte geraten und in siebzehn Jahren (also der Hälfte der Übergangszeit!) durch einen neuen Mönchsorden ersetzt werden würden, der bis zum Weltende dauern werde. Das nun war eine aus der joachimitischen Tradition entsprungene Prophezeiung; und es lohnt sich, sich in diesem Zusammenhang an das Wiederauftauchen der himmlischen Botschaft zu erinnern, die seit 1260 – dem apokalyptischen Jahr der joachimitischen Prophetie – weitergegeben worden war. Es hatte seinen guten Grund, daß ein Dokument dieser Art dem Flagellantentum als Manifest diente, ist doch mit Sicherheit erwiesen, daß die Geißler mit dem neuen Mönchsorden von einmaliger Heiligkeit sich selber meinten. Diese Leute hielten sich wirklich für ein heiliges Volk, für eine Heerschar von Heiligen. Es genügte ihnen nicht, sich Kreuzträger oder Brüder vom Kreuz zu nennen und während der selbstzugefügten Marter Choräle über den Leidensweg des Heilands zu singen – nein, sie verstiegen sich bis zur Behauptung, daß ihnen der Heiland seine blutenden Wunden gezeigt und ihnen höchstselbst befohlen habe, in die Welt zu gehen und sich selber zu geißeln. Etliche erklärten offen, daß kein Blutvergießen – außer jenem am Kreuz – dem ihren vergleichbar sei, ihr Blut eins werde mit dem des Heilands und beidem die gleiche erlösende Kraft innewohne.[33]

Wie zu vermuten, ging die Entwicklung solcher Phantasien Hand in Hand mit einer Veränderung der sozialen Zusammensetzung der Teilnehmer an den Zügen.[34] Die Bewegung setzte sich anfänglich in der Hauptsache aus Bauern und Handwerkern zusammen; immerhin beteiligten sich auch Adlige und wohlhabende Bürger; später fielen diese aus, und durch die neuen Teilnehmermassen vom Rande der Gesellschaft wie Landstreicher, Bankrotteure, Geächtete und Verbrecher aller Art verschob sich der Akzent der Bewegung. Gleichzeitig riß eine Anzahl von Pseudopropheten – anscheinend größtenteils dissidente oder abtrünnige Kleriker – die Führung an sich.[35] Als sich schließlich der Papst zu einer Bulle gegen die Geißler entschloß, bezeichnete er deren Mehrheit als schlichte Seelen; jene Ketzer jedoch, von denen sie verführt worden waren, wüßten genau, was sie täten, und diese – vor allem aber die Mönche darunter – seien unbedingt festzunehmen.[36] Nach einer von einem niederländischen Chronisten wiedergegebenen

Ansicht soll die Bewegung von abtrünnigen deutschen Mönchen entfacht worden sein, um Kirche und Geistlichkeit zu stürzen.[37] In der Tat drohte der Kölner Erzbischof noch drei Jahre nach dem Erlöschen der Bewegung Diakone und niedrige Geistliche zu exkommunizieren, die sich an den Prozessionen beteiligt hatten, sofern sie keine Zeugen beibringen konnten, die ihre Unschuld beschworen.[38] Den tiefern Grund zu solchen Anordnungen ersehen wir aus den Ereignissen zu Breslau, wo die Geißler joachimitische Gedankengänge offen zugaben.[39] Von ihrem dortigen Führer ist uns bekannt, daß er ursprünglich Diakon war, seine Gefolgschaft zu Angriffen auf den Klerus aufwiegelte und als Ketzer auf dem Scheiterhaufen verbrannt wurde.[40]

Mit der Metamorphose des Flagellantentums in eine messianische Massenbewegung erfolgte gleichzeitig eine Angleichung an das Verhalten der früheren Massenkreuzzüge. Vor allem in Deutschland entwikkelten sich die Geißler zu kompromißlosen Kirchengegnern, die nicht nur die üble Lebensführung des Klerus verurteilten, sondern ihm auch den Anspruch auf übernatürliche Autorität bestritten. Dem Abendmahl jeden sakramentalen Wert absprechend, verweigerten sie der emporgehobenen Hostie die Anbetung, störten unter der Behauptung, daß nur ihre eigenen Riten und Lieder wertvoll seien, gewohnheitsmäßig kirchliche Zeremonien und stellten sich über Papst und Geistlichkeit mit der Begründung, daß sie direkt vom Heiligen Geist inspiriert und in die Welt hinausgesandt seien, während jene ihre Autorität lediglich von der Bibel und der Überlieferung ableiten könnten. Sich keiner kirchlichen Kritik irgendwelcher Art unterwerfend, erklärten sie – wie der «Meister aus Ungarn» –, daß Priester, die ihnen widersprächen, von ihren Kanzeln gezerrt und auf dem Scheiterhaufen verbrannt werden müßten. Zwei Dominikaner, die sich auf einen Disput mit einer Flagellantenbande einließen, bewarf man mit Steinen; einer von ihnen blieb tot auf dem Platze, der andere rettete sich durch Flucht. Anderwärts ereigneten sich ähnliche Episoden. Manchmal hetzten die Geißler die Bevölkerung zur Steinigung der Priester auf. Wer diese Wut gegen den Klerus zu besänftigen suchte, begab sich, selbst wenn er Mitglied der Bruderschaft war, selbst in Gefahr. Der Papst führte Klage, daß diese Büßer jede Gelegenheit nutzten, Kircheneigentum für ihre Bruderschaft wegzunehmen[41], und ein französischer Chronist schrieb, die Flagellantenbewegung ziele darauf ab, die Kirche zu zerstören, die Priester zu töten und sich das Kirchengut anzueignen.[42] Es besteht kein Grund zur Annahme, daß sie übertrieben.

Neben dem Klerus litten wie üblich die Juden, und zwar in noch größerem Maß. Bei dem anläßlich der Pestkatastrophe ausgebrochenen großen Judenmord – dem größten vor unserem Jahrhundert – spielten die Geißler eine bedeutende Rolle. Die ersten Morde erfolgten spontan seitens einer Bevölkerung, die überzeugt war, die Juden hätten die Brunnen vergiftet und so die Pest verursacht.[43] Dieser erste Pogrom endete im März 1349; vielleicht weil man inzwischen darauf gekommen war, daß die Pest Juden wie Christen befiel und auch solche Gegenden nicht verschonte, wo man die Juden schon umgebracht hatte. Vier Monate später löste die Hetze der Geißler eine neue Verfolgungswelle aus. An manchen Orten, wo die Behörden die Bedrohten bisher erfolgreich geschützt hatten, verlangten jetzt die Sektierer deren Ausrottung. Als sie im Juli 1349 in Frankfurt einzogen, stürmten sie schnurstracks ins jüdische Viertel und brachten gemeinsam mit Einheimischen die ganze Gemeinde um. Der über den Vorfall entrüstete Magistrat vertrieb die Horde daraufhin aus der Stadt und verstärkte die Tore, um ihre Rückkehr zu verhindern.[44] Einen Monat später kam es in Mainz[45] und Köln[46] gleichzeitig zu Pogromen. In Mainz wurde die Menge während der Geißelungsprozedur plötzlich von einem Blutrausch erfaßt; sie fiel über die Juden her und vernichtete die größte jüdische Gemeinde auf deutschem Boden. Eine andere Flagellantenrotte hatte eine Weile außerhalb Kölns kampiert; als sie in die Stadt kam, fand sich eine große Zahl von «solchen, die nichts zu verlieren hatten» ein. Dann griff man gegen den Wunsch des Magistrats und der wohlhabenden Bürgerschaft die Juden an und tötete viele. Auch in Brüssel löste die Annäherung der Geißler im Verein mit den Gerüchten über die Brunnenvergiftung ein Blutbad aus, bei dem trotz der Bemühungen des Herzogs von Brabant, die Juden zu schützen, die gesamte Gemeinde von sechshundert Köpfen erschlagen wurde.[47] In weiten Gegenden der Niederlande verbrannten oder ertränkten die Sektierer, von der großen Masse der Armen unterstützt, alle Juden, deren sie habhaft werden konnten, weil «sie damit Gott zu gefallen glaubten»[48].

Die Quellen sind dürftig, so daß man unmöglich sagen kann, wie viele Pogrome von den Geißlern im zweiten Halbjahr 1349 angestiftet und geführt worden sind, doch müssen sie zahlreich gewesen sein. Was die Juden anbelangt, betrachteten sie die Geißler als ihre ärgsten Feinde; während der Papst als Hauptanschuldigung gegen diese vorbrachte, daß «sie und ihre Anhänger in ihrer Mehrzahl unter dem Anschein der Frömmigkeit grausame und unfromme Werke verrichten und das Blut von Juden vergießen, die christliche Frömmigkeit duldet und leben läßt»[49]. Soviel aber ist gewiß: als die Geißler das Werk beendet hatten, das die Panik des Jahres 1348 ausgelöst hatte, gab es in Deutschland und in den Niederlanden nur noch sehr wenig Juden. Die

Metzeleien der Jahre 1348/49 brachten die im Jahre 1096 eingetretene Verschlechterung der Stellung der Juden zum Abschluß. Während des ganzen restlichen Mittelalters blieben die deutschen Judengemeinden klein und arm und überdies zur Absonderung im Ghetto verurteilt.

Ob die Geißler auch den dritten traditionellen Feind, den vom reichen Mann personifizierten, niederwerfen wollten? Zielten sie wie andere eschatologisch inspirierte Horden auch auf die Ausrottung der Privilegierten und Reichen ab? Der Papst beschuldigte sie, nicht nur Geistliche und Juden, sondern auch Laien zu töten und zu berauben[50]; und ein Chronist bemerkt ausdrücklich, daß sie Wohlhabende angriffen. Sicher ist, daß sie am Ende – ähnlich wie die Pastorellen – von den «Großen» gefürchtet wurden. Philipp V. von Frankreich verbot unter Todesstrafe öffentliche Selbstgeißelung und konnte dadurch verhindern, daß die Bewegung über die Pikardie hinausgelangte.[51] In Deutschland schlossen manche Städte wie Erfurt vor den Geißlern die Tore, und andere wie Aachen und Nürnberg drohten jedem innerhalb der Stadtmauern angetroffenen Selbstgeißler den Tod an.[52] Welche Befürchtungen diese städtischen Obrigkeiten zu solchen Maßnahmen veranlaßte, geht deutlich genug aus der Geschichte der kleineren Geißlerbewegung hervor, die den neuen Pestausbruch im Jahr 1400 begleitete.[53] In diesem Jahr kerkerte man in Visé an der Maas Geißler ein, während ihnen die Stadt Tongeren Widerstand leistete und der Graf von Flandern sie in Gent unterdrückte. In Maastricht versuchten die wohlhabenden Bürger bei der Annäherung einer Rotte, die Stadttore zu schließen, woraufhin sich die Tuchwalkergehilfen erhoben, den Magistrat und seine Anhänger stürzten und, von der Anwesenheit der heiligen Männer ermutigt, ihrem Landesherrn, dem Bischof von Lüttich, die Tore verschlossen.

In der zweiten Jahreshälfte 1349 war die Geißlerbewegung zu einer ebenso anarchischen Kraft geworden wie seinerzeit die zwei großen Pastorellenaufstände und hatte die gleiche Koalition von kirchlichen und weltlichen Mächten gegen sich mobilisiert. Fürsten wie Bischöfe der von den Geißlern beunruhigten Gebiete wandten sich an die Sorbonne um Rat. Diese gab die Sache nach Avignon an den Papst weiter, sandte ihm aber gleichzeitig einen ihrer Doktoren, den flämischen Mönch Jean du Fayt, der die Bewegung von seiner Heimat her kannte. Nun hatte Clemens VI. zu der Zeit, als die Pest erstmals in Südfrankreich auftrat, also im Mai 1348, selbst öffentliche Selbstgeißelungen eingeführt, und zahllose Personen beiderlei Geschlechts hatten sich ihnen unterzogen.[54] Später waren ihm die dieser Prozedur innewohnenden Gefahren bewußt geworden, so daß eine aus Basel eingetroffene

Flagellantenrotte mit scharfem Tadel bedacht wurde. Jetzt brachte du Fayts Bericht eine sofortige Reaktion in Gestalt einer im Oktober 1349 erlassenen und gegen die Geißler gerichteten Bulle.[55] Nach der Aufzählung ihrer Abirrungen vom Dogma und ihrer Gewaltakte gegen Geistliche und Juden wies die Bulle auf die Mißachtung der weltlichen Obrigkeit seitens der Geißler hin und erklärte warnend, es sei ihnen sofort entgegenzutreten; unterließe man es jetzt, könnten sie vielleicht bald uneindämmbar sein. Die «Sekte» sei daher zu unterdrücken und die «Meister des Irrtums», die ihre Doktrinen entwickelt hätten, müßten festgenommen und abgeurteilt, nötigenfalls verbrannt werden. Die Bulle ging an die deutschen, polnischen, französischen, englischen und schwedischen Erzbischöfe; und außerdem schrieb der Papst an die Könige von Frankreich und England. Die Sorbonne folgte mit einer offiziellen Verurteilung des Flagellantentums, und Geistliche nahmen eiligst in Traktaten dagegen Stellung.[56]

Der Bulle war sofortiger Erfolg beschieden. Sämtliche deutschen und niederländischen Erzbischöfe und Bischöfe verboten die Geißlerzüge, und viele Pfarrgeistliche, Kaplane und Domherren wurden exkommuniziert und ihrer Ämter enthoben und pilgerten nach Avignon, um dort Absolution zu erwirken.[57] Die weltlichen Obrigkeiten beteiligten sich begeistert an der Unterdrückung der Bewegung.[58] Städte, die immer noch das Ziel der Geißlerzüge bildeten, ergriffen Maßnahmen, um sie abzuwehren. Wir lesen von Flagellanten, die auf Befehl eines Grafen enthauptet und von vielen andern, die in Westfalen gehenkt wurden. In der Bischofsstadt Trier begann der Magistrat auf Weisung des Erzbischofs die Flagellanten hinzurichten und nahezu auszurotten. Unter dem Druck der Verfolgung fielen beinahe alle Büßer schnellstens von der Bewegung ab – sie «verschwanden», wie ein Chronist sich ausdrückt, «so plötzlich, wie sie aufgetreten waren, wie Phantome der Nacht oder Schabernack treibende Gespenster»[59]. Manche rissen buchstäblich die kennzeichnende Kleidung vom Leib und flohen. Im nächsten Jahr, zufälligerweise einem heiligen, büßten viele ihre Verfehlung in Rom, wo sie sich diesmal von Geistlichen vor dem Hochaltar von St. Peter züchtigen ließen.[60] Trotzdem schwelte die Bewegung da und dort weiter. Der Magistrat von Tournai fand es nötig, die Verbote bis 1351 periodisch zu erneuern, der Bischof von Utrecht verfolgte Flagellanten bis 1353, der Erzbischof von Köln mußte sich 1353 und nochmals 1357 mit ihnen befassen.[61] Von da an wird die Bewegung in diesen westlichen Gegenden nicht mehr erwähnt.

Betrachtet man nun diese Geißlerbewegung des Jahres 1349 im Rahmen der volkstümlichen Eschatologie, so erhebt sich eine naheliegende

6. Ein Geißlerzug, 1349

7. Eine Judenverbrennung, 1349

Frage: hat es – irgendwo in Deutschland – einen selbsternannten Messias gegeben, der mittels dieser Bewegung einen Zustand herbeizuführen trachtete, der ihm erlaubt hätte, öffentlich in der Rolle des eschatologischen Erlösers aufzutreten? Die verfügbaren Quellen geben leider keine Antwort. Man kann lediglich auf eine kleinere Bewegung dieser Art hinweisen, die sich einige Jahre vorher in Italien gleichfalls der kirchlichen Aufsicht entzogen hatte.[62] Deren Führer war, wie man bestimmt weiß, ein Laie, der nach einem langjährigen Einsiedlerdasein behauptete, Gottes Sohn geworden zu sein, wofür er als Ketzer verbrannt wurde. Damit ist keineswegs bewiesen, daß es 1349 in Deutschland eine ähnliche Gestalt gegeben hat; es erscheint lediglich wahrscheinlicher. Anderseits gibt es reichliches Material über einen Geißlermessias namens Konrad Schmid, der sowohl das echte Gegenstück zu dem italienischen Häresiarchen als auch ein falscher Friedrich war. Dieser Mann stand an der Spitze einer Bewegung, die in den sechziger Jahren des vierzehnten Jahrhunderts unter dem Druck der Verfolgung ein geheimes Dasein in süd- und mitteldeutschen Städten fristete. Die Geschichte des Mannes und seiner Gefolgschaft verdient eingehendere Untersuchung.

Die geheimen Geißler Thüringens[63]

Konrad Schmid, ein genügend gebildeter Laie, um sich in die apokalyptischen Weissagungen einer Klosterbibliothek vertiefen zu können, war auch ein gründlicher Kenner des überlieferten, mehr oder weniger esoterischen Schrifttums der früheren Flagellantenbewegungen. In mancherlei Hinsicht bezog er seine Lehrsätze ganz einfach von den Büßern der Jahre 1348/49. Wie für diese stellte auch für seine Anhänger die Selbstgeißelung eine kollektive *imitatio Christi* dar, ein Sühneopfer, dazu bestimmt, die Welt vor der endgültigen Katastrophe und dem Untergang zu bewahren, und kraft dieses Verdienstes fühlten sie sich selber als heilige Elite. Es war natürlich eine Selbstverständlichkeit für sie, die römische Kirche und alle ihre Werke abzulehnen, das Abendmahl zu verspotten, die Kirchen als Räuberhöhlen zu bezeichnen und den Klerus im Licht blutsaugerischer Scharlatane zu sehen, deren wahre Natur das Tier der Offenbarung enthüllt. Und wenn sie außerdem die Autorität der weltlichen Obrigkeiten bestritten, darauf bestanden, daß der Kaiser keinen größeren Gehorsam von ihnen fordern könne als der Papst und kein Gesetz für sie gelte, so bestätigten diese Sektierer damit nur, was man auf Grund des Verhaltens ihrer Vorgänger bereits vermuten durfte. In etlichen andern Punkten ist hingegen Schmids Lehre außerordentlich aufschlußreich, weil sie die messianischen Glaubenssätze, die immer schon einen Bestandteil des deutschen Flagellantentums gebildet hatten, aufs deutlichste herausarbeiten.

Danach bezogen sich die Prophezeiungen Jesajas, die traditionsgemäß als Ankündigung eines künftigen Heilands galten, in Wahrheit auf das Erscheinen Schmids, dem jetzt einzigen Träger des wahren Glaubens. Daraus läßt sich schließen, daß die Behauptung der katholischen Gegner Schmids, er halte sich für Gott, der nüchternen Wahrheit entsprach. Aber gleichzeitig legte sich der Geißlerführer auch den Titel eines Königs von Thüringen zu. Nun hatte 1348/1349 das Flagellantentum wohl in keiner andern Gegend Deutschlands so kräftig geblüht wie in dem großen mitteldeutschen, damals als Thüringen bezeichneten Gebiet.[64] Es gab keine Stadt und kein Dorf, das unberührt geblieben wäre, und die Geißler waren so volkstümlich und mächtig geworden, daß sie die breiten Massen offen zur Steinigung der Priesterschaft aufhetzen konnten; und Erfurt schloß vor den außerhalb der Stadt lagernden Flagellantenrotten in Panik seine Tore. Dennoch zollte Schmid, indem er sich Rang und Würde eines Königs von Thüringen anmaßte, nicht nur einer Region Tribut, die seinem Aposteltum besonders geneigt sein mochte; Thüringen hatte außerdem eine einzigartige Rolle bei der Entwicklung des Sagenkreises um den künftigen Kaiser Friedrich gespielt.[65]

Von 1314 bis 1323 hatte Thüringen unter der Herrschaft des Markgrafen Friedrich des Unverzagten, eines Enkels Kaiser Friedrichs II., gestanden. In gewissen Kreisen betrachtete man ihn als den natürlichen Anwärter auf die Kaiserkrone und agitierte zu seinen Gunsten; für die breiten Massen wurde er jedoch zur eschatologischen Gestalt.[66] Vielfach schrieb man ihm jenes wundersame Muttermal – das glänzende goldene Kreuz zwischen den Schulterblättern – zu, das den Kaiser der Endzeit kennzeichnen werde; und von ihm erhoffte man die endgültige Züchtigung des Klerus. Nach seinem Tode verschmolz die Gestalt Friedrichs des Unverzagten mit der seines Großvaters mütterlicherseits, der des Kaisers. Es bildeten sich Sagen, ein geheimnisvoller Friedrich schlafe im Kyffhäuser und werde eines Tages in Herrlichkeit ans Tageslicht treten, um die Welt von seinem Königreich Thüringen aus zu beherrschen. Indem er sich zum König von Thüringen proklamierte, erhob Konrad Schmid den Anspruch, der eschatologisch prophezeite Friedrich zu sein. Aus dieser Überzeugung heraus stellte er sich in offenen Gegensatz zum regierenden Markgrafen und behauptete, weit größere Taten vollbracht zu haben als dieser; und vom Volk wurde er auch tatsächlich Kaiser Friedrich genannt. Als wiedererweckter Friedrich und menschgewordener Gott in einer Person spielte dieser Häresiarch bereits die Rolle, die die Einbildungskraft des Oberrheinischen Revolutionärs anderthalb Jahrhunderte später so sehr beschäftigen sollte.

Wer in die Sekte aufgenommen werden wollte, mußte vor Schmid eine Generalbeichte ablegen, sich von ihm geißeln lassen und ihm unbedingten Gehorsam geloben. Von diesem Augenblick an gab es für ihn keine andere Verpflichtung als die der rückhaltlosen Unterordnung unter den Messias, hing doch – wie dieser seine Anhänger lehrte – ihr Seelenheil von ihrer Einstellung zu ihm ab. Wenn sie sich in seinen Händen nicht so «weich und schmiegsam wie Seide» zeigten, wenn sie die kleinste Regung nach Unabhängigkeit entwickelten, würden sie dem Teufel überantwortet und von ihm an Leib und Seele gemartert werden. Schmid war der Gott, den sie anbeten und «unseren Vater» nennen mußten.

Schmids Getreue fanden ihren Lohn. Sie durften sich in der absoluten Gewißheit wiegen, die Geschichte erfülle sich in ihnen und durch sie. Ihrer Ansicht nach standen die Geißler von 1349 zu ihnen in derselben Beziehung wie Johannes der Täufer zu Jesus. Ja, Christus selbst galt ihnen nur als Vorläufer, denn wenn er auch zugegebenermaßen durch die von ihm erlittene Geißelung den wahren Weg zum Seelenheil gewiesen hatte, so durften doch nur jene, die sich selber züchtigten, behaupten, den Weg bis zum Ende zu verfolgen. Damit war die christliche Ordnung durch eine höhere Ordnung ersetzt – man erkennt das alte joachimitische Schema –, und die Träger dieser neuen Ordnung waren einzig die Anhänger Schmids. So wie Jesus Wasser in Wein verwandelt hatte, so ersetzten sie die Taufe mit Wasser durch die Taufe mit Blut. Gott hatte den besten Wein wahrlich bis zuletzt aufgespart, und der war nichts anderes als das von den Geißlern vergossene Blut.

Sie waren fest überzeugt, daß ein – überraschenderweise – «Venus» genannter Engel während der Geißelprozedur über sie wache. Ihre vom Blut gerötete Haut erschien ihnen wie ein Hochzeitsgewand, und den bei der Geißelung getragenen Lendenschurz nannten sie «Unschuldskleid». Wie würden die Propheten jubeln, wenn sie jetzt leben und sich an diesen heiligen Züchtigungen beteiligen könnten! Was König David anbelangt, hatte er diese Segenszeit vorausgesehen, und das Bewußtsein, nicht so lange leben zu können, um der Sekte beizutreten, hatte ihn zur Verzweiflung getrieben. Immerhin hatten er und sein Weib sich allnächtlich gegeißelt, um an diesem Gott über alles wohlgefälligen

Werk teilzuhaben. Dennoch war das alles nur ein Vorgeschmack der künftigen Freude – des tausendjährigen Königreichs, das demnächst anbrechen würde, wenn die um ihren Gott-Kaiser gescharten Geißler einen himmlischen Chor bilden und Fürstenkinder genannt werden würden. Unterdes verkauften viele Sektenangehörige in ihrer Ungeduld ihre Habe, weigerten sich, zu arbeiten und versanken in bitterste Armut.

Wie 1348/49 fand die Propaganda der Geißler in der Pest einen starken Rückhalt. Alle paar Jahre kam es zu zwar kleineren, aber dennoch alarmierenden, von Panik begleiteten Ausbrüchen.[67] Es ist durchaus möglich, daß das besonders heftige Auftreten der Epidemie im Jahre 1368 Schmid zur Ankündigung veranlaßte, das Jüngste Gericht finde im kommenden Jahre statt und danach breche das Tausendjährige Reich an. Mittlerweile aber hatten die immer zahlreicheren sektiererischen Gruppen Thüringens das Interesse der Inquisition erregt. Ein ungewöhnlich energischer Inquisitor wurde beauftragt, sich der Sache anzunehmen, und zahlreiche Hinrichtungen waren die Folge. Es bestehen Anzeichen dafür, daß sich Konrad Schmid unter den sieben Ketzern befand, die 1368 in Nordhausen verbrannt wurden – knappe fünfundzwanzig Kilometer vom Kyffhäuser entfernt, aus dem er – als wiedererwachter Friedrich – angeblich gekommen war.[68]

Wiederum schritten die deutschen Kirchenbehörden zur Ausmerzung der Geißlerbewegung. 1370 verbot der Bischof von Würzburg im Bereich seiner Diözese jede Selbstgeißelung, und zwei Jahre später forderte der Papst die deutschen Inquisitionsbehörden auf, alle dingfest gemachten Geißler sofort abzuurteilen.[69] Trotzdem wucherte die Bewegung insgeheim weiter. 1391/92 entdeckte man unter den Bauern und Handwerkern der Umgebung Heidelbergs neue Geißlergruppen; und der den Fall untersuchende Inquisitor sah sich veranlaßt, sich unverzüglich nach Schmids alter Hochburg in Thüringen zu begeben. Dort traf er sowohl die Pest als auch Judenpogrome an und entdeckte ohne Schwierigkeit eine ketzerische Geißlergruppe in Erfurt. Deren Führer endeten auf dem Scheiterhaufen, andere kamen mit Bußen davon; der Rest entzog sich durch Flucht.[70]

Die Wende zum fünfzehnten Jahrhundert gestaltete sich für die gesamte Christenheit sorgenvoll und unglücklich. Osmanenheere überfluteten den Balkan und brachten 1396 dem vom Abendland gegen sie aufgebotenen Kreuzheer eine vernichtende Niederlage bei. Noch beunruhigender als diese äußere Gefahr war die von dem großen Kirchenschisma herrührende innere Uneinigkeit; die beiden miteinander rivalisierenden Päpste bezeichneten sich gegenseitig als Ketzer, und jeder von ihnen forderte den Gehorsam der Gläubigen. Es war eine Zeit tiefgehender und weitverbreiteter Ratlosigkeit, die sich – wie so oft – als starker Stimulus für eschatologische Überreizung erwies. 1396 sah der heilige Vinzenz Ferrer, ein Dominikanermönch, visionär den baldigen Anbruch der Endzeit und führte in der Überzeugung, der Antichrist stehe im Begriffe, seine Herrschaft anzutreten, Geißlerzüge durch Spanien, Südfrankreich und Italien. 1399 wurde einem italienischen Bauern eine apokalyptische Vision zuteil, aus der eine ganz Italien erfassende Flagellantenbewegung entsprang.[71] Im allgemeinen gelang es zwar der Kirche in südlichen Ländern, solche Bewegungen unter Kontrolle zu halten; aber ab und zu entzogen sie sich ihr doch. Die Führer eines großen Flagellantenzuges, der sich von den lombardischen Städten unterwegs nach Rom befand, wurden auf päpstlichen Befehl festgenommen und verbrannt; und als ein Zug von etlichen hundert oberitalienischen Proletariern unter der Führung eines Anhängers des heiligen Vinzenz in Rom eintraf, um dort den Antichrist zu bekriegen, muß das für die Kurie gleichfalls recht beunruhigend gewesen sein.[72] Traurige Erfahrung veranlaßte den hervorragenden und klugen Gottesgelehrten Charlier de Gerson 1417, vom Konstanzer Konzil aus einen dringenden Appell an Ferrer zu richten, die für die Kirche so gefährlichen Tendenzen nicht länger zu fördern.[73]

Die größte Zahl von Geißlern gab es aber immer noch in und um Thüringen. Diese Leute glaubten felsenfest, in der Endzeit zu leben und erklärten natürlich das Leben und Sterben ihres Meisters Konrad Schmid mit den Begriffen der überkommenen volkstümlichen Eschatologie.[74] Die Offenbarung sprach von zwei wider den Antichrist auftretenden «Zeugen», die von diesem erschlagen werden und wunderbar auferstehen würden; diese Zeugen hatte die volkstümliche Eschatologie mit Elia und Enoch identifiziert, den zwei Gestalten des Alten Testaments, die, ohne den leiblichen Tod zu erleiden, zum Himmel aufgefahren waren. Jetzt erblickten die Geißler in Schmid und seinem mit ihm zusammen hingerichteten engsten Vertrauten die wiedererstandenen Endzeit-Zeugen Elia und Enoch, in der römischen Kirche hingegen den Antichrist. Nach ihrer Überzeugung mußte Schmid doch noch wiederkehren, und diesmal, um den Antichrist niederzuwerfen und Jüngstes Gericht zu halten. Und eben weil die Rückkehr Elias und Enochs schon geschehen war, schien ihnen, nach dem Wortlaut der Offenbarung, die große Parusie ein jeden Augenblick mögliches Ereignis; und man kann füglich annehmen, daß ihre Hoffnungen in dem wiederkehrenden Schmid sowohl den Kaiser der Endzeit als auch den Menschensohn sahen. Ein Thüringer Chronist zeichnet zu Beginn des fünfzehnten

Jahrhunderts auf, wie sehr die den schlafenden Friedrich betreffende «heimliche Ketzerei» im Schwange war, wie fest der einfache Mann daran glaubte, daß der Kaiser von Zeit zu Zeit unter den Menschen erscheine, und wie zuversichtlich er auf seine Wiederkehr als Kaiser der Endzeit hoffe[75]; und so war es bestimmt kein Zufall, daß das heimliche Geißlerwesen in den dem Kyffhäuser naheliegenden Städten weiterhin blühte. Im übrigen fühlten sich diese Büßer mit ihren Vorgängern durchaus verbunden; sie hielten sich getreulich an das von der Bewegung 1349 entwickelte Ritual und begründeten immer noch ihre Prozeduren mit der damals verlesenen himmlischen Botschaft. Ebenso rein wurde auch Schmids Lehre erhalten; mit buchstäblicher Genauigkeit von Eltern an Kinder weitergegeben, hatte sie in hundert Jahren kaum eine Veränderung erfahren. So bildeten die Geißler in der Tat eine straff organisierte Gemeinschaft, in die Neugeborene aufgenommen wurden, indem man sie – statt sie zu taufen – so lange schlug, bis sie bluteten.

Das Verfahren gegen Ketzer lag traditionsgemäß in den Händen der Kirche; die Mitwirkung der weltlichen Macht beschränkte sich auf den Vollzug der von den geistlichen Instanzen gefällten Urteile. Um so bedeutungsvoller ist es, daß – soweit festgestellt werden kann – in Thüringen stets die weltlichen Herren die Initiative zur Geißlerverfolgung ergriffen. Bei der Unterdrückung dieser Sekte, die ja ebenso sozialrevolutionär wie ketzerisch war, spielte die Inquisition bestenfalls nur eine untergeordnete Rolle. Das zeigte sich schon 1414/16, als man im Städtchen Sangerhausen einer starken Geißlergemeinde auf die Spur kam. Nach einem von Inquisitoren und weltlichen Richtern gemeinsam durchgeführten Massenverfahren wurden der Führer und zwei Sektenmitglieder als unverbesserliche Ketzer verbrannt. Die übrigen widerriefen und wurden in Freiheit gesetzt; doch kaum hatte der Inquisitor die Gegend verlassen, da ließen die regierenden Herren der Umgegend alle Geißler aufgreifen.[76] 1414 wurden achtzig bis neunzig verbrannt und 1416 anscheinend an einem einzigen Tag dreihundert – ein schlagender Beweis für die Furcht, die diese Bewegung in den «Großen» hervorrief. Trotzdem war sie nicht auszurotten. 1446, ein Menschenalter später, entdeckte man in Nordhausen, dem vermutlichen Hinrichtungsort Schmids, ein Dutzend Geißler.[77] Alle – auch die, die widerriefen – wurden diesmal verbrannt, ein Verfahren, das die weltliche Obrigkeit ohne Billigung der Kirche eingeschlagen haben muß; und daß der einzige, dessen Beruf man kennt, ein Weber war, dürfte auch nicht ohne Bedeutung sein. Dann, 1454, endeten in Sondershausen gleich zwei Dutzend Geißler beiderlei Geschlechts auf dem Scheiterhaufen[78]; und noch in den achtziger Jahren wurden (soweit man es weiß) die letzten Geißler abgeurteilt und verbrannt, und zwar wiederum auf Veranlassung des dortigen Regenten.[79]

Obschon sich nach diesem Zeitpunkt in den Annalen nichts mehr über die Sekte feststellen läßt, ist es doch interessant, daß diese gleiche Gegend der Schauplatz von Thomas Müntzers Auftreten geworden ist. Das Dorf, in dem dieser Pseudoprophet des Bauernkriegs 1488 oder 1489 geboren wurde, liegt ebenso wie der Ort, der den blutigen Untergang seiner aufrührerischen Bauernhaufen sah, nur wenige Kilometer von Nordhausen entfernt.

VIII
Eine Elite amoralischer Übermenschen
Erster Teil

Früheste Spuren des «Freien Geistes»[1]

Im Vergleich mit der riesigen Literatur über die bald als Katharer, bald als Albigenser, bald als Neumanichäer bezeichneten Ketzer ist diejenige über die Ketzerei des freien Geistes[2] oder auch der Geistigen Freiheit leider recht dürftig. Das ist nicht allzu überraschend, denn während die katharischen *perfecti* fünfzig und mehr Jahre lang das religiöse Leben weiter Teile Südfrankreichs beherrschten, bis ihre Macht von einem Kreuzzug gebrochen wurde, der Frankreichs Geschichte in neue Bahnen lenkte, ist die Geschichte der Jünger des freien Geistes weit weniger dramatisch. Dennoch hat diese Bewegung in der Sozialgeschichte Westeuropas – in deutlicher Unterscheidung zur politischen Geschichte – eine weit wesentlichere Rolle gespielt als das Katharertum. Der von der Bewegung erfaßte Raum war nach mittelalterlichem Maßstab sehr groß. Ein in Mähren ansässiger Mann, der im vierzehnten Jahrhundert in eine ihrer Gemeinschaften einzutreten begehrte, wurde durch halb Europa geleitet, bis er in Köln Aufnahme fand; umgekehrt wanderten Jüngerinnen volle siebenhundert Kilometer von Köln ostwärts ins Innere Schlesiens. Ein Jahrhundert später übte eine Brüdergruppe aus der Pikardie beachtlichen Einfluß auf die revolutionären Taboriten Böhmens aus. Zudem erwies sich diese Bewegung als außergewöhnlich lebenskräftig, da sie sich – obwohl ständiger Unterdrückung ausgesetzt – fünf Jahrhunderte lang als erkennbare Tradition hielt.

Daher muß der Ketzerei des freien Geistes in jeder der revolutionären Eschatologie gewidmeten Untersuchung gebührender Platz eingeräumt werden, auch wenn ihre Anhänger zugegebenermaßen nicht als Sozialrevolutionäre zu betrachten sind und sich auch nicht aus den unruhigen Massen der städtischen Armen rekrutierten. Sie waren ihrem Wesen nach auf ihre persönliche Erlösung bedachte Gnostiker; aber die von ihnen entwickelte Gnosis lief auf einen halb-mystischen Anarchismus hinaus – auf die Bejahung einer so tollkühnen und grenzenlosen Freiheit, daß sie der unbedingten Verwerfung jeder Art von Fessel und Beschränkung gleichkam. Man könnte diese Leute als ferne Vorgänger Bakunins und Nietzsches bezeichnen – oder vielmehr als Vorläufer jener Intelligenzbohème, die in den letzten fünfzig Jahren von Ideen lebte, die die Genannten in ihren exaltierteren Äußerungen niedergelegt haben. Aber extreme Individualisten dieser Art können nur zu leicht zu Sozialrevolutionären werden – zu recht durchschlagskräftigen überdies – wenn sich eine potentiell revolutionäre Situation ergibt. Nietzsches Übermensch hat bestimmt, in welch vulgarisierter Form auch immer, die Einbildungskraft der «bewaffneten Bohemiens» in Bann geschlagen, die die nationalsozialistische Revolution gemacht haben; und viele heutige Vertreter der Weltrevolution sind, ob sie es wissen oder nicht, Bakunin mehr verpflichtet als Marx. Im Spätmittelalter waren es die Brüder des freien Geistes, die als einzige eine konsequente revolutionäre Soziallehre als Bestandteil ihrer Lehre von der totalen Emanzipation gepflegt haben. Und aus ihrem Kreis gingen auch Doktrinäre hervor, die den kühnsten Versuch zur Verwirklichung einer totalen Sozialrevolution im mittelalterlichen Europa inspirierten.

Die Ketzerei des freien Geistes ist lange Zeit als eines der verblüffendsten und rätselhaftesten Phänomene jener Epoche empfunden worden, über dessen Natur die Historiker lebhafte Diskussionen führten. Häufig wurde die Meinung geäußert, daß es außerhalb der Polemiken der Kirchenleute, deren Anliegen es war, jede doktrinäre Abweichung herabzusetzen und zu beschimpfen, überhaupt keine solche Bewegung gegeben habe.[3] Doch solche Zweifel konnten sich nur einstellen, weil nie der Versuch gemacht wurde, alle vorhandenen Quellen auszuschöpfen. Feindliches Material – Protokolle über Inquisitionsverfahren, von Päpsten und Bischöpfen ausgesprochene Warnungen und Verurteilungen, Streitschriften von Theologen, Enthüllungen desillusionierter Anhänger – sind nicht die einzigen vorhandenen Quellen. Wiederholt entrüsteten sich Kleriker über die Fülle des doktrinären Schrifttums, das den Federn der Brüder des freien Geistes entfloß. Nun wurden zwar diese Erzeugnisse von der Inquisition eifrig aufgespürt und vernichtet; aber drei Quellen sind ihr entgangen. Zwei dieser Fragmente sind seit langem bekannt: Eine im 14. Jahrhundert im alemannischen Dialekt geschriebene und *Schwester Katrei*[4] genannte Abhandlung, die der Vernichtung entging, weil sie fälschlicherweise dem großen Mystiker Meister Eckhart zugeschrieben wurde, sowie ein lateinisches Verzeichnis von Glaubensartikeln, das im 15. Jahrhundert in einer Einsiedlerzelle unweit des Rheines gefunden wurde, aber mit Bestimmtheit weit früher entstanden ist.[5] Die dritte Quelle ist ein langer mystischer Text, der als *Le Mirouer des simples ames* (Spiegel der einfachen Seelen) bezeichnet wird. Früher einem unbekannten Mystiker zugewiesen, konnte dieser Text jetzt von Prof. Romana Guarnieri als ein Werk der Marguerite Porete, der bekannten Meisterin des freien Geistes, identifiziert werden. Marguerite wurde 1310 als Häretikerin verbannt; ihr Buch stellt ein Schlüsseldokument der Geschichte des freien Geistes und seiner Verfolgung dar.

Möglicherweise warten noch andere ähnliche Texte auf ihre Entdekkung. Doch erhärtet auch das bisher schon zugängliche Material im Grunde alle die Ketzerei des freien Geistes betreffenden Einschätzungen der katholischen Kirche.[6] Dazu kommt noch ein weiterer Beleg aus späterer Zeit. Während des Englischen Bürgerkrieges und noch danach wurden gegen gewisse, ihren Gegnern als *Ranters* bekannte Sektierer Anschuldigungen erhoben, die nichts anderes waren als eine Wiederholung der in früheren Jahrhunderten gegen die Brüder des freien Geistes erhobenen Beschuldigungen. Die Schriften der Ranters wurden wie die der mittelalterlichen Häretiker dem Feuer überantwortet; einige Exemplare überdauerten jedoch und können mit den Anschuldigungen verglichen werden. Bevor einige Auszüge aus diesen Schriften in die englische Originalausgabe dieses Buches übernommen wurden, sind diese von allen Historikern des freien Geistes nahezu ignoriert worden. Die dort angeführten Beispiele beziehen sich auf den gesamten Kult des freien Geistes in seinen vergeistigsten und rohesten Formen. Sie beweisen schlüssig, daß im 17. Jahrhundert sehr wohl eine Bewegung existierte, die dem in den unvollständigeren mittelalterlichen Quellen skizzierten Phänomen sehr ähnlich war.

Geschichtlich gesehen, ist die Ketzerei des freien Geistes als ein wilder Schößling jener Mystik zu betrachten, die vom elften Jahrhundert an in der abendländischen Christenheit so viele Blüten trieb. Kirchliche wie ketzerische Mystik ensprang der Sehnsucht nach unmittelbarer Schau der Gottheit und der unmittelbaren Vereinigung mit Gott; beide betonten die Vorzüge des intuitiven und insbesondere ekstatischen Erlebens, und beide erfuhren durch die Wiederentdeckung der neuplatonischen Philosophie einen bedeutenden Auftrieb und entlehnten von dieser einen großen Teil ihrer Wahrnehmungstechnik. Doch damit endet die Ähnlichkeit.[7] Die katholischen Mystiker hielten ihre Erlebnisse im Rahmen der von der großen organisierten Kirche gebilligten und geförderten Tradition; und wenn sie diese Kirche – was häufig der Fall war – kritisierten, so zielten sie doch nur auf deren Erneuerung ab. Die Brüder des freien Geistes hingegen waren kompromißlos subjektiv und beugten sich keiner Autorität außerhalb ihrer eigenen individuellen Erfahrung. Für sie war die Kirche im besten Fall ein Hindernis auf dem Wege zum Seelenheil und im schlimmsten ein tyrannischer Feind – stets aber eine überlebte Institution, die durch ihre eigene Gemeinschaft, die sie als Gefäß des Heiligen Geistes sahen, zu ersetzen sei.

Der springende Punkt dieser Ketzerei des freien Geistes lag in der Selbsteinschätzung ihrer Jünger, sie glaubten eine so absolute Vollkommenheit erreicht zu haben, daß sie nicht mehr sündigen könnten. Die praktischen Folgen dieser Glaubenshaltung mochten sich in mancherlei Form äußern, eine bestimmt sehr naheliegende war Antinomismus, die Zurückweisung moralischer Normen. Der «vollkommene Mensch» konnte leicht zu dem Schluß kommen, daß es ihm erlaubt, ja sogar geboten sei, gerade das zu tun, was verboten war. In einem christlichen Kulturkreis, der Keuschheit besonders hoch schätzte und den Geschlechtsverkehr außerhalb der Ehe als schwere Versündigung empfand, äußerte sich dieser Antinomismus am häufigsten in Form einer grundsätzlichen Promiskuität. Nun haben sich die Religionsgemeinschaften natürlich häufig gegenseitig des wahllosen Geschlechtsverkehrs bezichtigt; das gehörte zu den polemischen Hauptwaffen der alten wie der mittelalterlichen Kirche. Sowie es sich aber um solche Vorwürfe gegen die Jünger des freien Geistes handelt, ändert sich die Tonart. Was sich hier enthüllt, ist das absolut überzeugende Bild einer Erotik, die, weit davon entfernt, das Produkt einer unbekümmerten Sinnenlust zu sein, als Zeichen der geistigen Emanzipation einen ausgesprochenen Symbolwert besitzt – der, nebenbei bemerkt, auch in unserer Zeit häufig der «freien Liebe» anhaftete.

Im Verbreitungsgebiet des westlichen Christentums können die Anfänge der Ketzerei des freien Geistes mit Gewißheit nicht vor dem Beginn des 13. Jahrhunderts identifiziert werden. Ähnliche Kulte existierten aber schon zuvor in der Ostkirche und im moslemischen Spanien. Seit ihren ersten Tagen führte die armenische Kirche Auseinandersetzungen mit einer mystischen Sekte, bekannt als Euchiten oder Messaliner[8], die dort schon im 4. Jahrhundert auftrat. Die Euchiten waren wandernde «heilige» Männer, die von der Bettelei lebten. Sie pflegten eine Form der Selbsterhöhung, die oft auf Selbstvergottung und auf einen sich nicht selten in anarchischer Erotik ausdrückenden Antinomismus hinauslief.

Gegen Ende des 12. Jahrhunderts sind für verschiedene spanische Städte, und insbesondere für Sevilla, Aktivitäten von mystischen Bruderschaften der Moslems bezeugt. Diese Leute, bekannt als Sufis, waren heilige Bettler, die in Gruppen Straßen und Plätze bevölkerten und

8. Die Ranters in der Vorstellung ihrer Zeitgenossen

Dieser plumpe, aber aufschlußreiche Holzschnitt scheint zu beweisen, daß das Rauchen neben der «freien Liebe» als ein Ausdruck der Widergesetzlichkeit galt.

geflickte, bunte Gewänder trugen. Die Novizen mußten sich in Bescheidenheit und Selbstverleugnung üben, sich in Lumpen kleiden, ihre Augen auf den Boden richten, widerliche Nahrung essen und dem Meister der Gruppe blinden Gehorsam schwören. Doch nach der Entlassung aus dem Noviziat eröffnete sich für die Sufis ein Raum totaler Freiheit. Bücherwissen und theologische Spitzfindigkeiten ablehnend, wußten sie sich im Besitz einer unmittelbaren Gotteserfahrung. Mit dem Göttlichen in einer überaus intimen Einheit verbunden, wurden die Sufis von allen Bindungen befreit. Jede Eingebung verstand man als göttlichen Befehl; nach dem Noviziat konnten sie sich mit weltlichen Besitztümern umgeben und im Luxus leben, sie konnten ohne Gewissensqualen lügen, stehlen oder sich der Unzucht hingeben. Äußere Handlungen waren ohne Bedeutung, da die Seele innerlich vollkommen von Gott erfüllt war.

Es ist wahrscheinlich, daß der Sufismus, wie er sich seit dem 9. Jahrhundert entwickelt hat, bestimmten mystisch-christlichen Sekten aus dem Osten verpflichtet war. Im Gegenzug wirkte der Sufismus auf den

Mystizismus des freien Geistes im christlichen Europa. Nahezu jedes Charakteristikum des Sufismus im Spanien des 12. Jahrhunderts, selbst solche Details wie bunte Kleidung, gilt ein oder zwei Jahrhunderte später als typisch für die Anhänger des freien Geistes. Jedenfalls taucht der Kult des freien Geistes um 1200 als erkennbare Ketzerei im westlichen Christentum auf.

Die Amalrikaner[9]

Die Ausweitung der Lehre des freien Geistes zu einem allumfassenden theologischen und philosophischen System fällt in die ersten Jahre des dreizehnten Jahrhunderts und war das Werk einer höchst interessanten Gruppe, die ihre Ausbildung an der größten orthodoxen Hochschule der abendländischen Christenheit, an der Pariser Universität, genossen hatte. Die ausführlichste Darstellung verdanken wir einem deutschen Chronisten, Caesarius, Prior der Abtei Heisterbach: «In der Stadt Paris, diesem Brunnen alles Wissens und dem Quell göttlicher Schriften, hat die Verführungskunst des Teufels in etlichen gelehrten Männern perverse Gedanken geweckt.»[10] Insgesamt waren sie vierzehn und alle Geistliche: Sprengelpfarrer, Kaplane, Dekane und Akoluthen aus Paris und Umgebung und von Städten wie Poitiers, Lorris bei Orléans, Troyes. «Männer mit großem Wissen und Verständnis», klagte Caesarius weiter, und in der Hauptsache dürfte diese Charakteristik stimmen: neun von ihnen hatten in Paris Theologie studiert, zwei waren über sechzig Jahre alt. Ihr Führer, ein gewisser Guillaume, ein Priester und Doktor der Theologie, ist unter dem Namen «Aurifex» bekannt geworden, weshalb man ihn für einen Goldschmied hielt; doch kann das ebensogut bedeutet haben, daß er ein Alchemie betreibender Philosoph gewesen ist: Geld stand häufig als Symbol für die schlafenden Seelenkräfte, die zu wecken solche Alchemisten sich bemühten.

Die Gruppe wurde durch Guillaumes Unvorsichtigkeit, die die Spitzel des Bischofs von Paris auf den Plan rief, entdeckt und in Haft genommen. Vor einer unter dem Erzbischof von Sens tagenden Synode verhört, schworen drei ihrem Irrglauben ab und kamen mit lebenslänglichem Kerker davon; die andern hielten öffentlich an ihren Irrtümern fest und wurden dafür verbrannt. Selbst angesichts des Todes zeigten sie kein Zeichen der Reue. Der Kommentar des Chronisten läßt uns die Atmosphäre jener Stunde noch heute empfinden: «Als sie ihrer Bestrafung zugeführt wurden, erhob sich ein gewaltiger Sturm, und niemand bezweifelte, daß die Luft von jenen Kreaturen aufgewirbelt wurde, die diese vor ihrem Tod stehenden Männer zu ihrem schweren Irrtum verführt hatten. In der gleichen Nacht klopfte der Mann, der ihr Haupt gewesen war, an die Tür einer gewissen Einsiedlerin. Zu spät gestand er seinen Irrtum ein und sagte, er sei jetzt ein hoher Gast der Hölle und zum ewigen Feuer verdammt.»

Der philosophische Lehrmeister dieser Sektierer war Amalrich von Bena (Amaury de Bène), ein glänzender Lehrer der Theologie und Logik an der Pariser Universität.[11] Er hatte einmal großes Ansehen genossen und sich der Gunst des Hofes erfreut; eine Reihe prominenter Persönlichkeiten, darunter der Dauphin, hatte unter dem Einfluß seiner Ideen gestanden und war mit ihm befreundet gewesen. Aber schließlich war er vom Papst wegen Verbreitung falscher Lehren verurteilt und zum öffentlichen Widerruf gezwungen worden. Der Vorfall brach seinen Geist; er erkrankte und starb bald danach, 1206 oder 1207. Als man zwei oder drei Jahre später der erwähnten Ketzergruppe auf die Spur kam, machte der Klerus sogleich Amalrich für ihre Lehre verantwortlich und nannte ihre Mitglieder «Amalrikaner». Noch bevor sie hingerichtet waren, zirkulierte bereits ein Traktat *Contra Amaurianos*[12]. Ein paar Jahre später, 1215, fügte der mit der Neufassung der Statuten der Pariser Universität betraute Kardinallegat Robert de Courçon vorsichtigerweise ein Verbot des Studiums der «Lehre des Ketzers Amalrich» ein.[13] Und anläßlich des Laterankonzils vom selben Jahr äußerte Innozenz III. in einer Bulle sein Urteil: «Wir tadeln und verwerfen die höchst perverse Lehre dieses ruchlosen Amalrich, dessen Geist vom Vater der Lügen so verblendet war, daß man sie mehr wahnsinnig als ketzerisch nennen muß.»[14] Amalrichs Gebeine wurden gleichzeitig mit der Verbrennung der Sektierer ausgegraben und in ungeweihtem Grund verscharrt.

Mit Gewißtheit weiß man von Amalrichs Lehre nur, daß es sich um einen mystischen Pantheismus handelte, der sich weitgehend auf die neuplatonische Überlieferung stützte, insbesondere auf deren hervorragendste Darstellung im abendländischen Kulturkreis, nämlich auf *De divisione Naturae*[15] des Johannes Scotus Erigena. Dieses bereits dreihundertfünfzig Jahre alte Werk war noch nie als ketzerisch gebrandmarkt worden; aber die von Amalrich daraus abgeleiteten Folgerungen führten 1225 zu dessen Verurteilung durch die Synode von Sens. Auch auf die arabischen Abhandlungen und Kommentare über und zu Aristoteles, die um jene Zeit in lateinischer Sprache in Paris zu erscheinen begannen, fiel Verdacht. Die gleiche Synode, die die Amalrikaner verurteilte, verurteilte auch diese Schriften, und Robert de Courçon erließ 1215 in seinen Universitätsstatuten Vorschriften gegen ihr Studium. Es ist eine merkwürdige Tatsache, daß der große Philosoph, der später den Rahmen für die gesamte katholische Philosophie des Mittelalters geliefert hat, bei seinem ersten Erscheinen im Abendland vom Bannstrahl getroffen wurde, nur weil man ihn für den Lehrmeister Amalrichs von Bena hielt. Dennoch findet sich in diesen metaphysischen Spekulationen nur wenig, das die explosive Lehre, die 1209 aufgedeckt wurde, erklären könnte. Und es wird auch in Zukunft zweifelhaft bleiben, inwieweit Amalrich für die Lehre der Amalrikaner auch wirklich verantwortlich war.

Amalrich war Philosoph von Beruf, aber die Amalrikaner verfolgten trotz ihrer akademischen Bildung ganz andere Interessen. Sie waren Pseudopropheten, die sich nicht mit abstrakten Ideen befaßten, sondern das aufgewühlte Gemütsleben der Laienwelt zu beeinflussen suchten. Und wie bei andern Pseudopropheten trifft es auch für sie zu, daß sie als heilige, mit wunderbaren Kräften begabte Männer auftraten. Einer ihrer Gegner kommentiert: «Äußerlich nach Gesicht und Rede erscheinen sie fromm»[16], und das war natürlich der Grund, weshalb ihre Lehre so begierig aufgenommen wurde. Und wie alle «apostolischen» Verkünder operierten sie in den großen Handelsstädten. Troyes in der Champagne, damals eine wichtige Stadt an der Handelsroute von Lyon nach Flandern, scheint ihr Hauptstützpunkt gewesen zu sein.[17] Jedenfalls wurde dort ein Ritter, offenbar ein Anhänger der Amalrikaner, 1220 festgenommen und verbrannt; und in Lyon sind die Nachwehen der Ketzerei noch 1225 nachweisbar. Ein Spitzel, der sich in die Sekte einschmuggelte, hatte mit einer Anzahl Missionare kreuz und quer durch die Champagne zu wandern, wo sich wie in Flandern dank dem festen Regiment einer Reihe von Grafen, die für Frieden und Ordnung sorgten, Gewerbe und Handel entwickelt und die Bevölkerung vermehrt hatten.[18] Es gab dort eine blühende Tuchmanufaktur; auch kreuzten sich dort die Handelsstraßen vom Mittelmeer nach Deutschland und von Flandern nach Mittel- und Osteuropa; im dreizehnten Jahrhundert waren die in der Champagne stattfindenden großen Messen zu Wirtschaftsbrennpunkten geworden. In dieser volkreichen, verstädterten Gegend zogen die Missionare von einem geheimen Treffpunkt zum nächsten, wo sie in Trance fielen und Visionen sahen. Ihre Predigten über die Heilige Schrift strotzten von ketzerischen Auslegungen, wodurch sie, wie wir hören, eine große Zahl von unschuldigen Menschen verführten.[19] Außerdem produzierten sie eigens für die Laienwelt bestimmte Schriften. Neben dem esoterischen Aristoteles verurteilte die Pariser Synode auch mehrere populär-theologische Werke in der Volkssprache.

Die Amalrikaner behielten den Pantheismus ihres Lehrmeisters bei, verliehen ihm aber einen stark gefühlsbetonten Akzent.[20] Wie die Synode feststellte, sprachen sie gelegentlich im pantheistischen Sinn, so wenn sie bekannten: «Alle Dinge sind eins, denn alles was ist, ist Gott.» Weit vielsagender ist jedoch die Folgerung, die einer der drei Rädelsführer aus diesem allgemeinen Lehrsatz ableitete: «Er wagte zu behaupten, was ihn anbelange, könne er weder durch Martern gemartert, noch durch Feuer ausgelöscht werden, denn, so sagte er, was ihn anbelange, sei er Gott.»[21] Man entdeckt darin neuplatonische Untertöne; aber bestimmt wird ein vor Gericht um sein Leben Kämpfender solche Stärke nicht aus bloßen pantheistischen Spekulationen gezogen haben, und in der Tat liegt deren Quelle anderswo: in der Mystik des freien Geistes. Denn wenn die Amalrikaner für sich in Anspruch nahmen, «jeder von ihnen sei Christus und Heiliger Geist»[22], so beanspruchten sie damit all das, was Tanchelm für sich beansprucht hatte. Sie waren davon überzeugt, daß das von der christlichen Theologie als einmalig betrachtete Wunder der Fleischwerdung sich in jedem von ihnen wiederhole.

Ja, sie glaubten sogar, daß die Fleischwerdung, so wie sie sich in Christus vollzogen hatte, jetzt noch übertroffen werde, gelangten doch diese französischen Pseudopropheten zu einer Geschichtsauslegung, die der Joachims von Fiore auffallend ähnlich war – obschon sie abweichende Folgerungen daraus ableiteten und zu jenem frühen Zeitpunkt kaum viel von der Lehre gewußt haben können, die in den Manuskripten des kalabrischen Abtes verborgen lag. Wie Joachim sahen die Amalrikaner den geschichtlichen Ablauf in drei Zeitalter aufgeteilt, die mit den drei Personen der Dreifaltigkeit korrespondierten, nur glaubten sie – anders als jener –, daß jedes Zeitalter den ihm gemäßen Verkünder besitze. Vom Anfang der Welt bis zur Geburt Christi habe der Vater allein gehandelt und sei in Abraham, vielleicht auch in andern Patriarchen des Alten Testaments Fleisch geworden. Das mit der Menschwerdung Christi begonnene Zeitalter sei das des Sohnes gewesen. Jetzt aber sei das Zeitalter des Heiligen Geistes angebrochen, das bis zum Weltende dauern werde. Dieses Zeitalter sei durch die letzte und größte Inkarnation gekennzeichnet. Es sei die Zeit, da sich der Heilige Geist im Fleisch dokumentiere, und sie, die Amalrikaner, seien die ersten, in denen das geschehe – die ersten «Spiritualen», wie sie sich selber nannten.[23]

Die Amalrikaner hielten sich jedoch nicht für die einzigen auf der Erde lebenden Götter; sie hofften vielmehr, die gesamte Menschheit dieser Vollkommenheit zuführen zu können. Durch sie spreche der

Heilige Geist zu aller Welt[24], und dank der Kraft ihrer Rede glaubten sie, die Fleischwerdung immer allgemeiner zu machen, bis sie demnächst universell sein werde. Von ihnen, den Spiritualen, angeleitet, werde die Menschheit in ihre größte Epoche eintreten, in der ein jeder wissentlich zum Gott werden würde. «Binnen fünf Jahren», verkündeten sie, «werden alle Menschen Spiritualen sein, so daß ein jeder von sich sagen kann: ‹Ich bin der Heilige Geist› und ‹Ehe Abraham ward, bin ich›, so wie Jesus imstande war, zu sagen. ‹Ich bin Gottes Sohn› und ‹Ehe Abraham war, bin ich›.»[25] Damit ist jedoch nicht gesagt, daß die Eschatologie der Amalrikaner darauf verzichtet hätte, das Königreich einer Elite von Auserwählten vorzubehalten, waren doch die Gedankengänge dieser ruhmlosen Intellektuellen von den traditionellen messianischen Phantasien der breiten Massen durchsetzt.[26] Wilhelm der Goldschmied kündigte an, daß die Welt in diesen fünf Jahren des Übergangs von einer Reihe von Katastrophen heimgesucht werden würde – den bekannten «messianischen Geburtswehen» –, wobei die Mehrheit der Menschen umkommen würde, teils durch Krieg und Hungersnöte, teils würde sie der Abgrund der Erde verschlingen oder himmlischer Feuerregen verbrennen; und das alles macht es hinlänglich klar, daß sie lediglich an einen «rettenden Rest» dachten, der die Freuden der Göttlichkeit schmecken werde. Und ebensowenig wie die Phantasie vom Zeitalter des Heiligen Geistes die alten, den Endzeitkaiser betreffenden Phantasien bei den deutschen Joachimiten zu verdrängen vermochten, sowenig verloren sich diese bei den Amalrikanern. Nach fünfjähriger Heimsuchung – das war deren Auffassung – würden der Antichrist und seine Horden, das heißt der Papst und die Römische Kirche, gestürzt werden und hernach alle Königreiche dem König von Frankreich untertan sein – wie man anfänglich glaubte, dem regierenden König Philipp Augustus; später – als diese Hoffnung schwand – dem Dauphin, diesem Freund und Gönner Amalrichs, der nie sterben und während des ganzen Zeitalters des Heiligen Geistes regieren werde. «Dem König von Frankreich werden zwölf Brote gegeben werden» – womit (vermutlich) gesagt sein soll, daß Ludwig VIII. als zweiter Heiland – genau wie Tanchelm oder der «Meister aus Ungarn» – über einen Staatsrat oder ein heiliges Kollegium von zwölf Köpfen nach dem Vorbild der zwölf Apostel verfügen werde.

Wie man in Köln Arnold und seine Gefolgschaft für mystische Antinomisten hielt, so wurden – wahrscheinlich korrekterweise – auch die Amalrikaner dafür gehalten. Der Prior des in der Nähe von Paris gelegenen Klosters St. Victor, der zu jener Zeit führenden Stätte der abendländischen mystischen Theorie und Praxis, hielt es für nötig, seine

Mönche gegen die gefährlichen Konsequenzen eines irregeleiteten Mystizismus zu warnen, «um diese Stadt, diesen Hort des Wissens, vor der Verderbnis durch die Pest zu bewahren». «Es gibt», rief er aus, «profane Neuerungen, die von gewissen Männern befürwortet werden, die man eher als Jünger Epikurs denn als Jünger Christi bezeichnen kann. Mit höchst gefährlichem Trug suchen sie die Menschen insgeheim zu überzeugen, daß Sünder nicht zu bestrafen seien, weil es – wie sie sagen – keine Sünde gebe, weshalb Gott keinen wegen seiner Sünden bestraft. Und wenn sie äußerlich in Gesicht und Rede fromm erscheinen, leugnen sie innerlich in ihren Gedanken und ihren geheimen Ränken den Wert dieser Frömmigkeit. Der größte Wahnwitz und die frechste Unwahrheit ist aber die, daß sich solche Männer nicht fürchten, noch erröten, wenn sie behaupten, Gott zu sein. O welch grenzenlose Torheit, welche verabscheuungswürdige Anmaßung, daß ein Ehebrecher, ein männliches Kebsweib, ein von Schamlosigkeit Gezeichneter, ein Gefäß der Unreinheit Gott genannt werden soll!»[27] Hier, wie so oft, drückte sich die Selbsterhöhung vor allem im schrankenlosen Geschlechtsverkehr aus: «Sie trieben Ehebruch und begingen Vergewaltigungen und andere Handlungen, die dem Leib Vergnügen bereiten. Und den Weibern, mit denen sie sündigten, und den einfachen Leuten, die sie verführten, versprachen sie Straflosigkeit für ihre Sünden.»[28] Es war ein Protest, der in den folgenden Jahrhunderten mit gutem Grund immer wieder aufleben sollte.

Die soziale Struktur des «Freien Geistes»

Auf alle großen Ketzerbewegungen des Spätmittelalters trifft zu, daß sie nur in Zusammenhang mit dem freiwilligen Kult der Armut verstanden werden können.[29] Als sich vom zwölften Jahrhundert an ein bis dahin im Abendland unerhörter Reichtum zu entwickeln begann, schwelgte die große Mehrzahl derer, die es konnten, in den neuen Möglichkeiten des Wohllebens und Glanzes. Trotzdem gab es immer solche, die die neuen Freuden als ebenso viele Versuchungen des Teufels empfanden und den Drang in sich fühlten, auf Besitz, Macht und Privilegien zu verzichten und in die vom Elend geschlagenen Massen abzusteigen. Und da der Kontrast zwischen Reich und Arm in den Städten viel ausgeprägter war als in der gutsherrschaftlichen Ordnung, gelangte freiwillig gewählte Armut in jenen zu besonderer Bedeutung.

Die Sehnsucht nach solcher Entsagung ging durch alle Stände. Auch im Handelsstand, der den größten Nutzen aus den neuen Umweltbedingungen zog, machte sie sich ab und zu geltend; die beiden berühmtesten Jünger der freiwilligen Armut – Petrus Waldes, Gründer der Waldenser, und Franz von Assisi – entstammten beide dieser Schicht. Ebenso anfällig zeigte sich die niedere Weltgeistlichkeit, die sich zumeist aus den unteren Volksschichten rekrutierte. So mancher Priester verließ aus Protest gegen den Pomp und die Verweltlichung der Kirchenfürsten seine Pfarrei, um sich einem Leben absoluter Armut hinzugeben. Einen ähnlichen Zwang empfanden Ordensangehörige, die nur die niederen Weihen empfangen hatten und oft Intellektuelle von beträchtlicher Bildung waren. Und so wie sich Bauern und Handwerker einem Kreuz- oder einem Geißlerzug anschließen konnten, so konnten sie auch zweifellos ihre normale Armut, die unvermeidlich war, mit einem äußersten Elend vertauschen, das, weil es freiwillig war, als verdienstvoll empfunden wurde. In den zeitgenössischen Berichten über die freiwillig Armen finden sich viele Hinweise auf Weber; und wenn im zwölften Jahrhundert diese Leute häufig Asketen waren, die in ihrem Streben nach Armut in dem einzigen Gewerbe Arbeit suchten, das entwickelt genug war, um Gelegenheitsarbeiter zu beschäftigen, so befanden sich vom dreizehnten Jahrhundert an auch geprüfte Handwerker darunter.

Die freiwillig Armen bildeten eine ruhelose Intelligenzschicht, deren Angehörige längs der Handelsstraßen beständig von Stadt zu Stadt wanderten, meist im geheimen wühlten und ihr Publikum und ihre Gefolgschaft unter den ratlosen, sorgenvollen Elementen der städtischen Gesellschaft fanden. Sie selber sahen sich als einzige wahre Nachahmer der Apostel, ja Jesu selbst; sie bezeichneten ihre Lebensform als «apostolisch», und bis in die Mitte des zwölften Jahrhunderts wurden sie manchmal mehr aus diesem Grund als wegen irgendwelcher besonderen theologischen Lehren als Ketzer verurteilt. Aber von der Mitte des zwölften Jahrhunderts an zeigten sich diese zahlreichen umherirrenden «heiligen Bettler» beiderlei Geschlechts für ketzerische Ansichten empfänglich. Und wenn sich viele den Katharern, Waldensern oder Joachimiten zuwandten, so gab es auch manche, die zu Jüngern und Propagandisten der Ketzerei des freien Geistes wurden. Ein gewisser Willem Cornelis demonstrierte schon um 1230 in Antwerpen, der alten Hochburg Tanchelms, wie leicht es war, die für diese Ketzerei so charakteristische Gesetzesverachtung mit dem mehr oder weniger freiwilligen Kult der Armut zu verquicken.[30] Denn dieser Mann, der selbst auf eine geistliche Pfründe verzichtet hatte, um sich einem «apostolischen» Leben zu widmen, erklärte, alle Mönche seien gnadenlos verdammt, weil sie sich nicht einer vollkommenen Armut befleißigten, während doch unbedingt eingehaltene Armut jede sonstige Sünde auslösche – woraus folgte, daß die Armen unter anderm sündlos Unzucht treiben dürfen; und von Cornelis selbst wird berichtet, «er sei ganz und gar der Lust hingegeben» gewesen. Noch nach zwanzig und mehr Jahren blieben die geistlichen Behörden Antwerpens bemüht, solche Vorstellungen in der Bevölkerung zu bekämpfen.[31] Zwar hatten sie sich mittlerweile gewandelt; jetzt behauptete man, daß alle von der *Avaritia* verderbten Reichen unfehlbar verdammt seien, und wenn man nur ein zweites Gewand besaß, so erschien das bereits als ein Hindernis für das Seelenheil; einen Wohlhabenden zum Essen einzuladen, war eine Todsünde; ihm seinen Besitz zu nehmen, um ihn den Armen zu geben, galt als gut und recht; demgegenüber befanden sich die Armen notwendigerweise in einem Zustand der Gnade, den keine Fleischeslust zu mindern vermochte.

Anfangs des dreizehnten Jahrhunderts erfolgte die Gründung der großen Bettelorden der Dominikaner und Franziskaner, und diese begannen mit Förderung der Kirche viel von dem durchzuführen, was «apostolische» Ketzer in Opposition zur Kirche erstrebten. Es war eine Elite, die diesen Orden beitrat, in Armut lebte, sich jeder Art der Selbstverleugnung unterzog, sich als Wanderprediger betätigte und die Verehrung der städtischen Massen erwarb. Gleichzeitig traten viele Städter den den Franziskanern und Dominikanern angeschlossenen Drittorden bei und wetteiferten, obschon sie als Laien in der Welt weiterlebten, mit den regulären Ordensmitgliedern in der Praxis der Askese. Dank ihrer Sanktion der Bettelorden vermochte die Kirche eine Zeitlang die ihre Struktur bedrohenden Gefühlskräfte zu zügeln; aber schon von der Jahrhundertmitte an erwies sich diese Kanalisierungsmethode als weniger wirksam. Die Orden büßten einen großen Teil ihres ursprünglichen Eifers ein, ihre Askese verlor an Strenge, ihr Ansehen sank dementsprechend, und wieder sah sich die Kirche unabhängigen Gruppen von freiwillig Armen gegenüber. In Südeuropa spalteten sich verschiedene extrem asketische Gruppen vom Hauptharst der Franziskaner ab und wandten sich gegen die Kirche; Norditalien und Südfrankreich, wo ehedem die Bewegung der Katharer geblüht hatte, wurden zu Heimstätten der franziskanischen «Spiritualen» und der *Fraticelli*. In Nordeuropa hingegen lebte der alte «freie Geist» von neuem mächtig auf.

Nachdem es etwa fünfzig Jahre lang gelungen war, die Ketzerei des freien Geistes einzudämmen, begann sie sich gegen Ende des dreizehnten Jahrhunderts rapid auszubreiten. Bis die Jünger des freien Geistes im Ausgang des Mittelalters von der Bildfläche verschwanden, mischten sie sich regelmäßig unter die Begharden, die ihrerseits ein inoffizielles Laienpendant zu den Bettelorden darstellten. Ja, es ist sogar wahrscheinlich, daß die Bezeichnung Begharde vom englischen *beg* (betteln) und *beggar* (Bettler) abgeleitet war.[32] Sich an die Städte haltend, zog sie in lärmenden Gruppen mit ihrem charakteristischen Bettelruf «Brot durch Gott!» almosenheischend durch die Straßen. Ihre Kutten, denen der Mönche nicht unähnlich, doch in Einzelheiten deutlich unterschieden, waren manchmal rot, manchmal von der Hüfte abwärts seitlich geschlitzt, und die zur Betonung der Armut kleingehaltenen Kapuzen waren vielfach geflickt.[33] Diese Begharden bildeten eine undefinierbare, ruhelose Bruderschaft. Wie der Chronist bemerkt, zogen sie wie vagabundierende Mönche in der Welt umher, gingen beim leisesten Zwischenfall auf und davon, zerfielen in kleine Trupps und flatterten wie wunderliche Vögel von Berg zu Berg. Selbsternannte «heilige Bettler», sahen sie auf die faul gewordenen Mönche und Bettelmönche voller Verachtung herab, störten mit Vorliebe gottesdienstliche Handlungen und lehnten sich gegen jede geistliche Disziplin auf. Sie predigten häufig und unautorisiert, aber mit beträchtlichem Erfolg. Sie besaßen keine gemeinsame ketzerische Lehre; doch entdeckten die Kirchenbehörden anfangs des vierzehnten Jahrhunderts, daß sich Missionare des freien Geistes in ihre Reihen eingeschlichen hatten.[34]

Oberflächlich betrachtet, schienen die ketzerischen Begharden oder (wie sie jetzt genannt wurden) Brüder des freien Geistes nicht weniger asketisch als die «apostolischen» Ketzer früherer Zeiten. Manche ließen sich als Einsiedler in der Nähe der Städte nieder und lebten von den Almosen ihrer Bewunderer. Mindestens einmal – nämlich in Köln – hielt sich ein Trupp ketzerischer Begharden in einem «freiwilligen Armenhaus» auf und lebte von den auf den Straßen gesammelten mildtätigen Gaben. Aber häufiger führten diese Leute das gleiche Wanderleben ohne Besitz und Heim wie die übrigen Begharden.[35] Manche besaßen überhaupt keine feste Unterkunft, führten nichts mit, betraten keine Häuser und aßen, was man ihnen gab, auf der Straße. Und wiederum, wie unter den übrigen «freiwillig Armen», gab es auch unter ihnen Leute von verschiedenster sozialer Herkunft. Wir hören von Brüdern des freien Geistes, die ursprünglich Handwerker waren[36]; wir hören aber auch von andern, die aus wohlhabenden, angesehenen Familien stammten, und schließlich von solchen, die – wie bei allen messianischen Bewegungen – der weniger privilegierten Intelligenzschicht angehörten: ehemalige Priester und Mönche und Träger der niederen Weihen. Doch scheinen alle gleicherweise gebildet und wortgewaltig gewesen zu sein: wieder und wieder begegnen wir Klerikern, die diese Leute zu bekämpfen hatten und dem Raffinement und der Rhetorik ihrer Rede oder auch der Geschicklichkeit, mit der sie ausgefallenste theologische Probleme behandelten, verblüfft gegenüberstanden.

Wie alle Pseudopropheten verdankte der Jünger des freien Geistes seine Überlegenheit teils dem Ruf seines Asketentums – das als Gewähr für seine wundertätigen Kräfte galt –, teils seinem persönlichen Auftreten und seiner Beredsamkeit. Aber die Gefolgschaft, die er suchte, war eine andere als die der sonstigen Pseudopropheten. Er wendete sich nicht an die Entwurzelten und ratlosen Armen, sondern an die, die andere, aber nicht weniger zwingende Ursache hatten, sich vernachlässigt und ratlos zu fühlen, nämlich an die Frauen und hier wiederum insbesondere an die Unverheirateten und Witwen der städtischen Oberschicht. Teils infolge der ewigen Kriege und blutigen Fehden, teils infolge der Ehelosigkeit der Welt- und Ordensgeistlichen überwog die Zahl der Frauen die der potentiellen Ehemänner bei weitem. Adligen Witwen und Ledigen stand zwar immer der Eintritt in ein Kloster oder Stift offen, und auch weibliche Angehörige aus dem Bauern- und Gewerbestand fanden in Landwirtschaft und Gewerbe irgendwo Unterschlupf, aber den weiblichen Mitgliedern reicher Kaufmannsfamilien bot die mittelalterliche Gesellschaft außerhalb der Ehe keinen anerkannten Platz.[37] Die alten Jungfern und Witwen dieser Schicht, die keinem Erwerb nachgehen und nicht einmal Haushaltspflichten erfüllen mußten und daher weder eine bestimmte Stellung einnahmen noch gesellschaftliches Ansehen genossen, ersehnten – und oft mit der gleichen Intensität wie die großen Massen der Armen – einen Erlöser, irgendeinen heiligen Mann, mit dessen Hilfe sie zu einer Überlegenheit gelangen konnten, die ebenso groß war wie ihre gegenwärtige Erniedrigung.

Und in der Tat haben Frauen dieser Art in der Ketzerbewegung des freien Geistes stets eine große Rolle gespielt. So hören wir, daß schon die Amalrikaner «in den Heimen der Witwen»[38] als unautorisierte geistliche Berater auftraten; ja sogar ihre Spitznamen deuten daraufhin, denn Attribute wie «Beguin» und «Papelard» wurden zu jener Zeit normalerweise nicht für Männer, sondern für religiöse Frauen gebraucht. Nach der Festnahme der Amalrikaner wurde auch eine große Zahl von Anhängerinnen, die sie «getäuscht und verdorben» hatten, zur Befragung nach Paris geschafft. In späterer Zeit, bis in den Ausgang des Mittelalters, hatte die Bewegung den als «Beguines» bekannten Frauen viel zu verdanken – Städterinnen, oft aus guten Familien, die sich, ohne der Welt den Rücken zu kehren, einem religiösen Leben widmeten.[39] Im dreizehnten Jahrhundert wuchs ihre Zahl beträchtlich an, vor allem im Gebiet des heutigen Belgiens, in Nordfrankreich, am Rhein – Köln zählte zweitausend Beginen –, in Bayern und in mitteldeutschen Städten wie Magdeburg. Zur Kennzeichnung ihres Bekenntnisses trugen sie Nonnenkleidung, ein Gewand aus grauer oder schwarzer Wolle mit Kapuze und Schleier; im übrigen besaßen sie aber keine allen gemeinsame Lebensform. Manche lebten, von ihren religiösen Neigungen abgesehen, nicht viel anders als sonstige Frauen, teils im Familienverband, teils vom eigenen Einkommen, teils von Arbeit. Andere zogen ein freies Dasein als umherziehende Bettlerinnen vor: das echte weibliche Gegenstück der Begharden. Die Mehrzahl der Beginen schloß sich jedoch zu inoffiziellen religiösen Gemeinschaften zusammen, die ein oder mehrere Häuser bewohnten.

Der Kirche gab diese weitverbreitete Frauenbewegung so ziemlich die gleichen Probleme auf wie die geistesverwandte «apostolische» Männerbewegung. Beginen, die teils für sich selbst, teils im Namen irgendeiner Gemeinschaft bettelten, zogen schon in der zweiten Hälfte des dreizehnten Jahrhunderts den Argwohn der Kirchenbehörden auf sich. Eine 1259 im Erzbistum Mainz abgehaltene Synode verurteilte sie gleichzeitig mit ihren männlichen Pendants, den Begharden; und 1310 wurde die Verurteilung wiederholt. Das Urteil dieser Synoden bezog sich auf solche «heiligen Bettler», die sich durch Kleidung und Verhalten von den übrigen Christen absonderten; sie verfielen, wenn sie sich verstockt zeigten, der Exkommunikation und mußten aus der Kirchengemeinde ausgestoßen werden. Um die gleiche Zeit begann man an der Rechtgläubigkeit der Beginen zu zweifeln. In den Rheingegenden wurde es den Mönchen untersagt, außer in der Kirche oder in Gegenwart von Zeugen mit Beginen zu reden[40]; ein Mönch, der ein Beginenhaus betrat, lief Gefahr, exkommuniziert zu werden. Die für das ökumenische Konzil von Lyon 1274 vorbereiteten Berichte über kirchliche Mißstände enthielten mehrere Klagen über die Beginen. Aus Tournai berichtete ein Franziskaner, daß sie sich trotz ihrer mangelnden theologischen Bildung mit neuen, spitzfindigen Ideen befaßten, die Heilige Schrift ins Französische übersetzt hätten, deren Geheimnisse auslegten und darüber in unfrommer Weise in Zusammenkünften und auf den Straßen diskutierten.[41] In Paris würden französische Bibeln voller Irrtümer und Ketzereien dem Publikum feilgeboten. Ein ostdeutscher Bischof führte Klage, die Beginen seien müßige, geschwätzige Geschöpfe, die unter dem Vorwand, Gott in der Freiheit am besten dienen zu können, den Menschen den Gehorsam verweigern.[42]

Obschon es klar zu sein scheint, daß die Beginen keine bewußt ketzerischen Absichten verfolgten, so verspürten sie doch einen leidenschaftlichen Drang nach intensivem mystischem Erleben. Reguläre Nonnen hegten natürlich häufig den gleichen Wunsch; aber für die Beginen lauerten hier Versuchungen, vor denen Nonnen gewöhnlich geschützt waren. Diesen fehlte die Disziplin eines institutionellen Ordens, und durch die Weltgeistlichen, die der neumodischen, extravaganten Religiosität nur wenig Sympathie entgegenbrachten, wurden sie nur ungenügend überwacht.[43] Die Bettelmönche waren freilich eher in der Lage, die Gefühlskräfte solcher Frauen so zu leiten, daß sie der Kirche Nutzen und keinen Schaden brachten; und in der ersten Hälfte des vierzehnten Jahrhunderts war auch die Mehrzahl der Beginen mit den Drittorden der Franziskaner oder Dominikaner verbunden. Trotzdem gelang es den Bettelmönchen nie, die Gesamtbewegung unter Kontrolle zu halten. Vor allem unter den asketischsten Beginen vertrauten sich manche lieber den Brüdern des freien Geistes als der geistlichen Beratung der Bettelmönche an.

Unter dem Druck ständiger Verfolgung existierte die Bewegung ab 1320 nur noch im geheimen; die Brüder verlegten sich augenscheinlich weniger auf Bettelei als auf ein konspiratives Einverständnis mit bestimmten Beginengemeinschaften. Ein Missionar des freien Geistes, der bei einer solchen Gemeinschaft eintraf, fand Kost und Bett, und unter dem Gelöbnis der Verschwiegenheit wurde befreundeten Gemeinschaften mitgeteilt, ein Engel des göttlichen Worts sei eingetroffen und warte in einem Versteck[44], woraufhin Beginen von allen Seiten herbeieilten, um den heiligen Mann zu hören. Dieser verkündete seine mystische Botschaft in kunstvollen Wendungen – «unglaublich feine Worte», sagt ein Chronist, «und so sublim, spirituell und metaphysisch, als die deutsche Sprache es vermag»[45]. So sehr verstand er es, seine Zuhörerinnen in Bann zu schlagen, daß sie in ihm «einen Mann, der Gott sehr ähnlich und sehr vertraut mit ihm ist»[46], sahen. Auf solche Art und in diesem Milieu ist die Lehre entwickelt und weitergegeben worden. Das Tausendjährige Reich des Freien Geistes hatte sich in ein unsichtbares Königreich gewandelt, dessen Zusammenhalt in – häufig natürlich erotischen – Gefühlsbanden zwischen den Geschlechtern bestand.

IX

Eine Elite amoralischer Übermenschen

Zweiter Teil

Die Ausbreitung der Bewegung

Die Ausbreitung der Ketzerei des freien Geistes für weite Teile Europas läßt sich seit der Zeit des Willem Cornelis und der Amalrikaner deutlich verfolgen. Am Rhein, wo sie einst von Arnold und seiner Gefolgschaft propagiert worden war, blühte sie weiter. Jünger des freien Geistes waren anscheinend um 1215 am Oberrhein tätig, und einige scheinen in Straßburg verbrannt worden zu sein.[1] Als der berühmte Scholastiker Albertus Magnus 1240 in Köln auf etliche Jünger stieß[2], kam es sogar zu einer Disputation, und Anzeichen lassen darauf schließen, daß sich 1270 solche im Erzbistum Trier aufhielten.[3] 1307 versuchte eine vom Kölner Erzbischof eigens einberufene Provinzialsynode die Stadt von den bettelnden, die Lehre des freien Geistes verkündenden Begharden und Beginen zu säubern.[4] Die Anstrengungen schlugen fehl, und die Kölner Franziskaner betrachteten sie mit gutem Grund weiterhin als ernste Rivalen. Mittlerweile drang die Ketzerei tiefer in die deutschen Lande ein. Um 1270 betrieben zwei rotgewandete Begharden ihre geheime Propaganda in der Gegend des bayrischen Nördlingen, das damals kein weltentlegener Ort, sondern im Schnittpunkt der Brennerstraße nach Italien und der Route von Frankreich nach dem Osten gelegen war.[5] Etliche Personen beiderlei Geschlechts, die von diesen Männern bekehrt worden waren, wurden entdeckt und verhört und die eingestandenen ketzerischen Auffassungen Albertus Magnus zur Begutachtung unterbreitet. Trotzdem hatte die Ketzerei eine neue Heimstatt gefunden und sollte sich lange in den bayrischen Städten halten.

Zu Beginn des 14. Jahrhunderts hatte der freie Geist sich auch in Nordfrankreich etablieren können, da eine gelehrte Begine namens Marguerite Porete die Lehre des freien Geistes in die Diözesen von Cambrai, Châlons und Paris trug. Sie verfaßte den *Mirouer des simples ames*, eine mystisch-theologische Schrift, die kürzlich von Prof. Guarnieri wiederentdeckt wurde. Das Buch wurde vom Bischof von Cambrai verboten und in Valenciennes öffentlich verbrannt; dennoch fertigte Marguerite eine weitere Abschrift an und bestand trotz vieler Warnungen darauf, diese unter den ‹Begharden und anderen einfachen Leuten› zu verbreiten. Sie führte ein ärmliches Wanderleben und wurde von einem Begharden begleitet, der glaubte, von Gott zum Schutzengel der freiwillig Armen bestimmt zu sein. Beide fielen in Paris in die Hände der Inquisition; während der 18monatigen Gefangenschaft lehnte es Marguerite unerschütterlich ab, Absolution durch Widerruf zu erhalten. 1310 wurde ihr Buch von einer Gruppe von Theologen verboten, sie selbst exkommuniziert und zum Tode durch Verbrennen verurteilt. Diese Frau scheint eine große Anhängerschaft gehabt zu haben, denn einige Monate nach ihrem Tod wandte sich Clemens V. an die Inquisition, um mit Nachdruck gegen die Ketzer vorzugehen, die in Langres so starken Zulauf hatten, daß sie zu einer ernsten Gefahr für den Glauben wurden. Durch jemanden aus dem Gefolge der Philippa von Hainaut, der Braut Edwards III., wurde ihr Buch 1327 sogar nach England gebracht. Dieses Beispiel belegt die große Attraktivität des freien Geistes auch für höhere Gesellschaftsschichten.

Zur Zeit der Verurteilung Marguerites bereitete der freie Geist der Kirche ernsthafte Sorgen. Das unter dem Vorsitz von Clemens V. 1311–1312 in Vienne an der Rhone abgehaltene ökumenische Konzil untersuchte lang und eingehend die ‹Irrtümer der Begharden›[6], hierbei diente – wie wir jetzt wissen – Marguerites *Mirouer des simples ames* als eines der wesentlichen Beweisstücke.

Die Bulle *Ad nostrum* enthielt schließlich eine Analyse und Verurteilung der Lehre des freien Geistes; und Bischöfe und Inquisitoren wurden angewiesen, Leben und Rede der Begharden und Beginen zu beobachten und Personen mit gegen die Orthodoxie verstoßenden Auffassungen zu verfolgen. In einer weiteren Bulle *Cum de quibusdam* wurden diese Vorschriften dahin ergänzt, daß die Beginen künftig in Gemeinschaften mit ordnungsgemäßer kirchlicher Überwachung leben müßten. Das war jedoch eine so konfus formulierte Anordnung, daß sie unter anderm die Verfolgung völlig harmloser und orthodoxer Beginengemeinschaften einleitete.[7] Es dauerte nicht lang, bis der Papst höchstpersönlich, wenn auch größtenteils vergeblich, versuchte, die vielen tugendhaften Frauen in den rheinischen Städten vor der Mitverantwortung für die Übertretungen der Brüder des freien Geistes zu schützen. Verwirrung wie Verfolgung sollten über ein Jahrhundert dauern.

Jene Begharden und Beginen, die wirklich der Geistsekte anhingen, wurden selbstverständlich ebenso verfolgt. Der Bischof von Straßburg setzte 1317, als ihm zahlreiche Klagen über ketzerisches Verhalten in seiner Diözese zugegangen waren, eine Untersuchungskommission ein und erließ bald darauf einen auf den Ergebnissen fußenden Hirtenbrief an seinen Klerus.[8] Den «kleinen Brüdern und Schwestern des freien Geistes» – gemeinhin als die «Begharden und Swestrones des Brots durch Gott» bekannt – wurde unter Androhung der Exkommunikation verboten, ihre kennzeichnende Tracht zu tragen und der Bevölkerung unter Androhung der gleichen Strafe untersagt, so gekleideten Personen Almosen zu geben. Die für ketzerische Zusammenkünfte dienenden Häuser seien zugunsten der Armen zu konfiszieren; ketzerische Schriften müßten ausgeliefert werden und der Ruf «Brot durch Gott» habe zu unterbleiben. Der Bischof tat sein möglichstes, um seinen Anordnungen Nachdruck zu verleihen. Er visitierte persönlich das Bistum und errichtete, als er überall Anzeichen von Ketzerei antraf, die erste reguläre bischöfliche Inquisition auf deutschem Boden, die die Ketzer unbarmherzig verfolgte.[9] Als sich ihr ketzerische Begharden durch Flucht in benachbarte Diözesen entzogen, verfolgte sie der Bischof über die Grenzen seiner eigenen hinaus. In einem Schreiben an die Bischöfe der Kirchenprovinz Mainz warnte er sie vor der ihren Diözesen drohenden Gefahr und forderte sie auf, seinem Beispiel zu folgen.[10] Dennoch war dieser Mann kein blinder Fanatiker, setzte er sich doch beim Papst schriftlich für fälschlich beschuldigte Beginen ein.

Der nächste Schlag gegen die Brüder des freien Geistes erfolgte in ihrer traditionellen Hochburg Köln. Ihr alter Feind – der gleiche Erzbischof, der 1307 die Provinzialsynode einberufen hatte – berief 1322 zur Bekämpfung ihrer nicht versiegenden, wenn auch jetzt nur noch geheimen Propaganda eine neue ein. Die Kölner Anhänger hatten jedoch in einem gewissen Walter einen hervorragenden Führer gefunden.[11] Dieser aus Holland stammende und bereits in Mainz sehr aktiv gewesene Mann war ein höchst beredter und überzeugender Prediger; auch verfaßte er mehrere deutschgeschriebene, unter seiner Gefolgschaft zirkulierende Traktate. Schließlich wurde er gefaßt und, da er sich auch unter der ärgsten Folter weigerte, zu widerrufen und seine Komplizen bekanntzugeben, verbrannt. Einer Quelle zufolge soll Walter ein abtrünniger Priester und das Haupt einer großen Geheimsekte gewesen sein. Sie fiel 1325 oder 1327 einer List zum Opfer, und nicht weniger als fünfzig Brüder des freien Geistes sollen damals teils auf dem Scheiterhaufen, teils durch Ertränken hingerichtet worden sein.[12]

Aller Verfolgung zum Trotz hielt sich die Geistbewegung in Köln und längs des Rheins. 1335 entdeckte man in Köln, daß eine Gemeinde ketzerischer Begharden über dreißig Jahre lang in einem freiwilligen Armenhause gelebt hatte.[13] 1339 nahm man in Konstanz drei ketzerische Begharden fest, nachdem sie ein Menschenalter hindurch Frauen in die Ideenwelt des freien Geistes eingeführt hatten.[14] Papst Innozenz VI. fühlte sich 1353 von der erneuerten Aktivität der ketzerischen Begharden so beunruhigt, daß er zum erstenmal einen päpstlichen Inquisitor für Deutschland ernannte und die weltlichen Instanzen aufforderte, diesem behilflich zu sein und ihm ihre Gefängnisse zur Verfügung zu stellen.[15] 1356 wurde am Rhein ein aus Bayern zugewanderter Prediger der Geistsekte festgenommen und in Speyer verbrannt.[16] Im folgenden Jahr führte der Erzbischof von Köln neuerlich Klage, die Zahl der Ketzer sei so groß geworden, daß sie noch alle seine Schafe anstecken würden.[17] Im letzten Jahrzehnt dieses Jahrhunderts gelang es dem prominenten Häresiarchen Nikolaus von Basel, von Konstanz bis hinunter nach Köln eine Gefolgschaft aufzubauen.[18] Während in Heidelberg und Köln einige seiner Anhänger verbrannt wurden, vereitelte er selbst wiederholt die Bemühungen der Inquisition, ihn zu überführen, bis er schließlich in Wien ins Garn ging und verbrannt wurde. Dennoch lebte die Geistsekte in den Rheingegenden weiter. Ein Bruder wurde 1458 in Mainz verbrannt[19], und der Straßburger Satiriker Sebastian Brant sprach in den letzten Jahren des Jahrhunderts von dieser Ketzerei, als handle es sich um ein allgemein bekanntes Phänomen.[20]

Auch in Bayern hielt sich die dort erstmals 1270 aufgetretene Ketzerei sehr lange. Um 1330 scheint sie bis an die Grenzen des Königreichs Böhmen und des Herzogtums Österreich vorgedrungen zu sein.[21] Um die Jahrhundertmitte finden wir sehr aktive Verkünder des freien Geistes in bayrischen Beginengemeinden.[22] In der Diözese Würzburg entdeckte man 1342 eine geheime Bruderschaft ketzerischer Begharden.[23] Eine 1377 in Regensburg abgehaltene Synode hatte immer noch Gründe, sich über die weite Verbreitung der mit der Geistbewegung zusammenhängenden Irrlehren zu beklagen[24]; und vier Jahre später wurde im benachbarten Bistum Eichstätt ein Bruder des freien Geistes festgenommen und abgeurteilt.[25] Ein um 1400 verfaßtes Inquisitionsprotokoll betraf etliche Brüder des freien Geistes, die sich in Cham bei Regensburg zu einer Gemeinschaft freiwillig Armer zusammengeschlossen hatten.[26] Und offenbar schwelte die Ketzerei das ganze fünfzehnte Jahrhundert hindurch weiter, denn eine in der Jahrhundertmitte zu Würzburg abgehaltene Synode erneuerte die alten Verfügungen gegen wandernde Beghardenprediger, und der Bischof von Eichstätt exkommunizierte gemeinhin «die von der freiwilligen Armut» genannten, ketzerischen Begharden, die sich immer noch durchs Land bettelten.[27] Und bis zum Ende des Jahrhunderts finden wir solche Ächtungen immer wieder.

In welchen Etappen die Geistbewegung die Ostgegenden des Reichs erreichte, ist unbekannt; gewiß aber ist, daß eine ketzerische Beginengemeinde 1332 in dem weit im Osten gelegenen schlesischen Schweidnitz aufgedeckt wurde.[28] Das Haus der freiwilligen Armut, das diese Frauen bewohnten, glich weitgehend dem drei Jahre später in Köln entdeckten Männerhaus und war – wie dieses – schon etliche dreißig Jahre alt. Doch war das Schweidnitzer Haus nur eines von einer ganzen Anzahl, die zusammen eine Geheimorganisation bildeten und durch wandernde Begharden mit so weit entfernten Orten wie Breslau, Prag, Leipzig, Erfurt und Mainz in Kontakt blieben. In Mitteldeutschland entwickelte sich die Gegend zwischen Erfurt und Magdeburg zu einem Hauptstützpunkt der Bewegung. Die dortigen Beginen treten beinahe ebenso früh wie sonstwo in Erscheinung – und man schrieb 1235, als sich die berühmteste aller Beginen, Mechthild von Magdeburg, der Gemeinschaft anschloß –, und wandernde Begharden zogen schon 1261 die Aufmerksamkeit der Magdeburger Synode auf sich.[29] In ihrem zwischen 1265 und 1277 verfaßten Buch über ihre eigenen mystischen Erlebnisse warnt Mechthild vor den Brüdern des freien Geistes.[30] Doch sind die Unterlagen spärlich, und so finden wir den ersten klaren Nachweis des freien Geistes in Mitteldeutschland erst im Jahre 1335, als ein von dieser Lehre beeinflußter Schreiber festgenommen und – da er sich weigerte, Geisteskrankheit vorzuschützen – in Erfurt verbrannt wurde.[31] Im folgenden Jahr wurden drei Beginen «vom erhabenen Geist» in Magdeburg vor Gericht gestellt und, als sie widerriefen, freigelassen.[32]

In der zweiten Hälfte des vierzehnten Jahrhunderts standen die mitteldeutschen Brüder des freien Geistes in enger Verbindung mit der von Konrad Schmid gegründeten Geißlersekte; und beide Sekten arbeiteten so wirksam zusammen, daß Thüringen der Obrigkeit als der gefährlichste Ketzerherd ganz Deutschlands galt. Als es um 1370 zu einem Waffenstillstand in dem ständigen Ringen zwischen Papst und Kaiser kam, ernannte Urban V. Walter Kerlinger, den Hofkaplan und Freund des Kaisers Karls IV., zum Inquisitor für Deutschland.[33] Mit großen kaiserlichen Vollmachten ausgestattet, konzentrierte Kerlinger seine Anstrengungen auf Mitteldeutschland. In Erfurt leitete er 1368 das Verfahren gegen einen prominenten Vertreter des freien Geistes, und bald darauf nahm er in Nordhausen über vierzig Ketzer beiderlei Geschlechts fest; unter den sieben Verbrannten scheint sich Konrad Schmid befunden zu haben.[34] Erfurt und Magdeburg waren binnen kurzem von ketzerischen Begharden und Beginen gesäubert.[35] Hingegen scheint die Bekanntmachung des Kaisers, Kerlinger habe alle Ketzerei in Mitteldeutschland ausgerottet, allzu optimistisch gewesen zu sein, existierte doch, wie wir gesehen haben, eine Geißlersekte noch ein ganzes Jahrhundert insgeheim weiter. Auch kann es kaum ein Zufall gewesen sein, daß man noch 1551 keine fünfzig Kilometer von Erfurt entfernt eine sich «Blutfreunde» nennende Sekte entdeckte, die alle wesentlichen Merkmale der Geistbewegung aufwies.[36]

Als Urbans Nachfolger, Gregor XI., 1372 erfuhr, daß aus Mitteldeutschland geflohene Ketzer am Rhein, in den Niederlanden und im äußersten Norden Deutschlands Zuflucht gefunden hatten, ersuchte er den Kaiser, die weltlichen Behörden und die Inquisitoren, die Flüchtlinge gemeinsam aufspüren zu lassen.[37] Und in der Tat scheint der freie Geist gegen das Jahrhundertende in Norddeutschland eingedrungen zu sein. In den Hansestädten Lübeck und Wismar wurden um 1402 zwei «Apostel» verbrannt.[38] Wenn man in den Ostseestädten nichts weiter von der Bewegung hört – entweder weil es wirklich nur sehr wenig Brüder dort gab, oder weil die Inquisitoren sie nicht so weit nordwärts verfolgten –, so hört man desto mehr von ihnen in den Niederlanden. Zusammen mit Brabant und den Rheingegenden galten diese Ende des vierzehnten Jahrhunderts als der Raum, wo die Sekte besonders tiefe Wurzeln geschlagen hatte. Eine der Absichten, die der Prediger Gerhard Groot mit der Gründung der Brüder vom gemeinsamen Leben verfolgte – jener religiösen, nichtmönchischen Gemeinschaft, der Thomas von Kempen so großen Glanz verlieh –, war die, den Bedürfnissen, die in den Ketzergemeinschaften des freien Geistes Befriedigung fanden, innerhalb der kirchlichen Orthodoxie ähnliche Möglichkeiten zu verschaffen.[39]

In Brabant ist der berühmte Mystiker Ruysbroeck «der Bewundernswerte» den Brüdern des freien Geistes begegnet. Die Tochter eines reichen Kaufmanns[40], Heilwijch Blomart, gemeinhin bekannt als Bloemmardine, genoß in Brüssel großes Ansehen als lebende Heilige. Ihre Anhänger fanden sich sowohl in den höchsten Kreisen der Aristokratie als auch im gemeinen Volk. Es heißt, daß nach ihrem Tod der silberne Stuhl, auf dem sie zu sitzen pflegte, von einer Fürstin als Erbe entgegengenommen wurde und Scharen von Krüppeln ihren Leichnam in der Hoffnung auf eine Wunderheilung berührten. Bloemmardine lehrte eine Art mystischer Doktrin, die, wenn sie auch ursprünglich keine Manifestation des freien Geistes darstellte, von ihren Schülern nach ihrem Tod dazu gemacht wurde. Die Auseinandersetzung mit diesen Leuten inspirierte Ruysbroecks frühe Schriften zwischen 1335 und 1340, darunter sein Meisterstück *Die geistige Hochzeit*. Bis zu seinem Tod als 88jähriger (1381) setzte er seine Angriffe auf die Brüder des freien Geistes fort. Die von diesem kirchlichen Mystiker stammenden Schilderungen der ketzerischen Mystiker gehören zu den ausführlichsten und klarsten, die wir besitzen.[41]

Brüssel blieb nach wie vor eine Hochburg der Brüder des freien Geistes. Zwei 1410 vom Bischof von Cambrai zur Unterdrückung der – wie man sie immer noch nannte – Bloemmardine-Ketzerei bestellte Inquisitoren sahen sich angesichts der ihr von der Öffentlichkeit entgegengebrachten Sympathie machtlos.[42] Auf den Gassen mußten sie Spottlieder über sich ergehen lassen, und es kam sogar zu Anschlägen gegen ihr Leben. Trotzdem vermochten sie einer ketzerischen Gruppe auf die Spur zu kommen, und 1411 verhörte der Bischof einen Mönch namens Wilhelm von Hildernissen, in dem man einen ihrer Führer vermutete. Er war von edler Geburt und hatte am Rhein und in den Niederlanden mit großem Erfolg Theologie gelehrt; zweimal war er sogar Prior eines Klosters gewesen. Da sich das Ausmaß seiner Mitschuld nicht feststellen ließ, kam er mit einer mehrjährigen Buße und Hausarrest davon. Immerhin enthüllte das Verfahren die Existenz einer Geheimgesellschaft, die sich *Homines intelligentiae* nannte[43] – in der Terminologie der mittelalterlichen Mystik umschrieb das Wort *intelligentia* den höchsten Grad der Virtuosität, zu seelischer Ekstase zu gelangen. Die Gemeinschaft fußte auf einer Offenbarung, die einem gewissen Aegidius de Leeuwe oder Sanghers (latinisiert Cantor) zuteil geworden war, einem zur Zeit des Verfahrens bereits verstorbenen Abkömmling einer vornehmen flämischen Familie. Da sich unter den *Homines intelligentiae* eine Anzahl Frauen befand, ist es kennzeichnend, daß Wilhelm von Hildernissen seine Ketzerei in einem von Beginen bewohnten Stadtteil Brüssels öffentlich widerrufen mußte.

Im übrigen blieben die Brüder des freien Geistes sowohl in den Niederlanden als auch in den rheinischen Gebieten tätig, da ja – wie wir gehört haben – die Begharden diese Gegenden kreuz und quer durchstreiften, und ähnliches gilt auch für Nordfrankreich. 1365 fand es Papst Urban V. für nötig, sich mit der Tätigkeit der französischen Begharden zu befassen.[44] Die Bischöfe und Inquisitoren wurden darauf aufmerksam gemacht, daß sie immer noch unter der Maske der Heiligkeit ihre Irrtümer unter schlichten Leuten verbreiteten; und dem Bischof von Paris wurde eine eingehende Darstellung ihrer Lebensform und der Orte übermittelt, wo sie zu finden seien. 1372 wurden dann in Paris eine Anzahl Ketzer beiderlei Geschlechts festgenommen, die sich «Gesellschaft der Armen» nannten und im Volk unter dem obszönen

Spitznamen «Turlupins» bekannt waren.[45] An ihrer Spitze stand gleichfalls eine Frau, Jeanne Dabenton. Sie wurde verbrannt; das gleiche geschah mit dem Leichnam ihres im Gefängnis gestorbenen männlichen Haupthelfers sowie mit den Schriften und Trachten der Mitglieder. Über die Lehre dieser Gruppe ist nichts bekannt; immerhin ist ihr Spitzname auffallend, weil normalerweise nur die Brüder des freien Geistes «Turlupins» genannt wurden. Auf alle Fälle lenkte diese Ketzerei um die Wende des fünfzehnten Jahrhunderts in Nordfrankreich große Aufmerksamkeit auf sich. Ein hervorragend qualifizierter Beurteiler war Charlier de Gerson, der Kanzler der Pariser Universität, der scharfe Intelligenz mit großer Erfahrung und einer ausgesprochenen Sympathie für Mystik verband.[46] In einer ganzen Reihe von Werken, die zwischen 1395 und 1425 entstanden, rechnete Gerson mit der falschen Mystik der dem «Geist der Freiheit» anhängenden Turlupins, Begharden und Beginen ab.[47] Die von ihm den französischen Ketzern zugeschriebenen Überzeugungen und Riten unterscheiden sich in keiner Weise von denen ihrer deutschen Gesinnungsgenossen. Und in der Tat sahen die Städte Lille und Tournai den Aufbruch von vierzig Enthusiasten, die im Jahre 1418 die Lehre des freien Geistes durch ganz Europa bis nach Böhmen trugen, das am Rande von Revolution und Bürgerkrieg stand. Davon wird in einem späteren Kapitel noch die Rede sein.

Hundert Jahre später erlebten die Niederlande und Nordfrankreich inmitten der Wehen der Reformation die Verbreitung einer Lehre, die sich «spirituale Freiheit» nannte, aber in allem Wesentlichen der alten Lehre des freien Geistes glich und die Reformatoren nicht weniger entsetzte als ihre katholischen Widersacher. 1525 sandte ein ungebildeter junger Antwerpener Dachdecker namens Loy Pruystinck, der unter Handwerkern und Lehrlingen wie Zuschneidern und Strumpfwirkern eine Gefolgschaft gefunden hatte, einige Abgesandte zu Luther nach Wittenberg.[48] Es war ausgerechnet das Jahr, da der Bauernkrieg die gesamte Gesellschaftsordnung Deutschlands bedrohte und Luther gegen den chiliastischen Pseudopropheten der Bauern, Thomas Müntzer, wütete. Die Besucher beeindruckten und entsetzten Luther so, daß er die Antwerpener Lutheraner brieflich vor dem falschen Propheten in ihrer Mitte warnte. Aber wenn auch Luthers Warnung im Verein mit der Wachsamkeit der katholischen Inquisition das Wachstum der Bewegung hemmte, ließ es sich doch nicht dauernd unterdrücken. Ein neuer Pestausbruch führte ihr 1530 zahlreiche Anhänger zu. Unter den Armen genoß Pruystinck solches Ansehen, daß sie, wie uns gesagt wird, bei seiner Annäherung auf die Knie fielen. Doch gehörten nicht nur am

Rande der Gesellschaft Vegetierende – Diebe, Dirnen und Bettler – der Sekte an, sondern auch wohlhabende Kaufleute wie der Goldschmied Franz' I. von Frankreich; ja, sie stellten sogar Mittel zur Verfügung. Alle diese ihrem Stand nach so verschiedenen Leute hatten sich als Brüder zu fühlen und in der Öffentlichkeit zu umarmen, während Pruystinck selbst – als wolle er gleichzeitig seine Berufung zur Armut und seinen Anspruch auf höchste Würde symbolisieren – ein aus Lumpen genähtes, aber mit Juwelen besetztes Gewand trug. Als sich die weltlichen Behörden 1544 entschlossen, die Sekte auszurotten, hatte sie weit über Antwerpen hinaus in ganz Brabant und Flandern festen Fuß gefaßt. Pruystinck wurde schließlich über einem langsamen Feuer zu Tode geröstet, fünf seiner Anhänger verloren den Kopf; ein Teil floh nach England.

Wenn das wenige, was wir über Pruystincks Lehre wissen, den gegen ihn erhobenen Vorwurf der Gesetzesverachtung kaum gerechtfertigt erscheinen läßt, so hat eine andere als Quintinisten bezeichnete Sekte zweifellos alle anarchischen Eigenschaften der Brüder des freien Geistes übernommen. Ihr Gründer, ein Schneider namens Quintin, lebte beinahe zur gleichen Zeit wie Pruystinck und stammte aus dem Hennegau; auch von ihm hören wir erstmals 1525, und zwar aus Lille; ein Jahrzehnt später war er gemeinsam mit einem Berufskollegen und einem abtrünnigen Priester nach Paris gezogen. Dort begegnete Calvin den Quintinisten oder, wie er sie nannte, «spiritualen Libertinern», die unter den Pariser Reformierten Anhänger zu gewinnen suchten. Er forderte sie zu einem öffentlichen Disput heraus und nahm 1539 in einer revidierten Ausgabe seiner *Christianae religionis institutio* gegen sie Stellung.[49] Unterdes hatte der deutsche Reformator Butzer, der die geheime Propaganda der spiritualen Libertiner in Straßburg beobachtet hatte, die – selbst zur Mystik neigende – Königin Margarete von Navarra brieflich davor gewarnt, sich von diesen Leuten täuschen zu lassen. Die Warnung war sehr angebracht, denn 1543 gelang es Quintin und dreien seiner Kumpane in der Tat, sich von Margarete, die sie als christliche Mystiker akzeptierte, in Dienst nehmen zu lassen. Zwei Jahre später klärte auch Calvin die Königin über den wahren Charakter ihrer Schützlinge auf[50]; und zumindest Quintin scheint von ihr entlassen worden zu sein, denn 1547 finden wir ihn wieder in seiner Heimat. Bei dem Versuch, einige achtbare Damen Tournais zu verführen, wurde er entlarvt, abgeurteilt und verbrannt.[51]

Immerhin hatte Quintins und seiner Anhänger Propaganda – geheime Predigten und Traktate – in Tournai und Valenciennes viele für die Sekte gewonnen; Calvin schätzte ihre Zahl auf zehntausend.[52] Die französische protestantische Gemeinde Straßburgs entsandte, um ihnen entgegenzuwirken, einen ihrer Geistlichen nach Tournai; doch fiel er den katholischen Behörden in die Hände und endete auf dem Scheiterhaufen. Größeren Erfolg hatte die von Calvin persönlich gegen die Sekte geführte Polemik. 1545 verfaßte er seine Abhandlung *Contre la secte phantastique et furieuse des Libertins qui se nomment Spirituels*; und als 1550 ein ehemaliger Franziskaner, den die guten Damen von Rouen unter ihren Schutz genommen hatten, zugunsten der Sekte und ihrer Glaubenssätze schrieb, antworteten sowohl Calvin als auch sein Mitarbeiter Farel mit Traktaten.[53] In den Gegenden, die so lange die Hochburg dieser Ketzerei gebildet hatten, verschwand sie daraufhin – zumindest aus dem Blickfeld der Öffentlichkeit; und um die gleiche Zeit brach sie in Mitteldeutschland, ihrer zweiten Hochburg, zusammen.[54]

Der Überblick oben sollte hinreichend deutlich gemacht haben, daß der Kult des freien Geistes über ein weites Gebiet verbreitet war. Aus den in der Einleitung dargelegten Gründen wird Südeuropa in diesem Buch nur knapp behandelt; tatsächlich aber wirkte der freie Geist zu verschiedenen Zeiten sowohl in Italien als auch in Frankreich. 1307, als Marguerite Porete in Nordfrankreich aktiv war, gewann ein gewisser Bentivenga da Gubbio Anhängerinnen unter umbrischen Nonnen. Da Gubbio versuchte sogar, St. Clarus von Montefalco zum freien Geist – oder wie er in Italien genannt wurde – zum Geist der Freiheit zu bekehren. Auch im späten 14. Jahrhundert gibt es weitere Hinweise auf eine Ausbreitung der Ketzerei in Umbrien und der Toskana, häufig – wie auch im Norden – in Verbindung mit dem Kult der freiwilligen Armut. So zirkulierten in den vierziger Jahren des 14. Jahrhunderts italienische und lateinische Übersetzungen von Marguerite Poretes Buch in Italien, vor denen St. Bernhard von Siena warnte. Die kirchlichen Autoritäten in Padua bemühten sich, das Buch nicht in die Hände von Mönchen kommen zu lassen. Auch im folgenden Jahrhundert, während Calvin gegen die «spiritualen Libertiner» in Frankreich kämpfte, kamen verwandte Sekten in Spanien auf, die in den mystischen Schriften als Alumbraden bekannt sind.

Diese Entwicklungen weiterzuverfolgen kann nicht Ziel dieses Buches sein, zumal ein kurzes Wiederauftauchen des freien Geistes in Cromwells England in der englischen Originalausgabe dieses Buches im Detail studiert werden kann.

Der Weg zur Selbstvergottung

Die Anhänger des freien Geistes bilden nicht so sehr eine einheitliche Kirche als eine Anzahl von ähnlich gesinnten Gruppen, von denen jede ihre eigenen Bräuche, ihr eigenes Bekenntnis und ihr eigenes Ritual besaß, und das Band zwischen ihnen war oftmals sehr lose.[55] Dennoch blieben sie alle miteinander in Kontakt; und die Geistbewegung bleibt stets als eine Pseudoreligion mit einem einheitlichen Kern von Lehren erkennbar, der von Generation zu Generation weitergegeben wurde. Obschon ihre Anfänge, wie wir gesehen haben, viel weiter zurückreichen, tritt ihre Lehre erst im vierzehnten Jahrhundert deutlich zutage; und so, wie sie sich zu diesem Zeitpunkt präsentierte, blieb sie ohne große Änderungen bis zum Erlöschen der Bewegung.

Der metaphysische Rahmen stammte vom Neuplatonismus, wobei freilich alle Bemühungen seit Pseudo-Dionysius und Erigena, den Neuplatonismus dem Christentum anzupassen, unberücksichtigt blieben. Plotins Pantheismus wurde hingegen desto mehr betont. Die Brüder des freien Geistes äußerten ohne Zögern Sätze wie «Gott ist alles, was ist»[56] – «Gott ist fürwahr in jedem Stein und in jedem Glied des Leibes ebenso wie in der Abendmahlshostie»[57] – «Jedes erschaffene Ding ist göttlich»[58]. Gleichzeitig hielten sie sich an Plotins eigene Auslegung dieses Pantheismus. Der Dinge ewiger Wesenskern, nicht ihre Existenz in der Zeit, ist wahrhaftiger Gott; was eine eigene flüchtige Existenz besitzt, kommt zwar von Gott her, ist aber nicht mehr Gott. Anderseits muß sich alles, was ist, nach seinem göttlichen Ursprung sehnen und danach streben, zu diesem Ursprung zurückzukehren; und am Ende der Zeit wird alles in der Tat wieder in Gott aufgehen. Keine Emanation wird bleiben, nichts wird in Absonderung verharren, und es wird nichts mehr geben, das fähig wäre, zu wissen, zu wünschen und zu handeln.[59] Nichts wird mehr vorhanden sein als ein einziger Wesenskern, unveränderlich und ohne Aktivität: ein alles umfassender «Zustand der Seligkeit»[60]. Sogar die Personen der Dreifaltigkeit werden, so behaupteten die Brüder des freien Geistes, in dem undifferenzierten «Einen» aufgehen. Am Ende der Zeit wird Gott wahrhaftig alles sein.

Ja, schon in der Gegenwart war es das Schicksal der Seele, unmittelbar nach dem Tod des Leibes wieder im All aufzugehen, denn wenn der Leib starb, verschwand die Seele in ihrem göttlichen Ursprung wie ein einem Krug entnommener und wieder zurückfallender Wassertropfen oder wie ein Weintropfen im Meer.[61] Diese Lehre lief natürlich auf eine universelle, wenn auch unpersönliche Erlösung hinaus; und konsequente Brüder des freien Geistes hielten Himmel und Hölle in der Tat für bloße Seelenzustände dieser Welt und leugneten ein Leben im Jenseits und damit ewige Bestrafung und Belohnung.[62] Wer den Heiligen Geist in sich selbst inkarniert und Träger der damit einhergehenden Offenbarung ist, der ist von den Toten auferstanden und besitzt den Himmel. Wer von dem Gott in sich selbst weiß, der trägt seinen eigenen Himmel in sich. Man braucht lediglich seine eigene Göttlichkeit zu erkennen, und man wird als Spiritualer wiedererweckt, als Bewohner des Himmels auf Erden. Hingegen ist es eine Todsünde, ja die einzige Sünde, sich seiner Göttlichkeit nicht bewußt zu sein. Darin liegt die Bedeutung der Hölle; denn auch sie ist etwas, das man in diesem Leben in sich trägt.[63]

Plotin hatte gelehrt, daß der Mensch schon vor dem leiblichen Tod etwas von diesem Aufgehen im All erfahren könne. Es sei der Seele gegeben, sich von ihren sinnlichen Banden und ihrer Selbstwahrnehmung zu befreien und sich für Augenblicke, inaktiv und ihrer selbst unbewußt, in das Eins zu versenken. Es war dieser Aspekt des Neuplatonismus, der die Brüder des freien Geistes so gefangennahm. Der freie Geist wird zwar traditionell als «pantheistische Ketzerei» betrachtet; aber viele dieser Ketzer zeigten wenig Interesse und Verständnis für die pantheistische Metaphysik. Was ihnen allen gemeinsam war, das war eine bestimmte Einstellung zur Seele. «Die Seele», äußerte eine Frau, «ist so unendlich, daß alle Engel und Heiligen sie nicht ausfüllen können; sie ist so schön, daß die Schönheit der Engel und Heiligen daneben verblaßt. Sie füllt alle Dinge aus.»[64] Für die Brüder des freien Geistes war die Seele nicht nur dazu bestimmt, nach dem Tod des Leibes erneut in Gott aufzugehen; sie war vielmehr ihrem Wesenskern nach von aller Ewigkeit her göttlich und blieb es, auch während sie im Leibe weilte.[65] Im Wortlaut des ketzerischen Traktats, der in der Einsiedlerzelle unweit des Rheins gefunden worden ist: «Der göttliche Wesenskern ist mein Wesenskern, und mein Wesenskern ist der göttliche Wesenskern... Von Ewigkeit her ist der Mensch Gott in Gott... Von Ewigkeit her ist die Menschenseele in Gott und selbst Gott... Der Mensch ist nicht erschaffen, sondern von Ewigkeit her unerzeugbar; und da er unerzeugbar ist, ist er absolut unsterblich.»[66] In diesem Licht muß auch die immer wiederkehrende Behauptung dieser Art von Ketzern «Jedes vernunftbegabte Geschöpf ist seinem Wesen nach selig» ausgelegt werden.[67]

In der Praxis waren freilich die Brüder des freien Geistes wie alle andern Sektierer überzeugt, die höchsten geistigen Privilegien seien ihnen allein vorbehalten.[68] Sie teilten die Menschheit in zwei Kategorien: die Mehrheit, die «Rohen im Geiste», die es unterlassen, ihr göttliches Potential zu entwickeln, und sich selber, die «Feinen im Geiste». Während, wie sie behaupteten, für die übrigen Sterblichen das totale und dauernde Aufgehen in Gott erst nach dem Tode möglich sei und der gesamte Kosmos erst am Ende der Zeit in ihn zurückkehren werde, vermögen dies die «Feinen im Geiste» schon im Leben zu erreichen. Das ging weit über Plotin hinaus. Die Ketzerei war in ihrem Kern also gar keine philosophische Vorstellung, sondern ein Streben: der leidenschaftliche Wunsch gewisser Menschen, über den Zustand des Menschseins hinauszugelangen und Gott zu werden. Für den Klerus, der diese Häretiker beobachtete, bestand über diesen Punkt keinen Zweifel, und er beklagte sich, daß sie sich, Männer und Frauen, für mehr hielten als die Heiligen, die Engel, die Muttergottes, ja den Heiland selbst. Vom Bischof von Straßburg hören wir: «Sie sagen, sie seien ihrem Wesen nach Gott und ohne jeden Unterschied; sie glauben, alle göttlichen Vollkommenheiten in sich zu haben, daß sie ewig und ewiglich sind.»[69] Ruysbroeck legt seinem ketzerischen Gegner die größtmöglichen Ansprüche in den Mund: «Es steht mit mir in jeder Weise und ohne jede Abweichung wie mit Christus. Genau wie er bin ich ewiges Leben und Weisheit, in meiner göttlichen Natur aus dem Vater geboren; genau wie er bin ich in der Zeit und nach der Art des Menschen geboren, und so bin ich eins mit ihm, Gott und Mensch. Alles, was Gott ihm gab, gab er auch mir und im gleichen Maß... Christus wurde ins tätige Leben gesandt, um mir zu dienen, so daß er für mich leben und sterben konnte; während ich für ein Leben der Kontemplation gesandt bin, das viel höher steht... Wenn Christus länger gelebt hätte, würde er zum gleichen kontemplativen Leben gekommen sein, das ich erreicht habe. Alle Ehren, die Christus gezollt werden, gelten in Wirklichkeit mir und allen, die dieses höhere Leben erlangt haben... Wenn während der Wandlung vor dem Altar sein Leib erhoben wird, dann bin ich es, der emporgehoben wird; wo immer sein Leib hingetragen wird, dort werde ich getragen, denn er und ich sind ein Fleisch und ein Blut, eine einzige Person, die niemand zerteilen kann.»[70]

Solche Schilderungen sind oft für polemische Übertreibungen gehalten worden; dennoch sind sie unbedingt objektiv. Daß Christus und Maria die von den «Feinen im Geiste» verlangte Vollkommenheit nicht erreichten – diese Behauptung der Ketzer ist wiederholt schriftlich festgehalten worden.[71] Und zudem besitzen wir ihre eigenen ausführlichen Darstellungen ihrer Methode. So hatte der den nötigen psychischen Bereitschaftszustand anstrebende Novize erst einmal verschiedene Techniken anzuwenden, die sich von Selbstverleugnung und Selbstkasteiung bis zur Kultivierung absoluter Passivität und Indifferenz erstreckten.[72] Dann, nach einer vielleicht jahrelang dauernden Vorbereitung, kam die Belohnung. In den Worten eines Adepten: «Der Geist der Freiheit oder der freie Geist ist erreicht, wenn man völlig in Gott aufgeht. Diese Vereinigung ist von solcher Vollkommenheit, daß weder die Gottesmutter noch die Engel zwischen Mensch und Gott zu unterscheiden vermögen. In ihr ist man in seinen Urzustand zurückversetzt, bevor man aus der Gottheit hervorging. Man ist von jenem Urlicht erleuchtet, neben dem jedes erschaffene Licht als Finsternis und Verdunkelung erscheint. Man kann, ganz nach eigenem Belieben, Vater, Sohn oder Heiliger Geist sein.»[73] Behauptungen wie diese sind unter den Brüdern des freien Geistes nichts Ungewöhnliches. Ein Insasse des Kölner Hauses der freiwilligen Armut erklärte sich für «völlig aufgelöst in der Ewigkeit»[74] und so mit Gott verschmolzen, daß die Engel zwischen Gott und ihm nicht zu unterscheiden vermöchten. Eine Insassin des Schweidnitzer Hauses bestand darauf, Gott zu sein so wie Gott selbst Gott sei; und wie Jesus sei sie nicht von Gott zu trennen.[75] Im Traktat des Einsiedlers heißt es recht ähnlich: «Der vollkommene Mensch ist Gott... Weil ein solcher Mensch Gott ist, geht der Heilige Geist von ihm aus wie von Gott selbst... Der vollkommene Mensch ist mehr als nur erschaffene Kreatur... Er steht in derselben innigen Verbindung, in der Jesus mit dem Vater gestanden ist... Er ist Gott und Mensch.»[76] Die ausführlichste Darstellung enthält jedoch der als *Schwester Katrei* bekannte Traktat.[77] Nach einer ganzen Reihe von Ekstasen, bei denen sie ihre Seele «emporschweben», aber nach einer Weile wieder zurückfallen fühlte, erfuhr Schwester Katrei eine überwältigende Ekstase, die sie von allen Begrenzungen der Menschenexistenz befreite. Ihrem Beichtvater – offenbar einem Bruder des freien Geistes – ruft sie zu: «Herr frowent üch mit mir, ich bin Got worden!» Und er antwortet: «Gelopt si Got! Nu gang von allen lüten wider in din einmuot [Einssein mit Gott], einmuot belibst du Got.» Aus einer tiefen Bewußtlosigkeit erwacht sie mit der Gewißheit: «Ich bin verewet in miner ewigen selikeit, ich han erkrieget in gnaden, das Kristus in nature ist; er mich sin erbgenos gemachet, also das ich es niemer verliesen mag.»

Es besteht eine ungeheure Kluft zwischen Erlebnissen dieser Art und der von der Kirche anerkannten und gebilligten *unio mystica*, denn diese äußerte sich als vorübergehende Erleuchtung, die einem nur gelegentlich, manchmal sogar nur ein einziges Mal zuteil wurde. Und welche Gewißheiten man auch daraus zog, welche Kräfte sie auch auslöste, der damit begnadete Mensch hörte deshalb nicht auf, Mensch zu sein; er blieb ein gewöhnlicher Sterblicher, der sein Erdenleben zu leben hatte. Der Jünger des freien Geistes hingegen fühlte sich ganz und gar verwandelt; er erlebte nicht nur seine Vereinigung mit Gott, sondern wurde mit Gott identisch und blieb es für alle Zeit. Und nicht einmal damit kommt man ganz an die Wahrheit heran, behauptete doch so mancher Jünger sogar, Gott übertroffen zu haben. Die Schweidnitzer Frauen erklärten, ihre Seelen hätten dank ihrer eigenen Anstrengungen einen höheren Grad von Vollkommenheit erreicht, als sie ihn besessen hätten, als sie von Gott ausgingen, ja einen größeren, als Gott gewollt habe.[78] Sie erklärten weiter, eine solche Macht über die Heilige Dreifaltigkeit zu besitzen, daß sie «wie in einem Sattel auf ihr reiten». Die schwäbischen Ketzer des Jahres 1270 behaupteten, sich über Gott erhoben und, auf dem Gipfel der Gottheit angelangt, ihn hinter sich gelassen zu haben. Immer wieder sagten Jünger beiderlei Geschlechts aus, «Gott nicht mehr zu benötigen»[79].

Der Zustand solcher Göttlichkeit schloß selbstverständlich auch die Gewalt über große wundertätige Kräfte ein.[80] Etliche Brüder des freien Geistes hielten sich für Träger prophetischer Gaben; sie glaubten, im Himmel und auf Erden alles zu wissen und Wunder wirken zu können – trockenen Fußes durchs Wasser zu gehen oder einen Meter über dem Boden zu schweben. Der Mehrzahl waren jedoch solche Dinge zu belanglos, weil sie sich ja buchstäblich für allmächtig hielten. Der Bischof von Straßburg äußerte: «Sie sagen, sie hätten alle Dinge erschaffen, sie hätten mehr erschaffen als Gott.»[81] Der Mystiker Ruysbroeck ließ seinen ketzerischen Disputator wie folgt reden: «Als ich in meinem ursprünglichen Sein und meinem ewigen Wesenskern weilte, gab es für mich keinen Gott. Was ich war, das wollte ich sein, und was ich sein wollte, das war ich. Ich bin aus meinem eigenen freien Willen hervorgegangen und das geworden, was ich bin. Wenn ich nicht gewollt hätte, wäre ich nicht genötigt gewesen, irgend etwas zu sein, und ich wäre jetzt keine Kreatur. Denn ohne mich kann Gott nichts wissen, wollen und tun. Mit Gott habe ich mich selbst erschaffen, und ich habe alle Dinge erschaffen, und meine Hand hält Himmel und Erde und alle Kreaturen... Nichts existiert ohne mich.»[82] Falls man irgendwelche Zweifel an der Richtigkeit dieser Darstellung hegen sollte, werden sie von den Ketzern selber zerstreut. In Schweidnitz erklärte eine der Frauen: «Als Gott alle Dinge erschuf, erschuf ich alle Dinge mit ihm... Ich bin mehr als Gott.»[89] Und der Einsiedlertraktat faßt die Verbindung von absoluter Passivität und absoluter Schöpferkraft in dem einen Satz zusammen: «Der vollkommene Mensch ist die bewegungslose Ursache.»[84]

Vom Gesichtspunkt der Tiefenpsychologie aus kann gesagt werden, daß alle Mystiker ihre psychischen Abenteuer mit einer gründlichen Introversion beginnen, in deren Verlauf sie als Erwachsene eine Reaktivierung verzerrender Kindheitsphantasien durchleben. Hernach bestehen jedoch zwei Entwicklungsmöglichkeiten. Es kann sein, daß Mystiker, ob Mann oder Frau – wie Patienten aus einer erfolgreichen Psychoanalyse – aus diesem Introversionserlebnis als geschlossenere Persönlichkeiten mit erweitertem Verständnis und geringeren Illusionen über sich selbst und ihre Mitmenschen hervorgehen; es kann aber auch sein, daß der Mystiker gigantische Elternbilder in ihren allmächtigen, feindseligsten und willkürlichsten Aspekten introjiziert und als nihilistischer Megalomane dasteht. Zu dieser Kategorie gehörten viele Jünger des freien Geistes.

Es ist in diesem Zusammenhang aufschlußreich, einen Blick auf die seltsame Gestalt Jean-Antoine Boullans (1824–1893) zu werfen, der eine Sekte gründete, die zeitweise 600 000 Mitglieder vor allem in Osteuropa gehabt haben soll.[85] Dieser Mann hielt sich für «Gottes Schwert» und für die Aufgabe ausersehen, die Erde von diesem Schandfleck, der römischen Kirche, zu säubern, und die Menschheit in der Endzeit zu retten. Im Klerus sah er lauter Verfolger und bedachte sie mit den heftigsten Verdammungsurteilen. In erotischer Hinsicht persönlich äußerst impulsiv, verkündete er die Lehre von einer «mystischen Ehe», die es seinen Anhängern ermöglichte, sich vielseitig auszuleben, ohne der «Erbsünde» zu verfallen. Um seinem großen Hang zum Luxus frönen zu können, verschaffte er sich die nötigen Mittel, indem er Leichtgläubige mit angeblich übernatürlichen Offenbarungen täuschte. Gleichzeitig ließ er einen beträchtlichen Teil des so erlangten Geldes den Armen zukommen. Seine ganze Handlungsweise glich der eines typischen, wenn auch verspäteten Jüngers des freien Geistes. Eine 1948 über ihn veröffentlichte psychiatrische und graphologische Studie schildert ihn als echten, von Ruhmsucht und Verfolgungswahn besessenen Paranoiker, als intelligenten, kühnen, unternehmungslustigen und vitalen Mann und eine von rasenden und unersättlichen Wünschen getriebene Persönlichkeit, zu deren Befriedigung er sich bald der raffiniertesten Methoden der Heuchelei, bald einer Brutalität bediente, die jeden Schwächeren zu Boden trampelte. Es ist das eine Charakterschilderung, die sich mit allem, was wir über die mittelalterlichen Brüder des freien Geistes und ihre Nachfolger, die spiritualen Libertiner wissen, vollkommen deckt.

Der kirchliche Mystiker Seuse hat in einem Dialog, den er um 1330 in Köln, der Hochburg der Ketzerei, verfaßte, jenen ihrer Aspekte, der sie so anarchisch machte, trefflich herausgearbeitet: er beschreibt, wie an einem hellen Sonntag, als er meditierend dasaß, eine körperlose Erscheinung vor seinen Geist trat und er sie fragte: «Wannen bist du? – Ich kam nie dannen. – Sag an, was bist du? – Ich bin nicht. – Was willst du? – Ich will nicht. – Dies ist ein Wunder. Sag mir, wie heißest du? – Ich heiße das namenlose Wilde. – Wo landet deine Einsicht? – In lediger Freiheit. – Sage mir, was heißest du eine ledige Freiheit? – Da der Mensch nach seinem Mutwillen lebt, sonder Anderheit [ohne Unterschied zwischen Gott und Mensch], ohne allen Anblick in Vor und Nach.»[86] Was die Jünger des freien Geistes von allen übrigen mittelalterlichen Sektierern unterschied, das war gerade diese totale Amoral. Für sie lag das Kriterium der Erlösung darin, weder Gewissen noch Reue zu kennen. Für diese Einstellung legen viele ihrer eigenen Aussagen Zeugnis ab: «Wer irgendetwas, was er tut, sich selbst und nicht Gott zuschreibt, lebt in Unwissenheit, die die Hölle ist... Nichts in eines Menschen Werken ist sein eigenes.»[87] Oder: «Wer erkennt, daß Gott in ihm alle Dinge wirkt, der sündigt nicht. Denn er muß nicht sich, sondern Gott zuschreiben, was er tut.»[88] Und: «Ein Mensch, der ein Gewissen besitzt, martert sich selbst, ist Teufel, Hölle und Fegefeuer. Wer im Geiste frei ist, entgeht all diesem.»[89] – «Nichts ist Sünde, außer was man für Sünde hält.»[90] – «Man kann mit Gott so verbunden sein, daß man, was man auch tue, nicht sündigen kann.»[91] – «Ich gehöre zur Freiheit der Natur, und was meine Natur wünscht, befriedige ich... Ich bin ein natürlicher Mensch.»[92] – «Der freie Mensch tut recht daran, alles zu tun, was ihm Freude macht.»[93] Diese Aussprüche sind typisch, und ihre Bedeutung ist nicht mißzuverstehen. Was ein Angehöriger dieser Elite auch ausführte, er empfand es als «nicht in der Zeit, sondern in der Ewigkeit getan»; es besaß eine ungeheure mystische Bedeutung und einen Unendlichkeitswert. Das war das geheime Wissen, das einer der Eingeweihten einem verblüfften Inquisitor mit der Versicherung entgegenhielt, es stamme «aus den innersten Tiefen des göttlichen Abgrunds» und sei weit wertvoller als alles Gold des Erfurter Stadtschatzes. «Es wäre besser», erklärte er weiter, «wenn die gesamte Welt zerstört und alles Leben ausgelöscht würde, als daß ein ‹freier Mensch› gehindert werde, das zu tun, wozu ihn seine Natur bewegt.»[94]

Nach zweiundzwanzigjähriger Selbstkasteiung erhielt Heinrich Seuse den göttlichen Befehl, seine Geißel und die übrigen Marterinstrumente wegzuwerfen und in Zukunft von jeder Askese abzusehen. Der neue Adept des freien Geistes ging jedoch noch viel weiter. In einen neuen Geisteszustand versetzt, für den es keine Sünde gab und in dem das Gewissen seine Funktion einstellte, fühlte er sich wie ein unendlich privilegierter Aristokrat. Die von den asketischen Übungen des Noviziats verbrauchte Kraft mußte jetzt wiedergewonnen werden.[95] Keine Nachtwachen mehr, ihm gebührte jetzt ein weiches Bett. Keine Fasten[96] mehr, künftig mußte der Leib mit dem besten Fleisch und den erlesensten Weinen genährt werden; festlich zu speisen hatte jetzt einen größeren geistigen Wert als das Abendmahl. Ein Goldkelch schien ihm jetzt eine angemessenere Gabe als eine Brotkruste.[97] Auch Kleidung und Auftreten des Ketzers änderten sich. Wohl sah man noch ab und zu die Begharden- oder Beginenkapuze; aber von ärmlicher oder geflickter Gewandung hören wir nichts mehr. In Schweidnitz eigneten sich die Schwestern die Kleider der neueintretenden Novizinnen an und trugen unter ihrer Schwesterntracht das feinste Zeug.[98] Als Schwester Katrei «Gott geworden war», hieß ihr Beichtvater sie ein «weiches Hemd» und «vornehme Kleider» anlegen[99], und manchmal kleideten sich Brüder des freien Geistes wie Edelleute. Das verursachte in einer Zeit, da die Kleidung normalerweise zuverlässige Auskunft über den Stand ihres Trägers gab, Verwirrung und Ärger. «Sie haben keine gemeinsame Tracht», beschwerte sich ein geistlicher Herr, «manchmal kleiden sie sich kostbar und großtuerisch, manchmal schrecklich ärmlich, ganz nach Ort und Zeit. Da sie sich selber für makellos halten, glauben sie, jede Art von Kleidung tragen zu dürfen.»[100] Indem er seine Bettlerfetzen mit vornehmer Gewandung vertauschte, symbolisierte der Ketzer seine Verwandlung vom «niedrigsten Sterblichen» zum Angehörigen einer Elite, die sich für berechtigt hielt, über die Welt zu herrschen.

Denn man soll ja nicht glauben, daß sich die Jünger des freien Geistes einer mehr oder weniger ständigen Zurückgezogenheit und Meditation befleißigten. Sie gingen vielmehr unter die Menschen und blieben in Kontakt mit ihnen. Diese Kontakte waren jedoch recht sonderbarer Art, führte doch die Fähigkeit, «Gott zu werden», zu einer Ablehnung aller normalen menschlichen Beziehungen. Der Soziallehre des freien Geistes ist bis jetzt wenig Verständnis entgegengebracht worden; dennoch besitzen wir erläuternde und zudem übereinstimmende Texte. Es gibt eine aus der Mitte des vierzehnten Jahrhunderts stammende und vermutlich auf persönlicher Beobachtung fußende Schilderung, darin eine Begine ihrem Beichtvater – einem ketzerischen Begharden – ihr Glaubensbekenntnis vorspricht, das wir ein wenig modernisiert wiedergeben: «Und welcher Mensch zu dieser großen, hohen Vernunft wahrhaft gekommen ist, der ist an kein Gesetz und Gebot gebunden, denn er ist eins geworden mit Gott. Und Gott hat alle Dinge geschaffen, damit sie einem solchen Menschen dienen; und alles, was Gott schuf, ist einem solchen Menschen zu eigen... So hat Gott alle Kreaturen geschaffen einem solchen Menschen zu Dienste, daß er davon nehmen soll, was seine Natur begehrt und heischt, und er soll darüber kein Gewissen haben, weil alle Kreaturen sein sind... Dem alles Himmlische dienet, dem sollen billigerweise alle Menschen und Kreaturen dienen und gehorsam sein; und wenn eine Kreatur nicht gehorsam ist, liegt das Verschulden allein an ihr.»[101] Die auf uns gekommenen ketzerischen Schriften bestätigen diese Einstellung. Der Traktat des Einsiedlers sagt über den «vollkommenen Menschen, der beides, Gott und Mensch ist... alle existierenden Dinge gehören ihm»[102]. Bei Schwester Katrei wird der Zusammenhang der Soziallehre des freien Geistes und ihres neuplatonischen Hintergrundes deutlich. Alle Dinge, argumentiert sie, bedienen sich anderer: das Reh bedient sich des Grases, der Fisch des Wassers, der Vogel der Luft. So muß ein Mensch, der «Gott geworden ist», alle erschaffenen Dinge nutzen, denn indem er das tut, hebt er alle Dinge zu ihrem ersten Ursprung. Und der der Schwester Katrei nach ihrer Apotheose gegebene Rat ist in der gleichen Sprache gehalten: «Du solt dir heißen dienen alle creature nach dinem willen Got zu ere... du... solt uf tragen allü dink in Got. Mohtest alle creature nießen, das soltest billich tuon, wan welhi creature du nüßest, die treistu uf iren Ursprung.»[103]

Diese Haltung mündete wie in der Frühzeit der Bewegung unter anderem in Promiskuität und eine vielseitige, mystisch gefärbte Erotik ein. So besitzen wir von einem Jünger den Ausspruch: genau wie das Vieh zum Gebrauch durch den Menschen geschaffen sei, seien die Frauen dazu geschaffen, den Brüdern des freien Geistes zu Willen zu sein. Ja, der intime Umgang mache eine Frau nur keuscher, und habe sie vorher ihre Unschuld verloren, gewinne sie sie jetzt zurück.[104] Von den schwäbischen Ketzern des dreizehnten Jahrhunderts bis zu den englischen Ranters im siebzehnten Jahrhundert wird immer wieder das gleiche gesagt: für den «Feinen im Geiste» kann der Geschlechtsverkehr unter keinen Umständen sündhaft sein. Und man betrachtete es geradezu als ein Kriterium für die «Feinheit im Geiste», imstande zu sein, sich ohne Schuldgefühl und ohne Furcht vor Gott dem Geschlechtsverkehr hinzugeben.[105] Einige Jünger schrieben dem Geschlechtsakt, sofern er durch Menschen ihrer Art erfolgte, sogar einen übersinnlichen, pseudo-mystischen Wert zu. Die *Homines intelligentiae* bezeichneten den Akt als «Paradiesesfreude» und *acclivitas*[106] (der für den Aufstieg in mystische Ekstase gebräuchliche Ausdruck); und die Thüringer «Blutfreunde» des Jahres 1550 betrachteten ihn als Sakrament und nannten ihn Christerie.[107] Für sie alle hatte der Ehebruch als Bekräftigung der geistigen Emanzipation symbolischen Wert. In der Formulierung des Ranters Clarkson: «Bis diese sogenannte Sünde begangen ist, hast du dich nicht von der Macht der Sünde befreit.»

In solchem Zusammenhang wird auch der von den Jüngern des freien Geistes häufig praktizierte Adam-Kult leicht verständlich. Der Behauptung des Chronisten, eine erotische Orgie sei mit der Feier verbunden gewesen, sollte man geringeres Gewicht zumessen. Solche Geschichten sind seit der Frühzeit der Kirche zur Diskreditierung von Minderheitsgruppen verbreitet worden; doch findet man in den vorhandenen Unterlagen nichts, was ihre Berechtigung erhärten würde, und das trifft sogar auf die Jünger des freien Geistes zu. Anderseits praktizierten diese gelegentlich rituelle Nacktheit, so wie sie sich gelegentlich erotisch auslebten; doch besteht kein Zweifel, daß sie damit in beiden Fällen – wie ein Inquisitor es formulierte – die vor dem Sündenfall herrschende Paradiesesunschuld wiederherstellen wollten.[108] Der scharfsichtige Beobachter Charlier de Gerson erkannte den Zusammenhang klar genug.[109] Nach seiner Feststellung begründeten die «Turlupins» den Kult der Nacktheit damit, daß man über Natürliches nicht erröten dürfe. Wie Adam und Eva nackt und ohne Schamgefühl zu sein, betrachteten sie als wesentliches Kriterium der Vollkommenheit auf Erden und nannten es den «Stand der Unschuld». Ähnlich behauptete auch der Führer der *Homines intelligentiae*, den Geschlechtsakt in einer besonderen Weise zu praktizieren, nämlich so wie ihn Adam und Eva im Paradies praktiziert hätten.[110] Der gleiche Mann rief sich aber auch zum Erlöser aus, dessen Mission es sei, das dritte und letzte Zeitalter heraufzuführen; und er war keineswegs der einzige Jünger, der diese ursprünglich ganz verschiedenen Phantasien miteinander verschmolz. In Eichstätt behauptete 1381 ein Jünger, der zweite Adam zu sein, der Christus zu ersetzen und das dritte und letzte Zeitalter in der Form eines irdischen Paradieses einzuleiten habe, das so lange dauern werde, bis es substantiell zum Himmel emporgehoben werde.[111] Die von Calvin verurteilten spiritualen Libertiner behaupteten, sie hätten jenen Zustand wiedergefunden, in dem Adam – ehe er vom Baum der Erkenntnis gegessen habe – glücklich gewesen sei, und weiter, daß sie in der Endzeit lebten, in der das christliche Dogma durch ein neues und höheres ersetzt worden sei.[112] Es läßt sich also schon in dieser mittelalterlichen Ketzerei jene Verschmelzung von Chiliasmus und Primitivität erkennen, die zu einer der häufigeren Erscheinungsformen der modernen Romantik geworden ist. Im Adamskult erfuhr nicht nur das verlorene Paradies eine Wiederauferstehung; er bestätigte auch den bevorstehenden Anbruch des Tausendjährigen Reiches. Lebende Götter, in denen sich, wie man glaubte, die Schöpfung vollendet hatte, sollten der Welt ihre ursprüngliche Unschuld und Seligkeit wiedergeben.

Obschon die Segnungen dieses neuen Paradieses nur von den Adepten in vollem Umfang genossen werden konnten, durfte ein bestimmter Personenkreis wenigstens einen Vorgeschmack bekommen. Unterhalb der «lebenden Götter» gab es eine zahlreichere Schicht von Männern und Frauen, die in die Geheimnisse des freien Geistes so weit eingeweiht waren, daß sie sich in Ekstase zu versetzen vermochten. Doch die entscheidende Erfahrung, die Umwandlung vom Menschen zum Gott, blieb ihnen versagt; und an ihre Stelle trat, sie zu einer Art von Übermenschlichkeit erhebend, ihr persönliches Verhältnis zu einem Adepten. Worin dieses bestand, ist klar genug. Jeder neue Jünger begann nach der «Gottwerdung» Kontakt mit frommen Seelen zu suchen, die nach «Vollkommenheit dürsteten», und hieß sie, ihm kniend blinden Gehorsam zu geloben. Dieses Gelöbnis hob jedes frühere Gelöbnis, auch das der ehelichen Treue, auf.[113] Solche Personen beiderlei Geschlechts hatte Charlier de Gerson im Auge, als er sagte, sie hätten einem Menschen absoluten Gehorsam gelobt und als Gegenleistung die Versicherung erhalten, nicht mehr sündigen zu können.[114] Aus diesem Personenkreis rekrutierten sich die Reihen der Bewegung des freien Geistes.

Das Geständnis des abtrünnigen Mönches Martin von Mainz, der 1393 in Köln abgeurteilt und als verstockter Ketzer verbrannt wurde, macht das Wesen der Beziehung zwischen Jünger und Schüler klar.[115] Martin, selbst ein Schüler des berühmten, sich als neuen Christus ausgebenden Häresiarchen Nikolaus von Basel, hatte die Lehre des freien Geistes in den rheinischen Städten verbreitet. Nach seiner Auffassung gab es nur einen einzigen Weg zur Erlösung, und der bestand in einem Akt der rückhaltlosen Unterwerfung unter Nikolaus. Diese selbst schilderte Martin als ein schreckliches Erlebnis; aber nachdem er sie einmal vollzogen habe, habe sie ihm eine gewaltige Belohnung gebracht, denn Nikolaus sei der alleinige Träger der Erkenntnis und Autorität. Seine Auslegung der Evangelien übertreffe sogar die der Apostel; und ein Gottesgelehrter, der sich geistig höher entwickeln wolle, brauche nur die Bibel wegzulegen und den Akt der Unterwerfung zu vollziehen. Nur Nikolaus besitze die Kraft, Priester zu weihen, und nur dank seiner Weihe vermöge man zu predigen und die Messe zu zelebrieren. Der katholische Klerus, dem diese Weihe fehle, sei hingegen nicht imstand, eine einzige wirksame Handlung vorzunehmen. Am wichtigsten dünkt uns jedoch Martins Behauptung, daß, wer sich an Nikolaus' Befehle halte, nicht sündigen könne und auf seinen Befehl hin ohne Gewissensbisse töten und vergewaltigen dürfe, denn die einzige Sünde sei, ihn zu verleugnen oder ihm nicht zu gehorchen. Mit der Unterwerfung unter ihn trete man «in den Zustand der ursprünglichen Unschuld ein».

Zwischen der geschlossenen Gemeinschaft des freien Geistes und der Masse der unerlösten Menschheit bestand eine unübersehbare und unüberschreitbare Kluft. Von einem gewöhnlichen Menschen nahmen die Jünger nicht mehr Notiz «als von einem Pferd»[116]; in ihren Augen gab es die übrige Menschheit nur, um von ihnen, den «durch Kasteiung Auserwählten», ausgebeutet zu werden. Daher rührt die unbekümmerte Unehrlichkeit, die Jahrhundert um Jahrhundert diese Sektierer als besonderes Merkmal von allen anderen unterschied. Noch Calvin stellte fest, es gehöre zu ihren Hauptglaubensartikeln, jede Rolle zu spielen, die ihnen zu Einfluß verhelfe.[117] Und ohne jeden Zweifel hatten diese Leute Lüge und Vorspiegelung zu einer hohen Kunst entwikkelt, die ihnen nicht nur zum Schutz gegen ihren Erzfeind, den Klerus, diente, sondern auch dazu, sich die Gewogenheit einfältiger Seelen zu erlisten.

Sehr sonderbar ist jedoch, daß es eben diese Überzeugung von ihrer absoluten Überlegenheit war, die die Jünger des freien Geistes zu Trägern einer revolutionären Soziallehre machte. Im vierzehnten Jahrhundert waren mindestens etliche von ihnen zur These gelangt, daß der Zustand der Unschuld mit der Institution des Privateigentums unvereinbar sei. Der Bischof von Straßburg kommentierte 1317: «Sie halten alle Dinge für Gemeineigentum, woraus sie ableiten, daß sie rechtmäßig stehlen dürfen.»[118] Und in der Tat haben die Jünger alle Dinge gewohnheitsmäßig als ihr Eigentum betrachtet. Der gleichzeitig mit dem Geißlermessias Konrad Schmid in Erfurt festgenommene Jünger des freien Geistes, Johann Hartmann, hat diesen Punkt zur Genüge klargestellt: «Der wahrhaft freie Mensch ist König und Herr über alle Kreatur. Alle Dinge sind sein, und er hat das Recht, sie nach seinem Belieben zu nutzen. Wenn ihn jemand daran hindern will, soll der freie Mensch ihn töten und seine Habe nehmen.»[119] Noch ausführlicher war der im Kölner Hause der freiwilligen Armut lebende Johann von Brünn.[120] Gott, so sagte er, sei «frei» und habe daher alle Dinge «gemein» erschaffen. Praktisch lief das darauf hinaus, daß alle Dinge mit den «Freien im Geiste» zu teilen waren. Wenn, so erläuterte er, jemand einen Überfluß an Lebensmitteln besitze, so sei das darum, daß er den Bedürfnissen der Brüder des freien Geistes dienen könne. Ein Jünger des freien Geistes dürfe in einer Herberge essen und die Bezahlung verweigern; und wenn ein Wirt Bezahlung fordere, müsse er gezüchtigt werden. Die einem Jünger überlassene Nahrung sei «der Ewigkeit anheimgegeben». Was für Essen und Trinken galt, galt auch für Geld; alles Geld, das ein Jünger des freien Geistes ausgab, war der «Ewigkeit» oder «dem höchsten Grad der Armut» anheimgegeben – das war die unter den Brüdern allgemein herrschende Auffassung. Falls – laut Johann von Brünn – ein Jünger auf der Straße Geld fand, so war das eine von Gott gegebene Aufforderung, es mit seinen Brüdern zu verausgaben. Er habe es zu diesem Zweck aufzubewahren, selbst wenn der Verlierer es zurückverlange oder mit Gewalt zurückzugewinnen suche. Wenn einer von beiden bei dem Streit umkomme, so mache das nichts aus, denn die Seele kehre zu ihrem Ursprung zurück. Wenn aber das Geld rückerstattet werde, so weiche der Jüngling «aus dem Ewigen ins Zeitliche» zurück. Wenn ein Jünger einem Kranken aus Barmherzigkeit beistehe, habe er ein Almosen zu heischen; wenn es verweigert werde, sei er berechtigt, es mit Gewalt zu nehmen, und er brauche keine Gewissensbisse zu haben, falls der andere daraufhin verhungere. Betrug, Diebstahl, gewalttätiger Raub, alles sei gerechtfertigt. Zu all dem bekannte sich Johann und fügte hinzu, es gehöre zur normalen Praxis der rund zweihundert Begharden, die er kenne; und es sind Unterlagen vorhanden, die diese von den Brüdern des freien Geistes allgemein geübte Praxis bestätigen. Einer ihrer Sprüche lautete: «Was das Auge sieht und begehrt, soll die Hand nehmen.»

Diese Einstellung blieb bis ins sechzehnte und siebzehnte Jahrhundert hinein unverändert bestehen. Nach Calvins Darstellung verwarfen die spiritualen Libertiner Privateigentum als unrecht, bejahten hingegen das Recht des einzelnen, alles zu nehmen, worauf er seine Hände legen könnte.[121] Wenn damit lediglich eine Rechtfertigung des Diebstahls gemeint gewesen wäre, hätte es geringe Bedeutung, weil professionelle Diebe keine Glaubenssätze benötigen und es der übrigen Welt gleichgültig wäre. Aber das, was die Jünger des freien Geistes über das Privateigentum aussagten, hatte viel weittragendere Konsequenzen. «Gebt, gebt, gebt, gebt eure Häuser, eure Pferde, eure Habe, euren Grund und Boden, gebt alles auf; betrachtet nichts als euer Eigen, habt alles gemeinsam ...»[122] Dieser Kampfruf des Ranters Abiezer Coppe ist ein Echo der dreihundert Jahre früher von Johannes von Brünn aufgestellten Forderung: «Alles, was Gott geschaffen hat, ist Gemeineigentum!» Welche Kraft solchen Sätzen innewohnt, wird erst voll ersichtlich, wenn man sie als die traditionellen Träger einer bestimmten Form der Gesellschaftskritik erkennt, die nicht nur außerordentlich radikal, sondern auch – wie wir sehen werden – sehr alt war.

Meine Ausführungen zur Selbstvergottung und zum mystischen

Anarchismus unter den Anhängern des freien Geistes entstanden einige Jahre vor der Veröffentlichung des *Mirouer des simples ames* der Marguerite Porete durch Guarnieri. Da diese Quelle als einziger bisher bekannter Text eines mittelalterlichen Meisters vollständig überliefert ist, muß sie hier, auch wenn es sich um eine Wiederholung handelt, Berücksichtigung finden.

Dieses Buch ist mit Sicherheit ein esoterisches Werk. Schon die Autorin betont, daß sich seine Sprache nicht an gewöhnliche, unter dem Diktat der Vernunft stehende Sterbliche wendet. Es wurde als ein Handbuch benutzt, das Aspiranten des freien Geistes laut vorgelesen wurde. Sein Gegenstand ist der Aufstieg der Seele zur vollkommenen Freiheit.

Die Seele durchläuft in diesem Aufstiegsprozeß sieben Stadien. Die ersten drei sind der asketischen Selbstverleugnung und dem Gehorsam gewidmet. Im vierten Stadium erreicht die Seele, geblendet vom strahlenden Licht der Liebe, einen Zustand des Jubels. Obgleich die Seele sich schon in einer Einheit mit Gott glaubt, ist dies erst der Beginn des Aufstiegs. Im fünften Stadium wird sie der eigenen Sündhaftigkeit inne und erkennt die tiefe Kluft zur unermeßlichen Güte, die da Gott ist. Erst jetzt zieht Gott in einer überströmenden Woge aus Liebe die Seele an sich, so daß die Seele eins mit dem göttlichen Willen wird.

Bis hierher unterscheidet sich diese Vorstellung vom Aufstieg der Seele nicht von der orthodoxen Mystik. Doch kommt im sechsten Stadium eine Divergenz zum Tragen: Die Seele geht hier in der Gottheit auf, bis zu dem Moment, da nichts außer Gott ist. Jetzt sieht die Seele nur noch sich und ist Gott, während Gott in der Seele auf seine eigene Herrlichkeit blickt. Diese totale Identifikation der Seele mit Gott liegt gänzlich außerhalb der Erfahrung katholischer Mystik. Dies gilt ebenfalls für das siebte und letzte Stadium des Aufstiegs, in dem die Seele ohne Unterlaß frohlockt, schon auf Erden in Herrlichkeit und Glückseligkeit zu sein; ein Zustand, der in der orthodoxen Theologie dem Himmel vorbehalten ist.

Diese Vergöttlichung der Seele kann deshalb zustande kommen, da die Seele schon seit aller Ewigkeit in Gott existiert. Die Seele ist eins mit Gott wie die Flamme mit dem Feuer; sie kommt von Gott und kehrt zurück zu Gott, so wie ein Wassertropfen aus dem Meer kommt und in es zurückkehrt. Das Aufgehen in Gott, der in der Tat alles ist, versetzt die Seele in ihr wahres und ursprüngliches Sein zurück.

Ebenso wird dabei der ursprüngliche Zustand der Unschuld, den Adam vor dem Sündenfall genoß, wiederhergestellt. Auf diesem Weg von der Last der Erbsünde befreit, wird die Seele sündenfrei. Darüber hinaus ist sie zur Sünde unfähig, da «diese Seele keinen anderen als den

Willen Gottes kennt, der sie nur das verlangen läßt, was sie verlangen soll». Und dies bedeutet auch, daß sie frei ist zu tun, was immer sie möchte. Die Jünger «tun daher nichts, was ihnen nicht gefällt, wenn sie anderes tun, entledigen sie sich des Friedens, der Freiheit und der Würde. Denn die Seele findet keine Vollkommenheit, solange sie nicht das tut, wonach sie verlangt. Und sie wird nicht bestraft für ihre Wonnen.» Weil die Liebe, und das ist Gott, ihren Sitz in der Seele gefunden hat, nimmt Gott die Sorge um alle Dinge und Taten auf sich, auf daß die Seele keinerlei Unbehagen und Reue empfinden kann. Welche äußeren Taten auch immer geschehen, sie sind das Werk Gottes, der in der Seele waltet.

Den Beschränkungen des Menschseins enthoben, geht die Seele über in einen Zustand vollständiger Gleichgültigkeit, in dem sie sich um nichts sorgt – nicht um andere menschliche Wesen, nicht einmal um Gott noch um ihr eigenes Heil. «Solche Seelen empfinden sich weder als gut noch als böse, ihrer selbst sind sie sich nicht bewußt, sie können nicht beurteilen, ob sie bekehrt oder verdorben sind.» Die Beschäftigung mit solchen Belangen käme einem Rückfall in den Eigenwillen gleich und bedeute den Verlust der Freiheit. Insofern sich das Seelenheil nur im Zustand vollkommener Gleichgültigkeit einstellen kann, werden auch Christi Leiden als Weg zum Seelenheil von eben jener Gleichgültigkeit betroffen. Weder Sakramente noch Predigt, Askese oder Meditation behalten irgendeinen Wert, die Fürsprache der Jungfrau oder der Heiligen wird bedeutungslos. Im Grunde braucht die vergöttlichte Seele noch nicht einmal Gott neben sich. In der absoluten Stille der göttlichen Einheit existieren weder das Wissen noch das Lob oder die Liebe Gottes. ‹Auf dem höchsten Punkt des Seins ist Gott aufgehoben durch sich selbst in sich selbst›; das heißt, der Gott der Christenheit wird zugunsten des Gottes der pantheistischen Ekstase verlassen.

Auch gegenüber allen irdischen Belangen empfindet die vergöttlichte Seele nur unerschütterliche Gleichgültigkeit. «Diese Seele kennt keine Scham für die Sünde, die sie jemals begangen haben könnte, für die von Gott für die Seele erlittenen Qualen, noch für die Sünde und den Schmerz ihres Nächsten.» «Die Gedanken solcher Seelen sind so göttlich, daß sie sich niemals mit Geschehenem und Geschaffenem abgeben.» Zugleich steht diesen Seelen frei, alles Bestehende zu ihren Zwekken zu nutzen: «Warum sollten solche Seelen zögern, sich zu nehmen, was sie brauchen, wenn die Notwendigkeit es erfordert? Das wäre ein Mangel an Unschuld und verhinderte den Frieden, der die Seele von dem Rest aller Dinge trennt... Solche Seelen nutzen alle Dinge, die gemacht und geschaffen sind und die ihre Natur verlangt mit derselben Seelenruhe, mit der ihre Schritte den Boden berühren.»

Alles in allem findet sich unsere Auffassung des freien Geistes in Marguerite Poretes Werk bestätigt. Eine Interpretation, die Schritt für Schritt aus einer Vielzahl mehr oder weniger unvollständiger Quellen entwickelt werden mußte, stellt sich auch noch im nachhinein als grundsätzlich richtig dar. Marguerite richtete sich, wie sie wiederholt betonte, an eine Elite, die sie im Gegensatz zur «kleinen Kirche» – der institutionalisierten römischen Kirche – die «große Kirche» nannte. Dieser Elite predigte sie eine Lehre der Selbstvergottung und des mystischen Anarchismus.

Lediglich an zwei Stellen weicht Marguerites Lehre von dem ab, was beispielsweise Johann Hartmann, Hans von Brünn oder Calvins «spiritualen Libertinern» zugeschrieben wurde. Niemals legte Marguerite nahe, daß die vergöttlichten Seelen – oder wie wir sagen würden, die Anhänger des freien Geistes – dem, was gemeinhin als Sünde erachtet wurde, frönen sollten, etwa dem Diebstahl oder der sexuellen Promiskuität. Sie spricht, mit Ausnahme einiger Andeutungen, zudem niemals über die Gütergemeinschaft. Das in der englischen Originalausgabe dieses Buches präsentierte Material zu den *Ranters* zeigt, daß alle diese Verfasser weitgehend dieselbe mystische Doktrin verfolgten, sich in ihren praktischen Schlußfolgerungen jedoch unterschieden.

Die folgenden Kapitel werden erweisen, welche revolutionären und anarchistischen Potentiale in der Lehre des freien Geistes enthalten waren.

X
Die Gleichheit aller Menschen als Naturzustand

Im Denken der Antike

Wie alle Phantasien, die zur Bildung der revolutionären Eschatologie Europas beigetragen haben, lassen sich auch die egalitären und kommunistischen bis ins Altertum zurückverfolgen.[1] Es waren die Griechen und Römer, von denen das mittelalterliche Europa die Vorstellung übernahm, daß es einmal einen Naturzustand gegeben habe, darin man weder Unterschiede des Stands und Wohlstands gekannt hat, noch irgendeiner von einem andern unterdrückt oder ausgebeutet worden ist, einen Zustand, den der gute Wille, brüderliche Liebe und manchmal auch die Gemeinsamkeit jeder Habe einschließlich der Ehegatten charakterisiert haben.

Die griechische und die lateinische Literatur schreiben diesen Naturzustand einem längst verlorenen «Goldenen Zeitalter», beziehungsweise der «Herrschaft des Saturn» zu. Die in Ovids *Metamorphosen* wiedergegebene Version des Mythos wurde von späteren Autoren immer wieder aufgegriffen und übte während des ganzen Mittelalters einen beträchtlichen Einfluß auf kommunistische Spekulationen aus. So schildert Ovid den Beginn der Menschheitsgeschichte:

Und es entstand die erste, die goldene Zeit: ohne Rächer,
Ohne Gesetz, von selber bewahrte man Treue und Anstand.
Strafe und Angst waren fern; kein Text von drohenden Worten
Stand an den Wänden auf Tafeln von Erz; es fürchtete keine
Flehende Schar ihren Richter: man war ohne Rächer gesichert...
Selbst die Erde, vom Dienste befreit, nicht berührt von der Hacke,
Unverwundet vom Pflug, so gewährte sie jegliche Gabe.

Dann kam es anders:

es flohen die Scham, die Wahrheit, die Treue.
Dafür erwuchsen die Laster: Betrug und allerlei Ränke,
Hinterlist und Gewalt und die frevle Begier nach Besitztum...
Und der Boden, der früher Gemeingut war wie die Lüfte
Und wie das Licht, jetzt ward er genau mit Grenzen bezeichnet...
Schon ist das schädliche Eisen erschienen und, schlimmer als Eisen,
Gold; nun erscheint auch der Krieg: er kämpft ja mit beiden Metallen,
Und er schüttelt mit blutiger Hand die klirrenden Waffen.
Also lebt man vom Raub: nicht trauen sich Wirte und Gäste,
Nicht der Schwäher dem Eidam, auch Bruderliebe ist selten.[2]

In manchen Darstellungen – beispielsweise bei Vergil – sucht Saturn nach seiner Verdrängung vom olympischen Thron Zuflucht in Italien, wo er ein örtlich begrenztes Regiment aufrichtet. Ein Zeitgenosse Ovids, der Historiker Gnaeus Pompeius Trogus, dessen Werk den mittelalterlichen Gelehrten gleichfalls gut bekannt war, gibt eine aufschlußreiche Schilderung dieser segensreichen Herrschaft und des ihr zu Ehren alljährlich abgehaltenen Festes: «Italiens erste Bewohner waren die Aboriginer, deren König Saturnus ein Mann von solcher Gerechtigkeit gewesen sein soll, daß weder jemand unter ihm in Knechtschaft gelebt, noch irgendein Sondereigentum gehabt habe, sondern alles allen gemeinschaftlich und ungeteilt gewesen sei, als ob sie zusammen *ein* Erbgut besäßen. Zum Andenken an dieses Vorbild wurde angeordnet, daß an den Saturnalien die Rechte aller ausgeglichen werden, und ohne Unterschied bei den Gastmahlen die Sklaven mit den Herrn zu Tische liegen sollten.»[3]

In der aus dem zweiten nachchristlichen Jahrhundert stammenden Darstellung des Satirikers Lukian erhält der Mythos einen noch betonteren egalitären Akzent: «Zwar höre ich die Poeten sagen», wendet er sich an den Gott des Goldenen Zeitalters, «vor Alters, da du noch allein regiert habest, hätte es ganz anders in der Welt ausgesehen. Da habe die Erde alle ihre Güter ungepflügt und unbesäet hervorgebracht, und der Mensch habe allenthalben seinen Tisch gedeckt gefunden, ohne sich zu bekümmern wie es damit zugehe. Da seien überall Bäche von Wein und Milch, ja sogar von Honig geflossen, und, was noch über das alles ist, die Menschen dieser Zeit seien selbst golden gewesen und die Armut habe sich vor ihnen gar nicht sehen lassen dürfen. Wir hingegen sind nicht einmal von Blei, sondern etwas noch schlechters; die meisten von uns müssen ihr Stückchen Brot sauer verdienen, und im Ganzen ist bei uns nichts als Hunger und Kummer, Ach und Weh über unser Schicksal, und ewige Verlegenheit, wo wir das unentbehrlichste hernehmen sollen. Und gleichwohl kannst du mir glauben, daß wir uns weit weniger darüber beklagen würden, wenn wir nicht sehen müßten, wie glücklich die Reichen sind, sie, die mit so vielem Silber und Gold im Kasten, im Besitz so vieler Kleider, so vieler Sklaven, Equipagen, Landgüter und ganzer Dorfschaften, kurz im allergrößten Überfluß so wenig daran denken uns etwas davon mitzuteilen, daß sie Leute unseres Schlages nicht einmal ihres Anblicks würdig achten.»[4]

Der Naturzustand allgemeiner Gleichheit diente sowohl der philosophischen Spekulation als auch der schönen Literatur als Thema; doch hat er die mittelalterliche Gesellschaftstheorie eher im philosophischen als im schöngeistigen Gewand beeinflußt. Wie die griechischen Stoiker schon im dritten vorchristlichen Jahrhundert kategorisch erklärten, seien alle Menschen Brüder und von Natur aus frei und gleich gewesen.[5] Zenon selbst, der Gründer der alten Stoa, scheint seine Lehre mit der Schilderung einer idealen universellen Gesellschaftsordnung eingeleitet zu haben. Die Menschen hätten einer ungeheuren Schafherde gleich auf einer einzigen, allen gemeinsamen Weide zu leben; Unterschiede der Rasse und der Staatsangehörigkeit, vielleicht auch des Standes und des individuellen Temperaments würden verschwinden und alle Menschen in einer alle umfassenden Gemeinschaft des Empfindens und Wollens verbunden sein. Und überdies wies das stoische Glaubensbekenntnis, das weitgehend auf der Astrologie der Chaldäer fußte und die Verehrung der Gestirne in den Mittelpunkt rückte, dem Sonnengott eine absolut überragende Stellung zu und feierte ihn als überaus wohlwollende, segenspendende und vor allem gerechte Wesenheit. Das von der Sonne allen gespendete Licht galt manchen Stoikern als das erhabene Vorbild für soziale Gerechtigkeit, ja sogar für die Gemeinsamkeit aller Güter – ein Gedanke, der schnell zu einem Gemeinplatz der egalitären Rhetorik wurde und es lange blieb.

Zwei anscheinend vom Stoizismus stark beeinflußte Werke – das einer vermutlich aus dem zweiten Jahrhundert vor und das andere aus dem zweiten Jahrhundert nach Christus – kennzeichnen deutlich die Beschaffenheit der egalitären Phantasie, die die Antike dem Mittelalter hinterließ. Das frühere der beiden Werke enthält eine Beschreibung der Inseln der Seligen und ist uns nur in einer Zusammenfassung erhalten geblieben, die der griechische Historiker Diodoros Siculus in seine *Bibliotheke* aufgenommen hat – in welcher Form es in der Renaissance Dutzende von Malen als selbständiges Werk übersetzt und herausgegeben worden ist.[6] Die sieben Inseln sind der Sonne geweiht und von den Heliopolitanern oder Sonnenmenschen bewohnt. Das ganze Jahr hindurch zieht die Sonne direkt über die Inseln hinweg, so daß Nacht und Tag stets die gleiche Länge aufweisen; das Wetter ist unverständlich schön und die Jahreszeit ein ständiger Sommer mit einem Überfluß an Blumen und Frucht. Auf jeder Insel leben vier Stämme, jeder 400 Köpfe stark; und alle Einwohner verfügen über die gleiche gesunde Konstitution und dieselben vollkommen schönen Gesichtszüge. Alle lösen einander in der Verrichtung der nötigen Arbeiten ab, als Jäger, Fischer und in der Verwaltung. Der Boden, das Vieh, die Werkzeuge werden im Turnus von jedem Bürger benutzt; dem einzelnen gehört deshalb nichts. Die Institution der Ehe ist unbekannt, es herrscht absolut freier Geschlechtsverkehr; die Erziehung der Kinder ist Sache des Stammes und erfolgt so, daß keine Mutter ihr eigenes Kind wiedererkennen kann. Infolgedessen gibt es keine Erben, und damit fällt die Ursache für Rivalität und Ehrgeiz weg; und das in den von nichts beunruhigten Seelen operierende Naturgesetz verhilft diesem Völklein zu einer nie gestörten, dauernden Harmonie. In einer so gerechten Ordnung ist eine Meinungsverschiedenheit in der Tat unvorstellbar. Die Heliopolitaner sind sogar hinsichtlich ihrer Lebenserwartung gleich, denn alle sterben im Alter von hundertfünfzig Jahren freiwillig und friedlich im Vollbesitz ihrer Kräfte.

Auch das zweite Werk ist nur durch Auszüge eines späteren Schriftstellers bekannt. Anläßlich von Angriffen, die Clemens von Alexandrien gegen die rund um ihn blühenden gnostischen Ketzereien richtete, schenkte er gewissen Sektierern besondere Aufmerksamkeit, nannte sie Karpokratianer und schrieb ihrem Meister einen griechischen Traktat *Über Gerechtigkeit* zu.[7] Auf Grund neuerer Untersuchungen ist es jedoch wenig wahrscheinlich, daß der Traktat auf die Gnostiker zurückgeht. Nichts spricht aber gegen die Annahme, daß er existiert hat und die von Clemens stammenden Auszüge korrekt sind. Und wiederum ist es die Lehre von einer vollkommenen Gleichheit, die sich auf das Vorbild der unparteiisch wohltätigen Sonne stützt. Denn Gottes Gerechtigkeit erweist sich, wie der Traktat sagt, in der «Gemeinschaft in Gleichheit». Die Himmel umhüllen die Erde auf allen Seiten, und nachts scheinen alle Sterne gleichermaßen für alle. Nach Gottes Ratschluß leuchtet die Sonne mit gleicher Kraft für Reich und Arm, für den Herrscher und sein Volk, für den Unwissenden und den Weisen, für Männer und Frauen, für Freie und Sklaven, für die Tiere jeder Gattung, für die Guten und die Schlechten: keiner kann mehr als seinen Anteil am Lichte haben, und keiner kann ihn seinem Nächsten rauben. Auch hat Gott alle gleicherweise mit Sehkraft begnadet, so daß sich alle ohne Unterschied und Zurücksetzung in Gemeinsamkeit und

Gleichheit daran erfreuen können. Und er hat dafür gesorgt, daß die Sonne für alle Kreatur gleicherweise Nahrung erzeugt; die Nahrung soll von allen gemeinsam und gleicherweise genossen werden.

Auf solche Weise hat Gott zweifelsfrei klargestellt, was er unter Gerechtigkeit versteht. Und ursprünglich war es sein Wille, daß dieser Grundsatz für alles und jedes gelte: für die Erde und ihre Frucht und für Güter jeder Art. Rebe und Halm und alle übrigen Früchte sind von Gott zu jedermanns Nutzen geschaffen; und ursprünglich boten sie sich jedem Sperling und jedem Vorübergehenden unentgeltlich an. Dann aber haben von Menschen gemachte Gesetze das göttliche Gesetz und die Gemeinordnung, in der es sich ausdrückte, zerstört. Diese menschlichen Gesetze waren es, die den Gegensatz von Mein und Dein geschaffen haben, so daß die Dinge, die rechtmäßigerweise allen gemeinsam gehören, nicht mehr gemeinsam genutzt werden können. Und diese Verletzung der Gleichheit und Gemeinsamkeit hat den Diebstahl und alle andern Verbrechen hervorgerufen. Und schließlich müßten sich nach Gottes Absicht die Geschlechter so frei verbinden können wie die Tiere heute noch; die göttliche Gerechtigkeit hatte auch in dieser Hinsicht Gleichheit und Gemeinsamkeit vorgesehen, aber die Menschen haben sie zerstört.

Im Gegensatz zu manchen griechischen hatten die römischen Stoiker – was wohl vorauszusehen war – kein Interesse an der Propagierung eines solchen Egalitarismus; doch gaben auch sie zu, daß die Menschen in einem längst versunkenen Goldenen Zeitalter im Zustand völliger Gleichheit gelebt hätten. Seneca gibt an mehreren Stellen den vollkommensten Überblick über ihre diesbezügliche Lehre; das nachfolgende Zitat möge als aufschlußreiches Beispiel dienen:

Das waren «glückliche Zeiten, da die Gaben der Natur jedem uneingeschränkt zur Verfügung standen – bevor Habsucht und Üppigkeit die Sterblichen entzweiten und sie die Gemeinschaft verließen, um auf Raub zu gehen... Und doch wird niemand einen anderen Zustand des Menschengeschlechtes höher ansehen, und keiner, dem Gott die Macht gäbe, die Dinge auf der Welt zu gestalten und den Völkern die Sitte zu bringen, würde andere Verhältnisse billigen, als sie bei jenen bestanden haben sollen, wo ‹...kein Bauer die Flur sich dienstbar machte und wo es ein Verbrechen war, das Feld durch Grenzmarken zu zerschneiden; denn alles gehörte allen, und die Erde spendete alles von selbst, da keiner etwas begehrte›. (Vergil, *Georgica* I, 124 ff.)

Welches Geschlecht der Menschen war glücklicher als jenes? Gemeinsam lebten sie von dem, was die Natur bot; wie eine Mutter gab sie allen hinreichenden Schutz, und sie gab Sicherheit im Besitz des allgemeinen Reichtums. Wie sollte ich nicht jenes Geschlecht das reichste nennen, in dem sich noch kein Armer fand?

In diese aufs beste bestellte Welt brach schließlich die Habsucht ein, und indem sie etwas wegzunehmen und sich anzueignen suchte, machte sie alles fremd, und aus der unermeßlichen Fülle geriet sie in eine beklemmende Enge. Die Habsucht gebar die Armut, und in ihrer Gier nach vielem verlor sie alles. Mag sie deshalb nur das Verlorene wiederzugewinnen suchen, mag sie Felder an Felder fügen und den Nachbarn mit Geld oder Gewalt um sein Gut bringen, mag sie ihre Ländereien zur Größe von Provinzen ausdehnen und nur diejenigen als erwähnenswerten Besitz ansehen, die man auf einer weiten Reise durchwandern muß – keine Erweiterung unseres Grund und Bodens führt uns dorthin zurück, von wo wir ausgegangen sind. Haben wir erst alles getan, so werden wir vieles besitzen, aber die Zeit, in der wir alles besaßen, ist vorbei.

Die Erde selbst spendete noch mehr Früchte, als sie noch nicht bearbeitet wurde, und sie war freigebig für den Bedarf der Völker, die sie nicht ausräuberten. Jegliches Geschenk der Natur freute man sich ebensosehr gefunden wie dem Nächsten mitgeteilt zu haben, und keiner konnte zuviel, keiner zuwenig davon bekommen, da man in Eintracht teilte. Noch war der Stärkere dem Schwächeren nicht nahegetreten, noch hatte der Geizige einem anderen nicht das Lebensnotwendige genommen, indem er verbarg, was ihm unnütz war. In gleicher Weise sorgte man für den Nächsten wie für sich.»[8]

Daneben aber war Seneca überzeugt, daß – und hier lag der Kern seiner ganzen Argumentation – der alte Zustand der Gleichheit nicht einfach verlorengegangen, sondern *notwendigerweise* verlorengegangen war.[9] Die Menschen waren im Lauf der Zeit schlecht geworden; nachdem das aber einmal geschehen war, waren Einrichtungen wie das Privateigentum, die Staatsautorität, die Differenzierung der Stände, ja sogar die Sklaverei nicht nur unvermeidlich, sondern sogar notwendig geworden; sie bildeten nicht nur die Folgen, sondern auch die Heilmittel für die Verderbtheit der menschlichen Natur. Und in dieser Form und solchermaßen qualifiziert ist der Begriff vom egalitären Urzustand der Natur von den Kirchenvätern übernommen und in die politische Theorie der Kirche eingebaut worden.

Im Denken der Kirchenväter und des Mittelalters

Die von der ungewöhnlich einflußreichen Philosophie der Stoiker herrührende Vorstellung von einem unwiderruflich verlorengegangenen, egalitären Naturzustand war von der christlichen Lehre spätestens im dritten Jahrhundert assimiliert worden. Und wenn es auch kaum angängig war, vom Paradies in sozialen und ökonomischen Begriffen zu reden, so gelang es der orthodoxen Exegese dennoch, den Sündenfall mit Hilfe dieses griechisch-römischen Mythos zu illustrieren.

Im Mittelpunkt der kirchenväterlichen Gesellschaftslehre steht die Unterscheidung zwischen einem Naturzustand, der, den göttlichen Willen unmittelbar ausdrückend, auf dem Naturgesetz beruhte, und der bestehenden Ordnung, die daraus herausgewachsen und durch Gewohnheitsrecht sanktioniert war.[10] Fast alle späteren Kirchenväter waren sich darin einig, daß Ungleichheit, Sklaverei, Staatsautorität und sogar Privateigentum keineswegs der ursprünglichen Absicht Gottes entsprächen, sondern als eine Folge des Sündenfalls entstanden seien. Anderseits hätte nach dem Sündenfall eine Entwicklung eingesetzt, die solche Einrichtungen unentbehrlich mache. Die von der Erbsünde verdorbene menschliche Natur benötige Fesseln, die in einer egalitären Ordnung nicht zu finden seien; Ungleichheiten des Standes, der Macht und des Reichtums seien daher nicht nur Folgen, sondern auch Mittel, um der Sünde entgegenzuwirken. Das einzige, was unter einem solchen Gesichtspunkt an Vorschriften verantwortet werden konnte, waren an das Individuum gerichtete, den persönlichen Lebenswandel betreffende Verhaltensmaßregeln. Ein Herr soll sich seinem Sklaven gegenüber gerecht und wohlwollend zeigen, denn dieser sei Gott so lieb wie er selbst; ein Reicher sei moralisch verpflichtet, freigebig Almosen zu verteilen; ein Wohlhabender, der seinen Reichtum für böse Zwecke mißbrauche, gehe des Rechtes darauf verlustig – das ungefähr waren die praktischen Folgerungen, die aus der Lehre vom egalitären Naturzustand innerhalb des Rahmens der Orthodoxie gezogen wurden. So bedeutungsvoll diese Folgerungen waren, und so sehr sie auch die Lebensform innerhalb der christlichen Welt beeinflußten, so beabsichtigten sie doch nicht, eine Gesellschaftsordnung ohne Reiche und Arme und schon gar nicht ohne Privateigentum zu schaffen.

Nichtsdestoweniger war es die kirchliche Lehre, aus der die Vorstellung eines Naturzustands allgemeiner Gleichheit immer neue Nahrung zog. Viele Kirchenväter befaßten sich – und insbesondere in ihren Auseinandersetzungen über die Einrichtung der Sklaverei – ausführlich mit der ursprünglichen Gleichheit aller Menschen. Die Kirche billigte die Sklaverei und hielt den Betroffenen ihre Pflicht vor Augen, sich sogar harten Herren gehorsam zu unterwerfen; doch hinderte das – beispielsweise – den einflußreichen, als «Ambrosiaster» bekannten Exegeten des vierten Jahrhunderts nicht, die Herren ihrerseits daran zu erinnern, daß Gott keine Herren und Sklaven, sondern nur freie Menschen erschaffen habe.[11] Über den gleichen Punkt hat sich Augustinus in seinem *Gottesstaat* mit unmißverständlicher Klarheit geäußert: «Das schreibt die natürliche Ordnung vor, so hat Gott den Menschen erschaffen. Denn er hat gesagt: ‹Er soll herrschen über die Fische des Meeres und über die Vögel des Himmels und über alle kriechenden Tiere, die hinkriechen über der Erde.› Vernunftbegabt, nach Gottes Ebenbild erschaffen, sollte der Mensch nur über die vernunftlosen Wesen herrschen, nicht über Menschen, sondern über das Tier... Also hat die Sklaverei, die darin besteht, daß ein Mensch an einen anderen durch die soziale Stellung in Unterwürfigkeit gekettet wird, ihren letzten Grund in der Sünde... Niemand aber ist von Natur aus, so wie Gott ursprünglich den Menschen erschaffen hat, Sklave eines Menschen oder einer Sünde.»[12]

Diese von Augustin ausgedrückte Auffassung blieb das ganze Mittelalter hindurch der kirchliche Standpunkt, obschon die Kirche selbst im Lauf der Zeit Herrin über eine Zahl von Leibeigenen wurde. Die weltlichen Juristen des Feudaladels urteilten nicht anders. Die im dreizehnten Jahrhundert von dem berühmten französischen Juristen Beaumanoir niedergelegte Ansicht ist für den durchschnittlichen mittelalterlichen Denker typisch: «Obschon es jetzt verschiedene Klassen von Menschen gibt, bleibt es doch wahr, daß am Anfang alle frei waren und die gleiche Freiheit besaßen; denn jedermann weiß, daß wir alle von *einem* Vater und *einer* Mutter abstammen...»[13]

Größtes Interesse beansprucht die Art und Weise, wie die Vorstellung, daß alle irdischen Dinge allen Menschen gemeinsam zur Verfügung stehen sollten, in die katholische Lehre eingebaut und weitergegeben wurde. Im dritten Jahrhundert finden wir beim heiligen Cyprian eine Wiederholung des bekannten stoischen Gedankenguts.[14] Gottes Gaben, sagt er, seien der gesamten Menschheit gegeben. Das Tageslicht kommt zu allen, die Sonne scheint auf alle, der Regen fällt und der Wind weht für alle, der Mond und der Sternenglanz gehören allen. So zeigt sich Gottes unparteiisches Wohlwollen; und ein Mensch, der sich göttlicher Gerechtigkeit befleißigen will, muß sein Hab und Gut mit seinen Mitchristen teilen. In der zweiten Hälfte des vierten Jahrhunderts hatte sich diese Auffassung bei vielen christlichen Autoren durchgesetzt. Der zum Gemeinplatz gewordene Vergleich wird vom heiligen

Zeno von Verona wiederholt: vom idealen Standpunkt aus müßten alle Güter allen gemeinsam gehören «wie der Tag, die Sonne, die Nacht, der Regen, Geburt und Tod – Dinge, die die göttliche Gerechtigkeit der gesamten Menschheit ohne Ansehen der Person zukommen läßt»[15]. Noch zwingender sind gewisse Aussprüche des heiligen Ambrosius, dieses großen Mailänder Bischofs, in denen die einstmals von Seneca formulierte Überlieferung lebendig zum Ausdruck kommt: «Die Natur hat alle Schätze für alle Menschen als gemeinsamen Besitz hervorgebracht. Denn Gott befahl allen Dingen, so zu werden, daß die Nahrung allen gemeinsam gehört und die Erde Gemeineigentum ist. Demgemäß hat die Natur ein Gemeinrecht geschaffen, aber Gewohnheit und Brauch schufen ein Privatrecht...»[16] Zur Untermauerung dieses Standpunktes zitiert Ambrosius die Schöpfungsgeschichte und die Stoiker, als seien sie völlig übereinstimmende Autoritäten. Und anderswo bemerkt er: «Der Herr, unser Gott, hat diese Erde ausdrücklich als Gemeineigentum aller, das Nahrung für alle hervorbringt, gewollt; aber Habgier hat Eigentumsrechte geschaffen.»[17]

Sogar im *Decretum* des Franciscus Gratianus finden wir eine den kommunistischen Urzustand einschließlich der freien Liebe preisende Stelle[18]; und dabei wurde diese Abhandlung zum Standardlehrbuch aller kirchenrechtlichen Fakultäten und bildet den ersten Teil des *Corpus iuris canonici*. Wie dieser Text in dieses Werk hineinkam, gehört zu den merkwürdigsten Episoden der Geistesgeschichte überhaupt. Von einem der erste Bischöfe Roms, dem am Ende des ersten Jahrhunderts lebenden Papst Clemens I., wurde nach seinem Ableben gesagt, er sei ein Schüler des Apostels Petrus gewesen. Das infolgedessen mit seinem Namen verkündete Ansehen führte dazu, daß ihm eine große Menge apokrypher Literatur unterschoben wurde. Eine dieser Arbeiten gab sich für eine von Clemens dem heiligen Jakob – dem Bruder Jesu – mitgeteilte Erzählung aus, die Clemens' Reisen mit dem Apostel Petrus schildert und berichtet, wie er, Clemens, seine Eltern und Brüder, von denen er seit seiner Kindheit getrennt gewesen war, «erkannt» hat. Die vermutlich um 265 n. Chr. in Syrien verfaßte Geschichte erhielt etwa hundert Jahre später ihre endgültige Form. In der überlieferten Version der *Recognitiones San Clementis Romani* tritt uns Clemens' Vater als ein Heide entgegen, mit dem Petrus und Clemens debattieren, bis sie ihn bekehren. Der Vater zitiert im Laufe des Disputs die nachstehenden Auffassungen, die er «griechischen Philosophen» zuschreibt – was ganz korrekt wäre, wenn er nicht versucht hätte, sie als von Platon stammend zu bezeichnen:

«Denn die Nutzung aller Dinge dieser Welt hätte allen Menschen zustehen müssen; nun aber sagt ungerechterweise ein Mensch, das gehöre ihm, und ein anderer sagt, es sei sein; und so entsteht unter Sterblichen Uneinigkeit. Kurz gesagt, ein sehr kluger Grieche, der über diese Dinge sehr genau Bescheid weiß, meint, daß unter Freunden alles allen gemeinsam gehören sollte. Und fraglos sind in diesem ‹alles› die Ehegatten miteingeschlossen. Und weiter sagt er, daß so wie die Luft und die Herrlichkeit der Sonne nicht geteilt werden können, so sollten alle anderen Dinge, die es in dieser Welt für die gemeinsame Nutzung gibt, nicht geteilt werden, sondern wirklich gemeinsamer Besitz sein.»[19]

Etwa fünfhundert Jahre später wurde diesem Passus eine völlig neue Bedeutung unterschoben. Der unter dem Namen Pseudo-Isidor bekannte französische Mönch, der seine Schriften dem Erzbischof Isidor von Sevilla unterschob, fabrizierte um 850 n. Chr. eine Reihe von Canones und Dekretalien, die heute die berühmte Sammlung der *Unechten Dekretalien* bilden. Die Sammlung beginnt mit fünf «Episteln von Papst Clemens», die alle gefälscht sind, drei von Pseudo-Isidor persönlich. In die fünfte, an den heiligen Jakob und die Jerusalemer Christen gerichtete Epistel fügte Pseudo-Isidor die oben wiedergegebene Stelle ein[20] – aber nicht mehr als Ausspruch eines Heiden, sondern als des Papstes eigene Ansicht; und zur Verstärkung des Arguments läßt er den Papst das 4. Kapitel der Apostelgeschichte über die Jerusalemer Christengemeinde zitieren:

«Die Menge aber der Gläubigen war *ein* Herz und *eine* Seele; auch keiner sagte von seinen Gütern, daß sie sein wären, sondern es war ihnen alles gemein... Es war auch keiner unter ihnen, der Mangel hatte; denn wie viel ihrer waren, die da Äcker oder Häuser hatten, die verkauften sie und brachten das Geld des verkauften Guts und legten es zu der Apostel Füßen; und man gab einem jeglichen, was ihm not war.»[21]

In dieser hybriden, halb-christlichen, halb-stoischen Fassung begegnete das Argument dem Begründer der Wissenschaft des kanonischen Rechts. Als Gratian um 1150 seine gewaltige Kompilation in Angriff nahm, dachte er – sowenig wie seine Zeitgenossen – daran, die Echtheit der Pseudo-Isidorschen Dekretalien anzuzweifeln. Die fünfte Epistel Clemens' wurde mitsamt ihrer sonderbaren Bekräftigung des Anarcho-Kommunismus in das *Decretum* aufgenommen[22], wodurch sie bis ins sechzehnte Jahrhundert dauernde Autorisation erfuhren; dann erst wurden sie zusammen mit den übrigen unechten Dekretalien entlarvt. Gratian versieht das Dokument freilich mit gewissen Kommentaren, die auf eine Einschränkung abzielen; doch an andern Stellen des *Decretums* stellt er sich (von der freien Liebe abgesehen) vorbehaltlos hinter seine Argumente. Und im Spätmittelalter war es für Kanoniker und Scholastiker zum Gemeinplatz geworden, daß es in der ursprünglichen Gesellschaft, dieser besten von allen Staatsformen, kein Privateigentum gegeben habe, weil alles allen gehört hätte.[23]

Zum erstenmal seit dem Altertum tauchte der egalitäre Naturzustand um 1270 in einem Werk der schönen Literatur, nämlich in dem umfangreichen Epos *Roman de la Rose* auf. Sein Verfasser war ein wißbegieriger Laie, der im Pariser Quartier Latin lebte, durch die zeitgenössischen Dispute an der Universität stark beeinflußt wurde und ein ausgezeichneter Kenner der lateinischen Literatur war. In der ganzen volkssprachlichen Literatur des Mittelalters gibt es kein zweites derart populäres Werk – rund zweihundert handgeschriebene französische Exemplare sind heute noch erhalten –, und außerdem wurde es vielfach übersetzt. So gelangte eine Gesellschaftstheorie, die bis dahin nur gelehrten Kirchenmännern zugänglich gewesen war, durch den *Roman de la Rose* in die Hände zahlreicher Laien. Jean de Meuns Schilderung des Goldenen Zeitalters und seines Niedergangs ist ein ebenso ernsthafter wie populärer Essay – ein Vorläufer des fünfhundert Jahre später erschienenen zweiten Teils von Rousseaus *Discours sur l'inégalité* und wie dieser für den an sozialen Mythen Interessierten von großer Bedeutung.

«In einer längst vergangenen Zeit, in den Tagen unserer ersten Voreltern», schreibt der Dichter, «liebten, wie die Schriften der Alten bezeugen, die Menschen einander mit zärtlicher, aufrichtiger Liebe und nicht aus Gewinnsucht und Habgier. Die Güte regierte auf der Welt.» Die Gewohnheiten waren, wie der Dichter weiter schildert, einfach; man nährte sich von Früchten, Nüssen und Kräutern, man trank nur Wasser und bekleidete sich mit Fellen; man wohnte in Höhlen und wußte nichts von Landwirtschaft. Dennoch gab es keine Not, weil die Natur alle nötigen Lebensmittel freigebig spendete. Liebende umarmten einander auf blumigen Wiesen unter Dächern aus Laub (für diesen Autor bildete die freie Liebe einen wichtigen Bestandteil der ursprünglichen Seligkeit). «Dort tanzten sie und verbrachten in süßem Nichtstun ihre Tage; einfache, stille Menschen, die keinen Wunsch kannten außer in Heiterkeit und gegenseitiger Freundschaft zu leben. Noch hatte kein Herr oder König wie ein Verbrecher seine Nächsten um ihre Habe beraubt. Alle waren gleich, und keiner nannte etwas sein eigen. Der Grundsatz, daß Liebe und Herrschaft nie in Eintracht nebeneinander hausen, war ihnen wohl bekannt...[24] So, mein Freund, hielten die Alten einander Gesellschaft, ohne Vorschriften und Einengung, friedlich und anständig; und niemals hätten sie ihre Freiheit für alles Gold Arabiens oder Phrygiens hingegeben.»[25]

Diesem glücklichen Zustand der Dinge bereitete das Auftreten eines ganzen Heeres von Lastern – Stolz, Habgier, Neid, Betrug und viele mehr – leider ein Ende. Als erstes ließen sie die Armut und ihren Sohn, den Diebstahl, auf die Erde los, die bis dahin nichts von ihnen gewußt hatte. Dann «verbreiteten sich diese Dämonen, die der Anblick der glücklichen Menschen mit Neid und Zorn erfüllte, über die ganze Erde, und sie säten Uneinigkeit, Zwietracht, Schikanen, Prozesse, Dispute, Streit, Kriege, Verleumdung, Bosheit und Haß. Und da sie in nichts so vernarrt waren wie ins Gold, gruben sie die Erde auf und holten aus ihrem Schoß die verborgenen Schätze, Metalle und Edelsteine. Denn Habgier und Geiz haben dem Menschenherzen die Leidenschaft eingepflanzt, Besitz zu erwerben. Die Habgier schreit nach Geld, und der Geiz, dieses unselige Geschöpf, schließt es weg, und es wird nie ausgegeben, sondern den Erben und Testamentsvollstreckern hinterlassen, die es verwalten und darüber wachen sollen, sofern es nicht vorher schon einem Mißgeschick zum Opfer fällt.

Kaum war die Menschheit zur Beute dieser Horde geworden, als sie von ihrer ersten Lebensform abging. Die Menschen hörten nie auf, Böses zu tun; sie wurden falsch und begannen zu betrügen; sie eigneten sich Besitz an, und sie verteilen sogar die Erde, und um dies zu tun, zogen sie Grenzlinien; und sie kämpften über die Festsetzung dieser Linien und nahmen einander weg, was sie konnten; die Stärksten erhielten die größten Stücke.»[26]

Doch am Ende wurde die Anarchie so unerträglich, daß die Menschen jemanden bestimmen mußten, der die Ordnung wiederherstellen und bewahren konnte. Sie wählten «einen starken Knecht, den mit dem größten und kraftvollsten Körperbau, den sie finden konnten, und erhoben ihn zum Herrn oder Fürsten». Da er aber Gehilfen brauchte, wurden Steuern und Gebühren eingeführt, um den Zwangsapparat zu bezahlen; das war der Anfang der königlichen Macht. Geld wurde gemünzt, Waffen wurden hergestellt – «und gleichzeitig begann man Städte und Burgen zu befestigen und große mit Bildwerk geschmückte Paläste zu bauen, weil die, die solchen Reichtum besaßen, befürchteten, er könne ihnen durch Gewalt oder Hinterlist weggenommen werden. Da waren diese Unglücklichen nur noch mehr zu bedauern, weil sie keine Ruhe mehr kannten, nachdem sie sich aus Habgier angeeignet hatten, was vorher wie die Luft und die Sonne allen gemeinsam gewesen war.»[27]

So sahen die egalitären und kommunistischen Ideale aus, denen viele denkende mittelalterliche Europäer huldigten, und es fehlte – wie man wohl sagen darf – auch nicht an Versuchen, sie in die Realität zu übertragen. Die Kirche selbst blieb dabei, daß ein gemeinsames Leben in freiwilliger Armut «die vollkommenere Lebensform» sei; sie bestand jedoch darauf, daß in einer unter den Folgen des Sündenfalls leidenden, verdorbenen Welt dieses Ideal nur Auserwählten zur Verwirklichung vorbehalten sei. Innerhalb der Geistlichkeit fand diese Haltung in den Mönchs- und Bettelmönchsorden ihren organisierten Ausdruck. Aber auch viele Laien fanden in einer ähnlichen Lebensform Befriedigung, insbesondere als sich der Handel wiederbelebte, neuer Reichtum entstand und sich eine städtische Kultur entwickelte. Vom elften Jahrhundert an waren in allen dicht bevölkerten, stärker entwickelten Gegenden halb-mönchische Laiengruppen anzutreffen, die teils mit, teils ohne kirchliche Sanktion auf der Basis des Gemeinschaftseigentums lebten. Allen diesen Gemeinschaften diente die im 4. Kapitel der Apostelgeschichte gegebene Schilderung der ersten Jerusalemer Christengemeinde als Modell. Dieses Vorbild – das, wie wir gesehen haben, der Pseudo-Isidor bereits in der gefälschten Clemens-Epistel anführte – erlangte immer größere Bedeutung, war sich doch niemand darüber klar, wie sehr Lukas seine Phantasie über seine geschichtliche Objektivität hatte obsiegen lassen.

Mit der Nachahmung dieses Phantasiebildes der Frühkirche war jedoch noch kein Versuch verbunden, das verlorene Goldene Zeitalter, wie es der antiken Welt von Seneca und der mittelalterlichen Welt von Jean de Meun präsentiert worden war, wiederherzustellen. Selbst die vom zwölften Jahrhundert an aufblühenden ketzerischen Sekten befaßten sich im großen ganzen weniger mit gesellschaftlicher und materieller Nivellierung, als gelegentlich behauptet wird; so zeigten weder Waldenser noch Katharer für diesen Punkt wesentliches Interesse.[28] So scheinen es bis zum Ende des vierzehnten Jahrhunderts nur ein paar obskure Sektierer – wie etliche Jünger des freien Geistes – gewesen zu sein, die den egalitären Urzustand aus der Tiefe der Vergangenheit zurückzurufen und in die Zukunft zu projizieren versuchten. So wenige sich aber auch damit befaßten, so blieb dieser Versuch der Wiederheraufführung des Goldenen Zeitalters nicht ohne einschneidende Bedeutung. Er resultierte in einer Lehre, die – sowie sie ins Bewußtsein der aufsässigen Armen drang und mit den Phantasien der populären Eschatologie verschmolz – einen revolutionären Mythos gebar.

XI

Das Tausendjährige Reich allgemeiner Gleichheit

Erster Teil

Randbemerkungen zum englischen Bauernaufstand

Wann etwa hat man aufgehört, sich eine Gesellschaftsordnung ohne Standes- und Besitzunterschiede lediglich als ein in der fernen Vergangenheit unwiederbringlich verlorenes Goldenes Zeitalter vorzustellen und statt dessen angefangen, an ein in der nahen Zukunft sich erfüllendes Goldenes Zeitalter zu denken? Soweit sich aus den vorhandenen Quellen schließen läßt, liegt die Geburtsstunde dieses neuen Sozialmythos in den turbulenten Jahren um 1380, und seine Heimat könnten die von einer Welle gewalttätiger Aufstände heimgesuchten Städte Nordfrankreichs und Flanderns gewesen sein [1]; doch muß das, obschon es gelegentlich behauptet wurde, erst noch bewiesen werden. Zieht man hingegen die Chroniken zu Rate, die den englischen Bauernaufstand von 1381 schildern, und untersucht man die dem berühmten John Ball zugeschriebenen Aussprüche [2], so zeichnet sich – unerwartet aber unmißverständlich – der Mythos als Hintergrund ab.

Freilich war es nicht so, daß der Mythos die große Masse der Aufständischen wesentlich beeinflußt hätte. Die Mehrheit der Bauern und der ihre Partei nehmenden städtischen Handwerker scheint beinahe ausschließlich begrenzte, realistische Ziele verfolgt zu haben. Zu jener Zeit hatte die Beziehung zwischen dem Grundherrn und seinen Bauern den patriarchalischen Charakter, den sie einmal gehabt haben mag, völlig verloren, und die Bauern sahen nicht ein, weshalb sie einem Herrn, der aufgehört hatte, ihr Beschützer zu sein, Frondienste und hohe Abgaben leisten sollten. Dazu kam ein im Gefolge des Schwarzen Todes entstandener chronischer Mangel an Arbeitskräften, aus dem der gemeine Mann zwar großen Nutzen gezogen hatte, aber doch keinen so großen, wie er es wünschte. Bauern wie Handwerker wehrten sich gegen die ihnen gesetzlich auferlegten Beschränkungen, insbesondere die des Arbeiterstatuts, das ihnen verwehrte, ihre wirtschaftlich so starke Position voll zur Geltung zu bringen. Das dadurch hervorgerufene Mißvergnügen erhielt neue Nahrung durch die schlechte Kriegführung in Frankreich und die Ausschreibung einer besonders verhaßten Kopfsteuer. Aber bei aller Verärgerung des gemeinen Mannes verfolgte der Aufstand anfänglich rein praktische Ziele. Die vom König in Mile End gewährte (und später annullierte) Freiheitscharta spiegelt diese Ziele recht genau wider: Ablösung der Naturalabgaben durch Pachtzins, Ersetzung des Frondienstes durch Lohnarbeit, Aufhebung der für Kauf und Verkauf geltenden Beschränkungen. Nichts, aber schon gar nichts in diesem Programm weist auf eine bevorstehende wunderbare Wiederherstellung des Urzustands völliger Gleichheit hin. Doch bedeutet das keineswegs, daß ein solches Phantasiebild einzelnen Aufständischen nicht doch vorgeschwebt hat.

Froissart zitiert in einer bekannten Stelle eine, wie man annimmt, typische Predigt John Balls: «Und wenn wir alle von einem Vater und einer Mutter, Adam und Eva, abstammen, wie können dann die Barone sagen oder beweisen, daß sie größere Herren sind als wir – abgesehen davon, daß sie uns zwingen, den Boden umzugraben und zu bestellen, damit sie verschwenden können, was wir produzieren? Sie kleiden sich in Samt und Seide und verbrämen sie mit Eichhörnchenfell, während wir grobes Tuch tragen. Sie haben Gewürze und Weine und feines Brot; wir aber haben nur Roggen und verdorbenes Mehl und Stroh und zum Trinken nur Wasser. Sie haben schöne Häuser und Paläste; wir aber haben die Arbeit und die Sorgen und sind im Regen und Schnee auf den Feldern. Alles, womit sie ihren Pomp aufrechterhalten, kommt von uns und unserer Arbeit.» Gegen diesen Stand der Dinge hat der Prediger ein drastisches Rezept: «Gute Leute, die Dinge können und werden sich in England niemals gut gestalten, bis alles allen gehört und es weder Herren noch Leibeigene gibt und wir alle eines Standes sind.»[3]

Thomas Walsingham, ein Chronist der Abtei St. Albans, zitiert gleichfalls eine Predigt, die Ball vor einem Rebellenhaufen in Blackheath über einen schon damals sprichwörtlichen und bis heute berühmt gebliebenen Text gehalten haben soll:

Als Adam grub und Eva spann,
Wer war da ein Edelmann?[4]

Laut Walsingham argumentierte Ball, alle Menschen seien ursprünglich frei und gleich erschaffen worden. Böse Menschen hätten dann entgegen dem Willen Gottes durch ungerechte Unterdrückung die Leibeigenschaft eingeführt. Doch jetzt sei die von Gott vorgesehene

Zeit gekommen, da der gemeine Mann, sofern er nur wolle, das so lange getragene Joch abschütteln und die immer ersehnte Freiheit gewinnen könne. Sie sollten deshalb guten Mutes sein und sich wie der gute Hausvater in der Heiligen Schrift verhalten, der das Korn in seiner Scheune gesammelt und das Unkraut, das das gute Korn beinahe zu ersticken drohte, ausgerissen und verbrannt habe; denn die Erntezeit sei gekommen. Die hohen Herren, die Richter und Advokaten, die seien das Unkraut und müßten ebenso wie die, die der Gemeinschaft in Zukunft gefährlich werden könnten, ausgemerzt werden. Wenn erst einmal die Großen gestürzt seien, würden alle Menschen gleiche Freiheit, Würde und Macht genießen.

Obschon wir unmöglich wissen können, ob John Ball derartige Predigten wirklich gehalten hat, haben wir doch jeden Grund zur Annahme, daß die darin zum Ausdruck gebrachte Auffassung anläßlich der Revolte tatsächlich verbreitet wurde. Die Lehre vom ursprünglichen Zustand völliger Gleichheit war in England durchaus nichts Neues. In dem im ersten Jahrzehnt des vierzehnten Jahrhunderts verfaßten *Dialogue of Dives and Pauper* lesen wir: «Nach dem Gesetze Gottes und der Natur sind alle Dinge Gemeineigentum»[5]; ein Punkt, der durch Bezugnahme auf die landläufigen Autoritäten, den gefälschten Brief Papst Clemens' und das 4. Kapitel der Apostelgeschichte, weiter erhärtet wird. In ähnlichem Sinn stützten sich durchaus orthodoxe Prediger auf den heiligen Ambrosius: «Gemeinsam für alle, für Reiche und Arme, wurde die Erde erschaffen. Warum wollt ihr Reichen das darin liegende Recht anfechten? Die Natur, die alle Menschen arm hervorbringt, kennt keine persönlichen Reichtümer.»[6] Und in seinem Traktat *De civile dominio* (1374 in Oxford verfaßt) erörterte sogar Wiclif den gleichen Gedanken in akademischer Verkleidung.[7] Seine Argumentation ging dahin, die Herrschaft der Ungerechten stelle eine mit dem göttlichen Willen und den fundamentalen Rechtsgrundsätzen unvereinbare Usurpation dar; während der Gerechte, der um Christi willen auf Herrschaft verzichte, eine so vollkommene Herrschaft über das Universum gewinne, wie sie nicht einmal den Ureltern vor dem Sündenfall gegeben gewesen sei. Wiclif fährt fort, seine eigene Variante des seit Gratian von so vielen Scholastikern behandelten Themas zu entwickeln: «Erstens, alle guten Dinge Gottes sollten Gemeineigentum sein. Den Beweis dafür bildet folgendes: Jedermann sollte sich im Zustand der Gnade befinden, und wenn er sich im Zustand der Gnade befindet, ist er Herr der Welt mit allem, was darin ist; daher sollte jeder Herr der ganzen Welt sein. Weil aber die Menschen so zahlreich sind, wird das nicht geschehen, sofern sie nicht alle Dinge gemeinsam besitzen: daher sollten alle Dinge Gemeineigentum sein.»[8]

Natürlich beabsichtigte Wiclif nie, diese Theorie auf die profane Welt zu übertragen. Er hat sie nur ein einziges Mal und überdies in lateinischer Sprache zum Ausdruck gebracht; und selbst dort fügte er die Einschränkung hinzu, daß sich im praktischen Leben der Gerechte in Ungleichheiten und Ungerechtigkeiten schicken und den Ungerechten im Besitz seines Reichtums und seiner Macht lassen müsse. So tiefernst Wiclifs Angriffe auf den Reichtum und die Verweltlichung des Klerus gemeint waren, so wenig ging seine Befürwortung des Gemeineigentums über ein Exerzitium in formaler Logik hinaus. Wenn aber seine Bemerkungen aus der scholastischen Umrahmung und den einschränkenden Klauseln gelöst werden, so sind diese von dem mystischen Anarchismus des freien Geistes kaum noch unterscheidbar. Es wäre eher erstaunlich, wenn sich in dem aus allen Ständen zusammengesetzten Oxforder Studentenschwarm keiner befunden hätte, der nicht gierig solche Gedanken aufgegriffen und sie, zu propagandistischen Schlagworten vereinfacht, herumgeboten hätte. Und in der Tat hat Langland in seinem gleich nach dem großen Aufstand verfaßten *Piers Plowman* geschildert, wie die Spekulationen über den Naturzustand von den Universitäten ins Volk sickerten[9] und welche Wirkung sie dort ausübten:

Der Neid hörte das und schickte Mönch zur Schule,
Logik und Recht und auch Kontemplation zu erlernen,
Den Menschen von Plato zu sprechen und durch Seneca zu beweisen,
Daß alles unter dem Himmel Gemeinbesitz zu sein habe.
Bei meinem Leben, es lügt, wer so vor Unwissenden predigt,
Denn Gott gab ein Gesetz und kündete es durch Moses uns Menschen:
Du sollst nicht begehren deines Nächsten Gut.[10]

Trotz seiner langen Geschichte hatte das Phantasiebild von einem natürlichen Zustand der Gleichheit noch nie die Rolle eines dynamischen Sozialmythos gespielt; und es wäre auch jetzt nicht dazu gekommen, wenn nicht eine weit persönlichere und leidenschaftlichere Gesellschaftskritik hinzugetreten wäre. In seiner fesselnden Zusammenstellung mittelalterlicher Predigten hat Professor G. R. Owst gezeigt, wie selbst die kirchentreuesten Prediger bei aller Anprangerung der Sünden sämtlicher Gesellschaftsschichten ihre beißendste Kritik gegen die Reichen und Mächtigen richteten. Besonders bezeichnend ist die Charakterisierung des Jüngsten Gerichts als Rachestunde der Armen – eine vom dreizehnten Jahrhundert an entwickelte und ausgebaute Deutung, der der Kanzler der Universität Cambridge, John Bromyard, in seiner

Anleitung für Prediger meisterhaften Ausdruck verlieh. Das nachstehende Zitat ist Professor Owsts Zusammenstellung entnommen und vermittelt einen Eindruck von der Gefühlskraft der Darstellung Bromyards:

Zur Linken, vor dem Thron des obersten Richters, stehen «die harten Herren, die die Kinder Gottes durch Auflagen und schwere Geldstrafen ausplünderten... die schlechten Kirchenmänner, die es unterließen, die Armen mit den Gütern Christi zu ernähren, wie sie es hätten tun sollen; die Wucherer und betrügerischen Kaufleute, die die Kinder Christi betrogen...». Unter den Gerechten zur Rechten aber stehen viele, die «von den genannten Übeltätern unterdrückt, geschädigt und gepeinigt worden sind». Dann bringen die Unterdrückten im Angesicht des göttlichen Richters ihre furchtbare Anklage gegen die Unterdrücker vor. «Und sie werden in der Lage sein, Gott ihre Beschwerden mit Kühnheit vorzutragen und Gerechtigkeit zu suchen, mit Christus dem Richter zu reden und einer nach dem andern die ihm besonders zugefügten Leiden zu nennen... ‹Arbeit und Habe nahmen sie uns weg, um ihrer Habgier zu frönen. Sie marterten uns mit Hunger und Arbeit, um dank unserer Mühe und Habe ein bequemes Leben zu führen. Wir haben uns geschunden und so karg gelebt, daß wir kaum für ein halbes Jahr zur Genüge hatten, kaum etwas außer Brot, Kleie und Wasser. Ja, was schlimmer ist, wir starben Hungers. Ihnen aber reichte man drei und vier Gerichte aus den Nahrungsmitteln, die sie uns weggenommen... Wir litten Hunger und Durst und waren von Kälte und Blöße heimgesucht. Und diese Räuber dort gaben uns nichts von unsern Gütern, wenn wir Not litten; sie gaben uns nichts davon, um uns zu nähren oder zu kleiden. Aber ihre Hunde und Pferde und Affen, die nährten und kleideten die Reichen, Mächtigen, Besitzenden, die Vielfraße und Trunkenbolde und ihre Kebsweiber, und uns ließen sie in Not...›

‹O gerechter Gott, allmächtiger Richter, die Lose waren ungleich zwischen ihnen und uns verteilt. Ihre Sattheit war unser Hunger, ihre Fröhlichkeit unser Elend, ihre Spiele und Turniere waren unsere Qual... Ihre Feste, Belustigungen, Eitelkeiten, Prahlereien, Ausschweifungen und ihr Überfluß waren unsere Fasten, Strafen, Nöte, Katastrophen und Verderben. Die Liebeleien und das Gelächter bei ihren Festen und Tänzen waren unser Hohn, unsere Seufzer und Proteste. Und wenn sie sangen: ‹Recht gut – recht gut!›, dann stöhnten wir: ‹Wehe uns! Wehe uns!›»

«Den also Klagenden wird der letzte Richter zweifellos Gerechtigkeit widerfahren lassen», fügt Bromyard hinzu. So furchtbar die Anklage der Benachteiligten ist, so furchtbar wird auch das Schicksal der Unterdrücker sein: «Viele, die man hier auf Erden Edelleute nennt, werden vor jenem Richterthron in tiefster Scham erröten.»[11]

Es erübrigt sich, zu sagen, daß eine derartige Predigt keineswegs bezweckte, sozialen Aufruhr anzustiften. Wenn sie sich an die Reichen wandte, war sie als Mahnung gedacht, die Armen gerecht und gnädig zu behandeln und freigebig Almosen auszuteilen; wandte sie sich an die Armen, sollte sie sie nicht aufwiegeln, sondern im Gegenteil trösten und beruhigen. Dennoch enthält diese Schilderung des Gerichtstages den ganzen von den Kleinen gegen die «Großen» erhobenen Vorwurf und bringt ihn überdies in den Bereich eines gewaltigen eschatologischen Geschehens. Um eine derartige Prophezeiung in eine revolutionäre Propaganda explosivsten Charakters zu verwandeln, war nur noch nötig, den Gerichtstag zeitlich näher zu rücken – ihn nicht in eine unbestimmte ferne Zukunft, sondern in die unmittelbar bevorstehende zu verlegen. Und genau das hat John Ball in der ihm von Walsingham zugeschriebenen Predigt unternommen. Will man zur vollen Würdigung dieser Predigt gelangen, muß man sich des Zusammenhangs erinnern, in den die Heilige Schrift das Gleichnis vom Samenkorn und Unkraut stellt – ein Zusammenhang, der, dessen darf man gewiß sein, von jedem mittelalterlichen Publikum sofort erfaßt wurde. Denn so wie Christus das Gleichnis seinen Jüngern auslegt, stellt es eine auf die gewaltigen Umwälzungen der Endzeit hinweisende eschatologische Prophezeiung dar:

«Des Menschen Sohn ist's, der da guten Samen sät. Der Acker ist die Welt. Der gute Same sind die Kinder des Reichs. Das Unkraut sind die Kinder der Bosheit. Der Feind, der sie sät, ist der Teufel. Die Ernte ist das Ende der Welt. Die Schnitter sind die Engel. Gleichwie man nun das Unkraut ausjätet und mit Feuer verbrennt, so wird's auch am Ende dieser Welt gehen: des Menschen Sohn wird seine Engel senden; und sie werden sammeln aus seinem Reich alle Ärgernisse und die da Unrecht tun, und werden sie in den Feuerofen werfen; da wird sein Heulen und Zähneklappern. Dann werden die Gerechten leuchten wie die Sonne in ihres Vaters Reich. Wer Ohren hat, zu hören, der höre!»[12]

Mit der Verkündigung, die Erfüllung dieser Prophezeiung stehe bevor und man sei in die von Gott vorgesehene Erntezeit eingetreten, ruft die Predigt das gemeine Volk, die Kinder Gottes, auf, die Vernichtung der dämonischen Kräfte als Auftakt zum Anbruch des Tausendjährigen Reiches in die Hand zu nehmen. Und auch in den Ball zugeschriebenen kryptischen Versen[13] – deren Urheberschaft ebenso wie die der Predigten aber eher als unsicher gelten sollte – werden die in *Piers Plowman* verwendeten Symbole so abgewandelt, daß sie die gleiche revolutionäre Botschaft vermitteln. Auch hier läßt sich die gleiche gespannte Erwartung einer Endschlacht zwischen den als Heerscharen Gottes gesehenen Armen und den als Heerscharen Satans gesehenen Unterdrückern erkennen. Diese Schlacht wird die Welt von Sünde reinigen und besonders von solchen Sünden, die wie *Luxuria* und *Avaritia* herkömmlicherweise den Reichen zugeschrieben wurden; die «hinter Schloß und Riegel gehaltene Wahrheit» wird befreit, die «wahre Liebe, die so gut war», der Welt wiedergegeben werden. Es ist die Morgendämmerung des Tausendjährigen Reiches, aber eines Reiches, das nicht nur das in der Schrift angekündigte Königreich der Heiligen, sondern auch eine Wiederheraufführung des egalitären Urzustands, ein zweites Goldenes Zeitalter sein sollte. Und auch diese Verse bestehen darauf, daß dies jetzt, in diesem Augenblick geschehen muß: «Gott gibt Genugtuung; jetzt ist die Zeit.»

Es ist allgemein die Auffassung vertreten worden, daß die drei großen Bauernerhebungen des vierzehnten Jahrhunderts – der Aufstand im flandrischen Seeland 1323 bis 1328, die *Jacquerie* von 1358 und der englische Aufstand von 1381 – ausschließlich begrenzte materielle und politische Ziele verfolgten. Aber in Wahrheit scheint das auf den englischen Aufstand weniger zuzutreffen als auf seine kontinentalen Vorläufer. Obschon auch hier die große Mehrzahl der Rebellen von bestimmten Beschwerden zur Forderung bestimmter Reformen veranlaßt worden sein mag, dürften chiliastische Hoffnungen und Erwartungen bestimmt nicht ganz gefehlt haben. Soziologisch gesehen, ist das auch keineswegs überraschend. Angehörige des niederen Klerus und insbesondere Apostaten und Abenteurer vom Typus John Balls spielten bei der englischen Erhebung eine außergewöhnlich große Rolle; und solche Männer brannten, wie wir gesehen haben, immer darauf, die Rolle eines göttlich inspirierten Propheten zu übernehmen, dessen Mission es sei, die Menschheit durch die vorherbestimmten Umwälzungen der Endzeit zu führen.[14] Eine weitere Eigenart dieser Revolte liegt darin, daß sie nicht nur von der Land-, sondern fast ebensosehr von der Stadtbevölkerung getragen wurde. Als die Bauern von Kent und Essex, offenbar im Glauben an das Wohlwollen und die Allmacht des Königs[15], auf London zumarschierten, erhoben sich bei ihrem Eintreffen auch die Städter, verhinderten das Schließen der Tore und vereinigten sich mit den Rebellenhaufen. Und das änderte natürlich den Charakter der Revolte.

Von Froissart ist zweifellos mit gutem Grund festgestellt worden, daß Balls begeistertste Anhänger unter den «auf den Adel und die Reichen eifersüchtigen» Londonern zu finden waren.[16] Denn zu dieser Zeit gab es auch in London eine Unterwelt, wie sie in Nordfrankreich, Flandern und Deutschland schon seit langem existiert hatte: Tagelöhner, die von den Gilden nicht aufgenommen wurden und denen es gleichzeitig verboten war, sich eigene Organisationen zu schaffen; ungelernte Arbeiter, ausgemusterte Soldaten und Deserteure, zahllose Bettler und Arbeitslose – kurz, eine ganze städtische Unterwelt, die in größtem Elend und in ständiger Gefahr des Hungertodes vegetierte und ununterbrochen durch die vom Land in die Stadt geflohenen Leibeigenen aufgebläht wurde. In einem solchen Milieu, wo sich fanatische Pseudopropheten mit den ziellosen und verzweifelten Armen am äußersten Rand der Gesellschaft verbanden, mußte ein die nationale Gesellschaftsordnung ohnehin tief erschütternder Aufstand heftigste Reaktionen auslösen und in der Tat den Anschein erwecken, als würden alle Dinge neu, als lösten sich alle gesellschaftlichen Normen auf und stürzten alle Schranken ein. Ja, versuchsweise mag sogar angedeutet werden, daß sich hinter mehreren merkwürdigen Nebenerscheinungen dieses Aufstands chiliastische Hoffnungen verbargen; so wenn die Londoner den Palast Johanns von Gent mit allen seinen Schätzen niederbrannten, ohne sich irgend etwas davon anzueignen[17]; so die augenscheinlich unerfüllbaren Forderungen, die dem König in Smithfield vorgelegt wurden[18]; so vielleicht auch Jack Straws Geständnis (unter der Voraussetzung, daß er es wirklich ablegte), wonach am Ende die Grundbesitzer und der gesamte Klerus mit Ausnahme einiger Bettelmönche getötet werden sollten.[19]

So lag bestimmt die Situation vor, in der man leicht genug glauben und verkünden konnte, einem egalitären, ja kommunistischen Tausendjährigen Reich sei der Weg bereitet. Und eine ebensolche Situation sollte sich vierzig Jahre später in weit größerem Ausmaß wieder einstellen, als die böhmischen Hussiten das Banner der Revolution aufpflanzten.

Die Apokalypse in Tabor

Böhmen hatte trotz seiner überwiegend slawischen und tschechisch sprechenden Bevölkerung seit Jahrhunderten weit mehr dem west- als dem osteuropäischen Kulturkreis angehört. Dem Bekenntnis nach gehörte es zur römischen, nicht zur griechischen Kirche, und politisch bildete es ein Glied des Heiligen Römischen Reichs. Seit etwa 1200 war es ohne Unterbrechung als Königreich konstituiert; und in der zweiten Hälfte des vierzehnten Jahrhunderts trug der König von Böhmen zudem die deutsche Königs- und später auch die Kaiserkrone. Unter den deutschen Kurfürstentümern stand Böhmen an erster Stelle, und dort wurde auch die erste deutsche Universität errichtet, nämlich 1348/49 in Prag; von hier aus wurde das politische und kulturelle Leben Mitteleuropas geleitet. Diese Stellung ging in den ersten Jahren des fünfzehnten Jahrhunderts verloren, als Böhmens König Wenzeslaus IV. die Kaiserwürde abgesprochen und die bis dahin übernationale Universität in eine rein tschechische verwandelt wurde. Anderseits wurde Böhmen in diesen selben Jahren zum Mittelpunkt einer religiösen Bewegung von so explosiver Gewalt, daß sie jahrzehntelang ganz Europa aufs tiefste beunruhigte.

In keinem Teil Europas konnte die übliche Kritik an der Kirche mit größerer Berechtigung vorgebracht werden als in Böhmen. Ihr Reichtum war riesig – das halbe Land war kirchlicher Besitz –, und viele Geistliche und hier wiederum besonders die Kirchenfürsten lebten in ausgesprochen weltlichem Stil; dazu mischte sich die Kurie ständig in die inneren Angelegenheiten des Landes ein und entzog ihm große Geldsummen. Einen weiteren, die übliche Verbitterung der Laienwelt gegen den Klerus verschärfenden Faktor bildete das tschechische Nationalgefühl. Schon seit dem zwölften Jahrhundert gab es in Böhmen eine ansehnliche Minderheit deutscher Abstammung, die hartnäckig an ihrem Deutschtum festhielt und im hohen Klerus besonders stark vertreten war. Das Mißvergnügen der Tschechen über den Klerus verschmolz mit der Verärgerung über den nationalen Fremdkörper.

Der asketische Reformer Johann Milíč von Kromeríz gewann in den sechziger Jahren des 14. Jahrhunderts großen Einfluß in Prag. Seine Gedanken kreisten vor allem um die Figur des Antichrist, den er sich zunächst als ein Individuum vorstellte, später aber mit der Korruption in der Kirche identifizierte. Die nicht zu leugnende Verderbtheit der Kirche deutete er als den Beginn der Herrschaft des Antichrist und somit als Zeichen des nahenden Endes. Doch galt es, in Erwartung des Endes den Antichrist zu vernichten. Er drängte den Klerus, in Armut zu leben, die Laienschar, vom «Wucher» abzulassen. Noch einflußreicher als Milíč war sein Schüler Matthäus von Janov, der um 1390 wirkte. Auch er beschäftigte sich mit den Vorstellungen vom Antichrist, den er metaphorisch mit denen in Zusammenhang brachte, die weltliche Dinge und Eigennutz der Liebe Jesu Christi vorzogen. Stärker als Milíč war er von der überwältigenden Macht des Antichrist überzeugt. In seinen Augen beherrschte der Antichrist die Gegenwart; davon zeugten die Weltlichkeit der Priester und Mönche, vor allem aber das Große Schisma. Selbstverständlich war der Sieg Jesu Christi verbürgt, dennoch hatten alle wahren Christen für ihn zu kämpfen. Die Besinnung auf die in der Bibel niedergelegten Gebote und die tägliche Kommunion waren hierzu vonnöten. Die Eucharistie, so insistierte Janov, war das unverzichtbare geistige Brot des Christen und sollte deshalb Laien ebensohäufig in beiderlei Gestalt wie Priestern zugänglich sein. Der Körper des Antichrist bestand vor allem aus falschen Priestern; warum sollten diese Schergen des Antichrist die vertrauteste Begegnung mit Christus häufiger genießen als die meisten Gläubigen? In den Vorstellungen Janovs erhielt die Eucharistie schon den zentralen Stellenwert, den sie später in der hussitischen Bewegung einnahm.

Die von Johann Milíč und Matthäus von Janov eingeleitete und von anderen Predigern weitergeführte Reform wurde in der Lehre und im Beispiel John Wiclifs fortgeschrieben, dessen Werke ab 1380 in Böhmen bekannt wurden. Am Ende des Jahrhunderts nahm Johannes Hus, ein glühender Bewunderer Wiclifs, seine Lehre so überzeugend auf, daß die Bewegung ihren lokalen Charakter sprengte und auf die gesamte abendländische Christenheit[20] übersprang. Als beliebter Prediger geißelte er wie seine Vorgänger vor allem die Verderbtheit und Weltlichkeit des Klerus; doch machte ihn eine ungewöhnlich vielseitige Begabung gleichzeitig zum Rektor der Universität, zum geistigen Führer der breiten Volksschichten und zu einer einflußreichen Figur am Hof; und das alles verlieh seinem Protest großes Gewicht. Zudem trat er noch weit entschiedener auf als seine Vorgänger, denn als Papst Johann XXIII.[21] Abgesandte nach Prag schickte, um einen «Kreuzzug» gegen seinen politischen Gegner, den König von Neapel, zu predigen und denen Ablaß versprach, die Beiträge an die gute Sache spendeten, da lehnte sich Hus gegen das päpstliche Ansinnen auf und verkündete wie vor ihm Wiclif, einem päpstlichen Befehl, der wider die Heilige Schrift verstoße, schulde kein Gläubiger Gehorsam. Der von ihm entfachte Feldzug gegen den Ablaß versetzte die ganze Nation in Erregung.

Weder Extremist noch Rebell, mißfiel Hus lediglich durch die Verweigerung blinden Gehorsams gegenüber seinen Kirchenoberen; das aber schon kostete ihn das Leben. 1412 exkommuniziert, wurde er 1414 aufgefordert, vor dem allgemeinen Kirchenkonzil zu Konstanz zu erscheinen. Unvorsichtigerweise vertraute Hus einem Geleitbrief Kaiser Sigismunds und folgte der Vorladung. Es war seine Absicht, das Konzil im Streitgespräch davon zu überzeugen, daß die Kirche wirklich einer grundlegenden Reform bedürfte. Schließlich wurde er verhaftet und, da er sich weigerte zu widerrufen, als Häretiker verbrannt. Seine «Häresie» bestand im wesentlichen aus der Behauptung, das Papsttum sei keine göttliche, sondern eine menschliche Einrichtung, nicht der Papst, sondern Christus sei das wahre Haupt der Kirche, und ein unwürdiger Papst gehöre abgesetzt. Ironischerweise hatte das ihn verurteilende Konzil gerade selbst Papst Johannes XXIII. wegen Simonie, Mord, Sodomie und sexueller Ausschweifung seines Amtes enthoben.

Als die Nachricht von Hus' Hinrichtung in Böhmen eintraf, entlud sich die Empörung in einer nationalen Erhebung. Erstmals, ein gutes Jahrhundert vor Luther, forderte eine Nation die von Papst und Konzil repräsentierte Autorität der Kirche heraus. Zwischen 1415–1418 wurde eine Reform in ganz Böhmen mit der Unterstützung der wichtigsten tschechischen Barone und von König Wenzeslaus durchgesetzt. In deren Folge wurde die bestehende kirchliche Hierarchie weitgehend abgelöst von einer nationalen Kirche, die nicht länger unter der Kontrolle Roms, sondern unter dem Patronat der weltlichen Macht Böhmens stand. Zur gleichen Zeit wurde auf Drängen eines früheren Gefolgsmannes von Hus, Jakob von Stříbo, beschlossen, ab sofort das Abendmahl in beiderlei Gestalt – und nicht nur das Brot, wie es im späten Mittelalter üblich geworden war – auch an Laien auszuteilen.

Diese weitreichenden Veränderungen führten aber nicht zum endgültigen Bruch mit der römischen Kirche. Sie waren im Gegenteil als Reformen gedacht, für die man die gesamte Kirche zu gewinnen hoffte. Hätten sich Rom oder das Konzil an dieser Reform beteiligt, so hätten sich der tschechische Adel, die Rektoren der Universität und wohl auch die Masse des Volkes vermutlich zufriedengegeben, doch dem war nicht so. 1419 änderte König Wenzeslaus unter dem Druck Papst Martins V. und Kaiser Sigismunds, seines Bruders, seine bisherige Politik und versuchte, der hussitischen Welle Einhalt zu gebieten. Die Verbreitung der hussitischen Lehre wurde eingeschränkt, und sogar der Utraquismus (die Kommunion in beiderlei Gestalt) erweckte Mißfallen. In der Neustadt Prags begehrte das einfache Volk, inspiriert von dem ehemaligen Mönch und begeisterten Hussiten Johann Zelivský, zunehmend auf. Als im Juli 1419 Wenzeslaus alle hussitischen Magistratsmitglieder der Neustadt entfernte, erhob sich das einfache Volk, stürmte das Rathaus und warf die neu eingesetzten Ratsherren aus dem Fenster. Der erfolglose Versuch, die hussitische Bewegung zu unterdrücken, stärkte die in ihr vorhandenen radikalen Tendenzen enorm. Von ihren Anfängen an gehörten der Bewegung Personen an, deren Ziele weit über die des Adels und der Universitätsrektoren hinausgingen. Die überwiegende Mehrheit dieser Radikalen stammte aus sozial niedrigen Schichten, zu ihnen zählten Weber und verwandte Berufe, Schneider, Bierbrauer, Schmiede sowie Handwerker aus allen Gewerben.

Die von diesen Leuten gespielte Rolle fiel so in die Augen, daß katholische Polemiker sogar behaupten konnten, die Zünfte hätten die Bewegung von Anfang an finanziert.[22] Wahrheitsgemäßer wäre jedoch die Feststellung gewesen, daß der allgemeine Aufruhr die soziale Unrast unter den Handwerkern, und ganz besonders in Prag, begünstigte.

Trotz ihres verhältnismäßigen Wohlstands sahen sich die Handwerker der Hauptstadt von jedem Einfluß auf die Stadtverwaltung ausgeschlossen, weil sich diese ausschließlich in den Händen der großen Patrizierfamilien befand, die zumeist heftig antihussitisch und zum Teil sogar deutsch waren. Der erfolgreiche Aufstand vom Juli 1419 führte einen völligen Umschwung herbei, der die Macht der Zünfte gewaltig erhöhte und ihnen die Kontrolle der Stadtverwaltung sicherte. Eine große Zahl von Katholiken wurde aus der Stadt verbannt; ihre Häuser und ihr Eigentum wurden beschlagnahmt, und Handwerker übernahmen ihre Ämter und Privilegien. Ein großer Teil des klösterlichen Besitzes wurde zugunsten der Stadt enteignet, und auch das kam indirekt den Handwerkern zugute. Und wenn auch die Neustadt unter der Herrschaft der Zünfte ebensowenig egalitär zu nennen war wie unter der früheren Patrizierherrschaft, so wurde sie doch dank dem Umstand, daß Handwerker die Herrschaft ausübten, neben Ustí zu einem weitern Mittelpunkt der radikalen Tendenzen.

Die große Masse der Anhänger des neuen Regimes, das heißt der die Prager Taboritenbewegung tragenden und leitenden Zünfte, rekrutierte sich freilich weniger aus den gelernten Handwerkern als aus der untersten Bevölkerungsschicht, der üblichen zusammengewürfelten Menge der Tagelöhner, ungelernten Arbeiter, Dienstboten, Bettler, Dirnen und Verbrecher.[23] Sogar im vierzehnten Jahrhundert, zur Zeit des größten Wohlstands Prags, lebte ein erheblicher Teil der Bevölkerung in ausgesprochenen Elendsquartieren[24], und in den drei bis vier Jahrzehnten vor dem Hussitenaufstand war die Zahl dieser Leute ständig gewachsen, während sich ihre Lebensbedingungen noch weiter verschlechterten. Zu Beginn des fünfzehnten Jahrhunderts litt Böhmen unter Übervölkerung[25], und der Überschuß wanderte wie üblich vom flachen Land in die Städte und vor allem in die Hauptstadt ab. Aber Böhmen besaß keine Exportindustrie, die diese Leute hätte aufnehmen können, und so vermehrten sie lediglich das Heer der Arbeitslosen. Und selbst wenn einer das Glück hatte, Handlangerarbeit zu finden, blieb er in verzweifelter Lage, weil die Löhne auf dem Stand des

Jahres 1380 verharrten, während der Geldwert infolge der Münzverschlechterung ständig sank und die Preise erbarmungslos stiegen.[26] Um 1420 scheint die große Mehrheit der Prager Bevölkerung von dreißig- bis vierzigtausend Köpfen von Hungerlöhnen vegetiert zu haben oder an Unterernährung gestorben zu sein. Dieses notleidende Proletariat bildete den extrem revolutionären Flügel der Taboritenbewegung.

Aber auch unter der Bauernschaft fand die Bewegung starken Anhang. Der Großteil der ländlichen Bevölkerung war schon seit langem von der landbesitzenden, teils weltlichen, teils geistlichen Oberschicht abhängig.[27] Diese Abhängigkeit war allerdings keine absolute, denn das von den eingewanderten deutschen Siedlern mitgebrachte Pachtsystem hatte auch unter der tschechischen Bauernschaft Nachahmung gefunden. Pachtzins und Abgaben waren genau festgelegt; der Pachtvertrag war erblich und gewährte daher große Sicherheit; und gelegentlich konnte ein solcher sogar verkauft werden, so daß sich viele Bauern einer gewissen Bewegungsfreiheit erfreuten. Die im vierzehnten Jahrhundert zunehmende Macht der Krone verhinderte des weitern eine allzu schamlose Ausbeutung des Bauern durch den Grundherrn; ein 1356 erlassenes Gesetz gewährte dem Bauern sogar ein Klagerecht gegen seinen Herrn vor dem zuständigen Bezirksgericht. Der Adel, dem diese Machtbeschränkung keineswegs behagte, unternahm zu Beginn des fünfzehnten Jahrhunderts einen entschlossenen Versuch, die traditionellen Rechte der Bauernschaft zu beseitigen und diese in völlige Abhängigkeit zu bringen. Mittels geschickter Rechtebeugung wurden nach und nach viele Bauern um das Recht gebracht, ihr Anwesen ihren Erben zu hinterlassen; gleichzeitig wurden sie fester an den Boden gebunden und Pachtzins und Frondienste erhöht. Wie es scheint, war sich die Bauernschaft zur Zeit des Hussitenaufstandes der ihr drohenden Gefahren wohl bewußt. Und natürlich gab es auch auf dem flachen Lande eine Schicht, die nichts zu verlieren hatte: landloses Gesinde und besitzlose Tagelöhner und eine große Zahl von Überflüssigen, für die sich weder auf dem Lande noch in der Stadt ein Platz fand.[28] All diese Menschen waren nur zu willig, jeder Bewegung zuzulaufen, von der sie eine Erleichterung ihrer Lage erhofften.

Von 1419 an begann sich der radikale vom eher gemäßigten Flügel der hussitischen Bewegung abzuspalten und eigene Wege zu gehen. Unter der neuen Politik der Verfolgung durch König Wenzeslaus hielten einige radikale Priester Versammlungen auf Berggipfeln in Südböhmen abseits der traditionellen Gemeinden ab. Dort verteilten sie die Kommunion in beiderlei Gestalt und predigten gegen die Mißstände in der römischen Kirche. Die neuen Gemeinschaften wurden rasch zu festen

Siedlungen, in denen man in bewußter Nachfolge der urchristlichen Gemeinden, wie sie im Neuen Testament beschrieben sind, lebte. Zusammen bildeten diese Gemeinden die ersten Anfänge einer Gesellschaft außerhalb der feudalen Ordnung. Man versuchte, alle Angelegenheiten mit Hilfe brüderlicher Liebe statt mit Gewalt zu regeln. Die wichtigste dieser Siedlungen lag auf einem Berg in der Nähe des Schlosses Bechyně am Fluß Luznitz. Bezeichnenderweise wurde dieser Ort Berg «Tabor» genannt, da nach einer Überlieferung, die bis ins 4. Jahrhundert zurückreicht, Tabor der Name des Berges gewesen sei, den Christus zum Ort seiner Wiederkunft bestimmt hatte (Mk 13). Dort sei er zum Himmel aufgefahren, und dort würde seine Wiederkehr erwartet. Bald wurde der Name dieses Ortes samt seiner eschatologischen Untertöne mit den radikalen Hussiten in Zusammenhang gebracht. Schon den Zeitgenossen waren sie wie den heutigen Historikern als Taboriten bekannt.

Die Taboriten verfügten kaum über ein einheitliches Programm; dazu waren ihre Bestrebungen zu vielfältig und wirr. Was sie verband, das war ihre gemeinsame nationale, soziale und religiöse Unzufriedenheit. Daß die Mehrzahl der prosperierenden städtischen Kaufleute sowohl streng katholisch als auch deutsch war, daß man weitgehend, aber irrtümlich glaubte, Feudalismus und Hörigkeit seien spezifisch deutsche Einrichtungen – das und anderes mehr machte die Taboriten zu noch fanatischeren Deutschenhassern als die Utraquisten, wie die gemäßigteren Hussiten genannt wurden. Vor allem lehnten sie bedingungslos die römische Kirche ab. Im Gegensatz zu den Utraquisten, die in den meisten Punkten am überlieferten katholischen Dogma festhielten, bestanden die Taboriten auf dem Recht eines jeden, ob Priester oder Laie, die Heilige Schrift nach seiner eigenen Einsicht auszulegen. Viele von ihnen verwarfen das Dogma vom Fegefeuer und betrachteten Gebete und Seelenmessen für die Verstorbenen als eitlen Aberglauben; ebenso lehnten sie die Verehrung von Reliquien und Heiligenbildern und zahlreiche andere kirchliche Riten ab. Sie verweigerten die Eidesleistung und befürworteten die Abschaffung der Todesstrafe. Den Mittelpunkt ihrer Lehre aber bildete die Behauptung, daß nichts, was nicht ausdrücklich in der Heiligen Schrift niedergelegt sei, als Glaubensartikel betrachtet werden müsse.

All das erinnert an die Ketzer früherer Jahrhunderte und besonders an die Waldenser, jene bibelbeflissenen Sektierer, die ja auch wirklich unter den ärmeren Schichten Böhmens sehr aktiv gewesen waren. Daneben aber hatte dort wie in andern Gegenden Europas schon lange eine chiliastische Tendenz bestanden, die von der nüchternen Abweichung der Waldenser ebensoweit entfernt war wie vom Glauben der Kirche.[29] In den Tagen des Schwarzen Todes und der Geißlerzüge hatte der römische Tribun und Pseudoprophet Rienzo den Pragern den baldigen Anbruch eines Zeitalters des Friedens, der Eintracht und Gerechtigkeit, eine rein paradiesische Ordnung vorausgesagt. Johann Milíč und die auf ihn folgenden Reformatoren lebten in der beständigen Erwartung der Wiederkehr Christi; und am Ende des vierzehnten Jahrhunderts tauchten in Böhmen von der Lehre des freien Geistes beeinflußte chiliastische Sektierer auf. Als dann 1418 etwa vierzig Flüchtlinge in Prag eintrafen, die die unbarmherzige Verfolgung aus ihren Heimatstädten Lille und Tournai vertrieben hatte, erlebten die millennialen Hoffnungen einen gewaltigen Auftrieb. Daß diese Pikarden, wie sie von den Böhmen genannt wurden, in enger Beziehung zu den *Homines intelligentiae* Brüssels gestanden hatten, ist beinahe mit Gewißheit anzunehmen. Sie brandmarkten aufs heftigste die hohen kirchlichen Würdenträger, die in Mißachtung des Gebotes Christi, in Armut zu leben, die Armen berauben und sich dem Luxus und der Ausschweifung hingeben. Sich selber hielten sie hingegen für Gefäße des Heiligen Geistes, die die volle Wahrheit ebensogut wie die Apostel, wenn nicht gar wie Christus kennen. Und da sie die Römische Kirche mit der Hure Babylon und den Papst mit dem Antichrist identifizierten, ist es hinreichend klar, daß sie am Vorabend des Tausendjährigen Reiches oder – wie die *Homines intelligentiae* – des dritten und letzten Zeitalters zu leben glaubten.[30]

War die Tradition der Waldenser unter den Taboriten zunächst vorherrschend, so strebten sie 1419 dann eine nationale Umwälzung an, die, anders als die ursprünglich hussitische Reformation, den endgültigen Bruch mit Rom zur Folge haben sollte. Ihre Absicht war, das religiöse und in gewisser Hinsicht auch das gesamte soziale Leben in Böhmen an den waldensischen Idealen apostolischer Armut und moralischer Reinheit auszurichten. Im Oktober und erneut im November dieses Jahres versammelten sich Taboriten aus ganz Böhmen in Prag, wo die radikalen Führer versuchten, die hussitischen Beamten und den universitären Lehrkörper für ihre Ziele zu gewinnen. Selbstverständlich waren sie damit wenig erfolgreich; bald sahen sie sich mit einem weit rücksichtsloseren Widerstand konfrontiert, als sie erwartet hatten. Im August war König Wenzeslaus voll Entsetzen über die Morde an den Magistraten gestorben, daraufhin hatten sich die mächtigen hussitischen Adeligen mit der katholischen Aristokratie verbündet, um den Kaiser Sigismund als Nachfolger seines Bruders, König Wenzeslaus, durchzusetzen und damit die Pläne der Radikalen zu vereiteln.

Auch die Prager Ratsherren schlugen sich binnen kurzem auf die gemäßigte Seite. Einig waren sie sich darin, an der utraquistischen Kommunion festzuhalten und insbesondere darin, die Taboriten noch stärker zu unterdrücken. Für einige Monate ab November 1419 waren die Taboriten in ganz Böhmen von der nationalen Bewegung abgeschnitten und den Gefahren einer grausamen, auf ihre Vernichtung zielenden Verfolgung ausgesetzt. Gleichzeitig erhielten, wie zu erwarten war, apokalyptische und millenaristische Vorstellungen neuen Aufschwung.

Mehrere ehemalige katholische Priester, an ihrer Spitze ein gewisser Martinek Hauska – seiner ungewöhnlichen Eloquenz halber auch unter dem Namen Loquis bekannt – begannen, öffentlich zu predigen und zu verkünden, die Endzeit sei nahe und das Übel der Welt müsse in Erwartung des Millenniums ausgemerzt werden. Sämtliche Städte und Dörfer, so prophezeiten sie, würden zwischen dem 10. und 14. Februar 1420 durch Feuer zerstört werden wie ehedem Sodom. Gottes Zorn werde in der gesamten Christenheit einen jeden treffen, der sich nicht unverzüglich «in die Berge» begebe, worunter sie fünf bestimmte böhmische Städte, lauter Taboristenhochburgen, verstanden. Die Botschaft wurde angenommen und fand in den unteren sozialen Schichten begeisterten Widerhall.[31] Massen der Armen verkauften ihre Habe, begaben sich mit Frauen und Kindern in diese Städte und warfen den Predigern ihr Geld zu Füßen.

Diese Leute glaubten sich im letzten Kampf mit dem Antichrist und seinen Heerscharen. Dies geht recht deutlich aus einer Flugschrift hervor, die zu jener Zeit verteilt wurde. «Es gibt fünf dieser Städte, die sich nicht mit dem Antichrist einlassen, sich ihm nicht ergeben werden.» Ein zeitgenössisches taboritisches Lied geht in dieselbe Richtung: «Gläubige, freut euch in Gott! Ehret und preiset ihn, daß er gnädig war, uns vor dem bösen Antichrist und seiner listigen Armee zu bewahren und uns huldvoll zu befreien...» In ihrem großen Leid erkannten die Millenaristen die lang erwarteten «messianischen Wehen»; diese Überzeugung stärkte ihren Kampfgeist. Nun waren sie nicht länger bereit, die Zerschlagung der Gottlosen durch ein Wunder zu erwarten, die Prediger riefen die Gläubigen auf, die unumgängliche Reinigung der Erde selber in die Hand zu nehmen. Ein vom dem Prediger der Prager Universität, Johann Čapek, verfaßtes Traktat, das angeblich «mehr Blut enthielt als ein Teich Wasser», legte mit Hilfe von Zitaten aus dem Alten Testament die unabdingbare Verpflichtung der Auserwählten dar, im Namen des Herren zu morden. Auf Argumente aus diesem polemischen Arsenal gestützt, hetzten andere Prediger direkt zum Blutbad auf. Sündern, so erklärten sie, gebühre weder Barmherzigkeit noch Mitleid, denn alle Sünder seien Christi Feinde.[32] «Verflucht sei der Mann, der sein Schwert nicht gebraucht, um das Blut der Feinde Christi zu vergießen. Jeder Gläubige muß seine Hände in diesem Blute waschen.»[33] Die Prediger beteiligten sich sogar persönlich an dem Morden, weil «jeder Priester Sünder zu Recht verfolgen, verwunden und umbringen dürfe»[34].

Zu den mit dem Tod zu bestrafenden Sünden gehörten die alten Schreckgespenster der Armen, Wucher und Unzucht, *Avaritia* und *Luxuria*, sowie insbesondere ein jeglicher Widerstand gegen den Willen der «Männer des göttlichen Gesetzes»; das heißt, sie betrachteten jeden Gegner als einen vom Erdboden zu tilgenden Sünder. Der Nachweis dieser Blutrünstigkeit stammt nicht nur aus Schriften ihrer Gegner. Peter Čhelciky, ein Taborit, der sich weigerte, seine waldensische Friedfertigkeit aufzugeben, bemerkte und bedauerte diese Veränderung, die so viele seiner Mitstreiter erfaßt hatte. Satan, so beobachtete er, habe sie dazu verführt, sich als Engel zu fühlen, die die Aufgabe hätten, die Welt Christi von allen Ärgernissen zu reinigen. Weiterhin meinten sie, dazu bestimmt zu sein, die Welt mit einer Strenge zu richten, «die letztlich zu vielfachem Mord und zur Verarmung vieler Menschen führe». Darüber hinaus existiert ein lateinisches Traktat eines Millenaristen, der all dies bestätigt: «Die Gerechten... werden jetzt im Angesicht der Rache frohlocken und ihre Hände im Blut der Sünder waschen.» Die Radikalsten unter den Taboriten gingen noch viel weiter und zählten jeden, gleich welcher Herkunft, zu den Heerscharen des Satans und des Antichrist, der ihnen nicht entschlossen bei der «Befreiung der Wahrheit» und bei der Vernichtung der Sünder helfe. In ihren Augen verdienten jene nur die Vernichtung.[35] Denn es habe die Stunde der Vergeltung geschlagen, da die Nachfolge Christi nicht mehr in der Nachahmung seiner Milde, sondern in der Nachahmung seines Zorns, seiner Rache und Grausamkeit bestehe.[36] Als «Streiter Christi und rächende Engel Gottes» hatten die Erwählten jeden, der sich nicht der Gemeinschaft anschloß, ausnahmslos zu töten.

Die Entwicklung der politischen Situation schürte die millenaristische Erregung. Im März 1420 wurde die Waffenruhe zwischen den gemäßigten Hussiten und Kaiser Sigismund gebrochen, ein international zusammengesetztes, aber vorwiegend aus Deutschen und Ungarn bestehendes Kreuzheer marschierte in Böhmen ein. Aber die Tschechen akzeptierten Kaiser Sigismund nie als ihren König. Als Resultat begann im Land ein nie durch Gesetz legitimiertes Interregnum, das bis 1436 andauern sollte. Weiterhin wurde das Land von einem Krieg heimgesucht, in dem die hussitischen Streitkräfte unter der genialen Führung

Johann Žižkas die Eindringlinge zurückschlugen. Žižka war ein Taborit, und es waren auch die Taboriten, die die Hauptlast des Kampfes trugen.

Zumindestens zu Beginn zweifelten die Extremeren unter ihnen nie daran, «die Zeit der Erfüllung und der Ausmerzung aller Übel» zu erleben.[37] Jenseits der Vernichtung des Bösen aber erwartete sie das Tausendjährige Reich. Nach ihrer felsenfesten Überzeugung mußte die Erde nur von allen Sündern gereinigt werden, damit der Heiland in «Macht und Herrlichkeit» niederfahren könne.[38] Ein «messianisches Gastmahl» in ihren heiligen Bergen von Tabor werde folgen und Jesus an Stelle des unwürdigen Kaisers Sigismund die Herrschaft übernehmen. Er würde über sein tausendjähriges Königreich herrschen, darin die Heiligen «strahlend wie die Sonne im Reich ihres Vaters ohne jeden Makel» im gleichen Zustand der Unschuld wie die Engel und Adam und Eva vor dem Sündenfall immer frohlocken würden. Dieses Tausendjährige Reich würde zugleich das dritte und letzte Zeitalter der joachimitischen Weissagung sein, wo man, um zum Heil zu gelangen, keine Sakramente benötigen, sich die Buchweisheit des Klerus als pure Eitelkeit erweisen und die Kirche untergehen werde. Leibliche Not und körperliche Schmerzen würde niemand verspüren; die Frauen ihre Kinder schmerzlos gebären, Krankheit und Tod unbekannt sein. Die Heiligen aber würden in einer Gemeinschaft des Friedens und der Liebe leben, keinem Gesetz und keinem Zwang unterworfen: Kinder eines neuen Paradieses, das – wie wir noch sehen werden – auch die Wiederherstellung des Urzustandes völliger Gleichheit miteinschloß.

Der Anarcho-Kommunismus in Böhmen

Obschon die Eschatologie der Taboriten in der Hauptsache von der johanneischen und joachimitischen Weissagung abgeleitet ist, finden wir in manchen ihrer Aspekte doch bestimmte Elemente des Mythos vom Goldenen Zeitalter. Das wird besonders augenfällig, wenn man sich mit der Gesellschaftsstruktur des Taboriten-Millenniums befaßt. Es läßt sich unmöglich feststellen, wie weit der Ruhm John Balls, die Lehre der aus der Pikardie eingewanderten Flüchtlinge und diejenige einheimischer Adepten des freien Geistes an ihr mitgewirkt haben. Anderseits gab es schon in der alten tschechischen Literatur genug der explosiven Ideen. Es war aber nicht einfach so, daß die Phantasie von einem anarcho-kommunistischen Urzustand in Böhmen wie in andern

Ländern lediglich bekannt war; die Tschechen hatten ihr vielmehr eine eigentümliche nationale Färbung gegeben. Cosmas von Prag, der erste böhmische Chronist, hatte schon etwa drei Jahrhunderte früher die Urbewohner Böhmens als ein das Gemeineigentum pflegendes Volk dargestellt: «Wie das Leuchten der Sonne oder die Nässe des Wassers, so gehörten Weiden und gepflügte Felder, ja sogar die Ehen allen gemeinsam... Denn nach der Art der Tiere verbanden sie sich für eine einzige Nacht... Ebensowenig verstand man es, ‹mein› zu sagen, denn sie nannten wie die Mönche alles, was sie besaßen, mit Herz, Zunge und Tat ‹unser›. In ihren Hütten gab es keine Riegel; sie schlossen keine Türen vor dem Bedürftigen, weil es weder Arme, noch Diebe, noch Räuber gab... Doch leider! Sie haben ihren Wohlstand mit dem Gegenteil und das Gemeingut mit dem persönlichen Eigentum vertauscht... weil die Gier nach Besitz in ihnen stärker loderte als die Feuer im Aetna.»[39]

Spätere Chronisten hielten diese Vorstellungen unter den Gebildeten wach. Von noch größerer Bedeutung wurde, daß diese Phantasien zu Beginn des vierzehnten Jahrhunderts in der *Tschechischen Reimchronik* in Erscheinung traten[40], einem bis in den Ausgang des Mittelalters sehr beliebten volkssprachlichen Werk, das bereits mehr als einen Vorboten des späteren Taboritensturms enthielt. Denn hier ist die Darstellung des langverlorenen, gesegneten Gemeineigentums der ursprünglichen Tschechen in propagandistischer Absicht mit heftigen Angriffen auf die von Kaufleuten bestimmte deutsche städtische Kultur verknüpft – ziemlich ähnlich, wie Jahrhunderte später der Oberrheinische Revolutionär das angebliche urgermanische Gemeineigentum den von den Römern eingeführten wucherischen Methoden gegenüberstellte. Wie sehr diese Phantasien die soziale Einstellung und das Geschichtsbild der Tschechen beeinflußten, geht daraus hervor, daß man sogar die volkssprachliche Version jenes feierlichen Dokumentes aus dem vierzehnten Jahrhundert, nämlich das als *Majestas Carolini* bekannte Gesetzbuch, sagen ließ, daß nicht nur alle Dinge ursprünglich allen gemeinsam gehört hätten, sondern daß dies auch der Idealzustand gewesen sei.[41]

Den extremen Taboriten erschien das Tausendjährige Reich im Lichte einer Rückkehr zur verlorenen anarcho-kommunistischen Ordnung. Zusammen mit dem persönlichen Eigentum jeder Art würden auch Steuern, Zinsen, Abgaben[42] und sogar die weltliche Obrigkeit abgeschafft werden: «Alle werden als Brüder miteinander leben, und keiner wird einem andern untertan sein.»[43] «Der Herr wird herrschen, und das Königreich wird den Menschen auf Erden ausgehändigt werden.»[44] Da aber ein solches Millennium eine klassenlose Gesellschaft voraussetzte, konnte es nicht ausbleiben, daß das wegbereitende Blutbad zum Klassenkampf gegen die «Großen» führte, zu einem letzten Ansturm auf den reichen Mann, den alten Verbündeten des Antichrist. Die Taboriten ließen sich über diesen Punkt recht eindeutig aus: «Alle Barone, Edelleute und Ritter werden umgebracht und wie Geächtete in den Wäldern ausgerottet werden.»[45] Doch war es wie in früheren Jahrhunderten in andern Ländern weniger der altmodische Feudalherr als der Städter, nämlich der fern von seinen Gütern lebende Grundbesitzer und vor allem der wohlhabende Kaufmann, der als reicher Mann angesehen wurde. Der Vernichtungswille des radikalen Taboriten galt in erster Linie diesem städtischen Reichen, wie sie ja die Städte überhaupt in Schutt und Asche legen wollten, so daß kein Gläubiger je wieder den Fuß hineinsetzen könne. Prag, die Hochburg derjenigen, die Kaiser Sigismund unterstützten, wurde mit besonderem Haß bedacht, und daß man ihm den Schimpfnamen Babylon gab, zeigt deutlich genug, welche Bedeutung die Taboriten seinem bevorstehenden Untergang beimaßen.[46] Denn Babylon, das dämonische Gegenstück zu Jerusalem und Geburtsstadt des Antichrist, galt herkömmlicherweise als die Verkörperung der *Luxuria* und *Avaritia*; und folgendermaßen beschreibt die Offenbarung Johannis Babylons Fall:

«Wieviel sie sich herrlich gemacht und ihren Mutwillen gehabt hat, so viel schenket ihr Qual und Leid ein! ... Darum werdet ihre Plagen auf *einen* Tag kommen: Tod, Leid und Hunger; mit Feuer wird sie verbrannt werden; denn stark ist Gott der Herr, der sie richten wird. Und es werden sie beweinen und beklagen die Könige auf Erden, die mit ihr gehurt und Mutwillen getrieben haben, wenn sie sehen werden den Rauch von ihrem Brand; und werden stehen vor Furcht ihrer Qual und sprechen: Weh, weh, die große Stadt Babylon, die starke Stadt! In *einer* Stunde ist dein Gericht gekommen. Und die Kaufleute auf Erden werden weinen und Leid tragen über sie, weil ihre Ware niemand mehr kaufen wird.»[47]

Hernach aber erscheint der Kriegerheiland an der Spitze der himmlischen Heerscharen, den Antichrist zu bekriegen und das Tausendjährige Reich auf Erden aufzurichten.

Wenn dann die große Arbeit der Reinigung ausgeführt und in Böhmen der ursprüngliche Zustand des Gemeineigentums wiederhergestellt sein wird, müssen die Heiligen ausziehen, die übrige Welt zu erobern und zu beherrschen. Sie waren ja «das in alle Welt gesandte Heer, beauftragt, alle Plagen der Vergeltung zu bringen und an den Völkern und ihren Städten und Orten Rache zu üben, und über alle

Menschen, die sich widersetzen werden, zu richten»[48]. Danach «werden ihnen alle Könige dienen, und jedes Volk, das ihnen nicht dienen will, wird vernichtet werden»[49]; – «die Kinder Gottes werden auf den Nacken der Könige treten, und alle Reiche unter dem Himmel werden ihnen gegeben werden»[50]. Es war das ein machtvoller Sozialmythos, einer, an den sich manche Extremisten trotz der enttäuschendsten Erfahrungen jahrelang klammerten. Mochte sich die Wiederkehr Christi um unbestimmte Zeit verzögern, mochte sich an der überlieferten Gesellschaftsstruktur nichts ändern, mochte jede praktische Möglichkeit einer egalitären Revolution schwinden – diese Phantasien lebten weiter. Noch 1434 äußerte ein Redner in einer Taboritenversammlung, daß trotz aller Ungunst der gegebenen Umstände der Augenblick nahe sei, da sich die Erwählten erheben müßten, um ihre Feinde auszurotten – in erster Linie die Barone, dann aber auch jene unter den gemeinen Leuten, deren Treue oder Nützlichkeit zweifelhaft sei. Und wenn sie sich zu Herren Böhmens gemacht hätten, müßten sie, wieviel Blut es auch koste, erst die benachbarten Länder und dann alle übrigen erobern: «Denn so haben es die Römer gemacht, und auf solche Weise kamen sie dazu, die ganze Welt zu beherrschen.»[51]

In der Wirklichkeit war dem Plan, eine weltweite anarcho-kommunistische Ordnung aufzurichten, nur geringer Erfolg beschieden. Anfang 1420 wurden in einigen Ortschaften Gemeinschaftskassen eingerichtet, die von Taboritenpriestern verwaltet wurden; und Tausende von böhmischen und mährischen Bauern und Handwerkern verkauften in der Tat ihre Habe und legten den Erlös in diese Kassen ein. Es waren Menschen, die einen absoluten Bruch mit ihrem bisherigen Leben vollzogen; manche brannten sogar ihre Heimstätten nieder. Viele schlossen sich dem Heer an und führten als besitzlose, nomadisierende Streiter Christi ein Dasein, das dem der *plebs pauperum* der Kreuzzugszeit seltsam ähnlich war. Viele andere aber ließen sich in Städten nieder, die Taboriten-Hochburgen geworden waren, um dort – wie man sich vorstellte – in vollkommen egalitären Gemeinschaften zu leben, wo man, in brüderlicher Liebe miteinander verbunden, «mein» und «dein» nicht kannte.

Die erste dieser Gemeinschaften wurde Anfang 1420 in Písek in Südböhmen gegründet. Im Februar 1420, nachdem, entgegen der Voraussagen, Christi Wiederkehr nicht eingetreten war, wurde eine weitere ins Leben gerufen. Eine Streitmacht aus Taboriten und Bauern, angeführt von taboritischen Priestern, nahm die Stadt Ustí an der Luznitz ein. Nach einigen Tagen begaben sie sich auf eine von der Luznitz umspülte Felskanzel, die eine natürliche Festung bildete.[52] Die Festung nannte man Tabor nach dem in der Nähe gelegenen Berg, der ein Jahr zuvor schon diesen Namen erhalten hatte. Im März verließ der militärische Oberbefehlshaber Johann Žižka mit allen Taboriten sein Hauptquartier in Pilsen und rückte nach Tabor vor. Die ortsansässigen Feudalherren wurden in einer Folge von Schlachten geschlagen, so daß die gesamte Gegend unter den Einfluß der Taboriten geriet. Während der Jahre 1420–1421 waren Pilsen und Tabor die beiden wichtigsten Hochburgen der taboritischen Bewegung; aber Tabor wurde zum Mittelpunkt des radikalsten und am stärksten millenaristisch ausgerichteten Flügels. Zunächst von den Ärmsten dominiert, nahm auch in Tabor das Goldene Zeitalter seinen Anfang: «Da es in Tabor Dein und Mein nicht gibt, sondern alle Habe Gemeinbesitz ist, so müssen alle Menschen immer alles gemeinsam besitzen, und niemand darf etwas für sich haben; wer etwas persönlich besitzt, begeht eine Todsünde.»[53]

Es war ein Unglück für ihr soziales Experiment, daß diese Tabor-Revolutionäre über ihrem Dogma vom Gemeineigentum völlig vergaßen, daß auch produziert werden muß. Ja, sie scheinen sogar geglaubt zu haben, daß die Bewohner ihrer neuen idealen Stadtgemeinschaften – ähnlich wie Adam und Eva im Paradies – der Notwendigkeit der Arbeit enthoben seien. Wenn es daher kaum erstaunlich ist, daß dieser frühe Versuch, praktischen Kommunismus zu treiben, kurzlebig blieb, verdient doch die Art seiner Beendigung heute noch Aufmerksamkeit. Wie sich die Adepten des freien Geistes für berechtigt hielten, zu stehlen und zu rauben, so griffen jetzt die Taboriten-Gemeinschaften zum gleichen Hilfsmittel, nur in weit größerem Ausmaß. Als die Mittel der Gemeinschaftstruhen erschöpft waren, hielten sich die Radikalen als «Männer des göttlichen Gesetzes» für berechtigt, sich die Habe aller Feinde Gottes anzueignen, worunter sie anfänglich die des Adels, des Klerus und aller Reichen, bald aber eines jeden verstanden, der nicht zu ihrer Gemeinschaft gehörte.[54] Von da an gab es neben oder in Verbindung mit den von Žižka geführten großen Feldzügen viele kleinere Unternehmungen, die nichts als Raubzüge waren. Wie gemäßigtere Taboriten in ihrer Synode erklärten, «denken viele Gemeinschaften nicht daran, ihren Lebensunterhalt durch ihrer Hände Arbeit zu verdienen; sie sind vielmehr nur willens, von anderer Leute Habe zu leben und des Raubes halber ungerechte Züge zu unternehmen»[55]. Und während sie die luxuriöse Lebensform der Reichen anprangerten, fertigten sich viele radikale Taboriten – ganz wie manche Adepten des freien Geistes – wahrhaft prächtige Gewänder an, die sie unter dem Rock trugen.

Die Bauern litten sehr.[56] Denn wenn sich auch nur eine kleine Minderheit von Bauern für den Verkauf ihrer Habe und den Anschluß an die Erwählten entschieden hatte, so hatten sich im Frühjahr 1420 – als die Taboriten in der ersten Welle ihrer revolutionären Begeisterung die Aufhebung aller Feudallasten proklamierten – doch zahllose Bauern eiligst dem neuen Regime unterstellt. Aber schon ein halbes Jahr später hatten sie guten Grund, ihren Entschluß zu bereuen, denn im Oktober sahen sich die neuen Herren zur Behebung der eigenen Notlage gezwungen, die Bauern in den ihrer Kontrolle unterstehenden Gebieten zu besteuern, und bald darauf wurden die Abgaben so stark erhöht, daß es vielen Bauern schlechter ging als unter den alten Herren.

Die treffendste Schilderung ist uns wiederum von einer Synode gemäßigter Taboriten hinterlassen worden: «Fast alle Gemeinden quälen die gemeinen Leute in ihrer Umgebung auf die unmenschlichste Weise, unterdrücken sie wie Tyrannen und Heiden und treiben den Pachtzins sogar von den treuesten Gläubigen unbarmherzig ein – dies obschon manche dieser Leute den gleichen Glauben haben wie sie selber, der gleichen Kriegsgefährdung ausgesetzt sind und vom Feinde ebenso grausam mißhandelt und ausgeraubt werden.»[57] Die zwischen den kämpfenden Heeren gefangenen Bauern befanden sich in der Tat in einer verzweifelten Lage. In dem Auf und Ab des Kriegsglücks mußten sie bald den Taboriten, bald ihren alten Feudalherren Abgaben leisten; und überdies wurden sie von beiden Parteien wegen (meist unfreiwilliger) Kollaboration mit dem Feinde bestraft – von den Taboriten als «Bundesgenossen der Tyrannen» und von den Katholiken als «Freunde von Ketzern». Befanden sie sich in der Gewalt der «Männer des göttlichen Gesetzes», wurden sie von diesen ihren sogenannten Brüdern wie niedrigste Leibeigene behandelt und mit Drohungen wie der folgenden erpreßt: «Wenn ihr nicht gehorcht, werden wir euch mit Gottes Hilfe und allen Mitteln und besonders durch Feuer zwingen, unseren Befehlen nachzukommen.» Obwohl die Taboriten die Feudalordnung mit einer bisher nicht gekannten Wirksamkeit herausgefordert hatten, ist zweifelhaft, ob sie das Los der Bauern verbesserten. Bei Beendigung des Krieges sah sich die böhmische Bauernschaft zu solcher Armut und Ohnmacht reduziert, daß sie dem stärker denn je gewordenen Adel keinen Widerstand entgegensetzen und sie leicht in die schmählichste Form der Leibeigenschaft gezwungen werden konnte.

Aber auch in den Taboritengemeinden mußte das anarcho-kommunistische Experiment innerhalb kürzester Frist aufgegeben werden. Wie widerstrebend auch immer die Experimentatoren jegliche praktische Arbeit angingen, so konnten sie doch nicht gänzlich ohne sie leben. Bald organisierten sich die Handwerker in Zünften, die denen anderer böhmischer Städte sehr ähnelten. Darüber hinaus wurden die Taboriten ab März 1420 in den nationalen Krieg mit dem einfallenden Kreuzheer verwickelt; einige Monate halfen sie tatsächlich den nichttaboritischen Hussiten in Prag bei der Verteidigung der Hauptstadt. Da aber auch eine taboritische Armee ohne Befehlshierarchie nicht funktionieren konnte, sorgte am Ende Žižka, der weder egalitär noch chiliastisch gesinnt war, dafür, daß die Befehlsstellen von Angehörigen des niederen Adels, dem er selbst entstammte, eingenommen wurden. So wurde der Eifer der Priester gedämpft, daß sie nach ihrer Rückkehr im September sich weniger mit dem Millennium als mit der Wahl eines Bischofs beschäftigten, der ihnen vorstehen und ihr Geld verwalten sollte. Dennoch gab man den Kampf für das neue Goldene Zeitalter nicht auf. Während eine wachsende Zahl von Taboriten bereit war, sich den Notwendigkeiten des Krieges, der Wirtschaft und einer fester gefügten Sozialordnung anzupassen, reagierte eine Minderheit mit noch gesteigerter Radikalität und noch absoluterem Chiliasmus.

Der Prediger Martinek Hauska, zum Teil inspiriert von den eingewanderten *Pikarti*, entwickelte eine eucharistische Lehre, die einen vollständigen Bruch mit den gebräuchlichen taboritischen Vorstellungen bedeutete. Žižka und viele Taboriten empfanden wie die Prager Utraquisten auch für das Abendmahl als Leib und Blut Christi eine tiefe Verehrung, und seine Truppen trugen einen an einer Stange befestigten Abendmahlskelch als Feldzeichen voran. Hauska bestritt die Transsubstantiation und plädierte statt dessen für eine Eucharistiefeier, die den Charakter eines Liebesmahles hatte und eine Probe für das «messianische Gastmahl» sein sollte, das der wiedergekommene Christus mit seinen Auserwählten halten werde. Wegen der Verbreitung solch abwegiger Lehren wurde er im August verbrannt.

Diese Ideen griffen aber auch in Tabor um sich. Anfang des Jahres 1421 waren dort einige Hundert Radikale, die auch als *Pikarti* bezeichnet wurden, unter der Leitung des Priesters Peter Kamisch tätig. Sie verursachten große Streitigkeiten, bis sie im Februar 1421 die Stadt verließen oder aus ihr vertrieben wurden.[58] Die meisten teilten Hauskas eucharistische Vorstellungen, unter ihnen waren aber auch zweihundert Fanatiker, die eine militante Spielart des freien Geistes verfochten.

Es war das die als böhmische Adamiten[59] in der Geschichte berühmt gewordene Gruppe, nach deren Auffassung Gott in den Heiligen der Endzeit, das heißt in ihnen selber gegenwärtig sei; daher stünden sie sogar über Christus, der sich durch sein Sterben als bloß menschlich erwiesen habe. Demgemäß verwarfen sie Bibel, Glaubensbekenntnis und Buchwissen und begnügten sich mit dem folgenden Gebet: «Vater unser, der du in uns bist, erleuchte uns. Dein Wille geschehe...» Himmel und Hölle billigten sie keine Realität zu außer im Innern des Gerechten und Ungerechten selbst, woraus sie folgerten, daß sie als die Gerechten auf ewig im irdischen Millennium leben würden.

Žižka unterbrach einen Feldzug, um sich der Verfolgung der Adamiten widmen zu können. Im April 1421 konnte er ungefähr 75 von ihnen, darunter Peter Kamisch, festnehmen und als Häretiker verbrennen lassen. Einige von ihnen gingen lachend ins Feuer. Ein Bauer oder ein Schmied, den die Überlebenden sowohl «Adam» als auch «Moses» nannten, wurde ihr neuer Anführer.[60] Sie hielten ihn für den vorausbestimmten Weltregenten. Auch scheint sich unter ihnen eine Frau befunden zu haben, die die Muttergottes zu sein behauptete. Im übrigen wird über die Adamiten gesagt, daß sie genau wie die Adepten des freien Geistes in so absoluter Gemeinschaft gelebt hätten, daß nicht nur keiner eigene Habe besaß, sondern die Ehe als entsetzliche Sünde galt. Im Gegensatz zu den Taboriten, die im allgemeinen streng monogam waren, scheint in dieser Sekte der schrankenlose Geschlechtsverkehr obligatorisch gewesen zu sein. Auf Grund des Jesus-Wortes über die Zöllner und Huren[61] erklärten die Adamiten die Keuschen des messianischen Königreichs unwürdig. Anderseits durfte sich kein Paar ohne die Genehmigung des Adam-Moses der Wollust hingeben, der sie mit den Worten segnete: «Gehet und seid fruchtbar und füllt die Erde.» Einen gewichtigen Teil des Rituals bildeten um ein Feuer ausgeführte und vom Absingen von Hymnen begleitete Nackttänze. Offenbar verbrachten diese Leute unter Mißachtung von Hitze und Kälte einen großen Teil ihrer Zeit nackt, wobei sie behaupteten, im Zustand der Unschuld vor dem Sündenfall zu sein.

Als Žižka gegen die *Pikarti* vorging, flüchteten jene Ultraanarchisten auf eine Insel in der Nezarka zwischen Veseli und Jindřichuv Hradek (Neuhaus). Natürlich betrachteten sich die Adamiten – wie die übrigen Taboriten auch – als rächende Engel, deren Aufgabe es sei, das Schwert in aller Welt zu führen, bis sämtliche Unreinen ausgerottet seien. Die Welt müsse, so erklärten sie, bis zur Höhe eines Pferdekopfes in Blut schwimmen; und so gering sie an Zahl waren, taten sie ihr Bestes, dieses Ziel zu erreichen. Von ihrer Inselfestung aus unternahmen sie nächtliche Streifzüge – von ihnen als heiliger Krieg bezeichnet – gegen die umliegenden Ortschaften und ließen dabei ihren kommunistischen Grundsätzen wie auch ihrem Zerstörungsdrang freien Lauf. Diese persönlich nichts besitzenden Adamiten legten ihre Hände auf alles, was nicht niet- und nagelfest war. Gleichzeitig äscherten sie die Dörfer ein;

und wer in ihre Hände geriet, ob Mann, Frau oder Kind, wurde niedergemacht oder lebendig verbrannt. Auch das rechtfertigten sie mit einem Bibelzitat: «Zur Mitternacht aber ward ein Geschrei: Siehe, der Bräutigam kommt.»[62] Mit besonderer Begeisterung mordeten sie die von ihnen als menschgewordene Teufel bezeichneten Priester.

Schließlich entsandte Žižka einen seiner Hauptleute mit 400 Mann zur Unterdrückung dieses Treibens. «Adam-Moses» gab unerschüttert bekannt, die feindliche Streitmacht werde auf dem Kampfplatz mit Blindheit geschlagen und wehrlos sein, während die Heiligen, sofern sie mutig neben ihm aushielten, unbezwinglich seien. Seine ihm Glauben schenkende Horde verschanzte sich auf der Insel, schlug sich mit wilder Energie und großem Mut und fügte den Angreifern schwere Verluste zu. Am 21. Oktober 1421 wurde sie aber doch überwältigt und ausgerottet. Ein einziger wurde auf Žižkas Befehl geschont, um ein Geständnis über Lehre und Treiben der Gruppe zu erlangen, das dann auch ordnungsgemäß protokolliert und der Prager utraquistischen theologischen Fakultät zur weiteren Behandlung zugesandt wurde. Der Mann selbst wurde verbrannt und seine Asche in den Fluß gestreut, eine Vorsichtsmaßnahme, die vermuten läßt, daß es sich um keinen andern als um «Adam-Moses», den messianischen Führer, handelte.

Zu diesem Zeitpunkt waren die sozialen Revolutionsziele auch innerhalb der Taboritenbewegung bereits in den Hintergrund getreten. Im folgenden Jahr brach eine Gegenrevolution die Hegemonie der Prager Handwerker, und die Macht ging mehr und mehr in die Hände des Adels über. Desto stärker wirkten die Lehre und das Beispiel der böhmischen Revolutionäre auf die unzufriedenen Armen jenseits der Grenzen, worüber sich ein feindselig eingestellter Chronist wie folgt ausließ: «Also wurdent nun die behem als stark vnd als mechtig, und ward ir übermuot als groß, daß man si allenthalben forcht, vnd alle frome lüte entsaßen, daß die buobery vnd das ungefert in andern landen och uffstüend, vnd die fromen vnd die gerechten vnd die richen trucktint. wan es was recht sin louff für arm üppig lüt [das war genau nach dem Herzen armer, habgieriger Leute], die nit werchen mochten, und doch hoffertig, üppig vnd anöd [frech] warent, vnd den bechem ir ketzery vnd vngelougens gestuonden, so si gelimpflichest kundent, vnd wo sie das nit offenlich getuon torsten, da täten si es heimlich... Also hatten die behem vil grober lüt, die ir heimliche günner warent... hatten die pfaffen ze wort [argumentierten mit den Pfaffen], vnd wie jederman mit den andern teilen sölt sin guot, das och vil snöder lüt woll gefallen hett vnd och wol komen wär [was vielen wertlosen Leuten wohl gefallen hätte und auch leicht hätte so kommen können].»[63]

Allenthalben bemächtigte sich der Privilegierten und Reichen, weltlicher und geistlicher, die Befürchtung, daß der wachsende Einfluß der Taboriten eine die gesamte Gesellschaftsordnung gefährdende Revolution auslösen könne. Die auf den Sturz nicht nur des Klerus, sondern auch des Adels abzielende Propaganda der Taboriten drang bis nach Frankreich und sogar Spanien und fand dort zahlreiche wohlwollende Leser.[64] Als sich in der Gegend von Lyon und in Burgund die Bauern gegen ihre geistlichen und weltlichen Feudalherren erhoben, legte die französische Geistlichkeit die Aufstände ohne langes Besinnen den Taboriten-Pamphleten zur Last – und möglicherweise mit gutem Grund. Am stärksten machte sich jedoch der Einfluß der Taboriten in Deutschland geltend, denn 1430 drangen ihre Heerhaufen bis Leipzig, Bamberg und Nürnberg vor; und nirgends zitterte man so vor ihnen wie in deutschen Landen. Als es in Mainz, Bremen, Konstanz, Weimar und Stettin zu Aufständen der Zünfte gegen das Patrizierregiment kam, gab man den Taboriten die Schuld. 1431 forderten die Ulmer Patrizier die verbündeten Städte zu einem neuen Kreuzzug gegen die böhmischen Hussiten auf. Es gebe, so sagten sie, in Deutschland revolutionäre Elemente, die viel Gemeinsames mit den Taboriten hätten, und es könne leicht geschehen, daß die Revolution der Armen von Böhmen auf Deutschland übergreife und die städtischen Patrizier zu den Hauptleidtragenden mache. Das im gleichen Jahr in Basel tagende allgemeine Kirchenkonzil gab gleichfalls der Befürchtung Ausdruck, daß die deutschen Massen mit den Taboriten gemeinsame Sache machen und sich Kirchenvermögen aneignen könnten.[65]

Solche Ängste mögen verfrüht oder übertrieben gewesen sein; immerhin zeigte sich im Lauf der nächsten hundert Jahre, daß sie nicht völlig unbegründet waren.

XII

Das Tausendjährige Reich allgemeiner Gleichheit

Zweiter Teil

Der Pauker von Niklashausen

1434 wurde das Taboritenheer bei Lipan geschlagen und beinahe aufgerieben; und von da an verlor der taboritische Flügel der hussitischen Bewegung rasch an Bedeutung. Sieger waren jedoch nicht etwa auswärtige Katholiken, sondern die Streitkräfte der böhmischen Utraquisten, die schließlich Tabor selbst besetzten (1452). Das einzige Überbleibsel der Taboritenbewegung war die als Böhmische oder Mährische Brüder bekannte Sekte – eine rein religiöse, unpolitische, nicht revolutionäre, pazifistische Gruppe. Trotzdem muß eine militante chiliastische Unterströmung in Böhmen lebendig geblieben sein. In den fünfziger oder ersten sechziger Jahren des fünfzehnten Jahrhunderts begannen zwei einer reichen, adligen Familie angehörige Brüder, Janko und Livin von Wirsberg, eschatologische Prophezeiungen zu verbreiten, die sich sowohl auf johanneische wie auch auf joachimitische Traditionen stützten.[1]

Die Kerngestalt ihrer Lehre bildete ein von ihnen als der «gesalbte Erlöser» bezeichnete Messias, der das dritte und letzte Zeitalter einleiten würde. Dieser und nicht Christus sei der im Alten Testament geweissagte Messias, der wahre Menschensohn, der am Ende der Geschichte in Herrlichkeit erscheinen werde. Mit einer Einsicht begnadet, wie sie keinem zweiten Menschen zuteil geworden sei, habe er die Dreifaltigkeit und das Wesen der Gottheit geschaut; und sein Verständnis für den geheimen Sinn der Heiligen Schrift sei so groß, daß neben ihm alle bisherigen Schriftexegeten blind oder trunken erschienen. Er nun sei ausersehen, nicht nur die Menschheit, sondern Gott selbst zu erlösen, denn Gott leide seit der Erschaffung der Welt an den Sünden der Menschheit und flehe tagtäglich den gesalbten Erlöser an, ihn aus dieser Qual zu befreien. Eine solche Aufgabe könne natürlich nicht ohne großes Blutvergießen bewältigt werden; der neue Messias werde daher als erstes den Antichrist – den Papst – und dessen Gehilfen – die Kleriker – erschlagen und nur die Bettelorden verschonen. Schließlich werde er sich gegen alle wenden, die ihm irgendwie widerstehen sollten, und sie so vollkommen ausrotten, daß lediglich ein Häufchen von 14000 Menschen übrigbleiben werde, wie es in der Offenbarung vorausgesagt sei. Dieser «rettende Rest» werde einem einzigen Bekenntnis huldigen und eine geistige Kirche ohne äußerliches Ritual bilden; und über ihnen werde der gesalbte Erlöser als Gott wie auch als römischer Kaiser herrschen (*sicut Caesar imperator et Deus*).

Zur Durchführung des Blutbades werde er sich angeworbener Söldner bedienen – eine eigenartige Idee, aber nicht ohne Bedeutung.[2] Denn zu jener Zeit verheerten entlassene böhmische Söldner die an Böhmen angrenzenden Gebiete; und obschon diese Leute keine religiösen Eiferer, sondern reine Räuber waren, hielten sie an gewissen taboritischen Überlieferungen fest und nannten sich «Brüder» und ihr befestigtes Lager «Tabor». So konnten begeisterungsfähige Böhmen – wie die Brüder Wirsberg – sie leicht genug für echte Nachfahren der revolutionären Chiliasten von 1420 halten. Gewiß ist, daß die aus dem Blutbad hervorgehende neue Ordnung egalitäre Züge haben sollte: die überlebenden Geistlichen, nämlich die Bettelmönche, würden keinerlei Eigentum besitzen, während der Adel seine Burgen verlassen und wie gemeine Bürger in Städten leben würde. Besonderen Eindruck auf die Zeitgenossen machte der Umstand, daß volkssprachliche Versionen der Lehre die Bevölkerung aufriefen, «sich gegen die geistliche und weltliche Obrigkeit rebellisch zu erheben»[3]; und man verglich sie ohne weiteres mit «den pikarten, die vor czeiten czu Pehmen gewest sein... und wolten das werntlich paradeisz hie machen»[4].

Doch scheinen nicht die Wirsberg-Brüder die eigentlichen Urheber der Lehre gewesen zu sein; das war vielmehr ein abtrünniger Franziskaner, der sich für den vorherbestimmten gesalbten Erlöser hielt. Die in völlige Abhängigkeit von dieser Persönlichkeit geratenen Brüder waren glücklich, sich als seine Sendboten und Herolde zu betrachten – Janko ging sogar so weit, sich für den neuen Johannes den Täufer zu halten und legte sich den Namen Johannes aus dem Osten zu. Aus Eger (Cheb) in der äußersten Nordwestecke Böhmens, wo sie ihren Hauptsitz hatten, verbreiteten sie ihres Meisters Weissagungen nah und fern sowohl unter Laien als auch unter joachimitisch angehauchten Franziskanern. Sie behaupteten sogar, so viele Anhänger in Deutschland zu haben, daß sie es, wären sie vereinigt, mit jedem Fürsten aufnehmen könnten. Das war sicherlich eine arge Übertreibung; immerhin ist es bemerkenswert, daß sich der geistige Führer der Erfurter Universität – als die Lehre in diese volkreiche Stadt mit ihren krassen Gegensätzen zwischen Reich und Arm eindrang – veranlaßt sah, eine Streitschrift gegen die Lehre zu verfassen und vorzutragen.[5]

Leider werden wir nie wissen, was sich 1467 – in dem von der Vorsehung angeblich vorausbestimmten Jahr des Auftretens des gesalbten Erlösers – zugetragen hätte, weil die kirchlichen Behörden unter der Führung des päpstlichen Legaten schon im Jahr zuvor dazu schritten, der Bewegung ein Ende zu machen. Janko von Wirsbergs Schicksal ist unbekannt – vermutlich ist er geflohen –, während Livin sich durch den Widerruf seiner Irrtümer vor dem Scheiterhaufen rettete und ein paar Jahre später im Gewahrsam des Bischofs von Regensburg starb. Was die Stadtväter Egers anbetrifft, verwahrten sie sich in eifrigen Schreiben an die deutschen Schwesterstädte und sogar an den Papst dagegen, daß Eger ein Nährboden für ketzerische Bestrebungen sei.

Bot Böhmen für Bewegungen dieser Art immer weniger Raum, so waren die Umstände in Deutschland taboritischen Nachwehen desto günstiger. Jene Mängel des deutschen Staatsgefüges, die den Massen seit Menschenaltern die Orientierung erschwert hatten, machten sich immer noch und sogar in erhöhtem Ausmaß bemerkbar. Ansehen und Autorität der Kaiserkrone schwanden immer mehr; der Prozeß der Reichsauflösung in einzelne Gliedstaaten setzte sich fort, bis in der zweiten Hälfte des fünfzehnten Jahrhunderts das kaiserliche Prestige auf einen Tiefstand gesunken war. Anfänglich hatten sich zwar, seines Namens halber, auf die Person Friedrichs III. die wildesten millennialen Hoffnungen konzentriert[6]; doch erwies er sich im Verlauf seiner von 1452 bis 1493 dauernden Regierung als besonders kraftloser Monarch. Daß er nicht abgesetzt wurde, lag nur daran, daß ein geeigneter Nachfolger fehlte; und am Ende vergaßen seine Untertanen beinahe seine Existenz. Das Fehlen einer Spitze schuf eine weitverbreitete, chronische Unsicherheit – eine Unsicherheit, die teils im Sagenkreis um einen «künftigen Friedrich», teils aber auch in plötzlichen Aufwallungen eschatologischer Erregung zum Ausdruck kam. Zu den häufigsten Manifestationen gehörten Massenwallfahrten, die an die Massenkreuzzüge und Geißlerzüge früherer Zeiten erinnerten und sich wie diese der kirchlichen Aufsicht leicht entzogen.

Ein besonders günstiges Feld für taboritische Propaganda boten die Böhmen benachbarten Gebiete. Das ganze fünfzehnte Jahrhundert hindurch blieb in den bayerischen Städten die jahrhundertealte ketzerische Tradition lebendig. So sah sich der Bischof von Eichstätt um die Jahrhundertmitte veranlaßt, die sich öffentlich vor den Kirchen peitschenden Flagellanten mit Exkommunikation zu bedrohen[7]; die gleiche Drohung traf auch die auf «freiwillige Armut» eingeschworenen Begharden, die – als Bettler das Land durchwanderd – Vollkommenheit erreicht zu haben glaubten. Und bis zum Ende des Jahrhunderts riefen immer neue bischöfliche Verfügungen diese Drohung ins Gedächtnis. Das alte, gegen wandernde Beghardenprediger gerichtete Verbot wurde auch von einer um die Jahrhundertmitte zu Würzburg tagenden Synode erneuert.[8] Angesichts solcher Verhältnisse vermochte sich die radikale taboritische Überlieferung lange nach ihrer Unterdrückung im Ursprungsland bemerkbar zu machen, und das um so mehr, als der bayerische Klerus der *Avaritia* und der *Luxuria* huldigte wie kein anderer. Zahllose bischöfliche Klagen bezeugen das ausschweifende Leben der niederen Geistlichen, von denen viele dem Trunk und Glücksspiel ergeben waren und sich nicht scheuten, ihre Konkubinen sogar zu Synoden mitzunehmen. Und auch die Bischöfe taten oftmals wenig genug, um die Verehrung ihrer Herde zu gewinnen.

Eine besonders gespannte Lage herrschte im Fürstbistum Würzburg. Zwischen den Bischöfen und der städtischen Bürgerschaft bestand seit Menschenaltern eine Fehde, die trotz eines zu Beginn des fünfzehnten Jahrhunderts vom Bischof errungenen entscheidenden Sieges weiterschwelte. Zudem waren die Bischöfe der ersten Jahrhunderthälfte extravagante Verschwender, die sich gezwungen sahen, zur Bezahlung ihrer Schulden immer drückendere Steuern zu erheben. Schließlich wurden die Steuern so maßlos, daß ein bischöflicher Beamter 1474 die Bauern mit Zugpferden verglich, die den schweren Wagen nicht mehr fortbewegen könnten, wenn nur ein einziges Ei der Ladung zugefügt würde.[9] Laien, denen ketzerische Priester seit undenklicher Zeit eingehämmert hatten, daß der Klerus zu einem Leben in Armut verpflichtet sei, mußte eine solche Besteuerung doppelt anstößig erscheinen; der Umstand, daß der amtierende Bischof, Rudolf von Scherenberg, ein ebenso fähiger wie verantwortungsbewußter Mann war, vermochte wenig daran zu ändern. In Stadt und Diözese Würzburg betrachtete die Laienwelt und insbesondere der Arme den Bischof, ungeachtet seiner persönlichen Eigenschaften, als Ausbeuter.

1476 entwickelte sich im Dorfe Niklashausen unweit Würzburgs im Taubertal eine Bewegung, die man beinahe als neuen Massenkreuzzug bezeichnen kann. Vieles von dem, was sich anläßlich der früheren Kreuzzüge in Frankreich, in den Niederlanden und am Rhein abgespielt hatte, fand jetzt hier in Süddeutschland seine Wiederholung; nur sollte das diesmalige messianische Königreich nicht der Errichtung eines himmlischen Jerusalem, sondern zur Wiederherstellung des Urzustandes dienen, wie er John Ball und den radikalen Taboriten vorgeschwebt hatte. Der Messias der neuen Bewegung war ein Jüngling namens Hans Beheim – und dieser Name deutet entweder auf böhmische Herkunft hin oder zumindest darauf, daß die Volksmeinung ihn und die hussitische Lehre verknüpfte. Schäfer von Beruf und in der Freizeit Spielmann, pfiff und trommelte er in Herbergen und auf dem Marktplatz, weshalb er heute noch als Pauker (oder Pfeifer) von Niklashausen bekannt ist.[10] Eines Tages erzählte man ihm von dem italienischen Franziskanerpater Johann von Capistrano, der ein Menschenalter früher als Bußprediger durch Deutschland gezogen war und seine Hörer beschworen hatte, auf feine Kleider zu verzichten und Karten und Würfel zu verbrennen. Nicht lang danach, in der Mitte der Fasten, verbrannte der Bursche vor der Dorfkirche (in der sich übrigens eine wunderwirkende Marienstatue befand, die schon seit langem Pilger angezogen hatte) seine Trommel und hub zu predigen an.

Wie er erklärte, war ihm die Himmelskönigin in überirdischem Glanz erschienen und hatte ihm eine Botschaft von unermeßlicher Bedeutung gegeben – ähnlich der Behauptung jenes andern Hirtenbuben, der den Schäferkreuzzug von 1320 ausgelöst hatte. Statt zum Tanze aufzuspielen, solle er das Volk mit dem reinen Worte Gottes erbauen und kundtun, wie die Vorsehung Niklashausen vor allen andern Orten begnadet habe. Jetzt (so habe die Muttergottes erklärt) sei dieser Ort zum rettenden Punkt der Welt geworden. In Wendungen, die stark an die himmlischen Briefe der Geißler aus den Jahren 1260 und 1348 erinnern, fuhr die Botschaft fort, Gott hätte die Menschheit aufs furchtbarste zu strafen beabsichtigt; aber Maria habe für sie gebeten, und Gott habe das Strafgericht aufgeschoben; jetzt aber müßten die Menschen scharenweise zur Muttergottes von Niklashausen pilgern, denn sonst würde das Strafgericht doch noch über die Welt kommen. Von Niklashausen aus (und nur von diesem Ort) werde Maria alle Lande segnen; nur im Tal der Tauber und nicht in Rom oder sonstwo sei die göttliche Gnade zu finden. Jedem Wallfahrer würden alle Sünden vergeben, und wer in Niklashausen sterbe, fahre direkt in den Himmel auf.

Der ehemalige Schäfer war ein simpler Mensch gewesen; jetzt verfügte er plötzlich über eine erstaunliche Beredsamkeit. An den Sonn- und Feiertagen strömten ihm große Menschenmengen zu, mit dem Ergebnis, daß er binnen kurzem den gleichen Kurs einschlug, den seit Tanchelm so zahlreiche Pseudopropheten eingeschlagen hatten. Anfänglich begnügte er sich, zur Buße aufzurufen: Frauen sollten ihre goldenen Halsketten und bunten Tücher wegwerfen und Männer kein buntes Gewand und spitze Schnabelschuhe tragen. Doch schon nach kurzem beanspruchte der Pseudoprophet die wundersamen Kräfte, die er zuerst der Muttergottes zugeschrieben hatte, für die eigene Person: nur seinem Gebet sei es zu danken, daß Gott Korn und Wein nicht habe erfrieren lassen. Und weiter verschwor er sich, eine jede Seele mit eigener Hand aus der Hölle führen zu können.

Obschon Beheim mit Genehmigung des Ortsgeistlichen zu predigen begonnen hatte, dürfte es niemanden überraschen, daß er sich am Ende gegen den Klerus wandte. Und in der Tat fiel seine Verdammung von *Avaritia* und *Luxuria* überaus heftig aus. Es sei, so sagte er, leichter, einen Juden als einen Priester zum Christen zu machen. Das Verhalten des Klerus empöre Gott schon seit langem; jetzt wolle er es nicht länger dulden. Der Tag des Gerichts sei nahe, wo es höchst verdienstvoll sein würde, die Priester totzuschlagen; und wie glücklich würden sie dann sein, ihre Tonsuren zu verstecken, um sich ihren Rächern zu entziehen (man erkennt die alte joachimitische Weissagung, die Johann von Winterthur 1348 als volkstümlich bezeichnet hat). Gott habe seine Hand von den Klerikern genommen, und bald werde es auf Erden weder Weltgeistliche noch Mönche geben. Und drohend fügte Hans hinzu, daß sie unklug handeln würden, wollten sie ihn als Ketzer verbrennen, denn dann warte ihrer gräßliche Bestrafung – die wirklichen Ketzer seien ja sie selber.

Doch ließ es Beheim nicht bei einer generellen Kritik und bei vagen Drohungen bewenden. So forderte er die Hörer auf, die Bezahlung der Pacht und Steuern zu verweigern; die Priester hätten von jetzt an von ihren vielen Pfründen zu lassen und von den milden Gaben der Leute zu leben. Die Zugkraft dieser altbekannten Gedanken war so groß wie zu allen Zeiten. Trithemius, der berühmte Abt von Sponheim, kommentierte: «Was wäre dem Laien lieber, als die Geistlichkeit und den Klerus aller Privilegien und Rechte, des Zehnten und ihrer Einkünfte beraubt zu sehen? Denn das gemeine Volk hungert von Natur aus nach Neuerungen und ist stets begierig, das Joch der Herrschaft abzuschütteln.»[11] Und der höchste deutsche Kirchenfürst, der Erzbischof von Mainz und Primas von Deutschland, beurteilte den Pseudopropheten von Niklashausen als eine für die Kirche höchst gefährliche Kraft.[12]

Mittlerweile hatte Beheim sich zu einem Sozialrevolutionär entwikkelt und verkündete den bevorstehenden Anbruch eines auf dem Naturgesetz fußenden Tausendjährigen Reiches. Wald, Fluß und Weide werden allen gehören; ein jeder wird wie in alter Zeit jagen und fischen dürfen. Alle Dienstleistungen werden für immer abgeschafft werden: Pachtzins und Frondienst für den Burgherrn, Steuern und sonstige Abgaben an den Landesherrn. Standes- und Rangunterschiede werden verschwinden; keiner wird einem andern befehlen können. Man wird in Brüderlichkeit leben, alle werden gleichviel Arbeit verrichten, und einer wird so frei sein wie der andere. «Die Fürsten, geistliche und weltliche, dürften nur so viel haben als das gemeine Volk, dann hätten alle genug; es müsse noch dahin kommen, daß Fürsten und Herren, Grafen und Ritter um den Taglohn arbeiteten.»[13] Und seinen Angriff über Herren und Fürsten hinaus gegen die Spitze der Gesellschaft richtend, erklärte Beheim: «Der Kaiser ist ein Bösewicht und mit dem Papst ist es nichts. Der Kaiser gibt den Fürsten, Grafen und Rittern Zoll und Auflegung über das gemeine Volk: ach weh, ihr armen Teufel.»[14]

Beheims Predigt wirkte auf die verschiedenen Gesellschaftsschichten zweifellos in unterschiedlicher Weise. Die Aufforderung, die Herren, ob groß oder klein, zu stürzen, dürfte insbesondere den städtischen Armen willkommen gewesen sein[15]; wir wissen, daß nicht nur aus dem nahen Würzburg, sondern aus ganz Süd- und Mitteldeutschland Stadtleute zu Beheim pilgerten. Anderseits gab er mit seiner Forderung nach allgemeinem Holz-, Jagd- und Fischrecht einem Herzenswunsch der Bauernschaft Ausdruck, glaubten doch die Bauern fest, in alter Zeit dieses Recht besessen zu haben, bis es ihnen vom Adel entwunden worden sei[16]; ein Unrecht, das der künftige «Kaiser Friedrich» mit manchem andern gutzumachen haben werde. Was jedoch die Zehntausende ins stille Taubertal zog, das war in erster Linie das Ansehen, das der Prediger als ein von Gott gesandter Wundermann genoß. Das gemeine Volk – Landleute und städtische Arbeiter – sah ihn als übernatürlichen Beschützer und Führer von der Art «Kaiser Friedrichs», als Erlöser, der jeden einzelnen der vollen göttlichen Gnade teilhaftig lassen werden und sie in ihrer Gesamtheit ins irdische Paradies führen könne.

Die Kunde von dem wunderbaren Geschehen in Niklashausen verbreitete sich schnell in den umliegenden Dörfern und wurde von Sendboten in immer weitere Fernen getragen. Es dauerte nicht lang, und riesige Menschenmengen jeden Alters und Geschlechts, darunter ganze Familien, strömten nach Niklashausen. Weit über die Nachbarschaft hinaus gerieten Süd- und Mitteldeutschland von den Alpen bis zum Rhein und Thüringen in Bewegung. Ihre Werkstätten, Felder und Herden verlassend und sich mit Hammer oder Sense bewaffnend, zogen Arbeiter, Bauern, Hirten und Hirtinnen eilends – oft ohne die Kleider zu wechseln – nach Niklashausen, den «heiligen Jüngling» zu hören und zu verehren. Die ursprüngliche Begrüßung «Bruder» und «Schwester» erlangte bald die Bedeutung einer Losung. Natürlich gingen unter den wild erregten Massen die phantastischsten Gerüchte um. All das, was die *plebs pauperum* einstmals von Jerusalem erhofft hatte, übertrug man jetzt auf Niklashausen. Dort, so glaubte man buchstäblich, habe sich das Paradies auf die Erde gesenkt, und unermeßliche Reichtümer lägen bereit, um von den Gläubigen eingesammelt und in brüderlicher Liebe geteilt zu werden. Vorerst aber marschierten die Haufen in langen Kolonnen, trugen wie die Pastorellen und Geißler Banner voran und sangen Lieder eigener Erfindung. Besonders volkstümlich wurden die Verse:

Wir wollen es Gott im Himmel klagen
Kyrie eleison
Daß wir die Pfaffen nicht zu Tod sollen schlagen
Kyrie eleison.[17]

In Niklashausen angekommen, brachte man dem Madonnenbildnis Opfergaben dar; die Hauptverehrung aber galt dem Pseudopropheten selbst. Vor dem vom Himmel gesandten Gottesmann auf die Knie fallend, flehte man ihn um Erbarmen an. So umdrängt war er, daß er kaum essen oder schlafen konnte und oft Gefahr lief, erdrückt zu werden. Man riß ihm Kleidungsstücke vom Leib und zerschnitt sie in kleinste Teilchen; und wer ein solches Stückchen ergattern konnte, glaubte sich im Besitz einer unermeßlich wertvollen Reliquie, «als wäre es ein Strohhalm aus der Krippe zu Bethlehem». Und bald berichtete man, er habe Blind- und Stummgeborene durch Handauflegen geheilt, Tote wiedererweckt und eine Quelle aus dem Fels geschlagen.[18]

Die heimkehrenden Pilgerzüge wurden ständig von neuen abgelöst. Chronisten sprechen von dreißig-, vierzig-, ja siebzigtausend Pilgern, die an einem einzigen Tag in Niklashausen gewesen sein sollen[19]; und obwohl diese Angaben übertrieben sind, muß der Zuzug gewaltig gewesen sein. Ein riesiges Lager wuchs um das kleine Dorf; Zelte wurden aufgeschlagen, fahrende Händler, Handwerker und Köche sorgten für die Bedürfnisse der Wallfahrer. Beheim aber verkündete von Zeit zu Zeit, einen Zuber, ein Fenster oder einen Baum zur Kanzel machend, der Menge seine revolutionäre Lehre.

Ende März 1474 hatten die Pilgerzüge begonnen – und schon im Juni entdeckten die geistliche wie die weltliche Obrigkeit die Gefährlichkeit der Beheimschen Propaganda für die öffentliche Ordnung und beschlossen, etwas dagegen zu tun. Als erster verbot der Nürnberger Magistrat den in der Stadt Ansässigen die Wallfahrt nach Niklashausen.[20] Als nächste schritt Würzburg, die am unmittelbarsten berührte Stadt, zu drastischen Maßnahmen. Von der großen Zahl der die Stadt durchziehenden Fremden beunruhigt, schloß der Magistrat so viele

Stadttore wie möglich, rief die Bürgerschaft auf, Rüstung und Waffen bereitzuhalten, und trat, so gut es ging, den wilden Gerüchten entgegen. Schließlich entschloß sich der Fürstbischof, die Macht des Pseudopropheten zu brechen. Ein von ihm einberufener Landtag beschloß Beheims Festnahme.[21]

Wie katholische Gegner berichten, versuchte dieser daraufhin eine Revolte zu entfachen und forderte am 7. Juli im Anschluß an eine Predigt die männlichen Zuhörer auf, am kommenden Sonntag bewaffnet und ohne Frauen und Kinder zu erscheinen[22]; er habe ihnen auf Marias Geheiß eine wichtige Mitteilung zu machen. Mit Gewißheit steht jedoch fest, daß in der Nacht auf Sonntag, den 13. Juli, ein bischöflicher Reitertrupp in Niklashausen eindrang, Beheim festnahm und nach Würzburg schaffte. Die nächtliche Finsternis hinderte die Pilger, ihrem Pseudopropheten beizustehen; doch schon am nächsten Tag riß ein Bauer die Prophetenrolle an sich und verkündete, es sei ihm die Heilige Dreifaltigkeit erschienen, um ihm für die versammelten Pilger eine Botschaft zu geben. Sie sollten nur kühn zur Würzburger Burg marschieren, wo Beheim gefangengehalten werde. Deren Mauern würden vor ihnen einstürzen wie einst die Mauern Jerichos, die Tore würden von selbst aufspringen, und der heilige Jüngling werde im Triumph aus der Gefangenschaft schreiten. Die Botschaft zündete. Zahlreiche Riesenkerzen mit sich tragend, die sie aus der Dorfkirche herausgeholt hatten, zogen Tausende von unbewaffneten Pilgern jeden Geschlechts und Alters durch die Nacht nach Würzburg, unter dessen Mauern sie in der Morgendämmerung eintrafen.

Bischof und Stadtmagistrat taten ihr Möglichstes, um Blutvergießen zu vermeiden. Sie sandten einen Parlamentarier, doch die Pilger empfingen ihn mit Steinen. Ein zweiter Sendbote hatte größeren Erfolg: die zahlreichen Pilger, die unmittelbaren Untertanen des Bischofs, fielen ab und begaben sich friedlich in ihre Heimstätten. Doch der Rest hielt aus und bestand auf der Freilassung des heiligen Jünglings; sonst werde man ihn mit Marias wunderbarer Hilfe gewaltsam befreien. Einige über die Köpfe der Menge gefeuerte Kanonenschüsse, die niemanden verletzten, bestärkten diese nur in ihrer Überzeugung, unter dem Schutz der Muttergottes zu stehen; und den Namen ihres Messias rufend, versuchte sie, die Tore zu stürmen. Diesmal wurde zielgerecht gefeuert, und gleichzeitig machten Berittene einen Ausfall. Rund vierzig Pilger blieben tot auf dem Platz; die übrigen flohen in heilloser Panik.[23]

Angesichts von Beheims starkem Anhang fühlten sich Bischof und Magistrat trotz ihres überwältigenden Sieges keineswegs sicher. Ein

9. Der Pauker von Niklashausen

Der Pauker, dem der Einsiedler oder Begharde einflüstert, verkündet seine Lehren, die dann von den Pilgern übernommen werden. An der Kirche lehnen die Riesenkerzen, die von den Bauern auf ihrem Marsch nach Würzburg mitgetragen wurden.

Aufruf erging an die Bürgerschaft, sich gegen einen zweiten und heftigeren Angriff bereitzuhalten; anderseits befürchtete man, daß ein Teil der Stadtbevölkerung nur auf die Gelegenheit warte, mit dem Pilgerhaufen gemeinsame Sache zu machen.[24] Der Bischof ersuchte deshalb die benachbarten Territorialfürsten, ihm notfalls mit Zuzug beizustehen.[25] Inzwischen verurteilte ein geistliches Gericht Beheim wegen Ketzerei und Zauberei und beugte dadurch weiteren Unruhen vor. Zwei seiner bäuerlichen Anhänger – darunter der Seher, der ihn zu retten versucht hatte, wurden enthauptet; Beheim selbst starb, Marienlieder singend, auf dem Scheiterhaufen. Die Zuschauer hielten sich der Richtstätte respektvoll fern: das gemeine Volk in der Erwartung eines himmlischen Wunders, das die Flammen über seine Verderber bringen und den heiligen Jüngling retten würde, der Bischof und seine Kleriker in der Befürchtung eines Eingreifens des Teufels. Nachher streute man Beheims Asche – wie zweihundert Jahre früher die des Pseudo-Friedrich von Neuss – in den Fluß, damit sie nicht als Reliquie aufbewahrt werden könne. Trotzdem wurde die Erde rund um die Richtstätte weggekratzt und als kostbares Gut aufbewahrt.

Nichts wurde unterlassen, um jede Spur Beheims und seiner Taten zu tilgen. Die – vermutlich sehr beträchtlichen – Opfergaben an die Niklashauser Kirche wurden zwischen dem Erzbischof von Mainz, dem Bischof von Würzburg und dem zuständigen Grafen, Johann von Wertheim, geteilt. In allen von der Bewegung erfaßten Gegenden verboten Erzbischöfe, Bischöfe, Territorialherren und städtische Behörden die Wallfahrt nach Niklashausen.[26] Trotzdem trafen immer noch Pilger ein, vornehmlich aus dem Bistum Würzburg[27]; und weder die Androhung der Exkommunikation noch die Schließung der Niklashauser Kirche und das über sie verhängte Interdikt vermochten Wandel zu schaffen.[28] Schließlich wurde die Kirche Anfang 1477 auf Befehl des Erzbischofs von Mainz abgebrochen.[29] Doch noch lange Jahre trafen, besonders nachts, heimliche Besucher ein.

Nun besteht kein Zweifel, daß der heilige Jüngling von Niklashausen von weit Klügeren, als er selbst es war, mißbraucht worden ist. Man weiß, daß gewisse Feudalherren der Umgegend die allgemeine Erregung ausnutzten, um die Position des Bischofs von Würzburg, ihres Oberherrn, zu schwächen, bestanden doch seit Jahren Spannungen zwischen ihnen und ihm.[30] Diese Leute waren es, die auch den nächtlichen Marsch auf Würzburg anführten; einem von ihnen wurde später eine so hohe Buße auferlegt, daß er einen beträchtlichen Teil seines Besitzes ans Domkapitel abtreten mußte.[31] Doch ausschlaggebender als diese politischen Intriganten waren zwei Persönlichkeiten, die den schattenhaften Hintergrund dieser Geschichte bilden und ohne die es vielleicht gar nicht zur Massenwallfahrt gekommen wäre.

Abermals wird man an die Erhebung der Pastorellen im Jahre 1320 erinnert. Auch damals war es ein schlichter Hirtenbub gewesen, der die Madonna gesehen und von ihr eine Botschaft erhalten hatte. Doch erst als sich ein abtrünniger Mönch und ein seines Amtes enthobener Priester seiner annahmen und für ihn die Werbetrommel rührten, entstand eine Massenbewegung; und erst ihre Führung machte sie revolutionär. Beheim war gleichfalls ein einfacher Hirtenjunge und galt, wie uns gesagt wird, sogar als etwas blöde[32]; bis er zu predigen begann, hatte er keinen zusammenhängenden Satz bilden können[33], und das Vaterunser konnte er bis zu seinem Todestag nicht sprechen.[34] Wenn er trotzdem weite Gegenden Deutschlands in Bewegung zu bringen vermochte, verdankte er das nur seinen Hintermännern. Der Niklashauser Pfarrherr erkannte rasch, welch reiche Opfergaben ein paar Wunder seiner unbekannten Kirche einbringen könnten, und so erfand er – wie er später selbst eingestand – ein paar angeblich vom heiligen Jüngling gewirkte Wunder.[35] Eine viel größere Rolle spielte jedoch ein Einsiedler, der seit einiger Zeit in einer nahen Höhle gelebt und sich seiner Heiligkeit halber großes Ansehen erworben hatte.[36]

Dieser Einsiedler scheint Beheim total beherrscht und ihn gleichzeitig eingeschüchtert und inspiriert zu haben. Es ist sogar manchmal behauptet worden, er habe dem einfältigen Hirtenjungen die Vision durch einen Trick vorgetäuscht.[37] Und weiter ist behauptet worden, der Einsiedler sei einflüsternd hinter Beheim gestanden, wenn dieser von einem Fenster aus zu den Massen gepredigt habe[38] – wie man es auch auf dem Holzschnitt der Schedelschen Chronik dargestellt sieht (Abb. 10). Wenn diese Geschichte auch übertrieben sein sollte, deutet sie doch die wahre Beziehung zwischen den beiden Männern an. Es steigert das Interesse, wenn man weiß, welche Namen die kirchlichen Instanzen dem Einsiedler gaben, der bei der Festnahme des heiligen Jünglings floh, aber bald nachher eingefangen wurde. Man bezeichnete ihn als Begharden[39], gebürtigen Böhmen und Hussiten.[40] Das Beweismaterial ist zwar nicht unbedingt schlüssig, doch darf man mit einiger Sicherheit annehmen, daß es dieser Einsiedler war, der der Massenwallfahrt den revolutionären Akzent verlieh. Das stille Taubertal erschien ihm jedenfalls als der Mittelpunkt eines künftigen messianischen Königreichs, darin die ursprüngliche egalitäre Ordnung wiederhergestellt sein würde. Und vielleicht haben moderne Historiker den Bericht, daß man Beheim bei seiner Festnahme in paradiesischer Nacktheit und seltsame Dinge predigend in einer Herberge antraf[41], allzu eifrig als böswillige Verleumdung abgetan. War das denn nicht die Art und Weise, in der die böhmischen Adamiten die Wiederherstellung des Naturzustandes in einer verdorbenen Welt zu symbolisieren versucht hatten?

Damit hatte der egalitäre Chiliasmus in Deutschland endgültig Fuß gefaßt und machte in den nächsten fünfzig Jahren ziemlich viel von sich reden. Nachdem die *Reformation Kaiser Sigmunds* über vierzig Jahre ein beinahe vergessenes Manuskript geblieben war, erschien sie wenige Jahre nach Beheims Hinrichtung zum erstenmal im Druck und erlebte 1480, 1484, 1490 und 1494 Neuauflagen. Unmittelbar nach dem Zusammenbruch der böhmischen Taboritenmacht verfaßt, bietet das Werk ein gutes Beispiel für die Zugkraft taboritischer Ideale. So relativ gemäßigt seine Zielsetzungen waren, rief es doch ebenfalls die Armen auf, zum Schwert zu greifen und unter der Führung des Priesterkönigs Friedrich ihre Rechte zu erstreiten. Das vom Oberrheinischen Revolutionär stammende und in den ersten Jahren des sechzehnten Jahrhunderts verfaßte *Buch der hundert Kapitel* wandelt das gleiche Thema in weit gewaltsamerer Form ab. Was diese eigenartige Weissagung mit solcher Langatmigkeit zu sagen hat, ist, genau besehen, das gleiche, was John Ball und die radikalen Taboriten kurz und bündig aussprachen, daß nämlich nach einem letzten blutigen Ringen mit den Horden des Antichrist absolute Gerechtigkeit von neuem auf Erden herrschen, alle Menschen gleichen Standes und Brüder sein und vielleicht sogar alle Dinge gemeinsam besitzen würden. Auch blieben diese Phantasien nicht auf Bücher beschränkt; so traten in der Gegend des Oberrheins wiederholt Geheimbewegungen auf, die sich deren Verwirklichung zum Ziel setzten. Es sind das die unter der Kollektivbezeichnung «Bundschuh» bekannt gewordenen Bewegungen – eine Bezeichnung, die sich von dem gebundenen hohen Bauernschuh ableitet und eine ähnliche Bedeutung besitzt wie in der Französischen Revolution der Ausdruck sans-culotte.

Führer der Bundschuhbewegung war ein Bauer namens Joß Fritz. Auch die meisten seiner Anhänger waren Bauern; immerhin spielten auch arme Städter, entlassene Söldner, Bettler und ähnliches Volk eine bedeutende Rolle, und vermutlich hat das der Bewegung ihren eigenartigen Charakter verliehen. Denn die vielen übrigen Bauernerhebungen, die zu jener Zeit in Süddeutschland stattfanden, begnügten sich mit begrenzten Zielen; nur der Bundschuh strebte nach dem Tausendjährigen Reich. Der von ihm im Jahre 1502 im Bistum Speyer entfachte Aufstand war wie der Ausbruch von Niklashausen die enttäuschte Reaktion auf den letzten fehlgeschlagenen Versuch einer Reichsreform und im besonderen auf die übermäßigen Steuern, die ein überschuldeter Fürstbischof forderte[42]; aber ihr Ziel war nicht mehr und nicht weniger als eine alles umfassende soziale Umwälzung. Sämtliche Obrigkeiten sollten abgeschafft, alles kirchliche Eigentum unter das Volk verteilt, alle Steuern und Abgaben aufgehoben, Wald, Fluß und Weide Gemeinbesitz werden. Das Banner der Bewegung zeigte einen gekreuzigten Christus zwischen einem betenden Bauern und einem Bauernstiefel und darüber die Inschrift «Nichts denn die Gerechtigkeit Gottes». Die Aufrührer planten die Besetzung Bruchsals, wo sich der fürstbischöfliche Palast befand, von wo aus sich der Aufstand wie ein Lauffeuer über ganz Deutschland ausbreiten, den Bauern und den sympathisierenden Städtern die Freiheit, allen andern aber den Tod bringen sollte. Die Verschwörung wurde freilich verraten und unterdrückt; doch Joß Fritz kam ungeschoren davon, so daß er 1513 und wieder 1517 ähnliche Bewegungen ins Leben rufen konnte[43], bei denen man wiederum die gewohnte Mischung von Phantasien antrifft, nämlich einerseits die Ausrottung aller Mächtigen und Reichen nebst Errichtung einer egalitären Ordnung und anderseits die von einem Kaiser durchzuführende Ausmerzung der Gotteslästerer – «das Gotzlästern abtun» – und selbst die Wiedereroberung des Heiligen Grabes. Allmählich übte der Bundschuh einen so gewaltigen Eindruck auf die öffentliche Meinung aus, daß man sogar die seinerzeitige Eroberung des Heiligen Grabes für ein unter seinem Feldzeichen durchgeführtes Unternehmen hielt.[44]

Doch mittlerweile hatte in einer anderen Gegend Deutschlands, nämlich dem für chiliastische Mythen und Bewegungen stets so empfänglichen Thüringen, Thomas Müntzer seine stürmische Karriere begonnen, die ihn zu einem Propheten des egalitären Millenniums machen sollte, dessen Ruhm bis zum heutigen Tag lebendig geblieben ist.

Thomas Müntzer

Thomas Müntzer[45] kam 1488 oder 89 im thüringischen Stolberg zur Welt. Seine Wiege stand nicht – wie so oft behauptet worden ist – in einer Armeleutekammer, sondern in einem Haus von bescheidenem Wohlstand, und sein Vater wurde nicht von einem tyrannischen Feudalherrn gehenkt, sondern starb hoch bejahrt in seinem Bett. Zur Zeit, da Thomas erstmals in unser Blickfeld tritt, erscheint er weder als Opfer noch als Gegner sozialer Ungerechtigkeit, sondern eher als ein sehr gebildeter, hochintellektueller «ewiger Student». Nach erfolgreich abgeschlossenem Studium und Empfang der Priesterweihe führte er ein unruhiges Wanderleben, wobei er Orte bevorzugte, in denen er seine Kenntnisse erweitern konnte. Er war ein gründlicher Kenner der Heiligen Schrift, lernte Hebräisch und Griechisch, las die Kirchenväter, scholastische Theologie und Philosophie und studierte auch die deutschen Mystiker. Doch war er nie ein bloßer Gelehrter, denn sein unersättlicher Lesehunger war für ihn nur ein Mittel, um zu einer Lösung seiner persönlichen Probleme zu gelangen. Er war damals buchstäblich eine Seele in Not, von Zweifeln über die christliche Wahrheit, ja über die Existenz Gottes geplagt, aber verzweifelt um Gewißheit ringend – alles in allem in jenem labilen Zustand, der so oft mit einer Bekehrung endet.

Der etwa fünf oder sechs Jahre ältere Martin Luther – der sich um diese Zeit als der gewaltigste Gegner herausschälte, der der römischen Kirche bis dahin erwachsen war und gleichzeitig, wenn auch nur zufällig und vorübergehend, das deutsche Volk in Wirklichkeit führte – nagelte 1517 die berühmten Thesen gegen Tetzels Ablaßhandel ans Tor der Wittenberger Schloßkirche, bestritt 1519 in öffentlicher Disputation den Supremat des Papstes und veröffentlichte (wofür er exkommuniziert wurde) 1520 die drei Traktate, die die deutsche Reformation auslösten. Zwar dauerte es noch viele Jahre, ehe evangelische Landeskirchen entstanden, doch gab es jetzt eine deutlich erkennbare lutherische Partei, der sich zahlreiche Geistliche anschlossen, obschon deren Mehrheit entschieden am «alten Glauben» festhielt. Als sich Müntzer von der katholischen Lehre löste, war er ein Gefolgsmann Luthers; und sein ganzes Tun, dem er seinen Ruhm verdankt, war in das große religiöse Erdbeben eingebettet, das den massiven Bau der mittelalterlichen Kirche erschütterte und schließlich zum Einsturz brachte. Trotzdem fiel er von Luther, kaum daß er ihn gefunden hatte, wieder ab, um in immer wütenderer Gegnerschaft zu diesem seine eigene Lehre zu entwickeln und zu verkünden.

Nun ließ sich das, was Müntzer benötigte, um ein neuer Mensch und seiner irdischen Aufgabe gewiß zu werden, nicht in Luthers Lehre von der Rechtfertigung durch den Glauben allein finden. Das steckte vielmehr in dem militanten und blutrünstigen Chiliasmus, der sich ihm offenbarte, als er 1520 eine Pfarrstelle in Zwickau annahm und mit dem Weber Niklas Storch in Kontakt kam.[46] Dieser Storch, der sich selbst im nahen Böhmen aufgehalten und dort im wesentlichen die alte taboritische Lehre in sich aufgenommen hatte, aber propagierte, daß die Endzeit nahe sei und Gott – wie in den Tagen der Apostel – auch jetzt unmittelbar zu den Erwählten spreche. Zwar müßten erst einmal die Türken die ganze Welt erobern und der Antichrist über sie herrschen; dann aber – und das werde bald sein – würden die Erwählten aufstehen und die Gottlosen vernichten, so daß Christi Wiederkehr erfolgen und das Tausendjährige Reich anbrechen könne. Was Müntzer an diesem Programm am stärksten beeindruckte, war der von den Gerechten gegen die Ungerechten zu führende Vernichtungskrieg. Von Luther abfallend, richtete er jetzt seine Gedanken und Reden nur noch auf die Offenbarung Johannis und solche Episoden des Alten Testaments wie die Erschlagung der Baalspriester durch Elia, die Tötung der Söhne Ahabs durch Jehu und die Ermordung des schlafenden Sisera durch Jael. Die Zeitgenossen bemerkten die Veränderung, die über ihn gekommen war, und beklagten seinen Blutdurst, der sich zeitweise in reinem Wahnwitz kundtat.[47]

Mit Waffengewalt müssen die Erwählten den Weg ins Tausendjährige Reich bahnen – wer aber waren diese Erwählten? Nach Müntzers Auffassung waren es jene, die vom Heiligen Geist oder, wie er es meist ausdrückte, vom «lebendigen Christus» erfüllt waren. Wie die schriftlichen Zeugnisse der spiritualen Libertiner zieht auch Müntzer in seinen Schriften eine klare Trennungslinie zwischen dem «geschichtlichen» Christus und jenem, der bald als «lebendiger», bald als «innerer», bald als «geistiger» Christus bezeichnet wurde – jener Christus, von dem man glaubte, daß er in der individuellen Seele geboren werde und allein über Erlöserkraft verfüge. In einer Hinsicht behielt jedoch der geschichtliche Christus entscheidende Bedeutung: indem er sich der Kreuzigung unterzog, hatte er den Weg zur Erlösung gewiesen. Wer erlöst werden will, muß unermeßlich leiden; er muß den eigenen Willen austreiben und sich von allem befreien, was ihn an die Welt und die erschaffene Kreatur bindet. Erst muß er sich selbst asketischen Übungen unterwerfen; später wird Gott ihm – wenn er sie tragen kann und ihrer würdig geworden ist – weitere unbeschreibliche Leiden auferlegen.[48] Diese Heimsuchungen, die Müntzer «das Kreuz» nennt und die geduldig ertragen werden müssen, können in Krankheit, Armut und Verfolgung bestehen – vor allem aber in entsetzlichen geistigen Qualen: Verzweiflung an der Welt, Verzweiflung am eigenen Ich, Hoffnungslosigkeit und Schrecken. Erst wenn man so weit gekommen, wenn die Seele entblößt und absolut nackt ist, kann man in unmittelbare Beziehung zu Gott treten. Das war an und für sich eine altbekannte, von vielen mittelalterlichen katholischen Mystikern verfochtene Lehre; doch wenn Müntzer auf die Folgerungen zu sprechen kommt, hält er sich an eine andere und weniger kirchliche Lehrmeinung. Ergreift nämlich der «lebendige Christus» erst einmal von einer Seele Besitz, so geschieht das nach Müntzers Auffassung ein für allemal; der so begnadete Mensch wird zu einem Gefäß des Heiligen Geistes – Müntzer sagt sogar, er «wird Gott»[49]. Mit vollkommener Einsicht in den göttlichen Willen begnadet und im Einklang mit ihm lebend, ist ein solcher Mensch unbestreitbar imstande, die von der Vorsehung vorausbestimmte eschatologische Mission auszuführen; und eben das war es, was Müntzer für die eigene Person in Anspruch nahm. Nicht von ungefähr ist dieser Pseudoprophet nur wenige Kilometer von Nordhausen zur Welt gekommen, dieser Hochburg einer Untergrundbewegung, die die Lehre des freien Geistes mit der der Geißler verschmolz.[50] Die Geißel mochte weggefallen sein – die dahintersteckende Phantasie war immer noch dieselbe.

Nachdem ihm Storch dazu verholfen hatte, sich selbst zu finden, brach Müntzer mit seinem bisherigen Leben, mit Lektüre und Streben nach Wissen, wandte sich gegen die zahlreichen Humanisten in Luthers Gefolgschaft und propagierte statt dessen unter den Armen unermüdlich seine eschatologischen Ideen. Die um die Mitte des vorangegangenen Jahrhunderts in Zwickau eröffneten Silberbergwerke hatten die Stadt zu einem Gewerbezentrum von der dreifachen Größe Dresdens aufblühen lassen. Aus ganz Mittel- und Süddeutschland suchten Arbeiter in den Bergwerken Beschäftigung und riefen dadurch ein chronisches Überangebot an Arbeitskräften hervor. Dazu kam, daß infolge der schrankenlosen Ausbeutung der Minen der Geldwert sank und die Arbeiterschaft, auch die der bodenständigen Webereien, in große Notlage geriet. Nun besaßen die Weber in einer der Kirchen ihren eigenen Altar, und als Müntzer etliche Monate nach seiner Ankunft in Zwickau an diese Kirche berufen wurde, benutzte er deren Kanzel zu maßlosen Angriffen nicht nur auf die dort ansässigen Franziskaner, die allgemein unbeliebt waren, sondern auch auf den Pfarrer, der bei der wohlhabenden Bürgerschaft in Gunst stand und überdies ein Freund Luthers war. Binnen kurzem spaltete sich die Einwohnerschaft in zwei feindliche Lager, und der Antagonismus spitzte sich derart zu, daß heftige Ruhestörungen bevorzustehen schienen.[51]

Im April 1521 griff der Magistrat ein und entließ den aufrührerischen Ankömmling, woraufhin sich ein beträchtlicher Teil der Einwohnerschaft unter Storchs Führung erhob.[52] Der Aufstand wurde niedergeschlagen, und unter den zahlreichen Festgenommenen befanden sich bezeichnenderweise über fünfzig Weber. Müntzer selbst begab sich nach Böhmen, offenbar in der Hoffnung, dort späte taboritische Gruppen anzutreffen. In Prag, wo er mit Hilfe eines Dolmetschers predigte, veröffentlichte er ein deutsch, tschechisch und lateinisch abgefaßtes Manifest, in dem er die Gründung einer neuen, von Gott inspirierten, ausschließlich aus Erwählten bestehenden Kirche ankündigte.[53] Seine eigene Rolle umschrieb er jetzt mit den Worten des nämlichen eschatologischen Gleichnisses vom Weizen und Unkraut, das anläßlich des englischen Bauernaufstands in Erscheinung getreten war: «Dye zeyt der ernde ist do, drumb hat mich got selbern gemit in seyn ernde. Jch habe meyne sichel scharf gemacht, denn meine gedanken seyn heftig uff dye warheyt, unde meyne lippen, hant, haut, haer, seele, leip, leben vormalediegen dye ungleubigen.»[54]

Müntzers Aufruf an die Böhmen erwies sich natürlicherweise als ein Fehlschlag, und er wurde aus Prag ausgewiesen. Mehrere Jahre zog er in großem Elend von einem mitteldeutschen Ort zum andern, und nur sein unerschütterlicher Glaube an seine prophetische Mission hielt ihn aufrecht. Er verzichtete auf die Führung seiner akademischen Titel und unterschrieb sich «Bote Christi»; und sogar die Mühsal, in der er lebte, gewann in seinen Augen messianischen Wert: «Darumb lasth meyn leyden eurs eyn ebenbylde seyn. Lasth alles unkraut auffblosen, wye es wyl, es muß unter den dresflugel myt dem reynen weysen, der lebendige got macht also scharf seyne sensen yn myr, das ich dar nach dye rothen kornrosen unde blauen blumleyn sneyden muge.»[55] Seine Wanderschaft endete 1523, als sich ihm im thüringischen Städtchen Allstedt eine Kuratenstelle bot. Hier heiratete er, schuf die erste deutsch gesprochene Liturgie, übersetzte lateinische Kirchenlieder ins Deutsche und begründete einen durch ganz Mitteldeutschland hallenden Predigerruhm. Außer den Bauern aus der unmittelbaren Nachbarschaft gehörten vor allem etliche hunderte Bergleute aus den Mansfelder Kupferminen zu seinen regelmäßigen Hörern, und diese bildeten zusammen mit den Allstedter Gewerbetreibenden eine Gefolgschaft, die er alsbald in einen revolutionären Kerntrupp, nämlich den «Bund der Erwählten», umzumodeln begann. Dieser zumeist aus Ungebildeten bestehende Bund bildete seine Antwort an die Universität, die alte Hochburg Luthers. Geistige Erleuchtung sollte jetzt das Wissen der Buchgelehrten überwinden und Allstedt Wittenberg ersetzen; von hier aus sollte eine neue Reformation ausgehen, die ebenso umfassend wie endgültig sein und das Tausendjährige Reich heraufführen sollte. Es dauerte nicht lang, da sah sich Müntzer in Konflikt mit der weltlichen Obrigkeit, und beide sächsischen Landesherren – Kurfürst Friedrich der Weise ebenso wie sein Bruder Herzog Johann – begannen sein Treiben teils mit Neugierde, teils mit Beunruhigung zu beobachten. Um sich ein Bild Müntzers machen zu können, begab sich Herzog Johann, der selbst vom alten Glauben abgefallen und Lutheraner geworden war, im Juli 1524 nach Allstedt und befahl Müntzer, vor ihm zu predigen.[56] Dieser wählte einen Text aus dem Buche Daniel, der Urquelle apokalyptischer Überlieferung; und diese alsbald von ihm in Druck gegebene Predigt gibt die denkbar klarste Anschauung seiner eschatologischen Glaubenshaltung. Das letzte aller Weltreiche geht seinem Ende entgegen; die jetzige Welt ist nichts als ein Teufelsreich[57], wo diese Schlangen, die Kleriker, und diese Aale, die weltlichen Fürsten und Herren, in einem wimmelnden Haufen miteinander Unzucht treiben. Es sei fürwahr höchste Zeit für die sächsischen Landesherren, sich zu entscheiden, ob sie Gottes oder des Teufels Diener sein wollen. Wenn sie diejenigen Gottes sein wollen, ist ihre Pflicht klar, «... wie Christus befohlen hat. Treibt seine Feinde von den Auserwählten, denn ihr seid die Mittler dazu. Liebe, gebt uns keine schalen Fratzen vor, daß die Kraft Gottes es tun soll ohn euer Zutun des Schwerts, es könnte euch sonst in der Scheide verrosten... Denn Christus ist euer Meister, Matth. im 23. Drum lasset die Übeltäter nit länger leben, die uns von Gott abwenden, Deut. 13. Denn ein gottloser Mensch hat kein Recht zu leben, wo er die Frummen verhindert.»[58] Priester, Mönche und gottlose Fürsten müssen alle sterben, woran der Prediger keinen Zweifel läßt: «Also nötlich ist auch das Schwert, die Gottlosen zu vertilgen. Röm. in 13. Daß aber dasselbe nun redlicherweise und füglich geschehe, so sollen das unsre teuren Väter, die Fürsten, tun, die Christum mit uns bekennen. Wo sie das aber nicht tun, so wird ihnen das Schwert genommen werden... Wo sie aber das Widerspiel treiben, erwürge man sie ohn alle Gnade... Anders kann die christliche Kirche zu ihrem Ursprung nicht wieder kommen. Man muß das Unkraut ausraufen aus dem Weingarten Gottes in der Zeit der Ernte. Dann wird der schöne Weizen beständige Wurzeln gewinnen und recht aufgehen. Matth. 13. Die Engel aber, welche ihre Sicheln dazu schärfen, sind die ernsten Knechte Gottes, die den Eifer göttlicher Weisheit vollführen... Denn die Gottlosen haben kein Recht zu leben, allein was ihnen die Auserwählten wollen gönnen...»[59]

Müntzer räumt jedoch den Fürsten ein, daß sie nicht in der Lage sind, sich dieser Aufgabe erfolgreich zu unterziehen, solange sie über Gottes Absichten nicht unterrichtet sind; das aber können sie, da sie Gott zu fern stehen, nicht selber erreichen. Daraus folgert er, daß sie an ihrem Hof einen Priester haben müssen, der sich durch Selbstkasteiung und Selbstverleugnung in den Stand gesetzt hat, ihre Träume und Visionen auszulegen, so wie seinerzeit Daniel am Hofe Nebukadnezars. Die Hinweise auf die Bibel, die diese Ratschläge begleiten, zeigen deutlich genug, daß er sich selbst als den inspirierten Propheten betrachtete[60], der Luther in der Gunst der Fürsten abzulösen habe, so wie Daniel die unerleuchteten Schriftgelehrten ersetzte. Auf solche Weise hoffte er, einen derartigen Einfluß auf die Landesherren ausüben zu können, daß sie nach seiner Anleitung die das Millennium heraufführenden Maßnahmen treffen würden.

Wie sich Müntzer das Tausendjährige Reich vorgestellt hat, ist reichlich diskutiert worden und nicht leicht zu beurteilen. Nach seinen Schriften zu schließen, zeigte er bestimmt geringeres Interesse für die Struktur der späteren Ordnung als für das ihr vorausgehende Massenmorden. Ebensowenig Interesse scheint er der Verbesserung des materiellen Loses der ihn umgebenden bäuerlichen Bevölkerung entgegengebracht zu haben. Wenige Tage nach dieser Fürstenpredigt ermahnte er seine Anhänger in Sangershausen, ihrem Herrn in allen weltlichen Dingen Gehorsam zu leisten.[61] Sollte der Herr Pachtzins und Frondienste als ungenügend befinden, müßten sie bereit sein, ihm ihre ganze weltliche Habe zu überlassen; und nur wenn er sie an ihrem geistigen Wohl hindere – vor allem ihnen verbiete, nach Allstedt zu gehen und Müntzer zu hören –, dann müßten sie so laut aufschreien, daß alle Welt es vernehme. Die gleiche Haltung nimmt er ein, wenn er von seinem «Bund der Auserwählten» spricht. Einen Beamten des Kurfürsten in

Allstedt sucht er mit folgenden Worten zum Anschluß an den Bund zu bewegen: «Wan aber daruber buben und schelk darunter weren, zu mißbrauchen solchs bundes, so sol man sye yren tyrannen uberantworten ader selbst nach gelegenheit der sache richten. Auch muste das sunderlich der fronden halben ym bunde hoch vorfasset werden, das dye bundsgenossen nit dorfen denken, das sye durch das solten gefreyet werden, yren tyrannen nichts zu geben, sondern sollen sich halten, wye der son Gottis mit Petro than hat, Matth. im 17., auf das etliche bose menschen nit dorfen gedenken, das wyr uns umb der creaturn willen zu behalten vorbunden hetten.»[62]

Doch all das muß nicht – wie es manchmal ausgelegt wurde – notwendigerweise bedeuten, daß Müntzer sein Millennium überhaupt nicht als egalitär oder gar kommunistisch gesehen hat. Es kann ebensogut bedeuten, daß ihm die bevorstehende Ordnung so lange unabänderlich schien, als sich die Katastrophen der Endzeit nicht ereignet hatten; daß nach dem Ablauf dieser Katastrophen die ursprüngliche natürliche Ordnung von selbst wiederhergestellt sein würde, betrachtete er vielmehr als selbstverständlich. Man weiß, daß solche Phantasien, die seit den Tagen der Taboriten nie ihre Anziehungskraft verloren hatten, im Kreis um Müntzer bekannt waren. Nach einer ziemlich zuverlässigen Quelle huldigte Niklas Storch, der erste Lehrer Müntzers, Ansichten, die von denen der Brüder des freien Geistes kaum unterscheidbar waren, daß nämlich Gott alle Menschen gleicherweise nackt in die Welt sendet, so daß sie alle gleichen Standes sind und alle Dinge gleicherweise miteinander teilen müssen.[63] Außerdem kannte Müntzer den jungen Humanisten Ulrich Hugwald[64]; und dieser Hugwald hatte in einem Buch prophezeit, daß die Menschheit «zu Christus, zur Natur, zum Paradies» zurückkehren werde, wobei er das Paradies als einen Zustand schilderte, wo es weder Krieg noch Not, noch Üppigkeit geben und jedermann alle Dinge mit den andern wie mit seinen Brüdern teilen werde. Und mit der Begründung, daß das Bauerndasein am ehesten der Exitenzform entspreche, die Gott Adam und Eva zugemessen habe, entschloß er sich, Bauer zu werden – wie übrigens auch der Humanist Karlstadt, ein enger Mitarbeiter und Anhänger Müntzers.[65] Minder intellektuell äußerte ein einfaches Mitglied des Bundes der Auserwählten, es verstehe das Programm dahin, «daß sie alle Brüder sein und einander wie Brüder lieben sollen»[66].

In seinen eigenen Schriften scheint Müntzer ohne weiteres das göttliche Gesetz mit dem ursprünglichen absoluten Naturgesetz gleichzusetzen, also mit jenem Zustand, der weder Standes- noch Eigentumsunterschiede kannte.[67] Dieser Eindruck wird noch durch die *Histori*

Thomä Müntzers[68] verstärkt, die zugegebenermaßen ein tendenziöses Werk darstellt, aber zu einer Zeit geschrieben wurde, da Müntzers Geschichte noch frisch im Gedächtnis lebte. Nach diesem Bericht, der im allgemeinen eine getreue Tatsachendarstellung enthält, lehrte Müntzer zumindest in den letzten Monaten seines Lebens, daß es weder Herren noch Könige geben und, in falscher Auslegung des 4. Kapitels der Apostelgeschichte, daß alle Dinge Gemeinbesitz sein sollten. Unter Berücksichtigung all dieser Tatsachen darf man wohl annehmen, daß das von dem Pseudopropheten unmittelbar vor seinem Tod abgelegte Geständnis[69] ziemlich genau der Wahrheit entsprach, auch wenn es durch die Folter erzwungen wurde. Gestand er doch, daß sein Bund auf dem fundamentalen Grundsatz fußte, es hätten alle Dinge allen gemeinsam zu gehören, und daß er einen Zustand der Dinge anstrebte, der alle Menschen gleich machen und ihnen je nach ihrem Bedarf geben würde; und weiterhin, daß der Bund willens gewesen sei, jeden Herrn und Fürsten, der sich ihm widersetze, umzubringen. Wie man sieht, befand sich in diesem Programm nichts anderes, als was der Oberrheinische Revolutionär ohne Folterung für seine imaginäre Bruderschaft vom gelben Kreuz niedergelegt hatte.

Zur Zeit seiner Predigt vor Herzog Johann hoffte Müntzer offensichtlich noch, die sächsischen Landesherren für seine Sache gewinnen zu können; und als etliche Tage später eine Anzahl seiner Anhänger von ihrem Feudalherrn – besonders dem Grafen von Mansfeld – verbannt wurden und als Flüchtlinge nach Allstedt kamen, forderte er die Fürsten auf, dieses Unrecht wiedergutzumachen.[70] Die Fürsten rührten sich jedoch nicht, und damit änderte sich Müntzers Haltung. In der letzten Juliwoche verkündete er in einer Predigt, die Zeit sei gekommen, alle Tyrannen zu stürzen und das messianische Königreich einzuleiten. Das allein dürfte zweifellos genügt haben, die Fürsten aufzurütteln; zu allem Überfluß warnte jetzt aber auch Luther in seinem *Brief an die Fürsten zu Sachsen*[71] vor der Gefährlichkeit der Müntzerschen Agitation, so daß dieser zur Verantwortung vor Herzog Johann nach Weimar zitiert wurde. Obschon ihm dort lediglich bedeutet wurde, von provokatorischen Erklärungen abzusehen, bis sich der Kurfürst mit der Angelegenheit befaßt haben würde, genügte das, ihn zum aktiven Revolutionär zu machen.

In der jetzt von ihm verfaßten Streitschrift *Ausgedrückte Entblößung des falschen Glaubens der ungetreuen Welt*[72] weist er nachdrücklich auf die mangelnde Eignung der Fürsten hin, irgendeine Rolle bei der Herbeiführung des Tausendjährigen Reichs zu spielen: «Denn sie haben ihr Leben zugebracht mit tierischem Fressen und Saufen, von

Jugend auf zum allerzärtlichsten erzogen, haben ihr Lebenlang keinen bösen Tag gehabt, wollen und gedenken auch keinen anzunehmen.»[73] Eben diese Fürsten und Herren und alle Reichen und Mächtigen sind es, die, indem sie hartnäckig an der bestehenden Ordnung festhalten, nicht nur sich selber, sondern auch andere hindern, zum wahren Glauben zu gelangen: «Ihr Herz ist eitel, und darum müssen die gewaltigen, eigensinnigen, ungläubigen Menschen vom Stuhl gestoßen werden, darum daß sie den heiligen wahrhaftigen Christenglauben in sich und in der ganzen Welt verhindern, so will er mit all seinem wahrhaftigen Ursprung aufgehen.»[74] Von käuflichen Schreiberlingen – wie Luther – aufgehetzt, tun die Großen alles in ihrer Macht, um dem gemeinen Volk die Erkenntnis der Wahrheit zu verwehren. Von ihrem gemeinsamen Interesse an Geldgewinn wie Krötenlaich zusammengehalten, bedrängen sie die Armen mit Steuern und Wucher so, daß diesen keine Zeit bleibt, sich mit dem göttlichen Gesetz zu befassen und ihm zu gehorchen. Dennoch besteht, wie Müntzer argumentiert, kein Grund zur Verzweiflung – im Gegenteil, die Ausschweifungen der Tyrannis, die jetzt die Welt bedrückt, bilden ein untrügliches Zeichen für den unmittelbar bevorstehenden Schlußakt. Und eben weil Gott jetzt seine Erleuchtung in die Welt sendet, «fangen etliche erst recht an, ihr Volk zu stöcken, blöcken, schinden und schaben, und bedrohen dazu die ganze Christenheit und peinigen und töten schmählich die Ihren und Fremden aufs allerschärfste ...»[75].

Damit hatte Müntzer den gleichen Punkt erreicht wie seinerzeit die Pseudopropheten der englischen Bauernrevolte und der hussitischen Revolution. Auch für ihn waren jetzt die Armen potentiell die Auserwählten und die mit der Heraufführung des Tausendjährigen Reiches völliger Gleichheit Beauftragten. Sie, die den Versuchungen von *Avaritia* und *Luxuria* nicht ausgesetzt waren, besaßen immerhin eine Möglichkeit, die Güter dieser Welt so gering zu schätzen, daß sie die apokalyptische Botschaft verstehen könnten. Und während die Reichen und Mächtigen in der Zeit der letzten großen Ernte wie Unkraut niedergemäht werden würden, würden sie, die Armen, als die einzige wahre Kirche hervorgehen: «Da muß das Große dem Kleinen weichen und von ihm zuschanden werden. Auch wüßten das die armen verworfenen Bauern, es wäre ihnen ganz nütze.»[76] Und trotzdem, so behauptete Müntzer, seien nicht einmal die Armen reif genug, um in die für sie vorgesehene Herrlichkeit einzugehen.[77] Erst müßten sie alle ihre irdischen Wünsche abtun und ihren weltlichen Lustbarkeiten entsagen, damit sie unter Seufzern und Gebet ihren traurigen Zustand und gleichzeitig die Notwendigkeit eines neuen, gottgesandten Führers erkennen.

«So die heilige Kirche soll durch die bittre Wahrheit erneut werden, so muß ein gnadenreicher Knecht Gottes hervortreten im Geist Eliae... und muß alle Dinge in den rechten Schwang bringen. Wahrlich ihrer werden viel müssen erweckt werden, auf daß sie mit dem allerhöchsten Eifer durch brünstigen Ernst die Christenheit fegen von den gottlosen Regenten.»[78] Wie Müntzer als neuer Daniel seine Dienste den Fürsten angeboten hatte, so empfahl er sich nunmehr dem Volk als göttlich inspirierter Führer.

Der *Ausgedrückten Entblößung* folgte nach kurzer Zeit eine noch heftigere Streitschrift, die sich ausdrücklich gegen Luther richtete und dementsprechend den Titel trug *Hoch verursachte Schutzrede und Antwort wider das geistlose, sanftlebende Fleisch zu Wittenberg*[79]. Daß Luther und Müntzer mittlerweile zu Todfeinden geworden waren, hatte seinen guten Grund. Genau wie Müntzers erwuchsen auch Luthers Handlungen aus dem Glauben an die bevorstehende Endzeit.[80] Für Luther war jedoch das Papsttum, das er mit dem Antichrist, dem falschen Propheten, identifizierte, der einzige Feind, und dieser würde durch die Verkündigung des wahren Evangeliums überwunden werden. Hernach würde Christus wiederkehren und sein ewiges Verdammungsurteil über den Papst und seine Gefolgschaft aussprechen und ein Königreich errichten – dieses Königreich aber würde nicht von dieser Welt sein. Im Rahmen einer solchen Eschatologie mußte ein gewaltsamer Aufstand bedeutungslos erscheinen, war doch der von Menschenhand zugefügte leibliche Tod neben dem Verdammungsurteil Gottes unerheblich. Ein gewaltsamer Aufstand mußte aber Luther auch schädlich erscheinen, teils wegen der damit verbundenen Erschütterung einer sozialen Ordnung, die der Verkündigung des Evangeliums günstig war, mehr noch aber wegen der Diskreditierung der Reformation, die Luther für die weitaus wichtigste Sache auf dieser Welt hielt. So war es nur logisch, daß er Müntzer mit allen Mitteln entegentrat. Doch wird es kaum überraschen, daß Müntzer seinerseits den Wittenberger als eschatologische Gestalt, nämlich als Tier der Apokalypse und Hure von Babylon einschätzte.[81] Ja, sogar der Titel dieser Streitschrift stellt eine Anspielung auf die apokalyptische Stelle im Judasbrief dar, die erzählt, wie der Herr mit vielen tausend Heiligen über die Gottlosen – «Spötter zu der letzten Zeit», wie sie hier genannt werden, die «das Ansehen der Person um Nutzes willen» achten, «Fleischliche, die da keinen Geist haben» – Gericht halten wird.[82]

Dieser Angriff Müntzers auf Luther in der *Hochverursachten Schutzrede* enthält gleichzeitig die prägnante Formulierung seiner Lehre von der sozialen Revolution. Während Luther seinen Traktat den sächsischen Landesherren dedizierte, widmete Müntzer seine Antwort Christus als dem König der Könige und Herzog aller Gläubigen – und erläutert, daß er unter Christus dessen Geist verstehe, so wie er und seine Anhänger diesen in sich erfahren hätten. Die Begründung aber lautet: die Fürsten – diese «gottlosen Schelme», wie er sie jetzt nennt – haben allen Anspruch auf Herrschaft, Ehre und Gehorsam verwirkt, denn all das sei nunmehr in die Hände der Auserwählten übergegangen. Zwar «muß der Wille Gottes und sein Werk durch Betrachtung des Gesetzes vollführt werden»[83] – diese Aufgabe kann aber nicht von den Gottlosen gelöst werden. Sofern es die Gottlosen unternehmen, die Sünde zu unterdrücken, verwenden sie das Gesetz als Mittel zur Ausrottung der Auserwählten. In speziellerem Sinn meint Müntzer, daß das göttliche Gesetz in den Händen «der Großen» lediglich zum Mittel wird, den Besitz zu schützen, das heißt jenen Besitz, den sie sich selber angeeignet haben. In seiner Erbitterung über Luther ruft er aus: «Der arme Schmeichler... verschweigt... den Ursprung aller Dieberei... Sieh zu, die Grundsuppe des Wuchers, der Dieberei und Räuberei sind unsere Herren und Fürsten, nehmen alle Kreaturen zum Eigentum. Die Fisch im Wasser, die Vögel in der Luft, das Gewächs auf Erden muß alles ihnen sein, Jesaia 5. Darüber lassen sie dann Gottes Gebot ausgehen unter die Armen und sprechen: «Gott hat geboten, du sollst nit stehlen»; er dienet aber ihnen nit, so sie alle Menschen verursachen, den armen Ackermann, Handwerksmann und alles, das da lebet, zu schinden und schaben, Micha 3. So er sich dann vergreift am allergeringsten, so muß er hängen.»[84] Daß Luther diese Ungerechtigkeiten rechtfertigt, ist sein größtes Verbrechen. Müntzer hingegen verkündet das Recht und die Pflicht der Auserwählten, die im gemeinen Volk zu finden sind, die Gottlosen, zu denen alle «Großen» gehören, mit dem Schwert auszutilgen. «O Doktor Lügner», ruft er Luther zu, «du tückischer Fuchs. Du hast durch deine Lügen das Herz des Gerechten traurig gemacht, den Gott nit betrübt hat, damit du gestärket hast die Gewalt der gottlosen Böswichter, auf daß sie je ja auf ihrem alten Wege bleiben. Darum wird dirs gehen wie einem gefangenen Fuchs. Das Volk wird frei werden, und Gott will allein der Herr darüber sein.»[85]

Ironischerweise zeigten sich die Fürsten, die Müntzer vor allem im Auge hatte, nämlich Kurfürst Friedrich und Herzog Johann, als die einzigen zeitgenössischen deutschen Fürsten tolerant. Von der durch Luther hervorgerufenen ungeheuren Umwälzung, deren Mittelpunkt ihre Länder blieben, völlig aus dem inneren Gleichgewicht geworfen, zweifelten sie selber ihre Stellung und ihre Rechte an. Herzog Johann hörte ohne Widerrede Müntzers herausfordernde Predigt an, und vom

Kurfürsten ist die Bemerkung überliefert, daß die Herrschaft, so Gott es wolle, in die Hände des Volkes übergehen müsse[86]; und beide Brüder zeigten bei der Behandlung des revolutionären Allstedter Propheten die gleiche Unsicherheit. Eine Woche nach seinem Verhör in Weimar brach dieser sein Ehrenwort – mehr eine Geste des Trotzes als aus Besorgnis für seine Person –, überkletterte nächtlicherweile die Stadtmauer und begab sich in die freie Reichsstadt Mühlhausen.

Diese in Thüringen gelegene, verhältnismäßig große Stadt befand sich schon seit über einem Jahr in ständiger Unruhe. Heinrich Pfeiffer, ein ehemaliger Mönch, betätigte sich als Führer der ärmeren Bürgerschaft, die der die Stadt beherrschenden Oligarchie die Macht aus den Händen zu winden versuchte. Dabei war, soviel man weiß, ein größerer Prozentsatz der Bevölkerung als in jeder andern damaligen deutschen Stadt, nämlich die Hälfte, ausgesprochen arm, und solche Elendsmassen neigten in Zeiten der Krise immer zu radikalen Experimenten. Aus ihnen rekrutierte Müntzer eine kleine, aber begeisterte Gefolgschaft. Wie immer von der Idee der bevorstehenden Vernichtung der Gottlosen besessen, ließ er ein rotes Kruzifix und ein bloßes Schwert vor sich hertragen, wenn er an der Spitze eines bewaffneten Haufens auf der Straße erschien.[87] Dennoch wurde der Aufstand, als er zum Ausbruch kam, rasch unterdrückt[88], und der wiederum verbannte Müntzer mußte seine Wanderschaft abermals aufnehmen. In Nürnberg gelang es ihm, seine zwei aufrührerischen Traktate zu veröffentlichen; sie wurden jedoch vom Magistrat alsbald eingezogen und ihr Verfasser aus der Stadt gewiesen. Nach mehrwöchiger Wanderschaft, die ihn bis an die Schweizer Grenze brachte[89], erreichte ihn ein Rückruf nach Mühlhausen, wo Pfeiffer neuerdings die Macht an sich gerissen und die Stadt in einen revolutionären Taumel geworfen hatte. Der bisherige Magistrat war im März 1525 gestürzt und durch einen von der Bürgerschaft neu gewählten ersetzt worden. An diesem Geschehen scheint Müntzer aber keinen großen Anteil gehabt zu haben; und so lernen wir ihn weniger aus dem Umsturz in Mühlhausen als anläßlich des Bauernkriegs in seiner Eigenschaft eines handelnden Revolutionärs kennen.

Die Ursachen des deutschen Bauernkrieges sind umstritten und werden es zweifellos bleiben.[90] Aber ein paar allgemeine Bemerkungen darf man sich mit einiger Sicherheit erlauben. Ziemlich gewiß ist, daß die Motive zu dieser Erhebung mehr denen des englischen Bauernaufstands entsprachen als denen der *Jacquerie*. Die deutsche Bauernschaft lebte in größerem Wohlstand als je zuvor; und gerade jene Bauern, die in den einzelnen Gegenden die Führung übernahmen, waren weit davon entfernt, von Not und Elend getrieben zu sein; vielmehr gehörten sie einer im Aufstieg befindlichen, selbstbewußten Klasse an. Und eben diese Leute, deren wirtschaftliche und soziale Lage sich ständig besserte, sträubten sich mit desto größerer Ungeduld gegen die Hindernisse, die sich ihrem weiteren Aufstieg entgegenstellten. So ist es nicht überraschend, daß sich die Bauern in ihrem Bestreben, diese Hindernisse aus dem Wege zu räumen, keineswegs chiliastisch, sondern im Gegenteil politisch rational zeigten, in dem Sinn, daß sie die Realität der Lage und ihrer Möglichkeiten im Auge hatten. Was daher Bauerngemeinschaften unter der Führung ihrer eigenen bäuerlichen Aristokratie zu erlangen suchten, war im extremsten Fall lokale Selbstverwaltung; und so setzte sich die Bewegung in ihrer ersten, vom März bis Anfang Mai 1525 dauernden Phase einfach aus einer Reihe örtlicher Geplänkel zusammen, durch die eine große Anzahl ländlicher Gemeinschaften ihre weltlichen oder geistlichen Feudalherren zu Konzessionen in der Richtung größerer Autonomie zwang. Doch setzten sie das ohne Blutvergießen, lediglich durch Steigerung ihres seit Jahrzehnten geübten zähen Feilschens durch.

Dahinter stand jedoch ein tieferer Konflikt. Mit dem fortschreitenden Schwinden der Königsgewalt hatte sich das deutsche Reich in eine Unzahl uneiniger und sich oftmals bekämpfender Feudalherrschaften aufgelöst, ein halbanarchischer Zustand, der sich jedoch um 1525 seinem Ende zuneigte, weil die größeren Landesherren ihre Territorialstaaten allmählich konsolidiert und ihre Macht zu einer immer absoluteren ausgebildet hatten. Für die Bauernschaft bedeutete das einen schweren Eingriff in ihre ererbten Rechte und ihre bisherige Lebensform. Sie wehrte sich sowohl gegen die zusätzlichen Steuern als auch gegen die Einführung des römischen an Stelle des bisherigen gemeinen Rechts und gegen die Einmischung zentraler Verwaltungsbehörden in lokale Angelegenheiten. Die Fürsten ihrerseits waren sich bewußt, daß die Bauernschaft ihre Pläne für die neuen Staatsbildungen sabotierte, und ergriffen den Bauernaufstand als eine ausgezeichnete Gelegenheit, ihre Autorität nicht nur zu behaupten, sondern sogar auszuweiten. Die Fürsten waren es, oder richtiger, eine ganze bestimmte Fürstengruppe, die für den katastrophalen Ausgang des Bauernaufstandes sorgte und in einer Reihe von Schlachten oder eher Massakern etwa hunderttausend Bauern niedermachte. Nutznießer des Ganzen waren die Dynastien, denn sowohl Bauern als auch niederer Adel und geistliche Stifte sahen sich zu einer Jahrhunderte dauernden, ohnmächtigen Abhängigkeit von den Fürsten erniedrigt.

Die von Thomas Müntzer im Bauernkrieg gespielte Rolle kann leicht überschätzt werden, und man hat das auch oft getan. Die Hauptschauplätze des Ringens bildeten jene Gegenden, in denen die Konsolidierung der neuen Staaten am weitesten fortgeschritten war, nämlich in Süd- und Westdeutschland, wo es schon vor 1525 zu zahlreichen Bauernaufständen gekommen war – soweit reichte jedoch Müntzers Einfluß keinesfalls. Eine eigenartige Situation lag hingegen in Thüringen vor, denn hier waren die Bauern noch nie aufgestanden, und auch 1525 gab es kaum Anzeichen für bevorstehende Unruhen.[91] Sie erfolgten in der Tat verhältnismäßig spät und in einer merkwürdig anarchischen Form. Während sich im Süden und Westen die Bauern diszipliniert verhalten hatten, bildeten sich in Thüringen kleine, ungeordnete Haufen, die, Klöster und Stifte plündernd und einäschernd, durchs Land zogen. Und diese Ausbrüche mögen sehr wohl von Müntzers Agitation gefördert, wenn nicht veranlaßt worden sein.

Den Kern seines Anhangs bildete immer noch der Bund der Auserwählten. Etliche Mitglieder seiner Allstedter Gemeinde waren ihm nach Mühlhausen gefolgt und unterstützten ihn zweifellos beim Aufbau einer neuen Gefolgschaft. Vor allem verließ er sich aber weiterhin auf die Bergleute der Mansfelder Kupferminen, die seinem Bund zu Hunderten beigetreten waren.[92] Diese oft von auswärts stammenden Leute ohne festen Wohnsitz, die sich ständig der Arbeitslosigkeit und sozialer Unsicherheit jeder Art ausgesetzt sahen, neigten ebenso chronisch revolutionären Exzessen zu wie die Weber und wurden von der Obrigkeit nicht weniger gefürchtet. Angesichts einer solchen Gefolgschaft errang sich Müntzer natürlich einen großen Ruf als revolutionärer Führer; und wenn er auch in Mühlhausen selbst nie den gleichen Einfluß ausübte wie Pfeiffer, so steht er doch im Rahmen des Bauernkriegs als eine weit stärkere Persönlichkeit da.[93] Freilich teilten nicht einmal die Thüringer Bauern, wie aus ihren schriftlichen Reformbegehren deutlich hervorgeht, seine Millenniumsphantasien; dennoch schauten sie zu ihm als dem einzigen berühmten, gelehrten und frommen Mann auf, der sich vorbehaltlos an ihre Seite gestellt hatte. Die Historiker haben sich nie darüber geeinigt, inwieweit Müntzer mit Berechtigung als der Führer des Thüringer Bauernkriegs bezeichnet werden kann; sicher scheint jedoch, daß es keinen andern Führer gab.

Im April 1525 entrollte Müntzer in seiner Kirche zu Mühlhausen ein weißes, Gottes Bund mit den Menschen durch einen Regenbogen symbolisierendes Banner[94] und kündigte gleichzeitig an, demnächst unter diesem Feldzeichen an der Spitze von zweitausend «Fremden»[95] – anscheinend wirklichen oder imaginären Mitgliedern seines Bundes – aufbrechen zu wollen. Ende des Monats unternahmen er und Pfeiffer in der Tat einen Raubzug und zerstörten mehrere Klöster und Stifte; doch das konnte keinesfalls das von ihm erträumte apokalyptische Ringen sein. In einem an seine Allstedter Anhänger geschriebenen Brief erkennt man die Tonart, die seinerzeit John Ball angeschlagen haben soll – nur vernimmt man sie jetzt direkt und nicht aus dritter Hand.

«Das sag ich euch, wolt ir nit umb gottes willen leyden, so must ir des teufels merterer sein. Darumb huett euch, seyt nit also vorzagt, nachlessig, schmeychelt nit lenger den vorkerten fantasten, den gottlossen bosswichtern, fanget an und streytet den streyth des herren! Es ist hoch zeyth, haltet eure bruder alle darzu, das sie gottlichs gezeugnus nicht vorspotten, sonst mussen sie alle vorterben. Das ganze deutsche, franzosisch und welsch land ist was (wach), der meyster will spiel machen, die bösswichter mussen dran. Zu Fulda seynt in der osterwochen vier stiefftkirchen vorwuestet, die pauern im Klettgau und Hegau Schwarzwald seint auf, dreymal tausent stark, und wirt der hauf ye lenger ye grosser. Allein ist das meyn sorg, das dye nerrischen menschen sich vorwilligen in einen falschen vortrag, darumb das sie den schaden nach nit erkennen.

Wan euer nuhr drey ist, die in gott gelassen allein seynen nahmen und ehre suchen, werdet ir hundert tausent nit furchten. Nuhn dran, dran, es ist zeyt, die bosswichter seint frey vorzagt wie die hund. Regt dye bruder an, das sie zur fried kommen und ir bewegung gezeugnus holen. (d. h. daß sie zu Fried kommen und ihr Gelöbnis halten.) Es ist uber dye mas hoch hoch von noethen. Dran, dran, dran! Last euch nit erbarmen... Sehet nit an den jhammer der gottlossen. Sie werden euch also freuntlich bitten, greynen, flehen wie dye kinder. Lasset euch nit erbarmen... Reget an in dorfern und stedten und sonderlich die bergkgesellen mit ander guther busse (d. h. Burschen) welche guth darzu wird sein. Wir mussen nit lenger slaffen... Lasset diesen brief den bergkgesellen werden. ...

Dran, dran, dyeweyl das feuer hayss ist. Lasset euer schwerth nit kalt werden, lasset nit vorlehmen (d. h. lahm werden). Schmidet pinkepanke auf den ambossen Nymroths, werfet ihne den thorm zu boden! Es ist nit mugelich, weyl sie leben das ir der menschlichen forcht soltet lehr werden. Mann kan euch von gotte nit sagen, dieweyl sie uber euch regiren. Dran, dran, weyl ir tag habt, gott gehet euch vor, volget, volget! ...»[96]

Die Phantasiewelt, in der Müntzer lebte, geht aus diesem Brief deutlich genug hervor. Denn es war ja Nimrod, der den Turm zu Babel gebaut haben soll[97], jenen Turm, der später mit Babylon identifiziert worden ist, während Nimrod selbst in der Volksmeinung nicht nur als der erste Städtebauer, sondern auch als der Urheber des persönlichen

Eigentums und der Standesunterschiede, also der Zerstörer des ursprünglichen egalitären Zustandes galt. Diesen Aufruf, Nimrod und seinen Turm niederzuwerfen, versieht Müntzer mit einer ganzen Reihe von Hinweisen auf apokalyptische Bibelprophezeiungen: die Weissagung über das messianische Königreich im Buche Hesekiel, 34. Kapitel, die im 24. Kapitel des Evangelium Matthäus wiedergegebene Voraussage seiner Wiederkehr, die im 6. Kapitel der Offenbarung enthaltene Weissagung des Tages des Gerichts und natürlich auch «Daniels Traum». Aus all dem geht überzeugend hervor, daß Müntzer bis in die letzten Tage seiner Laufbahn immer noch in den Wendungen der eschatologischen Überlieferungen gedacht und in ihrem Sinn gehandelt hat. Und es ist nicht uninteressant, daß sich der Mann, der ursprünglich sein Lehrer gewesen war, jetzt selbst zum eschatologischen Erlöser aufwarf. Denn auch der aus Zwickau verbannte Niklas Storch hatte sich inzwischen eine neue Gefolgschaft geschaffen, ein buntes Gemisch von abtrünnigen Mönchen, Webern und anderen Handarbeitern, über die er einen Kerntrupp von zwölf «Aposteln» und 72 «Jüngern» setzte.[98] Beim Ausbruch des Bauernkrieges verkündete er, vom Himmel her die Zusicherung erhalten zu haben, daß er die gegenwärtigen gottlosen Regenten binnen vier Jahren überwinden, über die ganze Welt regieren und seinen Gefolgsleuten das himmlische Königreich auf Erden bringen werde.

Während Müntzer und Storch so den Weg ins Millennium bahnen wollten, verfaßte Luther seine zornige Streitschrift *Wider die räuberischen und mörderischen Rotten der Bauern*[99], eine Schrift, die viel dazu beitrug, die mitteldeutschen Fürsten in Harnisch zu bringen, die sich bis dahin der Revolte weit weniger entschlossen entgegengestellt hatten als ihre Standesgenossen im Süden und Westen. Der alte Kurfürst Friedrich, der gar keine Neigung gezeigt hatte, den Bauern entgegenzutreten, starb am 4. Mai. Sein Bruder Johann, der die Nachfolge antrat, wandte sich mit anderen Fürsten zusammen an den Landgrafen Philipp von Hessen um Beistand, einen kaum Zwanzigjährigen, der sich jedoch schon eines beträchtlichen kriegerischen Ruhms erfreute und eine Erhebung in seinem eigenen Land niedergeschlagen hatte. Philipp marschierte auch unverzüglich in Thüringen Richtung Mühlhausen ein, wo die Fürsten den Mittelpunkt und die Quelle der Unruhen vermuteten. Was die Bauern anbelangt, hatten sich endlich einige Achttausend bei Frankenhausen heeresmäßig formiert.[100] Da diese Stadt in nächster Nähe Mühlhausens und auch der Burg des Grafen Ernst von Mansfeld, dieses alten Feindes Müntzers, lag, darf angenommen werden, daß der Pseudoprophet die Örtlichkeit des Heerlagers selbst ausgesucht hatte. Auf alle Fälle sahen die Bauern jetzt zu ihm als ihrem Retter und Erlöser auf und baten ihn, zu ihnen zu kommen. Sie baten nicht vergebens, denn Müntzer stieß mit rund 300 seiner fanatischsten Anhänger zu ihnen, während der gegen diese Einmischung opponierende Pfeiffer in Mühlhausen blieb. Die Zahl ist bedeutsam, hatte doch Gideon die Midianiter mit 300 Mann überwunden.[101] Müntzer berief sich in seiner *Ausgedrückten Entblößung* nachdrücklich auf das Beispiel Gideons, und in seinen wildesten Episteln fügte er die Worte «mit dem Schwert Gideons» seiner Unterschrift hinzu. Ein Menschenalter später sollte der gleichfalls in Mühlhausen gestützte Führer der Blutfreunde in ähnlicher Weise die Ausmerzung der Gottlosen mit dem Schwerte Gideons verkünden.

Am 11. Mai traf Müntzer im Lager der Bauern ein, wo sich sein Einfluß sofort geltend machte. Den Bauern in den umliegenden Dörfern wurde befohlen, sich dem Heer anzuschließen, und wer es unterlasse, werde dazu gezwungen werden.[102] Ein dringender Ruf um Hilfe erging an Erfurt; gleichzeitig stellte Müntzer den Gegnern Drohbriefe zu. Seinem besonderen Feind, dem Grafen Ernst von Mansfeld, schrieb er: «Sag an, du elender dürftiger Madensack, wer hat dich zu einem Fürsten des Volks gemacht, welches Gott mit seinem teuren Blut erworben hat? ... Du bist durch Gottes kräftige Gewalt dem Verderben überantwortet. Wirst du dich nicht demütigen vor den Kleinen, so wird dir eine ewige Schande vor der ganzen Christenheit auf den Hals fallen, du wirst des Teufels Märtyrer werden.»[103] Doch das nutzte alles nichts; Erfurt wollte oder konnte nicht reagieren, und der Feind war so leicht nicht einzuschüchtern.

Landgraf Philipp führte die militärischen Operationen mit der größten Geringschätzung für das militärische Geschick der Bauern, und das Ergebnis rechtfertigte auch die Wagnisse, in die er sich einließ. Am 15. Mai hatten seine mittlerweile durch den Zuzug anderer Fürsten verstärkten Streitkräfte eine starke Stellung auf einem Hügel oberhalb des bäurischen Lagers bezogen. Die kleine zahlenmäßige Überlegenheit der Aufrührer wurde durch zahlreiche fürstliche Geschütze und 2000 Mann Reiterei wettgemacht. Eine unter solchen Umständen ausgefochtene Schlacht konnte nur ein einziges Ergebnis zeitigen; dennoch boten die Fürsten milde Bedingungen an, versprachen den Bauern ihr Leben und verlangten nur die Auslieferung Müntzers und seines persönlichen Anhangs. Vermutlich erfolgte dieses Angebot in guten Treuen, denn auch in seinem eigenen Herrschaftsbereich hatte der Landgraf zwar auf Unterwerfung bestanden, aber unnötiges Blutvergießen vermieden. Und vermutlich wäre ohne Müntzers Einspruch das Angebot auch angenommen worden.

Wie die *Histori* – sicher glaubwürdig genug – schildert[104], behauptete der Pseudoprophet in einer leidenschaftlichen Ansprache, Gott sei ihm erschienen und habe ihm den Sieg versprochen; er werde die feindlichen Kanonenkugeln in seinen Mantelärmeln auffangen, und Gott werde lieber Himmel und Erde verwandeln als den Untergang seines Volkes zulassen. Ein Regenbogen, der in diesem Augenblick am Himmel erschien, vertiefte noch den Eindruck dieser Rede, erblickte man doch in der Identität mit dem Symbol auf dem Banner ein Zeichen der göttlichen Gunst. Zumindest Müntzers persönliche Gefolgschaft scheint mit einem gewaltigen Wunder fest gerechnet zu haben, und da sie ebenso diszipliniert wie fanatisch war, vermochte sie zweifellos die ungeordneten und kopflosen Bauernmassen zu beherrschen.

Als die Fürsten keine befriedigende Antwort auf ihr Angebot erhielten, riß ihnen die Geduld, und sie ließen die Kanonen reden. Die Bauern hingegen hatten nicht einmal versucht, die paar Geschütze, über die sie verfügten, in Aktion zu bringen oder Anstalten zur Flucht zu treffen. Statt dessen sangen sie, als stände die Wiederkehr Christi in eben dieser Sekunde bevor, unentwegt ihr «Komm, Heiliger Geist». Die erste und einzige Salve der fürstlichen Artillerie wirkte katastrophal; die Bauern wandten sich in panischem Entsetzen zur Flucht; die fürstliche Reiterei setzte hinter ihnen her und machte sie zu Hunderten nieder. Die Zersprengung der Bauern und die Einnahme Frankenhausens, wobei rund 5000 Menschen das Leben verloren, kostete das Fürstenheer bloß ein paar Mann. Einige Tage später kapitulierte Mühlhausen kampflos und büßte die ihm zugeschobene Schuld an dem Aufstand mit hohen Geldstrafen und dem Verlust der Reichsunmittelbarkeit.[105] Was Müntzer anbelangt, war er dem Blutbad entronnen, wurde aber bald in einem Versteck in Frankenhausen aufgestöbert. Graf Ernst von Mansfeld, dem er übergeben wurde, ließ ihn foltern und am 27. Mai 1525 nach erpreßtem Geständnis über den Bund der Auserwählten gleichzeitig mit Pfeiffer im fürstlichen Lager enthaupten.[106] Storch, der allem Anschein nach gleichfalls die Hand in der Erhebung hatte, starb im selben Jahr als Geächteter.[107]

Damit war Müntzers historische Rolle aber noch lange nicht ausgespielt. Daß sein Gedächtnis von der in den nächsten Jahren weitverbreiteten Täuferbewegung in Ehren gehalten wurde, obschon er sich selbst nie als Wiedertäufer bezeichnet hatte, ist beinahe selbstverständlich. Weit merkwürdiger ist die Wiedererweckung und die Gloriole, die ihm die letzten hundert Jahre zuteil werden ließen. Von Engels bis zu den heutigen kommunistischen Historikern – deutschen wie russischen – haben manche Marxisten Müntzer zu einem überlebensgroßen Symbol, zum herkulischen Helden des «Klassenkampfes» erhoben.

Das ist eine naive Auffassung, die nichtmarxistische Historiker ohne Schwierigkeit widerlegt haben, indem sie auf die vorwiegend mystischen Motive des Müntzerschen Handelns und seine Gleichgültigkeit gegen das materielle Wohlergehen der Armen hinwiesen. Trotzdem kann auch dieser Punkt allzuleicht überbetont werden. Der von eschatologischen Phantasien besessene Pseudoprophet Müntzer versuchte, seine Vorstellung der Endzeit durch die Ausnutzung der sozialen Unzufriedenheit in die Wirklichkeit umzusetzen. Möglicherweise ist es also doch ein gesunder Instinkt, der die Marxisten – das heißt jene, die die Revolution der Reform vorziehen – veranlaßt hat, ihn als einen der ihren zu betrachten.

XIII
Das Tausendjährige Reich allgemeiner Gleichheit
(Dritter Teil)

Täufertum und soziale Unrast

Luthers Reformation zeitigte gewisse Begleiterscheinungen, die zwar ihn und seine Mitarbeiter erschreckten, aber so selbstverständlich waren, daß sie in der Rückschau unvermeidlich erscheinen. Gegen die Autorität der Römischen Kirche beriefen sich die Reformatoren auf den Text der Heiligen Schrift. Doch kaum hatten die Menschen den biblischen Text selber zu lesen begonnen, so begannen sie auch schon, ihn selber auszulegen; und ihre Exegesen stimmten nicht immer mit denen der Reformatoren überein. Wo immer sich Luthers Einfluß geltend machte, verlor der Priester einen großen Teil seines herkömmlichen Ansehens als eines Mittlers zwischen Gott und Mensch und eines unentbehrlichen geistigen Führers. Hatte aber erst einmal der Laie das Gefühl, daß er und Gott in unmittelbarer Beziehung standen und er sich auf sein eigenes Gewissen als geistigen Führer verlassen könne, dann war es unvermeidlich, daß sich dieser oder jener Laie von göttlichen Inspirationen bewegt fühlte, die weder mit dem alten noch mit dem neuen Glauben in Einklang standen.

In erster Linie trug Luthers Reformation zu einer Steigerung der intensiven und weitverbreiteten Erregung bei, aus deren Boden sie zum Teil erwachsen war. Es konnte gar nicht anders kommen, nachdem die Reformation die Unfehlbarkeit und Autorität der einzigen bis dahin im Abendland existierenden Kirche angetastet hatte. Im großen und ganzen hatte man bis dahin die von der Römischen Kirche gegebene geschlossene Lehre vom Universum und der menschlichen Natur akzeptiert, ohne sich darüber Gedanken zu machen. Das katholische Dogma hatte den unveränderlichen Rahmen gebildet, innerhalb dessen sich alle abendländischen Christen zu orientieren vermochten, und gleicherweise hatte man sich auf die katholische Hierarchie als Trägerin der Autorität verlassen. Ja, gerade die Kritik, der sich laue und verweltlichte Kleriker ständig ausgesetzt sahen, und die laute Empörung über das Kirchenschisma zeigen, wieviel die Menschen von ihrer Kirche forderten. Viele Jahrhunderte lang hatte sie trotz allen ihren Mängeln eine wichtige normenschaffende Aufgabe erfüllt. Und Luthers Angriff stellte – gerade weil er so erfolgreich war – diese Aufgabe ernstlich in Frage. So entstand gleichzeitig mit dem Gefühl der Befreiung ein ebensoweit verbreitetes Gefühl der Ziellosigkeit, um so mehr, als Luthers Reformation keineswegs alle Ängste zu beseitigen vermochte, die sie in der Bevölkerung hervorgerufen hatte. Ein beträchtlicher Teil der großen Masse fiel von ihm ab, teils wegen seines Bündnisses mit der weltlichen Macht, teils aber auch, weil seine Erlösungslehre ihrem Gehalt nach nicht immer befriedigte. In Opposition sowohl gegen die Römische Kirche als auch gegen das Luthertum erwuchs in den beunruhigten ziellosen Massen die von ihren Gegnern als «Wiedertäufertum» bezeichnete Bewegung – in vieler Hinsicht als Nachfolger der mittelalterlichen Sekten, aber weit größere Kreise erfassend.[1]

Das Täufertum – wie wir es kurz nennen wollen – war nie eine zentral geleitete, einheitliche Bewegung. Es gab rund vierzig unabhängige Täufergruppen, jede gruppiert um einen Führer, der von sich behauptete, ein göttlich inspirierter Prophet oder Apostel zu sein. Diese in allen deutschen Landen aufschießenden, ein heimliches Dasein führenden und von ständiger Verfolgung bedrohten Sekten entwickelten sich jeweils innerhalb der ihnen von ihrem Führer gegebenen Richtlinien. Gewisse Merkmale waren ihnen aber allen gemeinsam. Der theologischen Spekulation und dem formalen Kult schenkten die Täufer verhältnismäßig geringe Beachtung. Anstatt solche Praktiken wie den allgemeinen Kirchenbesuch zu üben, befleißigten sie sich, Vorschriften, die sie im Neuen Testament zu finden glaubten, buchstäblich einzuhalten. Anstelle theologischer Spekulationen stellten sie die Heilige Schrift in den Vordergrund, die sie dennoch zum Gegenstand von Auslegungen machten. Sie folgten der Stimme ihrer «inneren Erleuchtung» und glaubten, dabei unmittelbar von der Gnade Gottes inspiriert zu sein. Ihre Maßstäbe waren hauptsächlich ethisch bedingt; für sie war die Religion vor allem die Angelegenheit aktiver brüderlicher Liebe. Ihre Gemeinschaften waren nach dem Vorbild der frühchristlichen Kirche, so wie sie sie sich vorstellten, ausgerichtet und sollten die von Christus verkündeten ethischen Ideale verwirklichen.

Demzufolge kann die soziale Einstellung als das charakteristischste Element der Täuferbewegung gelten. Die Sektierer neigten dazu, die Berechtigung des persönlichen Eigentums zu bestreiten und den Gemeinschaftsbesitz zum Ideal zu erheben. Wenn trotzdem von der Mehrzahl der Gruppen kaum versucht wurde, das Gemeineigentum praktisch einzuführen, so haben doch die Täufer die Verpflichtung zur Mildtätigkeit und zu großzügigem gegenseitigen Beistand sehr ernst genommen. Anderseits zeigten viele Täufergemeinden eine krankhaft übersteigerte Exklusivität. So stark der Zusammenhang innerhalb der einzelnen Gruppe war, so sehr neigte man dazu, die Gesellschaft als solche kompromißlos abzulehnen. Insbesondere beargwöhnte man den Staat als eine nur für den Gottlosen nötige Institution, sie selber vermieden als wahre Christen so weit wie möglich jeden Kontakt mit ihm. Obgleich sie bereit waren, manchen staatlichen Forderungen nachzukommen, lehnten sie jeglichen Einfluß des Staates im Reich des Glaubens und des Gewissens ab. Sie schränkten ihren Verkehr mit ihm auf ein Mindestmaß ein. Kein Täufer nahm eine öffentliche Berufung an oder ging mit Hilfe des Staates gegen einen Glaubensgenossen vor und niemand aus der Gemeinde der Wiedertäufer griff für ihn zu den Waffen. Die gleiche Zurückhaltung wahrte man gegen alle Nichttäufer und vermied außerhalb der eigenen Gemeinschaft jede gesellschaftliche Beziehung. Man hielt sich eben für die einzig Auserwählten und die eigenen Gemeinschaften als allein unter Gottes unmittelbarer Führung stehend: kleine Eilande der Gerechtigkeit in einem Meer der Verworfenheit. Sogar Luther gab die Möglichkeit zu, daß ein Altgläubiger selig werden könne; für die Täufer hingegen waren Lutheraner wie Katholiken schlimmer als die Türken und wahre Gehilfen des Antichrist. Der Ritus der Erwachsenentaufe, der der Bewegung ihren Namen gab, symbolisierte vor allem die freiwillige Absonderung von einer unerlösten Welt. Die Besessenheit, mit der sie dieser Idee der Auserwähltheit verfallen waren, kam auch innerhalb der Täuferbewegung immer wieder zum Durchbruch; ihre Geschichte ist gekennzeichnet durch Spaltungen.

Die Mehrzahl der Täufer war ein friedliches Völkchen, das außer in Fragen des Glaubens und Gewissens durchaus bereit war, sich im Alltagsleben der Autorität des Staates zu unterwerfen. Es dachte gewiß nicht an Revolution; da aber die meisten dem Bauern- und Handwerkerstand angehörten und die Obrigkeiten diese Schichten nach dem Bauernkriege begreiflicherweise fürchteten, wurden selbst die Friedfertigsten heftig verfolgt und zu Tausenden hingerichtet. Schließlich rief diese Verfolgung die Gefahr erst hervor, der sie vorbeugen sollte. Nicht nur wurden die Täufer in ihrer Feindseligkeit gegen den Staat und die hergebrachte Ordnung bestärkt – sie interpretierten auch ihre Leiden im apokalyptischen Sinn als den letzten großen Angriff Satans und des Antichrist auf die Heiligen, als die «messianischen Wehen», die dem

Tausendjährigen Reich vorauszugehen haben. Vieler Täufer bemächtigten sich Phantasien über den Tag des Großen Gerichts, da sie aufstehen und die Mächtigen stürzen und unter dem endlich wiedergekehrten Christus das Millennium auf Erden aufrichten würden. Damit trat die Täuferbewegung in ein Stadium ein, das große Ähnlichkeit mit den Ketzerbewegungen früherer Jahrhunderte aufwies. Das Gros der Täufer hielt zwar an seiner friedlichen und entbehrungsreichen Absonderung fest, wie sie etwa seinerzeit von den Waldensern geübt worden war; daneben aber entwickelte sich ein Täufertum anderer Art, in dem die ebenso alte Tradition des militanten Chiliasmus neuen Ausdruck fand.

Ursprünglich war die Bewegung in den ersten Jahren nach dem Bauernkrieg von der Schweiz nach Deutschland gekommen. Der erste dortige Propagandist des neuen Täufertums war ein ehemaliger Anhänger und Jünger Müntzers, ein Buchbinder namens Hans Hut[2], der sich als ein von Gott gesandter Prophet ausgab und ankündigte, daß Christus Pfingsten 1528 wiederkehren und das zweischneidige Schwert der Gerechtigkeit in die Hände der wiedergetauften Heiligen legen werde. Dann würden die Großen dieser Erde wie auch Priester und Pastoren – jene ihrer Verfolgungen, diese ihrer falschen Lehren halber – gerichtet und Könige und Herren in Ketten gelegt werden, wonach Christus ein Tausendjähriges Reich aufrichten würde, das anscheinend auf freier Liebe und Gemeineigentum beruhen sollte. Hut wurde 1527 festgenommen und in Augsburg eingekerkert. Im Gefängnis starb er, möglicherweise wurde er ermordet; doch hatte er in den süddeutschen Städten bereits etliche Anhänger gewonnen. In deren Glaubensbekenntnissen sind die Lehren John Balls und der radikalen Taboriten nahezu wörtlich wiederzuerkennen: «Christus wird den Wiedertäufern Schwert und Rache geben, zur Bestrafung aller Sünden, zur Vernichtung aller weltlichen Macht, zur Ausmerzung derer, die sich der Wiedertaufe in den Weg stellen, auf daß alles Eigentum gemein werde.» «Die weltliche Macht behandelt die Armen nicht, wie es sich ziemt und bürdet ihnen zu große Lasten auf. Wenn die Stunde der Rache Gottes gekommen ist, werden sie strafen und das Böse ausmerzen.» Auch wenn Hut dies erst für den Moment erwartete, an dem Christus «aus dem Himmel niederfahre», so waren nicht alle seine Anhänger so geduldig. In Esslingen am Neckar scheinen die Täufer 1528 die gewaltsame Aufrichtung des Königreichs Gottes geplant zu haben.[3] Für diese militanten Chiliasten hatte die Idealvorstellung vom Gemeineigentum eine deutlich revolutionäre Bedeutung. So hat der Nürnberger Magistrat seine Kollegen zu Ulm zweifellos nicht ohne Berechtigung davor gewarnt, daß die Täufer den Sturz der bestehenden Ordnung und die Abschaffung des Privateigentums anstrebten. In Wirklichkeit blieb das revolutionäre Täufertum in Süddeutschland ziemlich kraftlos und war 1530 so gut wie unterdrückt. Dagegen sollte es einige Jahre später in Holland und der äußersten Nordwestecke Deutschlands erneut auftreten und diesmal Resultate zeitigen, die die Aufmerksamkeit ganz Europas auf sich zogen.

Nordwestdeutschland bestand zu Beginn des sechzehnten Jahrhunderts in der Hauptsache aus einer Anzahl kleiner, meist von heftigen sozialen Konflikten erschütterten Fürstbistümern.[4] Die Herrschaft lag in den Händen des jeweiligen Fürstbischofs und des Domkapitels, dem er seine Wahl verdankte und das sein Handeln weitgehend beeinflußte. Die Domkapitel ihrerseits setzten sich ausschließlich aus Angehörigen des einheimischen Adels zusammen – ein Familienwappen mit mindestens vier Feldern war meist die unentbehrliche Qualifikation –, und häufig erhoben sie einen der Ihren auf den Bischofsstuhl. Diese Gruppe von aristokratischen Klerikern war keiner höheren Autorität untertan und konnte sich in den Landtagen natürlicherweise auf die Unterstützung des Adels verlassen, dem er entstammte. Bei der Ausübung der Regierungsgewalt hatten sie einzig das Interesse ihres Standes und des Diözesanklerus im Auge. In diesen geistlichen Staaten gab es nicht nur zahlreiche Kleriker – im Bistum Münster beispielsweise bestanden rund dreißig kirchliche Institutionen, darunter vier Klöster, sieben Stifte, zehn Kirchen, der Dom und natürlich das Domkapitel selbst –, sie waren darüber hinaus noch hoch privilegiert. Die Mitglieder des Domkapitels hielten zahlreiche Pfründen und Kanonikate, während die Mönche weltlichen Beschäftigungen und Handwerken nachgehen durften. Vor allem aber blieb der gesamte Klerus beinahe steuerfrei.

Doch erstreckte sich die Autorität des kirchlich-aristokratischen Elements selten auf die Hauptstadt dieser geistlichen Staatsgebilde. Die Entwicklung des Handels und der Geldwirtschaft hatte den Bischofssitzen eine eminente Bedeutung verliehen, die sogar die der übrigen Städte übertraf; und angesichts des steten Geldbedarfs der Staatsführung hatten sie sich bei der ewigen Feilscherei über die Höhe der Steuern nach und nach Konzessionen und Privilegien eingehandelt. Das galt insbesondere für das größte und wichtigste dieser Fürstbistümer, für Münster. Schon von Beginn des vierzehnten Jahrhunderts an befand sich die Stadt im Besitz zahlreicher Selbstverwaltungsrechte, während die Macht des meist abwesenden Bischofs immer mehr zusammenschmolz.

Damit ist natürlich nicht gesagt, daß den städtischen Bevölkerungen die erstrittenen Konzessionen genügten. Bischof und Domkapitel genossen meist nicht das geringste religiöse Ansehen, was kaum überraschen kann, weil sie sich einem ausgesprochen weltlichen und ausschweifenden Lebenswandel hingaben. So war – um 1530 – der Fürstbischof von Münster nicht einmal geweihter Priester und demzufolge ein rein weltliches Staatsoberhaupt. Auch trafen die von ihm auferlegten hohen Steuern ausschließlich die Laienwelt, die aus der Verwaltung am wenigsten Nutzen zog. Eine weitere Belastung erwuchs aus der Investiturgebühr, die jeder neugewählte Bischof an die Kurie zu entrichten hatte – das war in Münster zwischen 1498 und 1522 dreimal der Fall. Es kann nicht verwundern, daß unter solchen Umständen die Steuerbefreiung des Klerus besonders bittere Gefühle weckte. Weiterhin protestierten Kaufleute und Handwerker gegen die gewerbe- und handeltreibenden Mönche, gegen die sie sich in argem Nachteil befanden, weil diese weder Familien zu ernähren noch Zunftregeln zu beachten, noch Kriegsdienst zu leisten oder dafür aufzukommen hatten.

Im sechzehnten Jahrhundert ging der Hauptwiderstand gegen die Macht der Bischöfe und Domkapitel gewöhnlich nicht mehr von dem eher konservativ gewordenen Stadtmagistrat, sondern von den Zünften aus. Das war ganz besonders in Münster der Fall, das im fünfzehnten Jahrhundert der Hanse beigetreten und zu einem wichtigen Handelsplatz geworden war, was die Macht der Zünfte bedeutend gehoben hatte. Die sechzehn Handwerksinnungen, die es damals dort gab, hatten sich ihrerseits in einem Verband zusammengeschlossen, der bei passender Gelegenheit die gesamte Bevölkerung gegen den Klerus aufzuwiegeln und zu führen vermochte. Eine solche Gelegenheit ergab sich anläßlich des Bauernkriegs. Es ist sehr auffällig, daß die von Süddeutschland nach dem Nordwesten übergreifende revolutionäre Erregung dort weder die Bauern noch die Städte der weltlichen Fürsten zum Aufstand veranlaßte, sondern einzig die Hauptstädte der Fürstbistümer Osnabrück, Utrecht, Paderborn und Münster. In der letztgenannten Stadt entfachten die Zünfte einen Angriff auf ein Kloster, das ihnen gewerbliche Konkurrenz bereitete, und forderten eine allgemeine Beschränkung der dem Klerus zustehenden Privilegien; das Domkapitel sah sich auch zu sehr bedeutenden Zugeständnissen genötigt.

Doch erfreuten sich die Zünfte ihres Sieges nur kurze Zeit, nicht nur in Münster, sondern in sämtlichen Bischofssitzen. Kaum hatten die weltlichen Landesherren im Süden die Bauern niedergerungen, als auch die Domkapitel im Norden die verlorene Machtstellung zurückgewannen. Alle Zugeständnisse wurden prompt widerrufen, jeder Reformversuch unterdrückt und die Städte mit allen Mitteln gedemütigt. 1530 war die alte Ordnung überall wiederhergestellt. Dennoch schwelte es unter der Oberfläche weiter. Die Städter, die sich ihrer Kraft bewußt geworden waren, empfanden das Übergewicht des Adels und des Klerus bitterer denn je und warteten ungeduldig auf eine neue Gelegenheit, ihre Macht zu zeigen. Hinzu kam, daß es ihnen in jenen Jahren verzweifelt schlecht erging. 1529 wütete in Westfalen die Pest, und um das Unglück voll zu machen, brachte das Jahr eine Mißernte. Der Roggenpreis stieg von 1529 bis 1530 fast auf das Dreifache. Die östlichen Reichsteile sahen sich neuerdings von den Türken bedroht, und eine Sondersteuer wurde zur Finanzierung des Widerstandes ausgeschrieben. Alles in allem geht aus den Unterlagen hervor, daß das Elend in den dreißiger Jahren des fünfzehnten Jahrhunderts in Nordwestdeutschland außergewöhnliche Formen angenommen hatte. Man mußte daher mit neuen Unruhen in den Fürstbistümern rechnen; und als der Bischof von Münster 1530 versuchte, sein Bistum an den Bischof von Paderborn und Osnabrück zu verkaufen, womit er sich seine politischen Freunde im Domkapitel entfremdete, war das Signal zum Aufruhr gegeben.[5]

1531 begann der Sohn eines Schmiedes, Bernt Rothmann, dem man seiner außergewöhnlichen Begabung halber ein Universitätsstudium ermöglicht hatte, als junger Kaplan eine große Zuhörerschaft in seine Kirche in Münster zu ziehen.[6] Bald darauf bekannte er sich zu Luther und trat an die Spitze einer schon mehrere Jahre zurückreichenden Bewegung, die die Stadt dem Luthertum zuzuführen versuchte. Die von den Zünften und dem reichen Tuchhändler und Patrizier Bernt Knipperdollinck[7] geförderte, gleicherweise protestantische wie demokratische Bewegung erhielt durch Abdankung eines Bischofs und den Tod seines Nachfolgers mächtigen Auftrieb. 1532 machten sich die von der Bevölkerung unterstützten Zünfte zu Herren der Stadt und zwangen den Magistrat, an sämtliche Kirchen lutherische Prediger zu berufen. Dem neuen Bischof gelang es nicht, die Stadt dem alten Glauben zurückzugewinnen, und Anfang 1533 gestand er ihr offiziell den Status einer lutherischen Stadt zu.

Doch dabei sollte es nicht lange bleiben. Nachdem sich die Prediger der Täufer im benachbarten Herzogtum Jülich-Kleve mehrere Jahre lang einer Agitationsfreiheit erfreut hatten, wie sie sie nirgends sonst besaßen, wurden sie 1532 verbannt, und einige von ihnen kamen als Flüchtlinge nach Münster. 1533 trafen, diesmal aus Holland, weitere Täufer ein. Deren Meister war der berühmte Seher Melchior Hoffmann, ein echter Nachfahr der umherziehenden Pseudopropheten des

Mittelalters, der Europa kreuz und quer durchwandert und die unmittelbar bevorstehende Wiederkehr Christi und das Tausendjährige Reich verkündet hatte. Etwa 1529 hatte sich Hoffmann den Täufern angeschlossen, und im nächsten Jahr entstand eine von seinen Ideen beeinflußte neue Gruppe innerhalb der Bewegung, vor allem im nördlichen Holland. Laut Hoffmann sollte das Millennium nach einer Periode «messianischer Wehen» und vielen Zeichen und Wundern im Jahre 1533 anbrechen, das man allgemein für das fünfzehnhundertste Todesjahr Christi hielt. Und in eben diesem Jahr 1533 riefen die von Hoffmanns Anhängern nach Münster gebrachten chiliastischen Phantasien einen Massenwahn hervor, der das gesamte Dasein der ärmeren Schichten Münsters beherrschen sollte.

Mittlerweile war Rothmann vom lutherischen Bekenntnis abgefallen und mit seiner Beredsamkeit und seinem Ansehen in den Dienst der Täufer übergegangen; und gleichzeitig gewann eine alte Überlieferung in seiner Predigt neues Leben. 1524 war jene alte Quelle der anarchokommunistischen Lehre, der gefälschte fünfte Brief Papst Clemens' I., in Basel gedruckt worden, und 1531 veröffentlichte der Humanist Sebastian Franck eine Zusammenfassung in einem lebendigen, umgangssprachlichen Deutsch, die viele Leser fand; seinen eigenen Kommentaren entnehmen wir den nachfolgenden Passus: «Da fieng bald an Nemroth zu herrschen, und wer bass mocht, thet den andern in sack und fiengen an die gmein welt zu teilen, und umb das eigenthumb zu zancken, da kam auff das mein und dein, das sy zuletst so wild wurden, das sy von den wilden thieren kaum ein underscheid hetten, da wolt einer edler und besser sein dann der ander, ja sein herr sein, so doch Gott alle ding gemein het erschaffen, wie noch heüt gemein, lufft, feür, regen, und Sunnen wir niessen, und alles was der diebisch tirannisch mensch mit ein kan thun under sich werffen unnd beherrschen.»[8] Und das war das Thema, auf das sich Rothmann jetzt stürzte. Im Oktober 1533 bekannte er sich in Predigten und Traktaten zum vermeintlichen Kommunismus der Frühkirche als Ideal einer wahrhaft christlichen Gemeinschaft und erklärte, die wahren Gläubigen müßten ihr Leben genau nach dem der ersten Christen ausrichten und demgemäß auch alle Dinge gemeinsam besitzen.[9]

Wie in früheren Jahrhunderten wirkte diese Lehre auf die verschiedenen Gesellschaftsschichten in verschiedener Weise. Es gab Kapitalisten, die sich plötzlich vom Wucher lossagten und alle Schulden erließen; es gab zahlreiche Wohlhabende, die sich entschlossen, in Liebe als Brüder zu leben, allen Überfluß den Armen zu geben, selber auf Luxus zu verzichten und das Gemeineigentum anzuerkennen. Aber auch außerhalb Münsters wurde diese Predigt von den Besitzlosen, Entwurzelten und Gestrandeten gierig aufgenommen; so meldet uns ein Chronist: «So sint vortan gekhomen die Hollanders und Fresen. Die boeswichter uth allen luiden, die nirgents bliven konden, die tuegen nach Munster und versambleten sick dair.»[10] Manche Quellen sprechen von Flüchtlingen, Verbannten, mißtätigen Bürgern[11], und eine äußert sich dahin, daß sich die Anzahl der Abtrünnigen in Münster hauptsächlich aus Leuten rekrutiert habe, welche das Vermögen ihrer Eltern durchgebracht und nichts für sich durch eigenen Fleiß erworben hatten; Leute, welche sich von Jugend auf dem Müßiggang ergeben, auf Borg gelebt hatten und, des Mangels überdrüssig, darauf bedacht waren, die Klerisei und die wohlhabenden Bürger zu plündern und zu berauben; welche der Geistlichkeit nicht der Religion, sondern des Geldes wegen übelwollten und die Gemeinschaft der Güter einzuführen sich bemühten.[12]

Es ist kein Zufall, daß man sich an die Wendungen erinnert fühlt, mit denen einstmals die Horden der Pastorellen geschildert wurden. Im nördlichen Holland hatten die sozialen Zustände im sechzehnten Jahrhundert Formen angenommen, wie sie zweihundert Jahre früher in Flandern, im Hennegau und in der Pikardie geherrscht hatten. Während in diesen alten Mittelpunkten des Gewerbefleißes die Bevölkerung zurückgegangen war, hatte sie sich in Holland (wie auch in Süddeutschland) vermehrt[13], und während in Flandern die Tuchweberei eingegangen war, hatte sie sich in Holland entwickelt, und Leiden war zum Hauptort dieses Gewerbes geworden.[14] So war es Holland, wo sich jetzt die große Masse der geplagten und in Unsicherheit lebenden Arbeiterschaft befand. Zudem scheint deren Lage zu diesem Zeitpunkt schlechter gewesen zu sein als in den unmittelbar vorangegangenen Jahrhunderten. Die neue kapitalistische Betriebsführung beruhte zu einem großen Teil auf Heimarbeit, das heißt, der Handarbeiter verarbeitete vom Kapitalisten gestelltes Rohmaterial im eigenen Heim; und unter einem solchen System vermochten die Zünfte keinen Schutz mehr zu gewähren. Unterlagen lassen darauf schließen, daß die Zahl der Arbeitslosen und Nichtorganisierten größer und ihre Lage schlechter war als in früheren Jahrhunderten. Diese Schicht war es, in der das Täufertum in seiner militantesten und primitivsten chiliastischen Form seinen Nährboden fand; und diese Art von Menschen war es, die jetzt nach Münster strömte.

Die wohlhabenderen Bürger fühlten sich natürlicherweise stark beunruhigt, und hatten sie in ihrer Mehrzahl die Niederlage des Bischofs und Domkapitels und den Sieg der lutherischen Sache begrüßt, so mußte doch eine kraftvolle Täuferbewegung, die von Arbeitslosen und verzweifelten Fremden getragen war, große Gefahren in sich bergen, und angesichts einer solchen Drohung schlossen sich Alt- und Neugläubige wieder zusammen. Gegen Ende des Jahres versuchte der Magistrat mehrmals, Rothmann zum Schweigen zu bringen oder zu verbannen; doch dieser vermochte, auf seine getreue Gefolgschaft gestützt, der Obrigkeit zu trotzen. Andere Täuferprediger, die vorübergehend verbannt und durch Lutheraner ersetzt worden waren, kehrten nach kurzer Zeit wieder zurück und verjagten die Lutheraner von den Kanzeln. Die Erregung wuchs von Woche zu Woche, bis in den ersten Tagen des Jahres 1534 Männer eintrafen, die die Stadt in ein neues Fahrwasser lenken sollten.

Zur Vorgeschichte dieser Abkömmlinge gehört der bereits erwähnte Melchior Hoffmann, der Straßburg für die Geburtsstätte des Tausendjährigen Reiches gehalten hatte und dort, in einen Käfig gesperrt und so in einem Turm eingekerkert, seine Tage beschlossen hatte. Seinen Prophetenmantel erbte ein holländischer Täufer, der Bäcker Jan Matthys (Matthyszoon) aus Haarlem.[15] Mit diesem Wechsel der Führung änderte sich auch die Tendenz der Bewegung. Hoffmann, ein Mann des Friedens, hatte jede Gewalt abgelehnt und seine Anhänger ermahnt, den Anbruch des Millenniums in ruhigem Gottvertrauen zu erwarten. Matthys hingegen war ein Revolutionär, der die Gerechten aufrief, selber das Schwert gegen die Gottlosen zu ergreifen und so den Weg ins Tausendjährige Reich zu bahnen. Es sei ihm, verkündigte er, geoffenbart worden, daß er und seine Anhänger die Mission hätten, die Erde von den Gottlosen zu befreien. In dieser Lehre erstand der Geist der *Pikarti*, Thomas Müntzers und Hans Huts zu neuem Leben.

Aus den Niederlanden entsandte Matthys an die verschiedenen Täufergemeinden Apostel, die in der Überzeugung lebten, der Heilige Geist habe sich wie seinerzeit beim Pfingstwunder über die ursprünglichen Apostel auch über sie ergossen. Dementsprechend tauften sie in allen von ihnen besuchten Städten zahlreiche Erwachsene und bestellten «Bischöfe» mit der Vollmacht zur Vornahme des Taufakts. Dann zogen sie weiter, indes jede neubekehrte Stadt ihrerseits Apostel mit ähnlicher Mission aussandte. In den ersten Tagen des Jahres 1534 trafen zwei solche Apostel in Münster ein und versetzten mit ihrer Ankunft die Stadt in einen wahren Taumel. Rothmann und die übrigen Täuferpriester ließen sich wiedertaufen; zahlreiche Nonnen und wohlhabende Bürgersfrauen folgten dem Beispiel, und binnen kurzem griff die Bewegung auf einen so großen Teil der Bevölkerung über, daß, wie berichtet wird, innert einer Woche 1400 Erwachsenentaufen vollzogen wurden.

Die ersten Apostel verließen Münster; dafür kamen zwei andere, und diese hielt man anfänglich bezeichnenderweise für Enoch und Elia, jene zwei Propheten, die nach der traditionellen Eschatologie auf die Erde zurückkehren werden, um gegen den Antichrist zu zeugen und mit ihrer Ankunft die Wiederkehr Christi anzukündigen.[16] Einer davon war Jan Bockelson (Bockelszoon, Beukelsz), der als Johann von Leiden in die Geschichte eingegangen ist.[17] Er war ein junger Mann von 25 Jahren, den Matthys nur wenige Monate zuvor bekehrt und getauft hatte und der in Münster seinen bis zum heutigen Tage währenden Ruhm begründen sollte. Denn wie so oft – wie beispielsweise der «Meister aus Ungarn» und so viele andere in alter und neuer Zeit – sollte auch hier der messianische Führer ein Fremder, ein Mann von draußen sein. Bokkelson war es, der erst mit seinem Meister und nachher allein dem Täufertum in Münster eine so wilde kämpferische Note verlieh, wie es sie nirgends sonst besaß, und einen so wilden Ausbruch von revolutionärem Chiliasmus entfachte, daß er sogar den um hundert Jahre ältern taboritischen Aufruhr in den Schatten stellte.

Münster als Neues Jerusalem

Die Macht der Täufer nahm im Februar 1534 rapid zu. Bockelson hatte sich sofort mit dem Obermeister der Zünfte und großen Gönner der Täufer, dem Tuchhändler Knipperdollinck, in Verbindung gesetzt, der ihn sogar als künftigen Schwiegersohn akzeptierte. Am 8. Februar stürmten die beiden durch die Straßen und riefen den Einwohnern zu, Buße zu tun.[18] Dies genügte, eine Welle der Hysterie auszulösen – vor allem unter den Rothmann von jeher blind ergebenen Täuferinnen, zu denen sich zuletzt noch zahlreiche Nonnen gesellt hatten, die aus ihren Klöstern ausgebrochen waren, weltliches Gewand angelegt und sich der Wiedertaufe unterzogen hatten.[19] Jetzt begannen sie auf den Straßen von apokalyptischen Visionen heimgesucht zu werden, die so intensiv waren, daß sie sich schreiend, zuckend und schäumend auf der Erde wälzten. In dieser von übernatürlichen Erwartungen geschwängerten Atmosphäre schritten die Täufer zu ihrem ersten bewaffneten Aufstand und besetzten Rathaus und Marktplatz.[20] Zwar bildeten sie immer noch eine Minderheit, und die lutherische Mehrheit hätte sie wohl mit Leichtigkeit unterdrücken können, wenn sie die ihr zu Gebote stehenden Machtmittel hätte ausspielen wollen. Aber die Täufer besaßen bereits Freunde im Magistrat, und so zeitigte die Erhebung als Ergebnis die offizielle Anerkennung der Gewissensfreiheit.

Dadurch hatte die an sich schon große und einflußreiche Täufergemeinde die gesetzliche Sanktion erhalten. Anderseits wanderten viele wohlhabende Lutheraner, von dem auf sie ausgeübten, ständig zunehmenden Druck verängstigt, mit ihrer ganzen beweglichen Habe aus der Stadt aus; von den Zurückgebliebenen bekannten sich die meisten zum Täufertum. An die Glaubensgenossen in den benachbarten Städten erging durch Sendboten und Manifeste die Aufforderung, mit ihren Angehörigen nach Münster zu kommen, denn, so wurde ihnen verkündet, der Rest der Erde sei zum Untergang verurteilt und werde noch vor Ostern vernichtet, Münster aber werde gerettet und das Neue Jerusalem werden.[21] Die Ankömmlinge würden Kleidung, Geld, Lebensmittel und Unterkunft vorfinden, aber ihre Waffen sollten sie mitbringen. Der Appell fand starken Widerhall. Aus so weit entfernten Gegenden wie Friesland und Brabant strömten Täufer nach Münster, bis die Zahl der Zuzügler die der abgewanderten Lutheraner übertraf.[22] Demgemäß ging aus der alljährlichen Magistratswahl am 23. Februar ein überwiegend aus Täufern bestehender Magistrat hervor mit Knipperdollinck als einem der beiden Bürgermeister. Tags darauf wurden Kirchen und Klöster geplündert und in einer nächtlichen Bildersturmorgie der künstlerische Schmuck und die Bibliothek des Domes zerstört.[23]

Mittlerweile war Jan Matthys, eine großere, hagere Gestalt mit langem schwarzem Bart, persönlich eingetroffen. Gemeinsam mit Bockelson bemächtigte er sich rasch der Führung der Stadt, so daß Rothmann und die übrigen einheimischen Täuferprediger an Popularität weit hinter den «holländischen Propheten» zurückstanden und sich von einer wilden Welle getrieben sahen, die sie nicht mehr zu lenken, geschweige denn aufzuhalten vermochten. Ihre Funktion beschränkte sich auf die gehorsamer Propagandisten eines theokratischen Regiments, das alle Macht in die Hände Matthys' und Bockelsons gelegt hatte. In dieser Theokratie hatte eine gotterfüllte Gemeinschaft den Staat aufgesogen. Der Gott aber, dem die Theokratie zu dienen glaubte, war die erste Person der Dreieinigkeit, jener eifersüchtige, allgewaltige, fordernde Vater, der die Einbildungskraft so vieler früherer Chiliasten gefangengenommen hatte.[24] Und auch Matthys und Bockelson wirkten auf ihre Anhänger dahin ein, den Vater, nicht den Sohn anzubeten, und damit sie – die Kinder Gottes – das in Einigkeit verwirklichen konnten, beschlossen sie, ein «Neues, von aller Sünde gereinigtes Jerusalem» auszurufen. Matthys ging so weit, die Hinrichtung aller verbliebenen Lutheraner und Katholiken zur Erreichung dieser reinen, makellosen Gemeinschaft zu befürworten; nachdem aber Knipperdollinck darauf hingewiesen hatte, daß ein solcher Schritt die ganze übrige Welt gegen die Stadt aufbringen würde, beschränkte man sich auf deren Verbannung.[25]

Von Matthys in prophetischer Raserei angespornt, stürmten in der Frühe des 27. Februar bewaffnete Rotten mit dem Ruf durch die Gassen: «Hinaus mit euch, ihr Gottlosen, und kommt nie zurück, ihr Feinde des Vaters!» Inmitten eines schweren Schneesturms, in bitterer Kälte, trieben die Täufer Hunderte von «Gottlosen» aus der Stadt, traktierten sie mit Schlägen und verhöhnten noch ihr Elend. Es waren Greise darunter und Kranke, kleine Kinder, Schwangere und Mütter mit Säuglingen. Sie gehörten zumeist der wohlhabenderen Schicht an, mußten aber jetzt ihre gesamte Habe, Geld und Kleidung zurücklassen; sogar die Lebensmittel wurden ihnen genommen, so daß sie sich auf dem Lande durchbetteln und Obdach erflehen mußten.[26] Die immer noch in der Stadt verbliebenen Lutheraner und Katholiken mußten sich auf dem Marktplatz der Erwachsenentaufe unterziehen. Der Vorgang beanspruchte drei Tage; nachher galt es als todeswürdiges Verbrechen, nicht wiedergetauft zu sein. Am Morgen des 3. März gab es in Münster keine «Falschgläubigen» mehr, sondern nur noch Gottes Kinder. Man nannte einander «Bruder» und «Schwester» und glaubte, sündenfrei und in gegenseitiger Liebe verbunden leben zu können.[27]

Die Ausrottung der lutherischen und katholischen Elemente seitens der Propheten erfolgte aber nicht nur aus Fanatismus, sondern auch aus dem Bewußtsein heraus, daß der Stadt eine Belagerung drohte. Der Bischof, der die lutherische Gemeinde widerstrebend anerkannt hatte, war keineswegs bereit, diese Anerkennung auch auf die Täufer zu erstrecken. Nachdem er die ganze Zeit hindurch dem Täufertum vergebens entgegengewirkt hatte, entschloß er sich, die Bewegung mit Gewalt zu unterdrücken, als sie unter der Führung der holländischen Propheten militante Formen annahm. Anläßlich der ersten Erhebung, bei der die Täufer den Marktplatz besetzten, eilte er mit seinen Söldnern in die Stadt, fand aber beim Magistrat keine Unterstützung. In den folgenden Wochen ging er daran, eine größere Streitmacht zusammenzuziehen. Benachbarte Städte und Fürsten steuerten Waffen, Munition und Proviant bei, und einige – wenn auch widerwillig und unzureichend – sogar Söldner. So mag man den Täufern glauben, daß sie es ehrlich meinten, wenn sie in ihrer Propaganda behaupteten, sich lediglich gegen einen katholischen Angriff verteidigen zu müssen.[28] Sicher ist, daß die Austreibung der Lutheraner und Katholiken die Eröffnung der Feindseligkeiten beschleunigte. Schon am folgenden Tag, am 28. Februar, begann man rund um die Stadt Schanzen aufzuwerfen und schritt zur Belagerung.

Die große Masse der Täufer war nicht wenig überrascht, sich plötzlich im Kriege zu sehen; doch gewann sie unter der energischen Führung Knipperdollincks ihr Selbstvertrauen rasch zurück und stellte sich mutig der Drohung entgegen. Offiziere wurden ernannt, Tag und Nacht Wachen aufgestellt, eine Feuerwehr geschaffen, Schanzen für die Kanonen aufgeworfen, und hinter den Stadttoren entstanden mächtige Bollwerke.[29] Alle, ob Mann, Frau oder Jüngling, hatten einen bestimmten Dienst zu leisten. Es dauerte nicht lange, und man unternahm Ausfälle gegen die Belagerer, so daß es vor den Stadtmauern zu Scharmützeln kam. Gleichzeitig leitete Jan Matthys eine soziale Revolution ein.[30] Seine erste Maßnahme bestand in der Konfiskation der Habe der Abgewanderten. Alle in ihren Häusern gefundenen Geschäftsbücher, Verträge, Schuldbriefe und so weiter wurden vernichtet und Kleider, Bettzeug, Möbel, Geräte, Waffen, Lebensmittelvorräte in Magazinen aufgestapelt. Nachdem er drei Tage gebetet hatte, gab Matthys die Namen von sieben «Diakonen» bekannt, die Gott zur Verwaltung dieser Bestände ausersehen habe. Den Armen wurde gesagt, sich an sie zu wenden, und jeder erhielt, was er brauchte.

So populär diese Maßnahmen bei den Nutznießern sein mochten, so erregte es doch Ärgernis, daß sie auf Geheiß eines Fremden, eines eben erst Angekommenen ausgeführt wurden; und ein Schmied äußerte sich abfällig über Matthys. Er wurde sofort festgenommen, auf den Marktplatz gebracht und die ganze Bevölkerung hinzitiert. Der von seiner Leibwache umgebene Pseudoprophet hielt eine Ansprache und drohte mit dem Zorn des Herrn über eine solche Verleumdung seines Propheten; wenn der gottlose Schmied nicht sofort aus der Gemeinschaft des auserwählten Volkes ausgestoßen werde, sei die Rache des Herrn an der ganzen Gemeinde gewiß. Die wenigen prominenten Bürger, die gegen die Willkür eines solchen Vorgehens zu prostestieren wagten, wurden ins Gefängnis abgeführt, während Matthys persönlich auf den Schmied einstach und ihn dann niederschoß.[31] Dem Volke wurde gesagt, aus diesem Beispiel eine Lehre zu ziehen, und es sang, ehe es auseinanderging, pflichtschuldigst eine Hymne.

Der Terror hatte begonnen, und in dieser Atmosphäre des Terrors führte Matthys jene kommunistischen Maßnahmen durch, die monatelang der Vorstellungswelt der Täufer als wunderbare, millenniale Vision vorgeschwebt hatten.[32] Matthys, Rothmann und die übrigen Prediger verkündigten in einer gemeinsamen Propagandaaktion, kein wahrer Christ dürfe eigenes Geld besitzen, sondern alles Geld gehöre allen, weshalb Geld, aber auch Gold- und Silberschmuck abgegeben werden müßten.[33] Diese Anordnung traf anfänglich auf Widerstand, und einige Täufer vergruben ihre Schätze. Matthys antwortete mit der Verstärkung des Terrors. Die erst nach der Verbannung der Lutheraner und Katholiken neu Getauften ließ er in einer Kirche zusammentreiben und kündigte ihnen an, daß sie, sofern ihnen der Vater nicht vergebe, durch die Schwerter der Gerechten sterben müßten. Dann hielt er sie stundenlang in Ungewißheit, bis sie völlig die Nerven verloren hatten. Endlich erschien er neuerdings an der Spitze von Bewaffneten; die Gequälten krochen auf den Knien auf ihn zu und flehten ihn an, als des Vaters Auserwählter für sie zu bitten. Entweder betete er wirklich, oder er gab vor, es zu tun; auf alle Fälle verkündete er den verängstigten Kreaturen, daß er des Vaters Verzeihung für sie erlangt habe und es diesem gefalle, sie in die Schar der Gerechten aufzunehmen. Nach einer solchen Einschüchterungsaktion konnte sich Matthys auf die Moral des Neuen Jerusalem mit viel größerer Ruhe verlassen.

Die teils mit den verlockendsten Versprechungen, teils mit wüsten Drohungen geführte Propaganda gegen persönlichen Geldbesitz ging wochenlang weiter, und die Abgabe wurde nach und nach zum Kriterium für wahres Christentum. Wer sich nicht fügte, wurde des Lebens unwürdig erklärt, und anscheinend haben auch einige Hinrichtungen stattgefunden. Nach zwei Monaten ununterbrochenen Drucks besaß niemand mehr einen Heller. Von da an wurde Geld nur noch im Verkehr mit der Außenwelt und im öffentlichen Interesse verwendet: zur Anwerbung von Söldnern, zum Kauf von Proviant und zu Propagandazwecken. Zur Entlöhnung der einheimischen Handwerker, die offenbar nicht mehr durch private Arbeitgeber, sondern durch die theokratische Regierung erfolgte, bediente man sich Naturalien an Stelle des Geldes.

Weitere Maßnahmen wurden zur Überführung alles Lebensnotwendigen in Gemeinschaftsbesitz getroffen. An jedem Stadttor wurde eine Gemeinschaftsküche eingerichtet, wo die auf den Mauern diensttuenden Männer verpflegt und mit Vorlesungen aus dem Alten Testament erbaut wurden. Jede dieser Küchen unterstand einem der von Matthys ernannten Diakone, der für die Herbeischaffung der Lebensmittel verantwortlich war. Er entledigte sich dieser Aufgabe, indem er in den Häusern Listen über die Lebensmittelvorräte anlegte und diese nach Bedarf requirierte. Weiterhin mußten Unterkünfte für die zahllosen Zuzügler gefunden werden. Anfänglich schien es genügend, sie in die Klöster und Häuser der Lutheraner und Katholiken einzuweisen; später jedoch wurde jeder Eigenbesitz von Wohnraum zur Sünde erklärt, und alle Haustüren mußten Tag und Nacht unverriegelt bleiben.[34]

Der Belagerungszustand kam natürlich allen diesen Maßnahmen zugute. Trotzdem ist es falsch, wollte man – wie es manchmal geschehen ist – annehmen, daß der «Kommunismus» zu Münster auf nicht mehr hinauslief als auf die Requisition des Kriegsbedarfs.[35] Das Verbot des privaten Geldbesitzes, die Beschränkung der privaten Lebensmittelhaltung und des Wohnraums galten als die ersten Schritte zur Herbeiführung eines Zustands, in dem – wie Rothmann es ausdrückte – alles allen gehören und der Unterschied zwischen Mein und Dein verschwinden werde[36]; oder – nach den späteren Worten Bockelsons: «So alle ding gemein sin, gein eigendomb wesen und niemantz meher erbeiden, sonder sich allein up Got verlaeten solde.»[37] Rothmann hatte ja schon zu einer Zeit, als noch niemand an eine Belagerung dachte, die Auffassung vertreten, daß das Gemeineigentum den Idealzustand in einer Gemeinschaft der Auserwählten darstelle; und jetzt forderte er im Dienst der «holländischen Propheten», daß dieses Ideal als soziale Einrichtung verwirklicht und von allen gleicherweise übernommen werde. Die bekannte Verschmelzung von Chiliasmus mit der Lehre von der natürlichen Gleichheit geht ganz deutlich aus einer Stelle hervor, die wir seiner zur Verbreitung an fremde Täufergemeinden im Oktober 1534 verfaßten Propagandaschrift entnehmen: «... dan by uns, dem Heren sy ewich loff und danck ys die gemeinschap weder van Godt gerestituert [wieder von Gott hergestellt] wo eth dan van anfange gewesen ys, unde den hilligen Gades wall anstreit [den Heiligen Gottes wohl ansteht] als daruan geschreuenn steyt Act ii, und iiii [Ap. G. 2. und 4. Kapitel]. Wy hoppen ock dat de gemeinschap by uns yo so krefftich und herlick sy, und mit reinem herten durch Gades genadenn geholdenn werde als ye tho voeren mach gescheint sin [je zuvor mag geschehen sein], want wy nicht alleine unnse Gueterint gegemeinn under de hande der Dyaconen gemein gemaket hebben, unde dar van nodt – droͤfftlichlick leven [und davon nach Bedarf trefflich leben], mer ock eines herten unde modes [Sinnes] prissen wy Godt durch Christum und sint geneyget mit allerley deinst malck anderen vor tho kommen [mit allerlei Dienst anderen helfen mögen]. Und dem na all dat der eigen suͤcklicheit [Eigensucht], und dem eigentom gedeinet hefft, als kopen und verkopen [kaufen und verkaufen] arbeiden um gelt, renthe offte woker gedruken [Zins oder Wucher] ya ock mit den ungelovigen [ja sogar mit Ungläubigen]. Dartho der armen sweit [Schweiß] etten unde drincken, dat is eigen hüde und unsen negesten also gebrukeͤn dat se solden moͤten vorarbeiden daruan wy uns mesten unde vort wat der geliken mehr [und unsere Nächsten gebrauchen, daß sie arbeiten und wir uns daran mästen und dergleichen mehr] der leiffte affbroͤcklick moͤthe sin [was der Liebe mag abträglich sein], is in krafft der leiffden und gemeinschap by uns gantz gevallen, und wo wy wetten [wissen] dat Godt nu alsocken gruwel affdon wyl, also wolden wy lever den doit angaen [in den Tod gehen], dan wy uns dar wederumme tho keren solden, wy wetten dat men mit dulcken offer [Opfer] dem Heren behaget. Ja eth en mach kein Christen offte hillige Gade behagen, de nicht in solcker gemeinschapen steit, offt [oder] thom minsten darynne tho wesen van herten geneiget ys.»[38]

Der Widerhall, den die neue Gesellschaftsordnung fand, war jedoch keineswegs rein ideell bedingt. Die Hoffnung auf eine Umwälzung hatte schon im vergangenen Jahr Horden heimat- und besitzloser Menschen nach Münster gelockt. Jetzt aber war die Revolution tatsächlich im Gang, und die von den Führern an die Außenwelt gerichtete Propaganda bediente sich manchmal ausgesprochen sozialer Wendungen zur Beeinflussung der Allerärmsten: «Denn hier sollt Ihr aller Notdurft genug haben. Die Ärmsten, die bei uns sind und die hier vormals verachtet waren als die Bettler, die gehen nun so köstlich gekleidet, wie die Höchsten und Vornehmsten, die bei Euch oder bei uns zu sein pflegen. Und es sind die Armen also reich durch Gottes Gnade geworden, wie die Bürgermeister und die Reichsten in der Stadt.»[39] Es besteht auch kein Zweifel, daß die armen Volksschichten weit und breit mit einer Mischung von Wohlwollen, Hoffnung und Scheu nach dem Neuen Jerusalem blickten. So konnte ein Antwerpener Gelehrter an Erasmus von Rotterdam schreiben: «Wir in dieser Gegend sind von der Art, wie die Täuferrevolte aufgeflammt ist, äußerst beunruhigt, denn sie greift wahrhaftig wie ein Brand um sich. Ich glaube, es gibt kaum eine Stadt oder ein Dorf, wo die Lohe nicht im geheimen glüht. Sie predigen das Gemeineigentum mit der Folge, daß alle, die nichts besitzen, herbeiströmen.»[40] Die von den Obrigkeiten außerhalb Münsters eingeleiteten Unterdrückungsmaßnahmen zeigen, wie ernst sie die Gefahr einschätzten. Nicht nur das Bistum Münster selbst, sondern auch das Herzogtum Kleve und das Erzbistum Köln stempelten das Bekenntnis zum Täufertum zum Kapitalverbrechen und berittene Patrouillen kontrollierten die Straßen und nahmen alle Verdächtigen fest. Während der monatelangen Belagerung wurden in anderen Städten zahllose Männer und Frauen enthauptet, ertränkt, verbrannt oder gerädert.[41]

Die von den Ungebildeten getragene und ständig an diese appellierende soziale Revolution in Münster war bedingungslos antiintellektuell. Die Täufer rühmten sich sogar ihrer Unkenntnis der Bücher und behaupteten, Gott habe gerade die Unwissenden zur Erlösung der Welt berufen.[42] Bei der Plünderung des Doms bereitete es ihnen besonderes Vergnügen, die Bücher und Manuskripte der alten Bibliothek zu verschandeln, zu zerreißen und zu verbrennen.[43] Mitte März erklärte

Matthys die Bibel zum einzig zulässigen Buch. Alle anderen, auch solche in Privatbesitz, mußten auf den Domplatz gebracht werden, wo sie in einem großen Feuer verbrannt wurden. Dieser Akt symbolisierte einen vollständigen Bruch mit der Vergangenheit und in erster Linie die absolute Ablehnung der geistigen Hinterlassenschaft früherer Generationen. Im besonderen sah sich die Einwohnerschaft Münsters von allen theologischen Spekulationen seit den Tagen der Kirchenväter abgeschnitten, wodurch sich die Führer der Täufer die alleinige Möglichkeit zur Auslegung der Schrift sicherten; und Ende März hatte Matthys seine schrankenlose Diktatur durchgesetzt.

Einige Tage später war er tot. Bei einem Ausfall, den er angeblich auf göttliches Geheiß mit nur wenigen Bewaffneten unternahm, wurde nicht – wie er behauptet hatte – mit Hilfe des Vaters das Heer der Belagerer zersprengt und die Stadt befreit, sondern er selbst und die Seinen wurden buchstäblich in Stücke gehauen.[44] Dieses Ereignis gab Matthys' jugendlichem Jünger Jan Bockelson seine Chance. Bis jetzt hatte dieser nur eine untergeordnete Rolle gespielt; er war jedoch in jeder Weise dazu geschaffen, eine solche Chance zu ergreifen und voll auszuschöpfen. Persönlich hatte er allen Grund, nach einem spektakulären Ausgleich für die Demütigungen und Fehlschläge seines bisherigen Lebens zu hungern. Als Sohn eines holländischen Dorfschulzen und einer westfälischen Leibeigenen unehelich geboren, hatte er einige lückenhafte Kenntnisse erworben, mußte aber das praktische Leben als Schneiderlehrling beginnen, und als er sich als Kaufmann selbständig machte, sah er sich rasch bankrott. Anderseits besaß er ungewöhnliche Gaben, die nur darauf warteten, sich entfalten zu können. Er sah sehr gut aus, verfügte über eine unwiderstehliche Beredsamkeit und schwelgte von Jugend auf darin, Schauspiele zu verfassen, aufzuführen und selbst mitzuwirken. In Münster sah er sich in der Lage, das Leben zu einem Schauspiel zu machen, in dem er der Held und ganz Europa das Publikum war. Das Volk des Neuen Jerusalem erlag seinem Zauber und folgte ihm anfänglich mit noch größerer Begeisterung als seinem Vorgänger Matthys.

Ein klügerer Politiker als dieser, verstand der neue Tyrann seine Stellung noch besser auszubauen. Er wußte, wie man die Begeisterung der Massen erregt und für eigene Zwecke ausbeutet. Anderseits scheint es gewiß, daß er selbst leicht in eine halbmystische Schwärmerei verfiel. Als ein aus Münster Entwichener als Spion in die Stadt zurückkehrte und vorgab, von Engeln zurückgebracht worden zu sein, glaubte ihm Bockelson sofort und schenkte ihm sein Vertrauen.[45] Und sicherlich wäre es voreilig, dessen Behauptung, ein Seher zu sein, als bewußte

Lüge abzutun. Seine angesichts des Todes abgegebene Erklärung, er habe stets nur zur Ehre Gottes gehandelt, kann durchaus der Wahrheit entsprechen.[46] Vermutlich dürfte er – wie so mancher Pseudoprophet seit Tanchelm – größenwahnsinnig gewesen sein, und sein Verhalten ist weder als blinder Fanatismus noch als pure Heuchelei zu werten. Und soviel zumindest ist gewiß: es war kein Durchschnittsmensch, der eine Kleinstadt von rund 10000 Einwohnern, von denen kaum 1500 Waffen zu tragen vermochten, dazu bewegen konnte, unter unvorstellbarem Elend gegen eine Fürstenkoalition über ein Jahr lang auszuhalten.[47]

Bockelsons erste wichtige Handlung war charakteristischerweise sowohl religiöser als auch politischer Natur. Anfang Mai durchrannte er in religiöser Ekstase nackt die Stadt, um dann in eine drei Tage dauernde stumme Meditation zu versinken. Als er der Sprache wieder mächtig war, verkündete er der zusammengerufenen Bevölkerung, Gott habe ihm geoffenbart, daß die bisherigen städtischen Satzungen, die Menschenwerk seien, von neuen, von Gott inspirierten, ersetzt werden müßten. An die Stelle der Bürgermeister und des Magistrats traten Bockelson selbst und – nach dem Vorbild des alten Israel – zwölf Älteste.[48] Doch zeigte sich seine politische Klugheit darin, daß er ein paar bisherige Magistratsmitglieder, Obmänner der Zünfte, einen Angehörigen des eingesessenen Adels und einige holländische Zugewanderte mit diesen Ämtern betraute. Diese neue Obrigkeit besaß in allen Dingen, öffentlichen und privaten, geistigen und materiellen, volle Autorität und absolute Macht über Leben und Tod. Neue Satzungen wurden erlassen, die teils auf den Ausbau der Sozialisierung, teils auf die Durchsetzung einer streng puritanischen Moral abzielten.[49] Die Arbeit wurde verstaatlicht[50]; Handarbeiter, die keinen Kriegsdienst leisteten, wurden zu öffentlichen Angestellten, die für die Gesamtheit der Gemeinschaft ohne Entgelt zu arbeiten hatten – eine Maßnahme, durch die die Zünfte ihre Funktion einbüßten, so daß sie schnell verschwanden. Außer Mord und Diebstahl machten die neuen Satzungen auch Lüge, Verleumdung, Habgier und Rauferei zu Kapitalverbrechen. Den wesentlichsten Punkt der neuen Satzung bildete aber ihr streng autoritärer Charakter: Todesstrafe für jede Art des Ungehorsams, ob der Kinder gegen ihre Eltern, einer Ehefrau gegen ihren Mann oder irgendjemandes gegen Gott oder gegen Gottes Stellvertreterin, die hohe Obrigkeit. Diese letzten Bestimmungen können unmöglich buchstäblich eingehalten worden sein, in der Hand des Propheten wurden sie jedoch ein Instrument zur Einschüchterung, und um diesem Instrument die nötige Schärfe zu geben, wurde Knipperdollinck zum Scharfrichter ernannt, ihm das Schwert der Gerechtigkeit überantwortet und ihm eine Leibwache gestellt.[51]

Das Geschlechtsleben wurde anfänglich ebenso strikt geregelt wie alle anderen Aspekte des Daseins.[52] Die einzige legale Form des Geschlechtsverkehrs bildete die Ehe zwischen zwei Täufern. Ehebruch und Hurerei – wozu auch die Ehe mit einem «Gottlosen» gehörte – waren Kapitalverbrechen. Das entsprach der Tradition der Täuferbewegung, die – wie die Waldenser Jahrhunderte früher – im allgemeinen einem strikteren Moralkodex huldigte als die Mehrzahl der Zeitgenossen. Diese Ordnung fand ein plötzliches Ende, als sich Bockelson entschloß, die Polygamie einzuführen. Eine solche Maßnahme war freilich nur möglich, weil viele Abgewanderte ihr Weibsvolk in der Stadt zurückgelassen hatten, so daß es jetzt mindestens dreimal so viele ehefähige Frauen als Männer gab. Anderseits gibt es keine Unterlagen zur Stützung der Auffassung, daß es in Bockelsons Absicht gelegen hätte, sonst schutzlosen Frauen einen Beschützer zu verschaffen. Auch von den Täufern selber liegt keine Äußerung in diesem Sinne vor. Vielmehr glich der Pfad, den Bockelson jetzt seine Täufer in Münster führte, ganz einfach dem, den in früheren Jahrhunderten die Brüder des freien Geistes und die Adamiten gegangen waren. Den versammelten Predigern und Ältesten erklärte er die Maßnahme mit einer Offenbarung, wonach das biblische Wort «Seid fruchtbar und mehret euch» als göttlicher Befehl befolgt werden müsse. Die Patriarchen Israels seien mit gutem Beispiel vorangegangen, die von ihnen praktizierte Mehrehe müsse im Neuen Jerusalem wiederhergestellt werden. Bockelson verfocht diesen Standpunkt tagelang mit großer Energie und bedrohte schließlich Widerstrebende mit Gottes Zorn, worauf die Prediger gehorsam die neue Lehre auf dem Marktplatz verkündeten.[53]

Die Mehrehe traf wie die Einführung des Gemeineigentums anfänglich auf Widerstand. Es kam zu einem Aufruhr, und Bockelson, Knipperdollinck und die Prediger wurden ins Gefängnis geworfen; doch die nur eine kleine Minderheit bildenden Rebellen wurden rasch überwältigt und etwa fünfzig hingerichtet.[54] Wer es in den nächsten Tagen wagte, gegen die neue Lehre zu reden, den traf das gleiche Schicksal, und im August war sie fest verankert.[55] Bockelson, der selbst in Leiden eine Frau zurückgelassen hatte, eröffnete den Reigen, indem er Matthys' schöne, junge Witwe Diever oder Divara ehelichte – nicht lang danach war sein Harem auf fünfzehn Frauen angewachsen. Seinem Beispiel folgend, begann eine fast allgemeine Weiberjagd. Während die neue Einrichtung manchen Frauen gefiel, empfanden manche sie aber auch als arge Tyrannei. Schließlich befahl eine Verfügung allen Frauen unter einem bestimmten Alter die Heirat, ob sie wollten oder nicht; und da es nur noch wenige unverheiratete Männer gab, bedeutete das, daß sich diese Zwangsverheirateten mit der Rolle eines zweiten, dritten oder vierten Eheweibes zu begnügen hatten. Da auch alle Ehen mit «Gottlosen» für ungültig erklärt worden waren, sahen sich auch die Frauen der Abgewanderten in eine unwillkommene Ehe hineingezwungen. Die Weigerung, sich dem Gesetz zu fügen, galt als Kapitalverbrechen, und es fanden tatsächlich etliche Hinrichtungen statt. Anderseits entstand zwischen den ursprünglichen Ehefrauen und den plötzlich in ihren Haushalt eindringenden fremden Weibern Streit; aber auch darauf stand die Todesstrafe, und es kam wiederum zu Hinrichtungen. Dennoch vermochte keine noch so große Strenge den häuslichen Frieden zu erzwingen. Am Ende mußte man Handhaben zur Trennung von Ehen schaffen, und das wiederum verwandelte die Polygamie in einen der freien Liebe nicht unähnlichen Zustand. Man verzichtete auf religiöse Trauzeremonien, und Ehen konnten mit großer Leichtigkeit eingegangen oder wieder getrennt werden. Selbst wenn wir einen großen Teil der auf uns gekommenen feindseligen Berichte als Übertreibung betrachten, scheint es gewiß, daß die Normen für das Geschlechtsleben im Königreich der Heiligen die ganze Skala vom rigorosesten Puritanismus fast bis zur Promiskuität durchliefen.

Über all diesen Maßnahmen zur Reorganisation der Gesellschaftsordnung vergaß Bockelson nicht, Münster gegen den äußeren Feind zu verteidigen. Zugegeben, viele Monate hindurch verfügte dieser Feind nicht über die nötigen Machtmittel, fiel doch dem Bischof die Kriegführung ziemlich schwer. Die ihm von den Verbündeten, Kleve und Köln, gewährte Hilfe erfolgte widerwillig und nie in genügendem Ausmaß, so daß er ständig Geld und Söldner erbitten mußte. Dazu kam, daß seine eigenen Söldner, die den gleichen sozialen Schichten entstammten wie die große Mehrheit der Täufer, stets bereit waren, mit den Belagerten zu sympathisieren. Die oftmals verspätete Auszahlung des Soldes erhöhte noch ihre Unzuverlässigkeit, um so mehr, als Bockelson listig – und in offenem Widerspruch zu seiner kommunistischen Lehre – regelmäßige Soldzahlung versprach. Von den Täufern ins bischöfliche Lager geschossene Flugblätter[56] zeitigten die gewünschte Wirkung, und im Juni gingen etwa 200 Söldner zu den Täufern über, während andere einfach desertierten und in ihre Heime zurückkehrten.[57]

Im Vergleich mit den Belagerern bildeten die Verteidiger einen disziplinierten militärischen Verband. Das war vor allem eine persönliche Leistung Bockelsons, der trotz all seiner Extravaganz nicht wie Matthys die Realitäten des Krieges aus den Augen verlor und großes Organisationstalent besessen haben muß.[58] So besserten Frauen die tagsüber sturmreif geschossenen Mauern in der folgenden Nacht wieder aus; und den Sturmangriffen der Söldner begegnete man nicht nur mit Geschützfeuer, sondern auch mit Steinen, kochendem Wasser und Feuerbränden. Die Belagerer brachte man anderseits durch Ausfälle in solche Unordnung, daß es gelang, zahlreiche Kanonen außer Gefecht zu setzen. Innerhalb der Stadt herrschte strikte Disziplin; jedem war eine bestimmte Arbeit zugewiesen, sei es als Handwerker oder bei der Ausbesserung und Instandhaltung der Mauern und Schanzen. Die Ältesten inspizierten Tag und Nacht die auf den Wällen aufgestellten Wachen. Als sich einige übergelaufene Söldner betranken und in einer Schenke randalierten, wurden sie erschossen. Einmal versuchte der Bischof, Bockelsons Methode nachzuahmen, und ließ seinerseits Flugblätter in die Stadt schießen, worin er ihr bei freiwilliger Kapitulation Generalpardon versprach. Bockelson erklärte die Lektüre dieser Flugblätter zum Kapitalverbrechen.

Sein Ansehen erreichte den Höhepunkt, als er Ende August 1534 einen größeren Angriff so wirksam abwehrte, daß sich der Bischof sowohl von den eigenen Vasallen als auch von den Söldnern im Stich gelassen sah. Hätte Bockelson die Gunst der Stunde zu einem Ausfall genutzt, hätte er vielleicht das Lager des Bischofs überrumpeln können; statt dessen nutzte er die Gelegenheit, um sich zum König ausrufen zu lassen.

Die messianische Herrschaft Johanns von Leiden

Nicht als gewöhnlicher König, sondern als Messias der Endzeit usurpierte Bockelson den Purpur. Um das tun zu können, bediente er sich einer weiteren göttlichen Offenbarung – an die er geglaubt haben mag oder nicht –, wobei er sich noch theatralischer gebärdete als sonst. Anfang September hatte sich ein Goldschmied aus einer benachbarten Stadt, ein gewisser Dusentschur, zum neuen Propheten aufgeworfen und eines Tages auf dem Marktplatz verkündet, es sei ihm vom himmlischen Vater geoffenbart worden, daß Bockelson zum König der ganzen Welt, zum Herrn über alle anderen Könige, Fürsten und Großen dieser Welt auserkoren sei.[59] Er sei der Erbe des Thrones und Zepters seines Urahnen David und werde es bleiben, bis Gott das Königreich von ihm zurückfordern würde. Anschließend ließ sich Dusentschur das Schwert der Gerechtigkeit von den Ältesten aushändigen, präsentierte es Bokkelson, salbte ihn und proklamierte ihn zum König des Neuen Jerusalem. Bockelson fiel aufs Gesicht, beteuerte seine Unwürdigkeit und rief den himmlischen Vater um Erleuchtung an. Dann wandte er sich an die versammelte Bevölkerung mit den Worten: «Auf gleiche Weise salbte auf Gottes Geheiß der Prophet David, einen schlichten Hirten, zum König von Israel. Gott handelt oft auf ähnliche Art; und wer sich gegen den Willen Gottes auflehnt, zieht Gottes Zorn auf sich. Jetzt ist mir Macht über alle Völker der Erde gegeben und das Recht, das Schwert zum Verderben der Bösen und zur Verteidigung der Gerechten zu gebrauchen. So möge sich keiner in dieser Stadt eines Verbrechens schuldig machen oder sich dem Willen Gottes widersetzen, sonst wird er ohne Aufschub mit dem Schwert dem Tode überantwortet werden.» Als ein Murren durch die Menge ging, fuhr er fort: «Schämt euch, gegen das Gebot des himmlischen Vaters zu murren! Und wenn ihr euch alle verbindet und euch gegen mich zusammenrottet, werde ich trotzdem regieren, nicht nur über diese Stadt, sondern über die ganze Welt, denn das ist des Vaters Wille; und mein Königreich, das hiermit beginnt, wird keinen Sturz kennen und niemals enden.»[60] Daraufhin verzog sich die Menge schweigend in ihre Häuser. In den nächsten drei Tagen verkündeten die Prediger in einem Gottesdienst nach dem andern, der von den Propheten des Alten Testaments geweissagte Messias sei kein anderer als Bockelson.

Der neue König tat alles in seiner Macht stehende, um die einmalige Bedeutung seiner Machtergreifung zu betonen. Straßen und Stadttore erhielten neue Namen[61]; Sonntage und Festtage wurden aufgehoben, die Wochentage wurden nach einem alphabetischen System umbenannt; sogar den Neugeborenen wurden Vornamen nach einer vom König entworfenen Liste gegeben.[62] Geld übte zwar in Münster keine Funktion mehr aus, dennoch wurde eine neue Gattung von Silber- und Goldmünzen zu rein dekorativen Zwecken geschaffen. Ihre Inschriften brachten die Millenniumsphantasie, auf der das Königreich beruhte, vorzüglich zum Ausdruck: «Das Wort ist Fleisch geworden und wohnt in uns.» – «Ein König über alle. Ein König, ein Glauben, eine Taufe.»[63] Bockelsons Anspruch auf die absolute geistliche und zeitliche Herrschaft über die ganze Erde symbolisierend, wurde ein besonderes Emblem entworfen: eine Weltkugel, die von zwei Schwertern durchbohrt war (bis dahin Embleme der kaiserlichen und der päpstlichen Gewalt) und von einem Kreuz überhöht, das die Inschrift trug: «Ein einziger gerechter König über alle.»[64] Bockelson selbst trug das aus Gold modellierte Emblem an einer goldenen Halskette; seine Umge-

10. *Heinrich Aldegrever: Johann von Leiden als König*

Man nimmt an, daß dieser schöne Stich einige Zeit nach dem Fall von Münster auf Ansuchen des Bischofs nach dem Leben angefertigt worden ist. Die Weltkugel mit den zwei Schwertern symbolisiert Bockelsons Anspruch auf universelle geistliche und weltliche Herrschaft. «Gottes Macht ist meine Kraft» war einer von Bockelsons Leitsätzen.

bung trug es auf Armbinden, und ganz Münster übernahm es als Symbol der neuen Ordnung.

Der neue König kleidete sich in kostbare Gewänder und schmückte sich mit Ringen, Ketten und Sporen, die die geschicktesten Goldschmiede der Stadt aus den edelsten Metallen für ihn fertigten. Kammerherren und ein ganzer Hofstaat wurden bestellt.[65] Wenn sich der König in der Öffentlichkeit zeigte, umgab ihn ein prächtig gekleidetes Gefolge.[66] Seine Hauptfrau, Divara, wurde zur Königin ausgerufen und hielt wie ihr Gatte mit großem Gefolge hof. Die Nebenfrauen, von denen keine über zwanzig war, hatten ihr zu gehorchen; immerhin erhielten auch sie schöne Gewänder, und in den beschlagnahmten Bürgerhäusern rund um den Dom hauste ein luxuriöser Hofstaat von etwa 200 Menschen. Ein auf dem Marktplatz für Bockelson errichteter, mit Goldbrokat drapierter Thron überragte die für die königlichen Ratgeber und für die Prediger bestimmten Sitze. Ab und zu hielt der König dort Gericht, und manchmal wohnte er der Proklamation neuer Verordnungen bei. Er pflegte in prächtigem Aufzug zu erscheinen: an der Spitze ein Fanfarenbläser, dann die Würdenträger des Hofes; er selbst, hoch zu Roß, die Krone auf dem Haupt und das Zepter in der Hand, hinter ihm Knipperdollinck, sein jetziger erster Minister, Rothmann, königlicher Sprecher, schließlich ein Zug von Predigern, Höflingen und Dienern. Eine Leibwache, die den Zug begleitete und beschützte, bildete, solange der König auf seinem Throne saß, einen Ring um den Marktplatz. Beiderseits des Thrones stand je ein Page, der eine mit einem Exemplar des Alten Testaments – zur Symbolisierung, daß der König Davids Nachfolger und mit der Vollmacht ausgestattet sei, das Wort Gottes erneut auszulegen –, der andere mit einem bloßen Schwert.

Während der König für sich, seine Frauen und Freunde diesen pompösen Lebensstil entwickelte, zwang er die breiten Massen, die ohnehin schon Gold und Silber hingegeben und sich in die Requisition der Lebensmittel und des Wohnraums gefügt hatten, zu noch rigoroseren Einschränkungen. Der neue Pseudoprophet Dusentschur kündete plötzlich an, es sei ihm geoffenbart worden, daß der Vater jedes Übermaß an Putz verabscheue. Dementsprechend wurden Kleider und Bettzeug aufs äußerste beschnitten; und auf des Königs Befehl mußte aller «Überschuß» unter Androhung der Todesstrafe ausgehändigt werden.[67] Sämtliche Häuser wurden durchsucht und 83 Wagenladungen Kleidung und Bettwäsche eingesammelt. Hiervon scheint ein Teil den Zugewanderten aus Holland und Friesland sowie den übergelaufenen Söldnern zugeteilt worden zu sein; das bildete jedoch für die übrigen

Einwohner keinen Trost, die der Kontrast zwischen den eigenen Entbehrungen und dem grenzenlosen Luxus des Hofes weit stärker beeindruckte.[68]

Bockelson sah ein, daß nicht einmal sein persönliches Ansehen genügte, um die Unterwerfung der Nichtprivilegierten unter das neue Regime- zu gewährleisten, weshalb er sich verschiedener Methoden bediente, um die Unterordnung der Massen zu erzwingen. In einer Sprache, die jedem Adepten des freien Geistes wohl angestanden hätte, erläuterte er, daß ihm, der keine Wünsche der Welt und des Fleisches kenne, Pomp und Luxus erlaubt seien. Zudem – so versicherte er – würden sich auch die gemeinen Leute binnen kurzem in der gleichen Lage sehen, auf Silberstühlen sitzen und von Silbergeschirr essen und dabei all das so wenig schätzen wie Lehm oder Staub.[69] Gleichzeitig wurden die millennialen Prophezeiungen und Versprechungen, die die Stadt über ein Jahr schon in Erregung gehalten hatten, ganz allgemein immer häufiger und mit gesteigerter Vehemenz wiederholt. Im Oktober ließ Rothmann sein Traktat *Eyne Restitution* und im Dezember *Eyn gantz troestlick bericht* drucken[70]; und aus diesen Dokumenten geht klar genug hervor, mit welchen Mitteln der Bevölkerung Münsters ihre Rolle und ihr Schicksal schmackhaft gemacht werden sollte.

In diesen Arbeiten trat die Phantasie von den drei Zeitaltern in abermals neuer Form auf. Das erste Zeitalter, das der Sünde, hatte bis zur Sintflut, das zweite Zeitalter, das des Kreuzes und der Verfolgung, bis zum heutigen Tag gedauert; das dritte Zeitalter würde das des Triumphes der Heiligen und der Vergeltung sein. Christus, so hieß es, habe seinerzeit versucht, die sündige Welt zur Wahrheit zurückzuführen, doch ohne dauernden Erfolg, weil die katholische Kirche sein Wirken innert eines Jahrhunderts zuschanden gemacht habe. Vierzehn Jahrhunderte des Niedergangs und der Trostlosigkeit seien gefolgt, denn die Christenheit habe hilflos in Babylonischer Gefangenschaft geschmachtet. Doch jetzt stehe das Ende der Heimsuchung bevor. Christus sei im Begriff, wiederzukehren, und in Vorbereitung dieser Wiederkehr habe er in Münster bereits sein Königreich errichtet und Jan Bockelson, den neuen David, zu dessen Haupt gemacht. Alle Weissagungen des Alten Testaments hätten sich in diesem Königreich erfüllt, ja sie seien sogar übertroffen, und alle Dinge seien wieder auf ihren ursprünglichen Stand gebracht. Nun habe Gottes ausgewähltes Volk aus diesem Königreich auszuziehen, das Schwert der Gerechtigkeit zu führen und das Königreich auszubreiten, bis es die ganze Welt umfasse: «Ein Schafstall, eine Herde, ein König.» Es wäre seine heilige Pflicht, die Welt in Erwartung der Wiederkehr von allem Übel zu reinigen. «Die Ehre aller Heiligen fordert es, Rache zu nehmen... gnadenlose Rache muß an denen geübt werden, die nicht das Zeichen (der Täufer) tragen.» Erst wenn das große Morden vollbracht wäre, würde Christus wiederkehren, Gericht halten und alle seine Heiligen lobpreisen. Und dann werde wahrlich ein neuer Himmel und eine neue Erde erscheinen, darin die Heiligen, diese Kinder Gottes – von ihrem langen Joch unter den Ungerechten erlöst –, ohne Seufzer und Tränen leben würden. In jenem Reiche werde es weder Fürsten noch Herren geben, und alle Güter würden allen gemeinsam gehören. Gold, Silber und kostbarer Schmuck würden nicht mehr der Eitelkeit der Reichen dienen, sondern nur noch der Herrlichkeit der Kinder Gottes, denn diese werden die Erben der Erde sein.[71]

Spektakuläre Kunstgriffe verstärkten und begleiteten diese Versprechungen. Im Oktober machte Dusentschur kund, daß die Posaune des Herrn demnächst dreimal erschallen würde. Beim dritten Posaunenstoß habe sich die Bevölkerung auf dem Berge Zion – alias Domplatz – mit Frauen, Kindern und Waffen einzufinden, und hernach würden sie, die Kinder Gottes, aus der Stadt ziehen. Begnadet mit übernatürlicher Kraft, würden ihrer fünf jeweils hundert Feinde und ihrer zehn jeweils deren tausend töten und die Gegner in die Flucht schlagen. Alsdann würden sie ins verheißene Land ziehen, und der Herr werde sie auf diesem Marsch weder an Hunger noch an Durst, noch an Müdigkeit leiden lassen. Die Posaune ertönte wirklich, doch war es Dusentschur, der sie alle 14 Tage blies. Es wäre einem Selbstmord gleichgekommen, den Ruf des Propheten ungeachtet zu lassen, und so strömte beim dritten Posaunenstoß alles Volk, sogar Mütter mit eben geborenen Kindern, auf den Domplatz.[72] Der König, gerüstet und hoch zu Roß, die Krone auf dem Haupt und umgeben von seinem Hofstaat, erschien gleichfalls. Hauptleute zur Führung der Heerschar des Herrn wurden ernannt – dann aber wurde das Unternehmen im letzten Moment abgeblasen. Der König erklärte, er habe lediglich die Treue seines Volkes auf die Probe stellen wollen; jetzt, da es seine Ergebenheit gezeigt habe, lade er es zu einem Gelage ein. So setzte sich ein jeder mit seinen Frauen, und das Gelage fand unter dem wohlwollenden Patronat des Königs und der Königin statt. Den Abschluß bildete eine Art von Kommunion: König, Königin und deren Ratgeber verteilten ein wenig Brot und Wein, während die Prediger den Sinn des Sakramentes erläuterten. Schließlich tafelten der König und der Hof. Nach der Tafel ließ der König, einer plötzlichen Erleuchtung folgend, einen gefangenen Söldner aus dem Kerker holen und schlug ihm den Kopf ab.

Der Terror, im Neuen Jerusalem ein schon lang gewohnter Aspekt, verschärfte sich unter Bockelsons Regime immer mehr. Innert weniger Tage nach der Ausrufung der Monarchie verkündete Dusentschur, es sei ihm geoffenbart worden, daß jeder, der künftig beharrlich gegen die erkannte Wahrheit sündige, vor den König gebracht und zum Tode verurteilt werden müsse. Er werde ausgemerzt werden aus dem auserwählten Volk, ja sogar sein Name werde ausgelöscht werden, und seine Seele werde jenseits des Grabes keine Barmherzigkeit finden. Ein paar Tage später begannen die Hinrichtungen.[73] Die ersten Opfer waren Frauen: eine verlor den Kopf, weil sie ihrem Mann die ehelichen Rechte verweigerte, eine andere wegen Bigamie – denn die Polygamie war natürlich ausschließlich ein männliches Privileg – und eine dritte, weil sie einen Prediger beleidigt und seine Lehre verhöhnt hatte. Solche Urteile mögen dem König zu einer sadistischen Genugtuung verholfen haben, und zudem dienten sie dazu, die Superiorität der männlichen über die weiblichen Heiligen zu dokumentieren. Doch verfolgte der Terror noch weitergehende Ziele; er war vor allem eine politische Waffe, die ein zugewanderter Despot gegen die eingesessene Bevölkerung gebrauchte. Umsichtigerweise bildete Bockelson seine Leibwache ausschließlich aus Ortsfremden. Diese Leute, die nie etwas besessen oder ihren Besitz zurückgelassen hatten, waren seine Kreaturen und standen und fielen mit ihm. Solange sie ihm dienten, konnten sie sich des Genusses der ihnen eingeräumten weitgehenden Privilegien ungestört erfreuen und in prächtigen Gewändern den schlechtgekleideten Einheimischen den Meister zeigen. Auch wußten sie, daß sie die letzten waren, die unter einer eventuellen Hungersnot zu leiden haben würden. Zu den ersten Handlungen des Königs gehörte die Konfiskation aller Reitpferde, mit denen er seine Leibwache in einen berittenen Trupp verwandelte, der in aller Öffentlichkeit exerzierte, so daß die Bevölkerung sehr rasch einsah, daß diese bewaffnete Macht ebensogut gegen einen inneren Feind eingesetzt werden könnte wie gegen den vor den Mauern.

Für die belagerte Stadt erwies sich die Errichtung der Monarchie in jeder Hinsicht als katastrophal. Während Bockelson und seine Clique davon besessen waren, den königlichen Hofstaat auszugestalten und die eigenen Vorrechte zu erweitern und zu behaupten, versäumten sie den günstigsten Augenblick für einen kriegsentscheidenden Ausfall. Mittlerweile hatte sich der Bischof von seiner Niederlage erholt und die Stadt binnen weniger Wochen wieder eingeschlossen; und wenn nun Dusentschur die Bevölkerung zusammengerufen hätte, um vor die Mauern zu ziehen, wäre ein solches Unternehmen selbstmörderisch gewesen. Bockelson dürfte sich darüber im klaren gewesen sein; denn während er einerseits weiterhin große Worte über die Eroberung der ganzen Welt von sich gab, warb er anderseits bei den Täufern der umliegenden Städte um Waffenhilfe. Das große Gelage auf dem Berge Zion schloß mit einer neuen Vision Dusentschurs, deren praktisches Resultat darin bestand, daß er und 26 Prediger als «Apostel» auszogen.[74] In der Überzeugung, daß jede Stadt, die ihnen gute Aufnahme verweigere, sofort von der Hölle verschlungen werde, traten sie mit großer Sicherheit auf und verkündeten öffentlich ihre Lehre. Anfänglich hatten sie einigen Erfolg; dann aber griffen die Obrigkeiten energisch ein und richteten sie nebst den einheimischen Täufern, die sie willkommen geheißen hatten, kurzerhand hin.

Als Bockelson das Schicksal seiner Apostel erfuhr, ging er von der öffentlichen zur unterirdischen Propaganda über. Wie es scheint, ist ein großer Teil der in Münster beschlagnahmten Edelmetalle in der Hoffnung, in Westfalen, in den Niederlanden und in der Schweiz ein Söldnerheer anzuwerben, aus der Stadt geschmuggelt worden.[75] Offenbar ist nicht viel dabei herausgekommen; immerhin hat man die gleichfalls hinausgeschmuggelten Rothmannschen Pamphlete zu Tausenden in Holland und Friesland verteilt, wo sie beträchtlichen Erfolg zeitigten. Die dortigen Täufer planten Massenerhebungen[76]; im Januar 1535 rotteten sich in der Provinz Groningen rund 1000 Bewaffnete unter der Führung eines Propheten zusammen, der sich als Sohn Gottes und Christus ausgab.[77] In der Erwartung, daß gegnerische Streitkräfte bei ihrer Annäherung fliehen würden, und sie sich auf halbem Wege mit Bockelson vereinigen könnten, wollten sie nach Münster marschieren, wurden aber von den Söldnern des Herzogs von Geldern geschlagen und zersprengt. Im März erstürmten rund 800 Täufer ein westfriesisches Kloster und verteidigten es gegen den kaiserlichen Statthalter, bis sie nach heftigen Kanonaden und wiederholten Sturmangriffen überwältigt und aufgerieben wurden. Um die gleiche Zeit wurden drei mit Täufern beladene Schiffe, die ijsselaufwärts fuhren, angehalten und mit allen Insassen versenkt. Gleichfalls im März warf sich in Minden ein Täufer zum Führer der Allerärmsten auf und versuchte, ein kommunistisches Neues Jerusalem nach dem Vorbild Münsters auszurufen. Der Magistrat, der seine Kanonen in Aktion zu bringen drohte, schlug die Erhebung nieder, aber in Amsterdam gelang es einem Sendboten aus Münster noch im Mai, eine Revolte hervorzurufen, bei der die Rebellen das Rathaus besetzten und erst nach erbitterten Kämpfen niedergerungen wurden.[78] Alle diese Bewegungen verfolgten das von Bockelson gewiesene Ziel, jenes Ziel, das seit den Tagen der Pastorellen so viele millenniale Bewegungen inspiriert hatte: «alle Herrscher, Priester und

Mönche, die es auf dieser Erde gibt, zu töten, denn unser König ist der einzig rechtmäßige Herrscher»[79]. Die Täufererhebungen des Frühjahrs 1535 wären zweifellos viel gefährlicher geworden, wären der Obrigkeit nicht schon Anfang Januar die Pläne nebst den Namen zahlreicher Verschwörer und den Örtlichkeiten der Waffenlager verraten worden.[80] Auf alle Fälle bildet das alles einen zusätzlichen Beweis, mit welch großer Sympathie das Neue Jerusalem bei den Täufern und der breiten Masse Nordwestdeutschlands und Hollands[81] rechnen durfte.

Inzwischen hatte der Bischof seine Anstrengungen zur Niederringung der Stadt verstärkt. Ende 1534 einigten sich bei einem Fürstentag zu Koblenz die Abgesandten der am Rhein liegenden Länder, Geld, Truppen und Waffen zur Verstärkung der Belagerung zur Verfügung zu stellen. Ein Ring von Schanzen und Unterkünften erstand rund um die Stadt und wurde mit einer doppelten Linie Fußvolk und Reiterei besetzt. Damit war Münster zum erstenmal von der Außenwelt völlig abgeschnitten, und als sich auf dem im April zu Worms abgehaltenen Reichstag sämtliche Stände des Reichs bereit erklärten, zur Finanzierung der Belagerung beizutragen, war die Stadt endgültig verloren. Es war nicht einmal mehr nötig, sie durch Sturmangriff zu nehmen; es genügte, daß die Belagerer sie aushungerten, und das gelang ihnen nur allzugut. Die Blockade begann im Januar 1535, und alsbald machte sich die Verknappung der Lebensmittel bemerkbar.[82] Auf königlichen Befehl durchsuchten die Diakone neuerdings die Häuser und beschlagnahmten die letzten Vorräte; gleichzeitig wurden sämtliche Pferde geschlachtet. Ein großer Teil dieser Lebensmittel dürfte für den königlichen Hof reserviert gewesen sein, denn es wurde behauptet, er habe zu allen Zeiten gut gegessen und für sich persönlich genügend Fleisch, Mehl, Wein und Bier für ein halbes Jahr aufgestapelt gehabt.[83] Bockelson und Knipperdollinck haben das zwar später bestritten; die Beweise sprechen aber im großen und ganzen gegen sie. Absolut gewiß ist, daß die an die Bevölkerung verteilten Lebensmittel bald erschöpft waren und im April Hungersnot herrschte. Jedes Lebewesen – Hund, Katze, Maus, Ratte, Igel – wurde geschlachtet und gegessen. Schließlich nährte man sich von Gras und Moos, von alten Schuhen und vom Kalk an den Wänden und sogar von Leichen.[84]

Über diesem infernalischen Königreich thronend, wandte Bockelson seine alten Methoden zur Menschenunterwerfung mit immer größerer Verwegenheit an. Eine neue Offenbarung vorschützend, erklärte er, das Volk werde noch vor Ostern erlöst werden; sollte es nicht der Fall sein, solle man ihn auf dem Marktplatz verbrennen.[85] Als eine Wendung ausblieb, behauptete er, lediglich von einer seelischen Rettung gesprochen zu haben. Der Vater, sagte er jetzt, werde – ehe er seine Kinder verhungern lasse – die Pflastersteine in Brot verwandeln; und die vielen, die ihm glaubten, weinten bittere Tränen, als sie entdeckten, daß Stein Stein blieb. Seiner ersten Liebe, der Schaubühne, treu bleibend, erfand er immer phantastischere Zerstreuungen für seine Untertanen. Einmal rief er die verhungernden Einwohner zu drei Tagen Tanz und Wettspielen zusammen, denn das entspreche dem Willen Gottes.[86] Im Dom gab es Schauspiele: eine obszöne Parodie auf die Messe, eine auf dem Gleichnis vom reichen Mann und dem armen Lazarus beruhende Moralität. Trotzdem forderte die Hungersnot ihre Opfer, und die Todesfälle wurden so zahlreich, daß die Leichen in große Massengräber geworfen wurden. Im Mai, nachdem die Mehrheit der Einwohner zwei volle Monate kein Brot mehr gegessen hatte, gestattete der König den Abwanderungslustigen, die Stadt zu verlassen, belegte jedoch die Abtrünnigen auch jetzt noch mit seinem Fluch und verhieß ihnen ewige Verdammung. Ihr irdisches Schicksal gestaltete sich freilich schrecklich genug. Die bischöfliche Soldateska schleppte die waffenfähigen Männer ohne weiteres zum Richtblock; aber auch den Frauen, Kindern und Greisen verwehrte der Bischof den Abzug, weil er – wohl nicht zu Unrecht – fürchtete, daß sie im Hinterland Unruhe stiften würden, falls er sie seine Linien passieren ließe. So vegetierten die Ärmsten fünf lange Wochen zwischen der Stadtmauer und den Schanzen der Belagerer, krochen umher, fraßen Gras wie die Tiere und starben haufenweise, so daß die Erde mit Leichen bedeckt war, oder erflehten von den Söldnern den Gnadenstoß. Am Ende ließ der Bischof im Einvernehmen mit seinen Verbündeten die Überlebenden zusammentreiben und verhören; wer als unverbesserlicher Täufer befunden wurde, verfiel der Hinrichtung; der Rest wurde in entlegene Dörfer des Bistums verbracht.[87]

Wiederholt in die Stadt geschossene Flugschriften versprachen den Einwohnern unter der Bedingung der Auslieferung des Königs und seines Gefolges freien Abzug; und auch sonst taten die Belagerer alles, um einen Aufstand in der Stadt auszulösen. Die große Masse wäre auch nur zu bereit dazu gewesen; sie war aber völlig hilflos und konnte nichts unternehmen, denn gerade in diesen letzten verzweifelten Wochen erwies sich Bockelson als vollendeter Meister des Terrors.[88] Anfang Mai teilte er die Stadt in zwölf Verwaltungssektoren auf und setzte über jeden einen seiner Getreuen mit dem Titel Herzog und einem Trupp von 24 Bewaffneten. Diesen «Herzögen», die ausschließlich Zugewanderte und meist simple Handwerker waren, versprach Bockelson, daß sie nach der Befreiung der Stadt und nach dem Anbruch des

Tausendjährigen Reichs echte Herzöge sein und über gewaltige, von ihm genau umrissene Reiche regieren würden.

Möglicherweise glaubten die «Herzöge» ihrem König; dennoch wurde ihnen der Sicherheit halber untersagt, ihre Sektoren zu verlassen und miteinander zusammenzutreffen, eine übrigens überflüssige Maßnahme, denn sie verhielten sich durchaus loyal und begegneten dem gemeinen Mann mit unbarmherzigem Terror. Um jeder Möglichkeit einer organisierten Opposition vorzubeugen, war jede Zusammenkunft mehrerer Personen streng verboten. Wer im Verdacht stand, aus der Stadt entweichen zu wollen oder einem anderen dazu verholfen zu haben, und wer den König oder seine Politik kritisierte, wurde sofort – und in den meisten Fällen vom König höchstselbst – enthauptet, ein Schicksal, das er nach seinen eigenen Worten am liebsten sämtlichen Königen und Fürsten bereitet hätte. Die Teilstücke der gevierteilten Leichname wurden zur Abschreckung weithin sichtbar angenagelt; ab Mitte Juni geschah das beinahe täglich.

Zweifellos hätte Bockelson die gesamte Einwohnerschaft lieber verhungern lassen als die Stadt zu übergeben, doch kam die Belagerung zu einem plötzlichen Ende. Es gelang zwei Männern, sich in der Nacht aus der Stadt zu schleichen und den Belagerern schwache Punkte der Stadtmauer zu verraten. Am 24. Juni 1535 drangen die Söldner überraschend in Münster ein. Nach einigen Stunden verzweifelter Gegenwehr der letzten zwei- bis dreihundert überlebenden Täufer nahmen diese den ihnen angebotenen Pardon an, legten die Waffen nieder und begaben sich in ihre Häuser, allerdings wurden sie in einem mehrere Tage dauernden Blutbad einzeln und fast bis auf den letzten Mann niedergemacht.[89]

Nicht ein Führer entkam. Von Rothmann glaubt man, daß er kämpfend fiel. Königin Divara, die sich hartnäckig weigerte, ihrem Glauben abzuschwören, wurde enthauptet. Bockelson wurde auf des Bischofs Befehl eine Zeitlang an einer Kette wie ein Tanzbär im ganzen Bistum zur Schau gestellt, im Januar 1536 nach Münster zurückgebracht und dort gleichzeitig mit Knipperdollinck und einem andern führenden Täufer öffentlich mit glühenden Eisen zu Tode gemartert. Der Exkönig gab trotz seiner Qualen keinen Laut von sich und zuckte mit keinem Muskel. Nach der Hinrichtung hängte man die drei Leichen in Käfigen, die heute noch zu sehen sind, an einem Kirchturm inmitten der Stadt auf.[90] Mittlerweile waren die aus dem von den Täufern beherrschten Münster Geflohenen und Vertriebenen wieder zurückgekehrt. Die ehemaligen Priester wurden wieder in ihre Ämter eingesetzt, und damit war die Stadt, deren Mauern geschleift wurden, von neuem katholisch.

In seiner ursprünglichen pazifistischen Form hat das Täufertum bis zum heutigen Tage in Gemeinschaften wie der der Mennoniten, der Herrnhuter Brüdergemeine und der Mährischen Brüder überlebt und Baptisten und Quäker beeinflußt. Was das militante Täufertum anbelangt, so verfiel diese Bewegung, die es nach so vielen andern unternommen hatte, das Tausendjährige Reich gewaltsam aufzurichten, mit großer Schnelligkeit. Eine Weile schien es, als sei in Johann Batenburg ein neuer Führer vom Schlage Matthys' und Bockelsons erstanden; er wurde aber schon 1537 hingerichtet. Ein Menschenalter später, 1567, sammelte ein Flickschuster namens Jan Willemsen rund 300 militante Täufer um sich, darunter Überlebende aus den Tagen Münsters, und gründete, diesmal in der Gegend um Wesel und Kleve, ein Neues Jerusalem.[91] Auch diese Heiligen huldigten der Polygamie – Willemsen als der Messias besaß 21 Frauen –, ließen zur Rechtfertigung ihrer Haltung Rothmanns *Restitution* heimlich drucken und hielten sich wie einstmals die böhmischen Adamiten an den mystischen Anarchismus des freien Geistes. Unter der Behauptung, daß alle Dinge rechtmäßigerweise ihr Eigentum seien, bildeten sie Räuberbanden und überfielen die Häuser des Adels und Klerus, bis ihre Bewegung in reinen Terror ausartete. Diese Episode dauerte volle 12 Jahre, dann wurden der Messias und seine Anhänger eingefangen und hingerichtet.

Mit dem 1580 zu Kleve erfolgten Feuertod Willemsens kann die Geschichte, die mit Emicho von Leiningen und «König Tafur», Tanchelm und Eudes de l'Etoile begann, abgeschlossen werden.

Schlußbetrachtung

In welchem Verhältnis stehen nun die von uns betrachteten millenaristischen zu anderen sozialen Bewegungen?

Es hat im Mittelalter verschiedene Perioden mit zahlreichen Bauernaufständen und städtischen Erhebungen gegeben, die nicht selten erfolgreich waren. Den breiten Massen kam ihre zähe und schlaue Widerspenstigkeit immer wieder bei der Durchsetzung von Zugeständnissen zustatten, die ihnen eine solide Mehrung von Wohlstand und Privilegien einbrachte. Im uralten, mühsamen Ringen gegen Unterdrückung und Ausbeutung haben die Bauern und Handwerker eine ehrenhafte Rolle gespielt. Die in diesem Buch behandelten Bewegungen sind also für die von den Armen zur Verbesserung ihrer Lebenslage gemachten Anstrengungen keineswegs typisch. *Prophetae* pflegten ihre apokalyptischen Lehren aus den verschiedensten Elementen zusammenzusuchen: dem Buch Daniel, der Offenbarung Johannis, den Sibyllinischen Weissagungen, den Spekulationen des Joachim von Fiore und der Lehre von der natürlichen Gleichheit. Diese Texte wurden von den Propheten bearbeitet, neu gedeutet und so popularisiert. In den breiten Massen bewirkten die Lehren der Propheten sowohl revolutionäre Bewegungen als auch Ausbrüche pseudoreligiöser Erlösungsphantasien.

Derartige Bewegungen zeichnete gerade die Unbegrenztheit ihrer Prämissen und Ziele aus. Soziale Auseinandersetzungen wurden nicht als Kämpfe für bestimmte, begrenzte Ziele begriffen; sie wurden vielmehr als Ereignisse von universaler Bedeutung, von allen anderen geschichtlich bekannten Kämpfen als verschieden angesehen. Es ging statt dessen darum, die Welt durch einen völligen Umsturz zu verändern und zu erlösen. Hierin liegt das Wesen dieses wiederholt auftauchenden Phänomens oder, wenn man so will, der beharrlichen Tradition, die wir den revolutionären Chiliasmus genannt haben.

Wie wir wieder und wieder im Verlaufe dieser Arbeit gesehen haben, gedieh der revolutionäre Millenarismus nur in ganz besonderen sozialen Situationen. Im Mittelalter sprach der Millenarismus weder die fest im Leben von Hof und Dorf integrierten Bauern noch die in ihren Zünften verankerten Handwerker besonders an. Das Schicksal solcher Menschen mag zeitweilig von Armut und Unterdrückung, dann wieder von relativem Wohlstand und Unabhängigkeit geprägt gewesen sein, sie mögen gegen ihre Situation aufbegehrt oder sie akzeptiert haben, insgesamt aber neigten sie kaum dazu, einigen erleuchteten *Prophetae* bei der hektischen Suche nach dem Millennium zu folgen. Ihre Gefolgschaft fanden die Propheten zumeist in den nicht organisierten, entwurzelten, städtischen und ländlichen Bevölkerungskreisen. Dies gilt für Flandern und Nordfrankreich im 12. und 13. sowie für Holland und Westfalen im 16. Jahrhundert. Neuere Forschungen haben dies auch für das Böhmen des frühen 15. Jahrhunderts nachgewiesen. Der revolutionäre Millenarismus zog seine Kraft aus den Bevölkerungsteilen, die am Rande der Gesellschaft lebten. Hierzu gehörten Bauern mit nicht zur Existenzsicherung ausreichendem oder gar keinem eigenen Land, stets von Arbeitslosigkeit bedrohte Handwerksgesellen und ungelernte Arbeiter, Bettler und Vagabunden. Mithin lebte der Millenarismus von dieser amorphen Menschenmasse, die nicht nur arm war, sondern zudem keinen anerkannten, sicheren Platz in der Gesellschaft hatte. Diesen Menschen fehlte der materielle und emotionale Rückhalt in traditionellen sozialen Gruppen. Ihre verwandtschaftlichen Bindungen waren zersprengt, sie waren weder in Sippen noch in Zünften aufgehoben, und so waren ihnen die regulären Wege, Mißstände zu artikulieren und zu verändern, verschlossen. Statt dessen warteten sie auf den Propheten, der sie in einer Gemeinschaft von ihresgleichen zusammenführte.

Da sich diese Menschen in einer dermaßen verlorenen und schutzlosen Lage befanden, reagierten sie auf jede Störung ihrer gewohnten und normalen Lebenswelt besonders heftig. Immer wieder findet man, daß der revolutionäre Chiliasmus auf dem Nährboden einer Katastrophe zum Ausbruch kam: die Epidemien, die dem ersten Kreuzzug und den Flagellantenbewegungen der Jahre 1260, 1348, 1349, 1391 und 1400 vorangingen; die Hungersnöte vor dem Auftreten Eudes' de l'Etoile und des falschen Balduin und der abnormen Teuerung vor dem Wiedertäuferreich in Münster. Die größte Welle chiliastischer Erregung, eine Welle, die die Gesellschaft in ihrer Gesamtheit erfaßte, wurde durch die europaweite Katastrophe der Pest ausgelöst; aber auch hier waren es wieder die unteren Schichten, in denen die Erregung am längsten anhielt und in Gewalttat und Massaker ihren Ausdruck fand.

Aber nicht nur diese spezifischen Katastrophen und Umwälzungen, die ihr materielles Geschick unmittelbar beeinflußten, bewegten die entwurzelten Massen der Armen – nicht minder empfanden sie den weniger dramatischen, aber ebenso gnadenlosen Prozeß, der Menschenalter um Menschenalter allmählich die Grundlage der Autorität zermürbte, auf der das mittelalterliche Dasein eine Zeitlang beruht hatte. Die einzige universelle Autorität, die mit ihren Vorschriften und Forderungen in das Dasein aller Individuen eingriff, war die der Kirche. Und indem diese die Gefühlskräfte der Laienwelt kanalisierte und ihre Sehnsucht fest auf das Leben im Jenseits richtete, tat sie viel, um den revolutionären Chiliasmus in Schranken zu halten. Anderseits blieb die Autorität der Kirche nicht unangefochten. In einer Kultur, in der Asketentum als sicherstes Zeichen der Gnade galt, mußte der Wert einer Kirche fragwürdig sein, die so offensichtlich von *Luxuria* und *Avaritia* angekränkelt war. Wieder und wieder rief im Hoch- und Spätmittelalter die Weltlichkeit des Klerus die Unzufriedenheit der Laienwelt hervor, und stets äußerte sich diese Unzufriedenheit am stärksten unter den Armen. Es war unvermeidlich, daß viele von denen, die sich selbst zu Mühsal und ewiger Unsicherheit verurteilt sahen, die Frage stellten, ob diese prunkliebenden Prälaten und leichtlebigen Priester wirklich den Weg zur Seligkeit zu weisen vermöchten. Aber während sich diese Leute einerseits der Kirche entfremdeten, litten sie anderseits unter dieser Entfremdung. Wie sehr sie die Kirche brauchten, geht aus der Begeisterung hervor, mit der sie jedes Anzeichen einer Läuterung begrüßten, und der bis zur Verehrung gehende Eifer, mit dem sie sich jedem echten Asketen anschlossen. Die Zweifel der Massen an der kirchlichen Führung, an deren Trost- und Heilsmittel verstärkte noch das Gefühl ihrer Hilflosigkeit und steigerte ihre Verzweiflung. Die von uns hier behandelten militanten sozialen Bewegungen sind eben wegen dieser emotionellen Bedürfnisse der Armen gleichzeitig zu Surrogaten für die Kirche geworden, nämlich zu heilsuchenden Gruppen unter der Führung wunderwirkender Asketen.

Dem nationalen Herrscherhaus gebührte beinahe ebensosehr wie der Kirche eine übernatürliche Autorität. Noch war die Königswürde zum großen Teil geheiligtes Königtum; der Monarch repräsentierte die das Universum regierenden Kräfte; er war die Inkarnation der göttlichen Vorsehung und des moralischen Rechts, der Garant der Ordnung und Rechtschaffenheit in der Welt. Und diejenigen, die eine solche Gestalt am dringendsten brauchten, waren wiederum die Armen. Wenn wir anläßlich des ersten Kreuzzuges den *pauperes* erstmals begegnen, haben sie bereits aus ihrer Phantasie geborene kraftvolle Monarchen geschaffen: den auferstandenen Karl den Großen, den zum

Kaiser erhobenen Emico von Leiningen, den König Tafur. Jedes offensichtliche Versagen, jede längere Unterbrechung der königlichen Macht bereitete den Armen intensive Angst, aus der sie zu entrinnen strebten. So waren es in Flandern «die Armen, Weber und Tuchwalker», die sich weigerten, an den in der Gefangenschaft erfolgten Tod ihres Grafen Balduin IX. zu glauben und zu den treuesten Anhängern des falschen Balduin und angeblichen Kaisers von Konstantinopel wurden. Die Hoffnung, Ludwig IX. aus sarazenischer Gefangenschaft zu befreien, inspirierte 1251 die erste Horde der Pastorellen. Aber während in Frankreich späterhin der revolutionäre Chiliasmus im gleichen Maße schwand als das Ansehen der Monarchie wuchs, verwob sich in Deutschland infolge des langen Niedergangs der kaiserlichen Gewalt der Kult um den Endzeiterlöser der Armen mehr und mehr mit der Gestalt des wiedererweckten oder künftigen Friedrich. Der letzte Kaiser, den die volle Aura geheiligten Königtums umgab, war Friedrich II.; und nach seinem Tod und der als das Große Interregnum bekannten kaiserlosen Zeit kam in den breiten Massen Deutschlands ein Angstgefühl zum Durchbruch, das Jahrhunderte dauern sollte. Die Geschichte des falschen Friedrich von Neuss im dreizehnten Jahrhundert, der Sagenkreis, der im vierzehnten und fünfzehnten Jahrhundert um den Geißlerführer Konrad Schmid gewoben wurde, die Prophezeiungen und Anmaßungen des Oberrheinischen Revolutionärs im sechzehnten Jahrhundert – alle diese Dinge zeugen sowohl für eine andauernde Desorientierung als auch für den wilden Chiliasmus, dessen Nährboden sie bildete.

Kommt man schließlich zu den im Ausgang des Mittelalters aufschießenden anarcho-kommunistischen millennialen Gruppenbildungen, so fällt ein Umstand sofort ins Auge: wann immer eine solche Gruppe zutage trat, war eine große Revolte oder gar eine Revolution im Gange. Das trifft auf John Ball und seine Anhänger anläßlich des englischen Bauernaufstands von 1381 ebenso zu wie auf die Extremisten in den ersten Stadien der böhmisch-hussitischen Revolution 1419–21 und auf Thomas Müntzer nebst seinem «Bund der Auserwählten» im deutschen Bauernaufstand von 1525. Und das gilt auch für die radikalen Wiedertäufer in Münster – denn die Aufrichtung ihres «Neuen Jerusalem» erfolgte am Ende einer ganzen Reihe von Revolten, nicht nur in Münster, sondern in allen nordwestdeutschen Fürstbistümern. In allen diesen Fällen richtete sich die Massenerhebung an und für sich auf begrenzte und realistische Ziele; dennoch nährte die Atmosphäre der Massenerhebung jedesmal eine besondere Art millennialer Gruppenbildung. Wenn die sozialen Spannungen stiegen und die

Revolte die ganze Nation erfaßt hatte, pflegte stets irgendwo am radikalen Flügel des Geschehens ein Pseudoprophet mit seiner Gefolgschaft von Armen aufzustehen, dessen Ziel es war, diese spezielle Rebellion zum apokalyptischen Ringen, zur endgültigen Läuterung der Welt auszuweiten.

Die *Prophetae* traten wie die millenaristischen Bewegungen über die Jahrhunderte hinweg auf. Während Tanchelm und Eudes behaupteten, lebende Götter zu sein, Emico von Linningen, der Pseudo-Balduin und verschiedene Pseudo-Friederichs sich zu «Endzeit-Kaisern» proklamierten, gaben sich Männer wie John Ball, Martinek Hauska, Thomas Müntzer, sogar Jan Matthys und Jan Bockelson, damit zufrieden, Vorboten und Propheten des wiederkehrenden Christus zu sein. Trotzdem lassen sich über den sozialen Typus, den diese *Prophetae* verkörperten, einige Verallgemeinerungen anstellen. Anders als die Führer der großen Volkserhebungen, die gewöhnlich bauern oder Handwerker waren, kamen die Propheten nicht aus diesen Schichten. Manchmal gehörten sie dem niederen Adel an, oft aber handelte es sich nur um einfache Hochstapler. Im Regelfall waren es vom Priester zum freien Prediger konvertierte Intellektuelle oder Halbintellektuelle. Durchweg war all diesen Männern die Welt der apokalyptischen und millenaristischen Prophezeiungen vertraut. Darüber hinaus zeigen vollständiger bekannte Biographien, daß die Propheten von eschatologischen Phantasien schon lange erfüllt waren, bevor sie sich im Zuge einer großen sozialen Erhebung mit diesen an ihre potentielle Gemeinde, an die armen Volksschichten wandten.

Üblicherweise verfügte ein Prophet über eine persönliche Ausstrahlung, die es ihm unter Aufbietung all seiner Glaubwürdigkeit erlaubte, zu behaupten, Träger einer einmaligen Mission zu sein. Die Geschichte sollte ihrer von Ewigkeit her vorgesehenen Vollendung zugeführt werden. Dieser von den Pseudopropheten erhobene Anspruch beeinflußte die sich um sie scharenden Gruppen aufs tiefste. Denn was der Prophet versprach, war nicht allein eine Möglichkeit, das Los zu verbessern und den drückenden Sorgen zu entfliehen, sondern verkörperte mehr noch und vor allem die Aussicht, eine göttlich vorausbestimmte Mission von gewaltiger, einmaliger Tragweite zu vollziehen. Dieser Phantasie kam eine ernst zu nehmende Rolle zu; durch sie war die Flucht aus Isolation und Entwurzelung und eine emotionale Kompensation der niederen Herkunft möglich. Diese Phantasien brachten sie unter den Bann der Propheten. Die Folge war, daß sich eine Gruppe besonderer Prägung bildete – eine ruhelos dynamische und völlig erbarmungslose Gemeinde, die, von der apokalyptischen Vision besessen und von ihrer eigenen Unfehlbarkeit überzeugt, sich weit über die übrige Menschheit stellte und nichts neben der ihre anvertrauten Mission gelten ließ. Schließlich mochte es dieser Gruppe – wenn auch nicht immer – gelingen, der großen Masse der Entwurzelten, Ratlosen und Ängstlichen ihre Führerschaft aufzuzwingen.

Das in diesem Buch dargelegte Kapitel der Geschichte endete zwar vor ungefähr 400 Jahren, ist aber trotzdem nicht ohne Bedeutung für unsere Zeit. Der Autor hat an anderer Stelle[1] gezeigt, wie eng die Phantasien der Nationalsozialisten von einer jüdischen Weltverschwörung mit den Vorstellungen Emico von Leiningens und des Meistesr von Ungarn zusammenhängen und wie Desorientiertheit und Unsicherheit der Masse in diesem wie in früheren Jahrhunderten die Dämonisierung der Juden begünstigen. Parallelen und eine gewisse Kontinuität sind unbestreitbar.

In diesem Zusammenhang kann man auch an linksgerichtete Revolutionen und revolutionäre Bewegungen des 20. Jahrhunderts denken, da die Industriearbeiter in den technologisch fortgeschrittenen Gesellschaften ebenso wie die mittelalterlichen Handwerker in Zünften um die Verbesserung ihres Lebensstandards bemüht sind. Ihr ausgesprochen praktisches Interesse besteht darin, eine stärkere Beteiligung am Wohlstand, an sozialen Privilegien und an politischer Macht sicherzustellen. Die emotional besetzten Phantasien von einem letzten apokalyptischen Kampf oder von einem egalitären Millennium besitzen in diesen Bewegungen jedoch wesentlich geringere Anziehungskraft. In einigen der ärmsten, überbevölkerten und technologisch rückständigen Gesellschaften ist man für solche Ideen schon eher anfällig, zumal sich dort im Zuge des schwierigen Übergangs in die moderne Welt Ratlosigkeit und Desorientierung einstellen. Auf der anderen Seite betrifft dies auch bestimmte, politisch marginale Schichten in technologisch fortgeschrittenen Gesellschaften – vorwiegend handelt es sich dabei um junge oder beschäftigungslose Arbeiter und um eine kleine Minderheit aus Intellektuellen und Studenten.

Man kann hier in der Tat zwei sehr verschieden und widersprüchliche Tendenzen beobachten: Einerseits ist die arbeitende Bevölkerung in manchen Teilen der Erde in der Lage gewesen, ihr Schicksal mit Hilfe der Gewerkschaften, der Kooperativen und parlamentarischen Parteien in bis dahin unvorstellbarem Maße zu verbessern. Andererseits wiederholt sich seit 1917 der sozialpsychologische Prozeß, der einst die taboritischen Priester oder Thomas Müntzer mit den desorientierten und verzweifelten Ärmsten der Armen vereinte. Diese Verbindung beruht auf der Vorstellung von einem endgültigen Vernichtungskampf gegen «die da Oben» sowie von einer vollkommenen Welt, aus der der Egoismus für immer verbannt sein wird.

Die alten religiösen Ausdrucksformen wurden durch weltliche ersetzt; so bleibt, was im Grunde schon offensichtlich war, weiter im unklaren. Ihrer ursprünglichen übernatürlichen Legitimation entkleidet, leben revolutionärer Millenarismus und mystischer Anarchismus, dies gilt es festzuhalten, bis heute fort.

Anmerkungen

Abkürzungen: Moderne Werke MW, Original-Quellen OQ

I
Die Überlieferung der apokalyptischen Prophezeiung

Jüdische und frühchristliche Apokalypse

1 Allgemeine Übersichten über die jüdisch-christliche Überlieferung messianischer und millennialer Prophetie: Case, Döllinger (MW), Gry, Hübscher, Hundeshagen, Nigg (1); über die Entwicklung der mosaischen Religion: Oesterley und Robinson, über die der hebräischen und jüdischen Eschatologie im besonderen: MacCulloch (1), S. 376 bis 381.
2 Eine mögliche Beziehung zwischen der persischen (Mazdaznan) und der jüdisch-christlichen Apokalypse und Eschatologie bildet immer noch einen Streitpunkt der Gelehrten. Gegensätzliche Auffassungen siehe: Söderblom, S. 270–320; Cumont, S. 64 bis 96; in neuerer Zeit sind Cumonts Argumente zugunsten einer solchen Beziehung von Eliade, S. 126, übernommen und von Vulliaud, S. 33, abgelehnt worden.
3 Daniel 7, 23.
4 Ibid. 13–14, 27.
5 Phantasien dieser Art befinden sich natürlich nicht in allen jüdischen Apokalypsen.
6 Über die Entwicklung der hebräischen und jüdischen Messias-Phantasien: Klausner; über ihre Ursprünge in der Zeit vor dem Exil vgl. Johnson.
7 Das vierte Buch Esra, 11–13; Kautzsch, S. 390–398; Rießler, S. 295–306.
8 Die syrische Baruch-Apokalypse, 39.–40. Kap., 72.–74. Kap., 29. Kap.: Kautzsch, S. 422–440; Rießler, S. 72–103.
9 Josephus, Buch VI, 5. Kap. (Bd. II, S. 108).
10 Über jüdische Pseudo-Messiasse: Hyamson.
11 Die Christus zugeschriebene Prophezeiung der Parusie, die aber ganz und gar im Stil der jüdischen Apokalypse gehalten ist und aus den fünfziger Jahren stammen dürfte: Mark. 13 (Matth. 24, Luk. 21). Über Baruchs Popularität in frühchristlichen Kreisen: Charles, Bd. II, S. 470.
12 Matth. 16, 27–28 (= Luk. 9, 27). Vgl. Matth. 10, 23.
13 Vulliaud, S. 45 ff.
14 Offb. 13, 1, 7–8, 11, 13, 14; 19, 11, 14–15, 19–21; 20, 4; 21, 1–5, 10–11.

15 Joh. 15, 26; 16, 13.
16 Tertullian, Kol. 355–356.
17 Offb. 22, 6 und vgl. ebenda 7, 20.
18 2. Petr. 3, 9.
19 Justin der Märtyrer, Kap. 80, Kol. 664–668.
20 Papias, Kol. 1258–1259. Dieses Fragment findet sich bei Irenaeus, Kol. 1213–1214. Vgl. Baruch-Apokalypse, Kap. 29.
21 Irenaeus, Buch V, Kap. 32–34. Zitierte Stelle in Kol. 1210.
22 Lactantius (2), Kol. 1090–1092. Diese Stelle ist eine Zusammenfassung aus Lactantius (1) (Divinae Institutiones), Buch VII, Kap. 20, 24, 26; siehe bes. Kap. 24, Kol. 808–811. Die Übersetzung ist Hübscher, S. 22 f., entnommen.
23 Commodianus (1), S. 53–61; und (2), S. 175–180. Nach heutiger Auffassung dürfte Commodianus eher im fünften als im dritten Jahrhundert gelebt haben; vgl. *Oxford Classical Dictionary*, 1949, S. 222.
24 Die Völker Gog und Magog figurierten auch weiterhin in der mittelalterlichen apokalyptischen Literatur; vgl. Bousset (2), S. 113–131 und Peuckert, S. 164–171. Anfänglich glaubte man sie im hohen Norden beheimatet; später verlegte man ihre Wohnstätten hinter den Kaukasus, so daß sie leicht für die periodisch aus Zentralasien hervorbrechenden Horden gehalten werden konnten. Über den Ursprung dieser Vorstellung s. Offb. 20, 8–9 und Hesekiel 38–39.

Die apokalyptische Überlieferung im mittelalterlichen Europa

25 Augustin, Buch XX, Kap. 6–17.
26 Gry, S. 74 und in PL, Anm. zu Kol. 1210 von Irenaeus.
27 Über die jüdischen und frühchristlichen Sibyllen: Lanchester. Als neue, handliche Ausgabe dieser «Orakel»: Kurfess (OQ). Buch VIII hat zur Entwicklung der sibyllinischen Überlieferung im mittelalterlichen Europa am entscheidendsten beigetragen.
28 Standardwerk über die mittelalterliche Phantasiegestalt eines eschatologischen Kaisers bleibt immer noch Kampers (1); s. auch Berheim, S. 63–109; Dempf, S. 255–256. Kampers (2) befaßt sich hauptsächlich mit den vorchristlichen Versionen des Erlöser-Königs.
29 Den lateinischen Text der tiburtinischen Sibylle: s. *Tiburtina* und Sackur (beide OQ). Diese Version entstand ungefähr 1047. Eine bibliographische Liste der zahlreichen im Mittelalter bekannten Überarbeitungen der tiburtinischen Sibylle: Hübscher, S. 213 bis 214.
30 Den lateinischen Text des *Pseudo-Methodius*: s. *Pseudo-Methodius* und Sackur. Diese Übersetzung wurde im achten Jahrhundert von einem syrischen oder griechischen Mönch in St. Germain-des-Prés gemacht.
31 Kurfess, S. 347.
32 Eine genaue Analyse des Antichrist-Symbols: Bousset (1), S. 142–189.
33 Daniel, 11, 36.
34 Daniel 7, 25.
35 2. Thess. 2, 4, 9; vgl. auch Offb. 13, 13–14.
36 Offb. 13, 7.

37 Daniel 8, 10.
38 Offb. 11, 12, 13.
39 Hildegard (1), Kol. 713. Die elfte Vision ist als Ganzes eine ausgezeichnete Quelle für die mittelalterliche Antichrist-Literatur.
40 Bernheim, S. 69–101.
41 Kampers (1), *passim*.
42 Wadstein, S. 81–158 und Preuß, bes. S. 21.

II
Die Tradition des religiösen Dissenses

Frühe messianische Gestalten

1 Den ausführlichsten Bericht über Eudes de l'Etoile gibt William von Newburgh, Buch I, Kap. 19, S. 97 f., der auch einige der populären Vorstellungen über dessen magische Kräfte schildert. Weitere Einzelheiten in: *Chronicon Britannicum*, S. 558. Kurze Übersichten in: *Auctarium Gemblacense* (in RHF), S. 273 f. und in *Contin. Praemonstr.*, S. 454 (beides s. unter Sigebert de Gembloux); Otto von Freising, S. 81; Petrus Cantor, S. 229 f.
2 William von Newburgh, a. a. O.
3 Otto von Freising, a. a. O; William von Newburgh, a. a. O.
4 Alphandéry und Dupront, S. 166.
5 William von Newburgh, a. a. O.
6 Pirenne (4), S. 116–119, der die übliche Auffassung überzeugend widerlegt, daß Tanchelm beim Antritt seiner Reise bereits ein Häresiarch gewesen sei.
7 Die Hauptquelle für unsere Beschreibung Tanchelms ist der 1112 geschriebene Brief des Utrechter Domkapitels (s. OQ). Weitere Einzelheiten in *Continuatio Praemonstratensis* (s. unter Sigebert de Gembloux), S. 449; *Vita S. Norberti A* (vermutlich 1157–1160 geschrieben) und *Vita S. Norberti B* (vermutlich 1155–1164 geschrieben), die alle auf einer verlorenen Lebensbeschreibung des heiligen Norbert zu fußen scheinen (vgl. Potthast, Bd. II, S. 1494). Die Zuverlässigkeit all dieser Berichte ist gelegentlich angezweifelt worden; vgl. Philippen, der nachweist, daß diese sämtlichen Autoren Gründe hatten, Tanchelm absolut diskreditiert zu sehen. Aber Philippens Begründung, mit der er alle diese späteren Quellen einzig aus dem Brief des Domkapitels ableitet und für dessen Entwertung, hält dem Vergleich mit den Quellen schwerlich stand. Auch war, wie aus der vorliegenden Untersuchung hervorgeht, Tanchelms Fall keineswegs einzigartig. Nur die gegen ihn und seine Anhänger vorgebrachten Anschuldigungen heimlicher erotischer Ausschweifungen wirken stereotyp und mögen sehr wohl grundlos gewesen sein. Moderne Darstellungen Tanchelms: Essen, Janssen (OQ), Philippen.
8 Zusätzlich zu den Hauptquellen: Abaelard, Buch II, Kol. 1056.
9 *Contin. Praemonstr.*, a. a. O. und Meyer (Jacob), a. a. O. Der chronologische Ablauf des Lebens Tanchelms ist nicht eindeutig klargestellt.

10 Dokumente über die Gründungen Norberts: Fredericq (OQ), Bd. I, S. 24 f. und Bd. II, S. 3–6. Vgl. Philippen, S. 256–269.
11 Weber (2), S. 278.
12 Sundkler, S. 123 f.

III
Der Messianismus der orientierungslosen Armen

Die Bedeutung des rapiden sozialen Wandels

1 Über das Sicherheitsgefühl im Dorf unter der gutsherrschaftlichen Ordnung: Bloch (2), S. 72–95, 192 und (3), S. 367–428; Pirenne (5), S. 56–61 und (7), S. 100–104; Power (2), S. 716–722; Thalamas, S. 145–157.
2 Bloch (2), S. 163–170 und (3), S. 190–220; Thalamas, S. 157–158.
3 Pirenne (5), S. 62–69; Power (2), S. 723; Thalamas, S. 30, 49.
4 Carus-Wilson, S. 367–368, 372–373; Pirenne (2), S. 510, (3), S. 87, (5), S. 35 ff., 123 ff. und (6), S. 187–188; Postan, S. 183–185.
5 Pirenne (3), S. 70, 117–118; (5), S. 39 ff., 146; Postan, S. 171.
6 Pirenne (3), S. 101–103; 104–107; Postan, S. 160; Thalamas, S. 70.
7 Carus-Wilson, S. 387; Pirenne (5), S. 161–164.
8 Über die Anpassungsschwierigkeiten in Stadt und Land: Bennett, S. 304; Evans, S. 100 bis 101; Matrod, S. 5 ff.
9 Bloch (3), S. 217; Dupré Theseider, S. 58; Weber (2), S. 527–531, und in Italien: Tamassia, S. 112–114.

Die ersten Kreuzzüge und die Armen

10 Robert der Mönch, S. 728.
11 Rousset (1) und (2). Die ausführlichste Darstellung der Massenbewegungen anläßlich des ersten und zweiten Kreuzzugs und der sie inspirierenden Phantasien findet man hingegen bei Alphandéry und Dupront. Eine gedrängte Darstellung des politischen Hintergrundes und der Auslösung des ersten Kreuzzugs: Runciman (2), Bd. I, S. 93–109. Weitere zuverlässige Berichte in: Chalandon; Grousset, Bd. I; Röhricht (4); Sybel; kürzer in Stevenson; und sehr ausführlich in dem von Setton und Baldwin herausgegebenen Monumentalwerk (bes. das 8. Kapitel von F. Duncalf).
12 Hagenmeyer, bes. S. 127–151; Alphandéry und Dupront, S. 69–71.
13 Guibert von Nogent (1), S. 142.
14 Eine Liste der Katastrophen zwischen 1085 und 1095: Wolff, S. 108–109. Die Hungersnot von 1095 beschreibt Guibert (1), S. 141. Viele Chronisten erwähnen die Pest, den sogenannten «mal des ardents» oder «St Anthony's fire»; z. B. Bernold von Konstanz, S. 459; *Chron. S. Andreae*, S. 542; Ekkehard von Aura (1), S. 105–109 (Kap. 8) und (2), S. 207; Sigebert von Gembloux, S. 366 f.

15 Beispiele neuer Büßergruppen: Alphandéry und Dupront, S. 48f.
16 Über die soziale Schichtung des Massenkreuzzugs: Baudri von Dol, Kol. 1070; Bernold, S. 464; Fulcher von Chartres, S. 385; Guibert (1), S. 142.
17 Fulcher, die früheste und zuverlässigste Quelle, erwähnt in seinem Bericht über den Aufruf zu Clermont Jerusalem überhaupt nicht.
18 Über den Massenkreuzzug von 1033: Radulph Glaber, Kol. 680; und den von 1064: *Annales Altahenses maiores*, S. 815ff.
19 Erdmann (2), S. 318–319.
20 Jesaja 66, 10–13.
21 Robert der Mönch, S. 729.
22 Das Neue Jerusalem fährt aus dem Himmel herab: Offb. 21, 1–5, 10–11. Über die Deutung der irdischen als Symbol für die himmlische Stadt: Röhricht (1), S. 376, Anm. 76; Alphandéry und Dupront, S. 22. Über die Verwechslung beider seitens der *pauperes*: Ekkehard (1), S. 301 (Kap. 34); die Stadt am Himmel: ibid., S. 117 (Kap. 10); die Kinder: Guibert (1), S. 142.
23 Vgl. Alphandéry (5), S. 59ff.
24 «Gott hat euch auserwählt...»: Raimund von Aguilers, S. 254.
25 Ibid., S. 272.
26 Über die Tafurs: Guibert (1), S. 242; *Conquête de Jérusalem, passim*, bes. S. 65ff.: *Chanson d'Antioche*, Bd. II, *passim*, und bes. S. 254f. Die Originalfassungen beider volkssprachlichen Epen stammen aus dem Beginn des zwölften Jahrhunderts. Die einzigen vorhandenen Versionen sind die Anfang des dreizehnten Jahrhunderts von Graindor von Douai revidierten; doch hat man nicht den Eindruck, daß der die Tafurs betreffende Passus stark verändert worden ist. Es ist häufig behauptet worden, ein gewisser Richard der Pilger habe beide Epen verfaßt; doch scheint es höchst unwahrscheinlich, daß beide vom gleichen Verfasser stammen. Die *Conquête de Jérusalem* schildert den Kreuzzug unter dem Gesichtspunkt der Armen. Sie ist mehr als eine Schilderung der psychologischen Haltung denn als eine historische Darstellung des Massenkreuzzugs im Osten zu werten; was sie über die Tafurs aussagt, ist deren eigene legendäre Ausschmükkung. Das *Chanson d'Antioche* gibt eine nüchternere, weniger schmeichelhafte und zweifellos wirklichkeitsnähere Darstellung der Tafurs.
Über das Wort «Tafur»: *Trudannes*, das Guibert, S. 242, als Äquivalent für *Tafurs* bezeichnet, ist eine Variante von *trutani*, «Landstreicher», «Vagabunden», «Bettler».
27 *Chanson d'Antioche*, S. 5. Vgl. ebendort S. 254f., 294f. und *Conquête de Jérusalem*, S. 230.
28 *Conquête*, S. 194. S. 72 ebendort scheinen die mit dem provenzalischen Kreuzheer marschierenden *pauperes* in enger Verbindung mit den Tafurs zu stehen und sind mit sehr ähnlichen Worten beschrieben.
29 Über den Kult der Armut seitens der Tafurs: Guibert, S. 242.
30 *Conquête*, S. 163.
31 Raimund von Aguilers, S. 249.
32 *Conquête*, S. 165f. Vgl. *Anonymi Gesta Francorum*, S. 204f.
33 *Conquête*, S. 243–253.
34 *Chanson*, S. 6f.
35 König Tafur dringt in die Grafen: *Conquête*, S. 64–67; verwundet und vom Schlachtfeld getragen: ibid., S. 82f.; krönt Gottfried: ibid., S. 191–193; gelobt, in Jerusalem zu bleiben: ibid., S. 193–195.

36 *Anonymi Gesta*, S. 162–164.
37 Raimund, S. 300.
38 Ibn al-Qālanisī, S. 48.
39 «O, neuer Tag...»: Raimund, a.a.O. Vgl. Du Cange (MW) über das Gefühl der *exanito*.
40 *Anonymi Gesta*, S. 204–206. Vgl. *Conquête*, S. 178f.
41 In Spanien war es schon 1046 anläßlich des Kreuzzugs gegen die Mauren zu Judenverfolgungen gekommen, doch nur in beschränktem Ausmaß. Eine moderne Darstellung der Blutbäder anläßlich des ersten und zweiten Kreuzzugs: Parkes, S. 61–89.
42 Sigebert von Gembloux, S. 367.
43 Guibert (2), S. 240; Richard von Poitiers, S. 411f.
44 Über die Ereignisse in Speyer und Worms: Anonymus von Mainz-Darmstadt, S. 171f.; Elieser bar Nathan, S. 154–156; Salomo bar Simeon, S. 84; Bernold von Konstanz, S. 464f. Über kritische Bewertung der hebräischen Quellen: Elbogen; Porgès; Sonne.
45 Anonymus von Mainz-Darmstadt, S. 178–180; Elieser, S. 157f.; Salomo, S. 87–91; Albert von Aix, S. 292; Annalista Saxo, S. 729.
46 Salomo, S. 131ff.; *Gesta Treverorum, Continuatio I*, S. 182, 190.
47 Salomo, S. 137.
48 Elieser, S. 160–163; Salomo, S. 116ff.
49 Salomo, S. 137.
50 Cosmas von Prag, S. 164.
51 Über den Mönch Rudolf: Ephraim bar Jacob, S. 187ff.; Otto von Freising, S. 58f.; *Annales Herbipolenses*, S. 3; *Annales Rodenses*, S. 718f. (eine zeitgenössische Quelle, die für Rudolf gegen den heiligen Bernhard eintritt); *Annales S. Jacobi Leodiensis minores*, S. 641. Über Bernhards eigenen Kommentar: Bernhard (3) und (4). Eine moderne Darstellung: Setton und Baldwin, S. 472f. (von V. G. Berry).
52 Joseph ha-Cohen, S. 24.
53 Anonymus von Mainz-Darmstadt, S. 170.
54 Guibert (2), S. 240; Richard von Poitiers, S. 411.
55 Salomo, S. 88f.

IV
Die Heiligen wider die Horden des Antichrist

Erlöser in den letzten Tagen

1 Ekkehard von Aura (1), S. 54–56 (Kap. 2). Die «Zeichen» sind die bei Markus 13 in der Prophezeiung der Parusie angeführten.
2 Kampers (1), S. 30–39.
3 S. 605, 617, 623.
4 Erdmann (1), S. 413 und (2), S. 276–278; Heisig, *passim*.
5 Ekkehard (1), S. 120f. (Kap. 11).

6 Der in der zweiten Hälfte des zehnten Jahrhunderts schreibende Benedikt, Mönch in St. Andrae auf dem Berge Soracte, berichtet (Kol. 32–36) von einer Massenwallfahrt nach Jerusalem unter Führung Karls des Großen; doch scheint sein Bericht keinen großen Einfluß auf die Entwicklung gehabt zu haben. Wir begegnen der Geschichte von einem von Karl dem Großen geführten Kreuzheer erstmals zur Zeit des ersten Kreuzzugs; vor allem in der *Descriptio* (OQ), eine von den Mönchen von St. Denis vorgenommene Fälschung, die erklären soll, wieso die Dornenkrone und andere Reliquien in ihr Kloster gekommen seien (der betreffende Passus befindet sich auf Seite 108). Über die Verbreitung dieser Legende und ihre Auswertung für die Kreuzzugspropaganda: Rauschen, S. 141–147. Hinweise auf Karls des Großen angebliche Marschroute in den Chroniken über den ersten Kreuzzug befinden sich in der *Anonymi Gesta Francorum*, S. 4 und in dem von Robert dem Mönch Urban zugeschriebenen Aufruf.

7 Heisig, S. 52ff.; Kampers (1), S. 58. Der in einer Höhle oder in einem Berg auf seine Zeit wartende, schlafende Held bildet in der mittelalterlichen wie auch in andern populären Literaturen eine wiederkehrende Gestalt. Der Glaube an die Fortexistenz und die Wiederkehr König Arthurs war besonders tief eingewurzelt und weit verbreitet; hinsichtlich des Hohenstaufenkaisers Friedrichs II. s. Kap. V des vorliegenden Buchs.

8 Alphandéry und Dupront, S. 75, 112, 131; Alphandéry (4), S. 3–8.

9 Grauert (2), bes. S. 709–719.

10 Über Emicho und seine Visionen: Salomo bar Simeon, S. 92; Annalista Saxo, S. 729; Ekkehard (1), S. 126 (Kap. 12).

11 Albert von Aix, S. 293–295; Ekkehard (1), S. 128–131 (Kap. 12). Der zwar oft unzuverlässige Albert sagt zweifellos richtig, daß Emichos Horde überwiegend zu Fuß marschierte; andere Chronisten vermitteln den gleichen Eindruck.

12 Über Emicho: Ekkehard (2), S. 261. Über seinen Tod bei der Verteidigung der Stadt Mainz gegen den Herzog von Schwaben: Otto von Freising, S. 29.

13 Kampers (1), S. 53 f., beschreibt, wie die Prophezeiung um die Wende des elften zum zwölften Jahrhundert bearbeitet wurde, um sie bald mit den deutschen, bald mit den französischen Königen in Beziehung zu bringen.

14 Otto von Freising, S. 10f., vgl. ferner *Annales S. Jacobi Leodiensis minores*, S. 641. Der Text ist auch in andern Chroniken erhalten; s. Kampers (1), S. 192, Anm. 32 und (1 a), Anhang I, S. 204f. Über den Weitergebrauch des Namens Constans: ibid., S. 206f. Über den Einfluß der Weissagung auf den heiligen Bernhard: Radcke, S. 115ff.

15 Otto erwähnt, sie habe «in Gallien» große Beachtung gefunden. Freilich verstand er als gebildeter Mann unter «Gallien» auch weite Gebiete, die im zwölften Jahrhundert zum Heiligen Römischen Reich Deutscher Nation gehörten. So erwähnt er, S. 58, daß der Pseudoprophet Rudolf «in den an den Rhein grenzenden Gegenden Galliens» tätig sei. Wenn er Frankreich meint, neigt er zur Wendung «occidentales Gallia».

16 Die Auffassung der breiten Massen vom Kreuzzug als heiligem Krieg im Gegensatz zu den päpstlichen Intentionen: Erdmann (2), S. 264–273, 321. Schon 1087 betrachtete man den Feldzug Pisas gegen das von den Moslems gehaltene Sizilien als heiligen Krieg. In einem zur Feier des Erfolgs verfaßten Epos treten der Erzengel Michael und Petrus auf; jener bläst zur Anspornung der Kämpfer eine Posaune, dieser stellt das Kreuz zur Schau. Sämtliche Ungläubigen, Männer, Frauen und Kinder, werden abgeschlachtet: s. Schneider (OQ), Gedicht 25, besonders Zeilen 33–40.

17 Übersetzung von Wilhelm Hertz, S. 116f.

18 Nach dem heiligen Bernhard (2) war Tanchelms Gegner, der hl. Norbert, dieser Ansicht; und das war dreihundert Jahre später auch der heilige Vinzenz Ferrer.

19 Guibert von Nogent (1), S. 138.

20 Bernhard (3).

21 Die Vorstellung von einem personifizierten Antichrist wie auch von seinen Heerscharen entwickelte sich aus jüdisch-eschatologischen Phantasien, die bereits in der vorchristlichen Zeit existierten; vgl. Rigaux, bes. S. 402.

22 Eulogius, Kol. 748 ff.; Alvarus von Cordova, Kol. 535–536.

23 *Aliscans*, Zeilen 71–73, 1058–1061.

24 Bulard, S. 225 ff., der auf Grund von Heiligendarstellungen beweist, daß nach der damaligen Auffassung nicht nur Juden, sondern auch Sarazenen an der Kreuzigung beteiligt waren.

25 Über die soziale und wirtschaftliche Lage der Juden im Mittelalter: Baron, Caro, Bd. 2; Kisch; Parkes; Roth.

26 Ein frühes Beispiel für diese Meinung bildet Irenaeus, Kol. 1205. Die Wahl des Stammes Dan geht auf die Genesis zurück, 49, 16–17.

27 Als typisches Beispiel für die antijüdische Version der Antichrist-Legende: Hippolytus (zugeschr.), bes. Kol. 920, 925, 928, 944. Die modernen *Protokolle von Zion*, die einen so enormen Einfluß ausgeübt haben, fußen unmittelbar auf der Antichrist-Legende. Sie erschienen erstmals 1905 in einem russischen Werk, dessen Hauptthema die unmittelbar bevorstehende Aufrichtung der Herrschaft des Antichrist mittels jüdischer Helfer bildet.

28 Adso, S. 106f. In einem populären Vers (von Wadstein, S. 129, Anm. 3, zitiert) treffen wir auch noch Blutschande an:
«Un paillard Juif abominable
Connaîtra charnellement sa propre fille.»

29 Über die Rolle des Juden im mittelalterlichen Dämonenglauben: Trachtenberg.

30 Über Tiersymbole für das Judentum vgl. z. B. Titelblatt bei Trachtenberg; über den Skorpion im besonderen: Bulard.

31 Über Schwarze Magie in der Synagoge vgl. das zu Beginn dieses Abschnitts wiedergegebene Zitat aus dem *Rolandslied*.

32 Über die Vorstellung jüdischer Turniere: Burdach (3).

33 *Pseudo-Methodius*, S. 92.

34 Trachtenberg, S. 36–40.

35 Über den päpstlichen Kurs vgl. Trachtenberg, S. 161: «*Constitutio pro Judeis*, die Gewaltanwendung ausdrücklich verbietet, ist seit ihrem Erlaß 1120 bis zum Jahr 1250 von mehreren Päpsten bestätigt worden.»

36 Über die Rolle der Juden als Geldverleiher s. die in Anm. 27 genannten Werke; weiterhin Pirenne (6), S. 116. Daß die am Rhein lebenden Juden zur Zeit des ersten Kreuzzuges kein Geld auszuleihen pflegten, scheint ziemlich gewiß; s. Caro, Bd. 1, S. 211 bis 225 und Bd. 2, S. 110, 192 ff.; Graetz, Bd. 6, S. 402.

37 Adso in PL, Kol. 1292.

38 Über die Papst und Klerus im Dämonenglauben verschiedener dissidenter Sekten und Bewegungen zugeschriebene Rolle: Benz, S. 307–314, 366–368; Peuckert, S. 112 ff.; Preuß, S. 44 ff.

39 Radcke, S. 15–17, 102.

40 Caesarius von Heisterbach, S. 304–307.

41 Offb. 17, 6, 2; und über das Tier: Offb. 13, 17.

42 Benz, S. 330 f.

43 Jean le Fèvre, Buch 3, Z. 602 ff. (S. 176 ff.).

Phantasie, Angst und sozialer Mythos

44 Offb. 19, 14.

45 Ernest Jones analysiert in einem schon 1912 veröffentlichten Essay die mittelalterliche Satansvorstellung als das Bild des bösen Vaters und des bösen Sohnes. Der Essay bildet jetzt das 6. Kapitel des in der Bibliographie genannten Werkes.

46 Frösche: Offb. 16, 13; vgl. ferner Lorchs Antichrist-Darstellung (Abb. 4), wo außer den Fröschen auch noch Skorpione zu sehen sind.

47 Diese Anschuldigung wurde im Dritten Reich wieder neu aufgegriffen. Das offizielle Parteiblatt *Der Stürmer* brachte häufig Abbildungen von Rabbinern, welche «arischen» Kindern das Blut aussaugten, und widmete einmal eine ganze Nummer (1. Mai 1934) diesem Thema; vgl. Trachtenberg, S. 243.

V
Im Kielwasser der Kreuzzüge

Der falsche Balduin und der «Meister aus Ungarn»

1 Über Fulk von Neuilly: Reinerus, S. 654. Eine ausführliche moderne Darstellung: Alphandéry und Dupront, Bd. II, S. 45–64.

2 Über die Kinderkreuzzüge: zusammenfassender Überblick bei Runciman (2), Bd. III, S. 139–144; ausführlichere Darstellungen unter Berücksichtigung der zugrunde liegenden Phantasien: Alphandéry (3) und Alphandéry und Dupront, Bd. II, S. 115–148; vgl. ferner die kritische Quellenuntersuchung von Munro, bes. S. 520.

3 Cahour, S. 82, die ausführlichste moderne Darstellung des falschen Balduin. Eine kürzere Studie: Kervyn de Lettenhove (1). Die vorliegende Darstellung fußt hauptsächlich auf Mouskes (OQ), Bd. II, Z. 24463–25325.

4 Zum Krieg gegen die Gräfin Johanna: Alberich von Trois-Fontaines, S. 794; Balduin von Ninove, S. 541; *Chronicon S. Medardi Suessionensis*, S. 722; Mouskes, Z. 24839 bis 24843. Vgl. Cahour, S. 168.

5 Mouskes, Z. 25117ff.

6 Ibid., Z. 24851–24855.

7 Ibid., Z. 24741–24748; vgl. ferner ibid., Z. 24771 f. Der soziale Aspekt der Bewegung geht nicht nur aus der Darstellung Mouskes, sondern auch aus (zugegebenerweise manchmal ziemlich späten) lateinischen Chroniken hervor wie *Chronicon Andrensis monasterii*, S. 579; *Chronicon Turonense*, S. 307–309; und Johann von Ypern, S. 609.

8 Über die Bündnisse Heinrichs II. s. Rymer, Bd. I, S. 177; der Gräfin s. *Gesta Ludovici VIII*, S. 308 f.

9 Mouskes, Z. 25019ff.

10 Ibid., Z. 25201 ff.; vgl. ibid., Z. 24627–24630. Mehrere Chronisten hielten den Eremiten für den echten Grafen; z. B. Paris, Bd. III, S. 90 f. Die moderne Geschichtsschreibung ist sich jedoch darüber einig, daß ein Betrug vorlag.

11 Pirenne (7), S. 229 f.

12 Bloch (1), S. 237.

13 Giraldus Cambrensis, S. 292 ff. Vgl. Folz, S. 277–279.

14 Caesarius von Heisterbach, S. 304–307.

15 Salimbene, S. 445.

16 Die Geschichte des Hirtenkreuzzuges von 1251 ist in einem zeitgenössischen Brief enthalten, den ein Pariser Franziskaner an Adam Marsh und andere Franziskaner in Oxford gerichtet hat; wiedergegeben in den *Annales Monasterii de Burton*, S. 290–293; in *Chroniques de Saint-Denis*, S. 115–116; von Paris, Bd. V, S. 246–254; von Primat, S. 8–10; von Wilhelm von Nangis (1), S. 383, und (2), Bd. I, S. 207–208, 435–436. (Wilhelm fußt weitgehend auf Primat.) Die vorliegende Darstellung stützt sich hauptsächlich auf diese Quellen. Die weiter unten genannten dienen zur Bestätigung oder bringen weiter Einzelheiten über bestimmte Punkte. Moderne Darstellungen: Berger, S. 393–401; Röhricht (3).

17 Über den «Meister aus Ungarn»: *Chronica minor auctore minorita Erphordiensi*, S. 200; *Chronicon S. Martini Turonensis, Continuatio*, S. 476; *Flores temporum, Imperatores*, S. 241.

18 Über Bildung, Zusammensetzung und Gliederung der Horde: Balduin von Avesnes (zugeschr.), S. 169; *Chron. min. auct. minorita Erphordiensi*, a. a. O.; *Chronica universalis Mettensis*, S. 522; *Chronique anonyme des Rois de France*, S. 83; Gui (1), S. 697; Johann von Columna, S. 123 f.; Wykes, S. 100.

19 *Annales Monasterii de Waverleia*, S. 344; Richerus, S. 311.

20 Verhöhnung des Klerus und der Sakramente: *Chron. univ. Mettensis*, a. a. O.

21 *Chronicon S. Catharinae de Monte Rotomagi*, S. 401 f.; *Chronicon S. Laudi Rotomagensis*, S. 395 f.; *Chronicon Rotomagense*, S. 339; *Visitationes Odonis Rigaudi*, S. 575.

22 Die Pastorellen in Paris, Tours, Orléans: *Annales Monasterii de Oseneia*, S. 100; *Chron. univ. Mettensis*, a. a. O.; Johann von Columna, S. 124; Johann von Tayster, S. 589; Thomas von Chantimpré, S. 140.

23 *Chronicon Normanniae*, S. 214; Gui (1), a. a. O.

24 Thomas von Chantimpré, a. a. O.
25 Berger, S. 401, Anm. 1.
26 Balduin von Ninove, S. 544.
27 Vgl. den Kommentar am Schluß des an Adam Marsh gerichteten Briefes.

Die letzten Kreuzzüge der Armen

28 Die im dreizehnten und vierzehnten Jahrhundert in den flämischen Städten entstandene Lage ist von Carus-Wilson kürzlich folgendermaßen charakterisiert worden: «Die Konflikte zwischen Kapital und Arbeit waren von einer Intensität und Heftigkeit, wie sie nie wieder, nicht einmal im Hochkapitalismus des modernen Europa, erreicht wurden... Die Handwerker (der Tuchmanufaktur) waren überall in Abhängigkeit vom Unternehmer geraten» (Carus-Wilson, S. 399). Über die Beziehung zwischen Kapitalisten und Proletariern s. auch Bezold (3); Heer (1), S. 469–471; Peuckert, S. 240; Pirenne (6), S. 163 und (7), S. 226 ff.
29 Pirenne (8), S. 234. Vgl. Peuckert, a. a. O.; Pirenne (6), S. 72 f., 163; Nabholz, S. 493 ff., 503.
30 Über die Entstehung des ländlichen Proletariats: Boissonade, S. 318 ff.; Nabholz, a. a. O.; Power (2), S. 732.
31 Tobler (OQ), Sprichwort 52.
32 Trachtenberg, S. 221.
33 Jean de Meun, Z. 11 540–11 549.
34 Renart de Contrefait, Z. 25 505 ff.
35 Über die *Caputiati: Chronicon anonymi Laudunensis canonici*, S. 705 f. (daraus das Zitat vom «tollen Wahnsinn»); Robert von Auxerre, S. 251; und über die Frühstadien der Bewegung: Robert von Torigny (s. unter Sigebert von Gembloux), S. 534.
36 Luk. 18, 22–25.
37 Der reiche Mann und der arme Lazarus: Luk. 16, 19 ff.
38 Alphandéry und Dupront, S. 197.
39 Bernheimer, S. 33; zur Erklärung der Skulpturen in Moissac vgl. Heer (1), S. 456–463.
40 Eckbert von Schönau, Kol. 13 f.; Bernard (1), Kol. 761.
41 Über den Massenkreuzzug von 1309: *Annales Austriacarum, Continuatio Florianensis*, S. 752–753; *Annales Colbazenses*, S. 717; *Annales Gandenses*, S. 596; *Annales Lubicenses*, S. 421; *Annales S. Blasii Brunsvicenses*, S. 825; *Annales Tielenses*, S. 26; *Chronicon Elwacense*, S. 39; *Gesta abbatum Trudonensium*, S. 412; Gui (2), S. 67; Johann von Winterthur, S. 58; *Continuatio Brabantia* (s. unter Martin von Troppau), S. 262; Muisis, S. 175; Ptolomaeus von Lucca, S. 34; Wilhelm von Egmont, S. 577. S. auch Heidelberger, S. 44 f.
Hungersnöte: aus der von Curschmann, S. 82–85, zusammengestellten Liste geht ein aufschlußreicher Umstand hervor: in den Niederlanden und am Niederrhein gab es 1225 (dem Jahr des falschen Balduin), 1296 (dem Jahr der Geißlerzüge: s. Kap. V) und 1309 (dem Zeitpunkt eines Massenkreuzzugs) größere Hungersnöte; für die Zwischenzeiten, so lang sie auch waren, sind keine registriert.

42 Vgl. Lucas.
43 Wilhelm von Nangis, *Continuatio III*, Bd. III, S. 179f.
44 Über den Hirtenkreuzzug von 1320: Gui (3), S. 161–163; Johann, Domherr an St. Victor, S. 128–130 (etwa 1322 verfaßt); Wilhelm von Nangis, *Continuatio II*, Bd. II, S. 25–28 (vermutlich von Johann an St. Victor abgeschrieben). Moderne Darstellungen: Devic und Vaissète, S. 402–406; Graetz, Bd. 7, S. 277ff.; Alphandéry und Dupront, Bd. II, S. 257–264. Von den jüdischen Chronisten Usque (der portugiesisch schrieb) und Ibn Verga (der hebräisch schrieb) wird die Geschichte rund 200 Jahre nach dem Ereignis gleichfalls, aber viel wirrer und unklarer erzählt. Doch geben beide, gestützt auf eine verlorene spanische Quelle, wertvolle Einzelheiten, nicht nur über die «Erlöser», sondern auch über die Judenmassaker in Südfrankreich und Spanien; Usque, Bd. III, S. xvi ff.; Ibn Verga, S. 4–6. Joseph ha-Cohen, S. 46f., kopiert Usque; vgl. Loeb, S. 218–220. Studien über bestimmte lokale Pogrome: Kahn, S. 268; Miret y Sans.
45 Vgl. Johann XXII.
46 Pirenne (1), (5), Bd. II, S. 74–99, 193ff., (6), S. 172ff., (7), S. 226–245. Vgl. Boissonade, S. 310f.
47 Levasseur, S. 510.
48 Pirenne (5), Bd. II, S. 193ff., (6), S. 172ff., (7), S. 243 und (8), S. 225–226, 439.
49 Ein Dokument über einen in Ypern verbrannten Weber befindet sich bei Espinas und Pirenne (OQ), S. 790.
50 Die zugänglichste Ausgabe des *Vademecum* ist immer noch die in der Bibliographie unter Johann von Roquetaillade aufgeführte, obschon der Text unvollständig ist. Das Werk ist in 20 *Intentiones* unterteilt, Nr. V prophezeit soziale Wirren. Über Johann von Roquetaillade selbst: Bignami-Odier. Die soziale Weissagung, die laut S. 32f. möglicherweise aus einem verlorenen Werk Roquetaillades herstammt, wäre sogar noch interessanter als das *Vademecum*, wenn sie echt wäre; aber kritische Durchleuchtung läßt vermuten, daß es sich um eine Fälschung viel späteren Datums handelt.
51 Von den späteren Weissagungen ist die berühmteste die des Eremiten Telesphorus von Cosenza aus dem Jahre 1386. Sie war dem Dogen von Genua gewidmet und zielte darauf ab, Genua unter französische Herrschaft zu bringen.
52 Pirenne (6), S. 165, 172ff.

VI
Kaiser Friedrich II. als Messias

Die joachimitische Prophetie und Friedrich II.

1 Eine erschöpfende Bibliographie bietet Russo; neuere Darstellungen: Benz, S. 3–48; Grundmann (1), Grundmann (2). Offb. 14, 6–7.
2 Löwith, S. 158f. und Anh. I; Taubes, S. 90–94; Voegelin, S. 110–121 *et passim*.
3 Kestenberg-Gladstein, S. 245, 283.

4 Matth. 1, 17.

5 Über den Joachimismus in Südeuropa: Benz; und kürzer: Hübscher, S. 107–132; Morghan, S. 287ff. Über die zeitgenössische Einstellung zu Rienzo s. auch Burdach (1), S. 5–53, *passim* und bes. S. 1–23. Über die Vorstellung vom Engelpapst, die bei den italienischen Joachimiten eine große Rolle spielte: Baethgen. Der im letzten Kapitel erwähnte französische Pseudoprophet Johann von Roquetaillade war in vieler Hinsicht ein – wenn auch verspäteter – Joachimit.

6 Vgl. Bloomfield und Reeves.

7 Eben in dieser Rolle hätten sich auch Tanchelm, Endes de l'Etoile und der «Meister von Ungarn» gerne gesehen. Vgl. Kampers (1), S. 76f., 154f.

8 Albert von Stade, S. 371f. Eine moderne Darstellung dieser Sekte oder Bewegung: Völter; vgl. Bloomfield und Reeves, S. 791f.; Lempp; Schultheiß, S. 19f.; Weller, S. 146ff.

9 Den Wortlaut des Manifests bei dem Dominikaner Arnold (OQ); vgl. Bloomfield und Reeves, a. a. O.; Bossert, S. 179–181; Völter.

10 Thomas von Eccleston, S. 568. Vgl. Kampers (1), S. 83–87, wo auch der in Italien und Sizilien herrschende Glaube an den auferstandenen Friedrich quellenmäßig nachgewiesen wird. In Tivoli, das ständig mit Rom in Fehde lag und daher selbstverständlich für den Kaiser Partei nahm, hat man Friedrichs Tod mit Worten beklagt, die aus der tiburtinischen Sibylle stammen; s. Hampe, bes. das lateinische Manifest auf S. 18–20.

Friedrichs Auferstehung

11 *Annales Colmarienses maiores*, S. 211; in Lübeck: *Detmar-Chronik*, S. 367.

12 Hauptquellen für die Geschichte des falschen Friedrich in Neuss: Ellenhard von Straßburg (2), S. 125f.; *Vita Henrici II archiepiscopi (Treverensis) altera*, S. 462f. Ein sachlich weniger zuverlässiger Bericht, der jedoch zeigt, wie die Geschichte von der Volksphantasie umgeformt worden ist: Ottokars *Reimchronik*, Z. 32324ff. Ottokar, ein zwischen 1305 und 1320 schreibender, ehemaliger fahrender Spielmann, scheint sich auf eine Fassung gestützt zu haben, die unter der breiten Masse Österreichs verbreitet wurde und von joachimitischen Ideen stark gefärbt war; ihm galt der Neusser Monarch als der echte Friedrich II. Moderne Darstellungen: Victor Meyer; Schultheiß, S. 23–47; Voigt, S. 145ff.; Winkelmann.

13 Der falsche Friedrich als Pilger: *Continuatio Anglica* (s. unter Martin von Troppau), S. 252. Über seine Behauptung, im Innern der Erde gelebt zu haben, vgl. seinen in der Anmerkung zur *Vita Henrici*, S. 462, wiedergegebenen Brief.

14 Salimbene, S. 537.

15 *Magdeburger Schöppenchronik*, S. 170.

16 Schultheiß, S. 170; Voigt, S. 148.

17 Ottokar, S. 426.

18 *Annales Blandinienses*, S. 33.

19 Ottokar, S. 427.

20 Johann von Winterthur, S. 280.

21 Oswald der Schreiber, S. 1012 ff. und bes. S. 1027.
22 Über den vom 14. bis 16. Jahrhundert in Deutschland verbreiteten Glauben an einen künftigen Erlöser-Kaiser (meist in der Gestalt des auferstandenen Friedrich): Bezold (4); Döllinger (MW), S. 317 ff.; Kampers (1), S. 100 ff.; Peuckert, S. 213–243, 606–629; Rosenkranz; Schultheiß; Wadstein, S. 261 ff.
23 Meistersingerlied von Regenbogen, mittelhochdeutscher Text bei Schultheiß, S. 58 ff., die von uns zitierte neuhochdeutsche Übersetzung ebda. Vgl. Oswald der Schreiber, a. a. O.
24 *Magdeburger Schöppenchronik*, S. 313.
25 Bezold (3), S. 60.
26 Johann von Winterthur, S. 280. Das Motiv der verhüllten Tonsuren erscheint bereits in einem joachimitischen Traktat des dreizehnten Jahrhunderts *Oraculum Cyrilli*. In Deutschland sollte es sehr volkstümlich werden; vgl. Peukkert, S. 189.
27 Rothe, S. 426. Vgl. seinen Kommentar (S. 466) zum falschen Friedrich von Neuss und den vielen, «die seiner Ketzerei verfallen sind».
28 Döllinger (MW), S. 285 f.

Propaganda für einen künftigen Friedrich

29 Lateinischer Text bei Wolf (OQ), S. 720 ff. (wo der größte Teil in der Form einer vermutlich 1409 oder 1439 gehaltenen Predigt wiedergegeben ist) und Lazius (OQ), H 2 (b)-H 3 (der unter dem Titel *Vaticinia de Invictissimo Caesare nostro Carolo V* den Schluß wiedergibt). Bezold (4) gibt eine Zusammenfassung, S. 573 ff. Eine deutsche Übersetzung bei Reifferscheid (OQ), Dokument 9. Vgl. Döllinger (MW), S. 349 ff.; Rosenkranz, 516 f.
30 *Reformation Kaiser Sigmunds* (OQ); s. darüber: Bezold (3), S. 70 ff. und (4), S. 587 ff.; Peuckert, S. 198 ff., 220 ff. Über die umstrittene Frage der Urheberschaft s. auch Beers Einleitung, S. 71–74.
31 *Reformation Kaiser Sigmunds*, S. 138–143.
32 Dieses Werk, von dem nur eine einzige, außerordentlich umfangreiche Handschrift erhalten geblieben ist, die sich in Colmar befindet, ist nie veröffentlicht worden. Die vorliegende Darstellung fußt auf der ausführlichen Analyse von Haupt (8) (MW). Vgl. Doren, S. 160 ff.; Franz, S. 114 f.; Peuckert, S. 224–227.
33 Vgl. Offb. 6, 6. Auch die tiburtinische Sibylle beschreibt die Fülle und Billigkeit des Brots, Weins und Öls als charakteristisch für die Regierung des künftigen Constans.
34 Die drei Zitate nach Haupt (8), S. 202 f.
35 Haupt (8), S. 209.
36 Ibid., S. 202; vgl. auch S. 163, 208 ff.
37 Ibid., S. 211 f.
38 Ibid., S. 215, 212; vgl. S. 109.
39 Ibid., S. 210.
40 Ibid., S. 212; vgl. S. 179.
41 Ibid., S. 201; vgl. S. 134, 166.
42 Ibid., S. 168, Anm. 1; vgl. S. 167–172.

43 Ibid., S. 164–166.
44 Ibid., S. 141–145.
45 Ibid., S. 146–149.
46 Ibid., S. 156ff., 200.
47 Ibid., S. 201.
48 Ibid., S. 188.
49 Ibid., S. 156–159.
50 Ibid., S. 157.
51 Peuckert, S. 606ff.
52 Zum Bundschuh von 1513 vgl. Schreiber (MW). Die chiliastischen Züge seines Programms werden aus den Dokumenten 21 und 22 (S. 89 und 92) ersichtlich. Vgl. Haupt (8), S. 200, Anm. 3; Peuckert, S. 625.

VII
Eine Elite sich selbst opfernder Erlöser

Die Ursprünge der Geißlerbewegung

1 Über die Anfänge der Selbstgeißelung in Europa: Förstemann, S. 7; Zöckler, S. 36. Über die Geißler in Camaldoli und Fonte Avellana: Damian (1), Kol. 415–517 und (2), Kol. 1002.
2 Seuse (1), S. 43.
3 Die vorliegende Schilderung der italienischen Züge stützt sich auf: *Annales S. Justinae Patavini*, S. 179. – Moderne Darstellungen der mittelalterlichen Geißlerbewegungen: Förstemann (immer noch der ausführlichste); Fredericq (1) (MW); Hahn, Bd. II, S. 537ff.; Haupt (1), (5) und bes. (11); Hübner, bes. S. 6–60; Lea (MW), S. 381ff.; Lechner; Pfannenschmid; Werunsky, S. 291ff. Eine Bibliographie bietet Röhricht (2).
4 *Annales S. Justinae*, a. a. O.
5 Salimbene, S. 466.
6 *Chronicon rhythmicum Austriacarum*, S. 363; *Annales Mellicenses, Continuatio: Mellicensis*, S. 509, *Zwetlensis III*, S. 656; *Sancrucensis II*, S. 645; *Annales Austriacarum, Continuatio Praedicatorum Vindobonensium*, S. 728; Ellenhard (1), S. 102ff. (über die Straßburger Züge); Heinrich von Heimburg, S. 714; Hermann von Altaha, S. 402. Übergreifen der Bewegung auf Böhmen und Polen: *Annales capituli Cracoviensis*, S. 601; Baszko von Poznan, S. 74; Pulkava von Radenin, Bd. III, S. 232. – Der Anteil der italienischen an der deutschen Bewegung: Hübner, S. 33–92.
7 Closener, S. 111ff., stellt sie in den Rahmen der Bewegung von 1348–49, doch auf Grund analytischer Quellenuntersuchung muß sie aus dem Jahre 1262 stammen; vgl. Hübner, S. 54ff.; Pfannenschmid, S. 155ff.
8 Mark. 13 (= Matth. 24, Luk. 21).
9 *Chronicon rhythmicum Austriacarum*, S. 363. Baszko von Poznan bezeichnet die Geißler sogar als «secta rusticorum». Vgl. Hübner, S. 19f.

10 Siegfried von Balnhusin, S. 705. Pulkavas Darstellung, a. a. O., ist viel späteren Datums und von zweifelhafter Zuverlässigkeit.
11 Vgl. z. B. *Annales Veterocellenses*, S. 43.
12 Closener, S. 104 und Anm. 5, ebenda. Über die Hungersnot s. Anm. zu S. 92 des gleichen Buches.
13 Coulton; Hecker; Nohl; speziell in Deutschland: Hoeniger.
14 *Kalendarium Zwetlense*, S. 692; *Annales Austriacarum, Continuatio Claustroneoburgensis V*, S. 736. Nach der ausdrücklichen Feststellung beider Quellen traten die Geißler in Österreich bereits vor dem Ausbruch der Pest auf. – Zur Ausbreitung der Pest in Europa: Lechner, S. 443 ff.; aber vgl. Hübner, S. 12 f.
15 Robert von Avesbury, S. 407 f.
16 Closener, S. 105 ff.
17 Muisis, S. 349, 354 f.
18 *Breve chronicon Flandriae*, S. 26; Muisis, S. 354 f.; für Erfurt: *Chronicon S. Petri vulgo Sampetrinum Erfurtense*, S. 180.
19 Die vorliegende Darstellung der Gliederung, Satzung und des Rituals der Geißler stützt sich auf: du Fayt, S. 703 ff.; Heinrich von Herford, S. 281; Hugo von Reutlingen, S. 21 ff.; Matthäus von Neuenburg, S. 265–267; Muisis, S. 355 ff.; Twinger, Bd. IX, S. 105 ff.
20 Gilles van der Hoye, S. 342; du Fayt, S. 704; Mundart-Chronik in Fredericq (OQ), Bd. III, S. 15.
21 Hg. von Hübner.
22 Heinrich von Herford, S. 268.
23 Johann von Winterthur, S. 278, 1348 datiert.
24 Boendaele, Bd. I, S. 590; Closener, S. 119; Fredericq (OQ), a. a. O. und S. 18; Heinrich von Dießenhofen, S. 73; *Magdeburger Schöppenchronik*, S. 206.
25 Closener, a. a. O.; *Magdeburger Schöppenchronik*, a. a. O.; Muisis, S. 350; Taube von Selbach, S. 77.

Aufrührerische Geißler

26 Quellen bei Hübner, S. 30, Anm. 2.
27 *Detmar-Chronik*, S. 252.
28 Lateinisch bei Hübner, S. 31, wo auch die Quelle angegeben ist.
29 Johann von Winterthur, S. 280.
30 Michael von Leone, S. 474.
31 Closener, S. 120.
32 Vgl. die Auszüge aus der *Quaestio* bei Hübner, S. 22, 24 (Anm. 1), 29, 47 (Anm. 2), 204 (Anm. 1).
33 Boendaele, Bd. 1, S. 590; Wilhelm von Nangis, *Continuatio III*, Bd. II, S. 218; Chronik bei Fredericq (OQ), Bd. III, S. 18.
34 *Breve chronicon Flandriae*, S. 23; Heinrich von Herford, S. 282; Hugo von Reutlingen, S. 51 f.; Kervyn van Lettenhove (OQ), S. 30 f.; Matthäus von Neuenburg, S. 266; Tilemann Ehlen von Wolfhagen, S. 32 f.; weitere Quellen bei Fredericq (OQ), Bd. II, S. 136 und bei Kervyn van Lettenhove (2) (MW), Bd. III, S. 353.
35 *Chronicon comitum Flandrensium*, S. 226; Closener, S. 118; *Gesta abbatum*

Trudonensium, S. 432; vgl. ferner die vierte Version Froissarts, von Fredericq (OQ), Bd. II, S. 131, zitiert.
36 Clemens VI., S. 471 f.
37 *Gesta abbatum Trudonensium*, a. a. O.
38 Kölner Synode, 1353, S. 471.
39 Klose (MW), S. 190.
40 Über die antikirchliche Einstellung und Handlungsweise der Geißler: *Chron. comitum Flandrensium*, a. a. O.; *Magdeburger Schöppenchronik*, S. 206; *Chron. S. Petri vulgo Sampetrinum*, S. 181; Closener, S. 115, 119; *Detmar-Chronik*, S. 520; Heinrich von Herford, S. 281 f., Le Bel, Bd. I, S. 225; Chronik bei Fredericq (OQ), Bd. III, S. 18.
41 Clemens VI., S. 471.
42 Le Bel, a. a. O.
43 Eine moderne Studie über die angebliche Brunnenvergiftung: Wickersheimer; und über die nachfolgenden Pogrome: Graetz, Bd. VII, S. 360–384; Werunsky, S. 239 ff.
44 *Annales Francofurtiani*, S. 395; Camentz, S. 434; Matthäus von Neuenburg, S. 264. Vgl. Kracauer (MW), S. 35 ff.
45 Heinrich von Dießenhofen, S. 70; Matthäus von Neuenburg, S. 264 f.; Taube von Selbach, S. 92 f. Vgl. Graetz, Bd. VII, S. 375; Schaab, S. 87 ff.
46 *Annales agrippenses*, S. 738; *Detmar-Chronik*, S. 275; *Gesta abbatum Trudonensium*, S. 432; Lacomblet, Bd. III, S. 391, Nr. 489 (23. September 1530) (hieraus das Zitat); *Notae Colonienses*, S. 365; Ennen und Eckertz, Bd. IV, Nr. 314, 385. Vgl. Weyden (MW), S. 186 ff.
47 Muisis, S. 342 f.
48 Boendaele, Bd. I, S. 588–593; du Fayt, S. 705–707; niederdeutsche Übertragung durch Jan van der Beke bei Fredericq (OQ), Bd. I, S. 196 f.
49 Clemens VI., S. 471.
50 Ibid.; ferner *Detmar-Chronik*, S. 275. Vgl. Werunsky, S. 300 ff.
51 Muisis, S. 361; weitere Quellen bei Fredericq (OQ), Bd. III, S. 20 f., 116 f. und bei Kervyn van Lettenhove (2) (MW), Bd. III, S. 358.
52 Erfurt: *Chron. S. Petri vulgo Sampetrinum*, S. 180; Aachen: Haagen (MW), Bd. I, S. 277; Nürnberg: Lochner (MW), S. 36.
53 Zantfliet, S. 358.
54 *Breve chronicon Flandriae*, S. 14. Matthäus von Neuenburg, S. 267, Anm. 2.
55 Du Fayt (OQ) und vgl. Fredericq (2) (MW).
56 Wilhelm von Nangis, *Continuatio III*, Bd. II, S. 217; Egasse du Boulay (OQ), Bd. IV, S. 314.
57 Andreas von Regensburg, S. 2112; Benessius Krabice von Weitmühl, S. 516; Closener, S. 120; Franz von Prag, S. 599; Froissart, Bd. IV, S. 100; *Magdeburger Schöppenchronik*, S. 206.
58 *Annales breves Solmenses*, S. 449; Tilemann Ehlen, S. 33; weitere Quellen bei Fredericq (OQ), Bd. II, S. 112–118.
59 Heinrich von Herford, S. 282.
60 *Magdeburger Schöppenchronik*, S. 219.
61 Niederlande und besonders Tournai: Fredericq (1) (MW); Utrecht: Utrechter Synode 1353; Köln: Kölner Synode 1353, 1357, S. 471, 485 f.
62 Duplessis d'Argentré (OQ), S. 336 f. Führer war ein gewisser Domenico Savi von Ascoli.

63 Die nachstehenden Ausführungen über Konrad Schmid und die Thüringer geheimen Geißler stützen sich auf Dokumente, die Stumpf (MW) und Förstemann, Anh. II, wiedergegeben haben. Über die von Stumpf abgedruckten Dokumente 2 und 3, in denen der Geißlerführer seine Ansichten umreißt, s. auch Schmid (1) und (2) (beide OQ). Eine moderne Abhandlung über Schmid: Haupt (12); über die Geschichte der Sekte: Förstemann, S. 159–181; Haupt (5), S. 117ff. und (11).
64 *Chron. S. Petri vulgo Sampetrinum*, S. 180.
65 Grauert (1); Kampers (1), S. 97–109.
66 Peter von Zittau, S. 424 ff.; vgl. Grauert (2), S. 703 ff.
67 Haupt (5), S. 118, Anm.
68 Körner (OQ), Kol. 1113.
69 Gregor XI. (1).
70 Trithemius (1), Bd. II, S. 296.
71 Über die Geißlerbewegungen in Südeuropa ab 1396: Förstemann, S. 104 ff.
72 Wadding, Bd. 10, S. 33 f.; vgl. Wadstein, S. 89.
73 Gerson (4), S. 658 und (5), S. 660–664.
74 Stumpf, Dokumente 4, 5 (= Reifferscheid, Dokumente 5, 6); Änderungen und Zusätze zum zweiten Dokument nach einem anderen Manuskript: Haupt (5). Weiterhin Förstemann, Dokument im Anh. II, S. 278–291.
75 Rothe, S. 426.
76 Über die Unterdrückungsmaßnahmen 1414–1416: Körner, S. 1206. Zum außergewöhnlich starken Anteil der weltlichen Behörden: Flade, S. 80–82.
77 Förstemann, a. a. O. und S. 173 ff.
78 Stumpf, Dokument 5; Haupt (5).
79 Förstemann, S. 180ff. 1468 erschien ein Traktat gegen die Geißler von einem Erfurter Mönch: s. Johann von Hagen (OQ).

VIII
Eine Elite amoralischer Übermenschen
Erster Teil

Früheste Spuren des «freien Geistes»

1 Borst, Guiraud, Bd. I, und Runciman sind keineswegs die einzigen neueren Autoren, die größere Arbeiten über das Katharertum publiziert haben; über die Ketzerei des freien Geistes existieren hingegen nur zwei umfassende Darstellungen: Mosheim (2), erschienen 1790, und Jundt, 1875 veröffentlicht. Über den gegenwärtigen Stand der Freien-Geist-Forschung: Grundmann (5).
2 Die Beziehung «freier Geist» ist dem 2. Korintherbrief 3, 17 entnommen: «Wo aber der Geist des Herrn ist, da ist Freiheit.»
3 Unter anderen hat auch der hervorragende Kirchenhistoriker Karl Müller die

Existenz der Ketzerei des freien Geistes angezweifelt; vgl. Müller (1), S. 612 und (2), *passim*. Eine Widerlegung Müllers (2) bei Niesel.

4 Alle erhalten gebliebenen Fassungen enthalten langatmige Einschiebungen katholischer Theologie. Ein gutes Bild des Originaltextes gewinnt man durch den Vergleich der beiden veröffentlichten Versionen; s. Pfeiffer, Birlinger (beide OQ); vgl. ferner Simon (MW).

5 Preger (2) (OQ).

6 Die Richtigkeit katholischer Schilderungen des «freien Geistes» wird durch Dokumente bestätigt, die eine im vierzehnten Jahrhundert in Italien aufgetretene ähnliche, aber viel kleinere Bewegung behandeln. Ihre Veröffentlichung erfolgte durch Oliger (MW).

7 Zur Gegenüberstellung des kirchlichen und des ketzerischen Mystikertums s. u. a. Underhill, bes. S. 778.

8 Runciman (1), bes. S. 21–25, 28–29.

Die Amalrikaner

9 Moderne Darstellungen der Sekte der Amalrikaner: Aegerter, S. 59 ff.; Alphandéry (1); Delacroix, S. 34–52; Gilson, S. 382–384; Hahn, Bd. III, S. 176 ff.; Jundt, S. 20 ff.; Preger (1), S. 166 ff.; und die unten genannten Werke.

10 Caesarius von Heisterbach, Bd. I, S. 304–307. Die von Caesarius gegebene Liste einzelner Sektierer bestätigt der Urteilsspruch; s. Pariser Synode, 1209.

11 Zur Lebensgeschichte Amalrichs: Wilhelm der Bretone, S. 230 f. Vgl. Hauréau, S. 83 ff. Über Amalrichs prominente Gesinnungsgenossen: *Chronicon universale anonymi Laudunensis*; Hostiensis (Heinrich von Susa, Henricus de Bartholomaeis) s. Capelle (MW), S. 94. Über Amalrichs Verantwortlichkeit: *Chronica de Mailros*, S. 109.

12 Über den Traktat *Contra Amaurianos*: Garnier de Rochefort (zugeschr.).

13 Bei Denifle und Chatelain (OQ), Bd. 1, S. 79.

14 Innozenz III.: in *Concilium Lateranense IV*, Kap. 2, S. 986.

15 Über Amalrichs Lehren s. außer Caesarius und Hostiensis: Martin von Troppau, S. 393 ff. Martin, Kaplan bei fünf Päpsten, starb 1278. Seine Darstellung wurde im fünfzehnten Jahrhundert von Gerson übernommen; s. Gerson (8), S. 394, (10), S. 1242. Doch mögen sowohl Martin als auch Hostiensis die Amalrich zugeschriebenen Ansichten ganz einfach Erigena entnommen haben. Über Amalrich und Erigena s. Jourdain; dessen Argumente können aber heute nicht mehr voll aufrechterhalten werden: die Amalrikaner waren trotz gewisser Abweichungen bestimmt Anhänger Amalrichs und nicht solche Davids von Dinant.

16 Johann der Teutone.

17 Caesarius, S. 307; in Lyon: Stephan von Bourbon, S. 294.

18 Über die Entwicklung von Handel und Wandel in der Champagne: Postan, S. 181.

19 Caesarius, S. 306; *Chronica de Mailros*, a. a. O.; *Haereses sectatorum Amalrici.*

20 Zur Lehre der Amalrikaner: Caesarius; Garnier de Rochefort; *Haereses sec-*

tatorum; Johannes der Teutone; ferner der kürzlich aufgefundene Bericht über das Verhör der festgenommenen Priester (s. Alverny [MW]), der die Genauigkeit der *Haereses sectatorum* bestätigt. Moderne Rekonstruktionen der Lehre: Capelle; Grundmann, S. 355 ff.; Pra.

21 *Haereses sectatorum.*
22 Caesarius, S. 305.
23 *Haereses sectatorum*; Garnier de Rochefort, S. 30.
24 Caesarius, S. 305.
25 Garnier de Rochefort, S. 51.
26 Caesarius, S. 305 f.
27 Über die Predigt des Abtes von St. Victor: Johannes der Teutone.
28 Wilhelm der Bretone, Bd. I, S. 232.

Die soziale Struktur des «freien Geistes»

29 Über die soziologische Bedeutung des Kultes der freiwilligen Armut hat man sich lang und ausgiebig gestritten. Marxisten wie Beer und Volpe haben den Tatbestand bestimmt verzerrt, indem sie die freiwillige Armut als spezifische Bewegung der Unterdrückten interpretierten. Grundmann (3) wiederlegt solche Übervereinfachungen sehr treffend, s. bes. S. 28 ff., 157 ff., 188 ff., 351. Nichtsdestoweniger war der Anteil der wirklich Armen, besonders der städtischen Arbeiterschaft, sowohl innerhalb als auch außerhalb der kirchlichen Bewegungen größer, als Grundmann annimmt.
30 Thomas von Chantimpré, S. 432.
31 Dokument bei Fredericq (OQ), Bd. I, S. 119 f.; vgl. McDonnell, S. 489 f.
32 *Oxford English Dictionary.*
33 *Annales Basileenses*, S. 197; Johann von Dürckheim (1), S. 259 f.; Pelayo, Bd. II, Buch 2, Art. 51, § K; Wasmod von Homburg; Wattenbach (1) (OQ). Pelayo, Abschn. 51 und 52, befaßt sich ausführlich mit der Lebensform der Begharden einschließlich der Brüder des freien Geistes.
34 Synodalverfügungen, die die zunehmende Besorgnis des Klerus über die Begharden bestätigen; z. B. (alles OQ): Mainzer Synode 1259, S. 997; Magdeburg 1261, S. 777; Trier 1277, S. 27 (1227 ist ein irrtümliches Datum); Trier 1310, S. 247; Mainz 1310, S. 297.
35 Außer Pelayo vgl. Schmidt (2) (OQ), S. 224–233. Wattenbach (1) und (2) (beide OQ).
36 Conrad von Megenberg; Pelayo (die aufschlußreichste Stelle zitiert Mosheim [2], S. 290). Belege, daß sich abtrünnige Priester und Männer und Frauen aus begüterten Familien anschlossen, sind reichlich vorhanden.
37 Power (1), S. 413, 433.
38 *Chron. de Mailros*, S. 109, wo sie «Papelardi» und *Chron. regia Coloniensis, Continuatio II*, S. 15, wo sie «Beggini» genannt werden. Über die Bedeutung dieser Benennungen: Grundmann (3), S. 373 ff.; vgl. ibid., S. 366 ff. Über die Festnahme von Beginen: Wilhelm der Bretone, S. 233.
39 McDonnell; eine kurze Zusammenfassung: Haupt (9).
40 Mainzer Synode 1261, S. 1089.
41 Simon von Tournai, S. 33 ff.

42 Bruno von Olmütz, S. 27.
43 Grundmann (3), S. 378–384. Über den Eintritt von Beginen in die Bettelorden: ibid., S. 199–318.
44 Den Empfang eines Adepten des freien Geistes durch eine Beginengemeinschaft schildert Conrad von Megenberg.
45 Nider, Buch III, Kap. 5, S. 45.
46 Ulanowski (OQ), S. 248.

IX
Eine Elite amoralischer Übermenschen
Zweiter Teil

Die Ausbreitung der Bewegung

1 Hartmann (OQ), S. 235. Quellen für die Hinrichtungen in Straßburg: Duplessis d'Argentré, Bd. I, S. 316.
2 Nider, Buch III, Kap. 5, S. 45.
3 Trierer Synode 1277, S. 27.
4 Heinrich von Virnenburg; Wadding, Bd. VI, S. 108 f.; vgl. ferner Mosheim (2), S. 232 f.
5 *Annales Basileenses*, S. 194; vgl. ferner Grundmann (3), S. 404 ff. Über die häretischen Glaubensgrundsätze s. Albertus Magnus (OQ). Die Preger und Haupt bekannten Handschriften der Analyse Albertus' sind nur Kopien. Der etwa 1435 schreibende Nider (a. a. O.) behauptet, die Originalfassung in Albertus' persönlichem Tagebuch gesehen zu haben; doch das ist verlorengegangen. Preger zitiert nach einer unabhängigen Quelle, die das Aufflammen der gleichen Ketzerei im Schwäbischen Ries behandelt, eine Liste von 29 Lehrsätzen; s. Preger (1) (OQ). Für die Rekonstruktion der Lehre auf Grund dieser Quellen: Delacroix, S. 60–68; Grundmann (3), S. 401–431; Preger (1) (MW), S. 207–212.
6 Ewald Müller, bes. Anh. B. Über die Bullen s. Clemens V.
7 McDonnell, S. 505–574.
8 Johann von Dürckheim (1).
9 Lea (MW), S. 370.
10 Johann von Dürckheim (2); über den Brief an den Papst: Baluze (1) (OQ), Bd. 3, S. 353–356.
11 Trithemius (1), Bd. 2, S. 155; vgl. Mosheim (2), S. 270 ff.
12 Johann von Viktring, Bd. 2, S. 129 f.; Johann von Winterthur, S. 116; Wilhelm von Egmont, S. 643 f. (dieser eine zeitgenössische Quelle).
13 Wattenbach (1) (OQ); vgl. *Gesta Baldevvini Treverensis archiepiscopi*, S. 144.
14 Johann von Winterthur, S. 248–250; vgl. Mosheim (2), S. 301–305.
15 S. Innozenz VI.
16 Nauclerus, S. 898 ff.; Trithemius (1), S. 231 ff.; s. auch Haupt (1), S. 8.

17 Kölner Synode 1357, S. 482f.
18 Nider, Buch III, Kap. 2, S. 40; über die Verurteilung eines seiner Anhänger nach der Darstellung Schmidts (1) (OQ), S. 66–69 und der Ergänzung Haupts (4), S. 509. Die Grundhaltung des Schmidtschen Buches über Nikolaus ist längst widerlegt worden. Eine moderne Darstellung s. Strauch.
19 Ritter (OQ).
20 Sebastian Brant: *De singularitate quorundam fatuorum additio* bei Brant (OQ), S. 119–121.
21 Johann von Viktring, Bd. 2, S. 130.
22 Konrad von Megenberg.
23 Haupt (1), S. 6ff., aus *Monumenta Boica*, Bd. XL, S. 415–421.
24 Haupt (2), S. 488, aus *Monumenta Boica*, Bd. XV, S. 612 zitiert.
25 Ibid., S. 490ff.
26 *Errores bechardorum et begutarum*, sowie Haupt (7).
27 Haupt (2); Lea (MW), S. 412f.
28 Ulanowski (OQ).
29 Magdeburger Synode 1261, S. 777.
30 Mechthild von Magdeburg, S. 260.
31 *Gesta archiepiscoporum Magdeburgensium, Continuatio I*, S. 434.
32 Ibid., S. 435; *Erphurdianus Antiquitatum Variloquus*, S. 134f.
33 Urban V. (1); Karl IV. (1) und (2). Die Bulle ist übrigens 1368 und nicht 1367 – wie von Mosheim angegeben – datiert.
34 Wattenbach (1) (OQ); in Nordhausen: Körner, S. 1113.
35 *Gesta archiepiscoporum Magdeburgensium, Continuatio I*, S. 441.
36 Hochhut, S. 182–196; Wappler, S. 189–206.
37 Gregor XI. (2).
38 Körner, S. 1185f.
39 Groot (OQ), S. 24–48; vgl. Preger (2) (MW), S. 24–26.
40 Bogaert (OQ), S. 286. Die Literatur über die Bloemmardine ist sehr umfangreich, ohne die genannte Quelle zu ergänzen. Die Bloemmardine und die flämische Mystikerin, Schwester Hadewijch, waren nicht identisch, obschon das gelegentlich behauptet worden ist. Eine gute Bibliographie: Wautier d'Aygalliers, S. 174, Anm. 1. Zu den von ihm genannten Werken ist noch Mierlo hinzuzufügen.
41 Ruysbroecks Angriffe auf die Brüder des freien Geistes sind in den in der Bibliographie genannten Werken wie folgt zu finden: Ruysbroeck (1), S. 52–55, (2), S. 228–237, (3), S. 105, (4), S. 191f., 209–211, (5), S. 278–282, 297f., (6), S. 39–52.
42 Latomus, S. 84.
43 *Errores sectae hominum intelligentiae*, s. ferner Altmeyer, S. 82f.
44 Urban V. (2).
45 Gaguin, Buch IX, S. 89; Baronius und Raynaldus, Bd. XXVI, S. 240. Siehe auch Du Cange unter «Turlupini». Über den vermutlichen Ursprung des Namens: Spitzer.
46 Gersons Kommentare sind in den in der Bibliographie genannten Werken wie folgt enthalten: Gerson (1), S. 19, (2), S. 55, (3), S. 114, (6), S. 306f., (7), S. 369, (9), S. 866, (11), S. 1435.
47 Gewisse Sektierer, die nach 1370 von Frankreich nach Savoyen auswanderten, und andere, die 1420 in Douai hingerichtet wurden, sind allgemein für

Brüder des freien Geistes gehalten worden; die Originalquellen bestätigen das jedoch nicht. Eine kritische Untersuchung des Beweismaterials im Falle Douai: Beuzart.

48 Über Pruystinck und seine Gefolgschaft: Frederichs (OQ); Luther (3). Moderne Darstellungen: Frederichs (1) und (2) (beides MW); Rembert, S. 165 ff. Eekhouds Darstellung Pruystincks ist romanhaft.

49 Calvin (1), S. 300 f., 350 f. und (2), S. 53 f.

50 Butzer; Calvin (3).

51 Über Quintins Ende: Calvin (5), Kol. 361 f.

52 Die Zahlenangabe 10000 findet man in Calvin (4), Kol. 163, seinem Haupttraktat gegen die Sekte.

53 Calvin (5); Farel.

54 Moderne Darstellungen der spiritualen Libertiner: Jundt, S. 122 ff.; Niesel; kürzer: Lefranc, S. 112 f.; Saulnier, S. 246–249. Für die Annahme, die gewisse Traktate den Mitgliedern dieser Sekte zuschreibt, fehlen ausreichende Gründe. Einige dieser Arbeiten sind auch in der Tat als französische Übersetzungen der niederdeutschen Schriften des Täufers David Joris identifiziert worden; s. Bainton, S. 35.

Der Weg zur Selbstvergottung

55 Über die späteren Phasen der Ketzerei des freien Geistes gibt es, abgesehen von den Untersuchungen Mosheims (2) und Jundts, eine Anzahl von kürzeren und weniger ausführlichen Abhandlungen: z. B. Adler, S. 106 ff.; Allier; Delacroix, S. 60–115; Hahn, Bd. 2, S. 470 ff.; Hauck, S. 407–415; Haupt (10); R. M. Jones, S. 181–214; Lea, S. 319–413; McDonnell, S. 488–504; Mosheim (1), S. 555–556; Nigg, S. 247–260; Preger (1), S. 207 ff.; Reuter, S. 240 ff.; Vernet. Über eine ähnliche Bewegung in Italien: Oliger; Stefano, S. 327–344. S. auch die anregenden Bemerkungen Burdachs (1), S. 588.

56 Johann von Dürckheim (1), S. 256.

57 *Errores sectae hominum intelligentiae*, S. 287.

58 Albertus Magnus, Abschn. 76–77.

59 Die gleichen Ideen unter den spiritualen Libertinern des sechzehnten Jahrhunderts s. Calvin (4), Kol. 178–179; Farel, S. 263.

60 Über die Lehre der endgültigen, allumfassenden «Seligkeit»: Ruysbroeck (3), S. 105, (4), S. 191, (5), S. 278 (wo die Verschmelzung der Personen der Dreifaltigkeit ausdrückliche Erwähnung findet).

61 Ruysbroeck (6), S. 41; vgl. Johann von Dürckheim (1), S. 257 f.; Calvin (4), Kol. 221, 224.

62 Ruysbroeck (3), a. a. O.; Johann von Dürckheim (1), a. a. O.; vgl. ferner Pfeiffer (OQ), S. 453.

63 Caesarius von Heisterbach, S. 304.

64 Ulanowski (OQ), S. 247.

65 Albertus Magnus, Abschn. 7, 95, 96; Ruysbroeck (6), S. 43.

66 Preger (2) (OQ).

67 Ibid.

68 Albertus Magnus, Abschn. 22, 31, 39, 70, 74, 93; Preger (1) (OQ), Abschn. 1; Johann von Dürckheim (1), S. 256f.; Ritter (1) (OQ), S. 156.
69 Johann von Dürckheim (1), S. 256; vgl. Calvin (4), Kol. 158.
70 Ruysbroeck (6), S. 44f.
71 Z. B. Wattenbach (2) (OQ), S. 540f.
72 Über die Schulung der Novizen s. z. B. Ulanowski; *Schwester Katrei* (bes. Birlinger, S. 20ff.; Pfeiffer, S. 456ff.); Wattenbach (1), S. 30ff.; *Errores bechardorum.* Die harte Schulung ist auch kirchlichen Beurteilern aufgefallen; z. B. Ruysbroeck (1), (2) und (3).
73 Wattenbach (2), S. 540. Dieses Zitat ist nicht wörtlich; es ist vielmehr aus den Antworten auf mehrere Fragen des Inquisitors zusammengestellt.
74 Ibid. (1), S. 533.
75 Ulanowski, S. 241.
76 Preger (2) (OQ).
77 Birlinger, S. 23f.
78 Ulanowski, S. 242, 249; in Schwaben: Albertus Magnus, Abschn. 19, 70; Preger (1) (OQ), Abschn. 30.
79 Albertus Magnus, Abschn. 11, 74.
80 Gilles der Kantor laut *Errores sectae*, der Einsiedler im *Buch von den zwei Mannen* (Schmidt [2] [OQ]); Hermann Küchener in Haupt (1).
81 Johann von Dürckheim (1), S. 256.
82 Ruysbroeck (6), S. 42f.
83 Ulanowski, S. 243.
84 Preger (2) (OQ).

Die Lehre des mystischen Anarchismus

85 Über Boullan: Bruno de Jésus-Marie.
86 Seuse (2), S. 352–357.
87 Garnier von Rochefort, S. 12.
88 Ibid., S. 9.
89 Wattenbach (1), S. 532f.
90 Albertus Magnus, Abschnitt 61.
91 Preger (1) (OQ), Abschn. 4. Vgl. Albertus Magnus, Abschn. 21, 24, 94. Zu den gleichen Überzeugungen unter den spiritualen Libertinern: Calvin (1), Kol. 350–351, (4), Kol. 155, 183–185, 201, 204–209, (5), Kol. 536, 361; Farel, S. 4–5, 23–25, 27, 263, 277–278; 456–457; und unter den Thüringer «Blutfreunden»: Hochhut (MW), S. 185 bis 188.
92 Wattenbach (1), S. 533.
93 Wattenbach (2), S. 540, wo sich auch die Aussage vor dem Inquisitor befindet.
94 Ibid., S. 539.
95 Wattenbach (1), S. 532; Schmidt (2) (OQ); Nider, Buch III, Kap. 5, S. 45; Albertus Magnus, Abschn. 44, 52 (und in Haupts Ergänzungen Abschn. 25 A); Preger (1) (OQ), Abschn. 27.
96 Den geistigen Wert des Fastens betont Bertold von Rohrbach, der Adept, der 1356 in Speyer verbrannt wurde; Quellennachweis in Anm. 16.
97 Wattenbach (2), S. 539.

98 Ulanowski, S. 252.
99 Birlinger, S. 31.
100 Nider, Buch III, Kap. 5.
101 Schmidt (2) (OQ), S. 230–231.
102 Preger (OQ).
103 Pfeiffer, S. 458; Birlinger, S. 31.
104 Wattenbach (2), S. 541.
105 Über Sittenlosigkeit ohne Gewissensskrupel: Calvin (4), Kol. 184, 212–214; Hochhut, S. 189–194; Preger (1) (OQ), Abschn. 11; *Errores sectae*, S. 283. Heinrich von Virnenburg klagte die Ketzer an, Unzucht nicht als Sünde zu betrachten. Die Schweidnitzer Beginen und die bei ihnen verkehrenden Begharden stellten sich auf den Standpunkt, daß die Ablehnung erotischer Anträge ein Beweis «rohen Geistes» sei.
106 *Errores sectae*, S. 282. Vgl. Nider, Buch III, Kap. 5; Calvin, Kol. 184.
107 Hochhut, S. 183–185; Wappler, S. 189–192.
108 *Errores bechardorum.*
109 Gerson (7), S. 306–307.
110 *Errores sectae*, S. 282.
111 Haupt (2), S. 490ff.
112 Pocque (OQ). Antoine Pocque oder Pocquet gehörte zu den Führern der Sekte. Die chiliastischen und halbmystischen Aspekte der Lehre gehen aus diesem Traktat, das uns nur in den langen Zitaten Calvins erhalten geblieben ist, deutlich hervor. Die sich daraus ableitende Gesetzesverachtung ist weniger klar ausgedrückt als in einigen englischen Quellen; aber vgl. Calvin (4), Kol. 200, wo er auf die Bedeutung hinweist, die die Sekte dem Nacktkult und dem Zustand der Unschuld beimaß.
113 Über das Gehorsamsgelübde s. z. B. Schmidt (2), Ulanowski, Wattenbach (1) (alle OQ).
114 Gerson (3), S. 114.
115 Schmidt (1) (OQ).
116 Calvin (4), S. 158.
117 Ibid., S. 170–171; Farel, S. 87–88.
118 Johann von Dürckheim (1), S. 257.
119 Wattenbach (2), S. 539.
120 Wattenbach (1), S. 532–535.
121 Calvin (4), Kol. 184, 214–220.
122 Vgl. den Anhang zur englischen Originalausgabe dieses Buches.

X

Die Gleichheit aller Menschen als Naturzustand

Im Denken der Antike

1 Eine gute Zusammenstellung von Texten über die griechische und römische Vorstellung vom Naturzustand findet man bei Lovejoy und Boas.
2 Ovid, Buch I, Vers 89–102, 129–144.

3 Trogus, Buch XLIII, Kap. 1, in Justinus, *Philippische Geschichte*, S. 669.
4 Lukian, Erster Saturnalischer Brief (nach der Übersetzung von C. M. Wieland).
5 Über den Egalitarismus der griechischen Stoiker: Bidez, bes. S. 27–35.
6 Diodoros Siculus, Buch II, Kap. 55–60 (Bd. I, S. 167–172).
7 Clemens von Alexandrien, Bd. VIII, Kol. 1104–1113 (Buch III, Kap. 2). Moderne Übersichten: Adler, S. 78 ff.; G. Walter, S. 231 ff. (dem allerdings einige Irrtümer unterlaufen sind). Nach der von diesen Autoren geteilten herkömmlichen Auffassung ist dieser Traktat von einem gewissen Epiphanes, dem angeblichen Gründer einer Sekte von «Karpokratianern», verfaßt worden; doch das scheint von Kraft schlüssig widerlegt worden zu sein.
8 Seneca, 90. Brief (zitiert nach der Übersetzung von H. M. Endres, München, 1960).
9 Die unwiderruflich verlorene egalitäre Ordnung: die Stoiker haben in Übereinstimmung mit ihrer Auffassung der kosmischen Geschichte als einem ewigen Zyklus die Wiederkehr des Goldenen Zeitalters zwar erwartet – aber erst im nächsten Zyklus oder *annus magnus* und nach einem Weltenbrand, der das gegenwärtige Universum einschließlich aller Seelen vernichten wird.

Im Denken der Kirchenväter und des Mittelalters

10 Über den Gegensatz zwischen dem Naturzustand und dem tatsächlichen Zustand: Carlyle, Bd. 1, S. 132–146; Bd. 2, S. 136 ff.; Bd. 5, S. 441 f.; Troeltsch, Bd. 1, S. 152 bis 154. Die Texte und Kommentare bei Boas veranschaulichen die verschiedenen Auffassungen über den Naturzustand seitens der Kirchenväter und der mittelalterlichen Welt.
11 «Ambrosiaster», Kol. 439.
12 Augustin, Bd. III, S. 235 (Buch XIX, Kap. 15).
13 Beaumanoir, S. 235, § 1453.
14 Cyprian, Kol. 620–621 (§ 25).
15 Zeno, Kol. 287.
16 Ambrosius (2), Kol. 62.
17 Ambrosius (1), Kol. 1303. Vgl. Lovejoy (MW). Die praktischen Folgerungen, die Ambrosius aus dieser Lehre zog, sind keineswegs klar. Wenn er, wie Lovejoy darlegt, reichliche Almosenverteilung empfahl, um so die soziale Ungleichheit zu mildern, so hat er anderseits doch Armut, Hunger und Schmerz als ebenso viele Wege zur Erlangung der ewigen Seligkeit gepriesen. (Ambrosius [1], Buch II, Kap. 5.)
18 Gratians *Decretum, pars secunda, causa XII, quaestio i*, Kap. 2 (Kol. 882–883).
19 *Recognitiones*, Kol. 1422–1423 (Buch X, Kap. v).
20 Pseudo-Isidor: *Decretales Pseudo-Isidorianae*, S. 65 (Kap. LXXXII).
21 Apg. 4, 32–34.
22 *Decretum, pars prima, distinctio VIII, Gratianus.*
23 Vgl. Bezold (2), S. 18 ff.; Carlyle, Bd. 2, S. 41 ff.
24 Jean de Meun, Z. 8356–8452.
25 Ibid., Z. 9493–9498.

26 Ibid., Z. 9561–9598.
27 Ibid., Z. 9609–9661.
28 Über die sektiererische Einstellung zum Privateigentum: Troeltsch, Bd. I, S. 344 f. Was an kommunistischen Tendenzen in den verschiedenen Sekten – abgesehen von den Brüdern des freies Geistes – zu erkennen ist, wird von Beer, bes. S. 131 ff., dargestellt. Sie sind recht spärlich.

XI
Das Tausendjährige Reich allgemeiner Gleichheit
Erster Teil

Randbemerkungen zum englischen Bauernaufstand

1 Über die Aufstände in Flandern und Nordfrankreich s. S. 91 und die zugehörige Anmerkung.
Die Standardwerke über die englische Bauernrevolte sind immer noch Oman, Petit-Dutaillis (2) und vor allem Réville mit der Einleitung von Petit-Dutaillis (1). Neuere populäre Darstellungen: Fagan und Hilton; Lindsay und Groves. Wichtige Abhandlungen: Kriehn, Wilkinson. S. auch die diesbezüglichen Kapitel bei Hugenholtz, Steel, Trevelyan und Burdach (2), S. 171–203.
2 Über John Ball: Froissart, Bd. 10, S. 94–97; Walsingham, S. 32–34, vgl. ferner *Anonimalle Chronicle*, S. 137 f.
3 Froissart, Bd. X, S. 95–97.
4 Walsingham, S. 32 f. Vgl. die Version Gowers' auf S. 41 (Buch I, Kap. 9).
5 *Dialogue of Dives and Pauper, The seventh precepte*, Kap. 4, Kol. 3–4.
6 Master Wimbledon, zitiert von Owst (MW), S. 305.
7 Wiclif, Buch I, Abschn. i und ii und besonders Kap. 3, 5, 6, 9, 10, 14.
8 Wiclif, S. 96.
9 Über die Popularisierung der Ansichten Wiclifs: Hugenholtz, S. 212; Trevelyan, S. 198, vgl. ferner Jusserand, S. 159 ff.
10 Langland, Bd. I, S. 594–595 (B. Text, Passus XX, Z. 271 ff.; C. Text, Passus XXIII, 273 ff.). Vgl. Bd. II, S. 283, Anm. 277.
11 Owst, S. 287 ff. Owsts Übertragung Bromyards und seine Stellungnahme zu diesem S. 300 ff.
12 Matth. 13, 37–43.
13 Der Wortlaut der Verse in Knighton, *Continuation*, Bd. II, S. 139 f.; Walsingham, S. 33–34.
14 Über die Rolle der niederen Geistlichkeit s. z. B. *Calendar of the Close Rolls*, Richard II., Bd. 2, S. 17; vgl. ferner Hugenholtz, S. 252 f. Anderseits scheint der Aufstand im Widerspruch zur allgemeinen Auffassung weder von den Bettelmönchen noch von Wiclifs armen Predigern hervorgerufen worden zu sein; vgl. Steel, S. 66.
15 Über Richard II. als «wundertätigen König»: Hugenholtz, bes. S. 175–179.

16 Froissart, Bd. 10, S. 97; vgl. Knighton, *Continuation*, Bd. 2, S. 132. Über die Beteiligung der Londoner an der Revolte: Hugenholtz, S. 111; Wilkinson, bes. S. 12–20, und spez. der Londoner Armen: Lindsay und Groves, S. 112–114, 135; Oman, S. 17, 68; vgl. ferner Workman, Bd. 2, S. 234f.

17 Mönch von Westminster, S. 2; Walsingham, Bd. 1, S. 457.

18 *Anonimalle Chronicle*, S. 147.

19 Walsingham, S. 9f. Die Echtheit des Geständnisses ist oft angezweifelt worden.

Die Apokalypse in Tabor

20 Johannes Hus und seine Bewegung bildeten lange Zeit ein Lieblingsthema der tschechischen, österreichischen und deutschen Historiker. Eine ausführliche Bibliographie: Heymann, und eine kürzere Liste der Hauptwerke: Betts, Anm. zu S. 490–491. Die Standard-Darstellung in englischer Sprache ist z. Z. die von Heymann. Lützow und Krofta (1), (2) und (3) geben immer noch brauchbare Übersichten; vgl. jedoch die Ausführungen von Betts, die die Ergebnisse der neuesten Forschung enthalten. Deutsche Darstellungen: Bezold (1) (für die vorliegende Darstellung von besonderer Bedeutung); ferner Palacký, bes. Bd. III, 1. und 2. Teil. Die bekannte Darstellung Kautskys, die bis vor kurzem als Standardwerk der marxistischen Auffassung galt, ist völlig unzuverlässig. Seit dem kommunistischen Staatsstreich in der Tschechoslowakei sind mehrere unter dem marxistischen Gesichtspunkt verfaßte Studien in tschechischer Sprache erschienen. Für uns sind die wichtigsten dieser neuen Werke: Graus, Maček.

21 Johannes XXIII. (1410–1415) wurde nicht als legitimer Papst anerkannt, darum war der spätere Papst Johannes ebenfalls Johannes XXIII.

22 Andreas von Bömischbrod, S. 339; *Litera de civitate Pragensi*, S. 312f. Vgl. Bezold (1), S. 36.

23 Heymann, S. 46–48; Maček, S. 28f.

24 Graus, S. 33–70.

25 Ibid., S. 112–118.

26 Ibid., S. 84 und Anhang I, S. 174–195.

27 Bezold (1), S. 55ff.; vgl. aber Heymann, S. 42–44, nach dessen Ansicht ein großer Teil der Bauernschaft immer noch in guten Verhältnissen lebte.

28 Maček, S. 32, 68ff.

29 Burdach (2), S. 116, 133.

30 Über die Identität und die Ansichten dieser «Pikarden» ist viel debattiert worden. Die Sache scheint durch die Untersuchungen von Bartoš geklärt worden zu sein; s. Bartoš (3).

31 Maček, S. 53, 56–57. Über die apokalyptischen Weissagungen: *Tractatus contra errores (Picardorum)*, Abschn. 33–37. (Dieser und alle folgenden Hinweise auf die Abschnitte beziehen sich auf die Numerierung in der Ausgabe Döllingers); s. auch unten Anm. 38. Der Traktat enthält eine Liste der von den extremsten Taboriten verfochtenen Glaubensartikel. Ursprünglich stammten diese von den Utraquisten; doch dann wurden sie am 10. Dezember 1420 anläßlich einer in Prag abgehaltenen und als «Disputation im Hause Zmrzliks»

bekannten Sitzung den taboritischen Predigern unterbreitet und von diesen als materiell richtig anerkannt. Die Zuverlässigkeit des Traktats wird durch die Berichte des Laurentius von Březová (S. 399–408) bestätigt. Eine tschechische Version, die noch einige weitere Artikel enthält: *Articuli et errores Taboritarum.*

32 *Tractatus*, Artikel 29.
33 Ibid., Artikel 31.
34 Ibid., Artikel 32.
35 Ibid., Artikel 39.
36 Ibid., Artikel 30.
37 Ibid., Artikel 25.
38 Vgl. 1. Thess. 4, 17.

Der Anarcho-Kommunismus in Böhmen

39 Cosmas von Prag, S. 8–9 (Buch I, Kap. 3).
40 *Rýmovaná kronika česká*, S. 8.
41 *Majestas Carolini*, § 2, S. 68.
42 *Tractatus*, Artikel 46; vgl. Laurentius von Březová, S. 400.
43 *Staří letopisové*, S. 478.
44 *Tractatus*, Artikel 47.
45 Jan Přibram, von Palacký zitiert in Bd. 3, 2. Teil, S. 190.
46 Laurentius von Březová, S. 349, 399–400; *Tractatus*, Artikel 33, 34, 35. Vgl. Bezold (1), S. 50.
47 Offb. 18, 7–11.
48 *Tractatus*, Artikel 38.
49 Laurentius von Březová, S. 406.
50 Ibid., S. 400.
51 Über die Verhandlungen des Taboritenkonzils 1434: Charlier (OQ), S. 529 ff.
52 Über die Gründung taboritischer Ortschaften: Maček, S. 76–78; Palacký, Bd. 3, 1. Teil, S. 394, 417; 2. Teil, S. 60.
53 *Articuli et errores Taboritarum*, S. 220. Vgl. *Invectiva contra Hussitas*, S. 627; Pulkava von Radenin, Fortsetzung, Bd. IV, S. 136: ferner das Zitat von Windecke bei Bezold (1), S. 44, Anm. 1.
54 Laurentius von Březová, S. 400; *Tractatus*, Artikel 40.
55 *Sollicitudo sacerdotum Thaboriensium*, S. 486–487; vgl. Andreas von Böhmischbrod, S. 334; Laurentius von Březová, S. 391–395; *Tractatus*, Artikel 39, 40, 41.
56 Bezold (1), S. 59–63.
57 *Sollicitudo sacerdotum Thaboriensium*, S. 484. Vgl. *Invectiva contra Hussitas*, S. 628–629.
58 Über die Pikarti: Bartoš (1), und in (2); Palacký, Bd. 3, 2. Teil, S. 228–229; über die politischen und militärischen Gründe für deren Verfolgung: Chalupný.
59 Die zuverlässigste Quelle über die böhmischen Adamiten ist Laurentius von Březová, tschechisch S. 500–501, deutsche Übersetzung S. 501–505, wo auch das an die Prager Universität weitergeleitete Geständnis wiedergegeben

ist. Weitere Quellen: Aeneas Silvius, Kap. 41, *De Adamiticis haereticis* (S. 109) sowie Addenda zu *Staří letopisové*, S. 476–479 (tschechisch). Moderne englische Darstellung: Heymann, S. 261–263; deutsch: Dobrowský, bes. S. 318 ff. (allerdings etliche Irrtümer enthaltend) und Svátek, S. 100 ff.; tschechisch: Bartoš (1), S. 102–103. Der Versuch Beausobres, die ganze Geschichte in Abrede zu stellen, besitzt nur historisches Interesse; die Darstellung Laurentius' von Březová war ihm unbekannt.

60 S. Burdach (3), S. 158–161 über Adam als Herrn einer noch unschuldigen Welt.

61 Matth. 21, 31.

62 Matth. 25, 6.

63 *Klingenberger Chronik*, S. 198.

64 Palacký, Bd. III, 2. Teil, S. 498 f.

65 Haupt (6), S. 274–278.

XII
Das Tausendjährige Reich allgemeiner Gleichheit
Zweiter Teil

Der Pauker von Niklashausen

1 *Annales Mellicenses, Continuatio Mellicensis*, S. 521; Glassberger, S. 422–426 (der auch Briefe des päpstlichen Legaten in Breslau mit einer Anzahl ketzerischer Glaubensartikel enthält); Jobst von Einsiedel; Ritter (2) (OQ) (gleichfalls mit einer Liste von ketzerischen Glaubensartikeln). Die vorliegende Darstellung stützt sich auf diese Quellen, ferner auf Schiff (2), der sich außerdem auf eine unveröffentlichte Handschrift in München und einiges Material beruft, das von H. Gradl 1882 erstmals veröffentlicht worden ist. Kürzere Darstellungen: Haupt (13); Preuß, S. 46 f.

2 Schiff, S. 785.

3 Dorsten (OQ), S. 277 f. (Artikel 10 bis Schluß); vgl. ferner Kestenberg-Gladstein, S. 294, Anm. 190.

4 Jobst von Einsiedel, S. 281.

5 Kestenberg-Gladstein, S. 257 ff.

6 Peuckert, bes. S. 152 ff., und kürzer: Rohr.

7 Haupt (2), S. 493.

8 Lea (MW), S. 412 f.

9 Franz, S. 81.

10 Die vorliegende Darstellung der Ereignisse in Niklashausen und Hans Beheims stützt sich zur Hauptsache auf vier Quellen: auf den Chronisten Fries, S. 852–854; auf Stolle, S. 380–383; auf Trithemius (1), Bd. 2, S. 486–491 und auf den Bericht eines Kundschafters des Bischofs von Würzburg, der Beheims Predigten gehört hatte (*Handell Hannssen Behem:* Barack [OQ], Dokument 3). Diese Quellen werden nachstehend nur noch als Zitatnachweis oder

aus sonst einem besonderen Grund erwähnt. Weitere Originalquellen mit zusätzlichem Material vor allem bei Barack (OQ); unsere Hinweise beziehen sich auf die Numerierung in dieser Sammlung. Eine Quelle bei Reuß (OQ), die Barack nicht zitiert hat, betrifft ein volkssprachliches Gedicht über die Episode, aus dem nichts von Bedeutung hervorgeht. Moderne Darstellungen: Barack (MW); Franz, S. 78–92; Gothein, S. 10–25; Peuckert, S. 263–296; Schäffler; Thoma.

11 Trithemius, S. 488.
12 Dokument 7.
13 Dokument 3.
14 Ibid.
15 Vgl. Peuckert, S. 268, 283.
16 Ibid., S. 254–259.
17 Widman (OQ), S. 216 ff.
18 Dokument 4.
19 Die Zahlenangaben sind der Reihe nach Trithemius, Fries und Stolle entnommen.
20 Dokument 6; vgl. ferner Dokumente 9 und 10.
21 Ibid., Dokument 8.
22 Ibid., Dokument 19. Dieses Dokument, ein Brief des Bischofs von Würzburg an den Herzog von Sachsen, ist sechs Wochen nach der angeblichen Aufforderung geschrieben worden; Franz, Gothein und Thoma schenken ihm keinen Glauben.
23 Dokument 11; Stolle.
24 Dokument 15; Trithemius, S. 490.
25 Dokument 12.
26 Dokumente 14, 16, 17 und 18.
27 Dokumente 20, 21, 22, 23.
28 Dokument 25.
29 Dokument 27.
30 Barack, S. 42; Peuckert, S. 284.
31 Dokument 26.
32 Stolle, S. 380.
33 Trithemius, S. 486.
34 Dokument 15.
35 Dokument 4.
36 Dokumente 4, 10.
37 Dokument 4; Fries, S. 853.
38 Trithemius, S. 486.
39 Dokument 4.
40 Dokument 10; vgl. ferner Barack (MW), S. 37 ff.
41 Stolle, S. 381.
42 Franz, S. 108 f.
43 Ibid., S. 124–130; Haupt (8), S. 200, Anm. 3. Peuckert, S. 625; vgl. ferner Dokument bei Schreiber, S. 93.
44 Franz, S. 93.

45 Die Literatur über Thomas Müntzer ist umfangreich. Eine große Zahl von Autoren hat sich Engels (*Der deutsche Bauernkrieg*, 1850) und Kautsky, S. 104ff., angeschlossen und (billigend oder mißbilligend) Müntzer in erster Linie als Sozialrevolutionär gesehen. Einige der so entstandenen Werke sind lediglich romanhafte Darstellungen; von denen, die einigen Anspruch auf Genauigkeit erheben können, nennen wir: Franz, S. 408–446; Merx; L.-G. Walter; sowie zwei neue, kommunistisch inspirierte Studien: Meusel, eine volkstümliche Arbeit, aber mit einem nützlichen, von H. Kamnitzer herausgegebenen Dokumentenanhang, und Smirin, ein weitläufiges Werk. Die interessantesten und beachtenswertesten Abhandlungen stammen jedoch im allgemeinen von jenen Historikern, die in Müntzer vor allem den Theologen und Mystiker gesehen haben: in deutscher Sprache Boehmer, Holl, Lohmann; in englischer Sprache Carew Hunt. In bezug auf die in dieser Arbeit vertretenen Auffassungen verdienen die neuesten Forschungen Hinrichs' und einige Bemerkungen Heyers Beachtung. Was die Originalquellen anbetrifft, enthält der von Brandt (s. Brandt; und Müntzer [beide OQ]) herausgegebene Band sämtliche Schriften Müntzers in modernisierter Schreibweise und eine nützliche Auswahl von Zitaten aus andern zeitgenössischen Quellen. Soweit nicht anders angegeben, beziehen sich die nachfolgenden Hinweise auf diese umfassende und handliche Ausgabe; der Hinweis *Briefwechsel* bezieht sich hingegen auf die von Boehmer und Kirn besorgte Ausgabe der Müntzerschen Korrespondenz (s. Müntzer [OQ]). Eine kritische Ausgabe der drei letzten Schriften Müntzers in der Originalorthographie findet man in der von Hinrichs besorgten Ausgabe *Thomas Müntzers politische Schriften*.
Über Müntzers Jugend s. Boehmer (1) und (2), wo verschiedene altehrwürdige Legenden zum erstenmal widerlegt worden sind.

46 Über Storch: Bachmann.

47 Johannes Agricola, Anfang 1521; s. *Briefwechsel*, S. 21.

48 Über Müntzers asketisch-mystische Lehren s. bes. Müntzer (1) und (2); vgl. ferner Holl, Lohmann.

49 C. E. Förstemann (OQ), S. 241.

50 Natusius bemerkte, S. 147ff., Müntzer könnte von den im Thüringer Flagellantentum zum Ausdruck gekommenen Tendenzen beeinflußt worden sein.

51 Über die sozialen Konflikte in Zwickau s. die Einleitung bei Brandt, S. 5.

52 Bachmann, S. 13.

53 Vier Fassungen des Prager Manifests, deutsch, tschechisch und lateinisch, befinden sich im *Briefwechsel*, S. 139–159.

54 Ibid., S. 150 (2. deutsche Version).

55 *Briefwechsel*, S. 40.

56 Die Predigt: Müntzer (3). Die allgemeine Auffassung, die Predigt sei vor dem Kurfürsten und Herzog Johann gehalten worden, ist unrichtig; anwesend waren Herzog Johann und dessen Sohn. Vgl. Hinrichs (MW), S. 5, Anm. 1.

57 Müntzer (3), S. 158.

58 Ibid., S. 160.

59 Ibid., S. 161–162.

60 Hinrichs, S. 59–64; Lohmann, S. 62f.; vgl. ferner Heyer, S. 94.
61 *Briefwechsel*, S. 61–63.
62 Ibid., S. 76.
63 Brandt (2), und über die Zuverlässigkeit dieser Darstellung s. dessen Anmerkung, S. 224f.
64 Über Hugwald: Schiff (1), S. 82–85.
65 Peuckert, S. 250.
66 Geständnis des Klaus Rautenzweig in Opel (OQ), S. 211; vgl. ferner Hinrichs, S. 22.
67 Hinrichs, S. 174ff.
68 Brandt (1); s. ferner dessen Anmerkung, S. 223. Müntzers Lehren: ibid., S. 41f.
69 Müntzers Geständnis: Brandt (5).
70 Über die Ereignisse unmittelbar nach Müntzers Predigt vor Herzog Johann: Hinrichs, S. 65ff.
71 Luther (1).
72 Müntzer (4).
73 Müntzer (4), S. 178.
74 Ibid., S. 170f.
75 Ibid., S. 171.
76 Ibid., S. 177.
77 Ibid., S. 178.
78 Ibid., S. 178.
79 Müntzer (5).
80 Gegenüberstellung der Müntzerschen und Lutherschen Eschatologie: vgl. Hinrichs, S. 174ff.
81 Luther in Müntzers Auffassung eine eschatologische Gestalt: ibid., S. 170ff.
82 Judas, 14–19.
83 Müntzer (5), S. 191.
84 Ibid., S. 192.
85 Ibid., S. 201.
86 Hinrichs, S. 8.
87 Über die Bedeutung von Kreuz und Schwert: Boehmer (1), S. 17.
88 Franz, S. 408ff.
89 Über Müntzers Wanderungen in Süddeutschland: Schiff (1); Carew Hunt, Band CXXVII, S. 239–245.
90 Als gute Beispiele für die verschiedenen Ansichten über die Gründe für den Deutschen Bauernkrieg: s. Franz, Peuckert, Smirin, Waas. Die hier versuchte Deutung ist für marxistische Historiker eigentlich unannehmbar; doch gibt sogar Smirin (S. 271) den entscheidenden Punkt zu, nämlich daß Müntzers letzte Ziele der großen Masse der Bauernschaft ganz unverständlich geblieben sein müssen.
91 Über die Eigenart der Kriegführung in Thüringen: Franz, S. 434ff.
92 Über die Lage der Bergleute in den Kupferbergwerken: Andreas, S. 309f.
93 Die Rolle Müntzers im Bauernkrieg: als Beispiele für die gegensätzliche Auffassung der Historiker vgl. die Schilderungen Bemmanns, Boehmers (2) und Jordans, die Müntzer beinahe jeden Einfluß absprechen; demgegenüber Franz, der Müntzer als den alleinigen Urheber der thüringischen Wirren darstellt – und schließlich Marxisten wie Smirin, die Müntzer als den Ideologen einer radikalen Tendenz schildern, die sich – obschon bloß von einer Minder-

heit vertreten – mit großer Energie und weit über die Grenzen Thüringens hinaus bemerkbar machte.

94 Kamnitzer (OQ), S. 308; vgl. ferner Boehmer (1), S. 17.

95 Bericht des Bürgermeisters von Langensalza, Berlepsch, zitiert von Carew Hunt, Bd. CXXVII, S. 248, Anm. 184.

96 Brandt (3); und in der Originalorthographie im *Briefwechsel*, S. 109–111.

97 Über die symbolische Bedeutung Nimrods s. das Zitat aus Sebastian Franck in Kap. 12, S. 246.

98 Über Storchs weitere Betätigung: Christian Meyer (2), S. 120–122.

99 Luther (2).

100 Über die Schlacht bei Frankenhausen, ihr Vorspiel und ihr Nachspiel: Baerwald, Jordan, und kürzer Carew Hunt, Bd. CXXVII, S. 253–263.

101 Richter 7, 7 ff.

102 Vgl. Baerwald, S. 37.

103 Brandt (4), S. 78.

104 Brandt (1), S. 45, 48.

105 Carew Hunt, Bd. CXXVII, S. 262.

106 Brandt (1), S. 50.

107 Christian Meyer (2), S. 122.

XIII
Das Tausendjährige Reich allgemeiner Gleichheit
Dritter Teil

Täufertum und soziale Unrast

1 Den Zusammenhang des Täufertums mit den mittelalterlichen Sekten betonen beispielsweise Erbkam und Knox, S. 122 ff. Trotz der zahlreichen Arbeiten, die dem Täufertum in den verschiedenen Gegenden gewidmet worden sind, existiert noch keine umfassende Darstellung. Einige englisch geschriebene allgemeine Übersichten geben Bax, Heath, Newman, Smithson; und kürzer R. M. Jones, S. 369 ff.; Knox, S. 117 ff.; Payne. Über die Aspekte des Täufertums, die für die vorliegende Arbeit am wichtigsten sind, Heyer; Detmer und Krumbholtz (Einleitung).

2 Über Hans Hut: Zschabitz, S. 30–64; Christian Meyer (1) und kürzer Smirin, S. 607–610.

3 Über die Täufer in Esslingen und Nürnberg: Keller, S. 46.

4 Kurze Darstellungen der Verfassungsgeschichte der geistlichen Staaten und besonders Münsters: Keller, S. 56–76; Köhler, S. 539 ff.

5 Über Münster ab 1531: die wichtigsten Originalquellen für die Geschichte des Neuen Jerusalem in Münster bilden Kerssenbroch (lateinisch) und Gresbeck (niederdeutsch). Kerssenbroch erlebte als Fünfzehnjähriger die Anfänge der Revolution. Er wurde ein ausgezeichneter Gelehrter; und als er nach 1570

seine Geschichte verfaßte, bediente er sich einer großen Zahl von Dokumenten aus der Zeit der Revolution, von denen viele nicht mehr vorhanden sind. Obschon ein treuer Anhänger der Kirche, hat er das Material im Ganzen gewissenhaft behandelt. Gresbeck erlebte als Schreiner die ganze Belagerung und schreibt aus der Perspektive des gemeinen Volkes. Auch er war katholisch und dem Täufertum feindlich gesinnt; doch wenn er, was er hörte und sah, beschreibt, wirkt er überzeugend. Andere wertvolle Quellen bilden die von Cornelius und Niesert (beide OQ) gesammelten Berichte und Geständnisse; Streitschriften der Täufer, bes. die von Rothmann, sowie einige Schriften auswärtiger Beobachter. Alles Wertvolle in der zeitgenössischen *Historia* von Dorp ist von Kerssenbroch übernommen. Eingehende Quellenkritik findet man in der Corneliusschen Ausgabe Gresbecks und in der Detmerschen Ausgabe Kerssenbrochs (Detmer [1] [MW]); als Bibliographie siehe Bahlmann. In modernes Deutsch übersetzte und in zeitlicher Folge angeordnete Auszüge aus den Originalquellen: Löffler (OQ). Moderne Darstellungen: abgesehen von den oben angeführten allgemeinen Darstellungen des Täufertums gibt es mehrere Spezialarbeiten über Münster allein. Die ausführlichsten Darstellungen sind diejenigen Detmers (2), Kellers und, nur für die Anfänge der Bewegung, Cornelius' (1) (MW). Kürzere, aber neuere Schilderungen: Blanke, Janssen; in englischer Sprache Pearson. Untersuchungen besonders im Hinblick auf das kommunistische Regime: Ritschl; Schubert. Trotz der großen Beachtung, die das Neue Jerusalem in Münster gefunden hat, ist dessen Bedeutung allgemein überschätzt worden. Der Grund dafür liegt darin, daß es isoliert oder als ein bloßer Exzeß des Täufertums betrachtet worden ist und nicht als ein besonders heftiger Ausbruch der uralten chiliastisch-revolutionären Überlieferung.

6 Über Rothmann: Detmer (2), Bd. 2; über seine Führerrolle: Keller, S. 74–133.

7 Über Knipperdollinck: Cornelius (4).

8 Franck, S. 6 A. Vgl. Schubert, bes. S. 48.

9 Rothmann (1), S. 70 f.; Kerssenbroch, S. 419 f. Vgl. Detmer (2), Bd. 2, S. 154 ff.; Schubert, S. 3 ff. Etwa um die gleiche Zeit bezogen sich die spiritualen Libertiner zur Begründung des Gemeineigentums auch auf die Apostelgeschichte, s. Calvin (4), Kol. 216.

10 Gresbeck, S. 6.

11 Der Bischof von Münster an den Reichstag, zitiert von Keller, S. 195, Anm. 1.

12 Kerssenbroch, S. 334.

13 Postan, S. 203, 213.

14 Pirenne (8), S. 527 ff.

15 Über Matthys, zusätzlich zu den oben genannten Geschichtswerken, Cornelius (5) (MW).

16 Kerssenbroch, S. 477.

17 Spezialarbeiten über Bockelson: Detmer (2), Bd. 1; ferner kürzer: Cornelius (3) (MW). Vgl. Keller, S. 207 f.

18 Kerssenbroch, S. 484.
19 Ibid., S. 472, 481–482, 499–500.
20 Ibid., S. 505.
21 Niesert (3) (OQ), S. 157–159, sowie das von Harting (MW), S. 78, wiedergegebene Flugblatt.
22 Kerssenbroch, S. 509.
23 Ibid., S. 521.
24 Ibid., S. 500.
25 Ibid., S. 532 f.
26 Ibid., S. 534 ff.; Gresbeck, S. 19 ff.; sowie der Bischof von Münster an den Landtag, zitiert von Keller, S. 198 f.
27 Cornelius, (8) (OQ), S. 456.
28 Ibid., S. 445.
29 Kerssenbroch, S. 553 ff.
30 Ibid., S. 557 ff.
31 Ibid., S. 559.
32 Ibid., S. 561–564.
33 Ibid., S. 561; Gresbeck, S. 32; Ramert (zugeschr.), S. 246. Siehe Ritschl (MW), S. 5, über die Zuschreibung der *Ordnung der Wiedertäufer* an Ramert.
34 Über die Beschlagnahme der Lebensmittel: Gresbeck, S. 34; des Wohnraums: ibid., S. 47; Kerssenbroch, S. 541, 557.
35 Über Art und Umfang des «Kommunismus» in Münster: Ritschl.
36 Gresbeck, S. 31.
37 Cornelius (6) (OQ), S. 373.
38 Rothmann (2), S. 70–71.
39 Zitiert von Detmer (2), Bd. II, S. 132.
40 Cornelius (2) (OQ).
41 Kerssenbroch, S. 533–534, 566.
42 Z. B. Rothmann (2), S. 14.
43 Kerssenbroch, S. 523–564.
44 Ibid., S. 568–570.
45 Ibid., S. 762 ff.
46 Cornelius (7) (OQ), S. 402.
47 Die Zahl der Einwohner und waffenfähigen Männer bei Gresbeck, S. 107, Schätzungen, die von anderen Quellen mehr oder weniger bestätigt werden.
48 Kerssenbroch, S. 576.
49 Den vollen Wortlaut der neuen Gesetzgebung zitiert Kerssenbroch, S. 577 ff.
50 Blanke, S. 22; Detmer (2), Bd. II, S. 137 f.
51 Kerssenbroch, S. 573, 583.
52 Ibid., S. 580; vgl. Cornelius (8) (OQ), S. 457 ff.
53 Zu Bockelsons Begründung der Polygamie: Gresbeck, S. 59; Kerssenbroch, S. 619. Es liegt jedoch lediglich an der Voreingenommenheit Kerssenbrochs, wenn er Rothmann und den übrigen Predigern unterschiebt, die Einführung der Polygamie ebenso eifrig wie Bockelson betrieben zu haben. Die *Historia* von Dorp und verschiedene Geständnisse gefangener Täufer besagen übereinstimmend, daß es Bockelson recht schwer fiel, die Prediger zu überreden.

54 Cornelius (6) (OQ), S. 372 f.; Kerssenbroch, S. 621 ff.
55 Gresbeck, S. 59, 79; Kerssenbroch, S. 625 ff. Vgl. Detmer (2) (MW), Bd. 3.
56 Wortlaut einiger Flugblätter: Kerssenbroch, S. 586–588, 613–616.
57 Kerssenbroch, S. 616 und zugehörige Anmerkung 2.
58 Über Einzelheiten der Verteidigung: Gresbeck, S. 36–38, 51, 80–81; Kerssenbroch, S. 582 ff., 592, 594, 671–672.

Die messianische Herrschaft Johanns von Leiden

59 Die vorliegende Darstellung des Treibens Dusentschurs stützt sich auf Kerssenbroch, S. 633 ff. In den zwei Geständnissen vom Juli 1535 und Januar 1536 (Cornelius [6] und [7] [OQ]) bestreitet Bockelson ein geheimes Einverständnis zwischen ihm und Dusentschur. Doch hat Bockelson seine königlichen Vorrechte zweifellos von Anfang an mit absolutem Selbstvertrauen und größter Grausamkeit ausgeübt.
60 Der Wortlaut der Rede: Kerssenbroch, S. 336–338; vgl. ferner Niesert (1) (OQ), S. 34.
61 Gresbeck, S. 154 ff.; Kerssenbroch, S. 774.
62 Gresbeck, S. 156 f.
63 Kerssenbroch, S. 666 f.
64 Ibid., S. 652.
65 Gresbeck, S. 83 ff.; Kerssenbroch, S. 650 ff.
66 Fabricius, S. 99; Gresbeck, S. 90 ff.; Kerssenbroch, S. 662 ff.
67 Gresbeck, S. 96; Kerssenbroch, S. 638; Ramert (zugeschr.), S. 242.
68 Über das Mißtrauen zwischen dem «König» und seinen Untertanen: Detmers Anm. 3 zu Kerssenbroch, S. 771–772.
69 Gresbeck, S. 88.
70 Rothmann (2) und (3); s. diesbezügl. Urbanus Rhegius (1) und (2), der seine beiden Widerlegungen – die eine volkstümlich und deutsch, die andere eine gelehrte lateinische Abhandlung – als Antwort auf die *Restitution* verfaßte.
71 Rothmann (2), Kap. 1, 13, 14 und (3) *passim*; vgl. ferner Niesert (2).
72 Gresbeck, S. 103 ff. *Newe zeitung, von den Widerteuffern zu Münster*, S. 257.
73 Kerssenbroch, S. 824 f.: Niesert (4), S. 502.
74 Gresbeck, S. 111 f.; Kerssenbroch, S. 703 ff. und über das Schicksal der Apostel, ibid., S. 709 ff.
75 Bericht bei Löffler (OQ), S. 194 f. Bockelson hat in beiden Geständnissen einen solchen Versuch bestritten.
76 Vgl. Cornelius (2) (OQ).
77 Berichte des Bischofs von Münster an den Reichstag und des kaiserlichen Statthalters an den Bischof, beide in Keller, S. 326 ff.
78 Kerssenbroch, S. 792 ff.
79 Ritschl, S. 60.
80 Kerssenbroch, S. 724.
81 Cornelius (2).
82 Gresbeck, S. 140, 174 f.
83 Cornelius (4) (OQ), S. 343; Gresbeck, S. 141; Kerssenbroch, S. 804; vgl. ferner Detmers Anm. 1 zu S. 805.

84 Gresbeck, S. 189; Kerssenbroch, S. 798.
85 Cornelius (6) (OQ), S. 373; Kerssenbroch, S. 793, 803; Bericht bei Löffler, S. 195.
86 Gresbeck, S. 131 ff., 150 ff., 168.
87 Cornelius (3) und (4) (beide OQ); Gresbeck, S. 189; Kerssenbroch, S. 805 ff.
88 Cornelius (3) und (4) (beide OQ); Kerssenbroch, S. 772 ff., 784, 820.
89 Cornelius (5) (OQ); Gresbeck, S. 194–195, 200–201, 205 ff.; Kerssenbroch, S. 833 ff.
90 Corvinus (OQ), S. Cii.
91 Über Willemsen: Bouterwek, S. 34 f.

Schlußbetrachtung

1 Cohn, N.

Bibliographie

Abkürzungen

Genauere Angaben über die hier aufgeführten Nachschlagewerke und Quellensammlungen finden sich in der Bibliographie.

ABAW	*Abhandlungen der königlich bayerischen Akademie der Wissenschaften (Historische Classe)*. München
ADB	*Allgemeine Deutsche Biographie*
BHPF	*Bulletin de la société de l'histoire du protestantisme français*. Paris
CCF	*Corpus chronicorum Flandriae*
CDS	*Chroniken der deutschen Städte*
CEH	*Cambridge Economic History*
CMH	*Cambridge Medieval History*
ERE	*Encyclopaedia of Religion and Ethics*
FRA	*Fontes rerum Austriacarum*
FRG	*Fontes rerum Germanicarum*
GBM	*Geschichtsquellen des Bistums Münster*
MGHS	*Monumenta Germaniae Historica, Scriptores*
PG	*Patrologiae cursus completus, series Graeca*
PL	*Patrologiae cursus completus, series Latina*
RHC	*Recueil des Historiens des Croisades. (Historiens Occidentaux)*
RHF	*Recueil des Historiens des Gaules et de la France*
RPT	*Realencyclopädie für protestantische Theologie und Kirche*
RS	*Rolls Series*
SGUS	*Scriptores rerum Germanicarum in usum scholarum*. (Siehe unter *Monumenta Germaniae Historica* in der Bibliographie)
SPAW	*Sitzungsberichte der königlichen preußischen Akademie der Wissenschaften*. Berlin
ZKG	*Zeitschrift für Kirchengeschichte*. Gotha

I
Originalquellen und Quellensammlungen

Abaelard, Peter. *Introductio ad theologiam*, in PL, Bd. CLXXVIII.

Adso von Montier-en-Der. *Epistola ad Gerbergam reginam de ortu et tempore Antichristi*, in Sackur, S. 104–113 (auch in PL, Bd. CI).

Aeneas Silvius (Enea Silvio de'Piccolomini; Papst Pius II.). *De ortu et historia Bohemorum*, in *Omnia opera*, Basel, 1551.

Alberich von Trois-Fontaines. *Chronicon*, in RHF, Bd. XVIII.

Albert von Aix. *Liber Christianae expeditionis pro ereptione, emundatione et restitutione Sanctae Hierosolymitanae Ecclesiae*, in RHC, Bd. IV.

Albert von Stade. *Annales Stadenses*, in MGHS, Bd. XVI.

Albertus Magnus. *Compilatio de novo spiritu*, in Preger (1) (MW), Bd. 1, S. 461–469. Ergänzungen bei Haupt (3).

Aliscans, hg. Wienbech u. a. Halle, 1903.

Alvarus von Cordova. *Indicolus luminosus*, in PL, Bd. CXXI.

«Ambrosiaster». *Commentaria in Epistolam ad Colossenses*, in PL, Bd. XVI.

Ambrosius, hl. (1). *In Psalmum CXVIII exposito*, in PL, Bd. XV.

Ambrosius, hl. (2). *De officiis ministrorum*, in PL, Bd. XVI.

Andreas von Böhmischbrod (Andreas de Broda). *Tractatus de origine Hussitarum*, in Höfler, Bd. VI der FRA, S. 327–353.

Andreas von Regensburg (Andreas Ratisbonensis). *Chronicon*, in Eckhart, Bd. 1.

Annales Agrippenses, in MGHS, Bd. XVI.

Annales Altahenses maiores, in MGHS, Bd. XX.

Annales Austriacarum, Fortsetzungen in MGHS, Bd. IX:
Continuatio Praedicatorum Vindobonensium
Continuatio Claustroneoburgensis V
Continuatio Florianensis

Annales Basileenses, in MGHS, Bd. XVII.

Annales Blandinienses, in MGHS, Bd. V.

Annales breves Solmenses, in FRG, Bd. IV.

Annales capituli Cracoviensis, in MGHS, Bd. XIX.

Annales Colbazenses, in MGHS, Bd. XIX.

Annales Colmarienses maiores, in MGHS, Bd. XVII.

Annales Francofurtiani in FRG, Bd. IV.

Annales Gandenses, in MGHS, Bd. XVI.

Annales Herbipolenses, in MGHS, Bd. XVI.

Annales Lubicenses, in MGHS, Bd. XVI.

Annales Mellicenses, Fortsetzung der, in MGHS, Bd. IX:
Continuatio Mellicensis
Continuatio Zwetlensis III
Continuatio Sancrucensis II

Annales Monasterii de Burton, in RS 36 (*Annales Monastici*), Bd. I. 1864.

Annales Monasterii de Oseneia, in RS 36 (*Annales Monastici*), Bd. IV. 1869.

Annales Monasterii de Waverleia, in RS 36 (*Annales Monastici*), Bd. II. 1965.

Annales Rodenses, in MGHS, Bd. XVI.

Annales S. Blasii Brunsvicenses, in MGHS, Bd. XXIV.

Annales S. Jacobi Leodiensis minores, in MGHS, Bd. XVI.
Annales S. Justinae Patavini, in MGHS, Bd. XIX.
Annales Tielenses, in MGHS, Bd. XXIV.
Annales Veterocellenses, in MGHS, Bd. XVI.
ANNALISTA SAXO, in MGHS, Bd. VI.
Anonimalle Chronicle, hg. Galbraith. Manchester, 1927.
Anonymi Gesta Francorum et aliorum Hierosolimitorum (hg. Bréhier als *Histoire anonyme de la première Croisade*, in: *Les classiques de l'histoire de France au Moyen Age*, Bd. IV). Paris, 1924.
ANONYMUS VON MAINZ-DARMSTADT. *Memorial*, in Neubauer und Stern, Bd. II.
Archiv český čili staré písemné památky české i moravské (Die böhmischen Archive oder alte böhmische und mährische Chroniken), hg. Palacký. 6 Bde. Prag, 1840–1872.
ARNOLD, der Dominikaner. *De correctione Ecclesiae Epistola*, hg. Winkelmann. Berlin, 1865.
Articuli et errores Taboritarum in *Archiv český* (OS), Bd. III, S. 218–225.
AUGUSTINUS: *Des heiligen Kirchenvaters Aurelius Augustinus zweihundertzwanzig Bücher über den Gottesstaat*. 3. Band (Buch XVII–XXII). Übers. A. Schröder. Kempten und München, 1916.
BALDUIN VON AVESNES (zugeschr.). *Chronique attribuée à Baudoin d'Avesnes*, in RHF, Bd. XXI.
BALDUIN VON NINOVE. *Chronicon*, in MGHS, Bd. XXV.
BALUZE, E. (1). *Vitae paparum Avinoniensium*, hg. Mollat. 4 Bde. Paris, 1914–1927.
BALUZE, E. (2). *Miscellanea*. 4 Bde. Paris, 1678–1683.
BARACK, K. A. (hg.). Dokumente betr. Hans Böhm, «den Pauker von Niklashausen». Siehe Barack (MW), S. 50–108.
Dokument 3 (S. 53–54) ist *Handell Hannssen Behem zu Niclaeshussenn*.
BARONIUS, C. und RAYNALDUS, O. *Annales ecclesiastici una cum critica historico-chronologica*. Lucca, 1738–1759.
Baruch-Apokalypse: bei Kautzsch und bei Rießler (s. d.).
BASZKO VON POZNAN. *Chronicon Poloniae*, in *Silesiacarum rerum scriptores*, Bd. II. Breslau, 1730.
BAUDRI VON DOL. *Hierosolymitanae Historiae libri quatuor*, in PL, Bd. CLXVI.
BEAUMANOIR, PHILIPPE DE RÉMI, Sire de. *Les Coutumes du Beauvoisis*, hg. Salmon. 2 Bde. Paris, 1899.
BENEDIKT VOM BERG SORACTE. *Chronicon*, in PL, Bd. CXXXIX.
BENESSIUS KRABICE VON WEITMÜHL. *Chronicon*, in *Fontes rerum Bohemicarum*, Bd. IV.
BENZO VON ALBA. *Ad Heinricum IV Imperatorem libri VII*, in MGHS, Bd. XI.
BERNHARD, hl. *Omnia opera*, hg. Picard. Paris, 1609. Enthält u. a.:
(1) *In Cantica Canticorum*, Sermo LXV, Kol. 759–762.
(2) *Epistola ad Gaufridum Carnotensem episcopum*, Kol. 1441.
(3) *Epistola ad episcopum, clerum et populum Spirensem*, Kol. 1637–1639.
(4) *Epistola ad Henricum Moguntinum archiepiscopum*, Kol. 1639–1640.
BERNOLD VON KONSTANZ. *Chronicon*, in MGHS, Bd. V.
BIRLINGER, A. (hg.). *Ein wunder nützes disputieren von einem ersamen bihter und siner bihtohter*, in *Alemannia*, Bd. III. Bonn, 1875. S. 15–45.

Boendaele, Jan (Jan de Klerk). *Brabantsche Yeesten*, hg. Willems. 3 Bde. Brüssel, 1839–1869.
Bogaert, Hendrik van den (Pomerius). *De origine monasterii Viridisvallis una cum vita B. Joann. Rusbrockii*, hg. de Smet, in *Analecta Bollandiana*, Bd. IV. Paris und Brüssel, 1885.
Brandt, O. H. *Thomas Müntzer. Sein Leben und seine Schriften*. Jena, 1933. Enthält u. a. und zusätzlich zu Müntzers Kampfschriften (diese siehe unter Müntzer) folgendes in modernisierter Schreibweise:
(1) *Die Historie Thomä Müntzers*, S. 38–50.
(2) Auszug aus Marcus Wagners Broschüre über Storch, Erfurt, 1597. S. 53 bis 59.
(3) Müntzers Aufruf an die Bevölkerung Allstedts vom April 1525, S. 74–76.
(4) Müntzers Brief an den Grafen von Mansfeld vom Mai 1525, S. 77–78.
(5) Müntzers Geständnis, S. 80–83.
Brant, Sebastian. *Das Narrenschiff*, hg. Zarncke. Leipzig, 1854.
Breve chronicon Flandriae, in CCF, Bd. III.
Bruno von Olmütz. *Relatio*, hg. Höfler, in ABAW, Bd. IV (1846), S. 27 ff.
Butzer, Martin. Brief an Margarete von Navarra, in Calvin, *Omnia opera*, Bd. Xb, Kol. 215.
Caesarius von Heisterbach. *Dialogus miraculorum*, hg. Strange, Bd. I. Köln, 1851.
Calendar of the Close Rolls, aufbewahrt im *Public Record Office*. London, 1892 ff.
Calvin, Jean. *Omnia opera*, hg. Baum u. a. Braunschweig, 1864–1900.
(1) Bd. I. *Institutio religionis Christianae*.
(2) Bd. VII. *Brieve Instruction pour armer tous bons fideles contre les erreurs de la secte des Anabaptistes*.
(3) Bd. XII. Brief an Margarete von Navarra, Kol. 64–68.
(4) Bd. XXXV. *Contre la secte phantastique et furieuse des Libertins qui se nomment spirituelz*.
(5) Bd. XXXV. *Epistre contre un certain Cordelier suppost de la secte des Libertins*.
Camentz, Caspar. *Acta aliquot Francofurtana*, in FRG, Bd. IV.
Chanson d'Antioche, hg. P. Paris. 2 Bde. Paris, 1848.
Chanson de Roland, hg. Bédier. Paris, 1937.
Charles, R. H. (hg.). *The Apocrypha and Pseudepigrapha of the Old Testament*. 2 Bde. Oxford, 1913.
Charlier, Gilles (Aegidius Carlerus). *Liber de legationibus concilii Basiliensis pro reductione Bohemorum*, in *Monumenta Conciliorum generalium seculi XV. Scriptorum*, Bd. I. Wien, 1857.
Chronica de Mailros, hg. Stevenson (Bannatyne Club). Edinburgh, 1835.
Chronica minor auctore minorita Erphordiensi, in MGHS, Bd. XXIV.
Chronica regia Coloniensis, in MGHS, Bd. XVII.
Chronica regia Coloniensis, Continuatio II, in MGHS, Bd. XXIV.
Chronica universalis Mettensis, in MGHS, Bd. XXIV.
Chronicon Andrensis monasterii, in RHF, Bd. XVIII.
Chronicon anonymi Laudunensis canonici, in RHF, Bd. XVIII.
Chronicon Britannicum in collectione MS Ecclesiae Nannetensis, in RHF, Bd. XII.
Chronicon comitum Flandrensium, in CCF, Bd. I.
Chronicon Elwacense, in MGHS, Bd. X.

Chronicon Normanniae, in RHF, Bd. XXIII.
Chronicon rhythmicum Austriacarum, in MGHS, Bd. XXV.
Chronicon Rotomagense, in RHF, Bd. XXIII.
Chronicon S. Andreae Casti Camaracesii, in MGHS, Bd. VII.
Chronicon S. Catharinae de Monte Rotomagi, in RHF, Bd. XXIII.
Chronicon S. Laudi Rotomagensis, in RHF, Bd. XXIII.
Chronicon S. Martini Turonensis, Continuatio, in MGHS, Bd. XXVI.
Chronicon S. Medardi Suessionensis, in RHF, Bd. XVIII.
Chronicon S. Petri vulgo Sampetrinum Erfurtense, in *Geschichtsquellen der Provinz Sachsen*, Bd. I. Halle, 1870.
Chronicon Turonense, in RHF, Bd. XVIII.
Chronicon universale anonymi Laudunensis, in MGHS, Bd. XXVI.
Chroniken der deutschen Städte vom 14. bis ins 16. Jahrhundert. Leipzig, 1867–1917. (Veröffentlichung der Akademie der Wissenschaften.)
Chronique anonyme des Rois de France, in RHF, Bd. XXI.
Chroniques de Saint-Denis, in RHF, Bd. XXI.
CLEMENS V., Papst (1). Bulle *Ad nostrum (Constitutiones Clementis* [‹Clementines›], lib. V, tit. III, cap. 3), in *Corpus juris canonici*, Bd. II, Kol. 1183–1184.
CLEMENS V., Papst (2). Bulle *De quibusdam (Constitutiones*, lib. III, tit. XI, cap. 1), in *Corpus juris canonici*, Bd. II, Kol. 1169.
CLEMENS VI., Papst. Bulle gegen die Geißler, in Baronius und Raynaldus, Bd. XXV, S. 493 ff.
CLEMENS VON ALEXANDRIEN. *Stromata*, in PG, Bde. VIII, IX.
CLOSENER, FRITSCHE. *Straßburgische Chronik*, in CDS, Bd. VIII.
COMMODIANUS (1). *Instructiones*, hg. Dombart, in *Corpus Scriptorum Ecclesiasticorum Latinorum*, Bd. XV. Wien, 1887.
COMMODIANUS (2). *Carmen apologeticum* (wie bei Commodianus [1]).
Concilium Lateranense IV, in Mansi, Bd. XXII.
Conquête de Jérusalem, hg. Hippeau. Paris, 1868.
CONRAD VON MEGENBERG (Conradus de Monte Puellarum). *De erroribus Begehardorum et Beginarum* (Fragment), in *Bibliotheca veterum patrum*, hg. Despont, Bd. XXV. Lyon, 1677. S. 310.
CORNELIUS, C. A. (hg.). *Berichte der Augenzeugen über das münsterische Wiedertäuferreich*, in GBM, Bd. II. Münster, 1852. Enthält u. a.:
(1) Gresbeck (s. d.).
(2) Erasmus Schetus, Brief an Erasmus von Rotterdam, S. 315.
(3) Brief an Justinian von Holtzhausen vom 21. Mai 1535, S. 334–337.
(4) Brief an Justinian von Holtzhausen vom 29. Mai 1535, S. 341–347.
(5) Brief des Sigmund von Buineburg, S. 367–369.
(6) Geständnis Jan Bockelsons vom Juli 1535, S. 369–376.
(7) Geständnis Jan Bockelsons vom Januar 1536, S. 398–402.
(8) *Bekenntnis des Glaubens und Leben der Gemeinde Christi zu Münster*, S. 445–464.
Corpus chronicorum Flandriae, hg. de Smet. 4 Bde. Brüssel, 1837–1865.
Corpus juris canonici, hg. Friedberg. 2 Bde. Leipzig, 1879, 1881.
CORVINIUS, ANTON. *De miserabili Monasteriensium anabaptistarum obsidione... epistola ad Spalatinum*. Wittenberg, 1536.
COSMAS VON PRAG. *Chronica Boemorum*, in MGHS, Neue Folge, Bd. II.
CYPRIAN, hl. *Liber de opere et eleemosynis*, in PL, Bd. IV.

DAMIAN, PETER (1). *Epistola ad Petrum Cerebrosum monachum*, in PL, Bd. CXLIV.

DAMIAN, PETER (2). *Vita S. Romualdi*, in PL, Bd. CXLIV.

Decretales Pseudo-Isidoriane, hg. Hinschius. Leipzig, 1858.

DELLA VIGNA, PIETRO. Lobrede auf Friedrich II., in Huillard-Bréholles (MW), Dokument 10, S. 425–426.

DENIFLE, H. S. und CHATELAIN, E. *Chartularium Universitatis Parisiensis*, Bd. I. Paris, 1889.

Descriptio qualiter Karolus Magnus clavum et coronam Domini a Constantinopoli Aquisgrani detulerit..., in Rauschen (MW), S. 103–125.

Detmar-Chronik, hg. Koppmann, in CDS, Bd. XIX.

Deutsche Chroniken (Scriptores qui vernacula lingua usi sunt). (Teil der *Monumenta Germaniae Historica.*)

Dialogue of Dives and Pauper, hg. Pynson, 1493.

DIODORUS SICULUS. *Bibliothecae Historicae libri qui supersunt.* 2 Bde. Amsterdam, 1746.

DÖLLINGER, I. VON. *Beiträge zur Sektengeschichte*, Bd. II. München, 1890.

DORP, HEINRICH. *Warhafftige Historia wie das Evangelium zu Münster angefangen, und darnach durch die Wiedertäufer verstört, wider auffgehört*, hg. Merschmann. Magdeburg, 1847.

DORSTEN, JOHANNES. *Quaestio de tertio statu*, in Kestenberg-Gladstein (MW), S. 266–295.

DU FAYT, JEAN. *Contra Flagellatores*, in Fredericq (2) (MW).

DUPLESSIS D'ARGENTRÉ, C. DE. *Collectio judiciorum de novis erroribus.* 3 Bde. Paris, 1755.

ECKBERT VON SCHÖNAU. *Sermones contra Catharos*, in PL, Bd. CXCV.

ECKHART, J. G. *Corpus historicum medii aevi.* 2 Bde. Leipzig, 1723.

EGASSE DU BOULAY, C. *Historia universitatis Parisiensis.* 6 Bde. Paris, 1665–1673.

EKKEHARD VON AURA (1). *Hierosolymita*, hg. Hagenmeyer. Tübingen, 1877.

EKKEHARD VON AURA (2). *Chronicon universale*, in MGHS, Bd. VI.

ELIEZEBER BAR NATHAN. *Relation*, in Neubauer und Stern, Bd. II.

ELLENHARD VON STRASSBURG (1). *Bellum Waltherianum*, in MGHS, Bd. XVII.

ELLENHARD VON STRASSBURG (2). *Chronicon*, in MGHS, Bd. XVII.

ENNEN, L. und ECKERTZ, G. *Quellen zur Geschichte der Stadt Köln.* 6 Bde. Köln, 1860–1879.

EPHRAIM BAR JACOB. *Relation*, in Neubauer und Stern, Bd. II.

Erphurdianus Antiquitatum Variloquus, hg. Thiele (*Geschichtsquellen der Provinz Sachsen*, Bd. XLII). Halle, 1906.

Errores bechardorum et begutarum, in Haupt (7) (MW), S. 88–90.

Errores sectae hominum intelligentiae, in Baluze (2), Bd. II, S. 277–297.

ESPINAS, G. und PIRENNE, H. *Recueil de documents relatifs à l'histoire de l'industrie drapière en Flandre*, Teil I, Bd. III. Brüssel, 1920.

Esra-Apokalypse: bei Kautzsch und bei Rießler (s. d.).

EULOGIUS, Erzbischof von Toledo. *Memorialis sanctorum*, in PL, Bd. CXV.

FABRICIUS, DIETRICH. Bericht über seine Mission in Münster, in *Mitteilungen aus dem Germanischen Nationalmuseum*, Bd. II. Nürnberg, 1885. S. 99–102.

FAREL, GUILLAUME. *Le Glaive de la Parolle veritable.* Genf, 1550.

Flores temporum, Imperatores, in MGHS, Bd. XXIV.

Fontes rerum Austriacarum (Österreichische Geschichtsquellen), Abt. 1. *Scriptores*. Wien, 1849 ff.
Fontes rerum Bohemicarum, hg. Emler. Prag, 1873 ff.
Fontes rerum Germanicarum, hg. Boehmer. 4 Bde. Stuttgart, 1843–1868.
Förstemann, C. E. (hg.). *Neues Urkundenbuch zur Geschichte der evangelischen Kirchenreformation*. Hamburg, 1842.
Franck, Sebastian. *Chronica, Zeÿtbüch und Geschÿchtbibel*. Straßburg, 1531.
Franz von Prag. *Secundus tractatus chronicae Pragensis*, in FRA, Abt. 1, Bd. VIII.
Frederichs, J. (hg.). *Summa doctrinae quorundam hominum, qui nunc... Loistae... nunc Libertini... appellantur*, in Frederichs (1) (MW), S. 1 ff.
Fredericq, P. *Corpus documentorum Inquisitionis haereticae pravitatis Neerlandicae*. 4 Bde. Gent, 1889–1900.
Friedrich II. (von Hohenstauffen). Brief an Jesi, in Huillard-Bréholles (hg.), *Historia diplomatica Frederici Secundi*, Bd. V. Paris, 1857. S. 378.
Fries, Lorenz. *Historie der Bischöffen zu Wirtzburg*, in Ludewig, *Geschichtsschreiber von dem Bischoffthum Wirtzburg*. Frankfurt, 1713.
Froissart, Jean. *Chroniques*, hg. Luce und Raynaud. 11 Bde. Paris, 1869–1899.
Fulcher von Chartres. *Gesta Francorum Jerusalem expugnantium*, in RHC, Bd. III.
Gaguin, Robert. *Compendio de Francorum gestis*. Paris, 1500.
Garnier von Rochefort (zugeschr.). *Contra Amaurianos*, hg. Baeumker, in *Beiträge zur Geschichte der Philosophie des Mittelalters*, Bd. XXIV, Heft 5–6. Münster, 1926.
Gerson, Jean Charlier de. *Opera omnia*, hg. Dupin, 3 Bde. Antwerpen, 1706. Enthält u. a.:
(1) vol. I. *De examinatione doctrinarum.*
(2) *De distinctione verarum visionum a falsis.*
(3) *De libris caute legendis.*
(4) Bd. II. *Epistola missa Magistro Vincento O. P. ... contra se flagellantes.*
(5) *Tractatus contra sectam Flagellantium.*
(6) Bd. III. *Tractatus contra Romantium de Rosa.*
(7) *Considerationes theologiae mysticae.*
(8) *De mystica theologica speculativa.*
(9) *Considérations sur Saint Joseph.*
(10) *Sermo de Spiritu Sancto.*
(11) *Sermo di festo S. Ludovici.*
Geschichtsquellen des Bisthums Münster, Bde. II, V, VI. Münster, 1852, 1899, 1900.
Gesta abbatum Trudonensium, in MGHS, Bd. X.
Gesta archiepiscoporum Magdeburgensium, Continuatio I, in MGHS, Bd. XIV.
Gesta Baldevvini Treverensis archiepiscopi, in Baluze (2), Bd. I.
Gesta Ludovici VIII, in RHF, Bd. XVII.
Gesta Treverorum, Continuatio I, in MGHS, Bd. VIII.
Gilles van der Hoye. *Dicta in quodam sermone ad populum*, hg. Berlière, in «Trois traités inédits sur les Flagellants», *Revue Bénédictine*, Bd. XXV. Maredsous, 1908, S. 334–357.

GIRALDUS, CAMBRENSIS. *Liber de instructione principum*, in RS 21, 1891 (Bd. VIII der *Opera*).

GLASSBERGER, NICOLAUS. *Chronica*, in *Analecta Franciscana*, Bd. II. Quaracchi, 1887. S. 423–426.

GOWER, JOHN. *Vox clamantis*, in Latin Works, hg. Macaulay. Oxford, 1902.

Grandes chroniques de France, hg. P. Paris. Bde. V, VI. Paris, 1836–1838.

GRATIAN (Franciscus Gratianus). *Decretum*, in PL, Bd. CLXXXVII.

GREGOR XI., Papst (1). Brief an Kerlinger und andere, in Baronius und Raynaldus, Bd. XXVI, S. 228.

GREGOR XI., Papst (2). Brief an Kaiser Karl IV., in Baronius und Raynaldus, Bd. XXVI, S. 240–241.

GRESBECK, H. *Summarische Ertzelungk und Bericht der Wiederdope und wat sich binnen der Stat Monster in Westphalen zugetragen im Iair MDXXXV*, in Cornelius, *Berichte*, S. 3–214.

GROOT, GERHARD. *Gerardi Magni Epistolae XIV*, hg. R. Acquoy. Amstel, 1857.

GUI, BERNARD (1). *E Floribus Chronicorum*, in RHF, Bd. XXI.

GUI, BERNARD (2). *Vita Clementis V*, in Baluze (1), Bd. I.

GUI, BERNARD (3). *Vita Joannis XXII*, in Baluze (1), Bd. I.

GUIBERT VON NOGENT. (1). *Gesta Dei per Francos, sive Historia Hierosolymitana*, in RHC, Bd. IV.

GUIBERT VON NOGENT (2). *De vita sua*, in RHF, Bd. XII.

Haereses sectatorum Amalrici, in Denifle und Chatelain, S. 71–72.

HAIMO VON SAINT-PIERRE-SUR DIVES. *Epistola ad fratres Totesberiae*, in PL, Bd. CLXXXI, Kol. 1707–1708.

HARTMANN, CHRISTOPH. *Annales Heremi Deiparae Matris Monasterii in Helvetia*. Freiburg i. B., 1612.

HARTZHEIM, J. und SCHANNAT, J. F. *Concilia Germaniae*. 11 Bde. Köln, 1759–1790.

HEINRICH VON DIESSENHOFEN (Heinrich Truchsess). *Historia ecclesiastica* oder *Chronicon*, in FRG, Bd. IV.

HEINRICH VON HEIMBURG. *Annales*, in MGHS, Bd. XVII.

HEINRICH VON HERFORD. *Liber de rebus memorabilioribus sive chronicon*, hg. Potthast. Göttingen, 1859.

HEINRICH VON VIRNENBURG. *Contra Beggardos et Beggardas*, in Fredericq (OQ), Bd. I, S. 151 ff.

HERMANN VON ALTAHA. *Annales*, in MGHS, Bd. XVII.

HILDEGARD, hl. (1). *Scivias sive visionum ac revelationum libri tres*, in PL, Bd. CXCVII.

HILDEGARD, (hl.) (2). *Epistola ad praelatos Moguntinenses*, in PL, Bd. CXCVII, Kol. 218–243.

HIPPOLYTUS (Zuschreibung unsicher). *De consummatione mundi ac de Antichristo*, in PG, Bd. X, Kol. 904–952.

HÖFLER, C. A. C. VON. *Geschichtsschreiber der hussitischen Bewegung in Böhmen*, in FRA, Abt. 1, Bde. II, VI, VII. Wien, 1856–1866.

HUGO VON AMIENS (1). *Epistola ad Albericum Ostiensem episcopum*, in PL, Bd. CXCII, Kol. 1255.

HUGO VON AMIENS (2). *Epistola ad Theodoricum Ambiensem episcopum*, in PL, vol. CXCII, Kol. 1133.

HUGO VON REUTLINGEN (Spechtshart). *Weltchronik*, hg. Gillert. München, 1881.

IBN AL-QALĀNISĪ. *Continuation of the Chronicle of Damascus: The Damascus Chronicle of the Crusades*. Ausgew. und übers. von Gibb. London, 1932.
IBN VERGA, SOLOMON. *Shebet Yehuda*. Deutsche Übers. von Wiener. Hannover 1856.
INNOZENZ VI., Papst. Bulle zur Berufung von Inquisitoren in Frankreich, in Baronius und Raynaldus, Bd. XXV, S. 589.
Invectiva contra Hussitas, in Höfler, Bd. II der FRA, S. 621–632.
IRENAEUS, hl. *Adversus haereses*, in PG, Bd. VII.
JEAN DE MEUN. *Le Roman de la Rose*, hg. Langlois. 5 Bde. Paris, 1914–1924.
JEAN DES PREIS DIT D'OUTREMEUSE. *Ly Myreur des Histors*, hg. Bormans. Brüssel, 1887.
JEAN LE FÈVRE. *Les Lamentations de Matheolus*, hg. van Hamel. Paris, 1892.
JOBST VON EINSIEDEL. Bericht über die Brüder Wirsberg, hg. Kürschner, in *Archiv für österreichische Geschichte*, Bd. XXXIX, Teil I. Wien, 1868, S. 280ff.
JOHANNES, Domherr von St. Victor. *Vita Joannis XXII*, in Baluze (1).
JOHANNES XXII., Papst. Brief an den Seneschall von Beaucaire, in Baronius und Raynaldus, Bd. XXIV, S. 136–137.
JOHANNES VON COLUMNA. *E Mari Historiarum*, in RHF, Bd. XXIII.
JOHANNES VON DÜRCKHEIM (1). Hirtenbrief, 1317, in Mosheim (2) (MW), S. 255–261 (dort Johannes von Ochsenbein zugeschrieben).
JOHANNES VON DÜRCKHEIM (2). Brief an den Bischof von Worms, in Mosheim (2) (MW), S. 267–269.
JOHANNES VON HAGEN (Joannes de Indagine). *De his, qui se vulnerunt...*, in Stumpf (MW), Dokument 6.
JOHANNES VON ROQUETAILLADE (Rupescissa). *Vade mecum in tribulatione*, in G. Orthuinus, *Fasciculum rerum expetendarum et fugiendarum*, hg. Edward Brown, Bd. II. London, 1690. S. 496–508.
JOHANNES DER TEUTONE, Abt von St. Victor. Sermon, in Hauréau (MW), S. 93–94, Anm. 1.
JOHANNES VON THAYSTER. *Annales*, in MGHS, Bd. XXVIII.
JOHANNES VON VIKTRING. *Liber certarum historiarum*, in SGUS, 1909–1910. 2 Bde.
JOHANNES VON WINTERTHUR. *Chronica*, in MGHS, Neue Folge, Bd. III.
JOHANNES VON YPERN. *Chronicon Sythiense S. Bertini*, in RHF, Bd. XVIII.
JOSEPH HA-COHEN. *Emek ha Bakha (Das Tal der Tränen)*. Deutsche Übers. von Wiener. Leipzig, 1858.
JOSEPHUS FLAVIUS. *The Jewish War*, übers. v. Whiston und Shilleto. 2 Bde. London 1890.
JUSTINUS DER MÄRTYRER. *Dialogus cum Tryphone Judaeo*, in PG, Bd. VI.
Kalendarium Zwetlense, in MGHS, Bd. IX.
KAMNITZER, H. (hg.). *Dokumente des großen deutschen Bauernkrieges*, in Meusel (MW), S. 185–332.
KAPITEL VON UTRECHT. *Epistola ad Fridericum archiepiscopum Coloniensem de Tanchelmo seductore*, in Duplessis d'Argentré, Bd. I, S. 11–12.
KARL IV., Kaiser (1). Berufungsdekret für Kerlinger als Inquisitor, in Mosheim (2) (MW), S. 343–362.
KARL IV., Kaiser (2). Brief an Kerlinger, in Mosheim (2) (MW), S. 368–375.
KAUTZSCH, E. (hg.). *Die Apokryphen und Pseudepigraphen des Alten Testaments*. Bd. 2: *Die Pseudepigraphen des Alten Testaments*. Tübingen, 1909.

KERSSENBROCH, HERMANN VON. *Anabaptistici furoris Monasterium inclitam Westphaliae metropolim evertentis historica narratio*, hg. Detmer, in GBM, Bd. V und VI.
KERVYN DE LETTENHOVE, C. B. (hg.). *Récits d'un bourgeois de Valenciennes* (1254–1366). Löwen, 1877.
Klingenberger Chronik, hg. Henne von Sargans. Gotha, 1861.
KNIGHTON, HENRY. Continuation of his *Chronicon*, in RS 92, 1895.
KÖRNER, HERMANN (Cornerus). *Chronica novella*, in Eckhart, Bd. II.
KURFESS, A. (hg.). *Sibyllinische Weissagungen*. München, 1951.
LACOMBLET, T. J. *Urkundenbuch für die Geschichte des Niederrheins*. 4 Bde. Düsseldorf, 1840–1858.
LACTANTIUS, FIRMIANUS (1). *Divinae Institutiones*, in PL, Bd. VI.
LACTANTIUS, FIRMIANUS (2). *Epitome Divinarum Institutionem ad Pentadium fratrem*, in PL, Bd. VI.
LANGLAND, WILLIAM. *The Vision of William concerning Piers the Plowman*, hg. Skeat. 2 Bde. Oxford, 1886.
LANGLOIS, C. V. (hg.). *Instrumenta facta super examinacione M. Porete*, in *Revue historique*, Bd. LIV. Paris, 1894. S. 296–297.
LAURENTIUS VON BŘEZOVÁ (Vavřince z Březové). *De gestis et variis accidentibus regni Boemiae*, in Höfler, vol. II of FRA, pp. 321–534. (Ebenfalls in Bd. V. der *Fontes rerum Bohemicarum* mit tschechischem und lateinischem Text.)
LAZIUS, WOLFGANG. *Fragmentum vaticinii cuiusdam... Methodii, episcopi Ecclesie Patarensis*. Wien, 1547.
LEA, H. C. (hg.). Urteil über Margarete von Porette, in Lea (MW), Anhang, S. 575–578.
LE BEL, JEAN. *Chronique*, hg. Viard und Deprez. 2 Bde. Paris, 1904–1905.
Litera de civitate Pragensi..., in Höfler, Bd. VI der FRA, S. 311–319.
LÖFFLER, K. *Die Wiedertäufer zu Münster* 1534–35. Jena, 1923. (Enthält viel ins Neuhochdeutsche übersetzte Material).
LUKIAN VON SAMOSATA. *Saturnalische Briefe*.
LUTHER, MARTIN. *Werke (Kritische Gesamtausgabe)*. Weimar, 1883–1908.
(1) Bd. XV. *Brief an die Fürsten zu Sachsen von dem aufrührischen Geist*, S. 199 ff.
(2) Bd. XVIII. *Wider die mörderischen und räuberischen Rotten der Bauern*.
(3) *Sendschreiben an die Christen zu Antwerpen*, 1525, S. 547 ff.
Magdeburger Schöppenchronik, in CDS, Bd. VII.
Majestas Carolini, in *Archiv český*, Bd. III, S. 68–180.
MANSI, J. D. *Sacra conciliorum collectio*. Paris und Leipzig, 1902–1913.
MARTÈNE, E. und DURAND, U. *Veterum Scriptorum at Monumentum amplissima collectio*. 9 Bde. Paris, 1724–1733.
MARTIN VON TROPPAU (Martinus Polonus). *Chronicon expeditissimum*. Antwerpen, 1574. Fortsetzungen zu Martins *Chronicon pontificum et imperatorum*:
Continuatio Anglica, in MGHS, Bd. XXIV.
Continuatio Brabantina, in MGHS, Bd. XXIV.
MATTHIAS VON NEUENBURG. *Chronica*, in FRG, Bd. IV.
MECHTHILD VON MAGDEBURG. *Das fließende Licht der Gottheit*, hg. Morel. Regensburg, 1869.
MEYER, JACOB. *Commentarii sive Annales rerum Flandricarum*. Antwerpen, 1559.
MICHAEL DE LEONE. *Annotata historica*, in FRG, Bd. I.

Mönch von Westminster. Fortsetzung zu Hidgens *Polychronicon*, in RS 41, Bd. IX, 1886.
Monumenta Boica. München, 1763 ff.
Monumenta Germaniae Historica, hg. Pertz, Mommsen u. a. Hannover und Berlin, 1826 ff.
Scriptores, 1826 ff.
Scriptores rerum Germanicarum in usum scholarum, 1839 ff.
Scriptores rerum Germanicarum, Neue Folge. Berlin, 1922 ff.
Mouskes, Philippe (Mousket). *Chronique rimée*, hg. Reifenberg, Bd. II. Brüssel, 1838.
Muisis, Gilles li. *Chronica*, in CCF, Bd. II.
Müntzer, Thomas. *Schriften*, hg. Brandt (siehe auch Brandt [OQ]). Enthält u. a. in modernisierter Schreibweise:
(1) *Von dem gedichteten Glauben...*
(2) *Protestation oder Entbietung Thomas Müntzers...*
(3) *Die Fürstenpredigt*
(4) *Ausgedrückte Entblößung...*
(5) *Hoch verursachte Schutzrede...*
Müntzer, Thomas. *Müntzers politische Schriften*, hg. Hinrichs. Halle, 1950.
Müntzer, Thomas. *Thomas Müntzers Briefwechsel*, hg. Böhmer und Kirn. Leipzig, 1931.
Nauclerus, Joannes. *Chronica*. Köln, 1544.
Neubauer, A. und Stern, M. (hg.). *Hebräische Berichte über die Judenverfolgungen während der Kreuzzüge*, in *Quellen zur Geschichte der Juden in Deutschland*, Bd. II. Berlin, 1892. (Hebräisch, mit deutscher Übersetzung.)
Newe zeitung, von den Widerteuffern zu Münster, in *Zeitschrift für vaterländische Geschichte und Altertumskunde*, Bd. XXVII. Münster, 1867. S. 255–266.
Nider, Johann. *Formicarius*. Straßburg, 1517.
Niesert, J. *Münsterische Urkundensammlung*, Bde. I, II. Koesfeld, 1826. Enthält u. a.:
(1) Bd. I. Geständnis des Johannes Beckemann, S. 33–37.
(2) Geständnis des Zillis Leitgen, S. 136–149.
(3) Geständnis des Jakob von Osnabrück, S. 154–166.
(4) Bd. II. Newe zeittunge vonn Münster, S. 499–504.
Notae Colonienses, in MGHS, Bd. XXIV.
Opel, O. (hg.). «Zur Geschichte des Bauernkrieges», in *Neue Mitteilungen aus dem Gebiete historisch-antiquarischer Forschungen*, Bd. XII. Halle und Nordhausen, 1869. (Dokumente Thomas Müntzer betreffend.)
Oswald der Schreiber (aus Königsberg in Ungarn), hg. Zarncke, in «Der Priester Johannes», *Abhandlungen der sächsischen Gesellschaft der Wissenschaften, Philologisch-historische Klasse*, Bd. VII. Leipzig, 1879.
Otto von Freising. *Gesta Friderici I Imperatoris*, in SGUS, 1912. 3. Aufl.
Ottokar. *Österreichische Reimchronik*, 1250–1300, in *Deutsche Chroniken*, Bd. V.
Ovidius Naso, Publius. *Metamorphoseon libri XV/Metamorphosen*. Hg. und übers. von Hermann Breitenbach. Zürich, 1958.
Papias. *De expositione oraculorum dominicorum* (Fragmente), in PG, Bd. V.
Paris, Matthew. *Chronica majora*, in RS 57. 7 Bde. 1872–1883.
Patrologiae cursus completus. Series Latina, hg. J. P. Migne. Paris, 1844–1855.

Patrologiae cursus completus. Series Graeco-Latina, hg. J. P. Migne. Paris, 1857–1866.
PELAYO, ALVAREZ (Alvarus Pelagius). *De Planctu Ecclesiae*. 2 Bde. Ulm, 1474.
PETER VON ZITTAU. *Die Königsaaler Geschichtsquellen (Chronica Aulae regiae libri tres)*, in FRA, Bd. VIII.
PETRUS CANTOR. *Verbum abbreviatum*, in PL, Bd. CCV.
PFEIFFER, F. (hg.). *Swester Katrei Meister Ekehartes Tohter von Strâzburc*, in *Deutsche Mystiker des vierzehnten Jahrhunderts*, Bd. II. Leipzig, 1857. S. 448 bis 475.
POCQUE, ANTOINE. Mystischer Traktat, zitiert in Calvin (4), Kol. 225–242.
PORETE, MARGUERITE. *Le Mirouer des simples ames quienties et qui seulement demourent en vouloir et desir d'amour*, hg. R. Guarnieri, in *Il Movimento del Libero Spirito*. Rom 1965.
PREGER, W. (hg.) (1). *Compilatio de novo spiritu* (anonymus), in Preger (1) (MW), S. 469–471.
PREGER, W. (hg.) (2). *Tractatus... contra quosdam articulos erroneos*, in Preger (2) (MW), S. 62–63.
PRIMAT, Mönch von Saint-Denis. *Chronique de Primat*, übersetzt aus dem (verlorenen) lateinischen Original von Jean de Vignay, in RHF, Bd. XXIII.
Pseudo-Methodius, in Sackur, S. 59–96.
PTOLOMAEUS (Tholomeus) VON LUCCA. *Vita Clementis V*, in Baluze (1), Bd. I.
PULKAVA VON RADENIN (Przibico). *Chronico Boemorum*, mit Fortsetzung, in G. Dobner, *Monumenta historica Boemiae*, Bd. III, IV.
RADULPH GLABER. *Historiarum libri quinque*, in PL, Bd. CXLII.
RAIMUND VON AGUILERS. *Historia Francorum qui ceperunt Jerusalem*, in RHC, Bd. III.
RAMERT, HERMANN (zugeschr.). *Die Ordnung der Wiedertäufer zu Münster, item was sich daselbst nebenzu verloffen hat*, in *Zeitschrift für vaterländische Geschichte und Altertumskunde*, Bd. XVII. Münster, 1856. S. 240–249.
Recognitiones (S. Clementis Romani), in PG, Bd. I.
Recueil des Historiens des Croisades, Historiens Occidentaux. Publ. *Académie des Inscriptions et Belles-Lettres*. 5 Bde. Paris, 1844–1895.
Recueil des Historiens des Gaules et de la France (Rerum Gallicarum et Francicarum scriptores), hg. Bouquet u. a. Paris, 1738–1876.
Reformation Kaiser Sigmunds, hg. Beer *(Beiheft zu den deutschen Reichstagsakten)*. Stuttgart, 1933.
REGENBOGEN (zugeschr.). *Meistersingerlied*, in Schultheiß (MW), S. 55–58.
REIFFERSCHEID, A. (hg.). *Neun Texte zur Geschichte der religiösen Aufklärung in Deutschland während des 14-ten und 15-ten Jahrhunderts*. Greifswald, 1905.
REINERUS. *Annales S. Jacobi Leodiensis*, in MGHS, Bd. XVI.
Renart le Contrefait, hg. Raynaud und Lemaître, Bd. II. Paris, 1914.
REUSS, F. A. «Die Wallfahrt nach Niklashausen im Jahre 1476», in *Archiv des historischen Vereins von Unterfranken und Aschaffenburg*, Bd. X, 3. Würzburg, 1858. S. 300–318. (Dokumentensammlung.)
RHEGIUS, URBANUS (1). *Widderlegung der münsterischen newen Valentianer und Donatisten Bekentnus*. Wittenberg, 1535.
RHEGIUS, URBANUS (2). *De restitutione regni Israëlitici, contra omnes omnium seculorum Chiliastas: in primis tamen contra Miliarios Monasterienses*. Zell, 1536.

Richard von Poitiers. *Chronicon*, in RHF, Bd. XII.

Richerus. *Gesta Senoniensis Ecclesiae*, in MGHS, Bd. XXV.

Riessler, Paul (Hg.). *Altjüdisches Schrifttum außerhalb der Bibel*. Augsburg, 1928.

Rigord. *Gesta Philippi Augusti*, in RHF, Bd. XVII.

Ritter, G. (hg.). «Zur Geschichte des häretischen Pantheismus in Deutschland im 15. Jahrhundert», in ZKG, Bd. XLIII (1924), Neue Folge, Bd. VI. Enthält:
(1) *Articuli confessi per Johannem Lolhardum*, S. 150 ff.
(2) *Articuli informatoris de heresi circa Egram anno 1467*, S. 158–159.

Robert von Auxerre. *Chronologia*, in RHF, Bd. XVIII.

Robert von Avesbury. *De gestis mirabilibus regis Edwardi tertii*, in RS 93, 1889.

Robert der Mönch. *Historia Hierosolymitana*, in RHC, Bd. III.

Rolandslied, Das. Übers. von Wilhelm Hertz. 2. Aufl. Stuttgart und Berlin, 1914.

Rolls Series (*Rerum Britannicarum medii aevi scriptores*). Veröffentlicht unter der Leitung des Master of the Rolls. London, 1858 ff.

Rothe, Johannes. *Thüringische Chronik*, hg. von Liliencron, Bd. III der *Thüringischen Geschichtsquellen*. Jena, 1854 ff.

Rothmann, Bernt (1). *Bekenntnisse van beyden Sacramenten* (zuerst gedruckt in Münster, 1533), in H. Detmer und R. Krumbholtz (MW).

Rothmann, Bernt (2). *Eyne Restitution edder Eine wedderstellinge rechter unnde gesunder Christliker leer...* (zuerst gedruckt in Münster, 1534), in *Neudrucke deutscher Literaturwerke*, Nr. 77 und 78, Halle, 1888.

Rothmann, Bernt (3). *Eyn gantz troestlick bericht van der Wrake unde straffe des Babilonischen gruwels...* (zuerst gedruckt in Münster, 1534), in K. W. Bouterwek (MW).

Ruusbroec, Jan van. *Werken*, hg. Reypens und Schurmans. 4 Bde. Mechelen und Amsterdam, 1932–1934. Enthält u. a. in der Reihenfolge ihrer Entstehung:
(1) *Vanden Vier Becoringhen*, in Bd. III.
(2) *Die Gheestelike Brulocht*, in Bd. I.
(3) *Vanden VII Sloten*, in Bd. III.
(4) *Een Spieghel der eewigher Salicheit*, in Bd. III.
(5) *Dat Boecsken der Verclaringhe*, in Bd. III.
(6) *Van den XII Beghinen*, in Bd. IV.

Rymer, T. *Foedera et acta publica*, hg. A. Clarke u. a., Bd. I. London, 1816.

Rýmovaná kronika česká (mit *Di tutsch kronik von Behemlant*), in *Fontes rerum Bohemicarum*, Bd. III. Prag, 1882.

Sackur, E. *Sibyllinische Texte und Forschungen: Pseudomethodius, Adso und die tiburtinische Sibylle*. Halle, 1898.

Salimbene von Parma. *Cronica*, in MGHS, Bd. XXXII.

Salomo bar Simeon. *Relation*, in Neubauer und Stern, Bd. II.

Schedel, Hartmann. *Liber cronicarum cum figuris et ymaginibus ab inicio mundi*. Nürnberg, 1493.

Schmid, Konrad (1). *Prophetica... Schmid haeresi Flagellatorum infecti*, in Stumpf (MW), Dokument 2, S. 16–24.

Schmid, Konrad (2). *Articuli ab... flagellantium Praedicatore conscripti*, in Stumpf (MW), Dokument 3, S. 24–26.

Schmidt, Karl. *Nicolaus von Basel*. Wien, 1966. Enthält:
(1) *Geständnis des Martin von Mainz*, S. 66–69. (In lateinischer Sprache. Ergänzungen bei Haupt [4] [MW].)

(2) *Buch von den zwei Mannen*, S. 205–277.
Schneider, Fedor (hg.). *Fünfundzwanzig lateinische weltliche Rhythmen aus der Frühzeit*. Rom, 1925.
Seneca, *Epistolae morales*.
Seuse, Heinrich. *Deutsche Schriften*, hg. Bihlmeyer. Stuttgart, 1907. Enthält:
(1) *Leben*.
(2) *Das Büchlein der Wahrheit*.
Siegfried von Balnhusin (Großballhausen in Sachsen). *Historia universalis*, in MGHS, Bd. XXV.
Sigebert von Gembloux. *Chronographia*, in MGHS, Bd. VI. Fortsetzung von Sigeberts Chronik:
Continuatio Praemonstratensis, in MGHS, Bd. VI.
Auctarium Gemblacense, in RHF, vol. XIII (auch in MGHS, Bd. VI).
Robert von Torigny (Robertus de Monte). *Chronica*, in MGHS, Bd. VI.
Simon von Tournai. *Collectio de scandalis Ecclesiae*, hg. Stroick, in *Archivum Franciscanum Historicum*, Bd. XXIV. Florenz, 1931. S. 33 ff.
Sollicitudo sacerdotum Thaboriensium, in Höfler, Bd. VI der FRA (als 2. Kapitel des 1. Teils des *Chronicon Taboritarum*).
Staří letopisové čeští (*Alte tschechische Chroniken*), *1378–1527*, hg. Palacký. Prag, 1829. (Bd. III der *Scriptores rerum Bohemicarum*).
Stephan von Bourbon. *Tractatus de diversis materiis predicabilibus*, hg. Lecoy de la Marche, in *Anecdotes historiques d'Etienne de Bourbon*. Paris, 1877.
Stolle, Konrad. *Thüringisch-erfurtische Chronik*, hg. Thiele (*Geschichtsquellen der Provinz Sachsen*, Bd. XXXIX). Halle, 1900.
Synode von Köln, 1353, in Hartzheim und Schannat, Bd. IV.
Synode von Köln, 1357, in Hartzheim und Schannat, Bd. IV.
Synode von Magdeburg, 1261, in Mansi, Bd. XXIV.
Synode von Mainz, 1259, in Mansi, Bd. XXIII.
Synode von Mainz, 1310, in Mansi, Bd. XXV.
Synode von Paris, 1209, in Denifle und Chatelain, S. 70.
Synode von Reims, 1157, in Mansi, Bd. XXI.
Synode von Trier, 1277, in Mansi, Bd. XXIII.
Synode von Trier, 1310, in Mansi, Bd. XXV.
Synode von Utrecht, 1357, in Fredericq (OQ), Bd. II, S. 142.
Taube von Selbach, Heinrich. *Chronica*, in MGHS, Neue Folge, Bd. I.
Thomas von Chantimpré. *Bonum universale de apibus*. Douai, 1627.
Thomas von Eccleston. *Liber de adventu Minorum in Angliam*, in MGHS, Bd. XXVIII.
Tilemann Ehlen von Wolfhagen. *Die Limburger Chronik*, in *Deutsche Chroniken*, Bd. IV.
Tobler, A. (hg.). *Li proverbe au Vilain*. Leipzig, 1895.
Tractatus contra errores (*Picardorum*), in Döllinger (OQ), S. 691–700. (Auch in Höfler, Bd. II der FRA, S. 434–441.)
Trithemius, Johannes (1). *Annales Hirsaugienses*. St. Gallen, 1690.
Trithemius, Johannes (2). *De viris illustribus ordinis S. Benedicti*. Köln, 1575.
Trogus, Pompeius Gnaeus, in Justinus, *Philippische Geschichte*, übers. von Chr. Schwarz. Stuttgart, 1857.
Twinger von Königshofen, Jakob. *Chronik*, in CDS, Bd. VII, IX.

ULANOWSKI, B. (hg.). *Examen testium super vita et moribus Beguinarum... in Sweydnitz*, in *Scriptores Rerum Polonicarum*, Bd. XIII. Krakau, 1889. S. 233–255.
URBAN, V., Papst (1). Bulle zur Ernennung von Inquisitoren in Deutschland, in Mosheim (2) (MW), S. 336–337.
URBAN, V., Papst (2). Bulle gegen die Begharden in Frankreich, in Mosheim (2) (MW), S. 412.
USQUE, SAMUEL. *Consolaçam ás Tribulaçoens de Israel*, hg. Mendes dos Remédios, in *Subsidios para o estudo da Historia da Litteratura Portugesa*. Coimbra, 1906–1907.
Visitationes Odonis Rigaudi archiepiscopi Rothomagensis, in RHF, Bd. XXI.
Vita Henrici II archiepiscopi (Treverensis) altera, in MGHS, Bd. XXIV.
Vita S. Norberti A, in MGHS, Bd. XII.
Vita S. Norberti B, in *Acta Sanctorum Bollandiana, Junii I*, 6. Juni.
WADDING, L. *Annales Minorum*. 2. Aufl. Rom, 1731–1745.
WALSINGHAM, THOMAS. *Historia Anglicana*. RS 28, Bd. II, 1869.
WASMOD, JOHANN, VON HOMBURG. *Contra heriticos Bekardos Lulhardos et swestriones*, in Haupt (3) (MW), S. 567–576.
WATTENBACH, W. «Über die Sekte der Brüder vom freien Geiste», in SPAW, Bd. XXIX (1887), S. 517–544. Enthält:
(1) Geständnis des Johannes von Brünn, S. 529–537.
(2) Geständnis des Johannes Hartmann, S. 538–543.
(Beide in lateinischer Sprache.)
WIDMAN, GEORG. *Chronika*, in *Württembergische Geschichtsquellen*, Bd. VI. Stuttgart, 1904.
WILHELM DER BRETONE. *Gesta Philippi Augusti*, hg. Delaborde, in *Oeuvres de Rigord et de Guillaume le Breton*, Bd. I. Paris, 1882.
WILHELM VON EGMONT. *Chronicon*, in Antonius Matthaeus, *Veteris Aevi Analecta*, Bd. II. Den Haag, 1723.
WILHELM VON NANGIS (1). *Gesta Ludovici IX*, in RHF, Bd. XX.
WILHELM VON NANGIS (2). *Chronicon*, mit *Continuationes I, II, III*, hg. Géraud, 2 Bde. Paris 1843.
WILHELM VON NEWBURGH. *De rebus Anglicis*, in RHF, Bd. XIII.
WOLF, JOHANN. *Lectionum memorabilium et reconditarum centenarii XVI*. Lauingen, 1600.
WYKES, THOMAS. *Chronicon*, in RS 36 (*Annales Monastici*, Bd. IV, 1869.
WYCLIF, JOHN. *Tractatus de civili dominio. Liber primus*, hg. Poole. London, 1885.
ZANTFLIET, CORNELIUS. *Chronicon*, in Martène und Durand, Bd. V.
ZENO VON VERONA, hl. *Tractatus* (oder *Sermones*), in PL, Bd. XI.

II
Moderne Werke

ADLER, GEORG. *Geschichte des Sozialismus und Kommunismus von Plato bis zur Gegenwart*, Teil I. Leipzig, 1899.

AEGERTER, E. *Les hérésies du Moyen Age*. Paris, 1939.

Allgemeine Deutsche Biographie, hg. von Liliencron und Wegele. Leipzig, 1875–1912.

ALLIER, R. «Les frères du libre esprit», in T. Reinach u. a., *Religions et sociétés*. Paris, 1905. S. 109–153.

ALPHANDÉRY, P. (1). *Les idées morales chez les hétérodoxes latins au début du XIIIe siècle. (Bibliothèque de l'Ecole des Hautes Etudes, Sciences religieuses*, Bd. XVI, Heft 1.) Paris, 1903.

ALPHANDÉRY, P. (2). «De quelques faits de prophétisme dans les sectes latines antérieures au joachimisme», in *Revue de l'histoire des religions*, Bd. LII. Paris, 1905. S. 177–218.

ALPHANDÉRY, P. (3). «Les croisades d'enfants», in *Revue de l'histoire des religions*, Bd. LXIII. Paris, 1916. S. 259–282.

ALPHANDÉRY, P. (4). *Notes sur le messianisme médiéval latin (XIe–XIIe siècles)*. Paris, 1912.

ALPHANDÉRY, P. (5). «Les foules religieuses», in *La Foule* (Vorträge, gehalten im *Centre international de synthèse*, 1932). Paris, 1934. S. 53–76.

ALPHANDÉRY, P. und DUPRONT, A. *La Chrétienté et l'idée de Croisade*. Paris, 1954.

ALTMEYER, J. J. *Les précurseurs de la Réforme aux Pays-Bas*. Paris, 1886.

ALVERNY, M. T. D'. «Un fragment du procès des Amauriciens», in *Archives d'histoire doctrinale et littéraire du Moyen Age*, Bd. XVIII. Paris, 1950–1951. S. 325–336.

ANDREAS, W. *Deutschland vor der Reformation*. Stuttgart und Berlin, 1934.

BACHMANN, R. *Niclas Storch*. Zwickau, 1880.

BAERWALD, R. *Die Schlacht bei Frankenhausen*. Mühlhausen in Thüringen, 1925.

BAETHGEN, F. *Der Engelpapst*. Leipzig, 1943.

BAHLMANN, P. *Die Wiedertäufer zu Münster. Eine bibliographische Zusammenstellung*. Münster, 1894.

BAINTON, R. H. *David Joris*. Leipzig, 1937.

BARACK, K. A. «Hans Böhm und die Wallfahrt nach Niklashausen im Jahre 1476», in *Archiv des historischen Vereins von Unterfranken und Aschaffenburg*, Bd. XIV, 3. Würzburg, 1858. S. 1–108.

BARON, S. W. *A social and religious history of the Jews*, Bd. II. New York, 1937.

BARTOŠ, F.-M. (1). «Žižka a pikarti», in *Kalich*, Bd. IX, Heft 3–4. Prag, 1924. S. 97–108.

BARTOŠ, F.-M. (2). «Kněze Petra Kányše vyznăni víry a večeře Páně z r. 1421», in *Jihočeský sborník historický*, Bd. I. Tabor, 1928. S. 2–5.

BARTOŠ, F.-M. (3). «Picards et ‹Pikarti›», in BHPF, Bd. LXXX (1931), S. 465–486; Bd. LXXXI (1932), S. 8–28.

BAX, E. B. *Rise and fall of the Anabaptists*. London, 1903.

BEAUSOBRE, I. DE, «Dissertation sur les Adamites de Bohème», in J. Lenfant, *Histoire de la guerre des Hussites*, Bd. I. Amsterdam, 1731. S. 304–349.

Beer, M. *Social struggles in the Middle Ages*, übers. Stenning. London, 1924.
Bemmann, R. *Thomas Müntzer, Mühlhausen in Thüringen und der Bauernkrieg*. Leipzig, 1920.
Bennett, H. S. *Life on the English Manor*. Cambridge, 1948.
Benz, E. *Ecclesia Spiritualis. Kirchenidee und Geschichtstheologie der franziskanischen Reformation*. Stuttgart, 1934.
Berger, E. *Histoire de Blanche de Castille, reine de France*. Paris, 1895.
Bernheim, E. *Mittelalterliche Zeitanschauungen in ihrem Einfluß auf Politik und Geschichtsschreibung*. Tübingen, 1918.
Bernheimer, R. *Wild men in the Middle Ages*. Cambridge, Mass., 1952.
Betts, R. R. «Correnti religiose nazionali ed ereticali dalla fine del secolo XIV alla metà del XV», in *Storia del Medioevo* (MW), S. 403–513. (In englischer Sprache.)
Beuzart, P. *Les hérésies pendant le Moyen Age dans la région de Douai, d'Arras et au pays de l'Aller*. Le Puy, 1912.
Bezold, F. von (1). *Zur Geschichte des Husitentums*. München, 1874.
Bezold, F. von (2). «Die Lehre von der Volkssouveränität während des Mittelalters». 1876. Wiederabgedruckt in *Aus Mittelalter und Renaissance*. München und Berlin, 1918. S. 1–48.
Bezold, F. von (3). «Die ‹armen Leute› und die deutsche Literatur des späteren Mittelalters». 1879. Wiederabgedruckt in *Aus Mittelalter und Renaissance*. München und Berlin, 1918. S. 49–81.
Bezold, F. von (4). «Zur deutschen Kaisersage», in *Sitzungsberichte der königlich bayerischen Akademie der Wissenschaften. Philosophisch-philologische Klasse*. Bd. XIV. München, 1884. S. 560–606.
Bezold, F. von (5). *Geschichte der deutschen Reformation*. Berlin, 1890.
Bidez, J. *La Cité du Monde et la Cité du Soleil*. Paris, 1932.
Bignami-Odier, J. *Etudes sur Jean de Roquetaillade (Johannes de Rupescissa)*. Paris, 1952.
Blanke, F. «Das Reich der Wiedertäufer zu Münster 1534–1535», in *Archiv für Reformationsgeschichte*, Bd. XXXVII. Berlin, 1940. S. 13–37.
Bloch, M. (1). *Les rois thaumaturges: Etude sur le caractère surnaturel attribué à la puissance royale particulièrement en France et en Angleterre*. Straßburg, 1924.
Bloch, M. (2). *Les caractères originaux de l'histoire rurale française*. Oslo, 1931.
Bloch, M. (3). *La société féodale: la formation des liens de dépendance*. Paris, 1939.
Bloomfield, M. W. und Reeves, M. E. «The penetration of Joachism into northern Europe», in *Speculum*, Bd. XXIX. Cambridge, Mass., 1954. S. 772–793.
Boas, G. *Essays on Primitivism and related ideas in the Middle Ages*. Baltimore, 1948.
Boehmer, H. (1). *Studien zu Thomas Müntzer*. Leipzig, 1922.
Boehmer, H. (2). «Thomas Müntzer und das jüngste Deutschland», in *Gesammelte Aufsätze*. Gotha, 1924.
Boissonade, P. *Life and work in medieval Europe*, übers. Power. London, 1927.
Borst, A. *Die Katharer (Schriften der Monumenta Germaniae Historica*, Bd. XII). Stuttgart, 1953.
Bossert, G. u. a. *Württembergische Kirchengeschichte*. Calw und Stuttgart, 1893.
Bousset, W. (1). *The Antichrist legend, a chapter in Christian and Jewish folklore*, übers. Keane. London, 1896.

Bousset, W. (2). «Beiträge zur Geschichte der Eschatologie», in ZKG, Bd. XX (1900), S. 103–131, 262–290.
Bouterwek, K. W. *Zur Literatur und Geschichte der Wiedertäufer, besonders in den Rheinlanden*. Bonn, 1864.
Bruno de Jésus-Marie u. a. «La confession de Boullan», in *Satan* (*Etudes carmélitaines*, Bd. VI). Paris, 1949.
Bulard, M. *Le scorpion, symbole du peuple juif dans l'art religieux des XIVe, XVe, XVIe siècles*. Paris, 1935.
Burdach, K. *Vom Mittelalter zur Reformation*. Berlin, 1893–1937.
(1) Bd. II, Teil 1: *Rienzo und die geistige Wandlung seiner Zeit*.
(2) Bd. III, Teil 2: *Der Dichter des Ackermanns aus Böhmen und seine Zeit*.
Burdach, K. (3). *Reformation, Renaissance, Humanismus*. Berlin und Leipzig, 1926.
Burdach, K. (4). «Der Longinus-Speer in eschatologischem Lichte», in SPAW, Bd. IX (1920), S. 294–321.
Cahour, A. *Baudouin de Constantinople. Chronique de Belgique et de France*. Paris, 1850.
Cambridge Economic History of Europe. Cambridge, 1942–1952.
Bd. I: Agrarian life of the Middle Ages, hg. J. H. Clapham und E. Power.
Bd. II: Trade and industry in the Middle Ages, hg. M. Postan und E. E. Rich.
Cambridge Medieval History. 8 Bde. Cambridge, 1913–1936.
Capelle, G. C. *Amaury de Bène, étude sur son panthéisme formel*. Paris, 1932.
Carew Hunt, R. H. «Thomas Müntzer», in *Church Quarterly Review*. London. Bd. CXXVI (1938), S. 213–244; Bd. CXXVII (1939), S. 227–267.
Carlyle, R. W. und Carlyle, A. J. *A history of medieval political theory in the West*. 6 Bde. Edinburgh, 1903–1936.
Caro, G. *Sozial- und Wirtschaftsgeschichte der Juden im Mittelalter und der Neuzeit*. 2 Bde. Frankfurt a. M., 1920–24.
Carus-Wilson, E. «The woollen industry», in CEH, Bd. II, Kap. 6, S. 355–428.
Case, S. J. *The millennial hope*. Chicago, 1918.
Chalandon, F. *Histoire de la première Croisade*. Paris, 1925.
Chalupný, E. «Adamité a Žižka», in *Jihočeský sborník historický*, Bd. I. Tabor, 1928, S. 51–52.
Cohn, N. *Die Protokolle der Weisen von Zion: Der Mythos von der jüdischen Weltverschwörung*. Köln/Berlin, 1969.
Cornelius, C. A. (1). *Geschichte des Münsterischen Aufruhrs*. 2 Bde. Leipzig, 1855–1860.
Bd. I: *Die Reformation*.
Bd. II: *Die Wiedertaufe*.
Cornelius, C. A. (2). *Die niederländischen Wiedertäufer während der Belagerung Münsters 1534 bis 1535*. München, 1869.
Cornelius, C. A. (3). «Johann Bokelson», in ADB, Bd. III, S. 91–93.
Cornelius, C. A. (4). «Bernt Knipperdollinck», in ADB, Bd. XVI, S. 293–295.
Cornelius, C. A. (5). «Jan Mathyszoon», in ADB, Bd. XX, S. 600–602.
Coulton, G. G. *The Black Death*. London, 1929.
Cumont, F. «La fin du monde selon les mages occidentaux», in *Revue de l'histoire des religions*, Bd. CIII. Paris, 1931. S. 29–96.
Curschmann, H. H. W. F. *Hungersnöte im Mittelalter*. Leipzig, 1900.

DELACROIX, H. *Le mysticisme en Allemagne au 14e siècle*. Paris, 1900.
DEMPF, A. *Sacrum Imperium: Geschichts- und Staatsphilosophie des Mittelalters und der politischen Renaissance*. München und Berlin, 1929.
DETMER, H. (1). *Hermann von Kerssenbrochs Leben und Schriften*. Münster, 1900.
DETMER, H. (2). *Bilder aus den religiösen und sozialen Unruhen in Münster*. 3 Bde. Münster, 1903–1904.
Bd. I: Johann von Leiden.
Bd. II: Bernhard Rothmann.
Bd. III: Über die Auffassung von der Ehe... während der Täuferherrschaft.
DETMER, H. und KRUMBHOLTZ, R. *Zwei Schriften des Münsterischen Wiedertäufers Bernhard Rothmann*. Mit einer geschichtlichen Einleitung. Dortmund, 1904.
DEVIC, C. und VAISSÈTE, J. J. *Histoire générale de la province de Languedoc*, hg. Molinier, Bd. IX. Toulouse, 1885.
Dictionnaire de Théologie Catholique, hg. Vacant und Mangenot. Paris, 1899–1950.
DOBROWSKÝ, J. «Geschichte der Böhmischen Pikarden und Adamiten», in *Abhandlungen der königlich böhmischen Gesellschaft der Wissenschaften*, Bd. IV. Prag und Dresden, 1788. S. 300–343.
DÖLLINGER, I. VON. «Der Weissagungsglaube und das Prophetentum in der christlichen Zeit», in *Historisches Taschenbuch*, Fünfte Folge, Bd. I. Leipzig, 1871. S. 259–370.
DOREN, A. «Wunschräume und Wunschzeiten», in *Vorträge der Bibliothek Warburg*, Bd. IV. Leipzig, 1927. S. 158–205.
DU CANGE, C. DU FRESNE. *Glossarium ad scriptores mediae et infimae Latinitatis*, hg. Henschel. Paris, 1840–1850.
DUPRÉ THESEIDER, E. *Introduzione alle eresie medievali*. Bologna, 1953.
EEKHOUD, G. *Les libertins d'Anvers. Légende et histoire des Loïstes*. Paris, 1912.
ELBOGEN, I. «Zu den hebräischen Berichten über die Judenverfolgungen im Jahre 1096», in *Festschrift zum 70. Geburtstage Martin Philippsons*. Leipzig, 1917.
ELIADE, M. *The myth of the eternal return*, übers. Trask. London, 1955.
Encyclopedia of religion and ethics, hg. Hastings und Selbie. Edinburgh, 1908–1926.
ERBKAM, H. W. *Geschichte der protestantischen Sekten im Zeitalter der Reformation*. Hamburg und Gotha, 1848.
ERDMANN, C. (1). «Endkaiserglaube und Kreuzzugsgedanke im 11. Jahrhundert», in ZKG, Bd. LI (1932), S. 384–414.
ERDMANN, C. (2). *Die Entstehung des Kreuzzugsgedankens*. Stuttgart, 1935.
ESSEN, L. VAN DER. «De ketterij van Tanchelm in de XIIde eeuw», in *Ons Geloof*, Bd. II. Antwerpen, 1912. S. 354–361.
EVANS, A. P. «Social aspects of medieval heresy», in *Persecution and Liberty, essays in honour of George Lincoln Burr*. New York, 1931. S. 93–116.
FAGAN, H. und HILTON, R. H. *The English rising of 1381*. London, 1950.
FLADE, P. «Römische Inquisition in Mitteldeutschland», in *Beiträge zur sächsischen Kirchengeschichte*, Bd. IX. Leipzig, 1894.
FOLZ, R. *Le souvenir et la légende de Charlemagne dans l'Empire germanique médiéval*. Paris, 1950.
FÖRSTEMANN, E. G. *Die christlichen Geißlergesellschaften*. Halle, 1828.
FRAENGER, W. *Hieronymus Bosch: das tausendjährige Reich*. Coburg, 1947.
FRANZ, G. *Der deutsche Bauernkrieg*. München und Berlin, 1933.

Fredericхs, J. (1). *De secte der Loïsten, of Antwerpsche Libertijnen* (1525–1545). Gent und Den Haag, 1891.

Fredericхs, J. (2). «Un luthérien français devenu libertin spirituel: Christophe Herault et les Loïstes d'Anvers (1490–1544)», in BHPF, Bd. XLI (1892), S. 250–269.

Fredericq, P. (1). *De secten der geeselars en der dansers in den Nederlanden tijdens de 14de eeuw*. Brüssel, 1897.

Fredericq, P. (2). «Deux sermons inédits de Jean du Fayt», in *Bulletin de l'Académie royale de Belgique, Classe des Lettres*, Bde. IX, X. Brüssel, 1903. S. 688–718.

Gilson, E. *La philosophie au Moyen Age*. Paris, 1944.

Gothein, E. *Politische und religiöse Volksbewegungen vor der Reformation*. Breslau, 1878.

Graetz, H. *Geschichte der Juden*, Bde. VI, VII. Leipzig, 1873.

Grauert, H. von (1). «Zur deutschen Kaisersage», in *Historisches Jahrbuch*, Bd. XIII. Leipzig, 1892. S. 100–143.

Grauert, H. von (2). «Das Schulterkreuz der Helden mit besonderer Beziehung auf das Haus Wettin», in *Ehrengabe deutscher Wissenschaft* (*für Prinz Johann Georg*), hg. Fessler. Freiburg i. B., 1920. S. 703–720.

Graus, F. *Chudina městská v době předhusitské*. Prag, 1949.

Griewank, K. *Der neuzeitliche Revolutionsbegriff: Entstehung und Entwicklung*. Weimar, 1955.

Grousset, R. *Histoire des croisades et du royaume franc de Jérusalem*, Bd. I. Paris, 1934.

Grundmann, H. (1). *Studien über Joachim von Floris*. Leipzig und Berlin, 1927.

Grundmann, H. (2). *Neue Forschungen über Joachim von Fiore*. (*Münstersche Forschungen I.*) Marburg, 1950.

Grundmann, H. (3). *Religiöse Bewegungen im Mittelalter*. Berlin, 1935.

Grundmann, H. (4). «Eresie e nuovi ordini religiosi nel secolo XII», in *Storia del Medioevo* (MW), S. 357–402. (In deutscher Sprache.)

Grundmann, H. (5). «La mistica tedesca nei suori riflessi popolari: il beghinismo», in *Storia del Medioevo* (MW), S. 467–484. (In deutscher Sprache.)

Gry, L. *Le millénarisme dans ses origines et son développement*. Paris, 1904.

Guiraud, J. *Histoire de l'Inquisition au Moyen Age*, Bd. I. Paris, 1935.

Haagen, F. *Geschichte Aachens*, Bd. I. Aachen, 1873.

Hagenmeyer, H. *Peter der Eremite*. Leipzig, 1879.

Hahn, C. U. *Geschichte der Ketzer im Mittelalter*, Bde. II, III. Stuttgart, 1845.

Hampe, K. «Eine frühe Verknüpfung der Weissagung vom Endkaiser mit Friedrich II. und Konrad IV.», in *Sitzungsberichte der Heidelberger Akademie der Wissenschaften* (Philosophisch-historische Klasse), Abhandlung VI, 1917.

Harting, D. *De munstersche Furie*. Enkhuizen, 1850.

Hauck, A. *Kirchengeschichte Deutschlands*, Bd. V. Leipzig, 1911.

Haupt, H. (1). *Die religiösen Sekten in Franken*. Würzburg, 1882.

Haupt, H. (2). «Ein Beghardenprozeß in Eichstädt vom Jahre 1381», in ZKG, Bd. V (1882), S. 487–498.

Haupt, H. (3). «Beiträge zur Geschichte der Sekte vom freien Geiste und des Beghardentums», in ZKG, Bd. VII (1885), S. 503–576. (Enthält Ergänzungen zu Albertus Magnus, *Compilatio*, aus einer anderen Handschrift.)

Haupt, H. (4). «Zur Biographie des Nicolaus von Basel», in ZKG, Bd. VII

(1885), S. 508–511. (Enthält Ergänzungen zum Geständnis des Martin von Mainz.)
HAUPT, H. (5). «Zur Geschichte der Geißler», in ZKG, Bd. IX (1888), S. 114–119. (Enthält Ergänzungen zu den Artikeln von Sonderhausen aus einer anderen Handschrift.)
HAUPT, H. (6). «Husitische Propaganda in Deutschland», in *Historisches Taschenbuch*, Sechste Folge, Bd. VII. Leipzig, 1888. S. 235–304.
HAUPT, H. (7). «Zwei Traktate gegen Beginen und Begharden», in ZKG, Bd. XII (1891), S. 85–90.
HAUPT, H. (8). *Ein oberrheinischer Revolutionär aus dem Zeitalter Kaiser Maximilians I.* (*Westdeutsche Zeitschrift für Geschichte und Kunst*, Ergänzungsheft VIII). Trier, 1893. S. 77–228.
HAUPT, H. (9). «Beginen und Begarden», in RPT, Bd. II, S. 516–526.
HAUPT, H. (10). «Brüder des freien Geistes», in RPT, Bd. II, S. 467–472.
HAUPT, H. (11). «Kirchliche Geißelung und Geißlerbruderschaften», in RPT, Bd. VI, S. 432–444.
HAUPT, H. (12). «Konrad Schmid», in ADB, Bd. XXXI, S. 683.
HAUPT, H. (13). «Wirsberg: Janko (Johannes) und Livin (Levin) von W.», in ADB, Bd. XLIII, S. 518–520.
HAURÉAU, B. *Histoire de la philosophie scolastique*, Teil II, Bd. I. Paris, 1880.
HEATH, R. *Anabaptism from its rise at Zwickau to its fall in Münster*. London, 1895.
HECKER, J. F. C. *The epidemics of the Middle Ages*, übers. Babington. London, 1859.
HEER, F. (1). *Aufgang Europas: eine Studie zu den Zusammenhängen zwischen politischer Religiosität, Frömmigkeitsstil und dem Werden Europas im 12. Jahrhundert*. Wien und Zürich, 1949.
HEER, F. (2). *Europäische Geistesgeschichte*. Stuttgart, 1957.
HEIDELBERGER, F. *Kreuzzugsversuche um die Wende des 13. Jahrhunderts*. Berlin und Leipzig, 1911.
HEISIG, K. «Die Geschichtsmetaphysik des Rolandsliedes und ihre Vorgeschichte», in *Zeitschrift für romanische Philologie*, Bd. LV. Halle, 1935. S. 1–87.
HEYER, F. *Der Kirchenbegriff der Schwärmer* (Schriften des Vereins für Reformationsgeschichte, Bd. LXVI). Leipzig, 1939.
HEYMANN, F. G. *John Žižka and the Hussite revolution*. Princeton, 1955.
HINRICHS, C. *Luther und Müntzer, ihre Auseinandersetzung über Obrigkeit und Widerstandsrecht*. Berlin, 1952.
HOCHHUT, W. H. «Landgraf Philipp und die Wiedertäufer», in *Zeitschrift für die historische Theologie*, Bd. XXIX. Hamburg und Gotha, 1859.
HOENIGER, R. *Der schwarze Tod in Deutschland*. Berlin, 1882.
HOLL, K. «Luther und die Schwärmer», in *Gesammelte Aufsätze zur Kirchengeschichte*, Bd. I. Tübingen, 1923.
HÜBNER, A. *Die deutschen Geißlerlieder*. Berlin und Leipzig, 1931.
HÜBSCHER, A. *Die große Weissagung. Texte, Geschichte und Deutung der Prophezeiungen von den biblischen Propheten bis auf unsere Zeit*. München, 1952.
HUGENHOLTZ, F. W. N. *Drie boerenopstanden uit de veertiende eeuw*. Haarlem, 1949.
HUILLARD-BRÉHOLLES, A. *Vie et correspondance de Pierre de la Vigne*. Paris, 1865.

Hundeshagen, C. B. «Der Communismus und die ascetische Socialreform im Laufe der christlichen Jahrhunderte», in *Theologische Studien und Kritiken*, Bd. XVIII. Gotha, 1845. S. 535–607, 821–872.
Hyamson, A. M. «Pseudo-messiahs», in ERE, Bd. VIII, S. 581–587.
Ilarino da Milano. «Le eresie popolari del secolo XI nell' Europa occidentale», in *Studi gregoriani*, Bd. II. Rom, 1947. S. 43–89.
Janssen, H. Q. «Tanchelijn», in *Annales de l'Académie d'archéologie de Belgique*, Bd. XXIII. Antwerpen, 1867. S. 374–450.
Johnson, A. R. *Sacral kingship in Ancient Israel*. Cardiff, 1955.
Jones, Ernest. *On the nightmare. Part II: The connections between the nightmare and certain medieval superstitions*. London, 1931.
Jones, R. M. *Studies in mystical religion*. London, 1909.
Jordan, R. *Zur Schlacht bei Frankenhausen (Zur Geschichte der Stadt Mühlhausen in Thüringen*, Bd. IV). Mühlhausen in Thüringen, 1908.
Jourdain, C. «Mémoire sur les sources philosophiques des hérésies d'Amaury de Chartres et de David de Dinan», in *Mémoires de l'Académie des Inscriptions et Belles-Lettres*, Bd. XXVI. Paris, 1870. S. 467–498.
Jundt, A. *Histoire du panthéisme populaire au Moyen Age et au 16e siècle*. Paris, 1875.
Jusserand, J. J. *English wayfaring life in the Middle Ages*, übers. L. T. Smith. London, 1950 (erstmals 1889 veröffentlicht).
Kahn, Salomon, «Les juifs de Montpellier au Moyen Age», in *Revue des études juives*, Bd. XXII. Paris, 1891. S. 264–279.
Kampers, F. (1). *Die deutsche Kaiseridee in Prophetie und Sage*. München, 1896.
Kampers, F. (1 A). *Kaiserprophetien und Kaisersagen im Mittelalter*. München, 1895. (Dasselbe wie Kampers [1], mit Anhängen versehen.)
Kampers, F. (2). *Vom Werdegang der abendländischen Kaisermystik*. Leipzig und Berlin, 1924.
Kautsky, K. *Communism in Central Europe in the time of the Reformation*, übers. Mulliken. London, 1897.
Keller, L. *Geschichte der Wiedertäufer und ihres Reiches zu Münster*. Münster, 1880.
Kervyn de Lettenhove, C. B. (1). «Bertrand de Rays», in *Biographie nationale de Belgique*, Bd. I, S. 338–342.
Kervyn de Lettenhove, C. B. (2). *Histoire de Flandre*. 6 Bde. Brüssel, 1847–1850.
Kestenberg-Gladstein, R. «A fifteenth-century polemic against Joachism, and its background», in *Journal of the Warburg and Courtauld Institutes*, Bd. XVIII. London, 1955. S. 245–295.
Kisch, G. *The Jews in medieval Germany*. Cambridge, 1950.
Klausner, J. *The messianic idea in Israel*, übers. Stinespring. London, 1956.
Klose, S. B. *Von Breslau. Dokumentirte Geschichte und Beschreibung*. Bd. II. Breslau, 1781.
Knox, R. A. *Enthusiasm, a chapter in the history of religion*. Oxford, 1950.
Köhler, W. «Münster, Wiedertäufer», in RPT, Bd. XIII, S. 539–553.
Kracauer, I. *Die politische Geschichte der Frankfurter Juden bis zum Jahre 1349*. Frankfurt a. M., 1911.
Kraft, H. «Gab es einen Gnostiker Karpokrates?», in *Theologische Zeitschrift*, Bd. VIII. Basel, 1952. S. 434–443.

KRIEHN, G. «Studies in the sources of the social revolt of 1381», in *American Historical Review*, Bd. VII. New York, 1901–1902. S. 254–285, 458–484.
KROFTA, K. (1). «Bohemia in the fourteenth century», in CMH, Bd. VII, Kap. 6, S. 155–182.
KROFTA, K. (2). «John Hus», in CMH, Bd. VIII, Kap. 2, S. 45–64.
KROFTA, K. (3). «Bohemia in the fifteenth century», in CMH, Bd. VIII, Kap. 3, S. 65–115.
LANCHESTER, H. C. O. «Sibylline Oracles», in ERE, Bd. II, S. 496–500.
LATOMUS, JOANNES. *Corsendonca*. Antwerpen, 1644.
LEA, H. C. *A history of the Inquisition of the Middle Ages*, Bd. II. London, 1888.
LECHNER, K. «Die große Geißelfahrt des Jahres 1349», in *Historisches Jahrbuch*, Bd. V. München, 1884. S. 437–462.
LEFRANC, A. *Les idées religieuses de Marguerite de Navarre*. Paris, 1898.
LEMPP, E. «Sekte von Hall», in RPT, Bd. VII, S. 363–365.
LEVASSEUR, E. *Histoire des classes ouvrières françaises et de l'industrie en France avant 1789*, Bd. I. Paris, 1900.
LINDSAY, P. und GROVES, R. *The Peasants' Revolt of 1381*. London, 1950.
LOCHNER, G. W. C. *Geschichte der Reichsstadt Nürnberg zur Zeit Kaiser Karls IV*. Berlin, 1873.
LOEB, I. «Josef Haccohen et les chroniqueurs juifs», in *Revue des études juives*, Bd. XVI. Paris, 1888. S. 28–56, 209–223.
LOHMANN, A. *Zur geistigen Entwicklung Thomas Müntzers*. Leipzig und Berlin, 1931.
LOVEJOY, A. O. «The communism of St. Ambrose», in *Essays in the History of Ideas*, London, 1949.
LOVEJOY, A. O. und BOAS, G. *Primitivism and related ideas in Antiquity*. Baltimore, 1935.
LÖWITH, K. *Meaning in History: the theological implications of the Philosophy of History*. Cambridge, 1950.
LUCAS, H. S. «The great European famine of 1315, 1316 and 1317», in *Speculum*, Bd. V. Cambridge, Mass., 1930. S. 343–377.
LÜTZOW, F. H. H. W. *The life and times of Master John Hus*. London, 1909.
MACCULLOCH, J. A. (1). «Eschatology», in ERE, Bd. V, S. 373–391.
MACCULLOCH, J. A. (2). *Medieval faith and fable*. London, 1932.
MAČEK, J. *Husitské revoluční hnutí*. Prag, 1952.
MATROD, H. «Les Bégards, essai de synthèse historique», in *Etudes franciscaines*, Bd. XXXVII. Paris, 1925. S. 5–20, 146–169.
MCDONNELL, E. W. *The Beguines and Beghards in medieval culture*. New Brunswick, 1954.
MENS, A. «Innerlijke drijfveeren en herkomst der kettersche bewegingen in de Middeleeuwen. Religieus ofwel sociaal oogmerk?», in *Miscellanea historica in honorem Leonis van der Essen*. Brüssel und Paris, 1947. S. 299–313.
MERX, O. *Thomas Müntzer und Heinrich Pfeiffer, 1523–1525. Ein Beitrag zur Geschichte des Bauernkrieges in Thüringen*. Göttingen, 1889.
MEUSEL, A. *Thomas Müntzer und seine Zeit*. Berlin, 1952.
MEYER, CHRISTIAN (1). «Zur Geschichte der Wiedertäufer in Oberschwaben», in *Zeitschrift des historischen Vereins für Schwaben und Neuburg*, Bd. I. Augsburg, 1874. S. 271 ff.

Meyer, Christian (2). «Der Wiedertäufer Nikolaus Storch und seine Anhänger in Hof», in ZKG, Bd. XVI (1896), S. 117–124.
Meyer, Victor. *Tile Kolup (der falsche Friedrich) und die Wiederkunft eines ächten Friedrich, Kaisers der Deutschen.* Wetzlar, 1868.
Mierlo, J. van. «Hadewijch une mystique flamande du 13e siècle», in *Revue d'ascétique et de mystique*, Bd. V. Toulouse, 1924. S. 269 ff.
Miret y Sans, J. «Le massacre des Juifs de Montclus en 1320», in *Revue des études juives*, Bd. LIII. Paris, 1907. S. 255–266.
Morghen, R. *Medioevo cristiano.* Bari, 1951.
Mosheim, J. L. von (1). *Institutiones historiae ecclesiasticae Novi Testamenti*, Bd. I. Helmstadt, 1764.
Mosheim, J. L. von (2). *De Beghardis et Beguinabus commentarius.* Leipzig, 1790.
Müller, Ewald. *Das Konzil von Vienne, 1311–1312. Seine Quellen und seine Geschichte.* Münster, 1934.
Müller, Karl (1). *Kirchengeschichte*, Bd. I. Freiburg i. B., 1892.
Müller, Karl (2). «Calvin und die ‹Libertiner›», in ZKG, Bd. XL (1922), S. 83–129.
Munro, D. C. «The Children's Crusade», in *American Historical Review*, Bd. XIX. London, 1914. S. 516–524.
Nabholz, H. «Medieval society in transition», in CEH, Bd. I, Kap. 8, S. 493–562.
Natusius, M. von. *Die christlich-socialen Ideen der Reformationszeit und ihre Herkunft.* Gütersloh, 1897.
Newman, A. H. *A history of anti-pedobaptism.* Philadelphia, 1897.
Niesel, W. «Calvin und die Libertiner», in ZKG, Bd. XLVIII (1929), S. 58–74.
Nigg, W. (1). *Das ewige Reich.* Erlenbach-Zürich, 1944.
Nigg, W. (2). *Das Buch der Ketzer*, Zürich, 1949.
Nohl, J. *The Black Death*, übers. Clarke. London, 1926.
Oesterley, W. O. E. und Robinson, T. H. *Hebrew religion, its origin and development.* London, 1949.
Oliger, L. *De secta Spiritus Libertatis in Umbria saeculo XIV. Disquisitio et Documenta.* (*Storia e Letteratura, Raccolta di Studi e Testi*, Bd. III.) Rom, 1943.
Oman, C. *The Great Revolt of 1381.* Oxford, 1906.
Owst, G. R. *Literature and pulpit in medieval England.* Cambridge, 1933.
Palacký, F. *Geschichte von Boehmen*, Bd. III. Prag, 1845.
Parkes, J. W. *The Jew in the medieval community.* London, 1938.
Payne, E. A. *The Anabaptists of the 16th century.* London, 1949.
Pearson, K. «The Kingdom of God», in *Modern Review*, Bd. V. London, 1884. S. 29–56, 259–283.
Petit-Dutaillis, C. (1). «Introduction historique» zu A. Réville, *Le soulèvement des travailleurs en Angleterre en 1381.* Paris, 1898.
Petit-Dutaillis, C. (2). «Causes and general characteristics of the rising of 1381», in *Studies and notes supplementary to Stubb's Constitutional History*, Bd. II. Manchester, 1914. S. 252–304.
Peuckert, W. E. *Die große Wende. Das apokalyptische Saeculum und Luther.* Hamburg, 1948.
Pfannenschmid, H. «Zur Geschichte der deutschen und niederländischen Geißler», in P. Runge, *Die Lieder und Melodien der Geißler des Jahres 1349.* Leipzig, 1900.

PHILIPPEN, L. J. M. «De Heilige Norbertus en de strijd tegen het Tanchelmisme te Antwerpen», in *Bijdragen tot de Geschiedenis*, Bd. XXV. Antwerpen, 1934. S. 251–288.

PIRENNE, H. (1). *Le soulèvement de la Flandre maritime de 1323–1328*. Brüssel, 1900.

PIRENNE, H. (2). «Northern towns and their commerce», in CMH, Bd. VI, Kap. 15, S. 550–527.

PIRENNE, H. (3). *Les villes du Moyen Age: essai d'histoire économique et sociale*. Brüssel, 1927.

PIRENNE, H. (4). «Tanchelm et le projet de démembrement du diocèse d'Utrecht vers 1100», in *Bulletin de l'Académie royale de Belgique, Classe des Lettres*, 5. Reihe, Bd. XIII. Brüssel, 1927. S. 112–119.

PIRENNE, H. (5). *Histoire de Belgique*, Bd. I, II. 5. Aufl. Brüssel, 1929.

PIRENNE, H. (6). *La civilisation occidentale au Moyen Age: le mouvement économique et social*, in *Histoire du Moyen Age* (Bd. VIII der *Histoire Générale*, hg. Glotz u. a.). Paris, 1933.

PIRENNE, H. (7). *Les anciennes démocraties des Pays-Bas*, 1910. Wiederabgedruckt in *Les villes et les institutions urbaines*. Paris und Brüssel, 1939. S. 143 bis 301.

PIRENNE, H. (8). *A history of Europe from the Invasions to the sixteenth century*, übers. Miall. London, 1952.

PORGÈS, N. «Les relations hébraïques des persécutions des Juifs pendant la première croisade», in *Revue des études juives*, Paris. Bd. XXV (1892), S. 181–201; Bd. XXVI (1893), S. 183–197.

POSTAN, M. «The trade of medieval Europe: the North», in CEH, Bd. II, Kap. 4, S. 119–256.

POTTHAST, A. *Bibliotheca historica Medii Aevi*. 2 Bde. Berlin, 1896.

POWER, E. (1). «The position of women», in *Legacy of the Middle Ages*, hg. Crump und Jacob, Kap. VII. Oxford, 1926. S. 401–434.

POWER, E. (2). «Peasant life and rural conditions (c. 1100–c. 1500)», in CMH, Bd. VII, Kap. 24, S. 716–750.

PRA, M. DAL. *Amalrico di Bena*. Mailand, 1951.

PREGER, W. (1). *Geschichte der deutschen Mystik im Mittelalter*, Bd. I. Leipzig, 1874.

PREGER, W. (2). *Beiträge zur Geschichte der religiösen Bewegung in den Niederlanden in der zweiten Hälfte des vierzehnten Jahrhunderts*, in ABAW, Bd. XXI, Teil 1. München, 1894.

PREUSS, H. *Die Vorstellungen vom Antichrist im späteren Mittelalter bei Luther und in der konfessionellen Polemik*. Leipzig, 1906.

RADCKE, F. *Die eschatologischen Anschauungen Bernhards von Clairvaux*. Langensalza, 1915.

RAUSCHEN, G. (hg.). *Die Legende Karls des Großen im 11. und 12. Jahrhundert*. Leipzig, 1890.

Realenzyklopädie für protestantische Theologie und Kirche. 3. Aufl. Leipzig, 1896–1913.

REMBERT, C. *Die Wiedertäufer im Herzogtum Jülich*. Berlin, 1899.

REUTER, H. *Geschichte der religiösen Aufklärung im Mittelalter*, Bd. II. Berlin, 1877.

RÉVILLE, A. *Le soulèvement des travailleurs en Angleterre en 1381* (*Mé-*

moires et documents publiés par la Société de l'Ecole des Chartres, II). Paris, 1898.
RIGAUX, B. *L'Antéchrist et l'opposition au Royaume Messianique dans l'Ancien et le Nouveau Testament*. Gembloux und Paris, 1932.
RITSCHL, H. *Die Kommune der Wiedertäufer in Münster*. Bonn und Leipzig, 1923.
ROHR, J. «Die Prophetie im letzten Jahrhundert vor der Reformation als Geschichtsquelle und Geschichtsfaktor», in *Historisches Jahrbuch*, Bd. XIX. München, 1898. S. 29–56, 423–466.
RÖHRICHT, R. (1). «Die Pilgerfahrten nach dem Heiligen Lande vor den Kreuzzügen», in *Historisches Taschenbuch*, Fünfte Folge, Bd. V. Leipzig, 1875. S. 323–396.
RÖHRICHT, R. (2). «Bibliographische Beiträge zur Geschichte der Geißler», in ZKG, Bd. I (1877), S. 313–321.
RÖHRICHT, R. (3). «Die Pastorellen (1251)», in ZKG, Bd. VI (1884), S. 290–295.
RÖHRICHT, R. (4). *Geschichte des ersten Kreuzzuges*. Innsbruck, 1901.
ROSENKRANZ, A. «Prophetische Kaisererwartungen im ausgehenden Mittelalter», in *Preußische Jahrbücher*, Bd. CXIX. Berlin, 1905. S. 508–524.
ROTH, C. «The Jews in the Middle Ages», in CMH, Bd. VII, Kap. 22, S. 632–663.
ROUSSET, P. (1). *Les origines et les caractères de la première Croisade*. Neuchâtel, 1945.
ROUSSET, P. (2). «L'idée de croisade chez les chroniqueurs d'Occident», in *Storia del Medioevo* (MW), S. 547–563.
RUNCIMAN, S. (1). *The Medieval Manichee*. Cambridge, 1947.
RUNCIMAN, S. (2). *A history of the crusades*. 3 Bde. Cambridge, 1951–1954.
RUSSO, F. *Bibliografia Giochimita (Bibliotheca di Bibliografia Italiana*, Bd. XXVIII). Florenz, 1954.
SAULNIER, V. L. (hg). Marguerite de Navarre: *Théâtre profane*. Mit Kommentar. Paris, 1946.
SCHAAB, A. *Diplomatische Geschichte der Juden zu Mainz*. Mainz, 1855.
SCHÄFFLER, A. «Hans Böhm», in ADB, Bd. III, S. 62–64.
SCHIFF, O. (1). «Thomas Müntzer und die Bauernbewegung am Oberrhein», in *Historische Zeitschrift*, Bd. CX. München, 1913. S. 67–90.
SCHIFF, O. (2). «Die Wirsberger. Ein Beitrag zur Geschichte der revolutionären Apokalyptik im 15. Jahrhundert», in *Historische Vierteljahrsschrift*, Bd. XXVI. Dresden, 1931. S. 776–786.
SCHMIDT, KARL. *Histoire et doctrine de la secte des Cathares ou Albigeois*. 2 Bde. Paris, 1848–1849.
SCHREIBER, H. *Der Bundschuh zu Lehen im Breisgau*. Freiburg i. B., 1824.
SCHUBERT, H. *Der Kommunismus der Wiedertäufer in Münster und seine Quellen*. Heidelberg, 1919.
SCHULTHEISS, F. G. *Die deutsche Volkssage vom Fortleben und der Wiederkehr Kaiser Friedrichs II*. Berlin, 1911.
SETTON, K. M. und BALDWIN, M. W. (hg.). *A history of the crusades*, Bd. I: *The first hundred years*. Philadelphia, 1955.
SIMON, O. *Überlieferung und Handschriftenverhältnis des Traktates «Schwester Katrei»*. Halle, 1906.
SMIRIN, M. M. *Der Volksaufstand des Thomas Müntzer und der große Bauernkrieg*. Berlin, 1952. (Aus dem Russischen übersetzt.)
SMITHSON, R. J. *The Anabaptists*. London, 1935.

Söderblom, N. *La vie future d'après le mazdéisme: étude d'eschatologie comparée.* Paris, 1901.
Sommariva, L. «Studi recenti sulle eresie medievali (1939–1952)», in *Revista storica italiana*, Bd. LXIV, Heft II. Neapel, 1952. S. 237–268.
Sonne, I. «Nouvel examen des trois Relations hébraïques sur les persecutions de 1096», in *Revue des études juives*, Bd. XCVI. Paris, 1933. S. 113–156.
Spitzer, L. «Turlupin», in *Modern Language Notes*, Bd. LXI. Baltimore, 1946. S. 104–108.
Steel, A. *Richard II.* Cambridge, 1941.
Stefano, A. de. *Riformatori ed eretici del medioevo.* Palermo, 1938.
Stevenson, W. B. «The First Crusade», in CMH, Bd. V, Kap. 7, S. 265–299.
Storia del Medioevo. Bd. III der Verhandlungen des Zehnten Internationalen Kongresses für Geschichtswissenschaft. Florenz, 1955.
Strauch, P. «Nicolaus von Basel», in ADB, Bd. XXIII, S. 620–621.
Stumpf, A. *Historia Flagellantium, praecipue in Thuringia.* Geschrieben 1780, aber zuerst veröffentlicht (hg. Erhard) in Bd. II der *Neuen Mitteilungen aus dem Gebiet historisch-antiquarischer Forschungen.* Halle und Nordhausen, 1836.
Sundkler, B. *Bantupropheten in Südafrika.* Stuttgart, 1964.
Svátek, J. *Culturhistorische Bilder aus Böhmen.* Wien, 1879.
Sybel, H. von. *Geschichte des ersten Kreuzzuges.* Leipzig, 1881.
Tamassia, N. *La famiglia italiana nei secoli XV. e XVI.* Mailand, Palermo und Neapel, 1910.
Taubes, J. *Abendländische Eschatologie.* Bern, 1947.
Thalamas, A. *La société seigneurale française, 1050–1270.* Paris, 1951.
Thoma, A. «Der Pfeifer von Niklashausen», in *Preußische Jahrbücher*, Bd. LX. Berlin, 1887. S. 541–579.
Trachtenberg, J. *The Devil and the Jews. The medieval conception of the Jew and its relation to modern antisemitism.* New Haven, Conn., 1944.
Trevelyan, G. M. *England in the age of Wycliffe.* London, 1899.
Troeltsch, E. *The social teaching of the Christian Churches*, übers. Wyon. 2 Bde. 3. Aufl. London, 1950.
Turberville, A. S. *Medieval heresy and the Inquisition.* London, 1920.
Underhill, E. «Medieval mysticism», in CMH, Bd. VII, Kap. 26, S. 777–812.
Vernet, F. «Les frères du libre esprit», in *Dictionnaire de Théologie Catholique*, Bd. VI. Paris, 1920. Kol. 800–809.
Voegelin, E. *The new science of politics.* Chicago, 1952.
Voigt, Georg. «Die deutsche Kaisersage», in *Historische Zeitschrift*, Bd. XXVI. München, 1871. S. 131–187.
Volpe, G. (1). *Movimenti religiosi e sette ereticali nella società medioevale italiana, secoli XI–XIV.* Florenz, 1922.
Volpe, G. (2). *Il Medioevo.* Florenz, 1926.
Völter, D. «Die Secte von Schwabisch-Hall und der Ursprung der deutschen Kaisersage», in ZKG, Bd. IV (1881), S. 360–393.
Vulliaud, P. *La fin du monde.* Paris, 1952.
Waas, A. «Die große Wendung im deutschen Bauernkrieg», in *Historische Zeitschrift.* München, 1938. Bd. CLVIII, S. 457–491; Bd. CLIX, S. 22–53.
Wadstein, E. *Die eschatologische Ideengruppe: Antichrist, Weltsabbat, Weltende und Weltgericht.* Leipzig, 1896.
Walter, L.-G. *Contributions à l'étude de la formation de l'esprit révolutionnaire en*

Europe: Thomas Munzer et les luttes sociales à l'époque de la Réforme. Paris, 1927.
WALTER, G. *Histoire de Communisme*. Bd. I. *Les origines judaïques, chrétiennes, grecques, latines*. Paris, 1931.
WAPPLER, P. *Die Täuferbewegung in Thüringen von 1526–1584*. Jena, 1913.
WAUTIER D'AYGALLIERS, A. *Ruysbroeck l'Admirable*. Paris, 1923.
WEBER, M. (1). *Gesammelte Aufsätze zur Religionssoziologie*, Bde. I, II. Tübingen, 1920.
WEBER, M. (2). *Wirtschaft und Gesellschaft*. Tübingen, 1925.
WELLER, K. «König Konrad IV. und die Schwaben», in *Württembergische Vierteljahrshefte für Landesgeschichte*, Neue Folge, Bd. V. Stuttgart, 1896. S. 113–160.
WERUNSKY, E. *Geschichte Kaiser Karls IV. und seiner Zeit*. Innsbruck, 1882.
WEYDEN, E. *Geschichte der Juden in Köln am Rhein*. Köln, 1867.
WICKERSHEIMER, E. «Les accusations d'empoisonnement portées pendant la première moitié du XIVe siècle contre les lépreux et les juifs», in *Bulletin du quatrième Congrès international d'histoire de la médicine*. Brüssel, 1923. (Veröffentlicht 1927.)
WILKINSON, B. «The Peasants' Revolt of 1381», in *Speculum*, Bd. XV. Cambridge, Mass., 1940. S. 12–35.
WINKELMANN, E. «Holzschuh», in ADB, Bd. XV, S. 792–793.
WOLFF, T. *Die Bauernkreuzzüge des Jahres 1096*. Tübingen, 1891.
WORKMAN, H. B. *John Wiclif*. 2 Bde. Oxford, 1926.
ZÖCKLER, O. *Kritische Geschichte der Askese*. Frankfurt a. M. und Erlangen, 1863.
ZSCHÄBITZ, G. *Zur mitteldeutschen Wiedertäuferbewegung nach dem großen Bauernkrieg*. Berlin, 1958.

Nachwort

Achatz von Müller

Chiliasmus und Sozialgeschichte

Zur Forschung nach Cohn

Die Reaktion auf Norman Cohns «The Pursuit of the Millennium», das 1957 erstmals erschien, war und bleibt widersprüchlich. Sehr schnell erkannte die Forschung, daß hier eine außerordentlich eindringliche und komplexe Analyse des mittelalterlichen Millenarismus und verwandter eschatologischer Bewegungen vorlag. Doch das Erkenntnisziel des Autors, die «totalitären» Ideologien des 20. Jahrhunderts mit Hilfe dieser historischen Analogie sowohl strukturell zu durchleuchten wie die Genese des Totalitarismus geschichtlich zurückzudatieren, stieß auf Skepsis. «Daß Kommunismus und Nationalsozialismus – unbeschadet der restlosen Ausnützung des modernen technischen Apparats – von Phantasien archaischster Art inspiriert worden sind», galt als zu allgemeine Einsicht, um das spezifische Interesse der Totalitarismus-Debatte, die zudem andere Sorgen hatte [1], zu befriedigen. Dennoch erreichten bestimmte methodische und empirische Momente in Cohns Werk auch die Forschung zur millenaristischen Komponente im modernen Totalitarismus, wo sie als ‹Idealtypen› oder Modelle eine gewisse Rolle zu spielen vermochten. So gewinnt etwa der von Cohn skizzierte Zusammenhang von gestörter «Normalität», epidemischer Furcht und Radikalisierung sowie mit dieser verbundenen Anfälligkeit für Heilserwartung und Satanismus durchaus Modellcharakter in Rhodes' Studie über die «Hitler-Bewegung», die von ihm als moderner Millenarismus gedeutet wird. [2]

Eindrucksvoller mußte jedoch Cohns Werk auf jene Forscher wirken, die bereits von sich aus mit dem Modell «archaischer Sozialbewegungen» in modernen oder zumindest frühmodernen Gesellschaften arbeiteten. Hier ist natürlich in erster Linie an Eric J. Hobsbawms inzwischen bereits ‹klassische› Studie «Primitive Rebels» zu denken, die mit unterschiedlichen Typen des modernen Chiliasmus aufwartete.[3] Hobsbawm, der Cohns Werk als überaus belesen charakterisiert, ihm jedoch vorwirft, die mittelalterlichen chiliastischen Bewegungen im Sinne moderner und vice versa zu deuten und damit «weder unser Verständnis der Hussiten noch des modernen Kommunismus» zu fördern, akzeptiert für die eigene Arbeit dennoch Cohns Ideologie-Charakterisierung des auf «Erlösung» in dieser Welt orientierten Millenarismus. Endzeit- und Erneuerungserwartung sind nach Hobsbawm auch für laizistische Millenarismen der Moderne typisch. Allerdings vermag er gerade am Beispiel der Fasci in Sizilien zu zeigen, in welche Konflikte und strukturelle Friktionen ein traditionaler Millenarismus gegenüber strategisch gelenkter Parteiraison gerät, wenn sich diese im «Bauernkommunismus» treffen. Hobsbawm beharrt somit im Unterschied zu Cohn nicht nur auf einem grundsätzlichen Widerspruch zwischen traditionalen Erlösungsbewegungen und moderner Sozialutopie – zumindest sofern diese im Gewand politischer Parteiarbeit erscheint –, sondern setzt auch andere Wertungsakzente: Der «seelenlosen» Parteistrategie wünscht er ein Stück von «der Großmut der Gefühle» zu bewahren, die in seiner Sicht der Dinge dem Millenarismus «selbst in seinen primitivsten und abwegigsten Formen» noch zu eigen sind. Auf Grund der nicht zuletzt auf Hobsbawms und Cohns Anstöße zurückzuführenden zahlreichen Studien über millenaristische Motive in Sozial- und Protestbewegungen frühmoderner Gesellschaften und in Gesellschaften der Dritten Welt korrigierte Hobsbawm später[4] seine noch auf Cohns Werk fußende Ansicht, daß Millenarismus eine kulturtypische Erscheinung jener Gesellschaften sei, die religiöse Endzeiterwartungen kennen (Judentum, Christentum, Islam). Studien über millenarische Komponenten in Volksbewegungen Indonesiens oder Vietnams ergeben hier ein anderes Bild, das ihn zur Revision dieser in der ersten Auflage seines Buches vorgetragenen Grundannahme zwangen.[5]

Allerdings könnten hier durchaus erneut Korrekturen anzumelden sein. Untersuchungen mit anthropologischem Ansatz wie etwa über den melanesischen Cargo-Kult zeigen deutlich, daß nicht nur die Befreiungsinstrumente des dort zelebrierten eschatologischen Traums, sondern auch seine Erlösungshoffnung von jenen übernommen ist, gegen die er sich richtet. Im Cargo-Kult beschwören die Papuas den Tag der Rache und Befreiung von ihren weißen Zivilisationslieferanten. An jenem Tag werde ein von ihren Ahnen gesteuertes Dampfschiff erscheinen, beladen mit Feuerwaffen und all jenen irdischen Gütern, die die Weißen sich selbst vorbehalten. Die Ankunft des Schiffes werde eine neue Zeit bringen – ohne Weiße, ohne ihre fremden Tabus – und endlich das verlorengegangene Reich der alten Freiheit neu begründen.[6] Bis in die Schiffsallegorie hinein ist dieser millenarische Traum überaus europäisch ‹besetzt› und geht in seiner eschatologischen Struktur aller Wahrscheinlichkeit nach auf die Erlösungsphantasien der christlichen Missionare zurück. Daß die Eingeborenen sich dabei allerdings von diesen selbst zu erlösen hoffen, erscheint als ein Stück List der Geschichte.

Mag somit Cohns These über den millenaristischen Charakter totalitärer Ideologien nur zwiespältige Resonanz gefunden haben, und die Forschung bei der Beurteilung millenaristischer Züge in sozialrevolutionären Bewegungen und Widerstandsbezeugungen frühmoderner Gesellschaften oder Gesellschaften der Dritten Welt inzwischen weitgehend ohne Cohns Strukturanalyse auskommen, so gilt dies keineswegs für die mittelalterlichen und vorreformatorischen eschatologischen Ketzer- und Protestwellen. Nach wie vor zitiert die internationale Mediaevistik Cohns Buch als Standardwerk, und nach wie vor existiert keine Darstellung, die einen vergleichbar weiten Überblick in Verbindung mit scharfsinnigen Einzelanalysen böte. Allerdings erschien fast gleichzeitig mit der letzten Überarbeitung von Cohns Werk eine kommentierte Ausgabe chiliastischer Texte, der gerade für die Frühzeit – also Entstehungsphase – millenarischer Topik eine gewisse Bedeutung zukommt.[7] Zu Beginn der achtziger Jahre folgte dieser Edition eine noch umfangreichere, die nun für das Mittelalter mit starker Betonung des Spätmittelalters eine solide Textgrundlage bietet.[8]

Zu verweisen ist in diesem Zusammenhang auch auf die nach wie vor reich fließende Forschung zum mittelalterlichen Ketzertum. Hier hatte naturgemäß die chiliastische Komponente schon immer eine bedeutende Rolle gespielt, und auch die neuere Forschung hat diesen Aspekt eher noch betont als relativiert.[9] Die marxistisch inspirierte Forschung schenkte dem Thema stets besondere Beachtung, Häresien galten sogar den Vätern des «revisionistischen Sozialismus» als mit Sympathie zu betrachtender «Widerstand von unten», der damit zugleich eine Art konstantes Merkmal vorsozialistischer Formationswidersprüche darstellte. Darüber hinaus erschienen ihnen ein großer Teil der Häresien – bezeichnenderweise eben gerade die chiliastisch eingefärbten – als «Vorläufer» des modernen Sozialismus, und als solche wurden sie bekanntlich in der noch immer lesenswerten Studie Kautskys behandelt. Waldenser, Apostelbrüder, Begharden, Lollarden,

Taboriten, böhmische Brüder und Wiedertäufer – fast schien sich Cohns These über den Zusammenhang von Millenarismus und Totalitarismus wenigstens für diese Seite a priori zu bestätigen. Denn sie alle versteht Kautsky als «Helden, die in den vergangenen Jahrhunderten um die Vernichtung jeglicher Ausbeutung und Unterdrückung gerungen» haben. Allerdings goß schon Kautsky selbst Essig in den Wein voreiliger Analogien, wenn er fast im selben Atemzug schreibt: «Eine derartige Vergleichung der verschiedenen Erscheinungsformen des Kommunismus hat schon oft stattgefunden, aber meist, um den entgegengesetzten Zweck zu erreichen; nicht um die besonderen Eigentümlichkeiten des modernen Sozialismus hervortreten zu lassen, sondern um sie zu verwischen.» [10] Auch die jüngste Gesamtdarstellung aus marxistischer Sicht beharrt noch immer darauf, sich bei einer Geschichte der Ketzerbewegungen auf einer Spur «gesellschaftlicher Widersprüche» zu bewegen, «die nicht nur Ketzereien, sondern auch Klassenkämpfe und politische Auseinandersetzungen hervorbrachte». [11] In den in weiten Teilen überaus verdienstvollen Arbeiten der Osteuropa- und DDR-Mediaevistik zur Ketzergeschichte hatte der Chiliasmus ebenso wie der Armutsgedanke stets eine herausragende Rolle gespielt. Denn hier vor allem ließen sich die wesentlichen ‹sozialrevolutionären› Züge herausarbeiten. Dabei sind bei aller grundsätzlichen Divergenz in den meisten Einzelfragen doch erstaunliche Übereinstimmungen mit der Darstellung Cohns festzuhalten. Gravierendere Unterschiede sind wohl letztlich nur hinsichtlich der tschechisch-böhmischen Chiliasmen um Hus und der Einschätzung Thomas Müntzers zu verzeichnen; hierzu jedoch später.

Übergreifende Behandlung erfuhren auch noch andere in Cohns Buch herangezogene und für die soziale wie politische Sprengkraft des Millenarismus bedeutsame Themenkomplexe. Zu denken ist dabei vor allem an die inzwischen fast ad nauseam behandelte Frage der mittelalterlichen Volksbewegungen sowie die über den Boom der ‹Alltagsgeschichte› teilweise mit ihr verbundene Problematik der ‹alten und neuen›, ‹freiwilligen und unfreiwilligen› Armut. Gerade die Revoltenforschung hatte eine gewisse Zeitlang der ideologischen Struktur mittelalterlicher Protestbewegungen besondere Aufmerksamkeit gewidmet und fast überall in den Radikalisierungsphasen vor allem städtischer Aufstände chiliastische Einflüsterungen ausgemacht. [12]

Darüber hinaus stand mit der Ideologiefrage auch stets der Charakter der jeweiligen Bewegung zur Debatte, d. h. über sie klärte man wesentliche Fragen der ‹Trägerschaft›, Autonomie und Sprengkraft der Revolten gegenüber den traditionellen Gewalten oder der herkömmlichen Ordnung. [13] Die neuere Forschung versucht sich inzwischen mit

Typologiebildungen der spätmittelalterlichen Volksbewegungen und Revolten, ohne allerdings bisher zu überzeugenden oder übertragbaren Modellen vorgestoßen zu sein. Zu Recht weist bei dem letzten derartigen Versuch der Verfasser[14] darauf hin, daß diese Typologien stets zwischen allzu abstrakter und damit enthistorisierter Modellbildung und pluralistischer ‹Konkretheit› balancieren, die meistens nur die Beschreibung verschiedener Einzelfälle mit anderen Mitteln darstelle. Ausdrücklich bestreitet er allerdings, daß es einen weitgreifenden chiliastischen Typus der Revolten gäbe. Allenfalls bei der Hussiten-Bewegung könne man von chiliastischer Prägung sprechen, aber dieses auch nur für ihre erste Phase geltend machen. Dem somit ohnehin nur begrenzten Typus chiliastischer Revolten entspreche als Gesamtbewegung wohl noch am ehesten der Versuch von «Gottesreichgründungen» Thomas Müntzers und der Wiedertäufer zu Beginn des 16. Jahrhunderts.

Diese Ansicht steht ganz im Gegensatz zu jener, die in mehr oder weniger variantenreichen Möglichkeiten noch immer von der französischen Forschung favorisiert wird. Danach ist den großen, durchschlagenden Bewegungen des Spätmittelalters – falsche Könige, Engelspapst, Geißler, englische Bauernrevolte von 1381, Hussiten – stets Chiliasmus oder Messianismus als prägende ideologische Kraft zu eigen.[15] Selbst die neuere französische Armutsforschung, die sich insgesamt stärker der konkreten sozialen und wirtschaftlichen Betroffenheit der Armen zugewandt hat und dabei auch verstärkt den Zusammenhang von Depression und Revolte ins Auge faßt, vermag sich nicht von der Vorstellung einer chiliastischen Grundstimmung der ‹Armen› zu trennen. Diese habe auch in den Protestbewegungen eine wesentliche, wenn auch oft nur ‹unterschwellige› Rolle gespielt. Der auch hier bemerkte offenere – keineswegs nur ‹unterschwellige› – Chiliasmus der Hussiten wird in dieser Deutung mit dem nicht überall nachweisbaren Wirken eines «messianischen Führers» erklärt, das den hussitischen Chiliasmus prononciere.[16] Selbst der allgemein als der ‹modernste› eingestufte Aufstand – die Ciompi-Revolte in Florenz von 1378 – gewinnt für die französische Forschung seinen ‹revolutionären› Elan durch die chiliastische Komponente der Aufstandsprogrammatik. Dies mag in diesem Fall wirklich überraschend scheinen, da es eben diese Forschung war, die den Zusammenhang von wirtschaftlicher Lage und Revolte für diesen Aufstand (vor allem) der Florentiner Wollarbeiter am konkretesten nachweisen konnte.[17]

Zurück aber zur Geographie Cohns, der sich mit guten Gründen für eine Begrenzung seiner Darstellung auf den mitteleuropäischen

Raum entschieden hat. Allerdings sieht auch hier – wie Cohn selbst ahnte – die Forschung inzwischen die Dinge unabgrenzbarer als früher. Gerade die vergleichenden Arbeiten zu den europäischen Revolten haben hier sowohl konkrete Zusammenhänge entdeckt wie auch durch die komparatistische Analyse Einzelzüge schärfer beleuchtet und als bedeutsam herausgearbeitet. Dabei zeigte sich, daß man nicht mehr von abgrenzbaren Raummodellen ausgehen kann. Im 14. Jahrhundert erscheinen Flandern und Toskana-Oberitalien verwandter als etwa Flandern und Mittelfrankreich. Im 15. Jahrhundert ergeben entsprechende Vergleiche schon wieder ein ganz anderes Bild.[18]

Gerade vergleichende Analysen wirken erhellend für Themen, die als ‹monolithische Blöcke› kaum noch neue Erkenntnisvarianten zu bieten schienen. Dies gilt in hohem Maße für die Forschung zur Hussitenbewegung. Zum einen brachte man der vorhussitischen Epoche in Böhmen ein verstärktes Interesse entgegen, indem diese im frühen 15. Jahrhundert so krisenerschütterte Landschaft mit Entwicklungen schon des 14. Jahrhunderts in West- und Osteuropa verglichen wurde.[19] Andererseits untersuchte man die besondere Anfälligkeit der böhmischen Religiosität für chiliastische Modelle bereits in vorhussitischer Zeit.[20] Hierbei zeigte sich nicht nur, daß offenbar Böhmen besonders anfällig für nahezu jede Form der Kirchenkritik und intensiverer Heilsversprechen war, sondern auch, daß sich in Regionen, die man lange mit Böhmen verglichen hatte, durchaus unterschiedliche Entwicklungen vollzogen. Polen erscheint in diesem Sinne als Paradigma der veränderten Forschungshaltung. Die polnische Gesellschaft galt noch vor zwanzig Jahren als mindestens genauso ‹reformanfällig› wie die böhmische. Hussitische Disponiertheit hier wie da; eschatologische Bildlichkeit, Satansdarstellungen, Totentänze und verstärkte Devotionen finden sich in beiden Landschaften seit der zweiten Hälfte des 14. Jahrhunderts. Da zudem sowohl Böhmen wie auch Polen im Unterschied zu Mittel- und Westeuropa – wie wir inzwischen wissen: auch der Niederlande – weitgehend vom katastrophalen Massensterben des «Schwarzen Todes» verschont blieben, lag eine vollständige Analogisierung ohnehin nahe. Doch mittlerweile zeigt sich ein gänzlich anderes Bild. Vergleichende Einzeluntersuchungen haben ergeben, daß die meisten ‹Krisenerscheinungen› in Polen europäische oder auch böhmische ‹Leihgaben› darstellten. Die Gesellschaft war von sich aus kaum anfällig für eschatologische Stimmungen. Allzu gut hatte es die polnische Kirche verstanden, die sich auch hier regende Kirchenkritik produktiv umzulenken und den von ihr ausgehenden Reformeifer zu integrieren. Grundlage dafür war offensichtlich die Verspätung der polnischen

Wirtschafts- und Gesellschaftsentwicklung gegenüber Westeuropa und Böhmen. Das 14. Jahrhundert bot der polnischen Gesellschaft Transformationsmöglichkeiten, die überall sonst bereits vollzogen waren. Die jetzt anbrechende erste Blüte der polnischen Städte besaß genügend Potential, um den Pauperisierungsfolgen ländlicher Teilkrisen, die sich im Gefolge der mittel- und westeuropäischen Entwicklung einstellten, zu entgehen.

Die polnische Lage wirft ein bezeichnendes Licht auf Böhmen als Ausgangsland der hussitischen Unruhen.[21] Die schon in den sechziger Jahren vorgestellte These, die böhmische Kirchenentwicklung sei durch die europäische Machtkonzentration des König- und Kaisertums Karls IV. in seinem Kernland zur Mitte des 14. Jahrhunderts selbst zu einer säkularen Machtinstitution geworden und somit hätten die bald darauf anhebende allgemeine europäische Kirchenkritik und Reformbewegung hier besonders viel Widerhall gefunden, wird vor dem polnischen Hintergrund erhärtet.[22] Die offenbar in Polen vorhandene Möglichkeit zur gesellschaftlichen Entwicklung, die sich in der neuen Rolle der Städte zeigte, fand hier keine Entsprechung. Im Gegenteil, die Kirche wurde neben dem König zur bedeutendsten Feudalmacht des Landes und lieferte damit genügend Stoff für soziale Reibereien und religiös fundierte Kritik. Dies war der geeignete Boden für chiliastische Hoffnungen, denn die Kirche kam als Hoffnungsträger nicht mehr in Frage. Gerade solche religiösen Strömungen gewannen die Oberhand, die sich mit biblischer Argumentation gegen feudale Elemente der Kirchenherrschaft wie Grundbesitz und Leibeigenschaft stellten.[23] Es war wohl dieses Element neben der Tatsache, daß nicht nur die Prager Universität, sondern auch Adlige und Vertreter der hohen Geistlichkeit in die Kirchenkritik einstimmten, die den chiliastischen Taboriten eine so bedeutsame Rolle in der ersten Phase der Hussitenbewegung zuerkannte. Für einen ‹historischen Augenblick› waren die Spielräume in der böhmischen Gesellschaft um 1400 weiter – vielleicht ließe es sich zuspitzen: noch weiter – als in den anderen Landschaften Europas.

Chiliastische Bewegungen des europäischen Spätmittelalters haben inzwischen außerordentlich viel Aufmerksamkeit auf sich gezogen. Auch hier überwiegt mittlerweile die von Cohn inaugurierte vergleichende Analyse, so daß die Landschaft des spätmittelalterlichen Chiliasmus inzwischen recht gut erforscht scheint.[24] Damit ist jedoch keineswegs ein eindeutiges Bild entstanden – auf die Differenzen über die Rolle des Chiliasmus in den spätmittelalterlichen Volksbewegungen wurde bereits hingewiesen. Die Vorstellungen der Forscher von der Verbreitung und Bedeutung des spätmittelalterlichen Chiliasmus erweisen sich auch in den geistes-, religions-, mentalitäts- und sozialgeschichtlichen Studien, die nun in reicher Zahl vorliegen, als überaus unterschiedlich. Den einen erscheinen chiliastische und vor allem millenarische Motive als die entscheidenden Progressionsfaktoren der geistigen und gesellschaftlichen Entwicklung des Spätmittelalters.[25] Andere lehnen bereits die Vorstellung einer Weiterentwicklung der Geschichte ab, halten die Annahme einer weiten Verbreitung chiliastischer Ideologeme für falsch und schätzen sie dort, wo sie tatsächlich auch nach ihrer Meinung auftraten, keineswegs als wirkliche Lösung der Probleme. Gemeint ist damit vor allem die angebliche Unfähigkeit chiliastischer und fast mehr noch millenarischer Bewegungen, sich der gesellschaftlichen Wirklichkeit der «Krise des Spätmittelalters»[26] zu stellen. Sie wollten alles oder nichts, seien befangen im Ideal einer ‹kommunistischen Urkirche› oder im Mythos des ‹Goldenen Zeitalters›. Bewegungen, die wirklich – in der Regel regional – zur Krisenlösung beigetragen hätten, seien kompromißfähig, an konkreten Reformen interessiert und zumeist aus Koalitionen verschiedener Gruppen zusammen gesetzt gewesen.[27] Aber auch diese Position muß zugeben – und sie tut es –, daß sie wie alle historische Forschung vor Gegenwartsprojektionen nicht gefeit ist.

Ein Teil der osteuropäischen Marxisten hat inzwischen auch Bedenken gegen die Überbewertung chiliastischer Strömungen angemeldet. Danach neigen die chiliastisch orientierten Widerstandsbewegungen gegen die Feudalisierung der Kirche dazu, selbst «dekadente» Züge anzunehmen. Sie verfallen dem latenten Anarchismus, der vor allem den Millenarismus kennzeichnet, oder der chiliastischen ‹Übermensch-Pose›, die Cohn so beredt schildert. Sein ursprünglicher Vergleich der Gottesvolk-Elite mit den Ritualen der ZK-Clans scheint dabei so abwegig nicht zu sein. Denn es ist ein merkwürdiger Zufall, daß derartige Positionen von tschechischen Wissenschaftlern in den sechziger und von Polen in den siebziger Jahren vorgetragen wurden.[28]

Auf einen mit Beobachtungen Cohns deutlich übereinstimmenden Umstand weist gerade die neuere Forschung mit neuen Materialien hin: die Atmosphäre der Angst, die nicht nur die Krise, sondern gerade auch die chiliastischen Strömungen begleitete. Eine vielbeachtete Monographie erkennt der spätmittelalterlichen Angst die Rolle des wichtigsten Kausalfaktors für die – nach Meinung ihres Autors – hohe Anfälligkeit des Spätmittelalters für chiliastische und millenarische Umtriebe zu. Hier wirkt das bereits erwähnte Paradigma der französischen Forschung nach, die das Spätmittelalter als eschatologische Epoche zu zeichnen liebt.[29] Der Grund für die weite Verbreitung der angeblich für sie charakteristischen chiliastischen Ängste und Hoffnungen wird dabei im gesellschaftlichen Wandel und dem Aufkommen neuer Vermittlungstechniken gesehen. Wichtigste Ursache dieser Breitenwirkung sei keineswegs die Krise oder eine besondere mentale Disposition des spätmittelalterlichen Menschen, sondern die Urbanisierung der Gesellschaft. Chiliastische Predigten habe es zu allen Zeiten des Mittelalters in reicher Zahl gegeben, aber jetzt wirke die Möglichkeit der Stadt, viele Menschen zu versammeln und auf sie einzuwirken, verstärkend. Diese Möglichkeit nutzten nicht nur die Volksprediger mit neuen Predigttechniken, sondern auch Bruderschaften und Kleriker mit neuartigen Masseninszenierungen der oft aus dem Hochmittelalter stammenden Mysterienspiele und Passionsszenen. Einen weiteren Schub der Angstverbreitung bewirkte in der zweiten Hälfte des 15. Jahrhunderts und wenig später vor allem in der Reformationszeit die Drucktechnik, die im Einblattdruck ein erstes Massenmedium zum Schüren eschatologischer ‹Angsthoffnung› bereitgestellt habe. Hauptmerkmal dieses Chiliasmus waren die vielfältigen Präsenzformen des «Antichrist». Er erschien im «Ludus de Antichristo» ebenso wie in der Ikonographie apokalyptischer Bildfolgen, auf Einblattdrucken und schließlich im Reformationskampf als Papst oder Luther auf Flugblättern. Dies alles bedarf keiner weiteren Kommentierung, denn es ist bekannt genug. Doch mag vielleicht der Hinweis auf die durchaus noch ungeklärte Frage, inwieweit topische Konventionen sich in den häufigen Bezügen auf den Antichrist niederschlugen, verdeutlichen, warum dieser Umstand auch weiterhin auf ein wissenschaftliches Interesse stößt. Die jüngste Gesamtanalyse des Antichrist-Problems in mittelalterlicher Kunst, Literatur und Religiosität wenigstens läßt durchaus konventionelle und chiliastische Verwendungen des Motivs nebeneinander herlaufen.[30] Aber auch das braucht kein unauflösbarer Widerspruch zu sein, denn auch hier zeigt die neuere Forschung, daß die ‹Gleichzeitigkeit des Ungleichzeitigen› die Mentalitätsgeschichte auch in solchen Fällen beherrscht, die als ‹klassisch› eindeutig galten. So legte sich der Florentiner Humanismus nur wie eine dünne Haut über die Gesellschaft der Stadt – genauer: über einen allerdings wesentlichen Teil derselben, nämlich die ‹Elite› –, um in der Savonarola-Bewegung beim ersten Anstoß zu platzen. Der Humanismus hatte die chiliastischen Ängste und entsprechenden Hoffnungslösungen keineswegs zu bannen vermocht; und dennoch stellte er hier wie im übrigen Europa eine der wesentlichen Antworten auf die im Chiliasmus mitschwingenden Signale der Krise dar. Eine Antwort übrigens, die sich noch oft genug mit chiliastischen Motiven verbinden sollte.[31]

Eine Forscherin, der besonders viel für die Erhellung derartiger Widersprüche zu verdanken ist, hat den Blick auf die Verhaltenstechniken gelenkt, mit denen bestimmte Gruppen sogar gleichzeitig chiliastisch und rational zu sein vermochten. Dabei korrigiert sie zugleich traditionelle Annahmen über Trägergruppierungen chiliastischer Bewegungen.[32] Nicht die Habenichtse, Unterschichten, Randgruppen und Vagierenden, sondern diejenigen, die über ein gewisses Maß an Bildung verfügten und vor allem die ‹neuen Technologien› beherrschten, allerdings ihre wirtschaftlichen und sozialen Ansprüche nicht angemessen befriedigen konnten, machten den Kern dieser Gruppe aus. Es handelte sich um die Druckergesellen von Lyon, die wohlgemerkt gut verdienten, aber meinten Besseres zu verdienen. Sie drückten ihre grundsätzliche Kritik an den Verhältnissen, die sie in eine Gesellendauerrolle zwangen, durch religiöse, teilweise chiliastische Agitation aus. In der zweiten Hälfte des 16. Jahrhunderts führte dies schließlich zur Gründung einer Reformierten Kirche. Ihre chiliastischen Agitationen in Umzügen und Pamphleten waren auf radikalen Wandel der bestehenden Ordnung ausgerichtet. Darin unterschieden sie sich keineswegs von anderen Bewegungen dieser Art. Doch daneben entwickelten sie außerordentlich rationale und pragmatische Verhaltensformen, die es ihnen ermöglichten, in bestimmten Fragen sogar mit ihren Meistern zu paktieren. Diese konnten die Lyoneser Druckergesellen in Lohnverhandlungen wiederum ihrerseits durch gezielte Streiks unter Druck setzen – meistens erfolgreich. Deutlich blieb ihre Grundsatzkritik an den Verhältnissen auf eine religiöse Radikalität beschränkt, die sie keineswegs hinderte, sich in Fragen des täglichen Lebens nüchterninteressenorientiert zu verhalten. Diese Fähigkeit zu genauer Abgrenzung verschiedener Verhaltensstrategien und die damit verbundene Möglichkeit zu einem kontrollierten Chiliasmus wurde mit dem Begriff «säkularistische Einstellung» belegt. Die in ihm enthaltenen Beobachtungen wären durchaus geeignet, interessante Debatten über die chiliastische Komponente in den Volksbewegungen der Dritten Welt auszulösen. Aber hüten wir uns, unser Thema übermäßig auszudehnen, dessen Grenzen mit dem Übertritt der Lyoneser Druckergesellen zur Reformation bereits erreicht waren.

Die Reformation in Deutschland suchte allerdings durchaus die chiliastischen Strömungen für sich zu nutzen. Dabei vertauschte sie geschickt die traditionellen Antichrist-Mythologien. In Umkehrung der – wie Cohn schön verdeutlicht – auf Joachim von Fiore zurückgehenden päpstlichen Antichrist-Version gegenüber Friedrich II. bei gleichzeitiger Anknüpfung an die kurz nach dem Tod des Kaisers aufblühende

Friedrichs-Erwartung lenkte Luther die mit ihr verbundenen Erlösungssehnsüchte auf die Reformation und ihren wichtigsten weltlichen Schutzpatron. Die alte Prophezeiung, daß Friedrich wieder erscheinen und das Heilige Grab erlösen werde, sei – so Luther – in ihrem eigentlichen, also nicht bloß allegorischen, Sinn bereits eingetroffen: nämlich in der Person des Herzogs und Kurfürsten von Sachsen, Friedrich des Weisen, der zwar nicht das Grab erlöste, aber das, was mit dem Bild des Grabes gemeint sei: «die heylige schrift». Mit dieser ein wenig plumpen Umdeutung der alten Friedrichs-Erwartung nahm Luther ein wesentliches Stück volkstümlichen spätmittelalterlichen Chiliasmus in den Reformationsakt auf und trat zugleich entschieden der herkömmlichen päpstlichen Antichrist-Propaganda entgegen. Die Rolle des Kaisergeschlechts der Staufer in derartigen Chiliasmus-Versionen verweist auf das Bedürfnis nach konkreter Ausgestaltung der Endzeitträume oder -befürchtungen, an dem auch der sonst radikal auf Bibel, Gnade und Glauben zurücklenkende Reformator nicht vorbeigehen konnte.[33]

Daß sich der Friedrichs-Mythos auch mit religiösem Schwärmertum verband, hat Cohn am Fall des Thüringers Konrad Schmid eindringlich geschildert. Hier lag ohne Zweifel mit der Figuration des ‹messianischen› Kaisers ein Stück Chiliasmus vor, das sich mit der von Schmid geführten Geißler-Bewegung verband. Das gleiche gilt nach übereinstimmendem Zeugnis der Forschung für die unter joachimitischem Eindruck stehenden italienischen Flagellanten des 13. Jahrhunderts.[34] Ganz anders betont die neuere Forschung die Schwierigkeit, die Geißler des 14. Jahrhunderts als chiliastische Bewegung zu deuten. Tatsächlich scheinen die zeitgenössischen Erklärungen für die ‹massenhafte› mitteleuropäische – vor allem deutsche – Geißlerbewegung im Umkreis der ersten großen Pestwelle 1349 stets ex post chiliastische Motive vorgetragen zu haben. Daß derartige Erklärungen zudem meist von klerikalen Gegnern stammten, dürfte dabei eine nicht geringe Rolle spielen.[35] Auch die soziale Zusammensetzung zumindest dieser Geißlerzüge spricht für eher moderate religiöse Einstellungen. Die Geißlerzüge in der Mitte des 14. Jahrhunderts waren keine Unterschichtenbewegung, sondern zeugen offenbar von einer von weiten Kreisen der Gesellschaft – wenigstens der Laien – geteilten gesteigerten Empfänglichkeit für radikale persönliche Buße, die dem Gefühl der Bedrohung durch den «Schwarzen Tod» entsprach. Als vor allem von Laien getragene Bewegung traf sie von Beginn an das Mißtrauen der Geistlichkeit, ohne selbst über eine tiefgreifende Klerusfeindlichkeit zu verfügen. Umstritten bleibt die mögliche Beimischung sozialer Motive, die für die spätmittelalterlichen Geißlerzüge außer Frage steht.[36] Diese waren aber auch schon deutlich von anderen Gruppierungen getragen, bestanden häufig nur noch aus Marginalisierten, erreichten allerdings auch in keinem Fall mehr den Charakter einer ‹Massenbewegung› wie zur Mitte des 14. Jahrhunderts.

Auch die Rolle der Geißler in den Judenpogromen von 1349 wird inzwischen kritischer gesehen. Allerdings kann hier keineswegs von geklärten Verhältnissen ausgegangen werden. Ein Teil der Forschung hält durchaus an der älteren These fest, nach der die Geißlerzüge diese blutigste Welle mittelalterlicher Judenverfolgung in Deutschland ausgelöst haben. Dabei gilt nach wie vor der entsprechende Vorwurf von Zeitgenossen als wesentlichster «Beweis»[37]. Immerhin enthält ihn sogar eine Papstbulle (20. Oktober 1348). Predigten der Zeit, in denen den Geißlern nachgesagt wird, sie trügen die Schuld an den Judenmorden, finden sich in reicher Zahl. Allerdings lassen sich diese Anschuldigungen auch leicht relativieren, denn was lag für den Klerus näher als die Geißler – denen er bekanntlich nicht wohl gesonnen war – zu ‹Sündenböcken› für die gegen die Juden gerichteten Gewaltaktionen zu machen. Wenigstens vertritt ein Teil der neueren Forschung mit guten Gründen[38] die Vorstellung, daß die Anklage des Judenmordes zu den pauschalen Verdächtigungen gegen die Geißler gehörte, die der Klerus mit viel Aufwand ausstreute. Daß dabei die wahren Täter geschützt wurden, nahm man offenbar billigend in Kauf. Von einer absichtlichen Schutzmaßnahme wird man allerdings kaum sprechen können, denn die Kirche versuchte zumindest zwischen 1348 und 1350 die Juden, so gut sie konnte, vor Verfolgungen zu bewahren.[39]

Immer deutlicher wird auch, daß affektive Progome oder Judenverfolgungen, die aus Volksbewegungen – gar häretischer und chiliastischer Art – hervorgingen, nur selten auftraten. Gerade bei der Pogromwelle in der Mitte des 14. Jahrhunderts lassen sich fast überall Vorbereitungen oder gar Steuerungen durch Interessenten ‹von oben› ausmachen, was nicht zuletzt mit der geldwirtschaftlichen Bedeutung der Juden zusammenhing. Diese wurde zwar allmählich auf die bloße Pfandleihe zurückgeworfen, war aber im 14. Jahrhundert immer noch groß genug. Den Höhepunkt obrigkeitlicher Inszenierung von Judenpogromen – wohlgemerkt nicht von obrigkeitlichen Rechtsverfahren gegen Juden, die gab es auch – stellte wohl das Verhalten Karls IV. 1349 in Nürnberg dar. Der König schenkte wichtigen adligen und fürstlichen Herren im Reich bereits Monate vor dem tatsächlichen Pogrom den ihm als traditionellem Rechtserben seiner «lieben Kammerknechte» im Falle, daß sie «entleibet würden», zustehenden Hausbesitz. Fast im selben Atemzug sicherte er dem Nürnberger Rat Straffreiheit für den noch nicht begangenen Judenmord zu, dessen wichtigste Mitglieder sich auch noch schnell «a priori» bedienten. Ähnliche Straffreiheitszusicherungen ließ sich der König auch für Pogrome im Elsaß und in Frankfurt abhandeln. Die zornige Meinung, er sei ein «Schreibtischtäter» gewesen, entbehrt somit keineswegs der Grundlage.[40]

Gab es also genügend mächtige Einzelinteressenten, die die Verfolgungen steuerten, schürten oder in Szene setzten, so konnten sie doch nur vor dem Hintergrund einer allgemeinen Pogromstimmung ihr jeweils spezifisches Interesse so erfolgreich durchsetzen, wie es tatsächlich geschah. Insofern hatten die Verfolgungen durchaus mit Angst und Krise zu tun, die die mittelalterlichen Gesellschaften des 14. Jahrhunderts erschütterten und denen Teile dieser Gesellschaften mit verstärkten chiliastischen Hoffnungen oder apokalyptischen Visionen begegneten. Virulente Faktoren dieser Grundstimmung waren Verschwörungsängste und Dämonenfurcht, wie Cohn deutlich herausgearbeitet hat. Die ebenfalls von ihm aufgezeigte Funktion der Juden als fester Bestandteil im Arsenal des apokalyptischen Schreckens machte sie zu geeigneten Objekten der in der Luft liegenden Verschwörungstheorien. Die tatsächlich auf sie angewandten Verdächtigungen der «Brunnenvergiftung» entsprachen vollständig solchen Bedürfnissen.[41] Insofern waren die einzelnen Pogrome wohl zwar meistens das Werk einzelner Interessenten oder Interessengruppen, aber ohne die weite Teile der Gesellschaft ergreifende apokalyptisch eingefärbte Pogromstimmung nicht denkbar. Dies gilt in ähnlicher Weise auch für die Verfolgungen des 15. Jahrhunderts, die vor dem Hintergrund der von Cohn dargestellten Dämonisierung der Juden nach einer neueren umfassenden Beschreibung offensichtlich vor allem von Obrigkeiten initiiert wurden.[42] Die Dämonisierung der Verfolgten entwickelte sich dabei zu einem so wesentlichen und unverzichtbaren Motiv, daß es schließlich die Hexenverfolgungen waren, die die Juden zur Ruhe kommen ließen. Allerdings öffnete sich nun endgültig die Schere des Widerspruchs zwischen humanistischer Elitekultur und magischer Volkskultur, um sich in blutiger Weise sehr langsam und schließlich auf Kosten der Verfolgten und ihrer ‹dämonischen› – vorrationalen – Praktiken wieder zu schließen.[43]

In welcher Weise die Magie der Visionserlebnisse Herrenkirche und Volksreligiosität bereits in vorhumanistischer Zeit auseinandertreten ließ, zeigt der Auftritt des «Paukers von Niklashausen» – Hans Behems. Hier hat eine neuere Untersuchung minuziös und präzise den Auftritt des unbedarften Hirten und Spielmanns als faszinierender Massenprediger analysiert und dabei die Unangreifbarkeit seiner autonomen Wirkung herausgearbeitet.[44] Zwar bestehe kaum ein Zweifel an der Existenz «ideologischer Helfer» des Predigers, die im Ortspfarrer von Niklashausen und einem in den Quellen nicht deutlich beleuchteten «Einsiedler» zu vermuten sind. Als Spielmann kannte er jedoch die Nöte der Menschen auf dem Lande und drückte ihre tatsächlich vorhandenen Hoffnungen offenbar angemessen aus. Das ideologische Programm Behems mag dabei durchaus gerade von jenem auch als «Begarde» angesprochenen Einsiedler mitgestaltet worden sein, ohne daß es jedoch ‹freigeistig› dominiert wurde; es trug ebenso waldensische wie hussitische Züge, zu denen sich Marienverehrung gesellte. Trotz eines chiliastischen Einschlags, der am deutlichsten in Behems Forderung nach einer Gesellschaft ohne Standes- und Besitzunterschiede hervorbricht, stellte somit der Auftritt des «Paukers» eher eine Reaktion auf die tiefgreifenden Mißstände in Kirche und Welt als die Initialzündung zu einer chiliastischen oder gar millenarischen Volksbewegung dar. Ihr Antiklerikalismus jedoch war radikal, ihre weltliche Programmatik ging über die Bauernartikel von 1525 hinaus und die Gestalt des Predigers selbst war keineswegs frei von messianischem Selbstbewußtsein. Insofern zählte der Auftritt Hans Behems und seiner Anhänger zu jenen Sozialbewegungen des Spätmittelalters, die die bestehende Ordnung am deutlichsten in Frage stellten.

Den radikalen Höhepunkt in der langen Kette dieser Bewegungen bildete ohne Zweifel das von Thomas Müntzer beeinflußte Täufertum und dessen eineinhalbjährige Herrschaft in Münster (1534/35). Über diesen Gemeinplatz hinaus herrscht sonst nur geringer Konsens in der neueren Forschung über diese Teilbewegung der Reformation. Die verschiedenen Forschungsansätze, die sich ihrer Deutung angenommen haben, kommen zu durchaus unterschiedlichen Standpunkten. Millenarische, kirchen- und theologiegeschichtliche, marxistisch-leninistische und sozialgeschichtliche Betrachtungsweisen sind offensichtlich von allzu verschiedenen Erkenntnisinteressen geleitet, um hier zu vergleichbaren Lösungen zu finden.[45] Die beiden jüngsten Darstellungen nähern sich zwar in einigen nicht unwesentlichen Details einander an, differieren aber doch im Gesamturteil genug. Die eine[46] versteht den konsequenten Antiklerikalismus als zentrales Moment des Täufertums, aus dem die ‹täuferische Reformation› nicht nur ihre Gegnerschaft zur römisch-katholischen Kirche, sondern auch zu den Kirchengründungen der ‹großen› Reformation bezog. Schließlich habe hierin auch die scheinbar revolutionäre Aktivität der Täufer gegen die weltliche Ordnung ihre Ursache. Tatsächlich hätten sich die Täufer nicht gegen die weltliche Obrigkeit gestellt, sondern wegen ihres unbedingten Festhaltens an einem neuen Konzept menschlichen Zusammenlebens ohne die «falsche Gewalt des Klerus» und seine Theologie der Herrschaft habe die Obrigkeit selbst gegen sie Front gemacht. Der Kampf um die ‹richtige› christliche Gemeinschaft habe die Täufer somit eher unwillkürlich als gewollt zum Bruch mit der bestehenden Gesellschaftsordnung geführt.

Ganz anders die zweite Ansicht.[47] Sie konstatiert eine zielgerechte Ablösung der völlig verderbten Ordnung in Kirche und Welt durch das radikale Täufertum Müntzerscher Prägung. Hauptantrieb seines Handelns sei ein chiliastisches Konzept der ‹Revolution› gewesen – dem einzig möglichen zu jener Zeit. Es war das einzige, das den ‹reformerischen Rückfall› aller Sozialbewegungen unterdrückter Schichten des Mittelalters in die blinde Wiederherstellung «alter» – angeblich besserer – Zustände hinter sich ließ und im Licht eschatologischer Hoffnung die bestehende Ordnung zu beseitigen wünschte. Wie allen chiliastischen Bewegungen habe es dem Täufertum aber an realistischen Alternativen gefehlt, «die die gesellschaftliche Krise nicht durch Ausbruch aus der Geschichte, sondern durch Neukonstruktion gesellschaftlichen Lebens wirklich überwinden konnten».

Anmerkungen

1 Die Totalitarismus-Debatte wenigstens zeigt sich nicht sonderlich berührt, vgl. K. D. Bracher, Zeitgeschichtliche Kontroversen. Um Faschismus, Totalitarismus, Demokratie, München 1976. Ders., Schlüsselwörter in der Geschichte. Mit einer Betrachtung zum Totalitarismusproblem, Düsseldorf 1978. Auf die Problematik der Faschismus-Kommunismus-Analogie weist Cohn bereits selbst in der ersten Auflage seines Werkes hin. Die zweite Auflage, die der hier vorgelegten deutschen Neuausgabe zu Grunde liegt, rückt von der problematischen Analogie zwischen mittelalterlichen Millenarismus und modernem Totalitarismus deutlich ab. Dennoch kann dieses vom Autor inzwischen korrigierte Darstellungsinteresse der ursprünglichen Fassung seines Werkes auch heute nicht gänzlich außer Acht bleiben. Es bestimmte und bestimmt noch immer die oft zwiespältige Reaktion auf ein in seinem wesentlichen Darstellungsgehalt höchst lesenswertes Buch. Diesen Teil der Debatte über «The Pursuit of the Millennium» für das deutsche Publikum zu beenden, wäre allerdings ein schöner Nebeneffekt der Neuausgabe.

2 M. Rhodes, The Hitler Movement. A Modern Millenarian Revolution. Hoover Institution Publications 213, 1980.

3 Hobsbawm versteht alle diesseitsorientierten Chiliasmen als millenarische Bewegungen; diese Begrifflichkeit hat sich bewährt. Vgl. E. J. Hobsbawm, Primitive Rebels. Studies in Archaic Forms of Social Movement in the 19th and 20th Centuries, Manchester 1959.

4 So im Vorwort zur zweiten deutschen Auflage: E. J. Hobsbawm, Sozialrebellen. Archaische Sozialbewegungen im 19. und 20. Jahrhundert, Gießen 1979.

5 Immer noch grundsätzlich orientierend M. I. Pereira de Querez, Réforme et révolution dans les sociétés traditionelles: Histoire et ethnologie des mouvements messianiques, Paris 1968.

6 P. Worsley, «Die Posaune wird erschallen». «Cargo»-Kulte in Melanesien, Frankfurt/M. 1973.

7 P. Siniscalco (Hrsg.), Mite e storia tra paganesimo e cristianesimo, Milano 1976. Wertvoll auch: B. McGinn, Visions of the End. Apocalyptic Traditions in the Middle Ages, New York 1979.

8 Cl. u. H. Carozzi, La fin des temps. Terreurs et prophéties au Moyen Age, Paris 1982. Übersichten bieten die Artikel «Chiliasmus», «Apokalypse» und «Eschatologie» in: Lexikon des Mittelalters, 1980 ff. sowie Theologische Realenzyklopädie, 1977 ff. Nützlich auch M. Schaller, Endzeit-Erwartungen und Antichrist-Vorstellungen in der Politik des 13. Jahrhunderts, in: M. Kerner (Hrsg.), Ideologie und Herrschaft im Mittelalter (Wege der Forschung 530), Darmstadt 1982, S. 303 ff. Zum Chiliasmus des Spätmittelalters vgl. Anm. 24.

9 Gute Übersichten bieten R. I. Moore, The Origins of European Dissent, London 1977. Ders., The Birth of popular Heresy, London 1975, M. D. Lambert, Ketzerei im Mittelalter. Häresien von Bogomil bis Hus, München 1981. J. Le Goff (Hrsg.), Hérésies et sociétés dans l'Europe préindustrielle, Paris 1968. R. u. Ch. Brooke, Popular Religion in the Middle Ages. Western Europe 1000–1300, London 1984.

10 K. Kautsky, Die Vorläufer des Neueren Sozialismus, I,1, Stuttgart 1895. Die Zitate entstammen der Einleitung.

11 M. Erbstösser, Ketzer im Mittelalter, Leipzig und Stuttgart 1984. Das Zitat auf S. 1.

12 Eine problemorientierte Übersicht bietet F. Seibt, Revolution in Europa. Ursprung und Wege innerer Gewalt. Strukturen. Elemente. Exempel, München, 1984. P. Blickle, P. Bierbrauer, R. Blickle, C. Ulbrich, Aufruhr und Empörung?, München 1980. G. Fourquin, Les soulèvements populaires au Moyen Age, Paris 1972. A. Leguai, Les révoltes rurales dans le royaume de France, du milieu du XIVe siècle à la fin du XVe, in: Le Moyen Age, 88, 1982, S. 49 ff. Über städtische Revolten jetzt ein guter Überblick bei F. Graus, Pest – Geißler – Judenmorde, Göttingen 1987. Die Ideologiefrage ist am deutlichsten herausgearbeitet für den englischen Bauernaufstand von 1381 und die Hussitenbewegung. Zu 1381 vgl. R. Hilton, Bond Men Made Free. Mediaeval Peasant Movements and the English Rising of 1381, London 1973. Zu Hussiten Anm. 22.

13 Dies geschah am intensivsten für die Florentiner Ciompi-Revolte außerhalb des hier untersuchten Raumes. Sie hat aber Modellfunktion. Übersicht in: Il Tumulto dei Ciompi, un momento di storia Fiorentina ed Europea, Firenze 1981. Blockmans nennt die Bewegung in Flandern 1302–1305 «revolutionär», vgl. W. Blockmans, Die Niederlande vor und nach 1400: Eine Gesellschaft in der Krise?, in: F. Seibt und W. Eberhard, Europa 1400, Stuttgart 1984, S. 117 ff.

14 F. Graus wie Anm. 12, S. 510 ff. Zur Typologie der Revolten auch M. E. François, Revolte in Late Medieval and Early Modern Europe. A. Spiral Model, in: Journal of Interdisciplinary History 5, 1974, S. 19 ff. G. Fourquin, wie

Anm. 12. Am Beispiel des durchaus auf mittelalterliche Stadtrevolten übertragbaren Masaniello-Aufstandes W. Reinhard, Theorie und Empirie bei der Erforschung frühneuzeitlicher Volksaufstände, in: Historia integra. Festschrift E. Hassinger, Berlin 1977, S. 173 ff.

15 Vor allem G. Fourquin, wie Anm. 12. R. Manselli, Religiosità e rivolte popolari nell'Europa della seconda metà del Trecento, in: Il Tumulto, wie Anm. 13, S. 255 ff. B. Geremek, Mouvements hérétiques et déracinement social au bas moyen âge, in: Annales. E. S. C. 37, 1982, S. 186 ff. Vorsichtiger ist F. Graus, Ketzerbewegungen und soziale Unruhen im 14. Jahrhundert, in: Zeitschrift für historische Forschung 1, 1974, S. 3 ff.

16 M. Mollat, Die Armen im Mittelalter, München 1984 (zum «Anführer» S. 207 f.). Ders. (Hrsg.), Études sur l'histoire de la pauvreté, 2 Bde., Paris 1974. B. Geremek, Truands et misérables dans l'Europe moderne (1350–1600), Paris 1980.

17 Ch. de La Roncière, La condition des salariés à Florence au XIVe siècle, in: Il Tumulto, wie Anm. 13, S. 13 ff. Zu den Widersprüchen der Forschung vgl. A. v. Müller, Zwischen «Krise» und Krisen: Italiens Gesellschaft um 1400, in: Europa 1400, wie Anm. 13, S. 233 ff.

18 Literatur wie in Anm. 14. Dazu: M. Mollat, Ph. Wolff, The Popular Revolutions of the late Middle Ages, London 1973. M. Mollat, Les révoltes en France et aux Pays Bas à l'époque des Ciompi, in: Il Tumulto, wie Anm. 13, S. 241 ff.

19 Über die Forschung berichtet St. Bylina, Krisen – Reformen – Entwicklungen. Kirche und Geistesleben im 14. und 15. Jahrhundert in den neueren tschechischen und polnischen Forschungen, in: Europa 1400, wie Anm. 13, S. 82 ff.

20 F. Šmahel, Krise und Revolution: Die Sozialfrage im vorhussitischen Böhmen, in: Europa 1400, wie Anm. 13, S. 65 ff.

21 St. Bylina, Krisen, wie Anm. 19, S. 90 f.

22 F. Graus, The Crisis of the Middle Ages and the Hussites, in: St. E. Ozment (Hrsg.), The Reformation in Medieval Perspective, New Haven 1971, S. 76 ff. J. Macek, Jean Hus et les traditions hussites, Paris 1973.

23 Die neuere Forschung betont auch die Pestangst, die chiliastische Bewegungen in Südböhmen um Pilsen begünstigt habe; F. Šmahel, Krise, wie Anm. 20, S. 80 f.

24 St. Bylina, Les sociétés libérées. Les programmes du millénarisme hérétique au bas Moyen Age, in: Acta Polonia Historica 42, 1980, S. 5 ff. A. Patschevsky, Chiliasmus und Reformation im ausgehenden Mittelalter, in: M. Kerner (Hrsg.), Ideologie, wie Anm. 8, S. 475 ff. R. E. Lerner, The Powers of Prophecy. The Cedar of Lebanon Vision from the Mongol Onslought to the Dawn of Enlightment, Berkely 1983. Ders., The Black Death and Western European Eschatological Mentalities, in: The American Historical Review 86, 1981, S. 3 ff. Ders., Medieval Prophecy and Religious Dissent, in: Past and Present 72, 1976, S. 3 ff. Ders., The Heresy of the Free Spirit in the Later Middle Ages, Berkely 1972. M. Reeves, The Influence of Prophecy in the Later Middle Ages. A Study of Joachimism, Oxford 1969. Vor allem zum Spätmittelalter auch M. Hausler, Das Ende der Geschichte in der mittelalterlichen Weltchronistik, Köln und Wien 1980.

25 So wenn auch von ganz unterschiedlichen Ansätzen aus übereinstimmend Lerner (wie Anm. 24) und Marxisten wie Erbstösser (wie Anm. 11) sowie ders. und E. Werner, Ideologische Probleme des mittelalterlichen Plebejertums. Die

freigeistige Häresie und ihre sozialen Wurzeln, Berlin (Ost) 1960, Die Fähigkeit des Chiliasmus, Häresien und Revolten zu bewegen, wird ausdrücklich hervorgehoben, wobei Teile der «Ideologie» «unkonkret» bleiben.

26 W. Eberhard, Die Krise des Spätmittelalters: Versuch einer Zusammenfassung, in: Europa 1400, wie Anm. 13, S. 303 ff.

27 Hervorzuheben sind die Forschungen von F. Graus. Zuletzt ders., Pest, wie Anm. 12; in Vorbereitung ders., Zu den mittelalterlichen Vorstellungen vom Goldenen Zeitalter, in: Festschrift Klaus von See, 1988.

28 Siehe die Übersicht bei St. Bylina, wie Anm. 19.

29 J. Delumeau, Angst im Abendland. Die Geschichte kollektiver Ängste im Europa des 14. bis 18. Jahrhunderts, Reinbek 1985.

30 Artikel «Antichrist» in: Lexikon des Mittelalters. R. K. Emmerson, Antichrist in the Middle Ages. A Study of Medieval Apocalypsticism, Art and Literature, Manchester 1981.

31 Vgl. Delumeau, Angst, wie Anm. 29. R. C. Trexler, Public Life in Renaissance Florence, New York 1980.

32 N. Z. Davis, Humanismus, Narrenherrschaft und die Riten der Gewalt. Gesellschaft und Kultur im frühneuzeitlichen Frankreich, Frankfurt/M. 1987.

33 K. Schreiner, Die Staufer in Sage, Legende und Prophetie, in: Die Zeit der Staufer. Katalog, III, Stuttgart 1977, S. 249 ff.

34 M. Reeves, Joachim of Fiore and the Prophetic Future, London 1976.

35 Jetzt vor allem F. Graus, Pest, wie Anm. 12. R. Kieckhefer, Radical Tendencies in the Flagellant Movement of the Midfourteenth Century, in: The Journal of Medieval and Renaissance Studies, New Series 4, 1974, S. 157 ff.

36 Die soziale Bewegung sieht M. Erbstösser, Sozialreligiöse Strömungen im späten Mittelalter. Geißler, Freigeister und Waldenser im 14. Jahrhundert, Berlin 1970.

37 Die Rolle der Geißler betont P. Herde, in: Neunhundert Jahre Geschichte der Juden in Hessen, Frankfurt/M. 1983.

38 So F. Graus, Pest, wie Anm. 12, S. 220 ff.

39 Zu den Verfolgungen A. Haverkamp, Die Judenverfolgung zur Zeit des Schwarzen Todes im Gesellschaftsgefüge deutscher Städte, in: Ders. (Hrsg.), Zur Geschichte der Juden im Deutschland des späten Mittelalters und der frühen Neuzeit, Stuttgart 1981, S. 27 ff. F. Graus, Judenpogrome im 14. Jahrhundert: Der Schwarze Tod, in: B. Martin und E. Schulin, Juden als Minderheit in der Geschichte, München 1981, S. 68 ff.

40 So W. v. Stromer, Die Metropole im Aufstand gegen König Karl IV., in: Mitteilungen des Vereins für die Geschichte der Stadt, Nürnberg 65, 1978, S. 55 ff.

41 N. Bulst und H. Rüthing, Pest und Tod aus Brunnen und Wasser, in: Journal für Geschichte, 1986, 2, S. 44 ff. Zu Angst und Verfolgung H. A. Oberman, Wurzeln des Antisemitismus. Christenangst und Judenfrage im Zeitalter von Humanismus und Reformation, Berlin 1981. Angst und Sünde: J. Delumeau, Le péché et la peur. La culpabilisation en Occident XIIIe–XVIIIe siècles, Paris 1983.

42 M. J. Wenninger, Man bedarf keiner Juden mehr. Ursachen und Hintergründe ihrer Vertreibung aus den deutschen Reichsstädten im 15. Jahrhundert, Wien/Köln/Graz 1981.

43 Diesen «Widerspruch» beleuchtet R. Coulianou, Eros et Magie dans la Renaissance, Paris 1984.

44 K. Arnold, Niklashausen 1476. Quellen und Untersuchungen zur sozialreligiösen Bewegung des Hans Behem und zur Agrarstruktur eines spätmittelalterlichen Dorfes, Baden-Baden 1980.

45 Guter Überblick bei R. Wohlfeil, Einführung in die Geschichte der deutschen Reformation, München 1982, S. 159 ff.

46 H.-J. Goertz, Die Täufer. Geschichte und Deutung, München 1980.

47 R. van Dülmen, Reformation als Revolution. Soziale Bewegung und religiöser Radikalismus in der deutschen Reformation, überarbeitete Neuausgabe, Frankfurt/M. 1987.

Register

Verzeichnis der Abbildungen

Jakob J. Petuchowski / Clemens Thoma
Lexikon der jüdisch-christlichen Begegnung
Hintergründe – Klärungen – Perspektiven
Band 4581
Erstmals in der Geschichte der beiden Religionen ein umfassend informierendes Gemeinschaftswerk zu zentralen Sachverhalten.

Wolfgang Benz / Werner Bergmann
Vorurteil und Völkermord
Entwicklungslinien des Antisemitismus
Band 4577
Wo liegen die Wurzeln, die den Holocaust möglich machten? Ein Buch, das notwendig ist, um in der von Daniel Goldhagen initiierten Debatte mitreden zu können.

Andreas Beck
Der Untergang der Templer
Größter Justizmord des Mittelalters?
Band 4575
Eine tragische Geschichte von Korruption, Machtkalkül und politischer Justiz.

Kathleen Göpel (Hrsg.)
In dir liegt der verborgene Schatz
Türkische Derwischgeschichten
Vorwort von Omar Ali Shah
Band 4574
Ein Buch, das nicht nur Grenzen überbrückt. Es führt zum tieferen Verständnis des eigenen Ichs.

Hildegard von Bingen
„Nun höre und lerne, damit du errötest ..."
Briefwechsel – nach den ältesten Handschriften übersetzt und nach den Quellen erläutert von Adelgundis Führkötter OSB
Band 4556
Anders als in den theoretischen Schriften steht hier diese große Frau persönlich im Vordergrund. Ihre Briefe: Mehr als große literarische Dokumente.

Peter L. Berger
Der Zwang zur Häresie
Religion in der pluralistischen Gesellschaft
Band 4098

Religion ist kein Schicksal. Man muß sich dafür entscheiden.
Ein kontroverses Buch, das keine Auseinandersetzung scheut.

Erika Uitz
Die Frau in der mittelalterlichen Stadt
Band 4081

Stadtluft macht frei – Frauen als die treibenden Kräfte bei der Emanzipation des Bürgertums von der feudalen Herrschaft.

A. Th. Khoury/L. Hagemann/P. Heine
Islam-Lexikon
Geschichte – Ideen – Gestalten
Drei Bände in Kassette
Band 4036

„Ein echter, wertvoller Gewinn, gleichsam eine Gebrauchsanleitung für das Gespräch von morgen“ (Rheinischer Merkur).

Arno Borst
Die Katharer
Mit einem Nachwort von Alexander Patschovsky
Band 4025

„Wen das Mittelalter interessiert, aber auch jeder, der wissen will, wie Europa geworden ist, wird das Buch mit Vergnügen lesen“ (FAZ).

Hans Maier
Die christliche Zeitrechnung
Band 4018

„Eine kompakte Darstellung, die eine Wissenslücke füllt.“
(Wiener Zeitung).

HERDER / SPEKTRUM